순자, 절름발이 자라가 천리를 간다

순자, 절름발이 자라가 천 리를 간다

지은이 | 임건순
펴낸이 | 김성실
제작 | 한영문화사

초판 1쇄 | 2015년 12월 21일
초판 2쇄 | 2023년 1월 10일

펴낸곳 | 시대의창
출판등록 | 제10-1756호(1999. 5. 11)
주소 | 03985 서울시 마포구 연희로 19-1
전화 | 02)335-6121
팩스 | 02)325-5607
이메일 | sidaebooks@hanmail.net

ISBN 978-89-5940-596-1 (03100)

이 책은 한국출판문화산업진흥원의
2015년 〈우수 출판콘텐츠 제작 지원〉 사업 선정작입니다.

순자, 절름발이 자라가 천리를 간다

임건순 지음

시대의창

| 일러두기 |

1. 중국 고유명사 등 외래어는 국립국어원의 외래어표기법에 따라 표기했다.
2. 한자는 처음 나올 때 병기했다. 단 혼동하기 쉬운 한 글자 고유명사나 개념어의 경우, 필요에 따라 수시로 병기했다.
3. 미주의 출처는 《순자》의 경우 편명(〈권학〉, 〈수신〉 등)만 표기했다.
4. 일부 용어는 저자의 역사관을 존중해 표기했다. 예) 임진왜란→조일전쟁 등

이 땅에 사는 모든 스승, 동아시아의 모든 교육자께 이 책을 바칩니다. 아울러 공부를 통해 빛을 찾고 세상의 밝음이 되려는 모든 학생에게도 이 책을 바칩니다.

당신이 세상을 밝게 할 빛이요, 따스하게 해줄 온기임을 자각하세요. 그리고 열심히 공부하세요. 자각과 공부를 통해 당신은 자기 삶의 주인이 되고 세상의 중심이 될 수 있습니다. 자신의 인격을 닦으면서 동시에 타인이 걸어갈 바르고 안전한 길까지 닦으세요. 그래야 세상에 평화가 올 수 있습니다. 자기 마음의 완성과 세계의 평화가 단절 없이 일체를 이루게 하세요. 그 경지를 경험해보는 것을 자신의 목표로 해야 합니다. 이것이 공자, 맹자, 순자, 우리 유가의 꿈이요, 이상입니다.

· 1 ·

유가만이 주는 울림이 있습니다. 저는 그 울림을 사랑합니다. 그 울림을 이웃들, 사람들과 나누고 싶었습니다.

《묵자, 공자를 딛고 일어선 천민 사상가》, 《제자백가 공동체를 말하다》, 《오기, 전국시대 신화가 된 군신 이야기》에 이어 네 번째 동양철학 책을 펴냅니다. 유가 사상가에 대한 책은 처음입니다. 기쁩니다. 유가의 울림을 나눌 수 있어서.

不學不成.

배우지 않으면 이룰 수 없다.

學至乎沒而後止也.

학문은 죽어서야 끝이 나는 것이다.

학문의 중요성을 누구보다도 강하게 역설했고, 배움을 통해 거듭나는 인간, 공부를 통해 성숙해지는 인간상을 거듭 강조한 사람이 있습니다. 바로 순자입니다.

그는 유가 사상의 정통이 아니라 이단으로 취급받기도 했지만, 누가 뭐래도 정통 유자이자 도가 인간을 넓히는 것이 아니라 인간이 도를 넓히는 것이라는 공자의 가르침을 계승한 공자 사상의 적자입니다. 여러분의 선입견과 달리 순자는 인간을 매우 긍정한 사람이고, 누구든 공부하고 노력하면 얼마든지 훌륭한 사람으로 거듭날 수 있으며, 인간의 노력이야말로 인간을 인간답게 만들어주는 가치라고 생각한 사람입니다.

순자가 말했지요.

跛鼈千里.
절름발이 자라가 천 리를 간다.

절름발이 자라도 천 리를 가는데 우리가 해내지 못할 것이 무엇이 있겠습니까?

순자가 말했습니다.

短綆不可以汲深井之泉.
두레박줄이 짧으면 물을 길어 올릴 수 없다.

그리고 이런 말도 했지요.

玉在山而草木潤, 淵生珠而崖不枯.
옥이 산에 있으면 풀과 나무가 윤택해지고 못에 진주가 나면 언덕이 마르지 않는다.

순자 공부를 하면서 우리가 긴 두레박줄이 되고 옥이 되고 진주가 되어보면 어떻겠습니까?

기쁩니다. 순자를 책으로 내게 되어서. 정말 기쁩니다. 순자란 사상가를 통해 유가만이 주는 울림을 사람들과 공유할 수 있게 되어서. 그리고 역시 기쁩니다. 묵자에 이어 오기 그리고 순자까지 비주류 사상들을 조명해 사람들에게 알릴 수 있게 되어서.

역사가 외면하고 지배 권력과 주류 담론이 외면했지만 너무도 소중한 가치를 역설하고 역사와 우리 가슴에 지워져서는 안 될 발자국을 남긴 사람들, 그들의 꿈을 조명해가는 과정이 또한 제 삶의 과정이 되었습니다. 이렇게 축복받은 삶이 어디 있겠습니까? 저는 글을 쓰는 전업 작가이고 동아시아 고전을 끌어안고 사는 젊은 동양철학자입니다. 하지만 저술과 연구 이전에 인간이 삶을 살아가는 과정이 있다는 것을 알아주셨으면 좋겠습니다.

· 2 ·

여섯 번째 책입니다. 또 이렇게 책을 내게 되었는데, 스승님들 이야기를 안 할 수가 없네요. 무엇보다 순자란 인물 자체가 훌륭한 스승이자 위대한 교육자였기에 더욱이 은사님들, 절 가르쳐주신 스승님들 이야기를 꼭 해야 할 것입니다.

대천고등학교 이재각 교장 선생님, 그리고 대전에 계신 권옥주, 류인환 선생님, 금산에 계신 최문섭 선생님, 보령 대천중학교에 계신 신경이, 고선회 선생님, 보령 대천여자중학교에 계신 이영애 선생님, 천안에 계신 윤석진, 황갑분 선생님, 수원에 계신 최미숙 선생님, 미국에 계신 양희선 선생님, 그리고 서강대 정재현 선생님, 서울시립대 박용찬, 배우성 선생님, 서울대에 계신 정원재 선생님.

　부모님 같은 제 은사님들께 감사의 인사를 올립니다. 아울러 이 땅과 동아시아의 모든 스승께 이 책을 바치고 싶습니다. 북녘 땅에서 우리 혈육인 아이들을 지도하시고 계신 조선이란 나라의 참 스승들께도 이 책을 삼가 올리고 싶습니다. 조선은 하나고 저는 항상 제 피붙이들을 잊지 않고 있습니다. 마지막으로 순자가 했던 말을 이 땅의 모든 학생에게 들려주고 싶습니다.

　순자가 말했습니다. 아무리 가까워도 가지 않으면 목적지에 이를 수 없다고. 또 아무리 작은 일이라도 행하지 않으면 이루어지지 않는다고. 어린 학생들이 열심히 또 즐겁게 공부해서 맑은 물을 길어 올리는 두레박줄, 우리 사회의 옥과 진주가 되길 바랍니다.

雖邇, 不行不至; 事雖小, 不爲不成.
수 이　불 행 부 지　사 수 소　불 위 불 성

임건순

내편內篇 3

순자 읽기
순자의 네 모습

외편內篇 1

순자, 맹자, 율곡
공자의 계승자와 순자의 계승자

프롤로그

천하무도 구의

天下無道 舊矣

제자백가 시대를 힘차게 열었다고 하는 공자孔子가 이렇게 한탄했습니다. "천하에 도가 사라진 지 오래되었구나天下無道 舊矣!" 사람이 걸을 수 있는 길을 찾아볼 수 없게 된 지 너무도 오래되었다는 한탄이지요. 공자는 자신이 산 시대, 춘추전국시대春秋戰國時代를 그렇게 진단했습니다. 그렇습니다. 춘추전국시대는 난세였지요. 은殷나라를 무너뜨리고 천하를 장악했던 주周나라가 서기전 771년에 무너지고(서주) 수도를 동쪽으로 옮겨(동주) 명맥을 겨우 이어갑니다. 그때부터 열린 춘추전국시대는 진秦나라가 전국을 통일한 서기전 221년까지 계속됩니다.

춘추전국시대는 그야말로 극심한 혼돈의 시대였습니다. 질서의 중심이 부재하고 가치의 기준이 없었던 시대이자, 길을 찾을 수 없어 많은 사람이 헤매었던 시대. 난세. 그런데 이 어지러운 때는 또 많은 사람이 열심히 공부했던 시대이기도 했습니다.

당시에 정말 많은 사람이 열심히 공부했지요. 길을 찾기 위해, 길을 만들기 위해 많은 사람이 공부에 온 힘을 기울였습니다. 그때 공부가 무르익은 사람들은 이렇게 외치곤 했습니다. "내가 길을 발견했다!" "내가 길을 냈다!" 또 이렇게 외치기도 했습니다. "다른 사람들도 이 길을 따라 걸어야 한다. 그리고 이 길을 따르면 어지러운 세상을 다스릴 수 있다!" 그렇게들 외쳤습니다. 열심히 공부한 이들이 크게 목소리를 내 활약했는데, 이러한 모습을 백가쟁명百家爭鳴이라고 합니다. 일가를 이룬 많은 거물이 세상에 나와 서로 다투어 자기 목소리를 내던 시기, 이 책은 그 시대 주인공 가운데 한 사람을 다루고 있습니다. 그가 바로 순자荀子입니다.

순자는 백가쟁명의 시대가 저물어가던 시점에 활약한 사람입니다. 춘추전국의 황혼기에 태어난 그는 눈앞에 다가온 통일천하란 현실을 허리에 지고 등에 이고 사유한 인물입니다. 그는 '공부하는 시대'였던 난세에 가장 공부를 잘했지요. 그는 직하학궁稷下學宮의 대표 격이었습니다. 직하학궁은 제齊나라 왕실이 만든 학술 연구 기관입니다. 천하의 내로라하는 학자들이 그곳에 모여 학문을 연구하고 학술 토론을 했습니다. 그런 곳의 좨주祭酒를 세 번이나 역임한 사람이 바로 순자입니다. 기라성 같은 학자들에게 학문을 인정받고 신망을 두루 얻었지요. 특히 그는 아무도 학문적 성취도를 따라올 수 없을 만큼 커다란 발자국을 남겼습니다.

유가儒家의 입장에서 제자백가 사상을 종합했고, 통일천하를 다스릴 규범과 기준 등을 만들었으며, 통일 중국의 청사진과 밑그림을 정성을 다해 그린 순자. 그가 있었기에, 현장과 각론 면에서 취약했던 공자의 학문이 현실과 정치 공간에서 통할 수 있는 학문이 되었고, 거대한 제국을 이끌어갈 수 있는 현실 통치학으로 발돋움했지요. 그가 그린 통일천하의 청사진은 청淸과 조선이 망할 때까지 동아시아를 이끌어가는 기본 국가 틀로 기능했습니다.

순자는 이처럼 동아시아 역사에서 지울 수 없는 빛이자 거물이고 또 위대한 지성의 봉우리입니다. 이런 이유로 '동방의 아리스토텔레스'라고 불리기도 하지요. 이 책은 위대한 지성의 봉우리에 여러분을 초대하는 것이 목적입니다. 그 봉우리에 저 혼자만 올라간다면 너무 애석하지 않을까요? 전 그렇게 생각합니다. 많은 분과 함께 그 봉우리에 올랐으면 좋겠습니다. 제가 순자 사상을 소개하면서 그 위대한 지성의 봉우리의 면면을 모두 구경시켜드리고자 합니다. 쉬운 입말로 그의 사상을 써내려가겠습니다. 하지만 밀도 있게 다루고 입체적으로 보여드리겠습니다.

그러기 위해 이 책은 순자라는 한 사람을 인터뷰하는 형식으로 구성했습니다. 인터뷰어를 맡은 가상의 인물도 등장합니다. 이름이 '보령'입니다. 동양철학을 전공하고 순자를 매우 존경하는 20대 초반의 한국인 청년이지요. 그가 순자를 인터뷰합니다. 보령은 순자가 만든 여러 개념과 학문 주제에 대해 질문합니다. 순자가 샀던 오해나 억측에 대해서도 묻지요. 여러분이 묻고 싶은 이야기도 보령이 대신할 것입니다. 또 순자가 진정 듣고 싶었던 말을 보령이 전하기도 합니다. 때론 순자의 아픈 구석도 좀 찌르면서 순자에 대해 최대한 많은 것을 여러분 눈앞에 그리려 합니다.

등산복 입으시고요, 등산 배낭을 메세요. 배낭에 생수와 김밥을 넉넉히 넣어두십시오. 저와 함께 순자라는 위대한 지성의 봉우리, 찬란한 학문의 산에 오르겠습니다. 준비들 되셨습니까? 제자백가 사상의 집대성자이자, 통일 제국 한漢나라를 만들어 동아시아를 빚어낸 사람, 게다가 한국 유학에 큰 지분이 있는 순자. 그 높은 지성의 봉우리에 저와 함께 지금 오르겠습니다.

내편內篇 1 순자 이야기

인간과 하늘 사이에 선을 긋다

·1장·
순자를 만나다

군자는 나면서부터 남달랐던 사람이 아니다.

순자를 만나다

보령 선생님, 안녕하세요? 만나 뵙게 되어 영광입니다. 저는 선생님을 존경하는 한국 대학생입니다.

순자 반갑습니다. 공부를 좋아하는 학생이 묻고 싶은 게 많다고 해서 이렇게 인터뷰에 응하게 되었습니다. 더구나 한국에서 왔다기에 더 기꺼이 응했습니다. 한국은 유학이 매우 흥성했던 나라이자, 공자 님과 그분의 사상을 존경한 나라이지요?

보령 네, 선생님. 한국은 중국보다도 유학·유교의 논리와 문화가 진하게 채색된 나라였습니다. 아직도 그 전통과 관성에서 자유롭지 않아요. 관습과 규범, 생활 윤리로서 유교는 여전히 한국 사회를 어느 정도 지배하고 있어요. 많은 한국인이 연장자를 존경합니다. 또 열심히 공부해서 학문을 통해 발전하기를 꿈꾸지요. 한국인들은 유교적 생내 환경에서 살고 있습니다. 한국은 여전히 유학·유교의 색이 진한 나라예요.

그런데 선생님, 한국이 단순한 유학·유교의 나라만은 아닙니다. 우리나라에서는 선생님의 노선을 따른 유학이 주도권을 잡아왔습니다. 선생님께 특별한 나라라 할 수 있어요.

순자 저도 조금 들은 바 있습니다. 고봉高峯 기대승奇大升과 율곡栗谷 이이李珥란 대학자의 철학과 사상이 저하고 많이 흡사하다고 들었습니다. 또 그들의 철학 사상이 계속 이어지고 발전해 조선이란 나라를 이끌었다지요?

보령 네. 서인에서 노론으로 이어진 정치 세력이 조선의 정국을 줄곧 거머쥐었어요. 모두 율곡을 사상적 시조로 존숭하던 사람들이었습니다. 율곡의 유학 사상은, 간단히 말하자면, '현실에서의 인간'에 주목합니다. 감정과 욕망을 바탕으로 움직이는 존재가 인간이라 전제하지요. 현실의 인간을 일탈하기 쉬운 존재로 상정해, 외적 규범과 기준으로 어떻게 인간을 '다시' 만들것인가를 고민해요.

사실, 선생님의 사상과 비슷한 점이 많아요. 율곡의 학문은 정통 주자학朱子學이라기보다는 '순자적 신유학新儒學'이라고 볼 수 있습니다. 이러한 율곡의 유학이 조선을 이끌었습니다.

순자　한국이 순자적 신유학의 나라였다는 말을 들으니, 보령 학생과의 인터뷰가 더욱 반갑습니다. 사실 중국에 나와 입장이 비슷한 신유학자들이 없었던 건 아닙니다. 저와 같은 인간관을 전제하고 유학을 펼친 사상가들이 있기는 했지요. 장재張載나 호굉胡宏, 나흠순羅欽順, 왕부지王夫之 같은 사상가들입니다. 하지만 이들은 주류라고 볼 수 없었어요. 그 흐름과 세가 미미했는데, 반대로 한국에선 신유학이 주류였다니…….

보령　저도 정말 기쁩니다. 조선 유학과 선생님 학문의 관련성 이전에, 선생님께서는 춘추전국시대를 대표하는 대학자이시라 너무 영광입니다.

　선생님, 그럼 인터뷰 시작하겠습니다.

순자　네, 그러지요.

보령　조선 주류 유학과 선생님 사상의 관계에 대해서는 뒤에 자세히 여쭤보겠습니다. 먼저 묻고 싶은 게 있는데요, 그간 선생님께서 받은 오해나 저평가, 억측, 이런 것들 때문에 많이 속상하지 않으셨나요? 학자이고 사상가이지만 선생님께서도 사람이니 많이 속상하셨을 것 같아요. 민감한 이야기일 수도 있지만, 선생님의 입장이나 생각을 듣고 싶습니다.

순자　저도 사람인데, 사람들의 저평가와 억측과 오해로 인한 억울함, 속상함이 없을 리 있겠습니까? 사실 정말 많이 괴로웠습니다. 저는 분명 공자 님을 존경하고 그분의 도道를 이어온 사람입니다. 또 그런 제 위치와 역할에 강한 자부심이 있지요. 저 순자는 공자 님 학문과 사상을 단순히 공부하고 이어받기만 한 게 아니라 공자님 사상에 긴 생명력을 부여한 정통 유학자입니다. 하지만 적지 않은 사람이 저를 보고 "이단이다", "사실상 법가法家다", "유학을 법가로 변질시키는 데 징검다리 노릇을 했다"라고 말했습니다. 그리고 잡스럽다고 한 사람도 많았습니다. 유가의 입장에서 타 학파 사상들의 장점들을 창조적으로 수용하여 종합했는데, "잡나하다", "지저분하다" 하지요. 더 나아가 송宋 대 성리학性理學을 만들었던 정이程頤와 주희朱熹 같은 경우 저에게 인신공격하기를 서슴지 않았습니다. 정이는 저더러 지극히 편벽되고 근본을 상실한 자라고 하면서 자질은 빼어나지만 학문 수준은 저급하다고 했고, 더 나아가 제가 성인들의 진리를 끊었다고 했습니다. 요堯임금, 순舜임금이 시작하고 공자 님께서 환하게 밝혀내어 현재까지 이어진 성인들의 진리를 제가 끊다니요! 정이는 극렬한 언사를 제게 퍼부었지요. 주희는 더 나갔습니다. 저를 완전히 법가로 단정했지요. 그는 진시황秦始皇 때 일어난 분서갱유焚書坑儒와 같은 극단적 폭정도 저 때문에 생겨난 일이랍니다!

보령___ 분서갱유……. 사실 분서 같은 경우는 진나라 수도를 초토화시킨 항우項羽의 책임이 더 컸습니다. 선비들을 땅에 생매장했다는 갱유 사건 때에도 유학자들은 별로 다치지 않은 걸로 알고 있습니다. 묵자墨子 무리와 제나라 방사方士들이 많이 다쳤을 뿐이지요. 실제 한나라가 세워진 직후 과진론過秦論이라고 가의賈誼라는 유학자가 장문의 글을 써 진나라가 저지른 잘못을 조목조목 짚어 비판할 때에도 갱유를 거론하지 않았어요. 그리고 갱유라는 것이 허구가 아닌 역사적 사실이라고 쳐도 선생님께 무슨 책임이 있을까요?

순자___ 제 제자 이사李斯가 건의해서 진시황이 밀어붙였으니 스승인 제 책임이라는 거지요.

보령 연좌제도 아니고 잘 이해가 안 되네요. 사실 이사의 건의보다도 동방 제나라 쪽 사람들과 서방 진나라 쪽 사람들의 기질과 생각이 많이 달랐고, 그로 인해 오해와 갈등이 빚어지면서 불거진 사태였는데……. 어쨌든 선생님께선 많은 사람이 비판한 탓에 마음이 편치 않으셨겠습니다.

순자 실로 그러합니다. 하지만 동아시아 사상계를 1,000여 년 동안 지배해온 성리학의 씨를 뿌린 한유韓愈는 저를 부분적으로 긍정하는 평가를 내렸지요. 또 이탁오李卓吾라고 중국 사상계의 이단아이지만 저를 극찬한 사람도 있었습니다. 그는 〈순경전찬荀卿傳贊〉이라는 글을 따로 써서 저를 칭송했습니다. 또 그가 쓴 《장서藏書》라는 책의 '덕업유신德業儒臣'이란 항목을 보면 맹자孟子보다 저를 앞에 두었지요.

보령 죄송한 말씀이지만 시대적 순서로 봐도 그렇고 보통 사람들의 인식을 봐도 그렇고 맹자를 선생님보다 앞이나 위에 두는 경우가 대부분인 것 같습니다.

순자 네, 사실 그렇습니다. 하지만 이탁오는 달랐지요. 맹자에 대해 말하길 "고정된 사견에 사로잡혀 '죽은 말死語'로 사람을 살리려 했다"[1]라고 했습니다. 현실적이지 못함을 들어 맹자를 비판한 것이지요. 하지만 저를 평할 때에는 유연한 모습과 현실성을 지적하며 극찬했고, "그 재능은 아름다웠고 그 문장은 웅거하다"[2]라고 말했습니다.

보령__ 문장의 대칭성과 차분함과 담백함, 잘 정제되어 있는 글의 리듬, 보석과 같은 압운과 기가 막힌 비유. 사실 《순자荀子》에 보이는 선생님 문장의 힘과 아름다움은 실로 대단합니다. 그 시절 선진先秦 시대 모든 문헌을 역사서다, 문학서다, 철학서다, 딱히 구분해놓고 볼 필요가 없지만 선생님의 텍스트를 보면 문학서라고 해도 될 정도인데요. 그 정도로 문상이 수려하고 문장에 선생님만의 독특한 힘이 있는 듯합니다.

순자__ 과찬입니다. 하지만 공부하는 사람에게 문장이 좋다, 문체가 훌륭하다, 이런 평가는 정말 기분 좋은 말이지요. 그래서 이탁오의 평이 참 고맙습니다. 또 맹자와 달리 제 학문의 개성이자 장점인 '현실성'을 지적해준 점도 참 고마운 일이 아닐 수 없습니다.

현실주의자 순자

보령__ 현실성! 그렇습니다. 선생님의 글을 읽어보면 우선 다른 것을 떠나, 현실적이다, 철저히 현실을 고려해서 주장을 하고 사상을 편다는 느낌을 많이 받습니다. 여기에 매력을 느껴 선생님 학문에 더 가까이 접근해보려는 이들도 있고요. 사실 앞서 선생님과 비슷하다고 했던 이율곡도 현실적입니다. 그렇다 보니 선생님의 사상과 글에서 '합리적'이라는 인상을 강하게 받기도 합니다. 현실적, 합리적!

순자__ 맞습니다. 전 현실을 보는 사상가입니다. 그렇지만 궁금합니다. 보령 학생이 보기에 어떤 측면, 어떠한 부분에서 제가 현실적이라고 느꼈나요?

보령__ 먼저, 선생님께서 하늘과 자연에 대해서 이야기하실 때 현실적이라는 느낌을 강하게 받았습니다. 선생님 사상의 현실적인 면을 가장 강하게 느끼게 해주는 부분이 바로 '천天'에 대한 이야기 〈천론天論〉인데요, 그 편에서 선생님께서는 도덕적, 종교적 의미의 천에 대해 부인하셨지요. 길흉화복은 모두 인간 하기에 달린 것이라고 주장하셨습니다. 인간이 부지런하게 또 능동적으로 노력하면 될 뿐이지 하늘이 어떤 의지를 가지고 있거나 종교적 주재자라서 인간에게 길흉화복을 내리는 게 아니라고 단호하게 말씀하셨어요.

순자__ 그렇습니다. 하늘은 그저 하늘일 뿐입니다. 인간 세상을 주재하고 우리들의 기도를 듣고 세상을 자신의 의지대로 만들어가는 그런 하늘은 존재하지 않습니다. 그러니 중요한 게 무엇이겠습니까? 인간 스스로의 노력일 뿐입니다. 열심히 배우고 실천하고 부지런히 생산하기만 하면 될 뿐이지요. 현실적으로 생각하고 합리적으로 행동하면 됩니다. 너무나 쉽고 상식적인 이야기입니다.

보령__ 그런데요, 선생님께서는 기우제를 긍정하셨습니다. 인간이 기우제를 올려 하늘에 빌고 기도합니다. 타들어가는 대지에 비를 내려달라고요. 그렇지만 선생님 말씀대로 하늘은 어떤 의지나 능력이 없습니다. 그런데 기도를 해서 뭐하겠습니까? 전 기우제를 왜 긍정하셨는지 의문입니다.

순자__ 아, 그건 그냥 하나의 의식, 쉽게 말해 행사라고 생각하면 됩니다. 제가 설마 인간의 기도에 하늘이 응해서 비를 내린다고 생각했겠습니까? '대지가 말라서 농사를 짓지 못하는 인간의 사정이 안 그래도 딱한데 인간이 성심을 다해 기도를 올리니 내가 비를 내려줘야겠구나', 이렇게 생각하는 어떤 주재자가 있어 그가 비를 내린다고는 절대 생각지 않습니다. 다만 어떤 현실적 효용성을 인정하기에 기우제를 긍정한 것입니다.

보령　어떤 현실적인 효용성 말인가요?

순자　자, 가뭄이 심해져서 농지가 타들어가고 갈라지면 백성의 마음도 타들어가고 갈라집니다. 이때 가만있으면 안 됩니다. 뭐라도 해야 합니다. 백성의 마음과 감정을 어떻게든 외부로 표출하게 하고 또 풀어줘야 합니다. 그래서 기우제를 지내도록 합니다. 그때 사람들은 느낍니다. '가뭄을 걱정하는 사람이, 또 힘든 사람이 나뿐이 아니구나'라고요. 서로 위로하고 또 단결해 '이 시련을 함께 헤쳐나가자'는 마음을 다져 먹게 됩니다. 기우제가 이런 의식으로서 효과가 있기에 긍정하는 것입니다. 현실적인 효용성이 분명히 있으니까요.

보령　그렇군요. 제 생각이 짧았습니다. 지극히 현실적이고 합리적이신 분께서 왜 기우제를 긍정했을까 싶었는데, 그런 이유가 있었군요. 선생님 말씀을 듣고 보니 이해되네요. 역시 선생님께서는 합리적이고 현실적인 사유를 하시는 분이라는 느낌입니다.

　오늘날 한국에서는 부모 제사가 많이 사라졌어요. 제사를 지내더라도 옛날처럼 아주 늦은 시간에 정해진 매뉴얼대로 제사상을 차리지 않습니다. 이른 시간에 몇 가지만 간단히 차려 제사를 지내기도 하지요. 돌아가신 부모님이나 조상을 추모한다기보다는 오랜만에 친척과 가족끼리 한번 만나서 얼굴 보고 식사라도 같이 하자는 의미에서 제사를 지내는 사람도 많습니다. 선생님이시라면 이런 의미의 제사도 긍정하실 것 같습니다.

순자　물론입니다. 그렇게 만나서 오랜만에 얼굴들 보고 안부 묻고 서로 간에 정을 드러내고 쌓을 수 있으면 되지요. 이런 생활상의 풍습이나 관습 내지 의식을 모두 포괄하는 게 저 순자의 예禮입니다. 단순히 예절로만 아시면 안 됩니다.

보령　뒤에서 선생님의 예에 대해 자세히 알아보겠지만, 선생님의 예는 굉장히 많은 부분을 포괄하는 것 같습니다. 어떻게 보면 점집에서 가서 점을 보는 것도 예의 범주에 들어갈 수 있는 것 같아요. 점집에 정확한 점괘를 얻으러 가는 사람이 많지만, 점괘가 맞고 틀리는 것이 전 중요하다고 보지 않습니다. 주변에 자신의 이야기를 귀담아 들어줄 사람이 좀처럼 없는 상황에서, 점집에서 속에 맺힌 이야기도 좀 하면서 마음을 풀고 달래면 그것대로 의미가 있는 게 아닌가 싶어요.

　또 역술인도 사실상 상담자라고 할 수 있는 손님의 이야기를 귀담아 듣고, 그를 달래고 그에게 공감하고 그러는 게 중요하지 않을까요? 점괘가 맞고 틀리고를 떠나서요. 그렇게 마음을 달랠 수 있다면 점을 보러 가는 행위에도 그 나름 의미가 있지 않을까요? 또 그것이 인간이 삶을 꾸려가는 데 있어서 효용성 있는 의식 같은 것이라면, 그 나름 선생님께서 말씀하시는 예의 범주에 들어가지 않을까 싶습니다.

순자　맞습니다. 사실 예라고 하면 수직적인 예의, 예의범절, 아니면 서구식의 매너와 에티켓을 떠올리는 사람이 많은데 제가 말한 예는 그런 게 아닙니다. 인간 사회의 여러 의식부터 전반적인 문화까지를 모두 포괄하는 것이 예입니다. 사람들이 조화롭고 편안하고 질서 있게 사는 데 도움을 주는 모든 의식과 문화를 포괄하는 것이지요.

보령　점 이야기가 나왔으니 말인데요. 선생님께서는 이런 말씀도 하지 않으셨나요? "주역 점에 능한 이는 주역 점을 치지 않는다."[3] 맞지요, 선생님?

순자　네.《주역周易》을 공부하면서 또 주역 점을 쳐보면서《주역》의 세계관을 완전히 자기 것으로 만들고, 인간과 세상을 보는 넓은 시야와 상식, 통찰력을 얻습니다. 이런 사람이라면 사태를 마주할 때마다 매번 점을 칠 필요가 있을까요? 굳이 점을 쳐보지도 않아도 사태를 꿰뚫어보고 자신이 처신해야 할 바를 알 것입니다.

　《주역》과 주역 점을 공부하는 이들은 이런 목표를 가져야지요. 정말 신통하게 점괘를 뽑아내는 경지에 이르는 것을 목표로 할 것이 아닙니다. 점을 쳐보지 않아도 인간과 세상을 언제나 제대로 바라볼 수 있는 통찰력과 건강한 상식이 있는 사람이 되겠다는 목표 말입니다. 점이 언제나 맞을 수 있겠습니까? 또 인간이 한사코 점에 의지해서야 되겠습니까? 중요한 건 현실 꿰뚫는 통찰력과 시야입니다.《주역》을 공부한다면 그런 것들을 자기 것으로 만들 수 있어야 합니다.

보령　역시 현실적이시고 합리적이십니다.

저무는 전국시대

보령   지금 현실이라는 키워드로 이야기하고 있는데요, 그 이야기를 계속해보도록 하겠습니다. 이런 질문을 할 수 있을 것 같습니다. 당대의 현실에 대해서요. 선생님께서 왜 현실적으로 사유하게 되었는지 그 이유가 궁금합니다. 선생님을 둘러싼 현실이 어떠했기에 선생님께서 그토록 현실적으로 사유하게 되셨나요? 선생님께서 살았고 또 정확히 말해 '부대껴야 했던' 시대와 그 역사적 배경에 대해서 좀 알려주세요.

순자   먼저, 보령 학생은 얼마나 알고 있습니까? 제가 살았던 시대의 환경이나 역사에 대해서요?

보령   제가 알기로는, 선생님께서는 전국시대, 그것도 말엽에 사셨다고 알고 있습니다. 서서히 전국시대가 저물어가는 시대로요. 제가 학교에서 중국 고대사 관련 수업을 들었는데요, 전국시대는 힘의 논리만 관철되는 정글과 같은 시대이자 적대적 병합 경쟁을 벌이는 세상이었다고 배웠습니다.

　당시에는 각 나라가 군주 중심으로 권력이 집중되어 영토 국가로 거듭났고, 군웅할거群雄割據에서 천하 통일로 향하는 강력한 흐름이 만들어졌다고 들었습니다. 나라 간 투쟁을 통해 강대국이 약소국을 병합했고, 농업 생산력이 비약적으로 발전했으며, 공업이 흥성했다지요. 이뿐만이 아니라 상업이 성장해 온 천하가 하나의 경제권으로 통합되었습니다. 이러한 흐름이 생기자 강대한 통일 제국의 출현이 점점 가까운 현실로 다가왔고요. ……대략 이렇게 알고 있습니다.

순자__ 그 정도면 충분합니다. 아니 훌륭합니다. 보령 학생은 전국시대를 아주 잘 알고 있습니다. 학생 말대로 영토 국가들이 등장해 자국 내 군권을 강화했고, 열강이 군웅할거하던 때가 전국시대 아니었습니까? 상호 투쟁에 의한 강대국의 약소국 합병 현상이 빈번했고, 강대국들끼리 치열하게 싸웠지요. 그런데 진국시대 말기가 되사 그러했던 상황이 서서히 끝나고, 통일 제국의 등장이 가시화하고 있었습니다. 바로 그때 제가 활동했습니다.

진이라는 압도적 강국이 대세로 떠올라 천하는 통일을 향해 빠르게 달려가는 추세였습니다. 정치적 통합, 통일만이 아니라 경제적 통합, 통일 현상도 활발하게 진행되었지요. 농업 생산력이 크게 신장하고 상공업도 크게 성장하다 보니 온 천하를 범위로 하는 경제권이 서서히 형성되는 시점이었습니다.

이렇게 경제적으로도 열국이 통합되어가자 전국시대가 저문다는 것을 모두가 느낄 수 있었습니다. 또한 '전국시대가 어서 끝나야 한다'는 시대정신도 있었지요. 적대적 상호 겸병 전쟁을 벌이며 적국을 집어삼키려고만 했고, 천하 통일의 주인공이 되기 위해 힘의 논리로만 경쟁하던 참혹한 시대였는데, '더 이상 이런 식의 살벌한 전쟁은 안 된다', '이런 전쟁의 시기는 끝이 나야 한다'고 생각하는 사람이 많이 있었지요. 지식인들뿐만이 아니라 일반 인민들까지 그렇게 생각했습니다. 제가 활동하던 시대가 그랬습니다.

보령__ 그런데요, 선생님. 정치, 경제, 군사 환경도 중요하겠지만 학문 사상적 환경이나 배경도 중요할 것 같은데요, 당시에 선생님을 비롯한 제자백가 사상가들도 굉장히 치열하게 경쟁하지 않았나요? 또 치열하게 싸우기만 했던 게 아니라 나름 통합도 했다고 하던데요?

순자__ 맞습니다. 지식인들이 치열하게 논쟁하며 힘을 겨루었습니다. '난세라고 하는데 내가 이 어지러운 세상에 질서를 부여해보겠다', '난亂을 치治로 바꾸어보겠다'며 패기만만하게 자기 사상과 주장을 펴는 사상가가 참 많았습니다. 그들은 제가 머문 제나라 직하학궁에서 서로 입씨름을 벌이며 토론도 하고 제자도 키웠지요.

보령__ 직하학궁이라면 부유한 제나라 왕실이 재산을 출자해서 만든 기관으로 천하의 지식인들을 불러 모아 마음 놓고 학술 연구와 제자 육성에 매진하도록 만든 연구 기관 말이지요? 당대 최고의 학술 기관이었다고 들었습니다.

순자__ 그렇습니다. 제나라 수도 임치臨淄의 서문을 직문稷門이라고 했는데 제나라 왕실이 그 문 아래에 국립 학술 연구 기관을 설치했고 그곳에서 많은 지식인이 활동했습니다. 당대 최고의 지식인들이 모여서 연구하고 토론하고 제자들을 길렀지요. 부끄럽지만 부족한 제가 그 직하학궁에서 대표를 세 번이나 역임하기도 했습니다.

보령__ 요새로 치면 하버드 대학 총장을 세 번이나 역임하신 셈인데, 선생님께서 쌓으신 학문적 내공과 업적, 신망과 인덕이 대단했나 봅니다. 그런데 난세의 주인공이었던 제자백가들, 이들의 시대도 끝을 향해 치닫는 전국시대와 함께 서서히 끝나는 시점 아니었나요?

순자__ 네. 우리는 난에서 태어난 자식들입니다. 그런데 치의 시대가 오고 있었지요. 어지러움에서 태어난 제자백가 사상가들에게 질서의 시대가 눈앞에 다가왔지요. 무대 뒤로 사라질 때가 닥친 거지요. 그런데 그 시기엔 이런 게 있었습니다. 보령 학생 말대로 통합 현상이 있었지요. 학문의 종합화 현상이 강하게 일어나고 있었습니다. 간단히 말해서 학문 간에 강하게 영향을 주고받고 서로의 장점들을 수용해가면서 서로 닮아가는 과정이 아주 활발하게 전개되었지요.

보령 난세가 서서히 저물어가고, 또 선생님 말씀처럼 학문과 사상이 한창 종합화한 시점. 이러한 때가 선생님을 둘러싼 역사적 환경이라고 보면 되겠는데요, 이런 배경이 선생님의 사상과 어떤 연관이 있는지 알고 싶습니다.

순자 일단은 저부터도 여러 사상을 종합했던 사람입니다. 맹자처럼 원리주의적으로 다른 사상가를 공격하기보다는 다른 사상의 장점을 제 나름대로 흡수하려고 노력했습니다. 유가 사상을 중심으로 다른 사상을 통합하며 저만의 사상을 만들었지요. 그렇게 만든 제 학문과 사상이 철저히 통일 제국, 더 정확히 말해 통일 제국을 다스릴 군주와 관료들을 위한 통치학이 되게끔 애를 썼습니다.

보령 제 생각에는 일단 통일 제국을 위한 것, 이것이 무엇보다 중요하지 않나 싶어요. 선생님께서 다른 학파의 사상을 어떻게 평가했고, 또 어떻게 수용해서 종합했는지는 다시 자세히 여쭙겠습니다.

저는 사상가에 대해 공부할 때, 사상의 수요자가 누구인지를 살피면서 읽는 자세가 꼭 필요하다고 생각합니다. 선생님께서도 역시나 마음에 두신 사상적 수요자가 있지 않나요?

순자___ 물론입니다. 그게 참 중요합니다. 학문적 언어와 담론은 사실 발화자와 수신자 사이에서만 존재하고 그 사이에서 살아 움직입니다. 제가 어떤 목적으로 누구를 수요자로 상정하여 제 사상을 만들었는지 명확히 인지한 다음 제 주장들을 살피고 따져보면 좋습니다. 그런데 이런 접근이 별로 없었던 것 같습니다. 앞서 말한 오해와 억측, 인신공격도 이런 측면에서 기인한 경우가 많아 보입니다.

제가 예라는 것을 사회가 공인하는 객관적 규범 내지 통치 규범으로 설명했고, 예가 관할하는 영역의 범위를 공자 님이나 맹자와 다르게 크게 넓혔습니다. 왜 그렇게 했겠습니까? 통일 중국을 이끌 군주를 염두에 두었기 때문입니다. 거기에 현시대의 군주라는 '후왕後王'* 개념을 말했습니다. 그리고 패권 국가를 추구하는 노선인 '패도覇道'**를 부분적으로 긍정했습니다. 이 모두 다가올 통일 제국과 제국의 군주를 고려했기에 주장하고 구상한 것들입니다. 저를 비판한 자들이 만약 제 학문의 사상적 수요자가 누군지 알았더라면 "잡스럽다", "사실상 법가다", "성악설性惡說을 주장해 인간을 비관했다"'라는 식으로 절 함부로 공격할 수 있었을까요? 저를 비판하거나 비난하기 전에 제가 처한 시대적 상황과 제가 생각한 사상의 수요자를 헤아려보았다면 좋았을 텐데, 그 점이 무척이나 아쉽습니다.

---

* 11장 〈군주 그리고 후왕이라는 이상〉 참조.
** 왕도王道에 대비되는 개념으로 인의仁義보다는 무력으로 공리功利를 추구하는 것을 말한다.

군주를 위하여

보령   단도직입적으로 말해서요. 선생님의 학문과 철학의 사상적 수요자는 통일 제국을 이끌 군주인가요?

순자   통일 제국을 이끌 군주와 관료, 지식인입니다. 그중에서도 군주가 핵심 수요자입니다.

보령   어떤 이들은 선생님을 "군주를 수요자로 한 철학, 국가주의 유학자 순자"라고 말하는데요. 선생님의 철학이 지나치게 군주 중심이라고 아쉬워하는 사람이 많은 것 같습니다. 사실 당대는 군주가 주권자인 시대였잖아요. 이런 측면에서 선생님 사상의 한계가 아니라 시대적 한계일 뿐인데……. 그런 시선이 참 안타깝습니다.
   유가는 본래 군주에게 조언자이면서도 비판자로서의 자의식이 강하잖아요? 그런데 선생님께서는 확실히 왕권에 대한 견제 의식이 공자나 맹자 등 다른 유가 사상가들에 비해 약했던 것 같습니다. 이런 면에서 그런 지적과 비판이 나온 건 좀 어쩔 수 없어 보이기도 합니다.

순자   그런 비판은 분명히 제가 안고 가야 합니다. 하지만 당시에는 국가의 주권자는 군주였습니다. 사실 군주 자체가 국가였던 시절이었지요. 더구나 통일 제국을 이끌 군주의 탄생이 눈앞에 다가왔습니다. 당연히 수요자인 군주가 솔깃할 이야기를 해야 한다고 생각했습니다. 그렇게 하지 않으면 유가 사상의 맥이 완전히 끊어질 수 있으니까요. 하지만 유가적 이상을 포기할 수는 없었습니다. 통일 제국의 군주에게 설득력이 있으면서도 유가적 덕치德治와 위민爲民을 담아내, 현실에서 실현할 수 있는 사상을 만들려고 했지요. 이념, 이상을 현실과 철저히 결합하려고 노력했습니다.

보령　전국시대가 막을 내리고 통일 제국이 등장해 전 중국을 이끌 것이라고 당대의 많은 지식인이 느꼈다고 들었습니다. 그런 시대가 올 것임을 알고 있는데, 어느 누가 자기가 처한 역사적 배경과 정치적 상황에서 자유로울 수 있었을까요? 당시 지식인들은 만들어진 한계 안에서 사유했다고 해도 과언이 아닐 텐데요. 선생님께서는 물론이고 당시 다른 사상가들도 이런 시대적 배경 속에서 통일 제국을 어떻게 다스리고 끌고 가야 할지 고민이 많았던 것 같습니다.

순자　그랬지요. 법으로 대변되는 공적 원리로만 나라를 끌고 가야 한다고 말했던 한비자韓非子도 그렇고, 자연의 원리로 비유되거나 설명되는 도로 나라를 끌고 가자고 한 노자老子도 그렇고, 《여씨춘추呂氏春秋》의 저작자들도 그러합니다. 적지 않은 이가 통일 제국을 염두에 두고 사상을 펼쳤습니다. 다들 저처럼 다분히 군주를 의식했지요. 그런데 한비자와 달리 저나 노자, 《여씨춘추》의 저작자들은 법과 법치에 대해 회의적인 사람들입니다. 법만으로는 통일 제국을 끌고 갈 수 없다고 본 것이지요.

보령　사실 당시에 많은 이가 "통일 제국 시대가 도래했다. 그 주인공은 진나라다"라고 예견하는 상황이었습니다. 진나라는 법으로 강성해져 통일을 눈앞에 두고 있었어요. 그런데 "법치에 대해 회의적이었다"라는 선생님의 말씀은 정확히 어떤 의미인가요?

순자　법치는 법으로 인민의 힘을 유기적으로 조직하고, 국가의 잠재력을 끌어내어 나라를 강성하게 하지요. 저는 그런 법의 효용성과 기능성 모두 인정합니다. 법치를 통해 힘을 극대화한 진나라가 천하 통일을 눈앞에 두었는데, 그런 현실도 모두 인정했습니다. 다만 '통일 이후에도 법으로 인민을 강제하고 끌고 가도 괜찮을까?' 하는 회의가 생겼습니다. 그렇게 해서 과연 통일 제국을 안정된 기초 위에서 유지할 수 있을까요? 법으로만 해서는 안 될 것 같다는 걱정이 있었지요.

보령　법에 비판적이었던 노자와 《여씨춘추》의 저작자들도 선생님과 같은 생각을 했다고 볼 수 있을까요? 선생님처럼 진이 통일 이후엔 법이 아닌 다른 통치 원리를 대안으로 생각해봐야 한다는 문제의식이 그들에게도 있었나요?

순자　《여씨춘추》에 법을 대신할 어떤 명확한 통치 원리가 제시된 것 같지는 않습니다. 그들에게는 대안이 보이지 않아요. 다만 보령 학생이 말한 것처럼 회의한 건 사실입니다. 그리고 《도덕경道德經》이라고도 하는 노자의 텍스트 《노자老子》가 제가 활동하고 활약했던 시점에 묶여 편집된 것으로 아는데, 노자도 분명히 진나라의 법과 법치에 대해 회의적이었습니다. '법으로 통일 제국을 다스려갈 수 있을까?' 하는 의문을 품었지요. 그래서 지나치게 인위적이거나 강하지 않은 정치, 인민에 대한 최소한의 간섭을 말한 것이지요. 인민을 가혹하게 대해선 안 된다고 하며 수탈과 혹사를 금지해야 한다고 했습니다.

보령 아, 선생님. 그럼 이렇게 볼 수도 있는 건가요? 선생님과 노자에게는 비슷한 문제의식이 있었다고요?

순자 네. 그런 측면이 분명히 있습니다. 살았던 시대와 환경이 비슷했으니 어쩌면 당연한 걸 수도 있습니다.

보령 그런데요, 보통 선생님께서는 유가로, 노자는 도가道家로 확연히 구분해서 인식하고 말해왔습니다. 그래서인지 선생님과 노자 사이에 어떤 무시하지 못할 공통점이 있다는 말은 얼핏 듣기에 생소하기도 하고 좀 엉뚱한 것 같기도 합니다.

순자 그렇게 보면 안 됩니다. 도가니, 법가니, 묵가墨家니 그렇게 무슨무슨 가家로 쪼개고 범주화해서 보는 접근은 우리 제자백가들을 이해하는 데 도움이 되지 않습니다. 방해만 됩니다. 우리가 살던 시대에는 그런 말을 쓰지도 않았습니다. 그건 어디까지나 한나라 때 궁중 지식인들이 편의를 위해 분류한 기준이고 범주일 뿐입니다. 우리 한 사람 한 사람을 있는 그대로 봐주십시오. 장자莊子는 장자이고 노자는 노자이고 공자는 공자이고 맹자는 맹자일 뿐입니다.

사람들이 저와 맹자를 같은 유가로 분류하는데, 저는 맹자를 강도 높게 비판하기도 했습니다. 전 외려 그 사람이 묵자와 비슷하다고 봅니다. 그런데도 똑같이 유가라며 같은 가家의 일원으로 분류해서야 되겠습니까? 제 기분도 '살짝' 나쁘지만 그건 차치하고 그런 방식으로 묶어 보는 건 우리들을 제대로 살피고 이해하는 데 전혀 도움이 되질 않습니다.

보령 선생님, 저도 그런 생각이 들었습니다. 안 그래도 선생님께서 지적하신 이런 점을 다른 사람들에게 주장하기도 했고요. 유가니 명가名家니 법가니 구분하지 말고, 한 사람 한 사람 고유명사를 단위로 해서 살피자. 또 그렇게 해서 한 사람 한 사람 각각의 고유한 문제의식을 명징하게 이해하자고 저도 말했습니다.

여기서 좀 정리해볼게요. 일단 선생님 시대의 역사적 배경과 환경이 지금 주제인데요, 선생님 시대의 배경에 대해 요약해보자면, 전국시대의 끝 무렵, 생산력과 경제의 발달, 사상의 종합화 경향 그리고 통일 제국의 출현 가시화. 이렇게 알면 되겠습니까?

순자 네, 그렇습니다. 특히 잊지 말아야 할 것이 사상의 종합화 경향과 통일 제국의 출현 가시화입니다.

순자의 문제의식

보령 그런데요, 선생님께서 단순히 제자백가 사상을 정리, 종합했고 통일 제국을 대비했다 정도로만 알아서는 안 될 것 같습니다. 그런 배경 요인들만이 선생님의 문제의식을 모두 말해주는 건 아닌 것 같아요.

순자 어떤 말씀이고, 또 어떤 것이 더 궁금한가요?

보령 선생님의 텍스트를 읽다 보면 어떤 '절박함'이 느껴져서요. 그 절박함은 선생님께서 처한 배경에 대해 부연 설명을 요하는 것 같습니다.

순자   보령 학생이 보기에는 어떤가요? 나에게 어떤 절박함이 있었고, 또 그것이 제 사상과 어떻게 연관되었다고 생각하나요?

보령   먼저 공자 '님'을 굉장히 존경하시는 것 같은데…….

순자   물론입니다. 새삼 거론할 필요가 없지요.

보령   공자의 학문이 끊어질 것 같다, 사라질 것 같다는 위기감이 선생님의 텍스트를 읽을 때 느껴졌습니다. 그 위기감 뒤에는 묵가, 법가, 도가를 비롯한 다양한 사상적 경쟁자가 있었고요.

순자   바로 맞췄습니다. 공자 님의 학문이 사라질 위기에 처해 있었습니다. 현실성과 효용성 면에서의 약점 탓에 군주들에게 늘 외면받았지요. 또 당대 많은 사상적 호적수에게 이래저래 치였습니다. 맹자가 살았던 시대에는 그가 주적으로 선포한 묵자와 양주楊朱의 무리만이 힘을 떨치고 있었다지만, 제가 살았던 시대에는 전방위적으로 공자 님 사상이 압박을 받았습니다.

보령   표현이 좀 이상할지 모르겠지만, 당시에는 모든 나라가 군사력을 앞세우는 선군先軍 정치를 지향했고, 역시 표현이 이상할지 모르겠지만 강성 대국을 바랐습니다. 이런 상황이 춘추전국시대 내내 계속되었고요. 그래서 어진 정치와 군자 되기를 지향하는 공자의 사상이 계속 외면받은 것 같은데요, 공자는 살아생전 여러 나라를 오가며 유세했지만 '취직'되기는커녕 상갓집 개와 같다는 말도 들었다고 했습니다. 환영받지 못하고 떠돌아다니는 상갓집 개와 같은 신세는 사실 공자 사후에도 계속된 것 같습니다. 당시에 공자 사상이 어디서도 환영받지 못했으니까요.

순자ㅡ 사실 공자 님 사상에서 지나치게 이상적이고 관념적인 부분은 분명 아쉬운 점입니다. 약점이 있어요. 전 그 약점을 보완해야 했습니다. 다른 사상가들과 경쟁해서 이겨내야만 했지요. 참 힘들었습니다. 저는 어떻게든 현실 정치 상황에서 공자 님의 이상을 실현해야 했습니다. 보령 학생 말대로 절박했지요. 그렇기에 공자 님과 다르게 현실을 굉장히 면밀하게 살폈습니다. 현실성을 높이려고요. 그리고 앞서 나가려고 했습니다. 다른 제자백가 사상가들보다 앞서려고 했지요. 통일 제국의 청사진, 통일 제국에 필요한 규범과 문화 등 이런 것들을 다른 사상가들보다 먼저 제시해야 했습니다. 또 그것들을 체계적으로 제시해야 했지요. 참으로 여러 모로 절박했고, 살펴 챙겨야 할 것이 많았습니다.

보령ㅡ 현실을 제대로 파악하고 또 남들보다 먼저 체계 있는 이야기와 학문을 제시했어야 했다는 말씀이지요? 그래서 선생님 사상에 현실적인 면이 두드러져 보이나 봅니다.

순자ㅡ 맞습니다. 어떻게든 현실을 살펴 현실성이 있는 학문을 모색했지요. 하지만 어디까지나 공자 님께서 말한 덕치라는 이상에 합치되는 방향이어야 했습니다. 참 어려웠지요. 공자 님 사상도 계승해야지, 타 학파들과 경쟁해 이겨야지, 통일 제국의 등장이라는 현실도 살펴 공자 님의 학문이 살아남을 수 있게 해야지…… 그러다 보니 더 절박했습니다. 특히 공자 님 사상을 현실성이 있는 학문으로 만들어야 한다는 절박함이 컸습니다. 현실적인 유학 말입니다. 만약 제가 처한 시대적 상황에서 공자 님의 이상과 이념을 현실로 들이밀지 않았으면, 결국 공자 님 사상은 절멸되고 말았을 것입니다.

보령 그 현실, 특히 가시화된 통일 제국이라는 문제 탓에 선생님께서 법치를 인정하고 선생님 사상 내에 수용하신 건가요? 전 다른 사람들처럼 선생님을 법가와 유사한 사상가로 절대 보지 않습니다. 또 법가 사상으로 유가 사상이 변질되는 단초를 선생님께서 마련했다고 생각하지 않아요. 절대로요. 그렇지만 선생님께서 주장한 예라는 것을 보면요, 법을 어느 정도 담아내려고 한 것 같습니다만.

순자 상앙商鞅, 신도愼到, 한비자, 이런 법술지사法術之士들이 말하는 법을 한사코 외면할 수 없었습니다. 더구나 통일 제국이 눈앞으로 다가온 시점이었지요. 통일이 되면 이질적인 문화와 관습 속에 사는 많은 사람을 총괄해서 다스려야 하지요. 굉장히 넓은 지역에 산재한 인민을 모두 끌고 가야 하는데, 법과 법치를 수용하지 않을 수 없는 노릇이었습니다.

　제가 법치를 완전히 부정하면 어떻게 되었겠습니까? 만일 제 사상 안에 법치를 조금도 수용하지 않았더라면 공자 님의 학문은 계속 외면받았을 겁니다. 더구나 통일 제국으로 넘어가는 전환기였습니다. 전환기에는 변화가 더욱 절실하지요. 변하지 않으면 살아남을 수 없습니다. 제가 유연함과 변화를 보여주지 않았더라면, 공자 님 사상은 세상에서 완전히 사라졌을 테지요. 전 도저히 그렇게 되도록 할 수 없었습니다.

보령 선생님께서는 법만 포용한 것이 아니라 묵자와 장자에게서도 적지 않게 배웠다고 해야 할까요? 그들에게 영향받은 측면이 있지요?

순자 장점이 있다면 받아들여야지요. 그래서 공자 님 학문의 약점을 보완할 수 있고 실용성과 유효성을 확보할 수 있다면 배제할 이유가 없었습니다. 어쨌거나 공자 님 사상을 보완해 현실성을 갖춘다면 통일 제국 군주의 입맛에도 맞지 않겠습니까?

보령 통일 제국을 다스릴 예비 군주가 선생님 사상의 수요자라고 볼 수 있는데요, 그래서 선생님께서는 다양한 주제를 망라한 글쓰기를 하셨나요? 군사의 일, 음악으로 대표되는 문화에 관한 일, 신하로서의 마음가짐과 몸가짐, 또 군주의 자세, 거기에 경제 문제 등 다양한 주제를 글로 쓰셨어요. 여러 분야를 이끌어가야 할 군주를 수요자로 놓고 사상을 만드셨기에 다양한 주제에 대해 이야기하신 것 같습니다.

순자 수양론에만 그치는 철학, 세상의 많은 일을 형이상학적 기초에서 설명하거나 우주론적 차원에서 접근하는, 소위 고담준론高談峻論은 제 관심사가 아니었습니다. 보령 학생이 잘 보았습니다. 통일 제국을 이끌 군주가 현실적으로 챙겨야 할 것들에 대해 논하다 보니 다양한 주제를 글로 썼습니다. 그렇게 제 텍스트를 만든 것이지요. 그런데 통일 군주만이 아니라 그를 보좌할 관료들도 제 사상의 수요자입니다. 그 관료들은 유가 사상을 배워 실현할 사람들이지요.

보령　선생님께서는 그렇게 현실을 주시하셨군요. 그렇기에 공자 사상이 계속 이어질 수 있었던 것 같아요. 사실 공자 사상이 현장과 현실 정치에 취약합니다. 특히 각론에서 그러한데, 선생님께서 이를 잘 보완해서 극복하셨고 결국 공자 사상에 생명력을 부여하신 것 같습니다.

순자　고맙습니다. 과찬이지만.

보령　과찬이라니요? 실제 현실의 수요에 맞게 사유해 만들어진 선생님의 학문이 통일 제국 한나라 때 수용되지 않았습니까? 제국을 이끄는 지배적 학문이었지요. 후한 때 지식인 제갈량諸葛亮이 남긴 《계자서誡子書》가 떠오르네요. 제갈량은 전략가이자 책사이기 전에 시대의 지성인이자 지식인이었어요.

순자　《계자서》는 어떤 내용입니까?

보령　짧은 글입니다. 어린 아들에게 준 글이에요.

무릇 군자가 되기 위해선 고요함으로 자신을 다스리고 절제와 검소함으로 덕을 쌓아야 하는 법이다. 담박하지 않으면 자신의 뜻을 밝게 할 수 없으며, 마음이 안정되고 고요하지 않다면 원대한 목표에 도달할 수 없다. 배움에 충실하지 못하면 자신의 능력을 키울 수 없고, 뜻이 견고하지 못하면 배움을 완성할 수 없다. 뜻이 흔들리고 산만하고 게으르면 앞으로 나아갈 수 없고, 쉬이 흥분하며 서투르는 마음으로는 바른 성정을 키울 수 없다. 그런 사람들은 시간이 흘러 해를 보내지만 뜻마저 제대로 가누지 못해 그저 세

월만 흘려 보내다가 마치 마른 나뭇잎처럼 땅에 뒹굴고 만다. 결국 세상에 제대로 서지 못해 기울어가는 초라한 세계에서 슬픔에 잠겨 살 뿐이다. 그 때는 후회한다고 해도 어쩔 수 없다.[4]

제갈량의 이 말은 담박명지淡泊明志, 영정치원寧靜致遠이란 사자성어 둘로 압축할 수 있어요.

담박명지, 담박해야 명지할 수 있다. 즉 삿된 것에 욕심이 없고 마음이 깨끗해야 하며 마음이 항상 그렇게 안정적인 상태를 유지해야 밝은 목표, 제대로 된 삶의 방향을 찾을 수 있다는 뜻입니다.

영정치원은, 영정, 평안하고 고요해야 한다. 뿌리 깊은 나무처럼, 잔잔해 모든 사물을 비추어낼 수 있는 물결처럼. 우리 마음이 그래야 치원, 멀리 갈 수 있다고 합니다. 그렇게 해야 학문의 끝에 도달해 많은 성취를 이루고 인식의 지평을 끝없이 넓혀 천하의 많은 사람을 자신의 가슴에 품을 수 있답니다.

제갈량의 글의 보면, 우선 학문에 대한 신심 거의 종교적 열정마저 느껴져요. 마음 수양에 대한 관점, 안정됨과 고요함에 대한 강조, 이런 내용은 마음을 맑은 물과 거울처럼 만들라고 강조하신 선생님의 말씀과 겹쳐 보여요. 이것 말고도 학문에 대해 지녀야 할 신실한 자세, 맑고 고요한 마음과 거기에 항상 기울여야 하는 노력에 대한 강조, 길을 가는 것에 비유한 학문 성취의 방법과 인간의 완성 등 한 대 유학자라 그런지 제갈량에게서 선생님의 모습이 진하게 보입니다.

순자 네, 한나라 유학자들은 거의 모두 제 영향을 받은 것으로 압니다. 학생 말대로 한 대 유학은 저 순자의 유학이었으니까요.

보령　그런데 한나라가 무너지면서 순자적 유학에 반성이 일었습니다. 사회경제적으로 큰 변화가 생겨 토지를 소유한 지주이기도 한 사대부들을 위한 유학을 모색하다 보니 맹자가 각광받았어요. 그 이후 도교와 불교의 도전에 직면해 응전의 차원에서 유학이 진화한 성리학이라는 사상이 만들어졌습니다. 한 대 이후에 선생님의 색채가 강한 유학은 한국에서는 몰라도 중국에서는 다시 주류의 위치에 오르지 못했습니다.

　하지만 춘추전국시대 이후 지금까지 유학이 이어진 것에는 선생님 공이 정말 크다고 생각해요. 심각한 위기의 국면에서 공자 사상을 구하셨고, 통일 제국이 수용하게 하여 유학을 제일 사상의 위치에 올라서게 하셨으니까요. 최근까지도 동아시아에서는 유교 사상의 지배력이 컸습니다. 이렇게 역사적 시야를 통해 사상사를 조망해보면 유교 사상의 계승과 발전에 선생님의 공이 크다는 것을 알 수 있습니다.

순자　그렇게 생각해주니 참 고맙습니다. 그런데도 후배 성리학자들이 절 많이 욕하고 공격했으니 그건 너무도 아쉬운 일입니다.

보령　'수정주의자' 말씀인가요? 선생님을 그렇게 부를 수도 있을 것 같습니다. 원래 사상의 선명성이 좀 약해진다고 해도 뭐 어떻습니까? 약점을 보완하고 시대에 맞게 진화해 살아남는 것도 중요하지 않을까요? 그리고 시대적 현실에 맞게 철학을 다시 만들려는 성실함과 치열함이 있는 학자가 존재한다면, 그런 학자를 존중해주는 것도 필요하다고 생각해요.

　불행히도 원리주의자인 맹자만이 지나치게 인정받았고, 결과적으로 동아시아 사상과 학문에 어떤 경직성이 생기지 않았나 싶습니다. 관중管仲, 순우

곤淳于髡, 묵자, 양주, 정자산鄭子産, 송견宋銒, 허행許行 등 맹자가 공격하지 않은 사상가나 학자는 드물어요. 인신공격도 서슴지 않았지요. 다른 사람들의 학설과 이론을 사설邪說이라고 매도하기까지 했는데, 그런 원리주의적 측면은 눈살을 찌푸리게도 하더군요.

순자   전 공격해도 좋다고 봅니다. 인신공격만 아니면 공격할 수 있다고 봐요. 틀렸다고 생각하면 비난할 수도 있지요. 하지만 상대 주장의 핵심과 줄기를 명확히 파악하고, 상대의 장점을 인정할 줄 아는 자세가 필요하다고 봅니다. 자신의 학문을 살찌우는 데 도움된다고 하면 수용할 수 있는 개방성도 있어야 하지요. 학자나 사상가라면 그럴 수 있어야지요.

보령   인신공격하지 말고 장점도 인정하며 개방성을 가져라. 네, 명심하도록 하겠습니다.

지금까지 선생님께서 살았던 당시 시대적 환경에 대해서 알아보았습니다. 또 선생님의 문제의식에 대해서도 들어보았는데요, 이제 선생님 사상의 공간적 배경에 대해서 알아보도록 하겠습니다. 선생님께서 태어난 나라와 활동한 나라, 여기에 선생님의 개인적 인생 역정 등 약력에 대해서도 여쭤볼까 합니다.

순자   그러지요.

・2장・

순자의 나라

손경은 걷는 길에는 예의를 지키고
행동은 규범을 따랐으며 빈천한 생활에 만족했다.

북방 조나라의 유자

보령 우선 선생님께서 태어나신 곳은 조趙나라입니다. 조나라는 초楚나라와
더불어 춘추시대의 대륙을 양분하여 지배한 최강국 진晉나라의 후신이라고
알고 있어요. 춘추시대 최강국 진나라를 실력자 대부들이 한韓, 위魏, 조 세
나라로 갈랐고, 이렇게 탄생한 조나라가 옛 진나라의 북쪽 영역 곧 지금의 산
시 성山西省과 허베이 성河北省 지역을 차지했다고 들었습니다.

순자 네. 전 조나라에서 서기전 298년에 태어났습니다.* 그런데 제 가계를 거
슬러 올라가다 보면 조나라가 건국되기 전의 이야기를 해야 합니다.

진나라 때 순筍이라는 나라가 있었습니다. 오늘날의 산시 성 서남부에 위치했지요. 순나라는 진나라에 병합되고 맙니다. 진의 무공武公이 순나라를 멸망시키고 그 땅을 한 귀족에게 영지로 주었습니다. 그 귀족은 순나라 땅이 영지여서 그랬는지 순숙筍叔이라고 불렸답니다. 순숙의 자손들도 순나라 땅을 기반으로 살았습니다.

저는 그 일족의 후손입니다. 혹자는 원래 순나라 왕실의 자손이라고도 하는데, 저는 순숙의 자손일 겁니다. 《춘추좌씨전春秋左氏傳》을 보면 진나라의 유력한 귀족인 중행中行 씨와 지知 씨가 모두 순 씨에서 나왔다고 하는데, 진나라에서 꽤나 힘을 썼던 일족들이지요. 그러다가 춘추시대 말에 진나라가 셋으로 쪼개질 때, 제 선조의 영지가 조나라에 귀속된 것으로 압니다.

보령___ 그렇군요. 그런데, 선생님 성이 분명 순인데 손孫을 선생님 성으로 적어놓은 책들도 있습니다.

순자___ 제후국 공실公室의 자손을 '손 아무개'로 부르는 경우가 많았습니다. 한나라 군주의 자손이기에 '손 누구누구'라고 부르곤 했지요. 공실의 자손임을 인정해주는 경칭이지요. 부끄럽게도 저의 제자들이 저를 '손경孫卿'이라 불렀습니다. 공경과 존경의 뜻을 담은 표현입니다.

보령___ 아, 노魯나라의 삼환三桓이라고 있었어요. 《논어論語》에 등장하는 노나라의 실력자 가문 셋, 바로 계손季孫 씨, 숙손叔孫 씨, 맹손孟孫 씨, 그들도 공실

---

* 순자의 생몰 연대는 정확하게 밝혀지지 않았다. 대략 서기전 298년에서 서기전 238년으로 추정하고 있다.

의 자손이었나 보지요? 그래서 '무슨무슨 손' 이렇게 불렀나 보네요.

순자　그렇지요. 노나라 삼환은 모두 환공桓公의 자손이었습니다. 그래서 삼환이라고 불렸던 겁니다. 당시엔 그랬지요. 그나저나 저를 공실의 자손으로 보아 손경이라 부르기도 했지만, 아마 아닐 겁니다. 어쨌든 저는 조나라에서 태어나 자랐습니다.

보령　선생님의 모국인 조나라를 둘러싼 환경이 당시에 상당히 좋지 않았다고 들었습니다.

순자　조나라는 지정학적 조건이 좋지 못했습니다. 동쪽으로는 제나라라는 강국과 대치 중이었고, 서쪽으로는 진秦나라에 위협받는 처지였으며, 동북쪽으로는 연燕나라와 마주했습니다. 그뿐이 아니라 남쪽은 같은 진晉나라의 후신으로 조나라와 더불어 삼진三晉이라고 불린 한나라, 위나라와 접해 있었지요. 그들도 만만치 않은 호적수였습니다. 게다가 북쪽의 흉노匈奴와도 가까웠으며 동호東胡라는 이민족 국가에 위협을 받았습니다.

보령　사방이 적으로 그것도 강적으로 둘러싸인 환경이었군요. 지정학적으로 최악이네요.

순자　네, 그렇습니다. 이런 환경이 저를 현실적으로 사고하게 한 게 아닌가 생각합니다. 당시 초라한 위상의 공자 님 사상을 계승해야 하는 문제도 있었지만 태어나 자란 조국의 환경 문제도 제게 영향을 미쳤지요. 현실적으로 사유하게 하고 안이한 이상론을 배격하게 한 것이지요. 그리고 나라의 태생 배경이라는 문제도 있었습니다. 강국 진나라를 힘 있는 신하들이 반역을 일으켜 셋으로 분할 점거해 탄생한 나라가 조나라입니다. 나라의 지정학적 환경으로 보나 태생 배경으로 보나, 관념이나 이상이 아닌 힘으로 생존을 모색하는 쪽으로 사고할 수밖에 없었습니다. 그래서 제가 '생존의 유학', '살아남는 유학'의 길을 모색했나 봅니다.

보령　선생님. 한, 위, 조 소위 말해 삼진으로 갈라지기 이전에도 북방으로 대변되는 진나라의 분위기는 동방이나 남방과는 많이 다르지 않았나요?

순자　아무래도 그럴 수밖에 없었습니다. 자연 조건도 그렇고 주변의 적대적인 이민족을 봐도 그렇지요. 나라가 셋으로 갈라지기 이전에도 북방에서는 힘을 중시하는 문화가 생겨날 수밖에 없었어요.

　제 사상의 종사宗師 공자 님께서 태어난 곳은 노나라입니다. 동방 노나라는 지형이 사방으로 트였습니다. 자연히 인민에게 유동성이 있었지요. 위衛, 송, 제 등 노나라의 인민은 주변의 다른 나라로 갈 수 있었습니다. 선택권이 있었어요. 모국이 폭정을 행하고 인민을 못살게 굴면, 그들은 다른 나라를 선택해 갈 수 있었습니다. 그래서 그런 나라에서는 백성을 강압적으로 다루기보다는 온정적으로 대하고 달래고 타이르는 통치학이 생기지요. 공자 님 사상은 그런 동방의 환경을 배경으로 하고 있습니다.

보령　선생님께서 살았던 북방은 당연히 그와는 달랐고요?

순자 상당히 달랐습니다. 북방은 사실상 북쪽이 막혀 있었지요. 타이항太行산 맥이란 험한 지형을 끼고 있었습니다. 칸막이가 있고 높은 울타리에 막힌 지형이었습니다. 그리고 주변에 융戎과 적狄이라는 전투에 능한 사나운 이민족들이 있었습니다.

동방과 환경이 달라도 너무 달랐지요. 동방의 인민과 달리 우리 북방의 인민에게는 유동성이 없었습니다. 그래서 좋게 말하자면 효율적으로 나쁘게 말하자면 강압적으로 인민을 다스리기 쉬운 환경이었습니다. 서방 진秦나라도 마찬가지였을 겁니다. 진나라도 서융西戎이라는 무서운 이민족이 바로 옆에 있었고 위로는 사막, 아래로는 탕구라唐古拉산맥이 가로 막고 있어 인민이 이동할 수 있는 여지가 없었지요.

보령 괜히 북방 진晉나라에서 중앙집권화를 가장 먼저 시도했던 것이 아니었네요?

순자 네. 군주를 중심으로 한 일원적이고 빈틈없는 통치 체제가 정비되기 쉬운 환경이었습니다. 그래서인지 공자의 제자 중에서도 자공子貢, 자하子夏 등 실용적이고 외적 규범을 중시한 인물들의 제자들이 가서 정착했지요. 법가 사상가, 더 정확히 말하자면 법술지사들이 등장해 가장 빨리 변법과 법치를 단행했습니다.

보령 자하의 제자 이극李克, 다른 말로 이리李悝라 불리는 사람은 조나라 옆 위魏나라에서 법치를 시작했고 또 오기吳起라는 사상가도 그곳에서 법치를 시행했지요?

순자___ 맞습니다. 그리고 위나라에는 이런 문제도 있었습니다. 서방의 진秦나라가 너무 강적이었습니다. 그들이 보기에는 북방의 진晉나라 또한 버거웠을 텐데요, 진秦과 진晉은 춘추시대 초기부터 서로를 강하게 의식하며 견제했습니다. 전쟁도 한번 했다 하면 국지전 정도가 아니라 전면전을 벌여 피비린내 날 정도로 격렬하게 싸웠습니다. 이런 요인들도 중앙집권화와 힘의 정치를 추구하게 했습니다. 바로 옆에 강적이 있으니까요.

보령___ 사실 초나라와 더불어 춘추시대 최강국이었던 북방의 진나라는 처음부터 서방의 진나라를 잠재적 라이벌 내지 적국으로 간주했다고 알고 있습니다. 서방의 진에는 중원에 나와 힘을 떨치기 위해서는 어떻게든 북방의 진을 무너뜨려야 하는 사정이 있었습니다. 이렇게 서로를 주적으로 여기고 있는 상황이 더욱 중앙집권화와 힘의 정치를 추동케 한 걸 수도 있겠네요.

순자___ 한쪽이 중앙집권화에 성공해서 인민의 힘을 유기적으로 조직해 강성해지는데, 라이벌 국가에서 가만히 있을 리 만무하지요. 서로 경쟁적으로 중앙집권화를 시도했습니다.

보령___ 춘추시대 중기에 북방의 진나라 혜공惠公이 중앙집권화를 시작하자 얼마 안 가 서방의 진나라 목공穆公이 성 밖의 야인들을 국가 체제에 편입해버립니다. 기존엔 통치 대상 자체가 아니었고 당연히 군사 징집 대상이 아니었던 자들을 국가 체제에 편입해 군역을 부여했어요. 아마 상대가 힘을 기르자 자신도 가만있어서는 안 되겠다 싶었겠지요. 선생님 말씀대로 각자가 처한 환경의 문제도 있지만, 서로 두려워하며 대치하다 보니 더욱 더 힘의 정치,

법 중심의 통치를 하기 쉬울 수밖에 없었을 것 같습니다.

순자 네, 그렇습니다. 제가 지극히 현실적으로 사고하고 현실을 살펴 사상을 편 이면에는 그런 북방 환경과 제 조국 조나라 환경의 영향이 결정이었습니다.

보령 그런데, 선생님. 조나라에만 줄곧 계시지는 않았지요? 선생님 텍스트만 봐도 진秦나라에 가서 유세하는 장면도 있고요. 여러 나라를 전전하신 흔적이 보입니다. 가령 《순자》〈부국富國〉편을 보면 이런 말이 있는데요,

> 한 나라가 잘 다스려지는지, 어지러운지, 정치가 잘되는지 아닌지는 그 나라 국경 안으로 들어가 보기만 해도 단서가 이미 드러난다. 관문을 지키는 관리와 순찰하는 자가 이리저리 빈틈없이 살피고 통행세를 빠짐없이 걷고 있다면, 이는 어지러운 나라다. 그 나라 국경 안으로 들어갔을 때 밭이랑이 지저분하고 도성과 고을이 무너지고 황폐하다면 이는 탐욕스러운 군주의 나라다.[5]

특정 국가에 입국했을 때, 조정과 관리를 보고 국정 상태를 진단하는 요령이지요. 〈강국强國〉편에서도 비슷한 장면이 있지요. 진나라 재상 범수范睢와 묻고 답할 때인데요, 위에 열거한 항목을 들어 그 나라 국정을 진단하셨습니다. 정말 여러 나라를 다니시면서 국정을 관찰하신 것 같습니다.

순자 실제 많은 나라를 돌아다녔습니다. 유세도 많이 했지요. 북방, 남방, 서

방, 동방…….

보령_ 공자가 벼슬자리를 얻기 위해 많은 나라를 돌아다녔기에 사람들이 천하주유天下周遊 했다고 말하지만, 실제로는 서방 진, 북방 진에 가지 않았고 노나라와 가까운 세, 송, 위衛 등을 나섰을 뿐이었습니다. 선생님이야말로 실로 천하를 주유하신 셈이군요.

순자_ 공자 님보다 훨씬 많이 돌아다녔지요. 그렇지만 부끄럽게도 공자 님처럼 제 뜻을 알아줄 군주를 만나지 못했고 뜻도 펼치지 못했습니다. 어찌 보면 실패로 점철된 인생이랄 수 있지요. 그나마 학자들의 세계에서 인정받은 게 다행이라 생각합니다. 정치의 뜻을 접고 제나라 직하학궁에 들어가서는 제법 복되게 살았다고 생각합니다.

보령_ 비록 가는 곳마다 등용되지는 못했지만 천하를 주유하시면서 얻은 소득이 꽤 있지 않았나요? 당대 정세와 상황에 대해 정확히 통찰할 수 있었을 것 같습니다. 중원 열국이 하나의 경제권으로 통합되어가는 추세도 보셨을 것이고, 각 나라의 이질적인 문화와 관습을 포용할 더 명확한 규범을 고민하셨을 것이고, 무엇보다 통일 제국의 밑그림을 그리는 데 도움을 많이 받았을 것 같습니다.

순자_ 흠, 부끄럽게도 제가 여러 나라를 전전하면서도 딱히 중용되지는 못했지만, 보령 학생 말대로 소득이 없었던 건 아니었군요. 실제 여러 나라를 주유했기에 당대 현실과 나를 더욱 밀착해 사유하지 않았나 생각하기도 합니다. 전 이렇게 여겼습니다. 공맹의 관념적인 사상으로는 문화와 관습이 제각 각인 여러 지역과 나라를 다스릴 수 없다고. 단순히 어진 마음과 어진 정치, 위정자의 덕과 솔선수범만으로는 무리라고. 그러다 보니 명확하고 외재적이 며 활자화할 수 있는 규범인 예를 생각했지요. 특히 제가 생각하는 예란 법까 지 포괄해서 담을 수 있어야 하는 것입니다.

보령 통일 제국이 들어서자 선생님 계열의 유학자들이 선생님의 문제의식을 충실히 이어받아 발전시켰어요. 예의 규범집《예기禮記》도 펴냈고요. 그 책을 보니, 정말 많은 영역을 다루고 있는 활자화한 예의 규범집이더군요.《예기》 에 담긴 규정들은 한나라 이후에도 우리나라를 비롯해 동아시아 역사에서 지 속적인 지배력을 행사했습니다. 이런 점을 볼 때, 동아시아 역사와 문화에서 선생님께서 차지하는 비중이 정말 크지 않나 싶습니다.

순자 과찬입니다.

제2의 조국 제나라

보령 그런데, 선생님께선 유세를 그만두고 한 나라에 정착하셨다고 하지 않 으셨습니까? 제나라에요.

순자 네. 여러 나라를 전전하다가 제나라로 가게 됩니다. 그때 제나라는 양왕 襄王 말기였지요. 가벼운 마음으로 제나라를 방문했다가 거기서 아주 정착해 살게 됩니다.

보령 그때가 서기전 265년쯤이지요? 전국시대 중기의 대표적 사상가인 맹자나 장주莊周가 죽음을 앞둔 그때가 선생님께서 이제 막 학자로서 이름을 날리고 만개하기 시작한 시점이었네요.

순자 제가 제나라로 가기 전에 서방의 신나라에 간석이 있었습니다. 그때 함양咸陽에서 범수라는 재상에게 유세를 했지요. 그때가 서기전 266, 265년쯤이었지요. 결국 등용되지 못해 제나라로 가게 되었습니다. 하지만 입진入秦의 경험은 강성했던 진나라만큼이나 강렬했습니다. 법치로 강성해진 서방의 진에 들렀던 경험 덕에 저는 법을 제한적으로나마 인정했습니다. 제 사상에 법치를 부분적으로 수용하게 되었지요.

보령 조나라라는 태생적 환경도 있지만 입진의 경험도 선생님께 큰 영향을 끼쳤군요. 법치와 힘의 정치를 부분적으로나마 수용하고 긍정하게 했으니까요.

순자 그렇습니다. 당시 너무도 잘 닦여진 국가 행정 체계와 공직자의 엄정한 근무 기강, 백성의 성실함 등 법치를 중심으로 크게 앞서 나가던 진나라에서 받은 인상이 강렬했지요. 하지만 진에서도 '취직'에 실패하여 제나라로 발길을 돌렸습니다.

보령 제나라에서도 정치 요직을 맡으신 건 아니었지요? 제나라 국립 학술 연구 기관인 직하학궁에 몸담으셨습니다만…….

순자 저도 유세하는 데 어느 정도 이력이 났고 정치적 등용에 대해선 마음을 비웠는데, 그때 마침 직하학궁에 들어가게 되었습니다. 그때부터 차분하게 연구에 매진하며 제 학문을 정리할 수 있었지요.

보령 제나라에서 완전히 학자로서 자리매김하게 되셨는데요, 제나라는 선생님께 매우 특별한 나라 아닌가요? 마음 푹 놓고 연구와 학문에 매진하도록 선생님을 도와주었고요. 그 밖에도 선생님께 끼친 영향이 많은 걸로 압니다. 선생님 사상의 성격이라든가 방향 면에서요.

순자 사실 제나라는 제가 직하학궁에서 학문에 매진할 수 있게 해주었습니다. 또 제 사상에 많은 영향을 끼쳤습니다. 제나라는 사실상 저에게 제2의 조국입니다. 학문적인 의미에서는 모국이랄 수도 있지요.

보령 구체적으로 어떠한 영향을 받으셨나요? 제가 알기론 생산 긍정과 독려, 자연에 대한 합리적인 접근과 인식, 분업에 대한 긍정, 이런 것들이라고 알고 있어요. 제나라의 영향을 받았다고 보이는 선생님 사상의 특징들이요.

제나라는 일단 당대에 가장 부유한 나라였습니다. 상공업이 발달해서 그런지 그런 측면이 선생님께 큰 영향을 준 것 같아요. 우선 가장 두드러져 보이는 게 욕망에 대한 긍정입니다. 선생님께서는 "눈은 아름다운 색깔을 추구하기 마련이고, 입은 단맛을 추구하기 마련이며, 귀는 아름다운 소리를 추구하기 마련이다. 또 코는 향기로운 냄새를 추구하려 하고, 몸은 자연스레 안락함을 추구한다"[6]라고 말씀하셨지요. 이러한 "오관五官의 욕구를 추구하는 게 인간의 실정이다"[7]라고 하셨습니다. 욕망을 그 자체로서 긍정하셨어요.

순자__ 네, 그렇습니다. 전 철저히 욕망을 긍정합니다. 인간의 욕망으로 인해서 무질서와 혼란이 발생할 수도 있지만 그렇다고 섣불리 욕망 자체를 줄이거나 욕망 추구를 금기해서는 안 된다고 주장했습니다. 어떻게든 인간의 욕망은 긍정되어야 하고 충족되어야 합니다. 특히 정치 지도자들은 이것을 항상 염두에 두어야 합니다. 인간의 욕망을 통세하면서도 보상할 수 있어야 위정자지요.

보령__ 사실 선생님 하면 일반인들은 성악설을 먼저 떠올리지만, 저는 선생님의 인간관 하면 욕망이 먼저 떠오릅니다. 철저히 욕망이란 창으로 인간을 보신 것 같아요. 선생님께서는 욕망을 품고 그것을 충족하기 위해 지속적으로 행동하는 존재로서의 인간을 리얼하게 응시하신 것 같습니다. 아니 그냥 선생님께서는 인간의 본질을 욕망 그 자체로 보지 않았나 싶습니다.

순자__ 네. 사실상 욕망을 인간의 본질로 보았습니다. 더 정확히 말해서 생존 욕망을 인간의 본질로 보았습니다. 그랬기에 군집 생활과 분업을 거의 인간의 본능에 가까운 것으로 말하기도 했지요. 사람이란 존재는 모여 사는 군집 상태에서 분업을 해야 자신의 욕망을 충족할 수 있으니까요. 정말이지 인간의 욕망은 철저히 충족되어야 합니다. 섣불리 이를 부정하거나 줄이자고 해서는 안 되지요. 또 현실적으로 가능합니다. 사회를 이루고 분업이란 사회 운영의 틀을 통해 부지런히 생산하면 됩니다. 앞서 통일된 중국 이야기를 했지요? 인간에게는 모두 욕망이 있고 개인은 사회 속에서 이를 어떻게든 충족해야 합니다. 특히 통일 국가의 울타리 안에서 인간이 질서 있게 욕망을 채우도록 해 안정된 통일 제국을 만들어보자, 이것이 제 사상의 목표라면 목표입니다.

보령   맹자는 "마음을 수양하는 데 있어 욕심을 줄이는 것만큼 좋은 것이 없다"[8]라고 했고, 묵자 무리인 송견의 경우에는 "인간의 욕망은 본래 작다"[9]라고 했어요. 장자도 송견처럼 인간의 욕망은 본래 작다고 보았는데, 사회나 국가가 인민에게 바람을 넣어 쓸데없는 욕망을 주입해 커지게 할 뿐이라고 생각했습니다.

순자   모두 옳지 않다고 생각합니다. 앞서 말한 대로 눈, 코, 입, 귀, 몸 등 오관의 욕구를 추구하는 존재가 현실의 인간입니다. 오관의 욕구가 있는데도 그저 욕망을 줄여라, 욕망이 작다고 하는 것은, 사람들이 속으로는 부귀를 바라고 있는데도 재물을 바라지 않는다고 하는 말과 같지요. 또 속으로는 아름다운 여자를 좋아하면서도 서시西施 같은 미인을 싫어한다고 하는 것과 같습니다.

　일단 인간의 욕망을 인정해야 합니다. 그러고 나서 충족해주는 것을 목표로 삼아야 합니다. 물론 욕망을 무질서하게 추구하고 그 과정에서 마구 다툰다면 문제가 되겠지만, 욕망을 예와 분分이라는 질서 틀 내에서 충족하게 하면 됩니다. 욕망 충족을 통제하면서도 보장해야지요. 질서 있게 욕망을 충족하면서 무질서와 혼란이 없는 사회를 만들어야지요. 그런 사회의 모습이 제가 생각하는 올바름이고 착함善입니다. 이상이지요.

보령   사람들의 욕망은 충족되어야 한다고 하셨는데, 욕망 충족을 통치의 차원에서 보셨다는 느낌이 듭니다. 통치하는 사람이 이를 항상 염두에 두어야 하는 것인가요?

순자 나라를 다스리는 일을 이야기하면서 욕망이 작아야 한다고 주장하는 자들이 있습니다. 이들은 욕망을 잘 인도할 생각은 하지 않고 사람들에게 욕망이 있다는 사실만을 곤혹스러워하는데, 현실을 모르는 통치할 자격이 부족한 자들이라고 생각합니다. 사람들의 욕망을 분명히 인정하고 질서 있게 욕망을 추구하게 하는 게 어쩌면 통치의 시작이자 끝일 수도 있습니다. 그리고 이것이 제가 그렇게도 강조한 예가 추구하는 바입니다. 예는 욕망을 통제하면서도 보장해주기 위한 것이지요.

보령 욕망을 이야기하고 있는데요, 어쨌든 중요한 건 제나라가 선생님께 미친 영향입니다. 욕망과 선생님께서 생각하는 바람직한 통치 질서와 기준, 규범에 대한 이야기는 뒤에서 더 자세히 하겠습니다. 정리하자면, 선생님께서는 욕망을 주목하셨습니다. 또 욕망이 충족되어야 한다는 주장 뒤에 제나라의 영향이 있다고 말씀하셨어요.

순자 네, 그렇습니다. 제나라는 관중이 기획한 분업의 원리에 따라 농업과 공업, 상업이 서로 병행하여 균형적으로 발달했습니다. 그러면서 아주 부유한 나라가 되었지요. 사람들이 풍요로움을 많이 누렸습니다. 저는 이런 제나라에 큰 영향을 받았지요. 그런데 비단 제나라뿐만 아니라 열국의 생산력이 비약적으로 높아지는 시기에 제가 살았다는 점도 중요합니다. 부유한 제나라의 덕을 보면서 국립 학술 연구 기관에 소속되어 연구했고, 또 다른 나라들의 경제 발전을 지켜보았기에 욕망과 욕망 충족을 적극적으로 이야기한 것입니다.

보령 부유하고 생산력이 발전한 제나라를 말씀하시며 분업 이야기도 하셨는데, 제나라의 관중이 '사민四民구분론'을 말했어요. 그는 사농공상의 거주지를 분리하고 각자 거주지에서만 살면서 생산에 종사하도록 인민을 강력하게 관리, 통제, 보호했습니다. 제나라는 명재상 관중에 의해 기획된 분업의 틀이 확실하게 자리 잡혀 돌아갔지요. 분업에 기초한 국가 생산력이 정말 탁월했습니다. 선생님께서는 제나라의 상징과도 같은 분업에도 영향을 상당히 받으신 것 같습니다.

순자 제나라를 보고 욕망을 긍정했을 뿐만 아니라 분업에 대해서도 아주 우호적이게 되었습니다. 저는 종으로도 횡으로도 분업을 기획했고 이에 기초한 사회질서를 꿈꾸었지요. 군주 밑에 재상, 그 밑에 일반 관료와 신하, 그 밑에 선비, 그 밑에 인민 등 종으로도 분업을 구상했고, 농민과 공인과 상인 등 횡으로도 분업을 기획했습니다.

  안타깝게도 저의 분업론을 사람들은 보통 유가에서 말하는 차별적인 신분질서를 고수하는 것이라고 인식합니다. 그들은 생산 진흥을 위한 능률적 분업이란 측면을 보지 못했는데요, 욕망 충족을 중시한 사람이 누구입니까? 욕망을 충족하기 위해서는 생산을 진흥해야 하고, 생산 진흥을 위해서는 능률적인 분업 체제가 필요하지요. 그래서 횡적 분업도 주장했습니다. 그런데 사람들은 제 분업론을 그저 '종적으로 차별적으로 사람들을 구분했다. 불평등한 신분 구조를 주장했다'고만 인식하고 있습니다. 이런 인식은 제 분업론에 대한 무지의 소치입니다.

보령 선생님께서는 상업과 공업의 비중과 영역을 가장 분명하게 인식한 학자셨습니다. 보통 다른 학자들은 농업을 우선시하고 받드는데 선생님께서는 상공업을 농업에 준하는 것으로 보셨던 것 같아요. 아, 그리고 물자의 유통도 적극적으로 장려하셨는데 이 역시 상공업을 중시하셔서 그런 것 같습니다.

순자　네. 분업해서 여기저기에서 나누어서 생산했으니 적극적으로 유통해야 하지 않겠습니까? 그래서 전 통행세와 관세 같은 것에 부정적이었습니다. 농업, 상업, 공업 모두가 중요하지요. 그러니 조화롭게 같이 가야 하겠지요. 앞서 말한 횡적 분업 체제가 능률적이면서도 조화롭게 돌아가길 바랐습니다.

보령　욕망에 대한 긍정론, 그리고 낙관적인 경제관 이외에도 제나라의 영향을 받은 부분이 참 많아 보입니다. 선생님께서는 천인지분天人之分과 성위지분性僞之分을 말씀했고, 감각기관인 천관天官과 마음인 천군天君을 구분하라고도 하셨지요. 이 밖에도 선생님의 주장을 읽어보면 구분과 분리를 무수히 말씀하셨습니다. 분! 즉, 나누기로 여러 이론을 만드셨는데 이 모두 분업으로 흥한 제나라의 영향 때문인가요?

순자　낙관적인 경제사상이나, 분을 핵심 원리로 하는 여러 이론과 사상 등 저의 철학은 정말 제나라의 영향에서 자유롭지 않은 것 같습니다.

보령　선생님, 그것 외에도 제나라가 선생님께 끼친 사상적 영향이 더 있는 것 같습니다. 바로 합리적으로 세계를 보려는 세계관이나 자연관이요. 서양의 경제학자이자 철학자인 엥겔스가 이렇게 말한 적 있습니다. "인간은 자연을 변화시키고 그로부터 습득한 것에 비례해 다시 인간의 지성은 성장한다."[10] 생산력이 잘 발달된 제나라는 일찍이 광산과 염전 개발을 활발하게 했지요.

국가 생산력 확충을 위해 저수지나 보, 커다란 다리, 교량 등 사회간접자본 건설에 적극적으로 나섰던 나라입니다. 그러다 보니 자연이나 하늘을 경외나 종교의 대상으로 보기보다는 하나의 객체로 보는 사고가 발달한 것 같습니다. 안 그래도 선생님께서는 인간 삶의 쓸모를 위해 변화시켜야 할 객체로 자연을 보는 시각이 강한데요, 이것도 제나라의 영향이지요?

순자 미신을 배격한 채 이성만으로 자연 사물에 접근하자. 또 합리적으로 자연을 인식하자. 그리고 자연에서 어떤 법칙성을 발견해 그걸 토대로 자연을 적극 이용하고 개발해보자. 다 제가 했던 주장입니다. 인간 지성의 확대와 합리주의적 인식의 성장, 제나라에는 유독 이런 점들이 두드러졌습니다. 이것이 제 사상에 크게 영향을 주었지요.

보령 제나라는 정말 선생님께 아낌없이 주는 나무였네요. 마음 편히 연구에 매진할 수 있게 연구 기관에 취직시켜주었고, 그곳에서 선생님께서는 세 번이나 좨주라는 대표를 지내며 명예를 얻었습니다. 또 선생님만의 사상적 특징과 개성은 제나라 환경의 영향을 받았습니다. 말하자면, 제나라 환경이 사상적 자양분이 되었는데요, 선생님 말씀처럼 제나라를 정말 제2의 조국이라고 해도 될 것 같습니다.

순자 정말 제2의 조국이라고 할 만하지요. 사실상 모국입니다. 너무도 많은 것을 받았습니다. 하지만 저는 결국 제나라를 떠나 초나라로 갈 수밖에 없었습니다. 제나라의 국력이 기울어 연구 기관 지원이 축소되었고, 또 이런저런 정치적 갈등과 사상적 알력 탓에 전 어쩔 수 없이 초나라로 갔습니다. 정든 제나라를 떠나야 했지요.

남방 초나라로 가다

보령 초나라로 떠나신 시섬이 대략 서기전 255년인가요'? 초나라에서 준신
군春申君 황헐黃歇을 만나신 걸로 압니다.

순자 그 사람은 맹상군孟嘗君, 신릉군信陵君, 평원군平原君과 더불어 전국시대
4공자로 초나라의 실력자로 활약한 사람이었지요. 저는 춘신군의 지원을 받
아 난릉蘭陵이라는 지역의 장관이 됩니다.

보령 좋은 환경에서 연구할 수 있고 때론 궁중에 정치적 조언도 할 수 있었던
제나라에서 떠나게 되었지만 다행히 초나라에서 좋은 후원자를 만나셨군요.

순자 네. 초나라에서 다행스럽게도 좋은 후원자를 만났습니다. 조정에서 활
약한 건 아니지만 통치도 경험해보았습니다. 난릉이라는 작은 고을을 다스렸
지요. 거기서 이사라는 제자를 얻기도 했지요. 또 춘신군을 따라 조국 조나라
에 가기도 했는데, 조나라에서 임무군臨武君이라는 초나라 출신 장수를 만나
병사와 군사의 일에 관해 논쟁을 벌였습니다. 그러고 나서 다시 초나라로 돌
아왔는데 춘신군이 실각하고 말았습니다. 저도 난릉을 다스리는 지방관 자리
에서 물러났지요. 하지만 난릉을 떠나지는 않았습니다. 그곳에 머물면서 제
자를 가르치고 저술도 하다가 일생을 마쳤습니다.

보령　조나라에서 태어나 여러 나라를 유력하셨습니다. 진秦나라에서 마지막 유세를 하시고 제나라로 들어가셨습니다. 거기서 시작하신 학자로서의 업을 계속 이어가셨군요. 제나라 생활이 끝난 후에는 남방의 초나라로 가셨는데요, 말씀하신 대로 인생 말년을 그곳에서 보내셨습니다. 대략 선생님의 인생 역정 내지 삶의 궤적을 이렇게 정리해볼 수 있겠네요. 선생님의 삶과 학문의 공간적 배경의 변천사? 그렇게 봐도 될 것 같고요.

순자　제 삶의 궤적이 그러합니다. 북방에서 태어나 천하를 돌아다니다가 서방에서 마지막 유세를 했고 동방으로 가 정착해 연구와 학술 토론에 매진하다가 남방에 가서 행정과 통치를 경험했지요. 결국 그렇게 생을 마쳤습니다.

　남방을 제외한 다른 곳 모두 제 사상에 영향을 끼쳤다지만, 사실 남방에서도 배운 게 많습니다. 유명한 시인 굴원屈原의 조국 초나라에서 남방의 문학을 배우며 문학에 눈을 떴지요. 그래서 저는 북방의 노래 《시경詩經》 말고도 남방의 노래와 시 세계도 접할 수 있었습니다. 이걸 바탕으로 성상成相과 부賦라는 노래와 운문을 만들어냈습니다.

　〈성상成相〉 편과 〈부賦〉 편에 제가 만든 문학작품들이 있는데 〈부〉 편의 시와 노래는 한 대에 계승되어 '부'라는 독자적인 문학 장르가 되었습니다. 〈성상〉 편이 노동요이고 대중성이 강한 노래라면, 반대로 〈부〉 편은 예술성이 강한 노래라 할 수 있습니다. 실제 문학 장르로 계승 발전되었지요. 그런데 저는 단순히 문학을 위한 문학이 아니라 유가 사상이 담긴 시와 노래를 지었습니다. 사람들이 따라 부르며 유가 사상을 배울 수 있게.

보령　선생님께서는 어디 가서든 항상 뭐라도 배우셨던 것 같아요.

순자 네, 그랬습니다. 안 그래도 제가 〈권학勸學〉 편에서 "공부는 죽어서야 끝이 난다"[11]라고 했습니다.

보령 어디 가서든 배우고 그것으로 자신을 채우고 항상 그렇게 진화하셨는데요, 〈성상〉 편과 〈부〉 편은 선생님 텍스트의 거의 마지막에 실렸습니다. 《순자》는 총 20권 32편인데요, 그중 27편 〈대략大略〉 편부터 32편 〈요문堯問〉 편까지는 제자들이 추가한 것이고, 26편까지가 선생님께서 직접 쓰시고 정리하신 것이지요? 마침 25편이 〈성상〉 편, 마지막 26편이 〈부〉 편이네요. 생애 끝자락까지 쓰시고 정리하셨나 봅니다. 주희가 죽을 때까지 자신이 정리한 《중용장구中庸章句》에 쓸 서문序을 다듬었듯이요.

순자 네. 제가 텍스트에서 무수히 강조했지요. 끝없이 노력하라고, 앞으로 나아가라고······.

보령 학문과 삶의 일치를 추구하신 것 같아요.

순자 과찬입니다만, 초나라에서 말년을 보내면서도 공부하고 배웠던 것은 사실입니다. 그것을 바탕으로 쓴 것이 텍스트 끝자락에 실렸습니다. 거기에 제자들에게 당부하는 말도 써놓았지요. "학문에 힘쓰면 하늘은 절대 너희들을 잊지 않을 것이고, 성인이 두 손 모아 기도하는 세상이 올 것이다"[12]라고요.

보령 유언 같은 말씀이네요.

순자 네. 유언장을 쓴다는 심정으로 〈부〉 편 끝에 제자들을 위한 당부를 남겼습니다. 아무리 천하가 어지러워도 절대 포기하지 말고 공부에 매진하라고 말했습니다.

보령 저도 그 부분을 읽었는데, 제자를 위한 스승의 마지막 말이라는 점에서 참 눈물 어린 당부로 기억합니다. 그 부분 읽고서 울지 않는다면 공부하는 사람이 아니에요, 정말.

　선생님, 그리고 제나라 직하학궁에 계실 때요, 여러 학파의 무척 다양한 사상가를 만나시지 않았습니까? 그들과 입씨름 벌여 논쟁하고 토론하고 그러셨는데, 그때의 경험도 선생님의 학문 발전에 큰 도움이 되었겠지요?

순자 물론입니다. 앞서 말했듯이 타 학파의 사상을 무조건 배격하거나 부정하는 건 좋지 않습니다. 저는 그들의 사상이 가진 그 나름의 장점을 조목조목 지적하며 인정했고 또 제 사상 안에 수용했습니다. 저는 그들의 사상을 각득기소各得其所했지요. 유가 사상을 중심으로 그들의 사상을 편입시켜 제 사상 체계 안에 배치한 것입니다. 유가 사상의 진화와 완성, 동시에 제자백가 학문의 종합화를 꾀한 것이지요.

보령 선생님, 각득기소가 무슨 뜻인가요?

순자 각득기소는 공자 님께서 하신 말씀입니다. 《논어》에 나옵니다. 당신이 "노나라에 돌아오자, 음악이 바르게 되었다. 아雅와 송頌이 각각 제자리를 찾게 되었다"[13]라고 하셨습니다. 아는 조정 공식 행사 때 연주되던 노래였고, 송은 종묘에서 조상께 제사할 때 연주되던 노래였습니다. 그 음악들이 각각 연주될 자리에서 바르게 연주되도록 공자 님께서 《시경》의 악장을 바로잡았다고 하셨습니다. 이것을 각득기소라고 말씀하셨지요. 거기서 나온 말입니다.

향후 이 말은 뜻이 확장됩니다. 사물이나 사람이 있어야 할 제자리에 있는 것 또는 사람이나 물건 등을 직질한 위치에 배치해 성리하는 것을 뜻합니다. 저는 제자백가들의 학문을 부분적으로 수용했고 유가 사상에 편입했습니다. 부분적으로 편입한 것을 제가 기획한 '사상의 궁전' 구석구석에 배치해 유가 사상을 위해 복무케 했지요. 그러면서 다양한 사상 요소를 공자 님 사상을 중심으로 종합 정리했습니다. 제자백가 사상을 유가 사상을 중심으로 해서 철저히 각득기소한 셈이지요.

보령__ 그래서 선생님을 집대성자라 부르기도 하는군요. 어쨌거나 종합하여 집대성할 수 있었던 것도 제나라의 환경 때문에 가능했던 것이겠지요? 직하학궁 말입니다. 제나라 덕을 참 많이 보셨습니다.

순자__ 네, 인정합니다.

보령__ 선생님 개인사, 인생 역정에 대해서 들었습니다. 유향劉向이란 한나라 때의 학자가 자신이 쓴 《서록書錄》이란 문헌에서 선생님의 삶을 이렇게 평했습니다.

손경은 진秦나라 소양왕을 만났을 때, 왕이 전쟁을 좋아하는데도 삼왕의 정치 법도로써 유세했고, 진나라 재상 범수와도 만났지만 두 사람에게 모두 등용되지 못했다. 조나라로 가서는 효성왕 앞에서 임무군을 상대로 군사를 논하면서 임무군이 말한 권변사술權變詐術의 병법에 맞서 왕자의 군대에 대해 유세해 논박하여 그를 침묵하게 만들었지만, 결국 손경의 유세는 받아들여지지 않았다. 손경은 걷는 길에는 예의를 지키고 행동은 규범을 따랐으며 빈천한 생활에 만족했다.[14]

손경의 책을 읽어보면 왕도가 얼마나 실천하기 쉬운 것인지를 말하고 있고, 세상이 이를 받아들여 쓰지 않는 것을 염려하고 있으니, 그 말이 너무나 처참하고 비통하다. 아아, 안타깝게도 이 사람을 결국 촌구석에서 일생을 마치게 하니 그 공적이 세상에 드러나지 않은 채로 끝나버린 것이 슬퍼 눈물이 난다.[15]

순자__ 뜻을 닦고 덕행이 두텁고 지려志慮가 명석하며 뜻과 의지를 이상에 두는 것, 이 모두는 자신에게 달려 있습니다. 그러므로 군자는 자신에게 달려 있는 것에 힘을 쓰지, 인식과 능력 밖에 있는 것을 흠모하지 않습니다. 소인小人은 자신에게 달려 있는 것은 버려두고 하늘에 달려 있는 것을 흠모하지요. 저는 저에게 달려 있는 것을 열심히 했기에 아무런 후회나 회한이 없습니다.

보령__ 선생님께 '자신에게 달린 일'이란 구체적으로 무엇을 말하는지요?

순자__ 자신에게 달린 일이란 마음과 뜻을 닦고 덕행에 힘쓰며 인식과 판단을 명확히 하고 오늘날에 태어났지만 옛 사람의 도에 뜻을 두고 사는 것입니다. 거기에 스스로 도를 행하는 도덕의 주체임을 자각하고, 도를 일상생활에서 실천하려 노력하는 것이지요. 이런 일들이 모두 자신에게 달린 일입니다. 전 그렇게 살아왔습니다. 그 임무를 다하려고요. 비록 빈천하게 산 시간이 많았고 현실에서 기회를 부여받지 못했습니다만, 어떤 묵은 원망과 후회도 없습니다.

보령__ 공자의 말이 떠오르네요. 제자 자공이 공자에게 "백이伯夷와 숙제叔齊 같은 위인도 원망이 있었을까요?"라고 묻자, 공자가 "어짊仁을 구하여 어짊을 구했는데 무슨 묵은 원망 같은 것이 있겠느냐"라고 답했습니다.**16** 유가 사상이란 게 사실 '옳으니까 해야 한다'는 신념이 기초인데, 선생님께서 그런 신념과 가치관으로 평생을 경주해오셨으니 된 것 아닐까요? 정말 선생님께서는 자신의 인생을 되돌아보실 때 어떤 후회나 묵은 원망이 당연히 없으실 것 같습니다.

순자__ 네, 없습니다.

보령__ 정말 없나요? 하하.

순자__ …….

보령__ 지금까지 선생님께서 산 시대적, 역사적 배경을 살펴보았고 선생님 개인의 인생 역정 등에 대해 살펴보았습니다. 이제 본격적으로 선생님의 철학에 대해 논해야겠습니다.

순자 네, 좋습니다. 그런데 제 철학과 사상에서 가장 중요한 부분은 저의 천관념天觀念입니다. 하늘에 대한 관념이 제 철학의 가장 중요한 기초지요. 그러니 그것에 대해 먼저 이야기하도록 합시다.

· 3장 ·

인간과 하늘 사이에 선을 긋다

하늘의 운행에는 한결같은 법도가 있으니
요임금 때문에 존재하는 것도 아니요,
걸임금 때문에 사라지는 것도 아니다.
다스림으로 응하면 길하고 어지러움으로 응하면 흉하다.

하늘의 운행에는 규칙이 있으니

보령__ 이제 선생님의 천에 대해서 좀 여쭤보도록 하겠습니다. 하늘, 한자로 天은 제자백가의 사유를 이해하는 데 정말 중요하다고 알고 있습니다. 사실 동아시아 사상사를 이해하는 데 가장 중요한 열쇳말이라고 할 수 있는데요, 그렇기 때문에 부담되기도 하지만 학생 신분이라 거침없이 묻겠으니 거침없이 답해주시면 고맙겠습니다.

순자__ 천이라는 주제가 제 사상에서 차지하는 비중이 매우 높습니다. 궁금한 것 모두 물어보십시오. 차근차근 알기 쉽게 말씀해드리겠습니다.

보령 먼저, 천관天觀이 선생님 사상에서 차지하는 비중에 대해서 좀 여쭤보겠습니다. 이렇게 말하는 분들이 있습니다. "순자의 천관, 그가 하늘을 어떻게 바라보는지를 알면 그의 철학을 절반 정도는 이해한 거나 진배없다." 선생님 철학에서 천관이 그 정도로 중요한가요?

순자 그렇습니다. 앞서 말한 욕망이란 열쇳말보다 더 중요하지요. 사실 욕망 자체가 저의 천관념에 포함됩니다. 그뿐 아니라 제 사상의 모든 것이 저의 천관과 연결됩니다. 제 천관을 이해하면 저의 인간관, 사회관, 군주관, 스승관을 알 수 있습니다. 제가 말하는 예와 규범에 대해서도 어렵지 않게 이해하실 수 있지요.

보령 와, 그 정도인가요?

순자 네, 그 정도입니다.

보령 많은 연구자가 선생님 사상을 이해할 수 있는 기초가 되는 것으로 천을 꼽았고, 첫 번째 관문인 듯 소개하기도 했는데, 괜히 그런 게 아니었군요. 저도 어떻게든 그 관문을 통과해보고 싶습니다.

　선생님, 제자백가 시대에 천이라고 하면 단순히 하늘이 아니라 하늘을 포함한 모든 자연, 자연 사물까지 포괄하는 개념인 걸로 압니다. 앞서 제나라 이야기를 할 때 언급하셨지만, 선생님께서는 이성적, 합리적으로 자연을 인식했다고 알고 있습니다.

순자 맞습니다. 천은 자연 사물까지 포괄하는 개념입니다. 제 천관을 합리주의적 자연관이라고 하는데 앞서 말한 대로 제나라 영향을 받은 것이지요. 광산업과 공업의 선진국 제나라의 환경이 제가 하늘을 보고 논하는 관점에 큰 영향을 미쳤습니다.

제나라에선 금속, 직물, 도기와 관련된 수공업과 소금을 만드는 제염업이 성황이었습니다. 또 일찍이 광물자원을 국가에서 적극적으로 개발해 유통했지요. 제나라 수도인 임치의 터에서는 철, 구리, 동전을 만든 작업장 유적이 지금도 많이 발견됩니다. 공업과 제조업이 발전하고 광물자원을 적극 개발한 제나라는 제가 자연을 합리적으로 인식하고 이성적으로 고찰하게 했습니다. 그러면서 하늘과 사람의 구분, '천인지분'이란 제 사상의 대명제를 주장할 수 있었지요. 한발 더 나아가 그걸 통한 인간의 실천과 생산의 독려까지 적극 주장할 수 있었습니다.

종교적 하늘과 결별하다

보령 선생님의 천관념 뒤에 제나라가 있었군요. 자 그럼 본격적으로 여쭤보겠습니다. 선생님의 텍스트 《순자》〈천론〉 편에 근거해서요. 먼저 제가 외우고 있는 〈천론〉 편의 머리말 부분을 한번 읊어보겠습니다. 너무 멋있고 의미심장한 말이라 외우고 있습니다.

순자 들어보지요.

보령 천행유상 天行有常 불위요존 不爲堯存, 불위걸망 不爲桀亡, 응지이치즉길 應之以

治則吉! 응지이난즉흉應之以亂則凶!

선생님의 〈천론〉 편은 이렇게 시작합니다. 이런 뜻으로 알고 있어요. 하늘의 운행에는 일정한 법칙과 규칙성이 있다. 그것은 요임금 때문에 존재하는 것도 아니며 걸桀임금 때문에 없어지는 것도 아니다. 하늘의 운행에 다스림으로 대응하면 길하고! 하늘의 운행에 혼란으로 대응하면 흉하다!

순자 네, 제가 천을 주제로 말한 〈천론〉 편은 그렇게 시작합니다. 하늘은 아무런 의지 없이 일정한 원리, 일정한 법도대로 움직일 뿐이지요. 그런 하늘이 인간의 운명을 지배하거나 사회의 운명을 결정할 수는 없습니다.

보령 그래서 선생님께서 뒤이어서 이렇게 말씀하셨어요. "농사에 힘쓰고 절약하면 하늘도 가난하게 할 수 없고, 잘 보양하고 제때에 움직이면 하늘도 병들게 할 수 없으며, 올바른 도를 닦아 도리에 어긋나지 않으면 하늘도 재난을 당하게 할 수 없다"[17]라고요.

순자 중요한 것은 인간 자신의 노력입니다. 부지런히 일하고 힘써 실천하고……. 그런 개인과 그런 집단은 장마와 가뭄도 굶주리게 할 수 없고, 요괴도 그런 사람들을 불행하게 할 수 없습니다. 하지만 반대로 농사와 같은 근본적인 일을 버려두고 사치하면 하늘이 그를 배부르게 할 수 있겠습니까? 또 잘 보양하지 않고 잘 움직이지 않으면 하늘이 그를 온전하게 할 수 없지요. 또 올바른 규범을 지키지 않고 함부로 행동하면 하늘이라고 해도 그를 길하게 할 수 없습니다. 그런 개인과 그런 집단은 장마와 가뭄이 오기도 전에 굶주리고, 한파와 폭염이 닥치지 않아도 병들며, 요괴가 오기도 전에 불행해질 것입니다.

보령___ 그럼 하늘만 바라볼 필요가 없겠네요. 하늘에 대고 기도할 이유도 또 하늘을 원망할 근거도 없겠습니다.

순자___ 물론입니다. 하늘에 기도할 필요 없습니다. 하늘은 사람들이 추위를 싫어한다는 이유로 겨울을 없애지 않습니다. 땅은 사람들이 먼 것을 싫어한다는 이유로 넓음을 없애지 않습니다. 우리가 하늘에 종교적 관념을 품고 기도할 필요가 어디 있겠습니까? 분명히 알아야 합니다. 사람이 어떻게 하느냐, 인간 집단이 얼마나 노력하느냐에 따라 부유함과 굶주림, 건강함과 병듦, 다스림과 혼란이 결정되는 것입니다. 결코 하늘이 결정하는 게 아니에요. 하늘에 기도할 것도, 하늘을 원망할 것도 없습니다. 그러니 하늘과 인간을 분명히 구분해야지요, 별개의 것으로 놓고 보아야 합니다.

보령___ 그것이 이른바 선생님의 천인지분인가요?

순자___ 맞습니다. 하늘은 그저 우리들 눈에 보이는 자연일 뿐입니다.* 인간을 둘러싸고 있는 외적 환경일 뿐이지요. 인간과 집단 앞에 놓인 삶의 조건이자 문제 상황일 뿐입니다. 중요한 것은 인간의 행동과 실천이지요. 외적 환경으로 설명할 수 있는 하늘과 인간을 철저히 구분해서 보아야 합니다. 여기서 인

---

* 노블락John Knoblock의 영역판 《순자Xunzi》를 보면 '천론'을 "Discourse on Nature"라고 번역했다. 그 장에서 '천'을 계속 일관되게 "Nature"라고 번역해놓았는데, 노블락이 번역한 대로 순자의 '천'은 '자연'이다.

간은 그냥 단순히 생물학적인 존재만이 아니라, 인간이 기울이는 노력과 실천까지 포괄하는 의미의 존재입니다. 자, 잘 들으세요. 천으로 대변되는 인간을 둘러싼 '외적 대상'을 '인간(과 인간의 노력, 실천)'과 분명히 구분하자는 것이지요. 그게 바로 천인지분입니다.

하늘은 전지전능한 존재가 아닙니다. 우리 인간 사회의 '빈부', '화복禍福', '치란治亂' 등은 하늘이 결정하는 게 아닙니다. 이런 것들은 하늘과 아무런 상관이 없습니다. 자연과 사회 현상 간에는 어떠한 인과관계도 없습니다. 그러니 버려야지요. 하늘에 대한 잘못된 생각과 종교적 관념을 반드시 버려야 합니다. 그러면 하늘은 하늘, 인간은 인간, 이렇게 분리해서 볼 수 있습니다. 그러고 나서 실천하면 됩니다. 인간은 인간의 할 일만 잘하면 될 뿐입니다.

보령 하늘에 대해 사람들이 가지고 있는 어떤 잘못된 인식 내지 관념을 말씀하시는 것 같습니다. 또 그런 것을 버리는 게 선행되어야 한다는 말씀 같은데요, 선생님께서 보시기에 어떤 것을 버려야 하나요?

순자 간단합니다. 신비론적, 숙명론적 그리고 종교적 의미를 투영시켜 보는 하늘, 그런 의미가 있는 것으로 이해되는 자연, 그런 생각과 인식을 버려야 합니다. 사람의 기도에 응한다거나 아니면 인간과 사회를 주재한다거나 어떤 인간에게 도덕적 사명을 준다거나 하는 하늘, 즉 자연은 없습니다. 하늘은 그저 한 인간의 삶에 놓인 조건일 뿐입니다. 눈으로 관찰되고 우리가 명백히 인지할 수 있는 늘 변함없는 규칙을 가진 하늘이 우리 눈앞에 있을 뿐이지요.

우리는 이런 자연을 보고서 어떤 법칙성 같은 것을 파악해내면 됩니다. 또 힘을 가하고 노동력을 더해서 뭔가를 산출해낼 수 있는 부분이 있나 없나 살펴보고, 그러면서 자연에서 인간 삶에 필요한 것들을 얻고 뽑아 자신과 사회를 부유하게 바꿔나가면 될 뿐입니다.

보령___ 그래서 선생님께서 하늘을 받들거나 흠모하는 것보다는 하늘을 이용하고 제어하는 것이 낫다고 하셨던 거군요.

순자___ 하늘에 순종하고 찬양하기보다는 하늘이 낳은 만물을 다스려 이용하는 게 낫지 않겠습니까? 하늘의 때를 막연히 수동적으로 기다리기보다는 때에 응하여 자연을 부리는 것이 낫지 않겠습니까? 그저 절기가 순조롭고 수확이 풍요롭기를 바라기보다는, 절기를 이용해 때에 맞게 경작하는 것이 훨씬 바람직할 것입니다. 적극적으로 움직이고 또 능동적으로 노력하고 일하면 됩니다. 부지런히 움직여 인간 삶에 필요한 것을 자연에서 많이 얻어내면 되지요.
　인간이 인간의 일을 잘해 스스로 질서를 만들어내고 다스림을 펴야지, 하늘만 바라볼 이유가 없습니다. 그러려면 우선은 하늘, 즉 자연을 합리적, 객관적으로 바라볼 수 있어야 합니다. 하늘은 어떤 일정한 법칙으로 돌아가기에 그것을 매개로 파악되는 것일 뿐입니다. 그렇기에 우리 인간이 하늘을 부리고 만들고 재가공할 수 있습니다.

보령___ 사실 선생님의 말씀은 지극히 현실적이고 상식적입니다. 어떤 규칙적인 움직임이나 절기, 리듬으로 파악되는 하늘 즉 자연과, 생산물과 재화로 만들 수 있는 객체로서의 자연, 둘 모두 상식적인 지적인데요. 하지만 당대에는 그렇게 인식하자고 주장하기가 쉽지 않았을 것 같아요.
　가령, 한비자가 말한 대로 전국시대 양대 현학이라고 했던, 공자의 사상과 묵자의 사상을 보면 둘 다 종교적 의미의 천관을 비중 있게 이야기하고 있습니다. 공자 같은 경우에는 도덕적 사명을 주는 천과, 도덕적 사명대로 살려고 노력하는 사람을 알아보고 그 뒤에 서는 천, 또는 도덕 주체가 어찌할 수 없는 외부적 조건으로서 드러나는 어떤 운명적인 천을 말했습니다. 그리고 묵자는 인격이 있는 신과 같은 존재로 하늘을 말했고요. 그가 말한 천은 상과 벌을 내리고 성령 같은 존재를 부리기도 하는 등 그렇게 세상을 주재해가는 존재입니다.

그런데 선생님께서는 인격적 요소나 도덕적 요소를 모두 하늘에서 털어버리자고 하십니다. 세상을 이끌어가는 주체가 아니라 하나의 객체로서 설명할 수 있는 하늘을 말씀하셨어요. 사실 인간의 인지 능력이 대단히 신장된 오늘날에도 많은 사람이 자연에 종교적, 도덕적 의미를 투영하곤 합니다. 아직도 그런 사람이 많아요. 종교 생활을 하며 인격신을 절대 존재로 믿기도 하고요. 하물며 당대에는 인간의 인지 범위가 분명 좁았던 시대인데 선생님께서 너무 앞서 나가신 것 아닙니까? 너무 무리수를 두신 게 아닐까요?

순자　당대에는 귀신과 요괴 같은 것을 믿으며 미신적 사고를 하는 사람이 많았지요. 그 당시, 인격적 하늘에 대한 믿음, 종교적 하늘에 대한 미련이 있는 사람들은 그런 사고와 인식에서 나오지 못한 채 허우적거린 게 사실이긴 합니다. 하지만 사람들의 인식은 분명 바뀌고 있었습니다. 그렇게도 '하늘의 명'을 거듭 이야기하며 하늘을 떠받든 주 왕조가 무너졌습니다. 그러자 천의 위상도 동반 추락했지요. 천과 천명을 내세운 주 왕조의 몰락과 함께 하늘의 위상도 의심받게 되었습니다. 게다가 그 시절은 너무도 살벌한 전쟁의 시대였습니다. 그러니 자연히 하늘에 대해 회의가 일 수밖에요. '과연 인간의 도덕적 노력에 부응하는 윤리적 존재로서의 천이 존재하느냐'라는 의구심이 생겨났습니다. 또 생산력이 커지고 공업 기술이 발달하는 등 인간의 능력이 성장하다 보니 하늘에서 종교적 의미를 찾지 않게 되었습니다. 인간이 자연을 합리적으로 바라보도록 자극하는 조건들이 생겨난 것이지요.

보령___ 사실, 공자만 해도 종교적 의미의 하늘을 말하기도 했지만 죽음과 귀신에 대해서는 이야기하지 않았고, 하늘을 공경함과 동시에 멀리하라 했습니다. 이것이 이른바 공자가 말했던 '경이원지敬而遠之'의 자세이지요. 그리고 그는 도덕적 하늘의 존재를 인정하고 존경했지만 하늘에 기도하진 않았습니다. 주술적 의미, 기복 신앙적 의미의 기도를 철저히 부인했고, 화禍와 복福은 수신修身의 여부에 달렸다고 말했습니다. 아주 못 박았어요.

　이렇듯 공자만 봐도 알 수 있어요. 춘추전국시대는 선생님 말씀대로 하늘에 대한 합리적 인식이 생겨난 시대인 것 같아요. 선생님께서도 아시겠지만 공자가 존경한 정鄭나라의 위대한 재상 정자산은 "천도天道는 멀고 인도人道는 가깝다"[18]라고 했습니다. 또 공자가 존경한 또 다른 재상 안자晏子 역시 자연에 대한 합리적 인식을 보여주었는데요, 이미 춘추시대부터 자연을 자연 그 자체로 바라보려는 가치중립적 천관이 발전하기 시작한 것 같습니다. 다만 전국시대에 들어서면서부터 장자라던가 노자, 그리고 상앙과 한비자로 대표되는 법술지사들, 그리고 선생님 같은 사상가들에 의해서 가치중립적 자연관, 천관에 정교한 이론 틀이 부여되었다고나 할까요? 그렇지 않나요?

순자___ 인본주의적 사고를 하신 공자 님에게서 이미 합리적 인식이 시작되었습니다. 인본주의라는 건 자연이나 종교적 대상에 대한 합리적 인식이 없이는 생겨날 수가 없습니다. 그분도 어느 정도는 합리적으로 인식하셨지요. 공자님의 합리적 인식이나 사고는 앞서 보령 학생이 말한 '존경하면서 멀리한다'는 뜻의 경이원지라는 말에 잘 담겨 있습니다. 멀리하는 자세가 중요한 것인데, 멀리하는 자세, 즉 거리 두기를 하는 자세를 저는 더 밀고 나갔다고나 할까요?

보령 학생이 지적한 대로 하늘을 그렇게 바라본 사람은 저뿐만이 아니었습니다. 사실상 그런 관점은 전국시대 사상계의 주류였다고 할 수 있지요. 더 좀 직설적으로 말하자면 당시에 제가 공자 님이나 맹자처럼 하늘을 도덕이나 가치의 근원으로 설명했다면 당대 사상계에는 제가 설 자리가 없었을 겁니다.

보령　그런데요, 선생님. 자연에서 종교적, 도덕적 의미를 지우고 자연을 있는 그대로 보려는 관점을 가장 빨리 철학적으로 설명한 사상가는 장자라고 알고 있습니다. 혹시 선생님께서는 장자의 영향을 받지 않으셨나요?

순자　네. 도덕적, 종교적 의미를 배제하고 가치중립적으로 자연을 바라본 데에는 장자의 영향이 사실 절대적입니다. 법술지사들의 영향이 없었던 것은 아니지만, 보령 학생의 말대로 가치중립적 자연관을 처음으로 제대로 된 철학적 방식으로 설명하려 했던 이가 장자였지요. 법가 역시 장자 영향을 받았고 저 역시 장자 영향을 받았습니다. 제 철학을 보면 천관념 이외에도 장자가 영향을 준 부분이 많습니다, 사실.

보령　선생님 사상에 미친 장자의 영향이 무시 못 할 정도인 것 같습니다. 특히 인식론이나 수양론이 그런 걸로 알고 있습니다. 일단 주제가 하늘이니 그 이야기를 더 하자면, 선생님의 천관이 장자의 영향을 받은 것은 사실이지만 그렇다고 장자의 천관과 완전히 일치하지는 않아요. 장자의 천관과는 명확히 다르고 구별되는 부분이 있지 않습니까?

순자 당연히 있습니다. 장자는 천에 가려 사람을 보지 못했습니다. 즉 하늘과 인간의 구분, 자연과 인간의 분리를 말하지 않았지요. 오히려 그 분리를 부정했습니다. 자연, 말 그대로 '스스로 그러한 것', 즉 그가 도 또는 명命, 천뢰天籟라고 부른 그런 자연적 질서에 인간을 종속시켰습니다. 쉽게 말하자면 인간도 철저히 자연의 일부로 보았다고 할까요? 인간을 자연을 구성하는 다른 동물, 사물과 마찬가지로 보았습니다. 인간만의 고유한 영역과 권능, 지위를 부정한 것이지요. 자연 안에 인간을 용해하고 매몰해버렸습니다.

그런데 이렇게 하면 인간의 주체적 지위를 확보할 수 없고 실천을 긍정할 수 없습니다. 그는 항상 인간은 자연에 순응해야 한다, 따라야 한다고 말했습니다. 정말 인간을 너무 작게 보았습니다.

보령 사실 같은 가치중립적 자연관, 천관을 지닌 법술지사들도 장자와 비슷한 오류를 범하지 않았나요? 그들은 인간 하나 더하기 인간 하나는 인간 둘. 이런 식으로 인간을 수적, 양적으로 관리하고 통제해야 할 대상으로만 보았습니다. 장자처럼 자연을 심미적 질서를 가진 것으로 본 건 아니지만, 인간을 인간이 아닌 물적, 외적 대상과 구분하지 않은 건 장자와 같습니다. 그들은 간혹 인간을 물건이나 사물로 본 듯싶어요.

순자　사실 한비자, 상앙으로 대표되는 법술지사들도 인간과 자연을 명확히 분리하지 않은 오류를 범했습니다. 인간을 물적, 양적, 수적인 존재로 보고 그저 관리하고 지배해야 할 대상으로 생각했기 때문이지요. 그러니 보령 학생 말대로 돌멩이 하나에 하나를 더하면 돌멩이 둘이듯, 인간 하나에 하나를 더하면 단순히 인간 둘이지요.

보령　사람이 물건도 아니고 왜 그렇게 보았을까요?

순자　그들이 집중적으로 활동한 시기의 문제가 있었습니다. 그때는 인간관계를 맺는 방식이 질적인 방식에서 양적인 방식으로 변해가는 때였습니다. 사실 그 시기를 생각하면 그들의 사고를 이해 못 할 바는 아니지요.

　더 설명하자면 이렇습니다. 당시에는 주체적으로 서로 관계를 맺는 존재로서의 인간이 아니라, 통치 권력이 관리하고 통제해야 할 대상으로 인간을 보는 관점이 주류가 되어가고, 정치권력이 다스려야 할 영토와 인민의 수가 대폭 확대되고 있었습니다. 그래서 인간을 자연 사물처럼 인식했지요. 이런 관점이 분명 당시 시대적 조류에 부합한 건 사실입니다.

　하지만 인간을 정말 물건처럼 볼 수는 없는 노릇입니다. 인간을 수동적 객체로 보고 관리 통제해야 할 대상으로 한정해선 안 되지요. 법술지사도 장자도 모두 틀렸습니다. 가치중립적 자연관, 천관을 주장한 건 좋습니다만, 인간만의 영역과 지위는 인정해야 합니다.

보령　그래서 선생님께서 구분을 말씀하시고 인간의 능동적, 주체적 노력을 말씀하신 것이군요?

순자 자연은 자연일 뿐이고 인간은 인간이지요. 만물의 영장인 인간은 그만이 가지는 책무와 본분, 영역이 분명히 있습니다. 이를 열심히 하면 됩니다. 적극적으로 자연을 이용해서 생산물을 만들고, 자연의 절기와 규칙성을 이용하고 합리적인 제도와 규범을 만들어 세상에 질서를 부여하고……. 이 모든 것을 누가 하겠습니까? 바로 인간입니다. 또 그렇게 해야 인간 집단이 생존할 수 있습니다. 그런 노력을 하는 것이 진정한 인간다움이고 인간의 길이지요. 저의 도는 하늘의 도도 아니고 땅의 도도 아닙니다. 인간으로서 걸어야 할 길이고 군자가 밟고 가야 할 길일뿐입니다. 도는 그저 사람의 길人道일 뿐이고, 인도만이 인간에게 있을 뿐입니다. 인도를 열심히 걸어갈 때, 인간은 인간으로서 존재 가치가 있습니다.

오직 인도만 있을 뿐

보령 선생님께서는 자신이 추구하는 길, 인간이 추구해야 할 길은 오직 인도일 뿐이라고 분명히 하셨네요. 공자도 그랬던 것으로 기억합니다. 도를 인간이 해야 할 당위의 영역 안으로 좁혀서 논한 것 같은데요. 이런 면에서 도는 그저 인도일 뿐이라는 선생님의 말씀은 공자적 전통의 계승 내지 부활이라고 볼 수도 있을 것 같습니다.

같은 유가라지만 맹자는 마음 안으로 침잠해 들어가서 어떤 종교적 의미의 천과 만나고자 했습니다. 그는 사실 종교적, 형이상학적 천에 너무 매몰된 감이 있어요. 공자가 그랬지요. "도가 인간을 넓히는 게 아니고 인간이 도를 넓히는 것이다."[19] "내가 어찌 조수의 무리와 함께 살 수 있겠냐?"[20] 공자는 인간과 함께할 뿐이라며 인간이 일군 문화와 전통만이 길이라고 천명했습니다. 오로지 인도만을 걸어야 한다고 하신 선생님께서는 맹자보다 공자와 더 흡사해 보입니다.

순자 네. 그저 인간의 도만 있을 뿐입니다. 인간이 조화로운 공존의 삶을 살기 위해 만들어낸 문화와 전통, 규범만이 있고 우리는 이를 따르고 실천하면 될 뿐이지요. 이것만이 인간의 길이고 인간의 가치를 밝혀주는 방법입니다. 이러한 태도는 인간과 자연을 분리해야만, 그렇게 해서 인간의 독자적 위치와 지위를 전제할 때에만 생길 수 있지요. 그래야 인간 스스로 규범이든 재화든 열심히 만들어내고 지키고 실천할 것 아닙니까?

천인지분! 자연과 인간의 구분에 밝아야 합니다.

보령 선생님의 천인 구분은 철저히 자연에 대한 인간의 능동성, 즉 능동적인 자세로 자연에 다가가야 한다는 당위와 직결되는 것 같습니다. "구분해라" 그리고 "능동적으로 무엇을 해라" 항상 이렇게 말씀하시는 것 같아요. 그런데요, 선생님. 자연을 이성적으로 파악하는 것 또는 적극적, 능동적으로 자연을 이용하는 것, 다 좋습니다만 자연에 대해 우리가 다 알 수 있는 건 아니잖아요? 아무리 인간의 이성으로 접근하고 합리적으로 인식하려고 해도요. 그렇기에 인간이 능동성을 발휘해 자연을 재가공하거나 이용하는 데에도 한계가 있고요. 이런 제약은 오늘날에도 여전히 있는데 당시에는 훨씬 심했겠지요?

순자 자연에 대한 인간 인지 능력의 한계, 파악 가능한 범위의 문제를 분명히 인정합니다.

자, 많은 별이 일정하게 돌고, 해와 달은 번갈아가며 빛을 비추며, 사철은 번갈아 바뀌고, 음과 양은 크게 변화해 만물을 생성시키며, 비바람은 널리 내리고 불어 생육을 돕습니다. 자연이 이렇게 돌아가고 만물이 생육하고 알맞게 조화를 드러내는 것이 참으로 신묘합니다. 그런데 왜 그런지 원인과 원리가 궁금하다고 해서 인간이 아무리 공부하고 연구한다고 해도 모두 알 수는 없습니다. 알 수 없는 부분은 그대로 두어야지요. 생각을 더 하고 궁구해서 알려고 할 필요는 없습니다. 밖으로 드러나는 자연의 모습에서 우리가 분명히 인지하고 파악할 수 있는 부분이 있습니다. 그것만큼은 명확히 파악해 자연을 다스리고 재화를 생산해내야지요.

하늘에 대해 알고자 하는 것은 그것이 확실히 지적할 수 있는 현상으로 드러나는 범위에 한정해야 합니다. 땅에 대해 알고자 하는 것은 그것이 생물을 번식시키기에 합당함을 드러내는 범위에 한정해야 합니다. 사철에 대해 알고자 하는 것은 그것이 여러 일을 할 수 있는 방도를 드러내는 범위에 한정해야 합니다. 음양에 대해 알 수 있는 것은 그것이 만물을 다스릴 수 있는 지식을 드러내는 범위에 한정해야 합니다.[21]

보령__ 하늘, 즉 자연에 대한 인식은 겉으로 명확히 드러나는 현상에 한정해야 한다. 그 이상은 추구할 수 없다. 또 해보았자 득 될 것이 없다. 이런 말씀인가요?

순자__ 그렇습니다. 그것이 하늘에 대해서 제대로 아는 것입니다. 앞서 말한 천인의 구분에 대해 밝은 이상적 인간이 지녀야 할 자세이지요. 이렇게 해야 인간이 자신의 일을 제대로 실천하고 책무를 다할 수 있을 것입니다.

보령 선생님의 천관, 자연관에 대해 이야기를 듣다 보면 어째 계속 이야기가 인간의 행동, 실천으로 귀결되는 것 같습니다.

실천과 노력이 인간이다

순자 결국은 하늘은 하늘이고 인간은 인간입니다. 그러니 인간의 일을 열심히 잘하자는 말이지요. 저는 그런 실천과 행위와 노력까지 인人으로, 즉 사람으로 봅니다.

보령 네? 무슨 말씀이신지……. 실천과 행위가 인간이란 말입니까?

순자 인간을 둘러싼 환경에 어떻게든 뭐라도 더하고 보태려고 행동하는 모습, 그것도 인간입니다. 인간의 노력, 실천, 행위도 저 순자의 천인지분 논의에서 천과 상대되는 인간의 개념에 속한다는 말입니다.

천天(외적 대상, 자연환경, 주어진 조건)

⇕

인人(인간 존재+**인간의 노력, 실천, 행위**)

보령 잘 이해가 안 가요, 선생님. 노력, 실천, 행위가 인간이라니요?

순자 전 지금 여기서 인간이란 존재 일반을 말하는 것이 아닙니다. 어디까지나 제가 천인지분, 자연과 인간의 구분을 말할 때 그 맥락 안에서의 사람, 즉 인에 대한 이야기입니다. 인간의 의식적 노력, 실천, 행위는 천인지분을 말할 때 천에 대응하는 인이라는 뜻이지요. 인이란 범주에 사람만이 아니라 사람의 노력과 실천과 행위도 포함된다는 말씀입니다.

보령　정리하자면, 천인지분을 말할 내 자연과 구분되는 인간 즉 우리가 만물의 영장이라고 하는 인간과 거기에 인간의 노력까지 더해서, 사람 즉 인의 범주에 넣어야 한다는 말씀이시지요?

순자　그렇습니다. 그렇게 이해하면 될 것 같습니다.

인간도 하늘이다

보령　그렇다면요, 선생님. 천에 대해서도 조금 더 명확하게 정의해주세요. 그 범주까지 확실히 보여주셨으면 좋겠어요. 천인지분에서 인을 인간의 의식적 노력과 실천까지 포괄하는 것으로 이야기하셨는데, 그렇다면 자연, 즉 천은 어디까지 포괄하나요?

순자　인간과 대조되는 자연은 단순히 천으로 대변되는 자연만이 아닙니다. 인간의 실천과 행위의 객체가 될 수 있는 것으로서 인간이 자신의 노력으로 바꿔야 할 모든 대상이 천입니다. 인간 삶을 둘러싼 모든 조건, 인간 앞에 놓인 모든 문제 상황을 천이라고 보면 됩니다. 물론 사람도 포함되지요.

천(외적 대상, 자연환경, 주어진 조건+**인간**)

⇕

인(인간의 노력, 실천, 행위)

보령__ 인간과 구분되는 게 천(자연)인데, 거기에 인간도 포함된다니 갈수록 어렵고 이해가 안 됩니다

순자__ 인간을 내적 자연이라고 생각하면 됩니다. 인간이 교육받지 못하고 사회화하지 않았을 때는 다듬어지지 않은 원석 내지 개간되지 않은 황무지와 같습니다. 그러나 인간이 힘써 일하고 노력하면 황무지가 비옥한 논이 되고 원석이 아름다운 보석이 되지 않습니까? 그럼 인간은 어떻게 해야겠습니까? 스승과 사회의 손길이 그에게 닿아야 하고, 또 본인도 자신에게 '작용'을 가해야겠지요. 가르침을 받은 본인이 배운 것을 실천하면 거친 원석 같은 인간이 훌륭한 사회인이 될 수 있습니다.

　이처럼 인간의 노력으로 바꿔야 할 대상이라는 점에서 인간 역시 자연이라 볼 수 있습니다. 다만 인간 안의 자연이기에 내적 자연이라 했지요. 천은 이렇게 인간 밖의 외적 자연과 인간이라 할 수 있는 내적 자연으로 나뉩니다.

천 = 외적 자연 + 내적 자연(인간)

보령__ 천의 범주가 꽤 넓군요. 역시나 인간의 노력, 실천, 행위 쪽으로 귀결되고요.

순자 그렇지요? 저는 위僞라는 개념으로 말했지요. 인간의 노력, 실천, 행위를 통칭해 위라고 했습니다. 위의 객체가 되는 것은 모두 천입니다. 외적 자연, 내적 자연 모두 위를 통해 다듬고 바꿔야 합니다. 인간이란 내적 자연 역시 위의 객체이고 대상입니다. 그러니 천이지요. 곧, 인간도 천입니다.

보령 그래서 인간의 타고난 감정이나 마음, 감각기관 등을 지목할 때 '天'이란 글자를 붙여 개념으로 만들어 설명하셨군요. 천군, 천관天官, 천정天情처럼. 인간도 하늘이니까요.

순자 인간이 태어날 때 자연에서 받아 갖춘 것이니 천을 붙여서 말했습니다. 현대 과학도 밝혀냈듯, 인간 몸이 자연을 이루는 여러 원소로 구성되어 있지 않습니까? 그걸 떠올리시면 이해가 빠르겠군요.

사람이 태어날 때 보면, 형체가 갖추어지고 정신이 생겨납니다. 좋아함과 싫어함, 기쁨과 노여움, 슬픔과 즐거움의 감정이 자연스럽게 인간에게 깃드는데, 이를 천정이라고 하지요. 타고난 자연스러운 감정이라 그렇게 표현했습니다. 그리고 귀, 눈, 코, 입과 육체의 감각기관은 타고나는 것입니다. 그래서 천관이라 했지요. 심心, 즉 인간의 마음은 인간 중심의 텅 빈 곳을 차지하고 앉아 귀, 눈, 코, 입, 육체의 다섯 감각기관을 다스립니다. 이러한 심을 천군이라 했습니다. 이 모두 자연적으로 타고난 것이고, 태어나는 순간 저절로 주어진 것이며, 또 자연에서 받은 것이기에 천이란 글자를 붙인 것입니다.

보령 선생님께서는 〈강국〉 편과 〈천론〉 편에서 "인간의 운명은 하늘에 달렸고 국가의 운명은 예에 달렸다"[22]라고 하셨습니다. 전 그때 좀 의아했습니다.

국가의 운명이 예에 달려 있다는 말은 이해하지만, 줄곧 인간과 하늘의 분리를 말씀했고 하늘의 종교성과 주재성을 부인하신 선생님께서 왜 인간의 운명이 하늘에 달렸다고 하셨을까 싶어서요. 그런데 방금 설명을 들으니 좀 이해가 될 것도 같습니다. 인간의 몸, 감각기관 등은 태어날 때 자연에서 받은 산물이기에 인간의 운명은 천에 달렸다고 하신 것이지요?

순자 맞습니다. 인간은 태어날 때 자연에서 이것저것을 받아 세상에 나옵니다. 그리고 교육과 사회화의 손길이 미치지 않은 때까지는 자연 사물과 거의 같은 존재이지요. 그때는 자연과 인간의 구분이 불가능합니다. 하지만 커가면서 사회화하면 이야기가 달라지지요. 사회에서 배운 것을 실천하면서 사회화하고, 그러면서 자연과 완전히 분리된 존재로 다시 태어납니다.

인간은 두 번 태어나는 존재입니다. 처음 태어났을 때는 다른 자연 사물과 다를 바 없는 존재이지요. 그래서 인간의 운명은 자연이랄 수 있는 하늘에 달렸다고 한 것입니다. 그때만큼은 자연 사물과 같고 다른 동물과도 같습니다. 그런데 인간은 커가면서 자연과 달라집니다. 교육받고 사회화하면서 자연과 구분되기 시작하지요. 두 번째로 태어나는 순간입니다. 다시 태어나는 것이지요.

인간이 태어날 때는 자연 사물과 같았지만 인간이 모인 사회에서 예를 배우며 사회화합니다. 예를 통해 질서를 지키고 타인과 조화롭게 공존하며 살 수 있습니다. 사회화와 질서의 여부는 예에 달려 있으니 나라와 인간 사회의 운명은 예에 달렸다고 힘주어 말한 것입니다. 그렇습니다. 인간의 운명은 하늘에 달렸고 국가와 사회의 운명은 예에 달렸지요.

보령 선생님께서는 태어난 후 교육받기 전의 인간 모습을 '털 없는 원숭이'에 비유하셨습니다. 또 인간의 성장을 애벌레에서 나비로 변하는 '곤충의 탈바꿈'에 비유하시기도 했습니다. 인간의 변화 내지 성장을 단절에 가까운 큰 변화라고 보신 것 같은데요?

순자 네, 인간은 정말이지 두 번 태어납니다. 첫 번째는 생물학적 의미에서, 두 번째는 사회학적인 의미에서. 생물학적 의미에서 태어날 때는 천이 인간의 근원이지요. 자연에서 모두 받은 채 태어나니까요. 그때는 자연에서 받은 본능대로만 움직이는데 나비가 되지 못한 애벌레에 비유할 수 있다고 봅니다. 하지만 스스로 노력하고 배우면 됩니다. 선배들과 스승들이 가르치는 예법을 공부하고 익히면 되지요. 그럼 어느 순간 애벌레는 나비가 되어 있을 것입니다. 자신의 노력을 통해 사회학적 의미에서 다시 태어날 때 인간은 나비가 됩니다.

보령 선생님의 천에 대한 이야기, 천인지분을 따라가다 보면 항상 결론은 인간의 노력으로 귀결되는 것 같습니다. 앞서 그 노력을 위라고 하셨는데요, 그 위가 어쩌면 인간을 인간이게끔 만들어주는 것이겠군요.

순자 그렇지요. 천에 대한 이야기, 천과 인간의 분리는 모두 인간의 노력을 독려하기 위한 장치라고 할 수 있습니다. 그 위라는 것이 인간을 인간으로 또 만물의 영장으로 다시 태어나게 하는 것이지요.

보령 분리, 인간만의 영역, 그리고 인간이 해야 할 노력을 순차적으로 강조하시는데, 〈천론〉 편에서 이런 말씀도 하셨어요.

> 군자는 자기에게 달려 있는 것에 힘쓰고 하늘에 달려 있는 것을 흠모하지
> 않기 때문에 날로 발전한다.[23]

이 말씀은 스스로 해야 할 일을 찾아서 열심히 행해야만 발전할 수 있고, 그런 사람이 군자라는 뜻인가요?

순자___ 엉뚱한 것, 알 수 없거나 본인 힘으로 어쩔 수 없는 것에 마음 둘 필요 없습니다. 뜻을 닦고 덕을 쌓아 생각과 지성을 밝게 하는 것, 이렇게 본인 하기 나름인 것에 힘쓰면 됩니다. 반대로 소인은 자기에게 달려 있는 것은 버려두고 하늘에 달려 있는 것을 흠모하기 때문에 날로 퇴보하지요. 군자가 날로 발전하는 까닭과 소인이 날로 퇴보하는 까닭은 이것뿐입니다.

보령___ 퇴보, 진보. 선생님의 텍스트 시작 편인 〈권학〉 편, 〈수신修身〉 편을 보면 인간의 실천과 공부를 걷는 것에 많이 비유하시는 것 같았습니다. 하루에 천 리를 가는 준마라고 해도 한 번 뛰어서 열 걸음을 갈 수가 없고, 둔한 말이라도 열 배의 노력과 시간을 기울이면 준마를 따라잡을 수 있다고요.

재미있는 것은 선생님께서는 길을 가는 것, 걷는 것으로 노력을 통한 인간의 성장을 여러 번 말씀하신 점입니다. 반면 공자는 '문도聞道(도를 듣다)', '지천명知天命', '이순耳順', 맹자는 '마음을 다하다', '마음을 다해 자신의 본성을 깨닫고 하늘과 만나다' 같은 깨달음으로 인간의 성장을 비유한 말이 많습니다.

__순자__ 공자 님께서도 꾸준한 노력을 강조하셨습니다만, 깨달음을 통해 인간의 성장을 말씀하신 부분이 분명 있지요. 저는 달랐습니다. 특히 맹자와 비교해 인간의 성장을 다르게 말했습니다. 저는 계속해서 먼 길을 쉬지 않고 걸어가는 것으로 인간의 성장과 발전을 많이 이야기했지요. 꾸준한 노력을 강조하기 위해서였습니다. 징밀 꾸준하게 실천하고 노력하는 인간은 '천지天地'에 참여할 수 있습니다. 하늘과 땅에 대등한 주체로서 하늘과 땅이 벌이는 사업에 참여할 수 있다는 뜻입니다. 이것을 '참어천지參於天地'라고 합니다.

하늘과 땅의 일에 참여하는 존재

__보령__ 네, 저도 참어천지라는 말에 대해 좀 들은 바가 있습니다. 인간이 하늘과 땅으로부터 나왔지만 천지의 일에 참여하는 존재라는 뜻으로 말씀하셨던 걸로 아는데요, 자세히 듣고 싶습니다.

__순자__ 저의 천인지분은 천, 지, 인이 각각 따르는 바, 혹은 하는 바, 더 정확히 말하자면 어떤 맡은 바가 서로 다르다는 점을 전제로 하여 성립한 논리입니다. 하늘에는 영원불변하는 도가 있고, 땅에는 영원불변하는 원리가 있으며, 군자에게는 영원불변하는 몸가짐이 있습니다. 곧 하늘에는 한결같은 도 '상도常道'가 있고, 땅에는 한결같은 법칙 '상수常數'가 있으며, 군자에게는 한결같이 행해야 할 바 '상체常體'가 있다는 말인데, 특히 군자가 행해야 할 것은 바른 몸가짐과 실천입니다. 바로 우리 인간의 직분이지요.

　각기 맡고 있는 직분이 다르기 때문에 이렇게 구분해서 이야기했지만, 우리 인간은 인간의 직분을 다하면 하늘과 땅과 함께할 수 있습니다. 천지의 일에 참여할 수 있지요. 제가 말하는 구분이란 건 구분을 위한 구분, 분리를 위한 분리가 아닙니다. 우리의 직분을 명확히 알아서 하늘의 일, 땅의 일에 참견하거나 다투지 않아야 합니다. 그리고 우리의 직분에 충실히 한 다음 천지의 사업에 참여해 그들과 나란히 하며 조화를 이루자는 겁니다. 이것이 참어천지지요.

저는 참어천지를 말하면서 '능참能參'이라는 개념을 말했습니다. 능참, 능히 참여할 수 있다는 뜻이지요. 인간의 직분을 다함으로써 하늘과 땅이 벌이는 사업에 능히 참여할 수 있다, 또 참여해야 한다고 주장했습니다. 하늘과 땅에는 각각 때가 있고 재원이 있고, 사람을 포함한 만물을 만들어내는 직분이 있습니다. 인간에게는 이를 이치에 맞게 조화롭게 하고 다스리는 직분이 있지요. 인간이 자신의 본분에 충실하면 천지의 사업에 참여해 하늘과 땅의 파트너가 될 수 있습니다. 결국 저는 인간을 정말 커다란 존재로 자리매김했습니다. 단 노력하는 인간에 한정했지만.

보령__ 자기 직분에 힘쓰는 것이 천지의 일에 참여하는 것이다. 또 그렇게 하면서 인간은 천지와 함께하는 커다란 존재가 된다. 즉 인간이 천지의 파트너가 된다는 뜻이다. 이렇게 이해하면 되겠군요?

순자__ 그렇습니다. 노력하는 인간은 거대한 존재가 될 수 있습니다.

보령__ 그런데 저는 선생님의 참어천지를 들으니 '인간의 참여'라는 개념보다는 '천', '지', '인' 이렇게 세 글자로 딱 잘라 말할 수 있는 삼재三才 사상이 떠오르네요. 세상을 구성하는 세 요소, 즉 천지인 사상이 선생님에게서 시작되었군요?

순자 사실 이것도 좀 도가에 빚을 졌습니다. 기존에는 자연을 그저 천이라고 했는데 노자, 장자가 '천지'란 말을 즐겨 썼지요. 노자가 '천장지구天長地久'라고 하지 않았습니까? 그 말을 떠올리시면 되는데, 저는 거기에 천지와 분리되는 능동적 주체로서의 인간을 더해 천지인을 말했지요. 이렇게 천지인, 삼재 사상이 시작되었습니다.

보령 선생님 하면 '인간을 부정적, 비관적으로 보는 사상가'라는 인식이 강합니다. 그런데 선생님의 텍스트를 차근차근 보면서 인간에 대해 긍정한 부분이 의외로(?) 많아 놀랐어요. 인간을 큰 존재로 말씀하신 부분이 많아 보입니다.

순자 전 절대 인간을 미약하게 보지 않았습니다. 다만 노력을 강조하기 위해 결핍된 상태를 강하게 지적하고 독려했을 뿐이지요. 스스로 자신이 해야 할 당위를 실천하고 노력하기만 하면 됩니다. 그러면 하늘과 땅과 함께하는 존재, 즉 커다란 존재가 됩니다. 바로 인간이 말입니다.

보령 선생님의 참어천지도 역시 실천, 노력으로 귀결되네요.

순자 그렇지요. 노력해야 합니다. 노력해서 하늘을 부려야지요, 이른바 사천使天해야 합니다. 그리고 하늘을 제어해야지요, 이른바 제천制天해야 합니다. 그리고 하늘을 이용해야지요, 이른바 용천用天해야 합니다.

제가 〈천론〉 편에서 사천, 제천, 용천을 말했습니다. 이 모두는 인간 노력의 형태이고 천지의 일에 참여하는 방법입니다. 인간과 구분되는 존재로서의 천, 이것을 객체라고 여러 번 강조했는데 더 정확히 말하자면, 그 천은 인간의 노력과 인문적 가치가 실현되는 장입니다. 이렇게 아시면 되겠습니다. 단순한 객체가 아니라 사천하고, 제천하고, 용천하는 인간의 노력과 꿈이 펼쳐지는 장이지요.

보령 그러면요, 선생님. 앞서 인간도 자연, 천이라고 하셨잖아요? 내적 자연이라고 하시면서요. 인간이라는 내적 자연 역시 인간의 노력과 인문적 가치가 실현되는 장이라고 봐야겠지요? 인간의 기질, 즉 타고난 마음가짐과 몸가짐 그대로는 거친 자연 사물과 같은 상태이지만, 인간 스스로 노력에 의해서 이를 얼마든지 바람직하고 가치 있게 만들어갈 수 있으니까요.

순자 맞습니다. 외적 자연, 내적 자연 모두 인간의 노력, 위를 가해 만들어가야 합니다. 내적 자연도 외적 자연처럼 인간의 노력과 인문적 가치가 실현되는 장이지요.

하늘에 대한 미련

보령 선생님, 천론에 대한 이야기를 마치고 다른 주제로 넘어가야 할 것 같은데요, 그런데 좀 꺼림칙하고 미심쩍은 게 있습니다.

순자 무엇인가요?

보령 천에 대한 선생님의 관점이 좀 모순되어 보입니다. 선생님께서 부정하시거나 비판하신 천에 대한 관념들이 선생님의 사상 안에서도 보이는 것 같아요. 어떤 흔적 같은 것들도 있고…….

순자 어떤 점이 모순되어 보이나요? 또 흔적은 무엇이고?

보령 천을 하나의 객체로서 종교적 감정이 아니라 어디까지나 이성으로 인식하자고 하셨습니다. 합리적 인식을 강조하신 것인데, 천에 대한 경외감 내지 종교적 감정의 흔적이 정작 선생님 텍스트 안에 보입니다. 종교적 천에 대해 아직 놓지 못한 어떤 미련같이 느껴집니다. 또 어떤 부분에는 천을 하나의 객체나 인간 삶을 둘러싼 환경과 조건으로 보는 수준을 넘어서서 아예 악조건으로 보시는 것 같습니다. 그래서 더욱 모순되어 보입니다. 하늘을 종교적 경외의 대상으로 보는 관점이 가끔씩 분명히 드러나는데, 어떤 경우에는 인간을 둘러싼 악조건으로 보는 관점이 있기도 하니까요.

순자 그렇습니까?

보령 네……. 분명 선생님께는 종교적 천에 대한 미련은 있어 보여요. 선생님께서도 유자라 그런지 공자나 맹자처럼 마음속에는 종교적 감정이 있는데도 겉으로만 없다, 없애야 한다고 말씀하신 건 아닌지……. 죄송하지만 선생님께서는 종교적 천에 분명히 미련이 있는 게 아닌가요?

순자 아직도 종교적 천에 대해 미련을 버리지 못했다고 보이는 편린이 있나

본데, 제 텍스트 어느 부분에 그런 흔적이 보였나요?

보령　앞서 본 〈부〉편에 실린 제자들에게 한 당부도 그렇고요, 〈천론〉편에서도 조금 보입니다. 특히 〈수신〉편과 〈불구不苟〉편에 그러한 부분이 있습니다.

> 노인들을 노인답게 해드리면 젊은이들도 모여들 것이다. 궁한 사람들을 궁하게 대접하지 않으면 통달한 이들도 쌓이듯이 올 것이다. 남이 보지 않는 곳에서 실천하고 대가를 바라지 않고 베풀면 현인이나 어리석은 자 모두 하나가 될 것이다. 사람으로서 이 세 가지를 행할 수 있다면 비록 큰 과실이 있더라도 하늘이 그대로 버려둘 리가 있겠는가?[24]

> 군자의 큰마음은 하늘과 도를 따르고 작은 마음은 정의와 절제를 실천하고 그것을 어길까 봐 두려워한다.[25]

또 궁금한 게 있는데요, 굳이 자연과 천을 왜 악조건이라고까지 하셨는지도 알고 싶습니다.

순자　우선 악조건으로서 자연과 천을 말한 것은 사실 긴 설명이 필요 없을 것 같습니다. 강에 비유해보지요. 강이 범람하면 재앙이지만 잘 가두고 관리하면 인간 생활에 풍요로움이 되지 않습니까? 자연이라는 것은 그대로 두면 인간 삶과 생존에 위협이 되기 쉽습니다. 이런 자연의 특성을 때로 힘주어 말한 것은, 자연을 절대 그대로 두지 말고 제천하고, 사천하고, 용천하라고 말하기 위함이지요. 즉 위하라는 의미입니다.

물론 제어하고 부리고 활용하는 대상에는 인간도 포함됩니다. 교육되지 않고 사회화하지 않아 자연과 구분이 안 되는 인간은 범람하는 강처럼 인간 삶의 위협적인 조건일 뿐입니다. 그 자신에게도 또 사회 안의 다른 구성원에게도 위협적이지요. 하지만 잘 교육되어 사회화하면 인간 자신도 부귀를 누릴 수 있고 사회와 타인에게 꼭 필요한, 사회 구성원에게 환영받는 존재가 될 수 있습니다. 악조건의 맥락에서 인간을 포괄하는 자연에 대해 자주 말한 것은 현실을 다시 한 번 상기시키기 위함이고, 역시 위를 강조하기 위함입니다. 그리고 천에 대한 종교적 감정 내지 경외하는 마음, 천과 관련된 흔적들이 보인다는…….

지나치게 사모하고 존경하는 그런 마음이 합리적, 이성적 인식에 방해가 되면 버려야 합니다. 하지만 어느 정도 자신의 외부 전체를 합리적, 이성적으로 인식하는 인간이 굳이 그런 감정을 모두 말끔하게 씻어내야 하는지, 또 그것이 현실적으로 가능한지는 모르겠습니다. 저한테 그런 점이 보이기에 모순되어 보일 수 있지만 흔적이나 편린 정도라면 크게 흠이 될 건 없다고 생각합니다.

또 하늘의 '항상됨常', 불식不息, 쉬지 않고 항상 움직이고 만물을 낳아주고 규칙적으로 변화하는 모습은 분명 인간이 배워야 한다고 봅니다. 물론 종교적 감정으로 확대되어선 안 되겠지요. 제가 공자 님의 도, 공자 님의 군자지도君子之道를 상도라고 했습니다. 그것이 인간의 길, 인도이지요. 구체적으로 예라 할 수 있지요. 예를 배우고 추구하고 지키는 길을 항상 인간이 걸어야 합니다. 항상 같은 모습을 보이는 하늘처럼요.

그리고 항상됨을 강조하며 천지의 항상됨을 찬미하는 것은 노자와 장자에게서 빌려온 관점입니다. 그들이 처음으로 가치중립적인 천관을 철학적으로 설명했다지만 그들부터가 천의 항상됨에 대해 어떤 존경스러운 마음이 있었지요. 저 역시 그들에게서 천에 대한 관점을 빌려 오다 보니 그들처럼 하늘에 대한 존경스러운 마음이 조금이나마 남아 있었던 것 같습니다.

사실 늘 같은 모습을 보이고 같은 원리로 변화하는 자연처럼 우리도 항상되게 유가의 도, 인간의 도를 실천하면 좋지 않겠습니까? 하늘 그 자체를 정말 종교적으로 숭배한다면 모를까, 하늘의 항상됨을 닮으려고 하는 것은 좋은 일입니다. 그러면서 제한적으로나마 하늘에 대해 긍정적인 감정을 느끼는 것도 나쁘지는 않을 것 같습니다. 하늘처럼 항상된 모습을 보여야지요. 그럼 천인합일天人合一할 수 있습니다. 앞서 삼재 사상을 말했는데 사실 천인합일이란 사상도 저 순자에게서 비롯되었다고 해도 과언이 아닙니다. 천인합일이라는 것은 사람으로서 항상 밟아야 할 상도를 실천하는 인간을 전제로 한 개념이지요. 변함없이 항상되게 움직이는 하늘처럼 인간이 상도를 실천하면 천인합일을 이룰 수 있습니다.

보령　천인합일! 천과 하나가 된다는 의식과 목표 말씀인가요?

순자　그렇습니다. 사람이 항상 인도를 행하는 존재가 되면 천과 합일할 수 있지요. 하지만 천과 같은 존재가 되는 것으로 알면 안 됩니다. 흔히들 그렇게 알고 있는데, 그것은 천인합일 본래의 뜻이 아닙니다. 어떻게 인간이 하늘이될 수 있겠습니까? 다만 천과 같이 기능한다는 말이지요. 《주역》에서 말한것처럼 하늘처럼 인간도 자강불식自强不息하며 항상된 도를 행해야 합니다. 인간도 하늘처럼 항상 변함없이 일관되게 살아야지요. 일관되게 바르게 살고, 한결같이 바람직한 가치 규범을 실천하고 그래야지요. 그렇게 하늘처럼 살려고 하고 하늘을 닮으려고 노력하는 인간 삶의 모습이 천인합일, 천과 하나 됨입니다. 바로 군자의 모습입니다.

보령　아, 천일합일이라는 게 그런 뜻이군요. 천과 같은 존재가 되자는 게 아니라, 하늘처럼 자연처럼 일관되고 한결같은 모습을 보이자, 즉 인간이 천처럼 한결같이 기능하는 도덕 주체가 되면 인간은 천과 하나가 될 수 있다. 그게 바로 천인합일이었네요.

순자　그렇습니다. 제 텍스트에 보인다는 종교적 천에 대한 미련에 대해 변명 아닌 변명을 조금 더 해보지요.

　이런 문제가 있습니다. 당시에 현실적으로 사상가들이 가치중립적인 천을 많이 이야기했다고 하지만, 하늘에 대해 종교적 감정과 초자연적 존재에 대해 경외하고 두려워하는 가치관이 많은 사람에게 있었습니다. 이런 사람들에게 말을 할 때, 천에 대한 종교적 이미지와 감정을 깔고 이야기하면 아무래도 그들을 설득하는 데 적잖이 도움이 되지 않겠습니까? 바로 이런 현실적 효용성의 문제도 있었습니다.

보령　역시 선생님께서는 현실적이시네요. 일반 사람들에게 천에 대한 종교적 감정이 있으니, 그들에게 말할 때 간간이 산발적으로 천에 대한 감정을 드러내는 것도 현실적으로 효용성이 크겠습니다. 그러니 크게 나쁠 건 없다는 말씀이지요?

순자　네. 〈불구〉 편에서 제가 말했지요. "하늘은 말이 없지만 사람들이 그 높음을 추앙하고, 땅은 말이 없지만 사람들이 그 후함을 추앙하며, 사철, 사시는 말이 없지만 사람들이 모두 그것을 기다린다"[26] 라고요. 당대 보통 사람들의 자연을 보는 관념이 실제 그러했습니다.

순자의 하늘과 묵자

보령__ 선생님, 이쯤에서 묵자 이야기를 좀 해보고 싶어요. 앞서 장자의 영향에 대해 많이 이야기했습니다. 그런데 선생님의 천관념을 보면요, 묵자 또한 의식했다는 느낌이 듭니다. 아시다시피 전국시대 때 맹위를 떨친 사상가인 묵자는 유가를 강하게 비판했습니다. 유가가 숙명론적 경향이 있고 패배주의적 운명론에 집착한다는 비판이었습니다. 묵자가 유가를 비판할 때 이런 말을 했지요.

유자들은 힘써 운명이 있다고 주장하며, 오래 살고 일찍 죽고 가난하고 부유하고 편안하고 위태롭고 다스려지고 어지러운 것은 본시 운명에 달린 것이어서 (인간의 노력으로) 덜거나 더할 수가 없는 것이라고 말한다. 또 궁하고 출세하고 상을 받고 벌을 받고 행복하고 불행한 것도 정해진 것이어서 사람의 지혜나 힘으로는 어찌할 수 없는 것이라고 한다. 여러 관리가 이것을 믿으면 곧 그의 직분에 태만하게 되고 서민이 이것을 믿으면 곧 종사하는 일에 태만하게 된다. 다스리지 않으면 곧 어지러워지고 농사에 힘쓰지 않으면 곧 가난해질 것이다. 가난하고도 어지러운 것은 정치의 근본에 위배되는 것이다. 그런데도 유자들은 그것을 올바른 도리라고 가르치고 있으니 이는 천하의 사람들을 해치는 것이다.[27]

묵자는 유가를 운명론, 숙명론에 집착한 사람들이라고 본 것 같아요.

순자__ 묵자가 그렇게 우리 유가를 비판했지요. 사실 그런 폐단이 없었던 게 아닙니다. 그렇게 운명 운운하면서 나약한 모습, 패배주의적 모습을 보인 유가의 무리가 공자 님 사후에 있었지요.

보령__ 천인지분을 말씀하실 때, 세상을 주재하는 종교적 하늘을 부인하고 사회의 안녕과 치란治亂을 어떤 절대적, 초월적 존재와 연관 짓는 것을 단호히 배격하셨습니다. 그때 보면 묵자의 공격을 평소에 많이 의식하시는 태도가 드러나요. 천을 말씀하시며 미신적 사고를 철저히 배제하려고 하셨는데, 묵자를 의식했기에 더욱 강하게 또 독하게 나가신 게 아닌가 합니다. 그리고 인간이 슬기와 강한 의지로 노력하면 무엇이든 해낼 수 있다고 묵자가 말했는데, 묵자의 이런 낙관주의와 실천성이 선생님께 영향을 준 것도 같고요. 어쨌든 선생님의 〈천론〉 편을 보면 묵자의 그림자가 느껴집니다.

순자__ 묵자가 공격한 대로 유가에 다소 그런 운명주의, 숙명주의적 요소가 있었던 게 사실이지요. "도가 행해지는 것도 명이고 행해지지 않는 것도 명이다"[28]라고 공자 님께서 말씀하셨습니다. 도덕 주체가 어찌할 수 없는 외부적 환경과 결과가 있다는 말씀입니다. 그리고 공자 님 가르침을 따라 세상을 바꿔보려고 많이 노력했는데도 현실에서 좌절만을 목도하자, 적지 않은 유자들이 현실을 비관하며 패배주의에 빠졌습니다. 그저 현실에 체념하며 주저앉은 유자가 많았어요. 안타까운 건 군자를 지향하는 군자유君子儒가 되어야지 소인유小人儒가 되어선 안 된다는 공자 님의 가르침을 듣지 않고 하층민들의 미신적 인식에 기대어 점이니 관상이니 하급 무당 시절에 행한 잡스러운 짓이나 하면서 먹고 사는 무리도 있었습니다. 부끄러운 일이었지요. 저 순자는 그런 저급한 유자들의 삐뚤어진 모습에 불만이 많았습니다.

보령 묵자가 제나라에 가다가 점쟁이를 만나 꾸짖은 적이 있었습니다. 그때 오행 사상을 이용해 점치던 점쟁이를 혼냈다고 하셨어요. 이 내용을 〈귀의貴義〉 편에서 읽었는데요, 그 장면을 보면 다분히 유가를 염두에 두고 비판하신 것 같습니다.

순자 오행 사상이 확대되는 추세였는데 유자 가운데 그걸 받아들인 자들이 있었습니다. 맹자만 해도 그렇지요. 인간의 현실적 사고, 주체적 실천에는 아무런 도움이 안 되는데도 받아들인 자들도 있었습니다. 저는 이것도 불만입니다.

  보령 학생 말대로 묵자를 의식했습니다. 그래서 유가 내부에 원래 있었거나 외부에서 침투해 들어온 운명주의적, 미신적 요소를 철저히 쓸어버리고 깨끗이 정리하려고 했습니다. 이런 약점들 탓에 더 이상 묵자 무리에게 공격당하지 않게 하려고 했지요. 그리고 또 보령 학생 말대로 묵자의 낙관적이며 능동적인 실천론을 수용했지요. 그들은 인간이 힘을 합쳐 주체적으로 노력하고 실천하면 할 수 있고 된다고 했지요. 제가 주장한 미신적 사고의 배격과 능동적 실천론에 묵자의 영향이 있다는 점, 부인하지 않겠습니다.

보령 관상에 대해 선생님께서 논하신 편을 보면 미신, 운명주의적 사고를 떨쳐버리려는 모습이 정말 단호해 보이는데요?

순자　사람의 관상을 보고서 그의 길흉과 화복을 알아낸다고 하는 사람들이 있습니다. 세상에서는 그것을 칭송하지만 관상이라는 것은 옛 사람에게도 없었고 학자들도 이야기하지 않은 것입니다. 관상을 논하는 것은 마음을 논하는 것만 못하고, 마음을 논하는 것은 몸으로 규범을 잘 따르는 것만 못하기 때문이지요. 관상은 마음만 못하고 마음은 행동 규범이 바른 것만 못합니다.[29]

보령　관상이 마음만 못하고 마음은 행동 규범이 바른 것만 못하다? 마음은 마음가짐이고 행동 규범이 바른 건 좋은 몸가짐 같은데요. 좋은 관상이 좋은 마음가짐만 못하고 좋은 마음가짐은 좋은 몸가짐만 못하다는 뜻인가요?

순자　그렇습니다. 몸가짐이 바르면 마음가짐은 절로 따라가는 것이니, 몸가짐만 바로 하려고 항상 노력하면 관상이 비록 나쁘다 하더라도 군자가 되는 데 아무런 문제가 없습니다. 관상 좋아 봐야 마음가짐, 몸가짐이 나쁘면 소인이 될 뿐입니다. 군자는 길하고 소인은 흉하다고 했는데 관상의 좋고 나쁨에 따라 길한 군자와 흉한 소인이 갈리는 게 아닙니다. 제 텍스트에 관상을 비판한 〈비상非相〉 편이 따로 있습니다. 그 편에서 분명히 말했지요. 관상 따지는 것은 그른 행위라고. 관상이란 것은 옛날의 훌륭한 사람도 지금의 학자도 이야기하지 않은 것입니다. 군자가 되고 아니 되고는 오로지 인간의 실천에 달렸습니다.

보령　《논어》에 따르면 군자는 어짊仁을 목표에 두고 부단히 노력하는 자이고 사회적 화합을 이끌어내는 인물입니다. 그러면서 사회에 이상적 질서를 부여하는 주체가 공자가 말한 군자라고 알고 있어요. 군자 되는 것이 노력에 달려

있다면 관상은 한 개인의 성숙이란 측면으로 보나 사회의 안정이란 측면으로
보나 이야기할 가치가 없는 것이겠군요?

순자 어짊이란 무엇입니까? 군자라고 하는 모범적 인물을 중심으로 해서 만
들어진 안정된 사회질서가 어짊입니다. 인을 목표로 삼는 군자는 오로지 마
음을 한결같이 해서 배우고 실천하는 사람일 뿐입니다. 관상이니 점술이니
하는 것에는 마음을 두지 않지요. 그래선 안 됩니다.

보령 〈비상〉 편의 글을 보면 운명과 미신적 사고에 대한 부인이 중심 주제인
데, 이런 점에서 〈천론〉 편과 긴밀하게 연결되는 것 같습니다.

순자 네. 〈천론〉과 〈비상〉 편을 같이 보는 것도 괜찮을 것 같습니다. 〈비상〉 편
에서도 〈천론〉 편처럼 비이성적 사고를 배격하자고 주장하며 인간 실천에 대
해 강조했으니까요.

보령 선생님 사상에서 가장 중요한 〈천론〉 편을 모두 살펴보았습니다. 절반
정도의 비중이 아니라 그 이상이 아닐까 싶습니다. 3분의 2, 어쩌면 90퍼센트
라고 해도 될 만큼 비중이 어마어마한 것 같아요. 앞서 말씀하신 대로 선생님
의 천관념 등 여러 이론과 주장이 서로 긴밀하게 연관된 것을 알겠습니다.

순자 그렇습니다. 천관념이 저 순자 철학의 핵심이자 대들보입니다. 지금 저
와 이야기하면서 제가 말한 천에 대한 관점을 이해했으니 보령 학생은 제 사
상의 줄기와 커다란 맥락을 잡은 셈이지요. 앞으로 문답에서는 크게 어려운

것은 없을 겁니다.

보령　워낙 중요한 내용이니 제가 들은 것을 정리하고 확인해보겠습니다. 선생님의 천관념과 천에 대한 주장은 천인지분으로 딱 잘라 표현할 수 있습니다. 천인지분에서 인은 생물학적 존재, 유類적 존재 자체라기보다는 인간의 의식적, 주체적, 능동적 노력을 말합니다. 그리고 천은 인간의 노력으로 대응하고 바꿔가야 할 모든 대상입니다. 그렇기에 천에는 앞서 말한 자연물을 포함해 인간 앞에 주어진 모든 현실은 물론 인간 자신도 포함됩니다.

순자　맞습니다. 내적 자연으로서의 인간 역시, 인간 자신의 주체적, 능동적 노력을 가해 더 바람직하게 바꿔가야 할 대상입니다. 그래서 천이라 할 수 있습니다. 인간 자신의 성향, 성격, 기질, 몸가짐 등 이 모두는 인간에게 주어진 조건이고 현실이니 천이지요. 그러니 스스로 노력해 가다듬고 바꿔가야 합니다. 긍정적인 방향으로. 결국 천이라는 것은 인간의 노력으로 다시 만들어가야 할 대상과 객체를 말합니다.

보령　위라는 인간의 노력으로 바꿔야 할 모든 대상이 하늘. 그렇기에 우선은 선생님께서 천과 인의 구분을 강조하셨습니다. 그래야 인간이 스스로 풀어야 할 자신의 과제를 분명하게 인식할 수 있기 때문이라 하셨고요. 그리고 천으로 대변되는 인간 삶의 모든 조건과 현실은 단순히 과제 내지 주어진 조건에 그치는 게 아니라 내버려두면 인간 생활에 위협, 위험이 되는 악조건이라고 인식할 수도 있어야 한다 하셨어요. 그래야 인간이 스스로 위해야겠다는 경각심과 당위를 느끼니까요.

순자__ 제대로 정리했습니다. 천인지분이 저 순자 사상의 대들보이고 기둥입니다. 천인지분에서 제가 말하는 성위지분이 파생되어 나오고 저의 인간관이 파생되어 나오고 그 밖에 모든 것이 딸려 나옵니다. 그리고 학문과 수신, 예라는 것들도 딸려 나오지요. 제대로 위하려면 우선은 배워야 합니다. 학문해야 합니다. 학문의 대상은 주로 예입니다. 그리고 예를 배웠으면, 예를 통해 수신해야 하지요. 학문과 예, 수신. 이처럼 저 순자의 모든 것은 천관념과 연관되어 있습니다. 모두 저의 천관념, 천론에서 파생된 것입니다.

보령__ 선생님, 천인지분 다음으로 제가 여쭤보려고 한 주제가 바로 성性과 위의 구분, 성위지분입니다. 천인지분 못지않게 굉장히 묵직한 주제라고 알고 있습니다. 선생님의 인성론, 인간관과 직결되는 주제라 할 이야기가 많고 또 제법 어렵지 않을까 생각합니다. 그래서 곧바로 이 주제에 들어가지 말고 다른 것에 대해 좀 여쭙고 싶습니다.

바로 학문과 스승, 수신이란 주제입니다. 선생님의 천론, 천관, 천인지분에서 결론은 항상 위로 귀결되었는데, 위하려면 배워야 합니다. 제대로 배워야 행할 수 있으니까요. 그런데 사실 배우는 것부터가 위 아닐까요? 배우는 것 역시 인간 스스로의 노력이니까요. 또 배움에는 스승이 반드시 있어야 하지 않겠습니까? 그리고 위는 수신과 바꿔 말할 수 있지 않을까요? 인간 스스로의 노력으로 자신을 닦는 것이니까요.

순자__ 위는 배움이자 수신이라 할 수 있습니다. 공부, 마음과 몸 닦기 모두 위입니다. 위를 제대로 하기 위해선 스승이 반드시 있어야지요. 배움, 수신, 스승 모두 제 철학에서 중요한 주제입니다.

보령＿ 또 무엇보다도 선생님께서는 유학자고 공자의 제자입니다. 그렇기에 사실 천론에 앞서 '학문과 스승, 수신에 대해서 먼저 여쭤볼까?' 하고 생각하기도 했습니다. 이제 이 주제들에 대해 여쭤보겠습니다.

순자＿ 학문 자체를 즐거워하고, 학문을 동해 자신과 공동체의 오늘보다 더 나은 내일을 만들 수 있다는 낙관과 믿음, 그리고 공부에 대한 절실함과 성실함은 우리 유학자의 모든 것이라고 할 수 있습니다. 공부하는 인간, 선배들이 일궈놓은 것들을 학습해서 후세들에게 전수하는 인간, 항상 우리는 이를 전제하지요. 또 늘 마음가짐, 몸가짐을 닦아 여러 사람과 맺은 관계의 그물망에서 훌륭하게 역할을 수행하는 인간을 전제합니다. 학문과 수신은 참으로 중요한 주제입니다. 학문과 수신에 있어 스승이 차지하는 비중은 절대적이지요. 마침 제 텍스트는 학문을 권하는 〈권학〉 편으로 시작하고, 바로 다음 〈수신〉 편으로 이어집니다. 이 두 편에 스승에 대한 이야기가 많습니다.

보령＿ 그럼, 더 이상 지체하지 말고 학문과 수신, 스승에 대한 말씀을 듣겠습니다.

순자＿ 좋습니다.

· 4장 ·

학문과 수신, 그리고 스승

군자들이 말했다.
학문은 하지 않을 수가 없는 것이다.

학문을 권하다

보령 〈권학〉 편, '학을 권한다', 즉 '열심히 배워라', '열심히 공부하라'는 뜻인 데요, 공자의 《논어》는 이렇게 시작하지요.

배우고 때때로 익히니 또한 즐겁지 아니한가?[30]

선생님의 텍스트가 〈권학〉 편으로 시작되는 건 다분히 공자를 의식해서가 아닐까 싶은데요?

순자 묵자를 제외하고 제자백가 사상가 중에 유일신唯一神을 이야기한 사람은 아무도 없습니다. 신을 상정하지 않는 사유와 사고, 인생관과 세계관, 그 이후에도 이러한 사상 전통은 계속되었지요.

우리 동아시아인들은 문제가 있을 때 신에게 달려가 기도하지 않습니다. 공부를 하지요. 책을 보고 위대한 성인들에 대해 상기하고 모방하고 재연하려 합니다. 오늘날의 의미로 다시 해석해서 적용하려고 합니다. 서구의 유일신 문화와 구분되는 동아시아 문화의 가장 큰 차이점이 공부를 통해 문제를 해결하고 앞으로 나아가려는 자세입니다. 이런 문화의 터전을 공자 님께서 만드셨습니다.

〈권학〉 편은 다분히 공자 님을 의식한 배치입니다. 공부를 해서 군자가 되고 학문을 해서 공동체의 평화를 만들자고 공자 님께서 주장하셨습니다. 그러한 배치를 통해 제가 공자의 제자라는 자기 확인과 선포의 의미를 담았지요. 저 순자가 공자의 도를 따르고 계승하는 정통 유학자라는 것을 명확히 보여주고 싶었습니다.

보령 맹자도 의식하지 않으셨나 생각합니다. 〈권학〉 편으로 시작하면서 맹자가 아닌 선생님이야말로 공자의 진정한 계승자라고 선언하신 것 같아요. 그리고 뒤에 〈요문〉 편은 제자들이 넣었다고 알고 있는데, 그 〈요문〉 편 또한 인상적입니다. 《논어》 맨 마지막 20편은 〈요왈堯曰〉 편으로 끝나잖아요? 선생님의 텍스트 마지막은 〈요문〉 편으로 끝납니다. 두 텍스트 모두 요임금이 순임금에게 말하는 장면으로 시작하는데, 이걸 보면 선생님의 제자들이 공자와 《논어》를 상당히 의식한 것 같아요. 공자가 남긴 진리의 계승자는 선생님임을 선포하고 싶으셨나 봅니다.

순자 제 생각에도 그렇습니다.

보령 그러면 학문에 대해 본격적으로 여쭙겠습니다. 학문이란 무엇이고, 왜 학문을 해야 하며, 어떤 자세로 해야 하고, 무엇을 공부해야 하는지 등에 대해서 듣고 싶습니다. 유학이란 어디까지나 착하게 살기 위한 가르침의 모음, 도덕을 위한 이론 묶음 아니겠습니까? 그래서 학문을 도덕과 윤리적 삶과 연관해 말씀해주셨으면 합니다.

순자 그러지요. 〈권학〉편을 중심으로 이야기하겠습니다.

보령 먼저 학學의 개념에 대해 제대로 알고 싶습니다. 공자 그리고 유가에서 말하는 학과 학문이란 개념이 단순히 '배운다', '공부한다', 영어로 'study', 'learn'인 것 같지가 않습니다. 보통 사람들이 알고 있는 것보다 학의 범주가 훨씬 넓지 않나요? 제가 알기로는 좁은 의미와 넓은 의미로 공자의 학, 유가의 학을 나누어볼 수 있을 것 같습니다.

순자 유가는 실천을 생명으로 합니다. 실천과 유리된 공부, 공부를 위한 공부, 단순히 연구하는 것에 의미가 국한된 공부, 그런 공부는 유학에 존재하지 않습니다. 실천까지 염두에 두어야지요.

자, 우선 학學은 '학문'이라고 볼 수 있습니다. 이것이 보령 학생이 말한 좁은 의미의 학입니다. 성인들의 말씀과 전적이 담긴 텍스트를 읽고 한 사회 문명과 문화를 이루는 것을 공부하는 것, 이것이 공자 님께서 말한 학의 1차적 의미입니다. 하지만 학을 이렇게만 안다면 유가의 학문을 협소하게 이해하는 꼴이지요. 좀 더 넓은 범주에서 학을 이해해야 합니다.

단순히 전적과 텍스트, 고전, 예법을 배우는 것만이 학문이 아닙니다. 덕행의 실천, 즉 배운 것을 삶의 현장에서 실행하는 것도 학문입니다. 더 나은 사람으로 거듭나기 위해 기울이는 인간의 노력 전부를 학문이라 볼 수 있습니다. 아울러 자신이 사는 정치 공동체를 더 좋게 거듭나게 하려는 인간의 모든 활동과 노력까지를 학문으로 봐야 합니다.

범위를 이처럼 넓혀서 학문을 이해해야 합니다. 《논어》〈학이學而〉편 7장 자하의 발언에서 이를 확인할 수 있지요.[31] 부모를 섬기고 임금을 섬기고 벗들과 사귀고, 이렇게 일상에서 진심으로 노력하고 실천하면 배우지 못했다고 해도 나는 그를 배운 사람이라고 인정할 것이라고 자하가 말하지 않았습니까? 여기서 우리는 학이 단순히 '공부하다', '배우다'라는 의미를 뛰어넘는 것을 알 수 있습니다.

실천과 결부되지 않으면 유가의 학이 아닙니다. 끊임없는 실천, 힘써 행하는 노력을 강조하는 저로선 책상머리에 앉아 책하고만 씨름하는 공부로서의 학문을 생각지 않는데, 제가 학문을 권한다고 할 때의 학문이 바로 그러합니다. 넓은 의미에서의 학문을 전제하지요.

보령 학생이 아주 좋은 질문을 해주셨다고 생각합니다. 저는 다른 유자들에 비해 개념 정의를 명확히 하려고 노력한 사람입니다. 스스로 실천을 중시했는데 학의 의미에서 대해 명확히 물어 확인해주니 고맙습니다.

보령 네, 선생님. 보통 사람들이 아는 것보다 학문이란 것이 훨씬 넓고 큰 개념이었군요. 그런데 '학문學文'만이 아니라 '학문學問'도 있지 않나요? 그 둘의 개념이 다른 것으로 압니다. 학문學文이 선생님 말씀대로 책과 텍스트, 그 사회의 예법을 배우는 것이라면, 학문學問은 어떤 의미인가요?

순자 좋은 질문입니다. 학문學問의 개념도 알아야지요. 그래야 유가의 학문學文을 제대로 이해할 수 있습니다. 보령 학생 말대로 넓은 의미의 학에 대해서 알려면 반드시 학문學文과 다른 학문學問 개념에 대해 알아야 합니다.

학문學文은 말 그대로 '문文을 공부하고 익힌다'는 뜻입니다. 학문學問은 '배우고 묻는다'는 뜻인데, 단순히 받아들이는 것이 아니라 스스로 물어보고 답을 내리는 과정에서 배운 것을 주체적으로 소화해 완전히 자기 것으로 만든다는 의미이지요. 그러기 위해선 책상머리에서만 공부해서는 안 됩니다. 생활 속으로 뛰어들어 몸으로 부대껴봐야 합니다. 그래야 제대로 질문할 수 있지요. 공부란 그래야 합니다. 일상과 현장에서 배운 것을 실천하고, 스스로 확인하고 스스로 검토해서 다시 자신에게 질문해야 합니다. 그 과정 안에 자신을 둘 수 있어야 공부입니다. 그래야만 배운 것이 완전히 자기 것이 되지 않겠습니까? 이것이 바로 학문學問입니다.

우리는 학문學問의 과정을 항상 밟아야지요. 그래야 넓은 의미의 학문學文의 세계로 나아갈 수 있습니다. 현장에서 실천하며 분명한 의미를 체득하고 다시 그것을 실천한다면, 공동체를 더욱 살뜰한 공간으로 만들 수 있지 않겠습니까? 학문學文만이 아니라 학문學問도 해야지요.

학문學文과 학문學問 이 두 개념을 모두 이해해야 우리 유가가 말하는 학문學文과 공부의 의미를 명징하게 이해할 수 있다고 생각합니다. 좋은 질문이었습니다.

보령 좁은 의미의 학문과 넓은 의미의 학문, 그리고 실천과 체득을 위한 공부인 학문學問에 대해서 알아보았습니다. 이제 본격적으로 〈권학〉편을 살펴보 겠습니다.

〈권학〉편은 이렇게 시작합니다.

군자들이 말했다. 학문學文은 하지 않을 수가 없는 것이다.[32]

시작이 강렬하네요. 공부하는 사람이 군자인가 봅니다.

순자 군자들은 학문을 하지 않아서는 안 됩니다. "푸른 물감은 쪽풀에서 나 왔지만 쪽풀보다 더 푸르고, 얼음은 물로 이루어졌지만 물보다 더 차갑습니 다."[33] "나무가 먹줄을 따르면 곧아지고 쇠를 숫돌에 갈면 날카로워지는 것처 럼, 군자도 널리 배우며 자기를 성찰하면 앎이 밝아지고 행동에 허물이 없을 것입니다."[34] 이러한 과정이 공부입니다. 매일 삶에서 이를 실천해야 합니다. 유가에서 말하는 군자는 '배운' 사람이 아닙니다. '배우는' 사람이지요. 철저 히 과정적 존재입니다.

보령 과정적 존재요?

순자 배운 사람이 아니라 배우는 사람입니다. 항상 배우는 과정에 자신을 두 는 사람이 군자이지, 과거에 많이 배웠다고 목에 힘주는 사람은 군자가 아닙 니다. 그런 자는 거짓된 군자이겠지요. 배운 사람이 아니라, 지금 여기서 배 우는 사람이 군자입니다.

보령___ 선생님께서는 공부를 열심히 하면 앎이 밝아지고 행동에 허물이 없어질 것이라고 말씀하셨어요. 매일 앎이 밝아지도록 노력하고 행동에 허물이 없도록 애쓰는 과정적 존재가 군자이겠군요?

순자___ 물론입니다. 매일매일 한시라도 게을리해서는 안 되지요. 항상 배우고 몸가짐과 마음가짐을 바르게 하려고 애쓰는 과정적 존재가 바로 군자입니다.

보령___ "과정적 존재가 군자"라는 말씀, 메모해두겠습니다. 그런데 선생님께서 그 유명한 '청출어람靑出於藍'을 말씀하셨어요. 사실 청출어람을 선생님께서 말씀하셨다는 것을 모르는 사람이 많아요.

순자___ 전 공부를 하고 학문을 닦는 데에 스승의 존재가 절대적이라고 봅니다. 그러나 청출어람 해야 합니다. 노력하면 스승보다 더 훌륭한 사람이 될 수 있습니다. 학문하는 사람은 이것을 목표로 삼아야 합니다.

보령___ 선생님의 텍스트 《순자》를 펼치면 첫 장에 바로 보이는 말이 청출어람입니다. 그러다 보니 읽는 사람이 '어라?' 합니다. 선생님 하면 대부분 먼저 성악설을 떠올리는데, 정작 선생님께서는 노력하면 스승보다 더 뛰어난 사람이 될 수 있다는 말씀으로 텍스트를 시작하셨으니까요. 인간을 긍정하고 격려하는 문장으로요. 〈권학〉 편 그리고 뒤이어 바로 나오는 〈수신〉 편을 읽다 보면 선생님에 대한 편견과 선입견이 상당 부분 사라지는 기분이 듭니다.

순자___ 인간의 성에 대해 어둡고 부정적으로 말한 〈성악性惡〉 편에서도 사실 긍정적인 방향으로 인간이 변할 수 있다고 적잖이 말했습니다. 전 〈성악〉 편에서 이렇게 말했습니다. "길거리의 사람 모두가 우임금과 같은 성인이 될 수 있다." 길거리의 사람이라 할지라도 모두 어짊과 의로움, 올바른 법도를 알 수 있습니다. 모든 사람에겐 그러한 법도를 행할 수 있는 능력이 있습니다. 그러니 길거리의 사람 모두가 우임금 같은 성인이 될 수 있음은 분명한 일이지요.[35]

보령__ 공자가 "인仁이란 먼 것이냐. 내가 인을 행하려고만 하면 인이 내게 이른다"[36]라고 했습니다. 공자가 생각하는 궁극적인 이상인 인을 인간이 스스로 하고자만 한다면 이룰 수 있다는 말씀인데요. 선생님의 낙관론과 긍정론을 보면 그 말이 생각납니다. 그렇지만 당연히 '성인됨'은 거저 이룰 수 있는 것이 아니잖습니까? 역시 학문을 하고 공부를 해야겠지요?

순자__ 성인됨은 학문을 하고 마음을 오로지하며 올바르게 실천하고 선을 쌓아야 가능한 일입니다. 하지만 누구든 할 수 있습니다. 성인의 말씀을 읽고 일상에선 마음가짐과 몸가짐을 항상 바로 하려고 노력하는 것이 학문입니다. 그렇게 공부하면 됩니다. 전 〈영욕榮辱〉 편에서 "타고난 재능과 지능은 군자와 소인이 다르지 않다"[37]라고 말했습니다. 무엇을 배우고 어떻게 노력하느냐에 달려 있다고 봅니다. 오吳나라나 월越나라 같은 이민족 오랑캐의 자식들을 보면, 태어났을 때는 같은 소리를 내지만 자랄수록 풍습이 달라집니다. 인간은 무엇을 배우고 무엇을 가르쳤냐에 따라 달라질 뿐입니다. 그러니 학문이 중요합니다.

보령 "사람이 타고난 성은 똑같으나 습관에 의해 서로 멀어진다"[38]라고 한 공자의 말씀이 생각나네요. 타고난 인간의 본성이나 자질은 거의 비슷하지만 후천적 행동에 의해 인간이 서로 달라진다는 말인데요, 선생님께서도 같은 입장이신가요?

순자 네. 무엇을 공부하고 익히고 실천하느냐에 따라 사람이 군자와 소인으로 갈릴 뿐입니다.

보령 선생님, 그럼 학문을 하는 데에 가장 중요한 것은 무엇인가요?《순자》를 읽다 보면, '스승', '독실한 정신 자세', '좋은 환경', '끊임없는 실천' 이런 말이 떠오릅니다. 우선 스승과 환경 등 인간 외적인 것에 대해 강조하신 점이 눈에 띄어요. 왜냐하면 맹자의 경우에는 외적인 권위나 대상을 말하지 않았는데, 선생님의 텍스트에서는 유독 강조되어서요.

순자 저는 일찍이 하루 종일 생각만 해본 일이 있었으나, 이는 잠깐 동안 공부한 것만 못했습니다. 저는 일찍이 발돋움하고 바라본 일이 있었으나, 이는 높은 곳에 올라가 널리 바라보는 것만 못했습니다. 높이 올라가 손짓을 하면 팔이 더 길어지는 것은 아니지만 멀리서도 보이고, 바람을 따라 소리치면 소리가 더 커지는 것은 아니지만 분명히 들리며, 수레와 말을 타면 발이 더 빨라지는 것은 아니지만 천 리 길을 갈 수 있고, 배와 노를 이용하면 물에 익숙지 않더라도 강을 건널 수 있습니다. 군자는 태어날 때부터 남달랐던 사람이 아닙니다. 외적 환경과 대상을 잘 이용할 줄 아는 사람입니다.[39]
　혼자 사색하고 생각하며 궁리하는 것보다 좋은 환경에서 스승에게 배우는 것이 훨씬 낫지요. 좋은 환경과 스승은 분리해서 생각할 것이 아닙니다. 좋은 스승이 있어야 좋은 환경이 만들어집니다. 스승이 차지하는 비중이 절대적입니다.

보령 방금 "일찍이 하루 종일 생각만 해본 일이 있었으나, 이는 삼깐 동안 공부한 것만 못했다"라고 하셨습니다. 배움을 강조하신 말씀인데요, 공자의 이 말씀이 생각나네요. "내가 일찍이 하루 종일 먹지도 않고 밤새도록 자지도 않으며 사유에 빠져보았으나 아무 이익이 없었고 공부하는 것만 못했다."[40] 선생님 말씀과 같습니다. 그리고 홀로 사유하거나 맹자처럼 자신 안의 착한 마음에 집중하기보다는, 자신의 밖에 있는 외적 대상, 주로 앞선 사람들이 남겨놓은 가르침을 공부하는 것이 우선이라는 뜻으로 이해됩니다.

순자 네. 내적 사색, 정적 사유보다는 마음과 생각의 창을 밖으로 열어놓고 공부하는 자세가 핵심입니다. 그러니 좋은 외부 환경이 중요할 수밖에 없습니다. 아무리 키가 커도 또 높이 뛰어도, 높은 곳에 올라가서 바라보는 것같이 멀리 볼 수 있겠습니까? 아무리 걸음이 빨라도 수레나 말을 타는 것보다는 빨리 갈 수 없지요. 학문을 하는 데에는, 인간의 성장에는, 좋은 환경이 절대적입니다.

보령 마중지봉麻中之蓬이라는 유명한 사자성어가 생각납니다. 구부러지게 자라는 쑥도 삼밭에서 나면 따로 받쳐주지 않아도 저절로 꼿꼿하게 자라듯이, 좋은 환경에 있거나 좋은 벗과 함께하면 좋은 영향을 받아 저절로 훌륭한 사람이 된다는 뜻으로 알고 있어요. 환경의 중요성을 강조한 말씀이지요. 그러고 보니 이 사자성어도 청출어람처럼 선생님께서 하신 말씀이네요.

순자 쑥이 삼밭에서 자라면 부축해주지 않아도 곧으며, 흰 모래가 검은 흙 속에 있으면 검어집니다. 난초의 뿌리는 바로 향료가 되는데, 이것을 구정물에 담가두면 군자도 가까이하지 않고 범인도 몸에 지니지 않습니다. 원래 그 바탕이 아름답지 않아서가 아니라 자리에 따라 그렇게 되는 것입니다. 그러므로 군자는 반드시 고을을 가려 살고 반드시 선비들과 어울려 놀지요. 악해지고 비뚤어지는 것을 막고 올바른 것을 가까이하기 위함입니다.⁴¹

보령 안 그래도 "사람이 인에 머무는 것이 아름다운 일이니, 골라 머물기를 인에 처하지 않는다면 어찌 지혜로운 자라고 할 수 있겠는가"⁴²라고 한 공자의 말씀이 떠오르네요.

순자 남쪽에 어떤 새가 있는데 이름이 '몽구蒙鳩'입니다. 자기 깃을 머리털로 이어 갈대 이삭에 매달아 둥지를 만듭니다. 바람이 불어 그만 이삭이 꺾이면 둥지 속의 알이 깨지고 맙니다. 둥지 자체가 불완전해서 그런 게 아닙니다. 그런 곳에 둥지를 매달아놓은 탓이지요.

서쪽에 어떤 나무가 있는데 이름이 '사간射干'입니다. 줄기의 길이는 겨우 네 치이지만 높은 산 위에 있어 백 길이나 되는 심연을 바라봅니다. 나무의 줄기가 길기 때문이 아니지요. 높은 산 위에 서 있기 때문입니다.

이처럼 외적 환경이 중요합니다.

보령 비유로 외적 환경의 중요성을 쉽게 알려주셨습니다. 사실 사람이 공부하는 환경의 중요성을 잘 알려주는 일화는 '맹모삼천지교孟母三遷之敎'가 대표적이지요. 《맹자孟子》를 읽어보면 외적 환경보다는 인간의 마음에서 승부를 봐야 한다고 주장합니다. 어째 외적 환경의 중요성을 강조하는 일화에 맹자가 주인공으로 등장해서 좀 이상하네요. 맹모삼천지교 고사는 유향의 《열녀전列女傳》에 전하는 이야기인데 실화가 아니라고 합니다. 제 생각엔 선생님께서 좀 억울하실 것 같아요. 선생님의 '연관 검색어'로 알려져야 할 이야기이잖아요. 유향은 한나라 때 지식인이고, 그때는 선생님을 따르는 유학자들의 시대였으니 그런 이야기가 만들어져서 전해진 듯합니다.

선생님, 이제 공부와 학문에 있어 외적 환경이 중요하다는 것을 잘 알겠습니다. 외적 환경, 더 정확히 말하자면 외적 요소에서 제일 중요한 게 스승이지요? 스승의 중요성을 무척 강조하셨는데요, 공자에 비해, 특히 맹자에 비해 선생님께는 이 점이 두드러지는 것 같아요.

순자　학문하는 방도에 있어서 스승이 될 만한 사람을 가까이하는 것보다 편리한 것이 없습니다. 예와 악樂에 관한 경전은 법도를 보여줌에 빠짐이 없고 《시경》과 《서경書經》은 옛 기록으로서 천박하지 않고 《춘추春秋》라는 역사서는 간략하면서도 깊은 교훈을 줍니다. 하지만 스승이 될 만한 사람을 따라 군자의 말씀을 익혀야만 존엄해져서 널리 세상에 통하게 될 것입니다. 그러므로 학문은 스승이 될 만한 사람을 가까이하는 것보다 더 편리한 것이 없다고 한 것입니다.[43]

오경을 확립하다

보령_ 여러 경전을 공부하는 것보다도 스승으로 삼을 만한 사람을 가까이 두는 것이 더 중요하다는 말씀이지요?

순자_ 그렇습니다. 학문의 방법은 스승이 될 만한 사람을 곁에 두는 것보다 좋은 길이 없습니다. 예를 배우고 실천하는 것은 그다음입니다.

보령_ 방금 지적해주신 시, 서, 예, 악, 춘추 등 이런 경전들보다 스승이 훨씬 중요하다는 말씀을 〈권학〉 편에 하셨는데요, 솔직히 그 말씀을 들으면 스승을 강조하셨다는 점보다는 오경五經을 언급하셨다는 점이 더 눈에 들어옵니다.

순자_ 말 그대로입니다. 훌륭한 스승에게 배우는 것이 다섯 경전보다 더 중요하지요.

보령_ 그것도 그렇지만, 선생님 말씀을 보면 선생님께서 〈오경〉을 정립하신 게 아닌가 하는 생각이 듭니다. 오경이라는 것이 시, 서, 예, 악, 춘추에 대한 책 아닙니까? 줄곧 우리 동아시아에서 경전으로 존숭받아왔고요. '주역'으로 불리는《역경易經》을 더하면 육경六經이 되고요. 유학이란 학문은 본래《논어》,《맹자》,《대학大學》,《중용中庸》이라는 사서四書를 배우는 게 아니라, 오경 혹은 육경을 배우는 것 아닙니까? 한나라 때는 오경박사五經博士 제도가 있어, 다섯 경전에 대한 권위자를 궁중에 두어 제자를 가르치게 했습니다.
　이러한 오경을 사실상 선생님께서 만드신 것 같습니다. 오경의 개념을 처음으로 확립하신 분은 분명 선생님입니다. 그런데도 오경보다 바로 현실에서 내가 보고 배울 수 있는 스승이 더 중요하며, 당장 몸에 익히고 실천할 수 있는 예가 더 중요하다고 말씀하시네요. 어떻게 보면 이렇게 말씀하시는 것이 뭐랄까요……, 선생님께서 일군 업적을 당신 스스로 깎아내리는 듯한 느낌이 들게 합니다.

순자__ 제가 다섯 경전을 처음으로 말하긴 했지요.

보령__ 오경 개념의 확립, 오경이란 텍스트가 탄생한 것은 사실 무시무시하고 어마어마한 일 아닌가요? 성리학이 생기기 전까지 그리고 성리학이 생긴 이후에도 동아시아를 지배한 경전이 오경입니다. 그 텍스트들이 경전으로 자리매김할 수 있게 선생님께서 최초로 터를 닦아놓으시지 않았습니까? 오경을 하나하나 언급하시면서 각각 핵심이 무엇인지 조목조목 설명하신 내용이 선생님의 텍스트에 있고, 어떤 방향으로 보완해야 할지 말씀해주는 내용도 눈에 보입니다.

순자__ 시, 서, 예, 악, 춘추 모두 긍정했지요. 시는 인간의 감정을 거짓 없이 드러내면서도 정제된 형태로 발현하기에 인간이 감정을 다스리고 적절하게 표현하는 데에 아주 좋은 교재가 됩니다. 음악도 시와 비슷한 기능을 합니다. 감정을 다스리고 심성을 도야하는 데 좋지요. 그래서 제가 시에 대한 경전, 음악에 대한 경전을 말했습니다. 그리고 성인군주와 위대한 재상의 언행을 담은 《서경》은 오늘날의 위정자들이 통치를 할 때 꼭 명심해야 할 가르침들이 담겨 있다고 봅니다. 또 역사서 《춘추》는 간략하지만 우리가 배워야 할 역사의 교훈을 전달해주는 책입니다.

　전 오경 모두를 긍정합니다. 그럼에도 가장 중요한 것은 지금의 현실이고 오늘날의 사회에서 질서와 조화를 담보하는 것입니다. 당장 지금 사회에서 조화를 담보하게 하는 예를 배우고 익히는 것이 오경을 공부하는 것보다 중요하지 않겠습니까? 이러한 예를 잘 알고 있고 실천을 통해 보여줄 수 있는 사람이 바로 스승이지요. 스승을 곁에 두어야 합니다. 그래야 몸가짐, 마음가짐이 바른 인간으로 성장하지 않겠습니까?

보령　오경보다는 예, 그리고 예를 가르쳐주고 예를 행하는 모습을 보여주는 스승이 중요하다는 말씀 같은데요, 아무튼 선생님께서 사실상 오경을 창시하신 것 아닌가요? 다섯 경전으로 유가적 지식인을 키워내자고 하신 것 같은데요……, 오대 경전 선생님께서 만드셨잖아요?

순자　네……, 사실입니다. 오대 경전을 제가 직접 만들었다고 하면 무리겠지만 이러저러한 원칙과 방향으로 다섯 경전을 정립하고 내용을 편집해 완성해 내도록 강하게 자극했지요. 유가적 지식인과 관료를 키우고자 한 일입니다. 무엇보다 전 《시경》과 《서경》만으로는 안 된다는 것을 느꼈습니다. 그 경전들은 우리 유가의 전유물이 아니었습니다. 당시 지식인들의 공통 교양이었지요. 더구나 묵자 무리가 그 경전을 자신들의 것으로 적극 활용했습니다. 그렇기에 두 경전만으로는 안 되겠다고 더욱 느꼈지요. 그래서 제가 오경 개념을 확립했습니다. 묵자 무리와 완전히 선을 그은 것이지요. 그럼에도 분명 오경만으로는 충분하지 않습니다.

　예에 대한 경전에는 예법이 기술되어 있지만 세밀한 설명은 없습니다. 지금 예에 맞게 어떻게 움직이고 몸을 두어야 하는지를 알기엔 부족합니다. 스승이 구체적으로 설명하고 직접 보여야지요. 《시경》은 산만해서 조리가 뚜렷하게 드러나지 않고 일정한 체계가 없습니다. 《서경》은 너무 오래된 기록이라 현재의 자신에게 직접적으로 와 닿지 않을뿐더러 《시경》처럼 산만합니다. 《춘추》는 교훈을 주지만 너무 간략한 닷에 쉽게 이해할 수 없습니다. 스승이 있다면 숨은 뜻과 교훈을 설명해줄 수 있을 겁니다.

보령 __ 앞서 오경의 필요성과 장점을 말씀하시면서 오경 텍스트에 대해 개념을 뚜렷하게 잡아주셨는데, 지금은 부족한 점을 날카롭게 지적하시네요. 그러한 점들 때문에 당장은 스승을 통해 예를 배우는 것이 제일 중요하다는 말씀으로 들립니다.

순자 __ 그렇습니다. 당장 예를 배우는 것이 제일 중요합니다. 오늘날 사회가 질서 있고 안정하려면 사람들이 예법에 밝아야지요. 두루 많은 것을 규정하고 다루면서도 조리와 체계가 있는 현재의 예법에 밝아야 합니다.

　예법을 따르지 않고 《시경》과 《서경》으로 대신하는 것은, 손가락으로 황허 강黃河을 측량하고 창끝으로 방아를 찧으며 송곳으로 병 속에 든 음식을 집어 먹으려는 짓입니다. 아무것도 얻을 수 없다는 뜻이지요. 예를 숭상하면 비록 지식이 밝지 못해도 존경받을 만한 선비라고 할 수 있지만, 예를 숭상하지 않으면 비록 사물을 잘 고찰하고 논변을 잘한다고 해도 쓸모없는 선비에 불과합니다.[44]

보령 __ 마침 선생님께서 맹자를 비판하실 때 그러셨습니다. "맹자는 보고 들은 것은 넓으나 잡다하고 체계가 없다"[45]라고요. 맹자는 책을 통해 고대의 성인, 위인과 대화하고 그들과 친구가 된다고 했어요. 또 텍스트를 어떻게 읽고 파악해야 하는지 논한 걸 보면, 분명 공부를 아주 많이 한 사람이라 생각합니다. 그런데 선생님께서 맹자는 체계가 없다고 하셨으니…….

순자__ 지금 당장 현실에서 통용할 수 있는 정확한 규범을 되도록 많이 배워서 알도록 해야지요. 단순히 책 많이 읽고 좋은 마음을 먹는 것만으로는 부족합니다. 널리 사람들을 다스릴 수 있는 명확한 예법, 규범 체계를 제대로 공부해 자신의 것으로 만들어야지요. 그렇지 않으면 아무리 책과 씨름한다고 해도 현실에서는 소용없습니다.

보령__ 어쨌든 선생님께서 오경 개념을 확립해주셨습니다. 각 경전의 장점과 필요성에 대해서 역설하셨고요. 게다가 오경의 약점과 한계, 아쉬운 점까지 지적하셨습니다. 이를 볼 때, 전 선생님께서 후세 학자들에게 과제를 내주셨다고 생각합니다. 오경이란 이러한 핵심을 담은 책들이고 이를 통해 방향을 잡아야 하며 저러한 점을 보강해야 한다고요. 어떻게 보면 베테랑 편집자가 후배 편집자에게 지시하듯 편집의 원칙과 방향을 제시하신 것인데요, 그래서인지 마침 한나라 때 오경이 크게 보완되었습니다. 《서경》 같은 경우에는 위서 논쟁이 일 정도였습니다.

순자__ 후배들이 오경을 하나하나 보완하고 확대하여 충실하게 편집했더군요. 정말 어엿한 경전으로 만들어냈지요. 정말 고맙게 생각합니다. 특히 《예기》 같은 경우가 그렇습니다. 정말 고맙지요.

보령　앞서 예에 관한 경전은 구체성 면에서 아쉽다고 하셨어요. 하지만 향후 한나라 때 유학자들이 만든 《예기》는 구체적이고 상세하게 규범을 제시했습니다. 크게 진화했습니다. 비단 《예기》뿐이 아니에요.

다른 경전들도 훌륭하게 진화했습니다. 《시경》의 경우 체계적으로 편집해서 선생님께서 아쉽다고 지적한 조리가 뚜렷하게 서 있는 훌륭한 교재가 되었고, 《서경》의 경우 선생님께서 지적한 점을 제대로 보완해서 정리하고 편집했습니다. 선생님께서 지적하신 바를 후배들이 허투루 듣지 않고 경전을 만든 것 같습니다. 덕분에 완성도 높은 오대 경전이 탄생해 동아시아를 지배하게 된 것 같아요.

순자　특히 《예기》 같은 경우는 정말 고맙습니다. 《예기》는 법전의 장점까지 갖춘 책입니다. 저는 법치에는 동의하지 않았습니다. 부분적으로만 인정했지요. 예를 통한 교화가 먼저이고 법은 어디까지나 예를 보조하는 것에 그쳐야 한다고 생각했습니다.

하지만 사회 여러 부분을 빠짐없이 다루는 성문화한 법의 장점은 부러웠습니다. 활자화한 법의 명확성과 상세함 말입니다. 법전의 장점을 지닌 예에 대한 경전, 그것이 바로 《예기》입니다. 한나라 때 정치 영역과 인간 사회의 많은 영역을 명확히 다루고 규정한 규범 모음집 《예기》가 등장해 예치禮治의 토대가 마련되었습니다. 가혹한 법치가 아닌 예치, 법이 아닌 예로써 인민을 다스릴 수 있는 굳건한 토대가 생긴 것이지요. 후학들의 노력, 정말 높이 삽니다.

보령　선생님께서 어떤 점을 보완해야 하고 어떤 방향과 원칙으로 경전을 정리해야 하는지 분명히 말씀해주셨기에《예기》가 만들어진 것 같습니다. 더불어《시경》과《서경》이 진화하고,《춘추》에 대한 해설서《춘추곡량전春秋穀梁傳》이나《춘추좌씨전》도 만들어졌어요. 후학들 칭찬만 할 일은 아닙니다. 선생님부터 칭찬을 받으셔야지요.

선생님 책 자체가《예기》를 포함한 오경의 탄생에 정말 좋은 자극이었다고 생각해요. 선생님께서는 책에서 굉장히 많은 부분을 넓게 다루면서도 자세하고 상세하게 이야기해주셨습니다. 이 영향을 크게 받지 않았나 싶어요.《순자》는 총 서른두 편으로 텍스트가 이루어졌는데, 선생님의 제자들이 뒤에 추가한 여섯 편을 제외하고 보면 사실 스물여섯 편의 주제별 논문 모음집 아닙니까? 글 한 편 한 편에 조리가 있으면서도 해당 주제를 상세히 논하신 점을 보면 그 완성도에 놀라게 됩니다. 완성도 높은 경전들을 만들어낸 후학자들의 노력에는《순자》를 쓰신 선생님의 영향이 지대하다고 봅니다.

순자　그리 생각해주시니 감사합니다. 그런데 제 책을 스물여섯 편의 개별 논문집이라고 하긴 좀 그렇습니다. 많은 주제를 망라한 책은 맞습니다만, 정확히 말하자면 주제별 논문과 주제별 강의록 모음집입니다.

보령　그런가요? 선생님 책을 보면 정치, 사회, 철학, 경제, 군사 등 정말 많은 주제가 망라되어 있습니다. 경제에 관한 논의인〈부국〉편, 예를 주제로 해 자세하게 논의한〈예론〉, 음악에 대해 자세히 논한〈악론〉, 군사의 일을 주제로 한〈강국〉편과〈의병〉편……. 한 사회를 다스리는 데에 관련한 주제를 대부분 다루셨는데, 이런 점에서《예기》라는 경전의 탄생에 결정적인 영향을 주셨다고 생각합니다.《예기》를 보면 선생님의 글을 고스란히 베낀 부분도 눈에 보이고요.

순자 제 책에서 영향을 많이 받았는지는 모르겠지만 한 대 유학자들이 제 영향을 많이 받은 건 사실입니다. 이런 면에서 오경의 탄생에 제 지분이 분명히 있겠지요.

제 텍스트가 여러 주제를 망라했고, 한 편 한 편 밀도가 굉장히 높은 것도 사실입니다. 이를 모두 모은 전체 텍스트 《순자》를 보면 체계가 분명하게 서 있지요. 사전에 상당 부분을 기획하고 준비하여 텍스트를 편집한 까닭입니다. 제 텍스트에 저는 정말 자부심이 있습니다.

하지만 그것과는 별개로, 했던 말 계속 반복하는 것 같지만, 아무튼 저는 문자로 된 텍스트보다는 스승을 중시했습니다. 이 점을 잊지 말아야 합니다. 스승은 경전의 해설자 역할도 잘해야 하지만 예법의 실천자 역할도 잘해야 합니다. 예법을 실천함에 항상 모범을 보여야 합니다. 그래야 제자가 익히고 따르지 않겠습니까?

보령 선생님께서는 오경을 이야기하시면서, 줄곧 텍스트보단 스승을 그리고 예법의 수용과 실천을 말씀하십니다. 그래도 이건 분명히 짚어야 하지 않을까요? 사실 오경은 순자가 만들었다는 사실 말입니다. 저도 했던 말 또 하게 되네요. 하하.

오경의 탄생에 단순히 지분이 있는 정도가 아니라 순자, 선생님께서 있었기에 오경이 있었다고 생각합니다. 주희가 사서를 만들었듯 선생님께서 오경을 만드신 것이지요. 유학은 본래 사서가 아니라 오경을 공부하는 학문이었고, 오경은 주희로 대표되는 송 대 성리학이 성립한 이후에도 계속 지배력을 행사한 경전입니다. 누가 뭐래도 그것을 만든 사람이 바로 선생님입니다.

그래서 너무 안타까워요. 동아시아 사상사에서 차지하는 선생님의 위상이 너무 저평가되었다는 생각이 듭니다.

순자_ 말씀 고맙습니다. 저도 인간이니 저에 대한 오해와 억측은 물론이요, 제가 받은 저평가와 악평에 마음이 많이 아팠습니다. 오경 하면 저 순자를 떠올리는 사람이 거의 없다시피 했는데, 오경의 성립에 제 지분이 있다는 것만이라도 많은 사람이 알아주었으면 좋겠습니다.

자, 이 이야기는 그만하고 다시 원래 주제로 돌아가지요. 전 텍스트보다 스승과 예를 배우고 실천하는 것이 중요하다고 했습니다. 그 주제에 대한 이야기를 계속합시다.

스승의 자격

보령_ 그럼, 스승에 대해 다시 이야기하겠습니다. 선생님께선 〈치사致士〉편에서 스승의 자격 넷을 가장 중요한 것부터 순서대로 언급하셨습니다. 첫째 몸가짐이 존엄하여 경외할 만해야 한다. 둘째 경험과 연륜이 많고 신의가 있어야 한다. 셋째 경전을 외우고 또 해설할 수 있어야 하는데 앞선 스승의 이론을 무시하지 않고 존중해서 전달할 수 있어야 한다. 넷째 정미精微한 것을 알고 이론에 조리가 있어야 한다.

이렇게 네 조건을 갖추어야 타인을 가르칠 자격이 있다고 하셨습니다. 그러면서 박학다식함은 스승의 자격에 있어서 별로 중요하지 않다고 하셨어요. 경전과 스승이 남긴 가르침을 충분히 체득해서 전달할 실력이 되고, 이론이 정밀하고 체계가 있어야 한다고 지적하셨지만, 가장 중요한 것은 바른 몸가짐과 경험, 연륜, 신의, 인품, 인격이라 하셨습니다.

순자 스승이란 모름지기 예법의 실천자, 규범과 덕목의 실천자가 되어야 합니다. 그래야 타인의 스승이 될 수 있습니다. 선 그래서 배움과 가르침을 수數의 차원과 의義의 차원으로 구분했고 의에 해당하는 가르침을 중시했지요. 수가 단순히 텍스트 학습과 교육을 뜻한다면, 의는 몸으로 직접 배우고 실천해 체득하는 교육과 배움을 말합니다. 두 개념을 한번 설명해보자면 이렇습니다.

배움이란 어디서 시작하여 어디서 끝나겠습니까? 텍스트와 교과 학습數의 차원에서 말하자면, 경전經을 암송하는 데서 시작하여 예에 대한 책을 읽는 것에서 끝납니다. 직접 몸으로 익히고 실천해 배우는 체득 학습義의 차원에서 말하자면 선비士가 되는 데서 시작하여 성인이 되는 데서 끝납니다. 바른 몸가짐으로 계속 실천하는 시간이 오래도록 누적되어야 성인됨의 경지에 다다를 것이니, 진정한 배움이란 죽은 후에만 그칠 수 있는 것입니다. 교과 과정상의 학습인 수 차원이라면 배우는 데에 끝이 있습니다. 그러나 실천하고 체득하며 진리를 완전히 자기 것으로 만드는 의 차원의 공부는 끝이 없겠지요. 어찌 잠시라도 그만둘 수 있겠습니까?

수의 공부는 끝이 있어도 의의 공부에는 끝이 있을 수 없습니다. 의의 공부를 계속하면 인간인 것이고 버리면 금수인 것입니다. 문자적 지식, 텍스트와 경전 공부는 단지 부분에 불과합니다. 학문을 위한 학문, 문자적 학습과 지식을 공부하는 데 그치지 말고 실천적 학문, 실천적 배움의 장에까지 나가야 합니다. 그래야 군자가 될 수 있습니다. 의 차원의 배움을 계속해야지요. 죽을 때까지, 숨을 거둘 때까지.

보령 앞서 하신 말씀을 다시 강조해주신 듯합니다. 학문을 좁은 의미와 넓은 의미 두 범주로 나누어서 말씀해주셨는데요, 지금 말씀하시길 단순히 지적으로 배우고 전수받는 공부의 과정이 바로 수라 하셨습니다. 이는 텍스트를 읽고 배우는 학문, 즉 좁은 의미의 학문인 것 같고요, 스스로 행하고 실천하면서 체득하고 또 세상을 바꾸어가는 학문의 과정을 의라고 하셨는데, 이는 학문學問이자 공부인 것 같습니다.

학문學文에는 둘이 있다, 수의 학문과 의의 학문. 이제 알겠습니다. 두 범주 모두 열심히 공부하겠습니다.

순자 네, 그렇습니다. 우리 유자들은 좁은 의미의 학문을 추구하지 않습니다. 단순한 학문적 배움을 넘어서 실천적 배움을 통해 나와 내 주변을 바꿔가야지요. 포괄해서 봐야 합니다. 이것을 목표로 두어야지요. 이것이 진정한 학문이고 그러한 길을 가야 사람이고 선비이고 군자입니다. 그렇게 가도록 이끄는 이가 바로 스승입니다. 그래서 스승의 존재가 중요합니다. 스승 되는 자에게 훌륭한 인품과 모범이 되는 삶의 자세를 이런 이유로 요구한 것입니다.

보령 실천적 의미의 학문, 체득으로서의 학문, 즉 넓은 의미의 학문에 대해 듣다 보니, 수신과 공부, 수신과 학문은 사실 따로 이야기할 것이 아니라는 생각이 들어요. 수신은 학문과 공부에 포함되는 것이겠지요?

순자 물론입니다. 그래서 〈권학〉 편 다음에 〈수신〉 편이 나옵니다. 수신은 학문과 공부의 연장이자 그 자체입니다.

보령   그런데요, 선생님께서 공자와 다른 점이 단순히 학문의 양면성, 두 범주의 학문만을 지적해 보여주신 게 아니라, 단계를 나누어서 설명하셨다는 것입니다. 좁은 의미의 학문은 경문을 외우는 데에서 시작해 예에 대한 경전을 읽는 데에서 끝나고, 넓은 의미 학문 즉 실천적 학문은 선비가 되는 데에서 시작해 성인이 되는 데에서 끝난다고 말씀해주셨습니다.

순자   구분하고, 나누고, 과정과 순서를 제시하고, 단계를 두어 제시하고, 독려하고……. 텍스트에서 그렇게 많이 설명했지요. 배우는 이가 앞으로 나아가고 더 높은 곳을 향해 전진하기를 희망해서 그랬습니다. 선비에 대해서도 또 왕에 대해서도 그렇게 이야기했지요. 이해하게 쉽게 표현하자면 1급 2급 3급, 수우미양가식으로 그렇게 순위 내지 단계를 두고 말했습니다. 독려하기 위해서입니다. 더 앞으로 나아가라는 독려입니다. 제가 좋은 스승에 대해 계속 강조했는데, 사실 저 자신부터가 좋은 스승이 되어야 한다는 자의식이 강했습니다. 단계를 두고 이야기하고 독려한 것도 이 때문입니다. 어떻게든 배우는 이들이 앞으로 나아가고 전진하게끔 자극을 주는 사람이 바로 스승 아니겠습니까?

보령   나아가라, 전진하라 이런 태도가 중요하다는 말씀이지요? 끊임없이 한결같이 앞으로 나아가려는 자세 말입니다.

정리하자면, 선생님께서는 학문을 강조하셨고, 학문에 있어 가장 중요한 게 환경이라 하셨고, 환경 중에 가장 중요한 요소가 스승이라고 하셨습니다.

그러시면서 어떤 적극적 실천을 하는 데에 모범이 될 만한 사람을 스승으로 삼으라고 하셨습니다. 스승은 역시 공부하는 이가 앞으로 나아가게 고무하고 격려하는 사람이니까요.

순자　물론입니다. 우리는 계속 나아가야 합니다. 스승에게 독려를 받고 실천하면서 끊임없이 전진하고 정진해야지요. 우리에게는 앞으로 나아가고 전진하는 과정의 연속이 있을 뿐입니다. 그래서 저는 걷다 보步, 나아가다 진進, 다다르다 치致, 쌓다 적積, 가다 행行, 쉬지 마라 불휴不休, 기다려라 대待 등의 표현을 즐겨 썼지요.

보령　끊임없는 노력을 강조하시기 위함이지요?

순자　반걸음이 차곡차곡 쌓이지 않으면 천 리 길을 갈 수 없고, 작은 계천의 물이 흘러와 쌓이지 않으면 강과 바다가 생겨날 수 없습니다. 준마라 해도 한 번 뛰어 열 걸음을 갈 수 있겠습니까? 둔한 말이라고 해도 열 배의 시간과 힘을 들여 수레를 끌면 준마 못지않게 멀리 갈 수 있습니다. 일이 이루어지는 것은 오로지 중단하지 않는 데에 달려 있습니다. 칼로 자르다 중단하면 썩은 나무도 자를 수 없습니다. 그런데 중단하지 않으면 쇠나 돌이라도 자를 수 있습니다.[46] 한결같은 자세로 오로지 노력하며, 끊임없이 전진해서 나아가야 합니다. 그뿐입니다.

보령　선생님께서는 쌓는다는 의미의 '적'이란 글자를 참 많이 쓰셨습니다. 그러시며 '누적한다'를 무척 강조하셨지요. 역시 꾸준한 노력을 강조하시기 위해서 쓰신 말씀이지요? 사실 '적선積善'이라는 말도 선생님께서 가장 먼저 쓰셨어요. 적선하면 현재에는 기부를 뜻하는 단어로 주로 쓰이지만 선생님께서는 꾸준한 노력이란 맥락으로 말하셨습니다. 꾸준히 선을 행하고, 도덕을 실천하자는 의미로요. 이런 실천을 누적하라고 하시면서요.

순자__ 덕을 갖추고 실현하는 것은 일시에 이루어지는 것이 아닙니다. 꾸준한 노력을 통해 점차적으로 점진적으로 이루어지는 것입니다. 그래서 꾸준한 노력을 중시했지요. 재능이 부족한 사람이라도 쉬지 않고 계속 노력하면 성공할 수 있습니다.

보령__ 사실 선생님의 책을 읽어보면 인간을 굉장히 긍정한 분이라는 생각이 듭니다. 또 노력의 중요성을 굉장히 강조하시는 것 같다는 생각도 듭니다. 특히 다른 제자백가 사상가들과 비교해서요. 노력하면 누구든 군자가 될 수 있다, 성인이 될 수 있다고 하셨는데, 인간의 가능성을 신뢰한 공자의 사상을 충실히 발전시키신 것 같습니다.

순자__ 물론입니다. 노력하면 누구든 될 수 있고 할 수 있습니다.

보령__ 그런데요, 선생님. 이렇게 끊임없이 나아가려는 자세가 공부하는 이에게 중요하다고 하셨는데요, 그러기 위해서는 어떤 다른 자세나 요소도 필요하지 않을까요? 이런 의미에서 등대 역할을 할 수 있는 뚜렷한 목표를 언급하신 것 아닌가요?

순자　이상적인 목표가 있어야 합니다만, 이상적이면서도 분명하고 달성할 수 있는 목표를 추구해야 합니다. 하루에 천 리를 달리는 준마라도 허황된 목표를 추구하고 달성할 수 없는 목표를 향해 달린다면, 뼈가 부러지고 근육이 끊어지도록 평생 애를 써도 이루는 바가 없을 겁니다. 그러나 분명한 목표가 있다면 둔한 말이라도 그곳에 도달하지 않을 수 없을 것입니다.

　목표가 분명하다면 노력하면서 기다리고 인내하면 됩니다. 혹은 늦기도 하고 빠르기도 하고 앞서기도 하고 뒤지기도 하겠지만, 방향만 뚜렷하면 되겠지요. 그 목표를 향해서 인내하고 노력하면 다 이룰 수 있어요. 사거리에서 헤매는 이는 목적지에 이르지 못하고, 두 임금을 섬기려 하는 자는 아무에게도 인정받지 못합니다. 눈은 한꺼번에 두 가지를 보려고 하지 않기에 밝게 볼 수 있고, 귀는 두 가지를 한꺼번에 들으려고 하지 않기에 분명히 들을 수 있지요.[47] 하나의 뚜렷한 목표, 방향이 중요합니다.

보령　그 하나의 목표는 역시 유가에서 말하는 이상적 인간인 군자됨이고 성인됨이겠지요?

순자　그렇습니다. 특히 성인보다는 현실적으로 달성 가능한 군자됨이라는 목표를 향해 전진해야 합니다.

보령　'하나一' 이야기를 하셨습니다. 선생님 텍스트를 보면 특히 학문과 수신을 말하는 장면에서 하나를 참 많이 언급하셨습니다. '결어일結於一' 즉 하나에 마음을 단단히 매어두라고 하셨어요. 마치 정신 무장이 떠오를 정도로 결연한 마음가짐을 말씀하셨는데요?

순자 《시경》에 이런 말이 있습니다. "훌륭한 군자께서는 그 태도가 한결같구나. 그 태도가 한결같고 마음은 묶어놓은 듯 단단하네."**48** 군자는 한결같이 단단한 자세가 있어야 합니다. 그 자세가 바로 결어일입니다. 학문을 할 때나 일상을 영위할 때 항상 결어일의 자세가 중요하지요. 그렇지 않으면 명석한 지혜를 갖출 수도 없고 혁혁한 공을 세울 수도 없습니다. '하나에 전념한다' 즉 결어일에서 '결結'은 '고정하다'라는 말입니다. 군자가 살아갈 때 항상 마음을 오로지 하나에만 전념해야 한다는 뜻이지요.

보령 마음을 하나에 고정한다고 하셨는데, 역시 방금 말씀하신 뚜렷하고 분명한 목표인 군자됨에 고정한다는 뜻이겠군요.

순자 그렇습니다.

학문과 부귀

보령 지금까지 학문하는 자세를 말씀하셨습니다. 그런데 선생님, 단순히 '이런 자세로 열심히 공부해라, 실천해서 덕을 닦아라, 그래야 훌륭한 사람이 되고 군자가 될 수 있다!' 같은 말로는 모든 사람을 설득할 수 있을 것 같지 않습니다. 선생님께서 항상 염두에 두고 있는 게 현실 아닙니까? 현실적으로 공부를 하더라도 어떤 결과가 따라오지 않는다면, 더 직설적으로 말해 원하는 결과적 이익과 학문이 상관없다면 공부할 마음이 별로 안 생길 것 같아요. 학문을 통해서 생기는 결과적 이익이 있어야 열심히 학문에 매진하겠다는 마음 자세를 유지할 수 있지 않을까요?

순자 배움을 온전히 하고 다하면 권력과 이익으로도 그를 동요하게 할 수 없고, 많은 사람도 그의 마음을 바꾸지 못하며, 온 천하도 그를 움직이지 못합니다. 그러한 사람은 광명을 드러내는 하늘처럼, 광대함을 드러내는 땅처럼 덕을 널리 드러낼 수 있을 것입니다.

보령 아, 선생님. 굉장히 커다란 자아, 우주적 자아를 성취할 수 있다는 말씀 같은데 너무 추상적입니다. 사람들을 움직이게 하기에는 비현실적인 말씀 같고요……. 다른 말 없을까요? 들으면 어떻게든 공부해야겠다 싶은 마음이 생기게 하는 말이요.

순자 열심히 공부하면 세상에 알려지고 명성을 얻을 수 있습니다. 옛날에 호파瓠巴란 사람이 비파를 연주하면 물속에 잠겨 있는 물고기도 나와 들었고, 백아伯牙가 거문고를 타면 수레를 끄는 말 여섯 필이 풀을 뜯어 먹다가도 고개를 돌렸다고 했습니다.[49] 이들의 아름다운 연주 소리는 아무리 작아도 들리지 않음이 없었는데, 이처럼 학문을 해서 덕을 쌓은 사람들의 행동은 아무리 숨겨도 드러나지 않을 수가 없습니다.

보령 선생님, 그 말씀도 좀 약합니다. 열심히 공부해서 명성을 드러내는 것도 좋습니다만, 그것만으로는 사람들이 열심히 학문을 하도록 동기부여를 하기에는 부족한 것 같습니다. 좀 더 센 것 없을까요?

순자 정확히 어떤 말을 듣기 원하나요?

보령 직설적으로 말하자면 학문을 함과 부귀영화를 누리는 것이 조금이라도 상관이 있다고 생각하시는지 궁금합니다. 그러하다면 명확히 말씀해주시면 좋을 것 같다는……. 그러면 사람들이 학문을 더 열심히 할 마음이 생길 것 같아서요. 선생님께서 늘 중시하시는 게 현실과 현실의 인간이잖아요? 현실의 인간은 항상 욕망하는 존재고요. 공자가 이렇게 말하지 않았습니까?

농사를 지어도 굶주림이 그 안에 있을 수 있지만, 학문을 하면 녹이 그 안에 있을 수 있다. 그렇기에 군자는 도를 걱정하지 가난한 것을 걱정하지 않는다.[50]

학문 자체가 이상적인 것이지만 학문이 사람에게 부귀도 가져다줄 수 있다고 공자가 인정한 것 아닌가요? 사실 학문이 녹을 가져다줄 수 있다는 것은 공자 이래 중국인들이 가져온 전통적인 인식이라 알고 있는데요. 저는 사실 직설적으로 여쭙고 싶은 겁니다. 선생님, 공부 열심히 하면 부유해지고 귀해질 수 있나요?

순자 제가 유학을 배운 학자들의 효용을 선전하는 것을 주제로 하는 〈유효儒效〉 편에서 이렇게 말했습니다.

내가 천하지만 귀해지고 싶다. 어리석지만 지혜로워지고 싶고 가난하지만 부유해지고 싶다. 가능한 일일까? 가능하다. 오직 학문을 통하여.[51]

네. 전 긍정하고 인정했습니다. 공부를 통해 자신이 욕망하는 것을 얻을 수 있다고 했지요. 대표적으로 부富와 귀貴. 당장은 내가 천하지만 귀해지고 싶습니다. 지금 내가 어리석지만 똑똑해지고 싶고 현재 내가 가진 것이 없지만 부자가 되고 싶습니다. 인간은 누구든 마찬가지입니다. 모든 사람이 부귀영화 누리고 싶어 하지요. 가능합니다. 부유해지고 귀해질 수 있습니다. 단 학문을 통해서만 가능합니다. 보령 학생 말이 맞습니다. 학문을 통해 부유함을 얻고 귀해지는 것은 사실 공자 님부터가 인정하시고 긍정하신 바입니다. 학문이 녹을 가져다줄 수 있다는 생각은 춘추전국시대 이래 보편적인 사고방식으로 굳어졌지요.

전 이렇게 생각합니다. 공부하면 부유해지고 귀해질 수 있다. 또 부귀를 누리는 데에 학문이 유일한 길이라고. 사람을 귀하게 하고 지혜롭게 하고 부유하게 하는 유일한 길, 바로 학문의 길을 열심히 걸어가면 됩니다. 성인은 못 되어도 군자라도 되고 군자가 못 되어도 선비라도 된다면 어느 정도 명예와 부를 누릴 수 있다고 봅니다.

애초에 저는 세습적 특권을 부정한 사람입니다. 비록 왕공과 사대부의 자손이라도 예의를 배우지 않고 모른다면 하층민으로 강등당해야 한다고 했습니다. 또 비록 서민의 자손이라도 학문을 쌓고 행실이 바르며 예법을 안다면 재상이 되고 대부가 되게 해야 한다고 주장했지요. 신분은 철저히 각 개인이 지닌 학문과 덕에 따라 결정되어야 합니다. 군주가 정치를 하고 사람을 쓸 때도 출신 성분과 배경은 고려하지 말아야 한다고 주장했지요. 세습적 특권을 부정하는 저 순자는 오로지 학문과 덕의 정도에 따라 사람을 써야 한다고 강력히 주장했습니다. 그렇기에 더욱 자신 있게 말할 수 있습니다. 노력하면 부유해지고 귀해지고 지혜로워질 수 있다고.

보령 사실 그런 것 같아요. 열심히 공부하고 학문을 닦으면 부유해질 수 있다, 귀해질 수 있다고 주장하는 사람이 세습적 특권을 옹호하고 경직된 신분 질서를 주장하면 상당히 모순된 일이 아닐까요? 하지만 선생님께서 살았던 시대는 전근대 정도가 아니라 서기전이기에 선생님처럼 주장하기가 쉽지 않았을 겁니다.

같은 유자인 맹자는 세족, 거족의 정치경제적 특권을 분명히 인정했고, 그의 성선론도 사실 그들의 정치적 기득권 유지와 무관하지 않은 이야기라고 알고 있습니다. 사실 공자만 해도 기존의 신분 질서에 반할 수 있는 주장은 안 했지요. 천한 신분인 제자 중궁仲弓에 대해서 임금이 될 만한 그릇의 제자라고 했고, 신분이 미미해도 인격과 학문이 무르익은 사람을 등용해야 한다고 주장했지만, 딱 거기까지였습니다. 지배층 인사가 부덕하고 무능하다면 물러나야 한다는 주장까지는 하지 못했어요. 다만 그들이 덕을 쌓아 도덕적 인간이 되어야 한다고 주문했을 뿐이지, 학문하지 않고 덕이 없으면 정치적 특권을 내놓아야 한다는 주장까지는 감히 하지 못했습니다.

순자 학문적 성취도 내지 덕을 기준으로 해서 사람을 부리고, 신분이 미미하고 배경이 없어도 중요한 자리를 줄 수 있어야 한다고 제가 주장했습니다. 이런 제 주장 뒤에는 묵자의 상현尙賢 사상의 영향이 있습니다. 상현, 현명한 이들을 숭상하라! 묵자 무리, 그들은 철저히 현명함과 능력을 기준으로 사람을 쓰고 부리라고 하지 않았습니까?

묵자뿐만 아니라 철저히 공적 원리를 바탕으로 한 관료제의 도입과 운영을 말한 법가도 전 의식했지요. 안 그래도 유가가 정실 인사니, 세습 특권의 옹호니 하는 공격을 받고 있었고, 공정하게 사람 써야 한다고 주장하는 학파들과 경쟁하고 있었는데, 제가 공자 님처럼 단호하지 못했다던가 아니면 맹자처럼 드러내놓고 세습적 특권을 내세운 귀족들을 옹호했더라면 유가 사상이 살아남을 수 있었겠습니까? 더구나 열국이 국력 극대화를 위해 인재 유치 경쟁을 하던 시기였습니다. 세습 귀족을 옹호하면 유능한 인재 찾기에 혈안이 된 군주들에게 저의 사상이 수용되기 힘들었겠지요.

보령   워낙에 선생님께서 학문하고 공부하고 덕을 닦으라고 격려하시고 독려하시는 입장이었기에, 경직되고 유동성 없는 신분 질서를 옹호할 수는 없었겠지만 그런 다른 문제들도 있었군요.

순자   애초에 보령 학생이 말한 대로 저는 스승으로서 자의식이 강했기에 세습 특권 질서를 옹호할 수 없었습니다. 학생들보고 열심히 공부하라고 독려하는 사람이 세습 특권을 긍정할 수 있겠습니까? 그렇다고 하더라도 선생이 되었으면 학생들 앞에서는 그것이 견고하지 않다고 거짓말이라도 해야지요. 그래도 너희들이 열심히 공부하면 신분 상승이 가능하다고요. 그리고 〈유효〉 편에서도 말했지요. 자신의 이익을 추구하는 사람은 농인, 공인, 상인이 되고, 이기심을 억제하는 것을 배워서 공평해진 사람은 사대부가 되며, 마음이 관대해지고 예를 잘 아는 선비는 천자의 재상이 될 수 있다고. 노력하십시오. 공부하십시오. 그럼 원하는 것 얻을 수 있습니다.

보령   학문을 통해서 지식과 지위와 재산을 얻을 수 있다는 선생님의 확신은 사실 지금 제가 살고 있는 현대 한국인에게도 있는 사고입니다. 더구나 과거 급제 DNA가 유전자에 새겨져 있는 사람들이 한국인인데, 그들에게 선생님의 주장은 사실 새삼스러울 것이 없습니다. 죽기 살기로 학생들은 경쟁하며 공부하고 많은 부모가 피땀 흘려 돈을 벌어 자식들 교육에 투자합니다. 그게 지금 한국의 실정입니다.

순자 공부 열심히 하고 교육에 열의를 보이는 것, 좋습니다. 이를 통해 신분을 상승하고자 하는 욕망까지 드러내는 것, 나쁘지 않아요. 다 좋습니다. 하지만 전 이것만큼은 단호하게 말하고 싶습니다. 제가 말하는 배움學은 말입니다, 이론적, 실용적, 도구적 지식을 배우는 것에 한정해서는 절대 안 됩니다. 내 자신의 도덕적 완성, 바람직한 가치 규범의 실천, 그리고 내가 사는 공동체를 더 나은 곳으로 만들기 위한 노력, 거기까지 나아갈 수 있어야 하지요. 이러한 것을 궁극적 목표로 삼을 수 있어야 합니다. 그래야 공부이고 학문입니다.

보령 학문을 하는 데에 부귀 그 자체가 목적이 되어선 안 된다. 궁극적 목표는 역시 도덕의 완성이며 사회를 살기 좋은 공동체로 만들기 위한 것이어야 한다는 말씀인데요……, 지식 습득, 텍스트 공부는 기본이요, 끊임없는 실천, 그리고 살기 좋은 공동체 건설이란 과제를 등에 이고 실현하려 애쓸 수 있어야 군자라는 말씀이지요? 선생님, 비록 이런 삶이 바람직하다 해도 너무 어려워 보이네요.

순자 물론 쉽지 않습니다. 이 때문에 학문을 무한 인내해야 하는 것이라고 했습니다. 목표에 도달할 때까지 무한히 기다려야지요. 그런데 목표도 나를 기다립니다彼止而待我. 학문하는 나만이 목표에 도달하기를 기다리는 것이 아니라, 내가 생각하는 목표도 나를 저 멀리서 기다리고 있습니다. 그러니 그곳으로 가야 하지 않겠습니까? 혹은 늦기도 하고 혹은 빠르기도 하며 혹은 앞서기도 하고 혹은 뒤지기도 합니다만, 뭐 어떻습니까? 도달하기만 하면 됩니다.

보령　선생님께서 〈수신〉 편에서 이런 말씀을 하셨어요.

> 학문의 길은 멀고도 멀다. 하지만 목표도 나를 기다리기 때문에 나는 그곳으로 간다. 누구는 늦기도 하고 누구는 빠르기도 하고 누구는 앞서기도 하고 누구는 뒤지기도 하지만 어찌 그곳에 함께 도달하지 못할 리가 있겠는가?[52]

순자　보령 학생에게 꼭 들려주고 싶은 말이 있습니다. 절름발이 자라가 천 리를 갑니다. 하면 됩니다. 목표를 두고 쉬지 않고 부지런히 길을 재촉하면 되는 겁니다. 여섯 마리 준마가 끄는 수레도 목적지에 도착하지 못할 수 있습니다. 목표를 정하지 못하고 이리 갔다 저리 갔다 하면 목적지에 이를 수 없습니다. 목표를 향해 쉬지 않고 전진하는 절름발이 자라만 못하지요.

절름발이 자라가 목적지에 도착하고 여섯 마리 준마가 목적지에 도착하지 못한 것은, 한쪽은 나아갔고 나머지 한쪽은 나아가지 않았기 때문입니다. 사람들의 타고난 재능과 성질이 어떻게 절름발이 자라와 여섯 마리 준마의 발처럼 차이가 크게 날 수 있겠습니까? 아무리 가까워도 가지 않으면 목적지에 이를 수 없습니다. 아무리 작은 일이라도 행하지 않으면 이루어지지 않습니다. 생활에 한가한 날이 많은 사람은 남보다 멀리 갈 수 없습니다.[53] 노력이 제일 중요한 것이니 노력하십시오. 그럼 됩니다.

보령 네, 꼭 기억하겠습니다.

아무리 가까워도, 가지 않으면 목적지에 이를 수 없다.

道雖邇, 不行不至.

아무리 작은 일이라도, 행하지 않으면 이루어지지 않는다.

事雖小, 不爲不成.

이제 선생님께서 생각하시는 학문이란 것, 학문을 하는 자세, 학문을 하는 목표 등에 대한 이야기를 마치고, 천론 못지않게 중요한 선생님의 성론性論, 성위지분으로 주제를 바꿔야 할 것 같습니다. 마지막으로 학문이란 주제와 관련해서 더 하고 싶은 말씀이 있으신가요?

순자 제가 학문을 함에 있어 환경이 정말 중요하다고 강조했습니다. 스승도 환경의 큰 부분으로 강조했지요. 뒤에서 자세히 말하겠지만 저는 '자극과 반응'이란 기제, 키워드로 인간을 이해하고 설명합니다. 외적 환경 자체가 인간에게 자꾸 좋은 자극이 되고, 그 환경이 인간에게 좋은 자극을 주어야 한다고 생각해, 이렇게 좋은 환경, 특히 좋은 자극을 주는 스승을 강조한 것이기도 합니다. 그렇다고 행여나 사람들이 저를 환경결정론적 사고와 시각을 가진 사람이라 오해하지 않았으면 좋겠습니다.

나무에 그늘이 생기면 새들이 몰려와서 쉬게 마련이고, 식초가 시어지면 바구미가 모여들기 마련입니다. 환경이 사람을 만들기도 하지만 사람의 덕에 따라 환경이 만들어질 수도 있습니다. 제가 이런 말을 했지요.

옥이 산에 있으면 풀과 나무가 윤택해지고, 못에 진주가 나면 언덕이 마르지 않는다.[54]

좋은 환경이 좋은 사람을 만들기도 하지만, 좋은 사람이 좋은 환경을 만들 수도 있는 법입니다. 또 공자 님께서 이런 말씀을 하셨습니다.

문명이 없는 오지, 오랑캐 땅에 거주한다고 하더라도 군자가 거주하면 누추함이 없을 것이다.[55]

내가 정말 군자라면 사방 오랑캐 땅에 가게 되어 곤경에 빠진다고 해도 나를 존귀하게 여기지 않을 사람이 없을 겁니다. 본인이 훌륭하면 환경도 따라오는 것이지요. 제가 환경을 중시하긴 했지만 전 절대 환경결정론자가 아닙니다. 본인의 노력, 인간의 노력으로 환경을 바꿀 수도 있다는 말씀입니다.

보령　주제넘지만 저도 한 말씀할게요. 오경은 선생님께서 만들었다. 순자가 오경을 정립했다. 그것을 잊지 마라!

순자　네, 정말 고맙습니다.

내편內篇 2　　순자 철학 읽기

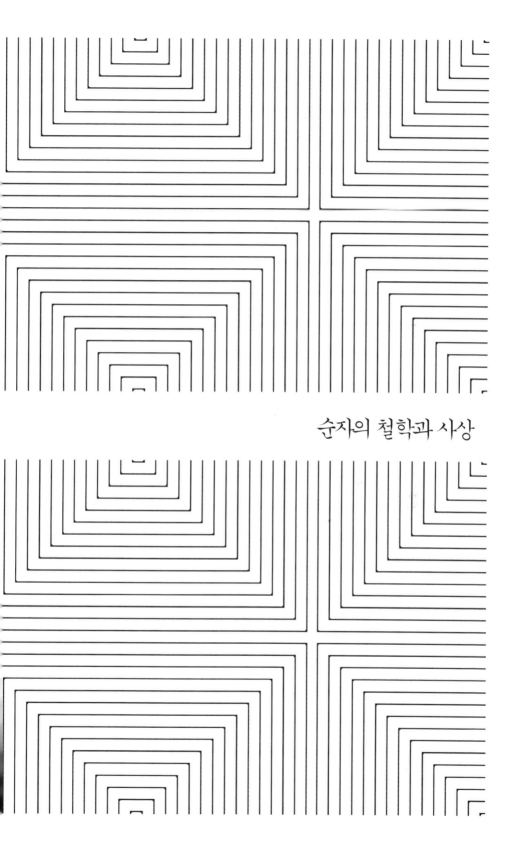

순자의 철학과 사상

· 5장 ·
천인지분에서 성위지분으로

무릇 성이라고 하는 것은 타고난 것이다.
배우거나 노력해서 얻을 수 있는 것이 아니다.
한편 위라고 하는 것은 배워서 할 수 있고
노력해서 성취할 수 있으며 사람에게 달려 있는 것이다.

성과 위를 나누다

보령__ 이제 성위지분이란 주제로 묻고 답할 차례입니다. 천인지분은 천과 인
을 구분하라는 말씀이었는데, 성위지분은 성과 위를 구분하라는 뜻인가요?

순자__ 네. 천은 천이고 인은 인, 하늘은 하늘이고 사람은 사람인 것처럼 성은
성이고 위는 위입니다. 이 또한 천과 인처럼 구분해서 봐야 하고 그 경계를
인식할 수 있어야 합니다. 천인지분만큼이나 성위지분은 제 사상을 이해하는
데에 아주 중요한 주제입니다.

보령__ 성과 위를 구분해야 한다. 그것도 아주 명확하게……

먼저 선생님, 성은 무엇이고 위는 무엇인지 궁금합니다. 간략하게 설명해 주시겠습니까?

순자__ 간단히 밀하자면 선천적인 것과 후천석인 것, 이렇게 설명드릴 수 있습니다. 성은 선천적인 것입니다. 인간이 타고난 모습과 성향, 그리고 이로 인해 보이는 경향과 행동 양태를 말하지요. 반면 위는 후천적인 것입니다. 교육받고 공부한 인간이 기울이는 어떤 실천적 노력과 행위라고 아시면 됩니다.

보령__ 네, 일단 선천적인 것, 후천적인 것이라고 알면 되겠네요.

그런데요, 선생님. 성위지분이란 주제를 본격적으로 논하기 전에 드리고 싶은 말씀이 있는데요, 선생님께서는 참 나누기 좋아하십니다. 텍스트에도 分이라는 한자가 굉장히 많아요. 일단 선생님 철학에서 가장 중요한 부분인 〈천론〉 편만 보더라도 천인지분 또 성위지분로 이어지는데, 역시 나누기입니다. 성위지분 외에도 굉장히 많은 것을 나누기로 설명하셨습니다.

순자__ 앞서도 제가 나누기를 좋아한다는 말 하지 않았나요? 제나라 이야기 하면서 그런 말을 했지요, 아마. 다시 말하지만 전 나누기를 좋아합니다. 분의 원리를 적극 활용해서 인간 집단에 질서를 부여해야 한다고 생각하기 때문입니다. 단적으로, 예를 통해 국가를 이끌어야 한다고 했을 때, 예 역시 분을 중심 원리로 합니다. 신분별로 사람을 종적으로 구분해놓고 각자 차등적 질서하에 사람마다 다르게 권리를 누리게 하고 욕구를 충족하게 해야 질서 있는 사회가 만들어진다고 했지요.

물론 앞서 말한 대로 차등적 질서, 종적 질서를 나누는 기준은 학문과 배움, 수양의 정도입니다. 종적 질서의 단계마다 어떤 견고한 칸막이를 두지 않았지요. 그런데 천자—삼공—대부—(하급)신하·관료—평민, 이렇게 신분을 종으로 세워놓은 것은 확실하지요. 또 신하도 등급별로 군주도 등급별로 나누어서 이야기를 했습니다. 그러고 보니 보령 학생 말대로 참 많이도 나누고 쪼개어 설명했군요.

보령　무엇들을 분하셨고, 어떤 기준으로 분하셨으며, 각 사안이나 대상별로 왜 분하셨는지는 차근차근 알아보아야 할 것 같습니다.
　지금은 성위지분이 주제입니다. 선생님, 성과 위의 구분이라는 주제가 그렇게 중요한가요? 성과 위를 나누는 게 그렇게도 중요합니까?

순자　네. 앞서 천과 인을 분명하게 구분해야 한다고 제가 말하지 않았습니까? 또한 천인지분이 제 전체 사상을 이해하는 데에 매우 중요하다고 했습니다. 성위지분도 천인지분만큼이나 중요합니다.
　성위지분은 내용이나 구도가 천인지분과 거의 흡사합니다. 앞서 잘 이해했으니 무리 없이 따라올 수 있을 겁니다. 이를 잘 이해하면 저 순자 사상의 커다란 줄기와 맥락을 장악한 셈이지요. 제 사상 전체의 윤곽을 볼 수 있을 정도일 것입니다.

보령　굉장히 중요하군요, 선생님. 성위지분에서 말하는 성이란 게 앞서 말씀하신 대로 선천적인 것, 다시 말해 인간의 타고난 모습입니다. 그렇기에 성위지분을 이야기하면서 인간의 타고난 본성에 대해 논하는 쪽으로 자연스럽게 이야기가 진행될 듯합니다. 선생님의 인간관과 성악설에 대한 이야기가 나오고, 관련해서 민감한 질문도 많이 드려야 할 것 같은데요, 그래도 괜찮으시겠지요?

순자__ 물론입니다. 저 순자의 인간관과 본성론에 대한 오해가 많습니다. 이번 기회에 그러한 것을 불식하고 싶습니다. 민감해도 괜찮으니 거침없이 질문해 주십시오.

보령__ 우선 성. 인간의 선천적인 면을 지적할 때 말하는 이 글자가 지칭하는 개념에 대해 질문하겠습니다. 성의 개념에 대한 명확한 설명과 정의가 있어야 할 것 같아요. 보통 사람들은 선생님께서 말하는 성을 인간의 본성이라고 이해하는데요, 이에 대해 명쾌한 설명 부탁드립니다.

순자__ 인간의 성, 인간 본래의 자연스러운 성을 말할 때 쓰이는 성이란 글자의 개념에 대해서 오해나 착오, 헷갈리는 게 있는지?

보령__ 인간의 성을 말할 때 선생님께서는 물론 맹자도 그렇고 고자告子도 그렇고 性이란 한자로 논하는데요, 이 말을 현대인들은 서구에서 말하는 개념인 '인간 본성human nature'으로 이해하고는 합니다. 서구에서 말하는 인간의 타고난 본성 내지 본질로 알고 있지요. 특히 인간의 본질 같은 것으로 아는 경우가 많습니다. 그런데 선생님께서 말씀하신 것을 보면, 성을 단순히 인간 본성이나 본질로 이해하면 맞지 않는 부분이 적지 않아 보입니다.

순자 사실 서구 철학 개념 틀로 동아시아 철학과 사상을 이해하고 공부하다 보니 생기는 문제가 있지요. 부분부분에 오해가 생기고, 오해에서 몰이해가 비롯되다 보니, 사상가들의 문제의식 전반에 대해서도 감을 잡지 못하는 등 관련 문제가 적지 않다고 들었습니다. 인간의 성을 말할 때에도 이런 문제가 있나 봅니다.

보령 그뿐만이 아닙니다. 앞서 선생님께서도 관상을 비판하시면서 관상 좋은 것이 마음가짐 좋은 것만 못하고, 마음가짐 좋은 것이 몸가짐 좋은 것만 못하다고 하셨어요. 그런데 사람들 대부분은 몸가짐과 마음가짐을 서구식 심신이원론心身二元論을 전제하고 이해하는 경우가 아주 많습니다.

또 악惡에 대해서도 심각하게 오해합니다. 악을 어떤 실체라고 생각하거나 선악이분법을 전제하고 그 개념을 이해해왔습니다. 서구인에게 악은 그런 의미가 맞을지 모르겠지만, 동아시아에서는 그리고 선생님께서는 악이 그런 의미가 아니지 않나요?

그리고 서구 철학을 먼저 배워 쾌락주의의 반대되고 대조되는 것이 금욕주의라고 알게 마련입니다. 그런데 이렇게 이해한 금욕주의로 유가의 예 개념에 접근하다 보니, 예와 그 실천에 대해 이해하지 못하는 경우도 많습니다.

순자 참 심각한 문제군요. 안 되겠습니다. 성위지분을 최대한 넓게 이야기해야겠습니다. 성과 위만 이야기할 게 아니라 서구 학문과 사상을 배우면서 생긴 동양철학에 대한 오해와 선입견에 대해서도 짚어봐야겠네요.

보령 일단 선생님께서 말씀하시는 성을 사람들 대부분 서구적 의미의 인간 본성, 인간 본질로서의 성이라고 이해하니 문제가 심각합니다. 선생님께서는 성을 인간의 본질이란 맥락에서 논하신 것 같지 않습니다. 또한 서구적 의미의 인간 본성은 고대 서구의 형이상학을 바탕으로 하는 개념입니다. 당연히 이 개념의 근원은 동양 사상 전통에 있지 않습니다.

마침 선생님과 견주어볼 수 있는 고대 그리스의 철학자 아리스토텔레스가 서구적 인간 본성의 개념을 확립했습니다. 그가 말하는 인간의 본성이라는 것은 인간을 인간이게끔 하는 것이고, 인간의 완성은 이런 인간 본성의 완전한 실현을 전제로 하는 것이라고 하더군요.

순자__ 형이상학 이전에 철학적 개념에서부터 시작했다는 것이 우리와 달라 보이는군요. 우린 철학적 맥락에서 인간의 성 개념이 기원하지 않았지요. 그리고 그들의 인간 본성 개념은, 보령 학생의 말을 들어보니 어떤 목적론적 의미가 강한 것 같습니다. 우리와 많이 달라 보입니다.

우리 동아시아에서 성이라는 개념은 사실 일상적 언어 사용에서 나온 말입니다. "저 사람이 기질이 원래 그래", "저 사람 성품이 괜찮아", "그 사람 성격 이상한 거 같아" 이런 말에서 나왔지요. 눈으로 관찰되는 인간의 성질, 기질, 성격이란 맥락에서 말입니다. 그런데 다른 대상들과 인간을 구분해주는 것이고, 그것을 완전히 실현했을 때 인간의 완성을 이룰 수 있다. 그러니 이런 목적을 생각하고 인간의 본성을 실현하자? 이런 말은 우리 동아시아와는 특히 제자백가 시대의 논의와는 동떨어진 개념이고 이야기입니다.

그나마 이에 가장 근접한 개념의 성을 말한 사람을 굳이 찾아보자면 맹자라 할 수 있겠습니다. 그런데 맹자도 형이상학적 개념으로 인간의 성을 말한 것은 아닙니다. 송나라 때 탄생한 성리학에 가서야 성이 형이상학적 개념이 되었습니다. 그건 그때의 일일 뿐 저를 포함해 고대 중국에서는 고대 그리스 식으로 인간의 성 개념을 말하지 않았습니다.

생이 성이다

보령　선생님과 비슷한 인성론을 펼친 사상가에 고자라고 있지 않습니까? 그는 맹자와 인간의 성이란 주제를 놓고 불꽃 튀는 논쟁을 벌였어요. 고자는 생지위성生之爲性이라고 했어요. 생生, 살아 있는 인간의 모습이 인간의 성이라는 말입니다. 그런데 이 말은 '인간이 타고날 때부터 지니는 것으로 변할 수 없는 무엇인가가 성, 또는 인간의 본질이다'라는 의미가 아닌 것 같아요. 그렇게 이해되기는커녕 선생님 말씀대로 눈앞에 보이기에 생생하게 두 눈으로 관찰할 수 있는 것이 고자와 당시 제자백가들이 말한 인간의 성인 듯합니다.

순자　고자가 말한 생지위성이란 명제는 인간의 생명 활동에서 보이는 모습이 성이라는 뜻입니다. 생이 성이라고 하지 않습니까? 고자가 성을 '식색食色'이라고도 말했는데, 그러니까 음식남녀飮食男女, 식욕과 성욕을 성이라고도 했지요. 둘 모두 살아 있는 인간이 추구하는 것입니다. 그가 말하는 성은 제가 말하는 성과 거의 흡사합니다. 여기서 중요한 것은 사실 성이라는 글자는 홀로 태어나 자란 게 아니고 애초에 생이라는 글자에서 나왔다는 점입니다. 이것을 아는 게 우선입니다.

　정말 생지위성입니다. 단순하게 생을 성이라고 알아도 됩니다. 살아 있는 개체가 보이는 모습이나 경향이 바로 성입니다.

보령 선생님, 고대 중국에서는 사실 음이 비슷하면 뜻이 비슷하거나 아니면 일맥상통하는 글자가 있다는 이야기를 들었습니다. 안 그래도 생과 성, 이 두 글자도 음이 비슷한데, 성이라는 글자가 바로 생에서 생겨났군요. 그럼 성의 개념이 생의 개념과 떨어지래야 떨어질 수 없겠습니다.

순자 그렇지요. 단도직입적으로 말하자면 생물체가 살아 있기에 보이는 경향, 생물학적 삶을 가능케 하는 일반적인 성질이나 성향이 전통적 의미에서의 성이었다고 이해하면 됩니다.

고자나 그와 유사한 저도 여기에서 벗어나지 않습니다. 성은 바로 생지소이연生之所以然일 뿐입니다. 살아 있는 개체에서 보이는 그러한 자연스러운 모습들이지요. 저도 고자처럼 생을 통해 성을 정의했습니다. 성이란 생물의 삶을 가능케 하는 일반적 성질, 생물이 살려고 하기에 보이는 경향, 생물이 살다 보니 반드시 보이고는 하는 일반적 경향 내지 성향입니다. 인간의 성은 살아 있는 인간이 보이는, 생존을 이어가기 위해 보이는 경향이나 성향이지요. 바로 식색, 음식남녀가 인간의 성입니다.

본래 생에는 '태어나다'라는 의미만 있는 것이 아닙니다. '산다', '생존한다'라는 의미까지 있습니다. 그렇기에 생이란 글자에서 기원한 성에는 단순히 생기고 태어날 때의 모습만이 아니라 한 개체가 죽을 때까지 생명 활동을 영위할 때 보이는 모습을 포괄하는 의미가 담겼습니다. 특히 '생존한 상태에서 보이는 모습과 경향'이란 점에서 중요하지요. 그렇기에 타고날 때 부여받은 것으로 자신의 안에 지닌 어떤 내재적 성질이나 본질로 성을 보면 안 됩니다. 윤리적 방향성을 가진 개념? 인간이 이루어야 할 목적과 직결되는 개념? 모두 저의 성 개념과는 상관없는 이야기입니다. 저만이 아니라 고자를 비롯해 당대 고대 중국의 성 개념과도 상관없지요. 맹자라면 모를까……?

보령   말씀을 듣고 나니 역시 형이상학적 개념과는 거리가 멀다고 느껴지네요. 살아 있는 인간에 대한 이야기니까요. 그리고 추상적 개념과도 거리가 멀어 보입니다. 사실 전국시대라는 당대 배경을 생각하면 선생님을 포함한 제자백가 사상가들이 인간의 성을 문제 삼거나 이야기할 때, 현실 세계의 경험을 초월한 인간 일반을 주제로 해서 논의했을 것 같지 않습니다. 관념적, 추상적인 이야기를 해봐야 그 혼란기에 무슨 의미가 있었을까요?

순자   당대에 '우리가 인간은 무엇인가'라고 추상적으로 물었을 리가 없지요. 사실 우리는 철학자라기보다는 정치철학자, 정치사상가였습니다. 질서를 부여하고 어지러움亂을 다스림治으로 이끌려고 했던 사람들이지요. 적어도 그런 문제의식을 가졌던 사람들입니다. 전쟁의 시대, 자신이 가진 모든 것을 하루아침에 잃을 수 있는 시대에 우리는 살았습니다. 관념의 유희, 뜬구름 잡는 추상적 이야기를 하려야 할 수 있었겠습니까? 우리가 말한 인간론, 인간관은 모두 정치적 문제와 직결됩니다. 어떻게 사람들을 통치 체제에 순응하게 할까? 어떻게 사람들이 규범을 지키게 할까? 사람들은 통치자에게 무엇을 원할까? 또 통치자의 무엇을 두려워할까? 이런 것들을 묻고 답했습니다. 철저히 정치적 문제와 직결되는 것들을요.

보령   안 그래도 청나라 완원阮元이란 학자가 《연경실일집筆經室一集》이란 책에서 그랬다고 들었습니다. "고대인이 논한 성은 대부분 사事(구체적 정치 문제)에 관한 것이었다"[56]라고요.

사실 하나 마나 한 이야기 같아요. 당시는 치국治國이란 주제 관련해서 좋은 방책 하나만 군주에게 들고 가면 팔자를 고치는 시대였다는데, 사상가들이 뜬구름 잡는 이야기를 했을 리가 없겠습니다. 인간에 대한 논의도 마찬가지로 추상적 담론이었을 것 같지 않아요. '현실의 인간을 어떻게 통제하고 다룰까?' '그들의 노동력을 어떻게 뽑아내 소식할까?' 등과 관련된 논의를 했겠습니다. 그게 당대의 인성론일 테고요.

순자_ 네, 철저히 현실 사회의 정치 상황을 배경으로 하고 또 현실의 인간을 대상으로 한 논의, 논쟁, 물음이었습니다. 그리고 저는 인간의 성을 어디까지나 앞서 말한 대로 인간이 생존의 과정에서 보이는 경향이라고 했습니다. 생물학적 삶과 생존을 위해 인간 자신이 보이는 성향이라고. 저의 인성론은 이렇게 추상적 논의와는 철저히 거리가 있습니다.

보령_ 선생님, 생을 통해 성을 이야기하시면서, 선생님의 인성론, 인간관은 현실의 인간이 보이는 모습에 대한 논의라 말씀하셨습니다. 그러면서 추상론, 형이상학적 접근을 배제하셨어요. 또 정치적 논의라고 하셨고요. 그 전에 인간의 성이란 인간이 생존하는 과정에서 보이는 또 살기 위해 보이는 경향과 성향이라고 하셨는데, 이런 관점엔 고자의 영향이 컸다고도 하셨습니다. 스스로 말씀하시길 자신의 인성론이 고자의 인성론과 관점이 유사하다고 하셨는데요, 고자는 식색이 성이라고 단적으로 말했습니다. 선생님께서도 이에 분명히 동의하셨습니다. 그럼 '음식을 먹으려고 하는 성향', '이성을 가까이하려는 성향'이 인간의 성인가요?

순자　식욕이 없으면 개체로서 생존이 불가능할 것이고 또 성욕이 없으면 인간이란 종은 멸종하고 말 것입니다. 이 둘은 개체 생존에 필수적인 욕망인데 그것이 인간의 성입니다. 또 욕망을 추구하다 보니 좋아하고 싫어하는 것이 생길 수 있고, 그러한 감정이 밖으로 드러날 수도 있겠지요. 욕망을 충족하면 좋고 충족하지 못하면 싫고, 또 욕망 충족에 도움이 되는 대상을 만나면 좋아하는 감정이나 반응을 보이고, 방해가 되는 대상을 만나면 싫어하는 감정이나 반응을 보이는 게 인간입니다. 이렇게 밖으로 감정과 반응을 드러내는데, 이 모두 인간의 성이라고 할 수 있습니다. 살아 있는 인간이 보이는 성향과 경향으로서, 배우지 않아도 할 수 있고 또 자연 발생적으로 인간이 보이고 드러내는 욕망과 감정을 인간의 성이라고 합니다. 바로 인성人性입니다.

보령　자연 발생적인 것, 주어진 것, 배우지 않아도 할 수 있는 것이나 저절로 보이는 반응으로 인간의 성을 말할 수 있을까요? 전 선생님의 말씀을 들으니 그렇게 이해됩니다만…….

순자　그럴 수 있습니다. 좀 더 설명해보자면, 식색이란 욕구와 본능으로 대변되는 생물학적 속성이지요. 희로애락喜怒哀樂의 감정, 그리고 감각기관의 활동 등은 모두 주어진 것이고 인간이 의식하지 않아도 자연적으로 발생하고 움직입니다. 그래서 인간의 성인 겁니다.

　인간이 배고픈 상황에서 맛난 음식을 보면 기쁩니다. 기쁜 감정이 들지요. 그리고 먹고 싶은 욕구를 느끼고, 또 먹으면 만족스럽지요. 하지만 먹지 못하게 되거나 알고 보니 먹을 수 없는 것이면 좋지 않은 감정이 들게 마련입니다. 이때 감정과 욕망이 쉽사리 외부로 드러납니다. 배워서 그러는 게 아니라 저절로 드러나는 것이지요. 배고픈 상태에서 맛난 것을 보았을 때 보이는 기쁜 감정도 인간의 성이고 먹고 싶은 욕망도 인간의 성입니다. 또 그 욕망을 충족하면 좋고 충족하지 못하면 싫은 감정과 반응이 인간의 성이라는 것입니다. 모두 배우지도 않아도 할 수 있는 것들입니다. 이는 모두 살아 있는生 인간에게 보이는 성향과 경향이니 인간의 성이지요. 중요한 건 인간에게 주어진 것이라는 점입니다. 더 정확히 말해서 인간에게 주어진 삶의 조건이나 문제 상황이라는 것이지요. 그러니 인간의 노력이자 실천인 위로써 이를 바꿔야 합니다. 앞서 말한 교육, 수신, 사회화, 예의 실천 등으로.

보령　인간의 성은 외부로 드러난 감정과 반응도 포괄하는 것이다…… 선생님의 성에 대한 이야기를 들으니 인간의 성이란 게 감정과 욕망 이 두 단어만으로도 말할 수 있지 않을까 싶은데요?

순자　사람이 나면서부터 저절로 그러한 것이 성입니다. 성을 가진 인간이 외부 대상을 만났을 때 저절로 드러내는 것이 있습니다. 자연스러운 반응이 있지요. 이러한 반응까지 인간의 성으로 포괄해서 말할 수 있습니다. 이 반응은 주로 좋아함과 싫어함好惡, 기쁨과 노여움喜怒, 슬픔과 즐거움哀樂 이런 감정으로 나타납니다. 이 감정들까지 모두 인간의 성입니다.

　감정은 욕망을 불러옵니다. 좋아하는 것, 기쁨을 주는 것, 즐거움을 주는 것을 추구하려고 하는 욕망이 일지요. 배우지 않아도 노력하지 않아도 모든 인간 일반이 할 수 있는, 인간이 살면서 보이는 경향이지요. 욕망도 성입니다. 인간의 성은 보령 학생이 말한 대로 감정과 욕망이라는 두 단어로 설명할 수 있습니다. 살아 있는 인간이 보이는 성향과 경향이기 때문입니다.

성과 위를 구분하다

보령_ 현실의 인간에게서 보이는 감정과 욕망, 인간 일반이 드러내는 경향, 성향이랄 수 있는 것, 그런데 생존하는 과정에서 또 생존을 위해 보이는 것들이 인간의 성이니, 인간만이 가지는 유類적, 종種적 특질이라 할 수 없겠습니다. 맹자는 성을 인간만이 가지는 것이라고 강하게 주장했지만 말입니다.

순자_ 맹자는 인간의 성을 매우 잘못 이해했습니다. 성을 인간 본질로 말한 것부터 잘못이라고 생각합니다. 성 때문에 인간이 다른 동물과 구별되는 게 아니지요. 인간의 노력과 후천적 노력 덕분에 인간이 동물과 구분될 뿐이지요. 앞서 천인지분을 말할 때 강조한 인간의 노력, 즉 위가 인간을 인간답게 해줍니다.

보령_ 역시 위가 중요하군요. 천인지분을 말씀하실 때처럼요.

순자_ 중요한 것은 위입니다. 착함, 공손함, 배려, 질서 같은 긍정적인 인간의 모습은 모두 인간이 배운 바를 실천했기 때문에 만들어진 것입니다. 자연 상태의 인간이 저절로 할 수 있는 게 아닙니다. 그러니 이러한 것을 인간의 성이라고 말해서는 안 됩니다. 만약 그러한 것이 인간의 타고난 성, 자연스러운 성이라면 그러한 것을 실천하려 애쓸 이유가 없지 않습니까? 저절로 보이고 할 수 있는데 구태여 노력할 필요가 없겠지요.

맹자는 다른 동물에게서 볼 수 없는 인간만의 도덕과 덕목을 인간의 성으로 보았고 인간의 본질이라고 했습니다. 분명 도덕적 행위와 덕목이 인간과 다른 동물을 구분해주는 것이기는 합니다만, 인간의 성은 절대 아닙니다. 도덕적 행위와 덕목은 인간이 애쓰고 노력해서 만든 것이니까요. 인간이 타고난 게 아니라…….

도덕과 윤리는 후천적인 것이고 철저히 일궈낸 것입니다. 위의 산물이지요. 위의 산물을 어찌 인간의 본성이라고 하겠습니까? 분명하게 구분해야 합니다. 천인지분에서 천과 인을 분명히 구분한 것처럼. 그래서 제가 성위지분을 역설한 것입니다. 맹자는 자꾸 위를 성과 헛갈리는 바람에 둘을 구분하지 못했습니다.

보령__ 자상하게 설명하셨지만 다시 한 번 성과 위를 정리해주시면 어떨까요? 그 둘을 동시에 정의하시고 개념을 설명하셨으면 합니다. 사람들이 분명히 구분해서 인식할 수 있게요.

순자__ 네, 좋습니다. 정리해보도록 하지요. 제 텍스트를 인용하겠습니다. 먼저 성을 이렇게 정의할 수 있습니다.

무릇 성이라고 하는 것은 타고난 것이다. 배우거나 노력해서 얻을 수 있는 것이 아니다.[57]

한편, 위를 이렇게 정의할 수 있습니다.

배워서 할 수 있고 노력해서 성취할 수 있으며 사람에게 달려 있는 것이다.[58]

또 인간의 성은 개념 범위가 이렇습니다.

사람에 관한 여러 명칭 중에 나면서부터 그렇게 되어 있는 것을 성이라고
한다. 그리고 나면서부터 생겨난 인간의 성이 밖의 것들과 접촉했을 때 보
이는 자연스러운 인간의 반응도 성인데, 대표적으로 욕망과 감정까지도
인간의 성이라 할 수 있다.[59]

이제 성과 위의 개념이 분명히 이해되나요? 배워야만 할 수 있고 노력해야
만 할 수 있는 것이 위. 착한 몸가짐과 마음가짐 모두 위입니다. 배우고 노력
해서 얻는 것이니까요. 덕목과 도덕, 윤리 모두 위이고요. 배우고 노력하고
실천해서 일군 것이니까 그렇습니다.

보령___ 맹자는 그런 것을 인간의 본성과 연관 지어 말했습니다. 딱한 처지의 사
람을 보고 가여워하고 그 마음을 행동으로 표현하는 것, 연장자를 공경하고
따르는 것 등을 인간이 배우지 않아도 저절로 할 수 있다고요. 현실의 인간에
게서 보이는 어떤 바람직한 행위를 말하고, 그 행위의 뿌리엔 인간의 선한 마
음이 있다면서 이를 인간의 본성이라고 했어요.

순자___ 제 생각은 다릅니다. 맹자는 인간에게는 정서적 또는 감정적 경향성 중
에 올바른 것이 있는데 그것이 인간의 본성이고, 그렇기에 인간은 본래 선하
다고 생각했습니다. 대표적으로 측은지심 惻隱之心이 있습니다. 딱한 사람이나
가여운 처지에 놓인 짐승을 보았을 때 드는 감정을 근거로 맹자는 인간 본래
의 성이 선하다는 것을 논증하려고 했습니다. 이는 그가 사람의 성을 제대로

알지 못하여 본성과 작위를 제대로 구분하지 못한 탓입니다. 인간의 성이란 살아 있는 개체로서의 인간이 생존을 위해 보이는 경향입니다. 도덕과는 상관이 없습니다. 배우지 않아도, 힘써 행하려고 하지 않아도, 보이고 드러내는 반응, 감정, 욕망이 도덕이고 윤리일 리가 있겠습니까? 도덕은 배워야만 또 힘써 노력해야만 알 수 있고 할 수 있는 것입니다. 도덕은 어디까지 위의 영역에 속하는 것으로서 실천, 노력을 전제로 합니다. 다시 말하지만 맹자는 성과 위를 제대로 구분하지 못했습니다. 그는 그걸 모르고 있었어요.

보령__ 도덕과 윤리, 대표적으로 인, 의, 예 이런 건 배움과 실천함을 전제로 성립하는 것인데도 맹자는 이를 인간의 본성으로 말했군요. 성은 그저 타고나는 것이고 저절로 보이고 드러나는 것인데요.

순자__ 어짊, 의로움, 양보와 사양, 신의, 이러한 것은 인간이 모두 배운 후에야 할 수 있는 것으로 인간의 성이 아니지요. 하지만 맹자는 그것을 인간이 저절로 보이는 행동이라며 인간 본래의 성이 착하다고 했으니 참으로 답답할 노릇입니다. 그러면 인간의 사회화와 교육, 실천을 힘주어 말할 수 없는데 말입니다.

보령__ 중요한 것은 역시 실천이고 노력이고 행동이다. 천인지분을 말씀하실 때와 결론이 유사한 것 같네요. 먼저 천과 인을 구분하고 사람의 할 일을 다 해야 한다고 하시며 천인지분을 강조하셨습니다. 그처럼 성과 위 또한 명쾌하게 구분하라는 성위지분도 위로 발현되는 인간의 노력과 실천이 중요하다로 귀결되는 것 같습니다.

순자　네. 인간의 성은 그대로 두면 안 되고 위를 통해 가공하고 만들어가야 합니다. 앞서 인간도 자연이라고 했습니다. 내적 자연 말입니다. 가만히 내버려두면 인간의 삶에 위협이 되는 자연처럼 인간의 성도 인간과 인간 집단에 위협적 조건일 뿐입니다. 교육과 학습으로 바꿔야지요. 그냥 내버려두면 인간의 성은 사회의 혼란과 무질서를 불러오는 원인이 될 뿐입니다.

보령　그런 이야기를 〈성악〉 편에서 많이 하셨어요. 선생님, 역시 성악설을 이야기하지 않을 수 없겠습니다. 슬슬 성악설 이야기의 물꼬를 터보고 싶습니다.

순자　그러지요. 성위지분을 말했고 인간의 성을 말했는데 성악설도 이야기해야겠지요.

·6장·
성악설을 논하다

사람은 성이 악하니 그것이 선하다고 하는 것은 거짓이다.
지금 사람들의 성은 태어날 때부터 이익을 좋아하는데,
이를 그대로 따르기 때문에 쟁탈이 생기고 사양하는 태도가 사라진다.

순자와 성악설

보령__ 사람들이 선생님 하면 그저 성악설만을 주로 이야기하는 까닭에 선생님 심기가 많이 불편하셨다고 알고 있습니다. 선생님의 학문 체계와 치밀함, 수요의 적절성, 타 학파의 사상들을 창조적으로 수용하여 종합한 집대성자로서의 선생님의 위대함, 이런 것은 보지 못하는 듯합니다. 순자 하면 성악설, 인간을 비관한 사람, 때론 멸시한 사람으로 많이들 인식합니다. 심지어 선생님을 그저 인간이란 악한 존재이니 강하게 훈육해야 한다고 주장한 사람으로 알고 있기도 합니다. 그런 나머지 한술 더 떠 유가가 법가로 변질하는 단초를 마련한 사람으로 선생님을 인식하는 사람들도 있어요. 모두 성악설만 떠올려서 그런 것 같은데요, 제가 생각해도 선생님께 성악설이란 주제는 불편할 듯 싶습니다.

순자 참 곤혹스럽습니다. 앞서 이야기했듯이 학문하는 이의 자세와 신실함을 자세히 또 자상하게 논하며 제 텍스트는 시작합니다. 서른두 편이나 되는 제 텍스트는 한 편 한 편이 주제별 논문이자 강의록입니다. 뒤에 제자들이 더한 여섯 편을 제외하고는 사전에 주제를 철저히 잡고 기획해서 쓴 논문식 글쓰기의 전범이고, 또 사전에 최대한 밀도 있게 준비해서 강의한 수업의 녹취록입니다. 이러한 글쓰기와 강의를 통해 치국과 사회철학에 관한 다양한 분야를 망라한 텍스트를 만들어냈는데, 사람들이 저를 볼 때 학자로서의 면모를 보기보다는 성악설만을 떠올립니다.

보령 앞서 말씀했지만 오경을 확립한 학자이시고 통일 제국 한나라를 만들다시피 한 사상가이신데……

그런데요, 선생님. 성악설만으로 선생님을 이야기하는 것도 문제지만, 성악설에 대해 사람들이 오해하는 게 더 문제라고 생각합니다. 성악설이 인간을 비관하거나 멸시하는 이론이나 관점이 아니지 않나요? 또 원래 선생님께서는 인간을 긍정하고 격려하는 사상가이시고요. 그런데 사람들은 성악설을 잘못 알고 있어요.

순자 저는 인간이 얼마든지 긍정적인 방향으로 바뀔 수 있다, 사람이 노력하면 누구든 군자가 되고 성인이 될 수 있다고 했습니다. 법가 같은 경우는 인간의 변화를 상정하지 않고 통제와 제재만을 이야기한다지만, 전 인간의 변화 가능성을 인정했지요. 얼마든지 외부의 규범을 수용해서 내면의 실천 윤리로 만들 수 있다고 했지요. 사실 같은 성악설 진영이라고 할 수 있는 묵자나 고자도 인간의 변화 가능성을 신뢰했습니다. 절대로 인간을 비관하는 관점을 가진 사람들이 아닙니다. 장자나 노자도 성악설 진영의 사상가들인데 그들도 인간이 긍정적인 방향으로 변할 수 있다고 했지요.

보령 장자나 노자도 성악설 진영으로 보아야 하나요? 그들은 인간의 성 자체를 긍정하지 않나요? 원래 인간의 성은 순박하다면서요. 아예 갓 태어났을 때의 인간의 모습, 그때로 돌아가자고 한 것 같은데요? 인간이 태어났을 때나 자연 상태일 때의 모습을 바람직하게 보는데도 성악설 쪽인가요? 특히 장자가 그런 걸로 압니다만.

순자 성이란 글자 자체에 너무 집착해서 보면 제자백가 사상가들의 인간관, 인성론을 제대로 이해할 수 없습니다. 제가 이 점을 말하지 않았군요. 현실의 인간이 일반적으로 어떤 경향을 보이고 어떤 성향을 드러내는지 관찰하고, 그 중심적 기제 내지 고정적, 고질적 원인이 뭔지를 보고 따지는 게 인성론입니다. 성이란 글자 그 자체만 놓고 봐서는 우리의 인성론, 인간론, 인간관을 제대로 이해할 수가 없지요.

보령 하긴 장자 같은 경우 인간의 타고난 성은 순선하다고 하며 그것이 인간 스스로 자족하며 살 수 있는 근거라고 했지만, 현실의 인간은 절대 그렇게 살지 못한다고 했어요. 인간 사회가 인간에게 잘못된 욕심과 욕망을 부추기기 때문에 현실의 모든 인간은 욕망 추구에 눈이 멀어 사방팔방 뛰어다니는 존재라고 했습니다. 그래서 인간은 자신의 순박한 본성을 해치고 세상은 힘자랑하고 근육 자랑하는 인간으로 가득한 아비규환 전쟁터라고요.

장자의 말대로 타고난 성이 착하고 좋으면 뭐하겠습니까? 현실의 인간이 자신의 성대로 살지 못하게 만드는 강력하고 지배적인 뭔가가 있고, 그래서 인간이 좋지 못한 성향과 경향을 보이는데요. 선생님 말씀대로 노자와 장자, 소위 도가 사람들도 역시 성악론자로 봐도 무방할 것 같습니다. 현실의 인간을 보는 시각을 보면 묵자나 고자, 선생님과 거의 다를 바가 없으니……

순자 자, 보령 학생 잠깐 쉬었다가 할까요? 성악설 관련해서 하고 싶은 이야기가 너무 많습니다. 잠깐 쉬면서 숨을 고르고 싶군요.

보령 네, 선생님.

현실을 보는 사람들의 사상

보령 성선설과 성악설은 제자백가 사상가들이 논하는 사상 가운데 한국인에게 가장 친숙한 주제입니다. 대부분 들어보았고 또 각자가 옳다고 생각하는 답이 있어요. 한국인 누구에게 물어봐도 답할 겁니다. 성선이냐 성악이냐 물으면, "난 성선설이 맞는 것 같아", "아니야 난 성악설이 맞다고 생각해", "난 이런 이유 때문에 성선설이 맞다고 생각하는데", "내 생각엔 이런 경험을 많이 겪어봐서 그런지 성악설이 옳다고 생각해" 이렇게 자신 있게 답하는 일반인이 아주 많습니다.

순자 하면 성악설만 떠올리고, 그나마 성악설도 잘못 이해한 채 선생님을 판단하다 보니 선생님 마음이 많이 상하셨겠지만, 그래도 한국인 일반이 가장 흥미 있게 들을 주제가 성악설입니다. 계속해서 거침없이 이야기해주시면 좋겠습니다.

순자__ 민저 성악실, 싱악론은 절내 인간을 부정 일변노도 보거나 비관하는 철학이 아니라고 말하고 싶습니다. 그리고 이걸 꼭 알아두셔야 하는데 저 같은 성악론자들은 현실을 보는 이들이라는 점이 중요합니다. 우리는 현실을 중심에 놓고 사유합니다. 특히 현실의 혼란과 무질서를 직시하고 그것과 어떻게든 마주해서 싸우거나 해결하려는 이들이 우리 성악론자들입니다.

보령__ 현실의 혼란과 무질서를 직시하고 해결하려는 문제의식이 있는 분들이라는 말씀이지요?

순자__ 네. 그렇기에 일반 민중을 위한 요소가 많습니다. 사실 혼란과 무질서에 가장 크게 또 가장 직접적으로 피해를 입는 이들이 민중이잖습니까? 이건 묵가, 법가 그리고 저 모두에게 해당하는 사항입니다.

보령__ 선생님, 현실의 혼란과 무질서 이전에요, 성악론자들은 현실을 보는 사람들이라고 하셨습니다. 지극히 현실적으로 사고한 선생님만큼은 아니어도 성악론자들 모두는 현실, 특히 현실의 인간을 보고 사유한 사람들이라는 말씀으로 들립니다.

한국인들은 가끔 성선설 대 성악설을 주제로 놓고 이야기를 합니다. 성악설을 옹호하는 이들은 이런 사람이 많습니다. 현실에서 다른 사람들에게 치

여본 경험이 많은 사람이요. 이런 사람들이 특히 성악설을 지지하더라고요.

순자 그렇군요. 성악설은 철저히 현실을 보는 사람들의 이야기지요. 유가의 호적수인 묵자의 성악설은 바로 하층민이 본 현실입니다. 법술지사의 성악설 특히 한비자의 성악설은 군주가 본 현실입니다. 장자의 성악설은 주변부 지식인이 본 현실이고, 노자의 성악설은 왕이 본 현실 아니면 왕을 중심에 놓고 역사를 살핀 지식인이 본 현실입니다. 저 순자의 성악설은 지식인이 본 현실입니다.

보령 아, 그렇게 되는군요. 특히 각자가 처한 정치적 위치와 입장을 들어 설명해주시니 쉽게 이해됩니다. 한비자가 왜 그렇게 인간을 가장 악한 존재로 보고 극단적인 성악설 입장에 있었는지 알겠습니다. 한비자는 군주의 입장에서 현실을 보고 사유했기 때문에, 어떤 경우에는 인간을 승냥이에 비유한 것이로군요.

순자 왕이 본 현실이기에 그렇습니다. 왕에게는 신하들은 물론이거니와 부인과 자식도 권력 투쟁의 경쟁자 아닙니까? 그 경쟁에서 실패할 경우 죽음이라는 굉장히 가혹한 현실이 기다리고 있었습니다. 궁중이란 곳이 그만큼 살벌했지요. 한비자가 이런 말을 했습니다. 문둥이가 군주를 딱하게 본다고. 궁중의 권력 투쟁은 살벌하고, 힘 있는 중신들의 도전과 견제는 심하고……. 한비자의 극단적 성악설을 이해 못할 바 아니지요.

성선설과 성악설, 모든 인성론은 상당히 정치적인 논쟁입니다. 제자백가 사상 자체가 정치적이지만 인성론이 특히 그러합니다. 순수한 학문적 호기심에서 시작한 것이 절대 아닙니다. 당연히 심리학적 차원에서 논할 주제도 아니지요. 현대에는 심리학적 차원에서 이를 논의한다는데 그래봐야 아무 의미 없습니다. 정치적 논쟁이고 문제였습니다. 누가 칼자루를 쥐고 정치를 해야 하고, 무엇으로 어떤 기준으로 정치를 해야 하느냐와 직결되는 문제였지요. 인성론을 주제로 이야기힐 때 격렬하게 논쟁한 것도 이 때문입니다.

악이란 무엇인가

보령 현실을 보는 사람들의 이야기가 성악설이라고 합니다. 성악설은 특히 현실의 무질서와 갈등에 초점을 둔 이론이라고 하셨는데요, 선생님께서 생각하시는 악이라는 것은 혼란과 무질서입니까?

순자 그렇습니다. 제가 추구하는 것은 조화와 안정, 질서, 평화로운 공존과 순조로운 사회 분업과 협업입니다. 이것이 제가 생각하는 선善이지요. 이와 거리가 멀어지거나 여기에서 이탈하는 것이 바로 악입니다. 선이든 악이든 사회적인 개념입니다. 저 순자의 선악 개념은 그렇습니다. 개인에 초점을 두기보다는 사회를 보고 이야기하지요. 그런데 보령 학생은 악이 무엇이라고 생각하나요?

보령 사실 저도 그간 악이 무엇인지 잘못 알고 있었던 것 같습니다. 앞서 성 개념에 대한 잘못된 이해에 대해서 이야기했고 선생님께서 제대로 된 성 개념을 차근차근 일러주시지 않았습니까? 마찬가지로 악이 무엇인지에 대해 선생님의 설명을 더 듣고 싶습니다.

순자 악을 무질서, 혼란 등이 아니라 어떤 것으로 이해하고 있다는 말인가요? 사실 '惡'이라는 글자는 '오'라고 많이 읽혔습니다. '미워하다'라는 뜻일 때 그렇게 읽지요. 악은 본래 '미워할 오', '싫어할 오'에서 비롯한 글자입니다. 미워하거나 싫어하는 정서 또는 나쁜 심리 상태를 표현하거나 그러한 감정을 불러일으키는 대상을 지적할 때 쓰였습니다. 정서적으로 좋지 않은 감정을 불러일으키고 보기 싫은 기분이 들게 하는 대상에서 비롯한 단어이지요. 추하거나 조야하거나 조잡하고 더러운 것, 그런 대상이나 그런 것이 불러오는 감정 상태에서 나온 말입니다.

자연 상태의 인간이 교육받지 않고 그런 인간이 모여 사회를 이룬다면, 그 사회는 어지럽고 추하고 조야하고 조잡하게 보일 수밖에 없겠지요. 그것이 싫고 때론 혐오스럽습니다. 이게 바로 저의 성악설입니다. 그런데 보령 학생은 악을 이와 다르게 알고 있었나요?

보령 성을 서구식 개념인 인간 본성으로 알고 있다 보니 오해했듯이, 악이라는 개념에 대해서도 그런 오해가 있었습니다. 선생님께서 말씀하시는 악을 서구식의 'evil'로 받아들였습니다. 어떤 실체적인 것으로요. 절대선이나 유일신과 맞서는 강력한 힘을 가진 어떤 실체로요.

그런데 저뿐만 아니라 서구적 유일신론, 서구적 이원론을 전제하고서 선생님께서 말씀하시는 악을 이해하는 사람이 너무 많아요. 전지전능하고 진리 그 자체인 유일신과 맞서는 악마, 그 악마라는 개념과 연관하여 많이들 이해하지요.

순자 서구 기독교에서 말하는 절대선으로서의 유일신? 저는 그런 것은 모릅니다. 유일신과 맞서는 악마 같은 것? 역시 저는 모릅니다. 객관적이고 실체적이고 고정된 대상으로서의 악이라는 것도 저에게는 해당 사항이 없습니다. 생각해보세요. 심리적으로 거부감이 들게 하는 대상을 말할 때 말입니다. 한국인들은 그것을 악이라고 인식하나요? '보기 안 좋다', '추하다'라고 말할 때 그 대상을 보고 '악마'라고 하고 '악마'라고 인식하나요? 아니지 않습니까?

보령　한국인들은 꼴사나운 모습을 보면 혼을 내든 타이르든 반듯하게 만들려하고, 우악스럽고 천둥벌거숭이 같은 자를 어떻게든 가르쳐서 사람 구실하게 만들려고 합니다. 일탈 행위가 도를 넘어 범죄 행위로 치달으면 모를까 '보기 안 좋다', '추하다' 같은 심리나 정서를 불러일으키는 대상을 보고 '악하다', '악한 실체다'라고 생각하지는 않습니다. 사실 선생님의 악을 기독교적 전통에서 비롯된 악마의 개념으로 이해하긴 했지만, 악의 개념에 대응하는 행동이나 대상을 보고는 서구적 의미의 악마를 떠올리지는 않네요.

순자　무릇 예로부터 지금에 이르기까지 천하에 선하다고 하는 것은, 바르고正 이치에 맞고理 평화로우며平 잘 다스려진 것治, 즉 질서 있는 상태를 말합니다. 반면 악하다고 하는 것은, 치우치고偏 이치에 어긋나며悖 위험하고險 혼란스러운 것亂, 즉 무질서한 상황을 말하지요. 이렇게 선과 악이 구분됩니다.[60] 정리평치正理平治가 바로 선이고 착함입니다. 또한 제가 지향하는 바입니다. 이를 통일 제국이 구현하길 바라는 마음으로 제가 사상을 펼쳤습니다. 악이라는 것은 바로 편패험난偏悖險亂 즉 정리평치와 대조되는 상대적 개념일 뿐이지요. 어떤 고정적 실체가 아닙니다. 선의 상대적 결여라고 할 수 있지 실체나 고정된 무엇이 아닙니다.

　악은 정리평치에 아직 도달하지 못한 상황, 정리평치와 어긋난 상황, 더 정확히 말해 정리평치하지 못해 일어나는 사회적 혼란의 모습일 뿐입니다. 악을 객관적이고 실체적인 개념으로 이해해서는 안 됩니다.

선善		vs.	악惡	
바르다	정正		편偏	치우치다
이치에 맞다	리理	⇔	패悖	이치에 어긋나다
평화롭다	평平		험險	위험하다
다스려지다	치治		난亂	혼란스럽다

보령 　정말 시원하시게 말씀해주시네요. 성악론을 말할 때 악을 기독교적 세계관이 바탕인 서구적인 의미의 evil로 받아들여선 안 되는군요. 성악론의 악이 그렇게 나쁜 것이 아니었네요.

순자 　돌이킬 수 없는 실체 내지 구제 불능의 실체, 죽여야 할 대상으로서의 악이 절대 아닙니다. 비록 악이 부정적이기는 해도, 구제와 교화가 가능하고 질서 있는 상태로 이끌 수 있는 대상이나 그 모습 혹은 상태일 뿐입니다. 그리고 개인보다는 사회에 초점이 있고요. '나쁜 놈', '죽일 놈'처럼 개인이나 한 인간을 두고 하는 말이라기보다는, 어지러운 사회를 가리키는 말이라 생각하면 됩니다. '말세군, 말세야' 할 때처럼요. 사회적 맥락에서 이해하는 게 좋습니다. 선 역시 안정된 사회, 질서 있는 사회, 평화로운 사회를 가리키는 말이라 생각하면 좋고요. 선이든 악이든 사회적 맥락에서 이해하세요.

집합적 욕망의 문제

보령_ 선생님, 어쨌거나 성악설입니다. 인간의 성이 선생님께서 정의하시고 설명하신 맥락에서는 악하다는 말씀인데, 왜 그것을 악하다고 보신 겁니까? 성악설은 분명 인간이 타고난 본성이 악하다, 물론 노력해도 어쩔 수 없다는 건 아니라고 하셨습니다만, 그래도 어쨌든 현실의 인간에게 나쁜 경향과 성향이 분명히 관찰된다는 뜻인데요, 왜 인간의 성을 보기 안 좋다, 추하다, 거칠다고 보셨는지요?

순자_ 어디까지나 저는 현실의 인간 일반에게서 볼 수 있는 지배적이고 표준적 성향과 경향을 문제 삼았습니다. 앞서 현실의 인간은 감정과 욕망으로 말할 수 있다고 했습니다. 그것으로 인간의 성을 말하는 사람이 저 순자입니다. 그런데 바로 감정과 욕망이 문제입니다. 길들여지지 않은 욕망, 규범을 통해 제어되지 않은 인간의 바로 그 욕망이 혼란과 무질서를 불러옵니다. 한 개인의 욕망이 문제라기보다는 어떤 인간 사회의 집합적 욕망이 혼란과 무질서의 원인입니다. 성악설을 말한 이유가 여기에 있습니다.

보령_ 선생님의 그 유명한 〈성악〉 편은 이렇게 시작됩니다.

사람은 성이 악하니 그것이 선하다고 하는 것은 거짓이다. 지금 사람들의 성은 태어날 때부터 이익을 좋아하는데, 이를 그대로 따르기 때문에 쟁탈이 생기고 사양하는 태도가 사라진다. 사람이 태어난 상태 그대로 살게 되면 질투하고 미워하게 되기 쉬운데, 이에 그대로 따르니 남을 해치는 마음이 생기고 진실한 마음과 신의가 사라진다. 사람은 나면서부터 귀와 눈의 욕망이 있어 아름다운 소리와 빛깔을 좋아하는데, 이를 따르기 때문에 지나친 혼란이 생기고 예의와 아름다운 의식이 사라진다. 그러니 사람의 본성을 따르고 사람의 감정을 따른다면 반드시 서로 빼앗으려 하고 분수를 어기고 이치를 어지럽게 하여 세상이 혼란에 빠진다. 그러므로 스승의 교화와 예의가 있어야 하고, 그런 뒤에야 서로 사양하게 되고 아름다운 의식을 갖게 되어 다스림으로 귀결될 것이다. 이로써 본다면 사람의 성은 악한 것이 분명하며 그것이 선하다는 것은 거짓이다.[61]

혼란과 무질서의 가장 큰 원인은 딱 봐도 인간의 욕망 같습니다. 그저 욕망을 따르고 추구하려다 보니 서로 다투고 빼앗으려 하고요.

순자 ___ 그렇지요. 욕망 탓에 문제가 생깁니다. 그런데 한두 명이 아니라 많은 사람의 욕망으로 인해 쟁탈, 혼란, 무질서, 어지러움 일어납니다. 이것이 인간의 모습이지요. 다수의 욕망으로 인해 그런 풍경이 현실 사회에서 참 많이 보입니다. 문제입니다. ……그래서 성악설을 말했습니다.

보령 ___ 그런데요, 선생님. 욕망 때문에 혼란과 무질서가 생긴다고 해서 욕망 자체가 문제라는 건 아니지요? 앞서 선생님께서 말씀하신 대로 인간인 이상 욕망 자체가 없을 수는 없어요. 인간에게 성욕과 식욕이 없다면 당장 생존과 번식이 불가능할 텐데요.

순자 ___ 문제는 그 자체가 악하다기보다는 문제의 소지가 있고, 문제가 생기는 주요 원인이라는 점입니다. 왜냐하면 인간은 필연적으로 군집 생활을 하게 마련입니다. 본능적으로 사회를 이루어 사는 존재이지요. 그런데 현실적으로 모두의 욕망을 충족시키기에는 자원이 너무 부족합니다. 부로 상징되는 물질적 자원이든 귀로 상징되는 정치사회적 자원이든, 인간에 비해 그 양이 부족하기 마련입니다. 그래서 문제가 생깁니다.

　섬에서 사는 로빈슨 크루소 같은 인간을 상정한다면 무슨 문제가 있겠습니까? 그의 욕망이 아무리 크다고 해도 문제될 것이 없겠지요. 하지만 현실에서는 욕망을 가진 인간이 집단생활을 합니다. 누구나 부유해지고 싶고 감투 쓰고 싶고 벼슬하고 싶은데, 문제는 이러한 것이 한정되었다는 점입니다. 모두 다 원하지만 모두를 만족시키기에는 사회적 자원과 재화가 너무 적습니다. 만약 이 상황을 방치한다면 한정된 것을 두고 서로 다투고 싸우게 되겠지요. 혼란과 무질서, 파괴적 갈등이 필연적으로 생깁니다.

　무리 지어 생활할 수밖에 없고, 물질적인 것이든 정치사회적인 것이든 자원은 한정되어 있으며, 인간은 욕망을 지녔습니다. 제가 무질서와 혼란을 야기하는 욕망으로 설명되는 것이 인간의 성이라고 했습니다. 그렇기에 성이 악하다고 한 것이고, 그래서 성악설을 말했습니다.

보령 ___ 사실 저의 경우에는 선생님 하면 성악설보다는 욕망이란 말이 먼저 떠오릅니다. 그래서 현실적인 철학자라는 생각이 듭니다. 항상 욕망을 품고 충족하기 위해 지속적으로 행동하는 존재로서 인간을 리얼하게 관찰하고 주시하신 분이 선생님 아니십니까? 이러한 선생님께서 보시기에 욕망 자체가 문제가 아니라, 한정된 자원을 두고 자기 욕망을 먼저 채우려다 보니 극단적인 혼란과 갈등이 생긴다는 말씀이지요?

순자　천하의 폐해는 마음대로 욕심 부리는 데서 생겨납니다. 사람들이 욕망하는 것이 같아 그 욕망하는 바가 많지만, 욕망을 채워줄 것이 현실에서는 적습니다. 모자라면 반드시 서로 다투게 되겠지요.[62]

보령　그렇다면, 인간의 욕망에 비해 재화나 자원이 부족한 것이 문제이지 않습니까? 애초에 집단생활을 안 하면 되지 않을까요? 그러면 갈등이 일어날 소지가 아예 없으니까요. 이런 면에서, 인간은 사회적 존재라는 것을 알지만, 좀 바보 같은 질문을 드립니다. 왜 애초에 인간이 서로 모여 산다고 생각하시나요?

순자　그 역시도 욕망 때문이라고 생각합니다. 제가 인간의 성을 생과 연결 지었습니다. 생존하는 인간이 보이는, 생존하기 위해 인간이 보이는 경향이나 성향을 성이라고 했지요. 더 직설적으로 딱 잘라 말하자면 생존 욕구, 생존 욕망이 인간의 성입니다. 그런데 생존 욕망을 충족하려면 인간은 무조건 집단생활을 해야 합니다. 안 그러면 기본적인 욕망조차 채우지 못해 생존 자체를 장담할 수 없습니다.

　인간 하나하나는 참 약하지요. 짐승처럼 날개가 있습니까? 빠른 다리와 근력이 있습니까? 하지만 모여서 살면 강합니다. 모여서 살아야 생존 욕망이 충족됩니다. 이 때문에 인간은 저절로 모여 사는 존재일 수밖에 없습니다. 사회와 집단을 본능적으로 구성하는 존재가 인간입니다.

보령　욕망 때문에 모였는데 골치 아프게도 욕망에 비해 재화가 적고, 그러다 보니 싸우게 되고, 결국 싸움과 갈등이 극으로 치달아 욕망을 충족하지 못할 수도 있겠네요. 극단적인 갈등과 내립, 투쟁의 상태에서는 욕망을 제대로 충족할 수 없을 테니까요.

순자　강자들이야 가능하겠지만 대다수 약자는 욕망을 충족하지 못하겠지요. 그러면 집단 자체의 존립이 위협받고 사회가 무너질 것입니다. 어떻게든 대다수가 욕망을 충족하게 해야지요. 하지만 조절해야 합니다. 질서 있게 욕망을 추구하게 해야 합니다. 충족하면서도 질서 있게. 이 두 가지를 모두 갖추어야 인간 사회가 지속 가능합니다. 통제하지 않으면 안 되겠지요. 내버려두면 필연적으로 혼란이 생기니까요.

보령　결국 욕망이 문제네요. 특히 인간 집단의 집합적 욕망이요. 그래서 성악설을 말씀하셨고요.

순자　그렇습니다. 인간 욕망이 악의 원인이 될 수 있다. 정확히 말해 인간들의 집합적 욕망이 악의 원인이 될 수 있다. 그러니 그 집합적 욕망을 다스려야 한다. 이것이 저의 성악설입니다.

　성악설은 성위지분의 연장선상에서 이해하셔야 합니다. 타고난 것으로서의 성 개념과 주체적 노력으로서의 위 개념, 이 두 개념을 분명하게 구분해야 한다고 했지요? 그러고 나서 위를 열심히 해야 한다고 했습니다. 성악을 말하며 인간의 성을 악하다고까지 표현한 것은 위 때문입니다. 부정적인 성을 교정하기 위해 인간이 위를 더 열심히 할 것이라 생각했기 때문이지요. 마을 옆에 있는 강이 범람할지 모른다고 경고해야 인간이 치수에 적극적으로 나서지 않겠습니까? 그것과 같습니다. 인간의 성을 내버려두면 안 된다고 경고한 것이지요. 악하다고까지 하면서요. 그렇게 아주 세게 말해줘야 인간이 위를 적극적으로 할 것이라고 보았습니다.

보령　선생님께서 말씀하시는 성악설이 뭔지 이제 조금 알겠습니다. 인간의 성을 악하다고까지 주장하신 이유나 문제의식은 이해되는데요, 성악설이 성위지분과 어떻게 연관되는지는 잘 이해되지 않아요.

순자　앞서 성위지분을 말할 때, 성은 배우지 않아도 할 수 있거나 저절로 보이는 반응과 감정, 욕망이라 했습니다. 위는 배우고 노력하고 실천하는 것이라 했고요. 그리고 그 둘을 철저히 구분하라고 했지요. 보령 학생이 잘 이해되지 않는다고 했습니다만, 지금 성악설을 놓고 인간의 성을 말할 때 성과 위가 더 뚜렷하게 구분되지 않나요?

보령　…….

순자　거칠게 말하자면 이렇습니다.

악한 것 = 성　vs.　위 = 좋은 것

이렇게 정리하니 성과 위가 더욱 뚜렷하게 대조되어 보이지 않나요? 단순히 성을 인간이 배우지 않아도 저절로 보이는 반응과 행태가 아니라 '나쁜 것'이라고 하니 더욱 위와 대조되지요. 위를 열심히 해서 성을 바꿔야겠다는 생각이 들지 않나요? 뚜렷하게 구분되니까.

보령__ 그렇긴 하네요. 성위지분에서 성을 악으로 등치하니, 긍정적이고 바람직한 위가 성과 더욱 구분되어 보입니다.

순자__ 성악설은 어쩌면 사회적 의미에서의 성위지분이라고 말할 수 있습니다. 성악설의 요점은 욕망을 가진 인간이 모인 사회가 혼란스럽다는 것이지요. 이런 성악설을 제대로 이해하면 그 악한 성(인간 집단의 부정적인 모습)과 위(인간의 노력과 실천)가 더욱 분명하게 구분되어 보이지 않습니까? 배우지 않는 한 개인 개인의 성이 집단으로 표출되면 자연히 쟁탈과 무질서, 혼란스러움으로 귀결됩니다. 사회라는 단위에서 보면 성과 위가 더욱 뚜렷이 구분될 것이라고 생각합니다. 그리고 더욱 열심히 위를 해야겠다는 생각도 들겠지요.

앞서 성위지분의 결론은 천인지분에서처럼 인간의 노력이랄 수 있는 위로 이어졌는데, 성악설의 결론도 역시 같습니다. 물론 단순히 한 개인의 노력이 아니라 인간 집단의 노력이겠지요. 혼란과 무질서를 바로잡는 일은 한 개인이 아니라 집단이 노력해야 되는 것이니까요. 인간 집단이 위를 하여 부정적인 모습을 질서 있고 안정된 모습으로 바꾸어야 합니다. 집합적 욕망으로 인해 생긴 혼란과 무질서는 역시 집합적 노력으로 고치고 교정해야지요. 그 집합적 노력의 중심에 군주가 있어야 합니다. 제가 군주에 비중을 두고 사상을 전개한 이유가 여기에 있습니다.

보령 인간이 자연스레 보이는 성향과 경향 대 인간의 노력과 실천, 이런 구도보다는 인간 집단이 자연스레 보이는 성향과 경향 대 인간 집단의 노력 실천, 이렇게 구분해서 보는 게 좋겠네요. 사회적 버전의 성위지분, 이게 성악설이고요. 다르게 표현하자면 선생님께서 성악설을 통해 정말 보여주고 싶은 답이라고 할 수 있겠네요. 아니면 하고 싶은 말씀이랄까요? 상대가 "네가 성악설을 통해 정말 하고 싶은 이야기가 뭐야?" "정말 네가 하고 싶은 말이 뭔데?"라고 따질 때 할 수 있는 명확한 답변일 것 같습니다. "그러니까 내가 하고 싶은 말은 집합적, 집단적 노력으로 무질서와 혼란을 바로잡자는 거야."

순자 맞습니다. 제가 성악설을 주장했을 때 정말 하고 싶었던 말이 그 말입니다. 집단적 위, 집합적 실천, 쉽게 말하자면 구성원 모두의 노력을 합쳐서 질서와 평화, 안정을 만들어내자는 말이지요. 특히 군주가 중심을 잡고, 예를 수단으로 해서, 구성원 모두가 함께 사회질서를 만들어보자는 말입니다. 물론 스승도 포함해서요. 군주와 스승이 중심을 잡아야 하겠지요.

보령 그렇군요. 지금까지 말씀을 정리하면,

성위지분=인간의 성과 위의 구분

성악설=성위지분의 사회 판

성위지분 ⇒ 인간에게 저절로 드러나는 경향과 성향 vs. 인간의 노력과 실천

성악설 ⇒ 사회가 절로 보이기 쉬운 부정적 모습 vs. 인간 집단의 노력과 실천

순자 정리 잘했습니다.

보령 그러면요, 선생님. 인간 집단이 자연스레 보이는 성향과 경향은 '쟁탈, 혼란, 무질서'이고요, 인간 집단이 위로 일궈야 할 것은 '평화, 안정, 질서'잖아요? 성과 위가 대조되듯이 '무질서, 혼란, 쟁탈'과 '평화, 안정, 질서'가 서로 대조되는군요. 성위지분이란 구도에 그대로 포개집니다. 성악설을 이렇게 이해하는 게 신생님의 본래 문세의식에 완선히 부합하지 않을까요?

순자 그렇습니다.

보령 그럼, 제가 다시 정리해보겠습니다.

성위지분 ⇒ 인간에게 저절로 드러나는 경향과 성향 vs. 인간의 노력과 실천

결론은, 인간의 위

성악설(사회 판 성위지분) ⇒ 쟁탈, 혼란, 무질서 vs. 평화, 안정, 질서

결론은, 인간 집단의 위

순자 아주 딱 맞게 정리했습니다.

보령 성과 위를 나누어서 보면 뚜렷이 대조되어 그런지 위를 열심히 해야겠다는 생각이 더욱 듭니다. 인간은 사회적 존재고 안정된 사회 안에서만 안정된 삶을 누릴 수 있으니까요.

순자 보령 학생이 잘 이해했고 잘 정리했습니다. 성악설은 성위지분을 말할 때보다 위를 하게 하는 데에 더욱 좋은 자극이 됩니다. 사회가 혼란하면 누구

든 생존이 불가능하므로, 사회의 혼란과 무질서를 지적하는 성악설을 이해하게 된다면 뭐라도 해야겠다는 인식이나 절박함을 느낄 수 있습니다.

성악설의 결론

보령　성악설의 결론도 역시 위로군요. 위가 인간 하나하나는 물론 인간 집단이 단체로 행해야 할 노력이라면, 그 위라는 것이 예가 아닌지요? 〈성악〉 편의 결론으로 예를 말씀하신 것 같습니다. 인간은 내버려두면 엉망인 모습을 보이는데, 예를 가르쳐 배우게 하여 인간이 도리를 지키게 하면, 사회가 잘 다스려진다고 하셨습니다.

순자　성악설의 결론은 예입니다. 예를 가르치고 배우고 실천하는 것이 위이니까요. 위를 실천해 인간의 성, 인간 집단의 모습을 고쳐야지요. 답은 예밖에 없습니다. 예를 배우고 예를 실천하고 예에 맞는 인간이 되려고 노력해야 합니다. 사회 구성원 모두가 예를 준수해야지요. 그래야 사회가 안정되고, 사회에 질서가 생길 것입니다. 성악설의 결론은 예가 맞습니다.

보령　예 이야기가 나왔습니다. 공자가 인, 부처가 자비, 예수가 사랑이면 순자 하면 예가 되겠네요. 그만큼 선생님의 간판 덕목이자 규범이라 할 수 있겠습니다. 워낙에 중요한 것이라 뒤에서 따로 말씀을 듣겠습니다.

어쨌든 성악설의 결론은 예고, 예가 바로 답이라고 하셨습니다. 예를 배워 예대로 처신하며, 예대로 역할을 행하고, 예대로 다른 역할 수행자들을 존중하면 되는 건가요?

순자_ 네. 많은 사회 구성원이 예를 배워 실천하면, 인간과 인간 사회가 얼마든지 변하고 달라질 수 있습니다. 또 조화롭게 공존하고 만족하며 살 수 있지요. 예는 성인과 스승이 만들고 가르치는 것입니다. 인간이라면 먼저 스승과 성인을 존경하고, 그들이 만든 법도를 따라야겠지요. "굽은 나무는 반드시 댈나무를 대고 쪄서 바로잡은 뒤에 곧아지며, 무딘 쇠는 반드시 숫돌에 간 뒤에 날카로워집니다."**[63]** 인간도 마찬가지입니다. 스승에게 법도를 배우면 바르게 변합니다. 이것이 위입니다. 위는 예가 핵심입니다.

보령_ 그 유명한 선생님의 예의 결론도 위 같아요. 천인지분도, 성위지분도, 성악설도 결국엔 위!

순자_ 인간 그리고 인간 집단의 의식적인 노력과 실천이 답입니다.

보령_ 천인지분이나 성위지분이나 성악설이나 결론이 비슷한 것 같은데, 한번 정리해보겠습니다.

먼저 천인지분. 인간에게 문제 상황으로 주어진 천이 있고, 그것을 인간의 능동적, 주체적 노력으로 바꿔야 한다. 천과 인을 분리하여 인식한 상태에서 인으로써 천을 바꾸자.

그다음 성위지분. 저절로 보이고 자연스러운 반응으로 드러나는 인간의 성이 있고, 인간의 노력과 실천이랄 수 있는 위가 있다. 이 둘을 구분한 상태에서 인간의 위로써 성을 바꾸자.

마지막으로 성악설. 성악설은 대략 욕망으로 관찰되는 인간의 본성 이야기다. 욕망, 특히 사회를 단위로 보면 집합적 욕망이라 할 수 있는 인간의 성을 내버려두지 말자. 이를 사회 구성원의 노력과 실천으로 고쳐 바람직한 방향으로 이끌자.

이렇게 되네요. 천인지분, 성위지분, 성악설 모두 결론이 같아 보입니다. 결론을 끌어내는 구도와 방식도 그렇고요. 무슨 공식 같아요, 선생님.

순자 사실 고스란히 포개지는 것으로 보셔도 좋습니다. 천이나 성이나 혼란스러운 사회의 모습은 모두 인간에게 주어진 것이지요. 문제 상황으로 인간 앞에 놓인 겁니다. 여기에 인간이 위를 가해서 질서를 잘 부여하면 됩니다. 내적 자연, 외적 자연 역시 인간 앞에 놓인 문제 상황이지요. 인간이 하기 나름입니다. 배우고 노력하고 실천해서 고치고 풀면 됩니다.

그런데 무엇으로 어떻게 노력할 것이냐? 무엇으로 위할 것이냐? 여기에 대한 답도 나왔습니다. 바로 예입니다. 천인지분, 성위지분, 성악설의 결론은 모두 위인데, 위는 곧 예를 배우고 실천하는 것이니까요. 열심히 예를 배우고 실천하면 되지요.

무릇 사람의 타고난 성은 요임금과 순임금이나, 걸왕과 도척이나 모두 같습니다. 군자와 소인은 본래 성이 같다는 뜻입니다. 다만 예를 얼마나 배우고 실천해 자신의 타고난 성을 잘 만들었느냐에 따라 군자와 소인으로 갈릴 뿐입니다.

보령 그래서 인간의 성은 악하다고 한 〈성악〉 편에서 길거리의 사람도 우임금 같은 성인이 될 수 있다고 하셨군요.

순자 예를 배우고 행하는 것은 누구든 할 수 있는 일이기 때문입니다. 우임금이 존경받는 까닭은 다른 데 있지 않습니다. 어짊과 의로움, 올바른 법도를 몸소 행했기 때문입니다.

보령__ 선생님께서는 예와 바람직한 가치 규범과 덕목을, 성인과 선비와 군자만이 아니라 보통 사람 모두가 알 수 있고 행할 수 있다고 보시지요?

순자__ 인간 사회를 다스리는, 예라는 가치 규범을 만드는 능력 면에서는 성인과 보통 사람이 같을 수 없습니다. 하지만 이미 주어진 가치 규범과 문화 관습을 받아들이고 행하는 면에서는 사람에 따른 차이가 없습니다.

　맹자가 항심恒心과 항산恒産, 선각자先覺者와 후각자後覺者, 선지자先知者와 후지자後知者에 대해 이야기했습니다. 항심은 항상 일정한 도덕적 마음이고, 항산은 일정한 재산입니다. 선각자는 먼저 깨우친 사람이고, 후각자는 뒤늦게 깨우치는 사람이지요. 선지자는 먼저 이치에 대해 안 사람이고, 후지자는 뒤늦게 이치에 대해 알게 되는 사람입니다. 보통 사람은 항산이 있어야만 항심을 가질 수 있지만 지식인, 군자는 항산이 없어도 항심을 가질 수 있다고 했지요. 보통 사람은 일정한 경제력, 안정된 물적 토대가 있어야만 항심을 가지만 군자는 그렇지 않다는 말입니다. 군자를 보통 사람과 다르다고 이야기했지요. 선각자와 선지자는 군자이고 후각자와 후지자는 민중이고 하층민입니다. 후각자와 후지자는 선각자와 선지자의 영도에 따라야 하는 존재로 보았지요. 맹자는 이들을 군자보다 훨씬 열등한 존재로 본 듯합니다.

　사실 차별적으로 본 것이지요. 심지어 그는 이런 말도 했습니다. 짐승과 사람이 다른 것은 아주 작은 차이 때문인데, 요순 같은 성인이나 지식인은 이를 잘 지킬 수 있다고 했지요. 그럼 보통 사람들은 대체 뭐란 말입니까? 짐승이란 말인가요? 그가 성선을 말했지만 인간 모두가 선하다는 뜻이 절대 아닙니다. 모두가 선한 본성을 잘 발현할 수 있다는 점은 부정했습니다. 선하다는 도덕 감정과 이성을 극소수의 지식인과, 교육과 문화의 수혜를 받은 귀족 정도만 잘 키워내고 발현할 수 있답니다.

전 맹자의 이런 관점을 배격합니다. 그의 차별적인 수양론과 인간관을 거부합니다. 군자가 되고 성인이 될 수 있는 사람이 따로 있습니까? 절대 그렇지 않습니다. 저도 예를 만들어내는 존재인 성인을 예외적 존재로 인정하지만, 그 성인을 빼놓고는 모두가 같다고 생각합니다. 군자든 선비든 지식인이든 장삼이사든…… 모두 출발점이 같다고 봅니다.

보령　같은 출발점에 섰다고 하더라도 누구는 발이 빠를 수 있고 누구는 느릴 수 있지 않나요? 그래서 순위가 갈리고…….

순자　군자 되기, 착한 사람 되기는 경쟁이 아닙니다. 목표 지점에 빨리 가면 어떻고 늦게 가면 어떻습니까? 누구나 노력하면 도달할 수 있습니다. 이 점이 중요하지요.

보령　제가 봐도 맹자는 사람을 애초에 다른 출발선상에 세웠다는 느낌이 들었습니다. 비지식인, 비군자, 피지배 계급인 인민의 도덕적 성장과 수양에 한계를 설정했다는 느낌입니다. 인민이 통치에 순응하면 그냥저냥 무난하고 원만하게 살 수 있는 인간이 될 수 있다고 했지만, 딱 거기까지였지요. 인민이 군자가 되고 성인이 되고 훌륭한 선비가 될 수 있다고 말하진 않았습니다.

순자 길거리의 사람이라 하더라도 모두 안으로는 아버지와 자식의 도리를 알 수 있고 밖으로는 임금과 신하의 바른 관계를 알 수 있습니다. 그러니 자질과 능력이 길거리의 사람에게도 있음이 분명합니다. 지금 길거리의 사람들에게 자질과 능력을 실천하게 한다면, 곧 그들도 우임금 같은 성인이 될 수 있습니다.[64]

보령 용기를 주는 말씀입니다. 누구나 할 수 있다고 하시니……. 역시 거저 되는 것은 아니겠지요?

순자 전심專心과 일지一志가 필요합니다. 마음을 오로지하고 뜻을 하나로 통일해야 하지요. 누구든 마음을 오로지하며 뜻을 통일해 예를 공부하고 실천하여, 오랫동안 꾸준히 선을 쌓으면 앞서 〈천론〉에서 말한 대로 하늘과 땅의 변화와 행동에 참여해 천지와 함께하는 큰 존재가 될 수 있습니다.

옹기장이가 질그릇을 만들듯

보령 긍정적인 방향의 변화 가능성을 언급하셨습니다. 선생님, 〈성악〉 편도 그렇고 텍스트 전체적으로 보면 말이에요, 인간의 변화를 말씀하실 때 공인의 작업을 비유로 들어 설명하신 부분이 많습니다. 〈성악〉 편에서 옹기장이는 진흙을 쳐서 질그릇을 만들고, 목수는 나무를 깎아 그릇을 만든다고 하셨습니다. 그 비유가 인상적입니다.

순자 성인과 스승의 역할과 비중을 강조해서 그렇게 느끼셨나 봅니다. 그들의 적극적인 위를 분명히 보이고 강조하기 위함이지요. 사람의 본성을 그대로 내버려두면 안 되니, 성인과 스승이 적극적으로 위를 해서 가치 규범과 예를 만들어 사람들을 가르치고 교화해야 하지 않겠습니까? 개개인 또한 위로써 스승과 성인이 만든 예를 배워 다시 자신을 만들어야겠지만, 개인 하나하나보다는 성인과 스승의 위가 더 중요합니다.

보령__ 역시 성인과 스승이 중요한 건 예를 만들고 가르치기 때문이겠지요?

순자__ 네, 성인은 만들고 스승은 가르치니 중요하지요. 특히 제작자로서 성인의 위치는 특별합니다. 어떤 사람이 저에게 이렇게 물은 적이 있습니다. "인간의 성이 악하다면 예가 어떻게 생겨납니까?" 저는 〈성악〉 편에서 이렇게 답했습니다.

> 대저 예라는 것은 성인의 위에 의해 생겨나는 것이지 원래 인간의 성에서 생겨나는 것이 아니다. 옹기장이가 진흙을 쳐서 질그릇을 만드는데 질그릇은 옹기장이의 위에서 생겨나는 것이지 진흙을 그대로 두면 질그릇이 만들어지겠는가. 또 목수가 나무를 깎아 그릇을 만드는데 그릇은 목수의 위에 의해 생겨나는 것이지 나무가 저절로 그릇이 되겠는가. 성인이 생각을 쌓고 사려를 오랫동안 거듭해 예를 만들고 법도를 제정한다. 예의와 법도는 성인의 위에 의해서 생겨나지 사람의 타고난 성으로부터 생겨나는 것이 아니다.[65]

보령__ 예와 가치 규범의 근원이 성인이고, 성인이 위를 해서 예를 '제작'한 것이군요. 공인이 뚝딱뚝딱해서 뭘 만들어내듯이요.

순자 그런데 공인처럼 예와 규범을 제작하는 것만이 위가 아닙니다. 만든 것으로 사람들을 가르치고 교화하는 것도 위입니다. 이 역시 성인이 하는 일이지요. 제작자이기만 해서는 안 되고 스승의 역할을 하며 사회에 질서를 부여해야 합니다. 이런 행위도 모두 성인이 하는 위입니다. 그리고 처음에는 그저 교화의 대상이기만 했던 인간도 점차 스스로 위를 해서 자신을 거듭나게 해야 하지요.

보령 역시 위가 중요하네요.

순자 진흙으로 기와를 만들고 목재로 그릇을 만들듯이 부지런히 자신을 만들어야지요. 사람은 스스로 장인이 되어 자신이라는 원목과 원자재를 작품으로 만들어야 합니다. 성인과 스승의 도움과 교화가 있겠지만, 결국 본인이 스스로 해야지요.

보령 기와와 그릇은 인간의 삶에 필요한 것인데 어쨌거나 위를 통해 만들어내야 한다…….

순자 안 그러면 질이 아무리 좋아도 흙은 흙일 뿐이고 목재는 한낱 나무일 뿐이지요. 귀한 옥이 될 원석도 그냥 돌일 뿐이고요. 인간도 스승과 성인의 가르침을 받아 자신을 잘 만들어야만 사회에 쓸모 있는 존재가 되지, 그렇지 않으면 아무 쓸모가 없을 뿐입니다.

보령 선생님 말씀을 들으니 《논어》에 자공과 공자가 말한 절차탁마切磋琢磨라는 사자성어가 떠오릅니다. 옥을 만들 때 절(깎고), 차(다듬고), 탁(쪼고), 마(갈아서) 해서 만들지 않습니까?

순자 공자 님과 자공 사이에서 오간 그 이야기는 《시경》의 〈위풍衛風〉, 〈기욱淇奧〉 편에 나오는 말입니다. 자르고 쪼는 절과 탁은 대강의 모양, 즉 윤곽을 만드는 것입니다. 다듬고 가는 차와 마는 윤을 내기 위해 정밀하게 다듬는 과정이지요. 이처럼 인간도 자신을 항상 절차탁마해야 합니다.

보령 선생님, 오늘날 한국인은 스스로 절차탁마하지 않습니다. 병원에 가서 성형외과 의사에게 '절착탁마'를 받습니다. "아버님 날 낳으시고 의사 님 날 만드시네"라고 노래를 부르지요. 정확히 말하자면 '의사 님'이 아니라 '의느님'이라고 하지요. '절차탁마'를 잘하는 의사는 한국인에게 하느님과 동격의 위상을 지녔다고나 할까요.

순자 의사가 날 만든다고요? 무슨 말씀입니까? 그리고 의느님?

보령 농담입니다. 사실 내면의 아름다움은 내팽개치고 외면만 포장하려고 하는 한국인의 행태를 꼬집어보았습니다. 어쨌든 절차탁마, 이렇게 위를 하나 가야겠네요.

　그런데요, 선생님. 천인지분, 성위지분처럼 성악설의 결론도 위로 내셨습니다. 특히 원석과 원자재를 가다듬고 만드는 공인의 비유를 들어 위, '작위'를 알기 쉽게 설명해주셨는데요, 선생님께서 인간을 하나의 원석, 원자재로 보신 점이 인상 깊습니다.

태어날 때 인간은 그냥 하나의 원자재 같은 거겠지요? 옥이 될 수 있지만 다듬지 않은 원석일 수도 있고 정유의 과정을 거치지 않은 원유일 수도 있고요. 성인은 예외적 인간이라 일단 논외로 하고, 선생님께서는 인간을 가공해야 할 원자재 내지 원료, 원목으로 보셨어요. 〈성악〉 편에서는 인간의 성이 악하다고 하셨지만, 다른 편에서는 인간을 원자재로 말씀하셨습니다. 그래서일까요? 인간의 성을 악하다기보다는 가치중립적인 것으로 설명하신 듯한 느낌의 문장도 많습니다.

순자__ 잘 보았습니다. 사실 제가 성악설을 주장했다기보다는, 인간을 어떤 원자재 같은 가공해야 할 대상으로 보았다고 알아두는 게 좋습니다. 인간도 자연이라고 한 이유가 여기에 있습니다. 원석, 원자재는 그냥 자연이잖습니까? 잘 가공해야겠지요.

그런데 가공의 주체는 성인만이 아닙니다. 성인과 스승에게서 예와 규범을 배운 인간도 스스로 장인과 공인이 되어 자신이라는 내적 자연, 원자재를 쓸모 있게 만들어야지요.

사실 원자재는 가치중립적인 것입니다. 좋은 것 나쁜 것, 딱 잘라 말하기 어렵지요. 원자재는 가만히 두면 쓸모없지만 그걸로 나쁘다 좋다 단정할 수 없습니다. 돌, 흙, 나무를 두고 그러지 않듯이.

보령__ 선생님, 그런데 인간의 변화를 제작, 제조의 과정으로 가장 먼저 설명한 사람은 묵자 아닌가요? 묵자는 또한 고자의 인성론에 지대한 영향을 주었는데요, 앞서 선생님의 인성론이 고자의 것과 비슷하다고 하셨습니다. 그래서 그런지 묵자와 선생님의 인성론, 인간관을 보면 비슷한 점이 많아 보여요.

순자 네. 식색이 인간의 성이다. 생지위성을 말한 고자, 그리고 그에게 크게 영향을 준 묵자의 인성론과 제 인성론이 크게 다르지 않습니다. 아니, 아주 흡사하지요. 제 인간관을 성악설보다는 백지설白紙說로 명명하는 것이 좋습니다. 묵자와 고자의 인간관이 원래 백지설이거든요.

보령 백지라면?

순자 말 그대로 백지입니다. 아무것도 안 써진 흰 종이가 있지요? 인간은 텅 빈 백지 같은 존재입니다. 가치중립적이지요. 나쁜 말이든 좋은 말이든 아무것도 안 써져 있으니까요. 그래서 결핍의 존재입니다. 역시 백지엔 아무것도 써져 있지 않기 때문입니다. 인간을 그런 백지로 본 것입니다. 저 순자는 성악론자라기보다는 백지론자, 백지설자입니다.

보령 백지설이라……. 선생님께서는 성악론을 신봉하셨잖아요? 그것과 백지설이 어떻게 연관되나요? 잘 이해 안 가고 얼핏 당황스럽기도 하네요. 보통 한국 윤리 교과서에는 철학자들의 인성론과 인간관을 개괄해서 설명할 때 성선설과 성악설, 선악혼재설, 백지설 이렇게 넷으로 구분해 서로 다른 입장이라고 가르칩니다. 저도 그렇게 알고 있고요. 그런데 선생님께서 백지설을 주장했다? 백지론자다? 백지설이 선생님께서 주장하시는 성악설과 양립 가능한 인성론인가요? 서로 모순되는 점은 없나요?

순자 모순될 게 하나도 없습니다. 서로 조화 가능한 이론입니다. 아니 거의 같습니다.

보령 백지론은 말 그대로 '아무것도 없다', '아무것도 아니다'는 이론이고, 성악론, 성악설은 나쁘다고 가치판단을 내리는 이론으로 알고 있는데, 거의 같다니 잘 이해되지 않습니다.

순자 음……, 장황하더라도 백지설에 대해 설명해야 할 것 같군요. 성악설보다 백지설이 사실상 제 인간관이라 정말 하고 싶은 이야기이기도 합니다. 설명을 차근차근 해보도록 하지요.

• 7장 •
백지설을 논하다

파란 물감에 물들이면 파랗게 되고
노란 물감에 물들이면 노랗게 되니
넣는 물감이 변하면 그 색깔도 변한다.
다섯 번 물통에 넣었다 뒤에 보니 오색이 되었구나.

성선설은 선악혼재설이다

보령　선생님, 앞서도 말씀드렸지만 한국에서는 철학자들의 인간관, 인성론을 성선설, 성악설, 선악혼재설, 백지설 네 입장으로 구분해서 가르칩니다. 그래서 백지설과 성악설이 같은 것이라고는 전혀 생각지 못했습니다.

순자　네 입장이라……. 아닙니다. 그냥 두 가지 입장이라고 알면 됩니다. 이렇게 한번 묶어서 보세요.

성악설＝백지설 vs. 성선설＝선악혼재설

성악설은 백지설과 사실상 같다고 봐도 무방하고, 성선설은 선악혼재설과 같다고 봐도 무방합니다. 그렇기에 네 개의 인간관으로 볼 것이 아니라 두 진영으로 구분해서 볼 일입니다. 성악·백지 대 성선·선악혼재로요.

보령 왜 성악설이 백지설이고 싱신실이 선악혼재설인가요?

순자 먼저 성선설이 사실상 선악혼재설과 왜 같은지 설명하겠습니다.

순자 성선론, 성선설을 주장하는 이들은 인간의 성이 선하다고 하지만 현실에 드러난 악을 부정하지는 못합니다. 현실의 인간들이 보이는 나쁘고 추악한 모습은 사실 누구도 부정할 수 없지요. 그렇기에 성선론자도 그런 인간의 모습에 그들 나름 어떻게든 설명하려고 합니다. 그러다 보니 선악혼재설로 가는 것입니다.

인간에게 선한 요소만 내재되어 있는 게 아니다. 문제를 만들거나 부정적인 모습을 일으키게 하는 요소도 있다. 두 요소가 혼재되어 있는 존재가 인간이다. 이것이 선악혼재설인데 성선론 역시 마찬가지입니다. 인간이 착하고 바른 모습을 보이는 것은 인간 안에 선한 마음, 선한 본성이 있기 때문이지만, 인간 안에는 선한 마음만이 있는 게 아니랍니다. 욕심, 사욕이 있고 탐욕 같은 것으로 발전할 뭔가가 있다고 말합니다.

맹자는 이런 것들이 있기에 인간이 외부 대상에 수동적으로 끌려가기도 하고 나쁜 짓을 하기도 한다고 했습니다. 이를 일컬어 이목지관耳目之官이라고 했지요. 이목, 눈과 귀, 말 그대로 감각기관입니다. 욕망에 수동적으로 끌려가는 기관이지요. 욕망을 충족할 외부 대상이 눈과 귀에 포착되면 인간은 무작정 끌려갈 수도 있고 나쁜 짓도 할 수 있습니다. 그게 다 이목지관 탓이랍니다. 그래서 인간이 선한 모습만 보이는 것이 아니라 악한 모습도 보일 수 있다지요.

이와 대조되는 것이 인간 안에 있습니다. 좋은 것이겠지요. 바로 도덕 이성, 도덕 감정으로 심지관心之官이라 합니다. 이것이 인간의 본질이라고 했지요. 심지관이란 단어에 마음心이 있지요? 착한 마음입니다. 이는 맹자에게 인간의 본성이랄 수 있습니다.

부정적인 행위를 일으키고 나쁜 것들을 불러올 수 있는 요소인 이목지관이 인간 안에 있고, 또 긍정적인 행위를 하게 하고 선한 모습을 보이게 하는 착한 마음인 심지관도 인간 안에 있다. 맹자 생각은 그랬습니다. 인간 안에 이목지관과 심지관이라는 대조적인 둘이 있는데, 하나는 인간이 선해질 수 있는 원동력이고, 다른 하나는 욕망대로 행동하게 만들어 인간이 일탈 행위를 하게끔 이끌 수 있다지요.

심지관 vs. 이목지관

착한 인간 본성 vs. 욕망, 감각기관(악을 불러올 수도 있는 요소)

보령　이목지관과 심지관 둘이 인간 안에 있군요. 이목지관은 인간 안에 있는 욕심, 욕망 따위로 도덕과는 무관하거나 인간이 비도덕적 행위를 하게 하는 요소 같은 것. 심지관은 맹자가 '인간은 착하다', '인간 본성은 선하다'고 할 때 말한, 인간의 착한 마음 내지 인간만이 가진 도덕적 본질. 제가 맞게 이해한 건가요, 선생님?

순자　맞습니다. 심지관과 이목지관 개념이 사실 쉽지 않지만 그 정도로만 이해해도 됩니다.

심지관을 우선 착하고 좋은 것, 맹자의 성선설과 직결되는 것으로 알아두면 됩니다. 심지관, 심의 기능, 마음이라는 기관이 있다. 심, 사람의 마음이란 게 착한데, 이는 인간의 본성이 착함을 증명해주는 것이다. 그리고 인간의 착한 본성이 인간의 본질이다. 심지관은 인간만이 가진 것으로 인간이 착하게 살 게 하는 근원적 동력이다. 이게 맹자의 생각입니다.

그러니 최대한 심지관이 잘 기능하게 하자고 주장합니다. 착한 마음에 집중해 그 마음을 키우라고 하지요. 이를 제대로 하면 이목지관이 어떻게 움직이든 걱정할 것이 없다고 맹자는 말했습니다. 착한 마음을 잘 키워 심지관이 잘 기능하면, 욕망과 감각의 기관인 이목지관이 심지관에 복종하기 마련이랍니다.

보령　어렵습니다, 선생님. 어쨌든 인간 안에 두 개가 있는 말씀이지요? 무조건 좋은 것으로 인간을 도덕적으로 살게 하는 원동력인 심지관이 있고, 이와 대조적으로 욕망과 직결되는 이목지관이 있다. 이것이 인간을 악하게 할 여지가 있다.

그런데, 이목지관이 필연적으로 인간을 악하게 할 수 있는 건 아니지 않나요? 왜냐하면 인간 안에는 심지관이라는 착한 마음이 있으니 인간은 여기에 집중하고 귀를 기울이면 되니까요. 또 심지관이 이목지관을 못 이긴다면 맹자의 성선설이 무너질 테고요. 맹자도 심지관만 멀쩡히 기능하면 문제없다고 말하지 않았습니까? 어쨌든 대조되는 것 둘이 인간 안에 있는데, 하나는 100퍼센트 선의 결정체, 다른 하나는 악 50퍼센트 정도 되는 것. 전 대충 이렇게 이해하겠습니다.

순자 그 정도면 됩니다. 어쨌거나 맹자도 인간이 악한 행위를 할 수 있고, 그로 인해 욕망의 충동에 빠져 일탈 행위를 저지를 수 있다고 보았습니다. 그렇기에 성선설을 주장한 맹자는 사실상 선악혼재설의 입장에 있습니다. 선악혼재설은 맹자의 성선설과 조금도 모순될 여지가 없지요. 선악혼재설은 성선설의 이론적 결함을 보충하고 변호하기 위해 만들어졌습니다. 성선설이 발전한 버전인 셈이지요.

보령 다시 한 번 정리하자면, 맹자가 보기에 인간은 선악이 혼재된 존재로서 선한 행위, 악한 행위를 모두 합니다. 그 이유는 인간 안에 내재된 그 두 가지 상이한 동력 내지 요소에 있다는 말씀이지요?

순자 네, 그렇습니다. 선과 악의 동력 또는 요소 두 가지가 인간 안에 혼재 되어 있습니다. 이렇게 기억하면 됩니다. 섞여 있다. 맹자라고 인간을 순선한 존재로만 보지 않았다. 선악혼재설은 성선설이 발전한 것이다.

성악설은 백지설이다

보령 이제 백지설에 대해 여쭤보겠습니다. 백지설이 왜 성악설과 같은 인간관, 인성론인가요? 또 궁금한 것이 백지설도 성악설의 발전된 버전인가요? 선악혼재설이 성선설의 약점을 보완하기 위한 나왔듯, 백지설도 성악설의 이론적 결함을 보완하려다 보니 나왔나요?

순자　맞습니다. 먼저 백지설이 무엇인지 조금 설명하겠습니다. 백지설이 무엇이냐? 백지설이 왜 백지설이냐? 이 이론이 인간을 결핍된 존재로 보기 때문입니다. 막 태어난 인간에게는 아무것도 없지요. 인간 안에 윤리가 있겠습니까? 도덕이 있겠습니까? 스스로 예를 행할 줄 알겠습니까? 아무것도 없고 바람직한 행위를 할 줄 모릅니다. 그래서 백지입니다. 인간은 백지 상태로 태어나지요. 결핍된 상태 말입니다. 백지로 태어난 인간이 성인과 스승의 가르침을 받지 않고 자각적으로 노력하지 않으면, 계속 그렇게 결핍된 존재로 살기 마련입니다. 그래서 백지입니다.

　백지설은 성악설과 다를 바 없다고 했습니다. 백지설에 따르면 인간에게 윤리와 선이 결핍되어 있다고 하지 않습니까? 바로 문제 상황입니다. 백지라서 문제이지요. 인간은 결핍된 존재로 태어났기 때문에 교화와 교육, 노력이 없으면 있어야 할 것이 없는 존재, 결국 결핍된 존재일 따름입니다. 문제 상황 그 자체인 존재가 곧 인간입니다.

보령　인간이 결핍된 존재로 태어나 외부의 교화나 본인의 학습이 없으면 결핍된 채 살아가기 마련이다. 결핍되었으니 악한 것이고 성악설과 다를 바 없다……. 이해가 될 것도 같네요. 인간 안에 도덕관념, 규범에 대한 의식이 결핍되어 있다면 최소한 바람직하고 착한 건 아니겠지요. 백지설이 일단 성악설하고 모순될 여지는 없어 보입니다.

순자　인간은 백지로 태어납니다. 아무것도 없지요. 그러나 채워가면 됩니다. 배우고 채우면 쓸모 있는 인간이 될 수 있습니다. 결핍된 상태로 계속 살면 쓸모없고 때론 사회의 위협 요소가 되기도 합니다. 백지설은 이처럼 자연 상태에 놓인 인간의 결핍을 분명하게 지적하고 보여주는 이론이지요. 이뿐만이 아니라 인간의 변화를 설명하는 데도 좋은 이론입니다.

보령 인간의 변화라면 말씀하신 교화, 사회화, 학습을 통해 인간이 바뀌는 걸 뜻하시나요?

순자 그렇습니다. 사실 성악설 하면 바로 맞닥뜨리는 반론이 있습니다. 인간이 악하다는데, 그럼 왜 인간이 선한 행동을 하고 질서 있는 모습을 보이느냐는 질문입니다. 어떻게 설명할 수 있냐고 반론하고 따지는데, 성선론 진영에서 인간의 악한 행동에 대해 설명할 수밖에 없었던 것처럼, 성악설 진영에서도 선한 행동에 대해 설명해야 했습니다.

우리는 변화로 설명합니다. 인간은 원래 백지 상태로 결핍된 존재다. 하지만 채워가는 쪽으로 변하면서 선한 행위를 하고 또 선한 인간이 되고 선한 사회가 만들어지는 것이다. 이렇게 설명합니다.

보령 변화로써 선한 행위, 선한 인간, 선한 사회를 설명해야 한다면, 백지설이 그런 변화를 논하는 데에 안성맞춤이라는 말씀인가요? 백지에 뭐가 채워지듯 인간에게 뭔가가 채워지고, 그래서 인간이 착해지고, 인간 사회에 질서가 잡히고요?

순자 인간과 사회의 변화를 설명하기에 아주 좋은 이론이지요. 여기서 백지설의 원조인 묵자의 말을 살펴보면 이해하기 쉽습니다.

묵자가 실을 물들이는 사람을 보고 감탄하며 말했습니다. "파란 물감에 물들이면 파랗게 되고 노란 물감에 물들이면 노랗게 되니 넣는 물감이 변하면 그 색깔도 변한다. 다섯 번 물통에 넣었다 뒤에 보니 오색이 되었구나. 그러니 물들이는 데에 신중하지 않을 수가 없구나."[66]

또 묵자의 영향을 받은 또 다른 백지설 진영의 학자 고자도 한마디 했습니다. 그는 인간의 성을 어떤 웅덩이에 갇혀 소용돌이치고 있는 물에 비유했습니다. 그 물은 동쪽으로 터주면 동쪽으로 가고 서쪽으로 터주면 서쪽으로 간다고 했지요.

보령 염색으로 인간의 변화를 설명한 묵자의 이야기를 들으니, 결국 어떤 물감에 물들이냐가 중요하다는 생각이 듭니다.

순자 실에 어떤 물감을 입히느냐에 따라 그 색깔이 달라지겠지요. 그리고 고자의 말에 따르면 어떤 쪽으로 물길을 터주냐가 관건이란 것을 알 수 있습니다. 동쪽으로 터주면 동쪽으로, 서쪽으로 터주면 서쪽으로, 북쪽으로 터주면 북쪽으로 물이 흐르겠지요. 성악설 진영의 선배이자 백지설 진영의 선배 학자들의 의견은 이렇게 간단합니다. 어떤 색을 입힐 것인지, 어떤 방향으로 물꼬를 터줄 것인지 그게 중요한데, 이 모두 변화를 전제한 비유이지요.

보령 그런데요, 선생님께서는 단순히 변화만을 말씀하시지는 않았습니다. 인간을 수동적으로 보셨고, 이 전제하에 외부 기제와 힘을 강조하셨습니다. 스스로 변하는 게 아니라 외부의 손길이 가해져서 변한다고 하신 것 같은데요?

실이 스스로 염색 통으로 들어가지 않고, 웅덩이 안에서 소용돌이치는 물이 스스로 물꼬를 트지 않잖습니까? 누군가 실을 통에 넣어야 하고, 누군가 삽으로 물꼬를 터줘야 하는 것 아닙니까? 외부의 손길이 가해져야 변할 수 있는 존재로, 지극히 수동적 존재로 인간을 보신 것 같은데……, 아닌가요?

순자 수동적인 존재로 봅니다. 왜냐하면 백지이기 때문이지요. 백지에 무엇을 써넣는 건 붓을 든 인간입니다. 결핍되었기에 수동적일 수밖에요. 결핍된 존재이니 외부에서 무언가를 넣어줘야지요. 그래야 변화할 수 있지요.

보령 제가 깜빡했네요. 백지설은 우선 인간의 결핍을 전제한다고 하셨지요. 그러니 당연히 수동적인 존재로 인간을 볼 수밖에 없겠네요. 앞서 원자재, 원재료로서 인간을 보는 관점에서 백지설 이야기가 나왔는데요, 그렇게 비유되는 인간이니 애초에 선생님께서 인간을 수동적 존재로 전제한 것 같기도 합니다. 흙이 스스로 반죽하고 나무가 스스로 자르지 않으니까요. 백지설은 당연히 수동적 존재로서 인간을 전제한다는 말씀을 잘 알겠습니다.

순자 공인의 비유를 이야기할 때 그 내용을 말하질 못했군요. 사실, 저 순자 그리고 저와 비슷한 인간관을 지닌 모든 학자는 수동적인 객체로서의 인간을 전제합니다. 물론 전 유가라서 그런지 성악설, 백지설 진영 중에서 객체로서의, 수동적인 존재로서의 인간을 가장 약하게 전제합니다. 스스로 자각하고 스스로 옳은 방향으로 가려고 하는 주체적인 인간의 모습을 말하기도 했습니다. 다른 성악설, 백지설 진영에서는 이런 주장을 잘 하지 않습니다만, 전 자각하는 인간의 모습도 강조했지요. 그래도 저 순자는 수동적인 존재로서의 인간을 전제하고 말할 때가 아주 많았습니다.

보령 그렇군요.

순자 인간이 수동적인 존재이니 외부의 손길이 어떻게 닿느냐가 중요한 문제입니다. 좋은 색을 입히고 좋은 방향으로 물꼬를 터주어야 하지요. 그래야 인간이 긍정적으로 변하고 바뀌지 않겠습니까? 이렇게 외부의 손길이 주는 변화를 통해 인간을 선하게, 사회를 질서 있게 바꿀 수 있다고 말하는 게 백지설입니다. 이런 점에서 백지설은 성악설의 약점을 상당 부분 해소합니다.

보령 이해됩니다. 그런 것이었군요. 누가 "당신은 성악설을 주장하고 있다. 하지만 인간이 착한 모습을 보일 때도 적지 않다. 당신 말대로라면 인간은 나쁜 짓을 일삼아야 하고, 착한 모습을 보이거나 착한 인간이 될 수 없는데 어떻게 된 것이냐? 한번 설명 좀 해봐라" 할 때 백지설을 설명해주면 되겠네요. 태어났을 때는 결핍되었기에 부정적 존재이지만, 교육을 받아 하나씩 채우면 착한 인간으로 변할 수 있다. 정말 이렇게 답하면 궁색하지 않을 것 같아요.

백지설이 좋아 보이는 게요, 인간의 부정적인 모습을 강조하면서도 인간의 변화와 수양론을 같이 이야기할 수 있는 이론이어서인 듯합니다.

순자 그렇습니다. 백지설은 참으로 유용한 이론입니다. 인간의 결핍된 측면을 지적하기에도 좋고, 성악설에서 설명하기 힘든 인간의 선한 모습을 설명할 수도 있고, 결핍을 지적해 채우고 배우자며 강하게 독려할 수도 있습니다. 전 백지론자, 백지설자입니다.

보령 선생님의 백지설을 제가 제대로 이해했는지, 한번 비유로 정리해보겠습니다. 맞는지 틀린지 봐주세요.

선생님의 설명을 들으니 전 대학교 시험 기간이 생각납니다. 선생님께서 말씀하시는 백지가 시험 답안지 같아서요. 답안지는 처음에 백지이니까요. 조교가 학생들에게 백지를 나누어주고 교수가 전달한 시험 문제를 칠판에 적습니다. 그러면 학생들은 백지 답안지에 공부한 것들을 답으로 깨알같이 써넣습니다. 시험공부를 아무리 많이 해도 백지 상태의 답안지를 받으면 누구든 겁이 납니다. 부담스럽고요. 하지만 열심히 공부해서 백지에 답을 잘 써넣으면 좋은 점수에 장학금까지 받습니다.

선생님께서 말씀하신 백지설을 들어보니 인간을 시험장의 백지에 비유할 수 있을 것 같아요. 사실 선생님의 성악설이란 것이 결핍 상태의 위험성을 강하게 지적하시다 보니 나온 것 같은데, 시험장에서 백지 답안지를 받으면 사실 정말 무섭거든요. 하하. 이번에 좋은 점수를 받는다고 하더라도 다음 시험 때 백지 답안지를 받으면 역시나 또 무서울 겁니다.

순자 네, 그렇기에 열심히 공부해서 시험장에 들어가야지요. 또 답안지에 공부한 바를 열심히 써야겠지요. 열심히 하면 되는 일 아니겠습니까? 그러면 보령 학생 말대로 좋은 점수에 장학금도 받을 수 있습니다. 그런데 공부를 안 해서 백지 상태로 답안지를 제출하면 불이익을 받겠지요. 아무것도 채워 넣지 못해 빵점 받으면 정말 곤란하지 않겠습니까?

보령 무시무시한 불이익이 덮칩니다. 중고등학교 때는 매도 맞고, 대학 때는 학사 경고를 받습니다. 그럼 부모님한테 무슨 봉변을 당할지 모르고요.

순자 백지 상태로 답안지를 내면 큰일 나는 것처럼, 인간도 백지 상태로 내버려두면 정말 큰일 나지요. 그런데 보령 학생, 백지에 잘 채워 넣으면 좋은 점수에 장학금도 받는다면서요?

보령 네.

순자 잘 채워 넣는 학생이 많지요?

보령 네. 머리가 좋아서든, 열심히 노력해서든, 답을 잘 채워 넣어 좋은 성적을 받는 학생들이 있지요. 노력만 하면 학생 대부분이 그럴 수 있다고 선생님이나 부모님이 말씀하시고요.

인간에 대한 이중적인 이해

순자 인간 결핍에 대한 지적, 채워 넣기로 비유되는 인간의 변화와 수양 말고도 백지설에서 놓치지 말아야 할 점이 있습니다. 바로 인간을 제한적 범위에서나마 긍정한다는 점입니다. 특히 저의 백지설은 비록 범위가 제한되어 있지만 인간을 강하게 긍정합니다. 답안지를 처음 받으면 정말 깨끗하지요?

보령 네, 정말 깔끔합니다. 그래서 더 무섭고요.

순자 만약 종이에 얼룩이 있거나 낙서가 있으면 뭘 써넣을 수 있을까요?

보령 없겠지요.

순자 학생들이 애초에 학습 능력이 없다면 뭘 써넣을 수 있을까요?

보령 그러면 애초에 시험이 성립할 수도 없을 것 같습니다. 시험 자체를 안 보겠지요.

순자 백지라는 것은 사실 가능성입니다. 백지, 얼룩지지 않고 깔끔한 상태이기에 뭔가 채울 수 있습니다. 백지설이 말하는 인간이 그런 존재입니다. 뭔가를 담을 수 있는 존재이지요. 하얗다. 아무것도 써져 있지 않았다는 것은 결핍이기도 하지만 가능성이기도 합니다. 깨끗하니 채워 넣을 수 있는 것 아니겠습니까?

백지설은 이렇게 인간을 이중적으로 보는 이론입니다. 앞서 변화를 말했지요. "당신 성악설을 신봉하는데 말이야, 인간이 어떻게 착한 행동을 하고 착한 모습을 보일 수 있지? 그것에 대해 설명해봐"라고 누군가 물었을 때 변화를 통해 설명할 수 있다고 했습니다. 변화라는 것은 아무것도 없는 백지 상태를 전제로 합니다. 백지가 아니면 정말 채워 넣을 수 없으니까요.

보령 인간은 백지……, 아무것도 없다. 그러니 결핍이다. 하지만 아무것도 없기에 외부의 것을 수용할 수 있는 존재다. 그렇군요. 그래서 인간은 결핍되었지만 채워 넣을 수 있는 존재, 이렇게 이중적으로 인간을 바라보는 게 선생님의 백지설이군요.

순자__ 자, 그런데 변화라는 것은 얼룩이나 낙서가 없는 깨끗한 종이라는 조건에서만 되는 게 아닙니다. 보령 학생이 시험장에서 답을 적을 수 있는 것은 교수가 가르친 것을 공부하고 기억해서입니다. 그렇게 할 수 있는 존재이니 백지에 뭘 써넣는 것 아니겠습니까? 그렇습니다. 저 순자의 백지설은 또한 인간의 학습 능력을 신뢰하는 이론입니다. 인간이 결핍된 백지이기도 하지만 학습 능력이 있기에 자신이라는 백지 답안지에 답을 써넣을 수 있습니다. 학습 능력이 있기에 자신을 만점짜리 답안지로 만들 수 있는 존재가 바로 인간이지요.

보령__ 역시 알고 보면 선생님께선 인간을 굉장히 긍정하시는 분입니다. 단순히 변화하는 게 아니라 좋은 방향으로 얼마든지 변할 수 있다. 인간이 자신에게 정답을 써넣어 자신을 만점짜리 답안으로 만들 수 있다. 이런 말씀을 들으면 정말 선생님다우시다는 생각이 듭니다. 아무튼 선생님께서 인간을 어느 정도는 신뢰했기에 이러한 이론이 성립하는 것 같습니다.

그런데 법가 같은 경우에는 같은 성악설 진영에 있지만 변화를 인정하지 않는다고 들었는데, 사실입니까?

순자__ 법술지사들은 인간의 변화를 인정하지 않는다고 합니다. 지속적 통제 그리고 법을 준수하게 하는 강제만을 말하지, 인간의 성, 성품, 기질, 인격의 변화 가능성은 인정하지 않는답니다. 그래서 법술지사들의 이론은 성악설 쪽이라고는 해도 백지설 쪽은 아니지요. 보통 그렇게 인식합니다. 하지만 다시 생각해볼 여지가 있습니다. 그들이 인간의 변화 자체를 한사코 부정했다고 보기는 좀 어렵습니다.

상앙이나 신도 같은 법술지사들은, 이기적으로 행동하고 법을 모르고 지키지 않는 인간이 법을 배워 완전히 체화하면 다른 인간이 된다고 했습니다. 법을 학습하여 법을 아는 인간이 되면, 법을 완전히 믿고 스스로 준수하여 편안함을 느끼고 법을 통해 마음 놓고 사람들과 거래하는 등, 법 자체를 친근하고 편하게 여기는 인간으로 변화한다고 말했지요. 법 친화형 인간으로 변화한 인간이 법 자체를 긍정하고 늘 법을 통해 판단하는 인간이 된다고요.

보통 인식대로 그들을 바라보면, 백지설 아닌 성악설, 인간의 변화 가능성을 부정하는 성악설로 단정할 수밖에 없습니다. 그러나 전 그들도 백지설에 가까운 성악론자라고 볼 여지가 분명히 있다고 생각합니다. 그들이 인간을 한사코 불신했고 인간의 변화 가능성을 전혀 믿지 않았다고 단정하는 건 분명 무리입니다. 다만 정도의 차이만 있다고 생각합니다. 인간을 신뢰하는 정도 내지 자신이 생각하는 변화 가능성의 정도에서 저 순자, 묵자, 상앙 등 백지론자마다 차이가 있다고 여기면 되지 않을까요?

어쨌거나 전 백지설자입니다. 그것도 인간을 강하게 신뢰하고 변화의 가능성을 크게 보는 백지론자이지요.

참, 보령 학생의 비유가 기가 막힙니다. 시험장 백지 답안지로 비유하니 백지론이 명쾌하게 설명되는군요. 제가 교육자라서 그런 비유가 와 닿습니다.

보령　선생님, 그런데 백지에 써넣어야 할 정답이 뭘까요? 사실 하나 마나 한 질문일 수도 있는데요, 선생님께선 유가이시니 공자의 도라고 할 것이고, 또 예를 강조하신 분이니 예가 정답이라고 하실 것 같은데요?

순자　그것만이 정답입니다. 다른 건 오답이지요. 하지만 그건 제 생각입니다.

백지론자마다 생각이 다 다르지요. 각자의 정답이 있습니다. 법가는 법, 묵자는 천지天志라고 하는 하느님의 의지. 장자는 명 또는 도라고 일컬어지는 자연 변화의 원리, 노자는 도인데 장자와는 좀 다른 의미의 도……. 각자 주장하는 정답이 달랐습니다. 전 그들과 달리 공자의 도, 그리고 예를 정답으로 주장했지요.

결핍을 인지하고 채워라

보령__ 이제 선생님의 인성론, 인간관에서 선생님께서 말씀하신 예에 대한 이야기로 넘어가야 할 것 같은데요, 그 전에 분명히 짚어야 할 것이 있습니다. 어쨌든 성인이라는 예외적 존재는 인간과 인간 사회의 결핍된 상태를 인지하고 그것을 문제로 여겨 인간과 사회에 뭘 채워 넣으려고 스스로 알아서 행한다지만, 보통 사람들은 자신의 결핍 상태를 스스로 알 수 있을까요? 이를 인지해서 그것이 문제라고 생각할 수 있을까요? 또 인식한다고 해도 결핍 상태에서 채워 넣는 방향으로 가야겠다고 마음먹을 수 있을지도 의문입니다.

순자__ 전 이렇게 생각합니다. 인간은 자신의 결핍된 모습을 스스로 인지하고 자각할 수 있습니다. 거기서 그치지 않고 결핍된 것을 채워 넣으려고 하는 욕구와 동기까지도 인간에게 있다고 봅니다.

　스승의 손길이 닿지 않고 교육받지 않아 타고난 모습 그대로인 인간은 타고난 성대로, 즉 결핍된 채로 살겠지요. 그 결핍과 부족함을 인간은 자각할 수 있습니다. '난 아직 배우지 못했어. 익히지 못해서 부족한 존재야. 그런 내 모습이 불만스러워' 이렇게 느끼고 자각할 수 있다고 봅니다. 그리고 그걸로 끝이 아니라 나에게 없는 것을 채워 넣으려는 생각을 하게 됩니다. 수양과 공부를 시작하는 것이지요.

결핍과 부족함을 명확히 인지하는 것이 인간의 변화와 수양의 시작입니다. 인간은 그럴 수 있는 존재입니다.

보령_ 〈성악〉 편에서 이런 말씀을 하셨어요.

> 선한 행동을 하기를 원하는 모든 사람은 그들의 성격이 못되었기 때문에 그렇게 하는 것이다. 인간은 박하기 때문에 두텁기를 바라고, 추하기 때문에 아름답기를 바라며, 좁기 때문에 넓기를 바라고, 가난하기 때문에 부유하기를 바라며, 천하기 때문에 귀하기를 바란다. 자기 안에 없는 것은 바깥에서 구할 수밖에 없다. 반대로 부유하면 재물을 바라지 않고, 고귀하면 권력을 바라지 않는다. 이미 자기 안에 있는 것을 바깥에서 구할 필요가 없기 때문이다. 이와 같이 사람이 선하기를 바라는 것은 그들이 악하기 때문이다. 지금 인간의 성에는 원래 예의가 있지 않다. 그렇기 때문에 인간은 열심히 배워서 그것을 갖기 위해 힘쓸 것이다.[67]

쉽게 말해 없으니까 원한다는 말씀인데요, 당장 내가 못되먹고 거칠고 우악스럽고 어리석으니, 착해지고 현명해지고 예의 바른 사람으로 거듭나기를 원한다는 겁니까? 선생님 생각은 그런 것 같습니다.

순자_ 당장 내 지갑에 내 통장에 돈이 없다고 생각해봅시다. 사람은 그런 상황을 분명히 인지할 수 있지요. 인지하게 되면 지갑에 돈이 이거밖에 없어서야 되겠냐며 불만족스러움을 스스로 느끼게 됩니다. 또 돈을 벌어야겠다는 생각을 하지 않겠습니까?

다른 예를 들어보지요. 내가 공부를 안 해서 성적이 나쁩니다. 반에서 꼴찌예요. 꼴찌임을 불만스럽게 여기고 공부해서 성적을 올리고 싶어 하지 않겠습니까?

전 그렇게 봅니다.

> 결핍에 대한 뚜렷한 인지 ⇒ 결핍 상황에 대해 불만 ⇒ 결핍을 채우겠다는
> 마음가짐과 목표 두기 ⇒ 결핍을 채우기 위한 행동 개시

인간이란 그럴 수 있다고 봅니다. 충분히.

보령　통장 잔고가 빈 사람이 통장을 채우려고 할 것이고 꼴찌인 학생이 성적을 올리고 싶어 하는 것처럼, 인간도 부족한 자신의 모습을 인지하고 그것에 스스로 불만을 느낄 것이다. 그리고 거기에 그치지 않고 부족한 부분을 채워 넣으려 할 것이다. 이런 말씀이지요?

순자　그렇습니다. 현재의 자기 모습이 결핍되었음을 인지하는 데서 그치지 않고, 결핍 상태를 부정적으로 보고, 그 부정적인 상태를 벗어나기 위해 노력하는 존재가 인간입니다.

보령　이런 경우도 있습니다. 성적이 나쁜 어떤 학생은 "난 안 돼" 하면서 공부를 포기합니다. 또 지갑에 돈 한 푼 없고 통장 잔고도 비었는데, '없으면 없는

대로 살지' 하며 체념하는 사람도 있습니다. 결핍된 상태를 인지했지만 그걸 부정적으로 생각하지 않을 수 있고, 부정적으로 인지한다고 해도 채워 넣기 위해 노력하지 않는 경우가 분명 있습니다.

순자 그래서 제가 성악설을 말한 거지요. 〈성악〉 편에서 인간이 악하다, 혼란과 무질서를 일으키고 서로 물어뜯고 싸운다고 인간에 대해 상당히 부정적으로 서술했습니다. 물론 다른 편에서는 성악을 말하지 않았습니다. 인간이 결핍되었다, 장인의 손길이 닿기 전 원자재와 원재료 같다고 했지요. 〈성악〉 편에서만 유독 굉장히 세게 말했습니다. 여기에는 이유가 있습니다. 그렇게 세게 말해야 사람들이 결핍 상태를 분명히 인지하고, 더 나아가 결핍된 것을 채우려고 노력할 것 같았습니다. 결핍된 상태를 그대로 두는 것이 얼마나 위험한지 알게 된다면 채우기 위해 스스로 노력하지 않겠습니까? 그런 바람이 있었습니다.

제가 스승으로서의 자의식이 강해서 그런 것 같습니다만, 부모님이나 선생님께서 자식이나 제자에게 "너 이거밖에 안 돼? 언제 철들래? 이렇게 하면 꼴찌야!"라고 혼내기도 합니다. 주변에서 많이 볼 수 있습니다. 교육을 하다 보면 아이가 정말 나쁜 사람이 아니어도 또 꼴찌 할 실력이 아니어도 아이를 심하게 다그칠 수 있습니다. 그렇게 하면 '애가 더 바르게 행동하겠지', '제자가 열심히 공부하겠지'라고 생각하기 때문입니다. 자기 자식과 제자가 정말로 틀렸다고 생각해서 그러는 게 아니잖습니까? 전 앞서 말한 그 위를 더 제대로, 더 열심히 하라고 〈성악〉 편에서 다그친 겁니다. 성이 악하다고 강하게 다그친 것이지요. 결핍을 분명히 인지시키기 위해서. 자극하는 장치라고 봐도 좋습니다.

자기부정의 능동성

보령 ___ 성악설이 어떤 강한 독려 내지 자극의 장치라는 말씀인가요?

순자 ___ 그렇습니다. …… 제가 교육자로서의 사의식이 좀 상합니다.

보령 ___ 교육한다는 것, 누군가를 가르친다는 것이 쉽지 않은 일 같은데요, 역시 자극하고 동기를 부여하는 사람이 스승인가 봅니다.

순자 ___ 자극해서 현재의 부정적인 자신의 모습에 대해 인지하게 해야요. 또 동기를 부여해서 부족한 부분을 스스로 노력해서 채울 수 있게 해야 하고요. 스승이란 그래야지요.

보령 학생 말이 맞습니다. 정말 세상 모든 사람이 자신의 결핍을 인지하고 자기 상태를 부정적으로 본다고 해서, 모두가 수양하겠다는 각오를 다질 것이라고는 생각하지 않습니다. 하지만 변화와 수양을 시작할 수 있어야 합니다. 출발선이 필요하지요. 결핍을 인지하고 결핍 상태에 불만을 느끼는 '자기부정'이 있어야 합니다. 그 자기부정이 바로 저 순자가 생각하는 수양의 시작점, 출발선입니다.

보령 ___ 자기부정이요? 자신의 부족한 모습을 부정적으로 생각할 수 있어야만 변화와 수양이 시작된다는 말씀인가요?

순자 ___ 그렇지요. 자신의 결핍된 모습, 부족함을 부정적으로 생각하는 자세입니다. 자기부정을 해야 합니다. 저 순자의 수양론은 자기부정에서 시작한다고 할 수 있지요. 결핍을 부정적으로 생각하고 채우는 방향으로 가겠다고 마음먹어야 수양이 시작됩니다. 이게 제 수양론입니다. 맹자나 성리학자들과는 다릅니다. 그들은 '자기긍정'에서 수양이 시작된다고 합니다. 자기긍정의 능동성을 주장하지요. 하지만 저는 자기부정성의 능동성을 강조합니다.

보령　자기부정의 능동성? 보통 자기를 긍정할 때 능동적으로 움직이지 않나요? 자신을 부정하면서 능동적으로 움직일 수 있나요? 아닐 것 같은데요? 자기부정에서 수정이 시작된다는 말은 이해되지만, 자기부정의 능동성이란 말은 아리송합니다. 자기부정의 능동성이 뭔가요? 또 자기긍정의 능동성을 말하는 성리학자들이나 맹자의 입장과 어떻게 다른지요?

순자　맹자는 자신의 성을 긍정하는 데에서 수양이 시작된다고 했습니다. 내 안의 선한 것을 확인하고 그것을 적극적으로 키워가자, 이게 맹자의 수양론입니다. 내 안에 선한 성이 있다. 그것은 씨앗과 같은 것인데 그것을 잘 키우면 내가 군자가 될 수 있고 요순처럼 될 수 있다는 말이지요. 내 안의 도덕 감정과 도덕 이성을 적극적으로 능동적으로 키워나가면 이상적인 인간이 될 수 있다는 의미인데요, 그는 정말 자기긍정과 그 능동성을 강조했습니다.

　전 다릅니다. 인간은 결핍 상태의 백지 같은 존재입니다. 결국 인간은 자기부정을 해야 성장할 수 있다고 생각했지요. 결핍된 모습에 불만을 강하게 느껴야 채우기 위해 안간힘을 쓸 것입니다. 능동적으로 노력하겠지요. 그래야 결핍된 인간이 군자로 성장할 수 있습니다.

　맹자는 자신의 선한 성을 확인한 후 능동적으로 키워나가자고 했고, 성리학자들은 자신의 본성을 우주적 진리와 연관 지어 성을 제대로 파악해 성인이 되자고 했습니다. 저는 자기 본래의 모습을 부정해야 수양을 시작할 수 있다고 했고, 부족한 부분을 채우기 위해 능동적으로 노력해야 군자가 될 수 있다고 보았습니다. 그들은 자기긍정의 능동성, 저는 자기부정의 능동성, 각자가 강조한 바가 이렇게 달랐습니다.

보령　그러니까 정리하자면, 선생님의 인성론은 성악설이기보다는 백지설이다. 백지 같은 인간은 얼마든지 채우고 변할 수 있다. 인간이 채워야 할 것이 바로 예다. 예를 열심히 배우고 실천하는 게 수양인데, 수양을 시작하기 위해선 자신의 결핍 상태를 부정적으로 인식해야 한다. 즉 자기부정이 있어야 능동적으로 배우고 실천할 수 있고, 군자됨, 성인됨이라는 목적지에 이를 수 있다. 자기긍정의 능동성을 주장한 맹자와 달리 선생님께서는 자기부정의 능동성을 주장했다. 잘 정리했나요, 선생님?

순자　잘했습니다.

보령　이제 선생님의 예에 대해서 배우고 싶습니다. 성악설과 백지설로 대변되는 선생님의 인간관, 인간론은 결국 예라는 답으로 귀결되니까요.
　인간에게 결핍된 것은 예일 것이고, 채워야 할 것도 당연히 예일 것입니다. 결핍된 자신을 보고 불만을 느낀 인간이 능동적으로 배우고 실천할 대상이 바로 그 예 아니겠습니까?

순자　그 이야기를 해야겠군요.

인간은 관계적 자아

보령 그 전에 인간에 대해 더 하실 말씀이 없으신가요?

순자 음……, 하고 싶은 말이 좀 많습니다. 성악설이든 백지설이든, 제가 맹자와 다른 관점으로 이야기한 인간에 대해 다른 문제나 쟁점도 있지만, 그것 말고도 많습니다. 유가 사상을 제대로 이해하기 위해선 반드시 알아야 할 것이지요. 중요한 내용이기에 지금 이야기하겠습니다.

자, 저 순자는 유가입니다. 유가는 인간이 본래 착하냐 나쁘냐를 따지기 전에 관계적 자아, 전승하는 자아로서 인간을 전제합니다. 이게 무척 중요합니다. 이 내용을 알아야 뒤에서 할 이야기를 쉽게 이해할 수 있습니다.

보령 유가는 인간을 관계적 존재로 규정하고 전승하는 존재로 전제한다는 말을 들었습니다. 성선이니 성악이니 하는 것 못지않게 중요한 주제 같은데요, 유학은 인간 존재의 기본 특성이나 가치를 사람과 사람 사이의 관계성에서 찾으려는 사상인가요?

순자 유학을 딱 한마디로 정의할 수 있습니다. 도덕을 위한 이론 체계, 쉽게 말해 착하라 살라는 말들의 모음, 착하게 살기 위한 가르침의 더미. 이것이 유학이지요. 도덕이란 게 뭐겠습니까? 관계의 장에서 바람직하게 행동하는 방법일 겁니다. 그래서 유학을 이렇게 정의할 수도 있습니다. 사람 사이의 관계를 위한 이론과 사상 체계. 사실 그렇습니다. 인간의 본질과 인간의 기본 특성을 사회적 관계에서 찾으려 하는 사상 체계가 유학이지요. 인간은 관계 틀 안에서 태어나 관계 틀 안에서 살고 관계 틀 안에서 죽습니다. 부모와 자식, 군주와 신하, 남편과 아내, 친구와 친구라는 관계 안에서 태어나고 살다가 죽지요. 이러한 관계 안에서만 인간의 존재 의의가 있습니다.

보령__ 누구의 아버지, 누구의 아들, 누구의 신하, 누구의 제자, 사람을 그렇게 말하지요.

순자__ 그렇습니다. 관계적 자아, 관계적 존재로서의 인간. 유가는 철저히 이를 전제합니다. 유학, 유가 학자들마다 개성과 사상적 스펙트럼이 상당히 다양하고 서로 차이와 이질성은 크지만, 그들 모두 인간을 사회적 관계체로 파악하고 관계적 존재로 봅니다. 기본 관점이지요. 그걸 알아야 저를 포함 모든 유가 사상을 제대로 이해할 수 있습니다.

보령__ 당연히 선생님께서도 인간을 사회적 관계체, 관계적 자아로 보실 텐데요, 그래서 일상에서의 실천을 중시하셨고 맹자가 말한 오륜도 긍정하신 건가요?

순자__ 인간은 철저히 관계적 자아고 관계를 본질로 하는 존재이니, 제가 오륜을 긍정하고 일상에서 실천을 강조할 수밖에요. 보령 학생 말대로 사람은 누구의 부모이고 누구의 자식이고 누구의 신하고 누구의 벗이고 누구의 배우자입니다. 이런 관계의 장에서 살아가는데 내가 해야 할 역할과 의무, 배려에 대해 항상 신경 써야지요. 유자라면 다들 마찬가지일 겁니다.

보령 선생님께서 〈왕제王制〉 편에서 그런 말씀을 하시지 않았나요? 군신, 부자, 형제, 부부의 관계는 처음이자 마지막이고, 마지막이자 처음으로서 위대한 근본이라고요. 관계가 근본이다. 관계가 존재에 선행한다는 뜻이지요? 관계적 자아로서의 인간에 대한 강조. 서구인들은 아예 이해할 수 없는 동아시아만의 사유가 바로 이것이라고 들었습니다. 그들은 철저히 개체로서의 인간을 전제하니까요.

순자 묵자라면 모르겠습니다. 그들은 저마다 각자의 권리와 이익을 주장하는 인간, 자유의지를 가진 인간을 말했으니까요. 하지만 개체적 인간을 전제한 사유는 조금도 우리 유가에서 성립할 수 없습니다. 유가는 상호 독립적이고 분리된 존재로서의 인간을 조금도 생각하지 않지요. 인간은 철저히 사회관계망 안에서 필연적인 연관을 맺고 있는 상호 의존적인 존재일 뿐입니다. 그렇기에 인간의 관계성과 사회성을 중심으로 인간과 인간 사회의 모든 문제를 살펴 답을 찾으려 합니다. 관계 안의 자아이자, 역할과 배려와 의무의 복합체, 그게 인간이지요.

  개체로서의 인간? 모르겠습니다. 저는 유학자입니다. 저는 인간 사회가 굴러가는 원동력을 관계의 장에서 인간이 행하는 역할과 의무의 수행, 상호 존중과 배려에서 찾습니다. 관계 안에서 역할을 다하고, 관계 안에 있는 다른 사람을 존중하고 배려하면 문제없이 사회가 돌아가 이상적 질서가 담보된다고 봅니다.

보령 그래서 누구 노릇, 누구 역할 잘해야 한다, 무엇무엇답게 처신해라, 무엇무엇다워야 한다고 유가에서 주장하는 것이군요. 아직도 동아시아에서는 그런 식으로 말을 많이 하는 것 같아요. 부모답게, 자식답게, 스승답게, 제자답게 이렇게요.

순자 네, 그렇습니다. 유가는 '답고니즘'이랄 수 있습니다. 각자 관계의 장에서 아버지답게, 어머니답게, 임금답게, 아들답게 역할을 잘 수행하면 되지요. 이러한 역할 수행에 대해 자세히 규정한 게 예입니다. 예는 규정하고 있습니다. 각 구성원이 관계의 장에서 행해야 할 의무와 역할에 대해서, 다른 사람에게 행해야 할 배려와 몸가짐에 대해서. 예를 지키면 언제 어디서든 무엇무엇답게 처신할 수 있지요. 그뿐이 아닙니다. 예가 관계의 장에서 행해야 할 의무나 배려에 대해 규정하다 보니, 역으로 관계의 장에서 보장받아야 할 권리와 배려에 대해서도 규정하고 있지요.

보령 선생님께서는 관계적, 사회적 측면을 다른 유가 사상가들보다 더 강조한다는 인상을 줍니다. 특히 사회의 생산성과 이를 위한 사회 협업과 분업을 중시하셨기에 그런 것 같은데요, 애초에 자연 상태의 인간과 단순한 군집 사회를 위험하고 부정적인 것으로 보시기 때문인가요? 하긴 자연 상태에서 살거나 단순한 군집 사회에서 산다면 생산성 향상은 어림도 없겠지요.

순자 네, 자연 상태의 인간은 무력합니다. 무엇을 할 수 있겠습니까? 하지만 모여 살면 강해집니다. 서로 협동하여 여럿이 사회를 이루어 살면 동물을 부리고 만물을 이용할 수 있지요. 인간은 힘이 소만 못하고 달리기는 말만 못하지만, 소와 말이 어째서 사람에게 부림받겠습니까? 사람은 여럿이 힘을 합쳐 모여 살 수 있으나, 소나 말은 여럿이 힘을 합쳐 모여 살 수 없기 때문입니다.[68] 또 여럿이 힘을 합쳐서 적절하게 분업하고 협업하면, 단순히 강해지거나 생존만 할 수 있는 게 아닙니다. 재화를 많이 생산해 생활을 안정시킬 수 있습니다.

보령 __ 선생님께서 딱 잘라 말씀하셨지요? 인생불능무군 人生不能無群. 사람은 태어나면서부터 여럿이 모여 돕고 살지 않을 수가 없다고요. 원래 유가가 사회적 존재로서 인간을 전제하지만, 특히 선생님 같은 경우는 자연 상태의 인간이 너무 약하고 무엇을 만들거나 이용할 힘이 없기에, 더욱더 인간의 사회성을 강조하신 것 같습니다.

그런데 단순히 모여 사는 게 아니라 분업과 협업의 원리로 집단과 사회가 돌아가야 한다고 하셨습니다. 분업과 협업!

순자 __ 단순히 모여 살기만 해서는 안 됩니다. 규범과 규칙, 질서가 있어야지요. 제가 말하는 예가 그런 겁니다. 각자가 관계 안에서 해야 할 역할과 의무만 규정한 게 예의 전부가 아닙니다. 예는 군집 생활에서 어떻게 분업하고 협업해 생산성과 능률을 올릴 것인지에 대한 것이기도 합니다. 예를 만들거나 수정할 때 그러한 것까지 고려해야 합니다. 제가 주장하는 예는 생산성과 능률을 위한 틀이기도 합니다. 사람을 잘살게 해줘야 하는 것이니…….

보령 __ 예란 사람을 잘살게 해주는 것이다?

순자 __ 물론입니다. 사람이 예를 위해서 존재하겠습니까? 예가 사람을 위해 있어야지요. 예와 관계적 자아로서 인간을 전제하는 것이 어떻게 연결되는지에 대해 더 말씀드리겠습니다.

예 안에는 규범과 역할, 의무 수행, 분업과 협업을 위한 원리와 체계 말고도 '의식'이라는 것이 큰 비중을 차지합니다. 의식 역시 관계적 존재로서의 인간을 전제한 유가에서 발달시켜왔습니다. 백일잔치, 돌잔치, 장례식, 제사, 결혼식과 같이 친지와 이웃이 참여하는 의식, 기우제같이 향촌 사회 구성원이 참여하는 의식. 인간의 삶은 이런 의식의 연속입니다. 의식은 혼자 하는 게 아니지요? 여럿이 모여서 치르기에 의식입니다. 예는 인간 삶의 의식들을 세세히 규정하고 기술하는 설명의 묶음이지요. 저가 말한 예는 이러한 것들까지 포괄합니다.

인간은 전승하는 존재

보령_ 선생님께서는 예의 개념을 역할과 의무 수행에서 생산 진흥까지 확장하셨고 인간 사회의 의식까지 포괄하셨는데요, 그러다 보니 사회관계성을 인간의 본질로 강하게 의식할 수밖에 없었을 것 같습니다.

지금까지 관계적 자아, 관계적 존재인 인간에 대해 말씀을 나눴는데요, 이제 전승하는 존재로서의 인간에 대해서 말씀해주세요. 특히 유가와 선생님께서 강조하시는 예와 그것이 어떤 관련이 있는지 궁금합니다.

순자_ 선배들이 일군 것을 열심히 배우고 또 그것을 새롭게 해 지금 세상에 맞추어 적용합니다. 이른바 온고이지신溫故而知新 하는 거지요. 또 다시 후배들에게 그것을 가르칩니다. 이것이 유가가 생각하는 인간이지요. 우리는 전승하는 존재입니다. 전승하는 자아이지요. 이 주제도 관계적 존재로서의 인간만큼이나 중요합니다. 성선설, 성악설 못지않게요.

증자는 이렇게 말했습니다.

나는 매일 세 항목으로 나 자신을 반성한다. 남을 위해 일을 함에 있어 마음을 다했는가? 벗과 사귐에 있어 믿음을 다했는가? 익힌 것을 남에게 전수하지 않았는가?[69]

그는 늘 자신에게 세 가지 질문을 던지며 스스로 단속했습니다. 그 마지막 항목이 "익힌 것을 남에게 전수하지 않았는가?" 아닙니까? 배운 걸 누구에게 전했는가 안 했는가? 즉, 전불습호傳不習乎라고 항상 자신에게 물어야 하는 존재가 유가에서 말하는 인간입니다. 왕양명王陽明의 어록을 모은 책의 제목인 '전습록傳習錄'도 증자의 저 말에서 나왔습니다.

보령 인간을 전승하는 존재로 규정하고 전제하는 게 유가라는 말씀이신데요, 인간에게 전승의 의무가 있다고 보시는지요?

순자 당연히 그 의무가 있습니다. 전승받는 것과 전승하는 것, 모두 의무입니다. 하지만 즐거운 일입니다. 전승받고 그것을 다시 전승하는 과정에 즐거움이 있습니다. 전승하는 존재로서의 인간은 전승을 의무로 여겨야 합니다만, 그 의무를 행하는 과정에서 큰 보람을 느낄 수 있지요. 그래서 즐거울 수 있습니다. 어쩌면 인간에게 전승은 권리일 수도 있습니다.

보령 《논어》 첫 장은 "배우고 때때로 익히니 또한 즐겁지 아니한가?"[70]라고 시작합니다. 전승하는 자아로서의 인간은 역시 배우고 익히는 것이 당연히 즐거울 수밖에 없을 것 같습니다. 그런데, 여기서 배우고 익히는 대상은 무엇일까요? "학이시습지學而時習之"라고 할 때 동사 학과 습의 목적어를 그냥 지라고 썼는데, 그게 사실 예 아닌가요? 예를 배우고 익히니 즐겁지 아니한가? 예를 전승받으니 매우 즐겁다…….

순자 예가 맞습니다. 물론 제가 말하는 예는 에티켓이나 예의, 예의범절, 사회적 규범 정도가 아닙니다. 앞서 말했지만 아주 많은 것을 포괄합니다. 인간이 장구한 시간 동안 모둠 살이 하면서 만들고 축적한 모든 것이 예입니다.

보령 잘 알겠습니다. 이제 더 이상 지체하지 말고 예에 대해 본격적으로 이야기해야 할 것 같아요. 예와 관련한 여러 주제와 쟁점을 여쭙겠습니다. 저는 선생님께 들은 것을 오늘날 한국인들에게 전달해야 하는데요, 앞서 다른 개념을 살펴보았을 때처럼 서구 사상을 수용하면서 빚어진 잘못된 이해를 또 언급할 것 같습니다.

순자 예와 관련해서도 그런 오해가 있습니까?

보령 네. '금욕주의 대 쾌락주의' 같은 도식 때문에 빚어진 오해가 있습니다. 유가적 예를 배우고 준수하는 것이 금욕주의적이고, 이를 쾌락주의와 대립하는 것으로 이해하는 경향입니다. 그런데 아무래 생각해봐도 금욕주의를 유가의 예, 선생님의 예라고 이해하는 건 맞지 않는 것 같아요. 쉽사리 금욕주의와 유가의 예를 결부해서는 안 될 것 같은데……, 관련 내용이 나올 때 다시 여쭙겠습니다.

순자 제 철학과 사상은 절대 금욕주의가 아닐뿐더러 유가적 예를 금욕주의와 결부하면 심각한 오해가 생깁니다. 사실 어디까지나 저의 예는 인간의 욕망을 위한 것인데…… 당황스럽군요. 그리고 예는 감응을 생성해내는 것이고 인간의 감정을 고양하는 것인데 금욕주의라니요. 글쎄요…….

보령 선생님, 이제 예에 대해 질문드리겠습니다.

· 8장 ·

예란 무엇인가

다스림의 줄기는 예와 법이라네.
군자는 예로써 몸을 닦고 법으로써 백성을 편안케 한다네.
덕을 밝히고 법을 신중히 하면
나라엔 다스림이 행해지고 세상엔 평화가 오네.

예와 금욕주의

보령　사실, 선생님 하면 예 아닙니까?

순자　네, 참 많은 이야기를 해야 할 것 같습니다. 저 순자의 예, 그리고 공자님의 예와 인까지도 이야기해야 할지 모르겠군요. 그런데 보령 학생이 방금 앞서 한 이야기 있잖습니까? 쾌락주의, 금욕주의 이런 이야기들, 그것부터 좀 짚어봐야 할 것 같은데…….

보령　아, 그럼 그 이야기를 먼저 하겠습니다. 유가의 예와 그 실천을 말하면 금욕주의를 떠올리는 사람이 너무 많은데, 이번 기회에 오해를 불식시키는 것도 좋겠네요.

순자 좋습니다.

보령 선생님과 유가가 말하는 예와 규범을, 아니 더 나아가 유가 사상 전반을 서구식 금욕주의의 시각으로 이해하는 사람들이 있습니다. 금욕주의 하면 쾌락주의와 상대되는 것이라 그런지, 유가 사상과 유가의 예를 쾌락주의와 대척점에 있다고 보는 시각도 많고요.

순자 금욕주의와 쾌락주의는 전형적인 서구적 사유의 산물입니다. 그걸로 우리 동아시아 사상을 논해봐야 아무 의미가 없습니다. 우리 동아시아 사상에서는 욕망의 절제와 즐거움이 서로 모순되는 게 아니기에 그렇습니다. 서양인들은 이해 못 할 일이지만, 절제하면서 즐겁고 예로 교감하면서 살뜰함을 느끼며 행복할 수 있는 게 동아시아 문화입니다. 우리 유가의 예는 그것을 지향하지요. 예란 감응을 생성하고, 그 생성된 감응을 통해 참여자들이 즐거움을 느끼는 것인데, 금욕주의라니요? 그것도 쾌락주의와 대립하는 금욕주의로 유가 사상과 저 순자가 말하는 예와 규범을 바라본다? 안 됩니다! 그러면 올바르게 이해할 수 없습니다.

보령 그런데 현대 한국인들이 적지 않게 오해하고 있습니다. 다른 동아시아인들도 자유로울 것 같지는 않습니다. 그래서 드리는 질문인데요, 왜 금욕주의의 시각으로 유가 사상과 선생님의 예와 규범을 바라보면 안 되는지요?

순자__ 이것은 삶을 어떻게 바라보느냐 하는 기본적인 관점의 문제입니다. 동아시아와 서양의 관점이 크게 달라서 생긴 문제이지요.

서양인은 삶을 우리와 다르게 봅니다. 당장의 생을 부정적으로 보고 미워하는 인생관이 그들에게 있지 않나 싶군요. 그러니 세계에다 자신을 결합하기보다는, 자신의 욕망이나 충동과 살등하고 맞서고 투쟁하라고 가르칩니다. 그 뒤에는 유일신 문화와 개체로서의 인간관이 있지요. 그들은 욕망과 충동이 엉켜 잘 싸울 때에만 삶이 가치 있다고 여기지요. 이런 사고가 서양적 가치관 내지 인생관의 바탕인 것으로 압니다. 우리와는 다른 세계관이지요. 그래도 아주 이해 못할 바는 아닙니다. 동양이든 서양이든 사회를 이루고 살고 또 한 개인이 사회 안에서 살려면 금욕과 절제란 것이 분명히 있어야 한다는 점에서는요.

우리 동양, 동아시아는 다릅니다. 유일신 문화가 없는 동아시아에서는 금욕과 절제가 신의 심판이나 신을 향한 기도와는 전혀 상관이 없습니다. 철저히 예를 통해 이루어집니다. 예를 실천하는 과정에서 욕심, 욕망을 다스리고 절제를 하지요. 하지만 예를 실천한다는 것이 서구에서 말하는 금욕처럼 인간의 충동, 욕망을 극克하거나 그것과 투쟁하는 것을 말하는 게 아닙니다.

서양은 유일신 문화도 그렇지만 수렵 문화가 그 바탕이어서인지 내 안의 충동, 욕망을 사냥하듯이 죽여야 한다고 생각하는 것 같습니다. 우리와 다르지요. 우리가 예로 욕망과 충동을 죽이자고 합니까? 아닙니다. 적절히 길들이자고 합니다. 예를 배우고 실천하면서 자신이 사는 이 세계에 자신을 적극적으로 나아가도록 하지요. 예를 통해 나를 자연스럽게 세상과 결합하고 세상에서 뛰어놀게 합니다. 그러면서 각자가 즐거움을 느낍니다. 예를 통해 적절히 내 욕망과 충동을 조절하고 길들이면서 타인과 조화로운 관계를 유지합니다. 또 의식이 벌어지는 모임과 관계의 장에서 같이 욕망을 누리지요. 그 과정에서 생성된 감응을 공유하며 같이 즐거워하면서…….

예가 있기에 가능한 일이지요. 동아시아에서 예는 스포츠에서의 룰과 같은 역할을 하기도 합니다. 룰이 있기에 경기를 재밌게 즐길 수 있는 것처럼 예를 통하면 절제하면서도 얼마든지 삶의 즐거움을 느낄 수 있습니다. 그런데 금욕주의라는 창으로 저의 예와 규범, 유가 사상 전반을 바라보다니요. 허허, 그러면 곤란합니다.

보령　아, 방금 정말 귀중한 말씀을 해주셨어요. 금욕주의란 창으로 동아시아, 유가의 예를 바라보면 안 되는 이유 그리고 그 뒤에 깔린 서로의 이질적 세계관까지 언급해주셨습니다. 선생님의 이야기를 들으면 예에 대한 오해가 조금이나마 풀리지 않을까 싶습니다.

이제 좀 더 본격적으로 질문드리겠습니다.

앞서 계속 인간을 말씀하실 때 결핍이란 것을 지적하셨어요. 선생님의 예라는 것은 결핍된 존재인 인간이 받아들여야 할 것이지요? 결핍된 인간이 예를 받아들이고 그것을 실천해서 훌륭한 선비가 되고 군자가 되고 그런 것 아닌가요?

그러고 보니, 더욱 금욕주의로 이해하면 안 되겠습니다. 얻고 채우고 받아들이고 벌어들이는 것인데, 금욕주의라니…….

순자　그렇습니다. 빈 잔고에 입금하듯이 결핍된 인간이 채워야 할 것이 예이지요. 하지만 결핍된 개인뿐만이 아니라 결핍된 사회도 예를 받아들여야 합니다. 제 눈은 개인만이 아니라 사회로도 항상 향하고 있습니다. 성악설을 말할 때도 보았다시피 제 사유의 단위는 사회입니다. 개인의 성숙과 사회의 성숙을 늘 연결하지요.

그런데 현실적으로 모든 사회와 나라, 집단은 그들만의 문화 관습과 규칙으로 돌아갑니다. 그런 것이 없는 사회가 있겠습니까? 열등하더라도 각자의 문화 관습과 규범이 있겠지요. 당시 중원 열국도 마찬가지였습니다. 초나라는 초나라, 월나라는 월나라, 오나라는 오나라만의 문화 관습과 규범이 있었습니다. 비록 각자의 문화 관습과 규범이 다 있다고 하더라도, 다만 저는 유가적 예라는 문화 관습과 규범이 제일 우수하다고 보았을 뿐입니다. 통일천하에서는 모두 유가적 예법에 따라 살기를 희망했지요. 모든 열국과 인민이 유가적 예로 만들어진 파라솔 아래에 살기 바랐습니다.

보령_ 예를 주장하신 것은 어디까지나 통일 제국을 염두에 두셔서인가요?

순자_ 물론입니다. 하지만 역시 안정되고 조화로운 사회를 건설하고 유지한다는 전제하에서입니다. 통일천하가 그런 사회로 굴러가는 데에 제가 말한 유가적 예가 가장 적합하다고 생각했습니다. 그래서 예로써 통일 제국의 청사진을 그려보자고 했습니다.

예의 기원과 욕망

보령_ 선생님의 입장을 충실히 계승한 《예기》라는 책에서는 먹고 마시는 데에서 예가 시작했다고 합니다. 다분히 예라는 것이 욕망과 관계있다는 뜻 같습니다. 선생님께서 꼭 채워줘야 한다고 하신 욕망, 그것을 위한 것이지요? 욕망을 억누르기 위한 것이 아니라 욕망을 위한 것. 앞서 그런 뉘앙스로 말씀하신 같은데요?

순자　인간의 욕망은 어떻게든 충족시키고 보장해줘야 하는데, 예라는 질서 틀 내에서 그렇게 하자는 것이 제 생각입니다. 사실 예 자체가 욕망에서 시작된다고 봅니다. 그런데 흠…… 음식남녀로 말할 수 있는 식색의 욕구 말고도 인간에게 있는 욕망은 다양합니다. 저 순자는 그것을 전제한다는 것을 아셔야 합니다. 어떤 인정 욕구 내지 명예욕 같은 욕망까지 말입니다.

부귀는 인간 누구나 바라는 바입니다. 누구든 부해지고 싶고 귀해지고 싶어 하지요. 그런데 귀라는 것은 단순히 감투, 벼슬만을 뜻하는 게 아닙니다. 인정 욕구라고 할 수 있습니다. 타인에게 인정받고 싶어 하는 욕구 말입니다. 저는 인간에게 그런 인정 욕구까지 있다고 봅니다. 인정 욕구는 굉장히 많은 것을 포함하지요. 사람들은 바람직한 관계를 형성하고 유지하며 타인에게 존경받기를 원하지요. 그러기 위해서 시혜를 베풀고 인정을 베풀고 싶은 마음까지도 모두 인간의 욕구, 욕망과 관련있습니다.

저는 이 모두를 인정하며, 제가 말하는 예는 이러한 것까지 염두에 둔 것입니다. 애초에 이 순자의 예란 욕구의 충족과 떼려야 뗄 수가 없습니다.

보령　그렇군요. 단순히 식욕과 성욕의 충족이 아니라, 인간들 사이에서 존경받고 바람직한 관계를 형성하려는 욕구, 명예를 얻고 싶어 하는 욕구도 인간에게 있다는 말씀이군요.

지금부터는 예를 주제로 한 논문 또는 강의록이랄 수 있는 〈예론禮論〉을 중심으로 이야기해보겠습니다. 〈예론〉은 이렇게 시작합니다.

예는 어디에서 생겨났는가? 사람은 태어날 때부터 욕망이 있다. 욕망하는 바를 얻지 못하면 (그것을) 끝없이 추구하지 않을 수 없게 되어 있다. 추구함에 일정한 기준과 한계가 없다면 다투지 않을 수 없게 된다. 다투면 혼란해지고 혼란하게 되면 (한정된 재화가) 바닥나게 된다. 선왕은 이러한 혼란을 싫어하여 예와 의로움을 제정하여 사람마다 분수를 정해주고 (이 분수에 따라) 사람의 욕망을 채워지게 하며 사람들이 원하는 것을 공급케 했다. 그리하여 욕망은 반드시 물건에 궁해지지 않도록 하고 물건은 반드시 욕망에 부족함이 없도록 해, 이 두 가지가 서로 균형 있게 발전하도록 했는데 이것이 예가 생겨난 기원이다.[71]

예가 생겨난 이유와 기원에 대한 말씀입니다. 예를 제작한 주체인 과거의 성인군주인 선왕이란 존재에 대해 언급하셨고요. 예란 욕망 충족을 위한 것이라고 못 박듯이 말씀하셨습니다. 그 밖에도 발생론적 역사관과 정치권력의 기원에 대해 설명하고 있습니다. 또한 규범이 부재할 때의 모습과 상태를 기술해 선생님께서 생각하시는 대안과 규범에 설득력을 실어주는 수사법 등도 보입니다. 그런데 무엇보다 역시 욕망이란 글자가 눈에 크게 보입니다. 아주 크게요.

순자 앞서도 말했습니다. 인간의 성은 욕망이라 해도 과언이 아닙니다. 현실에서는 욕망을 추구하기 위해 움직이는 존재가 인간입니다. 욕망 추구로 인해 인간 사회에 혼란이 일어나고 쟁탈이 일어나지요. 욕망이 무질서와 혼란의 원인입니다. 묵자, 고자, 법가, 도가 등 저와 같은 성악설 백지론자들은 모두 욕망에 주목한다는 점에서 같습니다. 성악설을 신봉하며 현실과 현실의 무질서를 직시하는 사람들은 모두 그 원인이 욕망에 있다고 보기에 그렇습니다.

그런데 저는 욕망을 무시하거나 줄이자는 입장이 아닙니다. 욕망을 너무 쉽게 여겨 막연히 '인간의 욕망이란 건 원래 적은 것이다' 아니면 그저 '줄여야 한다'고 생각하는 사람들이 있는데, 전 채워주어야 한다는 입장입니다. 저는 섣불리 그런 주장을 하지 않습니다. 맹자, 장자, 송견이 그렇게 주장했지요. 전 그들의 주장에 동의할 수 없습니다. 인간의 욕망이란 것은 그렇게 안이하게 취급할 게 아니지요.

보령　욕망을 적극 긍정하시는 선생님의 말씀을 들으니, 선생님께서는 역시 현실적 사유를 하셨고 또 상공업이 발달하고 부유함이 넘쳤던 제나라의 영향을 받으셨다는 생각이 듭니다.

순자　그런가요? 더 직설적으로 말하자면 당시에 성장하고 있던 상인 계층과 공인 계층 등 신흥 세력의 의견과 요구를 반영한 주장이기도 합니다.* 당시 대부분의 나라가 생산력이 크게 진흥되었지요. 제나라에서는 실제 상공업이 발전해서 많은 사람이 부유하게 살았습니다. 경제력을 바탕으로 치고 올라오는 이런 신흥 세력을 무시할 수 없었습니다. 또 신장된 생산력에 비례해 사람들의 욕망도 커졌습니다. 경제력으로 신분 상승한 신흥 세력을 보고 부러운 나머지 다른 사람들도 부를 누리고 싶다는 생각에 노골적으로 이익을 추구했

---

* 필자는 순자가 머물렀던 직하학궁이 어쩌면 제나라 왕실의 재산보다는 제나라 상인들의 지원과 '펀딩'으로 만들어졌고 유지되었을 것이라 생각한다. 특히 순자는 특정 상인의 지원을 받았을 것으로 추정한다.

습니다. 이런 상황에서 욕망과 욕망 추구를 비중 있게 다루지 않는다면, 어떤 사상과 사회 다스림을 말한다 한들 공상적일 수밖에 없습니다. 전 공상적 인간관과 사회관을 철저히 배격하는 사람입니다.

보령　그린 맥락일까요? 인간의 욕망은 본래 삭은 것이며 기본적인 욕망만 충족하면 만족할 수 있다고 말한 묵자의 후계자 송견을 비판하셨지요? 그의 이론은 절대로 통할 수 없고, 비현실적이며, 혼란을 불러올 것이라고요.

순자　송견은 인간의 욕망은 본래 작다고 말했습니다. 원래 충족되어야 하는 욕망 자체는 작은데 사람들이 자신의 욕망은 크다고 잘못 알고 있는 게 문제라고 했습니다. 그런데 사람들이 잘못 아는 게 아니라 오히려 그가 잘못 알고 있지요.

　눈은 아름다운 색깔을 귀는 아름다운 소리를 입은 단맛을 코는 향기로운 냄새를 향합니다. 이렇게 인간은 욕망을 추구합니다. 인간의 실정입니다. 그렇기에 그의 사상은 절대로 통할 수가 없습니다. 현실의 사람에게 다섯 기관이 추구하는 욕구가 있는데도 욕망이 작다고 주장하는 것은, 사람들이 부귀를 바라면서도 재물을 바라지 않는다고 하는 말과 같습니다. 또 아름다운 것을 좋아하는데도 미인 서시를 싫어한다는 말과 같지요.

보령　지극히 비현실적이라는 말씀이군요.

순자　인간은 욕망하는 존재입니다. 인간에겐 원래 욕망이 많습니다. 전 절대 그걸 부정하지 않습니다. 또 욕망을 채울 수도 있다고 봅니다. 다만 예라는 형식과 틀 안에서 채우자는 것이지요. 그래야 사회라는 우산 밑에서 혼란 없이 각자가 지속 가능하게 안정적으로 욕망을 충족할 수 있지요. 또 사회도 지속 가능하게 돌아갈 테고. 예를 바탕으로 소비에 질서를 부여하고, 그걸 기초로 인간의 욕구 충족과 사회의 지속 가능성을 동시에 담보해야 합니다. 예로써 가능한 일입니다.

보령 〈예론〉편을 읽다 보면 이 말이 가장 강렬하게 들어와요.

> 예 자 양 야 禮者養也.
> 예라는 것은 양, 즉 기르는 것이다.

욕망 충족을 두고 '양養'이라고 말씀하신 것 같은데요, 예로써 욕망을 적당히 채우자, 인간을 적당히 만족시키자는 뜻인가요? 그런데 양은 '기르다'는 뜻이니 '욕망을 크게 하자'고 해석할 수도 있어요. 욕망을 기르자, 크게 하자는 뜻은 아니지요?

순자 여기서 말하는 양은 그런 뜻이 아닙니다. 어디까지나 '충족'이란 의미입니다.* 그리고 '적절히 다스리다, 적당히 통제하다'라는 뜻도 있습니다. 이 뜻도 알아두시면 좋습니다. '통제'와 '보장'이란 의미를 모두 담고 있지요. 1차적으로 충족의 뜻이고, 2차적으로 다스림이라는 뜻입니다. 예는 이런 겁니다. 욕

---

* 순자 철학에서 '양'은 중요한 개념이다. 적절한 통제와 보장이라는 의미를 모두 담고 있는 이 개념은, 적절히 충족시켜주면서 다스린다는 뜻이다. 양이 담보되고 전제되어야 치, 즉 사회에 질서를 부여할 수 있다는 것이 순자의 생각이다.

망을 충족하고 다스리기 위한 것이지요. 그래야 사회를 제대로 다스릴 수 있으니까요. 자, 좀 더 설명하겠습니다.

예란 욕망을 충족시켜주는 것입니다. 예에 정해진 소, 돼지, 벼, 수수 등 여러 음식이 조화된 맛은 입을 충족시켜주고, 산초와 난초 등 향기로운 것들은 코를 **충족**시켜주지요. 여러 조각, 보불 같은 무늬와 채색은 눈을 충족시켜줍니다. 종과 북 피리, 경磬과 금琴, 슬瑟과 우竽, 생황 등은 귀를 충족시켜주고, 탁 트인 방과 웅장한 궁정, 돗자리, 침대, 안석 등은 몸을 충족시켜줍니다.[72] 예는 욕망을 충족시켜주기 위한 것입니다. 이는 어디까지나 잘 다스리기 위해서이지요.

보령　충족시켜주는 것이 잘 다스리기 위함이다? 무슨 말씀인가요? 양이란 말 자체에 다스리다는 뜻이 있다고 하지 않았나요? 그럼, 다스리기 위해 다스린다? 동어 반복이 아닌가요?

순자　네, 다스리기 위해 다스려주는 것입니다. 인간의 욕망을 충족시켜주고 다스려야 인간이 모인 사회를 다스릴 수 있기 때문이지요. 인간 사회의 혼란과 무질서가 욕망 때문에 일어나는데 그것을 잘 다스리는 것이 인간 사회 다스림의 기초요, 시작입니다. 다시 말하지만, 개인의 욕망을 잘 충족시키고 다스려야, 개인들이 모인 인간 사회를 제대로 끌고 갈 수 있습니다.

의식과 음악도 예다

보령　그런데 선생님, 현실에서의 인간의 모습이 욕망으로만 관찰되는 건 아니잖아요? 앞서 감정 이야기도 하셨는데, 감정과 욕망이 같이 가는 것이라고 하셨잖습니까? 욕망의 대상을 보면 기쁘고, 욕망하는 것을 얻거나 욕망이 충족되면 좋아하고, 반대로 욕망하는 것을 얻지 못하거나 충족되지 못하면 싫어하고…… 또 욕망 충족에 좋은 것이라면 좋은 감정이 들어 어떻게든 가까이하려고 하고, 반대로 욕망 충족에 방해가 되는 것이라면 싫은 감정이 들어 어떻게든 밀어내려고 하고요. 감정과 욕망이란 게 이렇게 하나의 묶음으로 움직이는 것인데 욕망만 다스려서는 안 되지 않을까요? 감정 때문에 욕망이 일어나고 욕망 때문에 감정이 생기고, 다시 감정 때문에 다시 욕망하는 게 인간인데요.

순자 감정 역시 중요한 문제입니다. 그것 역시 현실의 인간에게서 발견되는 지배적 현상 내지 경향이지요. 보령 학생 말대로 둘은 같이 움직이지요. 감정 역시 인간의 성이라 욕망처럼 다스려야 할 대상이고, 다스려야 하기에 잘 기르고 충족시켜야 합니다. 그래야 인간 사회의 다스림과 질서를 기약할 수 있습니다. 그런 이유로 제가 말하는 예에는 의식과 음악도 있습니다.

보령 의식과 음악은 인간의 감정을 다스리기 위한 것인가요?

순자 의식과 음악이 왜 필요한 것이냐? 적당히 충족시켜주며 다스려야 하는 욕망처럼 감정도 그렇게 해야 한다고 말했습니다. 그러기 위해서 의식과 음악이라는 예가 있습니다.
  인간의 감정은 억누르지 말고 잘 발현되게 해야 합니다. 잘 정비된 의식과 행사, 표현 양식을 통해 감정이 잘 드러나도록 해야 하지요. 그 과정에서 감정 역시 욕망처럼 충족됩니다. 다스려지는 거지요. 이는 의식과 음악을 통해서 통제되고 또 보장됩니다.

　의식과 음악이란 예에는 어떤 조화와 협동의 형식이 있습니다. 이 점도 중요합니다. 의식과 음악을 통해 인간은 감정을 잘 다스릴 수 있고 그러는 와중에 집단성과 사회관계성을 배우고 체득하게 됩니다. 그래서 의식으로서의 예와 음악으로서의 예는 사회의 조화를 도모하는 데 크게 도움이 됩니다.

보령　감정도 절대 무시하지 말고 꼭 다스려야 할 대상이군요. 감정을 무시하거나 과소평가하면서 사회를 이끌려는 것은, 욕망을 과소평가한 채 사회를 운영하려는 것만큼이나 비현실적이겠지요? 선생님 말씀을 들으니 감정의 다스림 역시 철저히 통치에 실효성을 확보하기 위한 것이라 생각되네요.

순자　희로애락애오욕喜怒哀樂愛惡慾, 칠정七情이라고 하지요? 칠정 그 자체가 인간이고 삶인데 없앨 수 있겠습니까? 이것을 잘 풀어주고 발현되도록 도와줘야지요. 예가 감정을 억누르는 금욕 장치가 되어선 곤란합니다. 감정의 끝엔 허무라는 또 다른 감정이 현실의 인간에게 엄습해옵니다. 칠정 외에 허무, 허탈함, 허망함 같은 감정까지도 달래줄 수 있어야 합니다.

보령　선생님께서 말씀하시는 예가 그것 모두 감안한 것인가요?

순자　네. 그래야 사회를 다스릴 수 있으니까요. 안간힘을 썼지요. 통치 규범과 공적 규칙, 법도라는 측면 외에 의식과 음악이라는 측면까지 예에 포함하려 했습니다. 〈악론樂論〉편을 따로 써서 이야기했지요. 중요합니다. 음악도 예입니다!

보령 예가 포괄하는 범위가 굉장히 넓은 것 같습니다. 그 가운데 먼저 의식으로서의 예에 대해 설명을 듣고 싶습니다.

순자 희로애락 같은 감정을 적절히 드러내고 달래고 다스리기 위한 것이 예라고 했습니다. 의식으로서 예는 그러한 감정의 적절한 발현과 다스림을 주목적으로 합니다.

상례를 살펴보지요. 하늘과 땅 사이 살아 있는 모든 것 중에서 혈기가 있는 종이라면 반드시 지각이 있을 것이며, 지각이 있는 종이라면 그 무리를 사랑하지 않는 것이 없습니다.

큰 새와 짐승도 그 무리나 짝을 잃고 한 달이 넘고 한 철이 지나면 곧 반드시 간 길을 따라 되돌아갑니다. 고향을 지나게 되면 곧 반드시 왔다 갔다 하면서 울부짖기도 하고 발로 땅을 구르기도 하고 머뭇거리다가 떠납니다. 작은 것으로는 제비나 참새가 있는데 역시 한동안 슬피 운 다음에야 떠납니다. 그런데 혈기가 있는 종 가운데 사람보다 더 지각이 있는 것은 없습니다. 그러므로 사람들은 죽을 때가지 끊임없이 어버이의 정을 그리워할 것입니다.[73]

상례와 제사란 의식으로서의 예는 이런 인간의 감정을 적절히 드러내기 위해 있는 것이지요. 인간이라면 있을 수밖에 없는 감정을 적절히 표출하게 합니다. 감정을 달래 잘 다스리는 것, 의식으로서의 예는 이것을 목표로 합니다. 상례 기간과 복장, 곡하는 방식, 상례 절차, 이 모두는 인간이 부모를 여의었을 때의 슬픈 감정을 표현하기 위함입니다. 제사의 방식과 절차 역시 마찬가지입니다. 부모를 잊지 못하고 추모하는 감정을 잘 드러내기 위함이지요.

감정을 제대로 표현하지 않으면 큰일 납니다. 다스림을 기약할 수 없습니다.

보령__ 상례와 제사 이야기를 하시니《논어》에서 증자가 한 말이 기억납니다.

부모의 장례를 정성껏 모시고 먼 조상까지 추모하여 제사를 지내면 백성의
덕이 두터워질 것이다.[74]

순자__ 의식을 통해 부모 잃은 자식이 슬퍼하고 사모하는 감정을 드러내 잘 달
래고, 핏줄들끼리 모여 서로 한 핏줄, 한 식구임을 확인하여 일체감이 고양된
다면, 백성의 마음과 인심이 자연히 후덕해지겠지요. 의식을 통해 감정을 잘
발현하는 것을 넘어서서, 집단 사이에 어떤 일체감을 느끼면서 단결을 도모
할 것입니다. 의식으로서 예란 이런 겁니다.

그런데 인생엔 슬픈 일만이 있는 게 아닙니다. 기쁘고 즐거운 일도 있는데
이때에도 역시 같습니다. 과거엔 영아사망률이 높았지요. 아이가 백일이 지
나고 돌이 지나면 큰 고비를 넘긴 부모는 기뻐합니다. 그 기쁜 감정을 드러내
기 위해 백일잔치, 돌잔치를 합니다. 결혼을 할 때도 기쁜 감정을 밖으로 표
현하기 위해 결혼식을 하지요. 감정을 위한 예, 의식으로서의 예는 이러한 행
사들의 절차와 방식도 규정합니다. 예는 행사라고 봐도 될 듯합니다. 인간 삶
은 태어나서 죽을 때까지 그런 행사와 의식의 연속 아니겠습니까?

상례나 결혼을 치를 때 단순히 가족, 친지만 슬퍼하거나 기뻐하지는 않습
니다. 많은 사람이 모여 같이 기쁨과 슬픔을 표현하여 감정을 공유합니다. 정
해진 예, 정해진 의식에 따라서요. 하나가 되어 서로의 정을 쌓아가는 과정이
지요. 감정을 다스리고 조화와 어울림을 끌어냅니다. 의식으로서의 예가 하

는 특별한 기능입니다.

보령__ 과거에는 그런 의식을 치를 때, 먹을 것을 풍성히 차려서 모처럼 배불리 먹고는 했다는데요. 인간의 감정만이 아니라 욕망도 충족하지 않았나 싶어요. 의식에는 그런 측면도 있었나요?

순자__ 당연합니다. 감정도 다스리고 욕망도 다스렸습니다. 욕망의 충족은 배타적일 수 있기 때문에 쟁탈의 원인이 되기도 합니다. 예가 의식으로서 잘 기능하면 이 문제를 덜 수 있습니다. 감정을 잘 다스려 감정만 서로 사이좋게 드러낼 게 아니라, 욕망도 함께 충족하면 더욱 좋지요. 욕망을 같은 자리에서 사이좋게 함께 충족해 동시에 만족감을 느끼고 집단의 화합을 도모하는 것. 의식으로서의 예가 목표하는 바입니다.

　그런데 여기서 잊지 말아야 할 점이 있습니다. 정도입니다. 적절히, 적당히 해야 합니다. 지나치게 않게 희로애락의 감정을 표출해야 합니다. 조절해야 하지요.

보령__ 의식으로서의 예가 반드시 그럴 수 있어야 한다는 말씀이지요? 정도를 지켜 인간의 감정이 적절하게 발현되게요.

순자__ 아름다운 옷과 흥겨운 노래, 즐거운 음악은 경사스러운 일에 쓰입니다. 거친 상복과 곡은 흉하고 슬픈 일에 쓰입니다. 경사스러울 때에는 곱게 꾸미더라도 너무 화려하지 않은 것이 좋습니다. 상복은 거칠 뿐이어야지 몸에 해롭거나 불편할 정도여선 안 됩니다. 노래와 음악을 연주하며 편하게 즐거움을 드러낼 때 음탕한 맛과 태만한 맛이 없어야 하고, 곡할 때에는 슬픔이 극에 달해 건강을 해치면 안 됩니다.

의식으로서의 예는 사람들이 정도에 맞게 감정을 드러내기 위한 형식으로 기능해야 합니다. 그래야 올바른 의식, 올바른 예라 할 수 있습니다.

보령 《논어》에서 공자가 한 말씀이 기억나네요. 《시경詩經》〈국풍國風〉의 〈관저關雎〉편의 시를 보고, "즐거우면서도 지나치지 않으며 슬프면서도 상심케 하지 않는다"[75]라며 칭찬했는데요. 공자는 인간의 감정을 거칠게 드러내지 않고 정제하여 드러낸 것을 시라고 이해한 것 같습니다. 선생님께서 생각하는 예도 그런가요? 좋은 시처럼 감정을 정제하여 드러나게 하는…….

순자 물론입니다. 감정을 억압하지 않고 표출하지만 어디까지나 절제되고 정제된 형태로 드러내 감정의 정화catharsis까지 도모할 수 있어야지요. 보령 학생이 말했지만, 공자 님께서 "즐거우면서도 지나치지 않으며 슬프면서도 상심케 하지 않는다"라고 했습니다. 인간의 감정을 거칠게 나누자면, 즐거움과 슬픔, 딱 잘라 이 두 단어로 압축할 수 있습니다. 이 두 감정이 정제되어 드러나게 하는 것이 예의 생명입니다.

사람은 나면서부터 자연스럽게 두 감정을 드러내게 마련입니다. 이 두 감정의 긴 것은 자르고 짧은 것은 이어주는 것이 바로 예입니다. 남음이 있는 부분은 덜고 부족함이 있는 부분은 보태야 합니다. 그래야 인간의 삶이 시작부터 끝까지 순조롭고, 의식에 참여한 사람들이 서로 잘 어울릴 수 있습니다.

보령 정제됨. 그래서 공자도 시와 음악을 강조했고, 선생님께서도 《시경》을 많이 인용하고 따로 〈악론〉 편까지 두어 설명하셨군요.

《논어》에는 이런 말씀도 있습니다.

시를 통해 감흥을 받고 예를 통해 서며 음악을 통해 이룬다.[76]

주희는 이것을 사람이 학문을 하는 순서라고 설명했어요.

시는 그 말을 이해하기 쉽고, 인간의 마음을 감동시킨다. 이런 까닭에 학문은 시에서 감흥을 받아 시작한다. 다음으로 예에서 꾸미고 절제하는 것을 배우며, 마지막으로 악을 통해 도덕과 하나 되어 인간이 착해진다.[77]

그러고 보니, 감정을 정제된 형태로 드러날 수 있게 하는 세 가지가 '시', '예', '음악'이군요!

순자　그렇습니다. 그 셋이 인간의 감정을 정제된 형태로 드러내며 달래고 다스립니다. 시는 노래이기에 음악이라 할 수 있고 음악은 예의 범주에 포함됩니다. 잊지 마세요. 음악도 예라고 할 수 있습니다. 저 순자의 예에 음악도 포함됩니다. 공자 님도 "예악禮樂, 예악" 하지 않으셨습니까? 사실 의식으로서의 예를 행할 때 음악이 연주되는 경우가 많습니다. 의식으로서의 예가 바로 음악이라고 해도 틀리지 않습니다. 음악은 의식을 행할 때 결정적 역할을 합니다. 그런데 묵자는 음악을 부정하기만 해서 안타깝습니다. 음악이 예이고 곧 그 핵심이라면 핵심인데, 묵자는 음악을 부정했으니 예 자체를 부정한 것이나 다름없지요.

보령 묵자는 자신의 텍스트에 〈비악非樂〉이라고 따로 편을 마련해 상중하로 나눠 음악을 비판했습니다. '비非'는 '아니다', '비판하다', '그릇되다', '지적하다'는 뜻이 있는데요, '비악'은 '음악은 아니다', 음악이 '잘못된 것이다', '그릇된 것이다'는 말입니다. 하지만 음악 자체를 단순하게 부정하지는 않았어요. 지배층이 음악에 지나치게 탐닉해 사치와 낭비를 일삼는 것을 비판하는 내용이지요. 아무튼 이렇게 음악을 주제로 비판의 목소리를 낸 묵자에 대해 선생님께서는 상당히 부정적이라고 알고 있습니다.

순자 지배층이 지나치게 음악을 탐닉하느라 낭비와 사치에 빠져 있고 국정을 소홀히 한다면 모를까, 적당히 즐기고 또 백성과 함께 한다면 문제될 것이 전혀 없습니다. 통치와 교화에도 크게 도움이 되고요. 감정이 있는 인간은 음악을 좋아하기 마련이지요.

묵자의 주장은 비현실적입니다. 음악이란 즐기는 것입니다. 실제 사람의 감정에 즐기는 것이 없을 수가 없습니다. 그러므로 사람에게 음악이란 없애래야 없앨 수 없는 것입니다. 즐거우면 곧 그것이 목소리와 음으로 나타나고 행동으로 표현되지요. 그렇기에 소리와 음, 행동 등 인간 감정의 작용을 잘 다스리는 것이 인간의 도입니다. 사람에게 즐거움이 없을 수가 없으며, 즐거우면 곧 겉으로 표현하지 않을 수 없고, 겉으로 표현했으나 도리에 맞지 않으면 곧 혼란이 일어납니다.

옛 임금들께서는 그러한 혼란을 싫어해 우아한 '아'와 '송'이라는 음악을 제정했습니다. 음악을 충분히 즐기면서도 어지럽지 않게 했고, 그 형식은 충분히 분별되면서도 없어지지 않게 했으며, 그 소리의 복잡하고 단순한 가락과 뾰족하고 둥그스름한 장단은 충분히 사람의 착한 마음을 감동시켜 사악하고 더러운 기운이 가까이할 수 없도록 한 것입니다. 이것이 옛 성왕들께서 음악을 제정한 이유입니다. 그러나 묵자는 이를 부정했으니 어찌된 일인지 모르겠습니다.[78]

보령 묵자가 비판한 건 이겁니다. 왕공대인, 즉 귀족들만 음악을 즐기고 탐닉하다 보니, 생산에 종사해야 할 사람들을 음악 연주에 동원하고 인민을 위해 쓰여야 할 재화까지 음악 생산과 소비에 사용하는 것이 문제라고 했습니다. 묵자도 음악 자체를 비판하진 않았습니다. 음악이 가진 나름의 효용과 기능을 인정했고요.

순자 묵자의 비판적 측면을 저도 수긍합니다. 지배층들만이 음악을 즐기거나 음악을 소비하고 생산하는 데 사치와 과소비가 있어선 안 됩니다. 저 역시 귀족들만이 음악을 즐겨서는 안 된다고 했지요. 하층민들에게도 감정과 욕망이 있기에 음악을 통해 귀를 즐겁게 해야 하지 않겠습니까? 그래서 '동청同聽', '같이 듣다'를 강조했지요. 같이 듣고 함께 즐겨야, 즉 동청해야 '동락同樂'할 수 있지 않겠습니까?

원래 음악을 종묘 앞에서 군주와 신하, 윗사람과 아랫사람이 함께 들으면 곧바로 서로 화합하고 공경하지 않는 이가 없게 됩니다. 집안에서 부자와 형제가 함께 음악을 들으면 곧바로 화합하고 서로 친하지 않는 이가 없게 됩니다. 마을의 어른을 모시고 어른과 젊은이가 함께 음악을 들으면 곧바로 서로 화합하고 순해지지 않는 이가 없게 됩니다.[79]

이렇게 화합과 친화에 도움이 되는 데 음악을 적극 활용해야지 않겠습니까? 음악은 치국과 교화의 수단으로서 아주 유용하기에 전 음악을 적극 긍정합니다. 특히 집단의 화합, 조화, 결속에 그 효과가 탁월하지요. 그리고 음악은 즐거움만 아니라 장중함과 엄격함도 담을 수 있습니다. 군사의 일에 관한 행사에도 쓰이고, 백성을 단속하고 질서를 잡는 데에도 쓰여야 합니다.

보령 그래서 〈악론〉에서 이렇게 말씀하셨군요.

노래와 음악은 사람에게 미치는 영향이 매우 크고 사람을 매우 빠르게 변화시킨다. 그러므로 옛 임금들은 삼가 그 형식을 갖추게 했다. 음악이 지나치거나 모자람이 없고 올바르고 화평하면 곧 백성은 화합하며 빗나가지 않게 되고, 음악이 엄숙하고 장중하면 곧 백성에게 질서가 생겨 혼란하지 않게 된다. 백성이 화합하고 질서가 있으면 곧 그 나라의 군대는 강해지고 성은 견고해져 적국이 감히 침략하지 못하게 된다.[80]

순자 그렇습니다.

보령 사실 한국의 군대에서도 군악대를 부리고 있어요. 군악대가 음악을 연주해 군인들의 사기를 돋우기도 하고, 엄격한 단결 의식을 고취하기도 합니다. 선생님 말씀을 들으니 군악대가 떠오르네요. 치안을 맡은 경찰에도 음악을 담당하는 팀이 있습니다.

순자 예란 본래 군례라고 해서 군대의 예, 군대에서 행해지는 의식도 포함합니다. 예가 의식은 물론 악까지 포괄하는데 국방과 치안 관련해서 연주되는 음악도 당연히 예에 포함되지요. 화합, 친화, 조화만이 아닌 교화, 단속까지 예의 한 부분인 음악이 담당해야 합니다.

순자, 예를 노래하다

보령__ 선생님, 여기서 〈성상〉 편과 〈부〉 편을 잠시 살펴보겠습니다. 선생님께서 직접 만드신 노래 역시 음악 아닙니까? 백성의 교화를 위해 음악을 직접 만드셨다고 했는데요, 청컨대 전부는 아니더라도 〈성상〉과 〈부〉 일부를 선생님께 직접 설명 듣고 싶습니다.

순자__ 앞서 언급했듯이 성상이라는 것은 노동요입니다. 노동할 때 부르는 노래이지요. 제가 백성이 쉽게 유가 사상, 공자 사상에 대해 알 수 있게 노동요의 형식에 유가 사상을 담았습니다. 부라는 것은 순수시입니다. 초나라에서 발달한 운문이지요. 제가 초나라에서 체류했을 때 남방 문학을 배웠습니다. 초나라의 부라는 운문 형식을 빌려와 노래를 만들었지요. 사람들이 낭송하고 따라 부르며 공자 사상과 제 사상에 대해 쉽게 이해하면 좋지 않겠습니까? 그런 목적으로 만들었지요. 부는 예술성이 높아 한나라 때 강창문학講唱文學이란 독자적 문학 장르로 계승, 발전되었습니다.

보령__ 선생님, 〈성상〉과 〈부〉 가운데 일부만 낭송해주세요.

순자__ 어험, 그러지요. 〈성상〉 2장 후반부입니다.

다스림의 줄기는 예와 법이라네.　　治之經 禮與刑.

군자는 예로써 몸을 닦고　　君子以脩

법으로써 백성을 편안케 한다네.　　百姓寧.

덕을 밝히고 법을 신중히 하면　　明德愼罰

나라엔 다스림이 행해지고　　國家旣治

세상엔 평화가 오네.　　四海平.

다스리는 이의 뜻은　　治之志

세와 부를 뒤로 해야 하네.　　後執富.

군자가 성실하면　　君子誠之

즐겁게 일을 기다릴 수 있고　　好以待

처신은 독신하고 굳어지며　　處之敦固

마음은 깊어지고　　有深藏之

생각은 멀리 갈 수 있을 것이네.　　能遠思.

생각이 곧 정밀하면　　思乃精

뜻은 더욱 자라나고　　志之榮

배움을 즐겨 항상 한결같을 것이니　　好而壹之

신묘하게 이를 수 있다네.　　神以成.

정밀함과 신묘함이 서로 어울려　　精神相反

항상 한결같아 어긋나지 않으면　　一而不貳

성인이 된 것이네.　　爲聖人.

다스림의 도는	治之道
항상 쉬지 않는 아름다움으로	美不老
군자가 그것을 따라하면	君子由之
아름답고 훌륭하게 되네.	佼以好.
아래로는 그것으로써 자제들을 가르치고	下以教誨子弟
위로는 그것으로써 조상들을 섬긴다네.	上以事祖考.

보령　백성을 다스리는 중심 도구로 예와 법을, 군자가 지녀야 할 마음가짐과 정신 자세를 노래하셨습니다. 그리고 성인됨을 위한 수양론도 언급하셨는데요, 노동요라는 형식에 여러 내용을 담으셨습니다. 말씀하신 대로 백성이 노동할 때 불러 유가의 가르침을 저절로 마음에 새겨 교화하기 바라는 의도로 이 노래를 만드셨나요?

순자　그렇습니다. 노동할 때 단체로 노래 부르면서 일의 고됨을 잊고 생산성을 올리고 그러지 않습니까? 그때 이런 노래를 부르면 일의 고됨도 잊고 능률도 올리면서 저절로 교화되고 선한 사람이 되고……, 얼마나 좋습니까? 이런 생각을 하며 만든 노래입니다. 교육의 혜택에서 벗어난 하층민을 염두에 두기도 했지요.

보령　교화, 생산성 증진, 교육받을 수 없는 인민에 대한 고려. 선생님 참 무서울 정도로 치밀하시다는 생각이 듭니다. 하하.
　그럼 부라는 형식의 노래도 한번 들려주세요.

순자   〈부〉맨 앞부분 1장입니다.

여기에 위대한 물건이 있는데	爰有大物
비단실도 비단도 아니건만	非絲非帛
무늬와 줄은 아름다운 구성을 이루었고	文理成章
해도 달도 아니건만	非日非月
천하를 밝게 비추네.	爲天下明.
산 사람은 그것으로써 오래 살고	生者以壽
죽은 이는 그것으로써 장사 지내주며	死者以葬
성곽은 그것으로써 견고해지고	城郭以固
군대는 그것으로써 강해지네.	三軍以強.
순수하게 그것을 지키면 왕자가 되고	粹而王
뒤섞여서 그것을 지키면 패자가 되며	駁而伯
하나도 안 지키면 망해버리네.	無一焉而亡.

| 저는 어리석어 알지 못하겠나니 | 臣愚不識 |
| 감히 임금님에게 가르침을 청합니다. | 敢請之王. |

| 임금이 대답하길, | 王曰, |

그것은 무늬가 있어도 여러 빛깔은 없는 것이지?	此夫文而不采者與?
간명해 알기 쉬우면서도 이치가 담긴 것이지?	簡然易知而致有理者與?
군자는 공경하지만 소인은 싫어하는 것이지?	君子所敬而小人所不者與?

인간의 성에 더해지지 않으면 새와 짐승과 같고	性不得則若禽獸
인간의 성에 더해지면 매우 우아해지는 것이지?	性得之則甚雅似者與?
필부라도 존중하면 성인이 되고	匹夫隆之則爲聖人
제후가 존중하면 천하를 통일하게 되는 것이지?	諸侯隆之則一四海者與?

매우 분명하고 간략하며	致明而約
매우 순조롭게 체득되는 것	甚順而體
그것이 예 말고 더 있겠는가!	請歸之禮!

보령 예에 대한 찬가로군요. 그래선지 경건한 마음이 들고 옷깃을 여미게도 하네요. 인간을 오래 살게 하고, 망자를 잘 전송하게 하며, 나라를 지키게 하고, 왕도를 실현하게 하며, 인간을 우아하게 하고, 성인이 되게도 하는 것, 제후가 이를 존중하면 천하를 통일하게 하는 것, 그것이 바로 예로군요. 예는 문화 관습이자 의식이기도 하고, 인간의 성장과 수신을 위한 것이기도 하며, 천하의 정치적 통일을 위한 것이기도 하다. 이런 내용을 노래로 만들어 예에 대해 훌륭하게 소개하셨네요. 자주 듣고 따라 부르면 선생님의 예에 대해 절로 공감할 것 같아요. 많은 사람이 노래를 부르고 공감하여 예를 긍정할 것 같습니다. 절로 세뇌될 거도 같고요. 하하.

순자 전 그저 사람들이 쉽게 따라 불러 제 사상에 저절로 친숙해지고, 교화되기 바라는 마음에서 보잘 것 없는 실력으로 지었을 뿐입니다.

보령 선생님께서는 훌륭한 학자이시기 전에 훌륭한 문학가시네요. 사실 선생님 문장만 봐도 알 수 있습니다. 간결한 문장과 담백한 어조, 정제된 호흡, 아름다운 대칭성, 멋진 비유와 보석 같은 압운……. 성상과 부 등 직접 창작하신 시, 노래를 보면 문학적으로도 정말 아름답습니다.

순자 과찬입니다. 아무튼 음악은 서 순자의 예에서 부시 못 할 비중을 지닙니다. 음악이란 예를 제가 아주 중시했지요.

음악의 또 다른 기능

보령 음악까지 직접 만드신 것을 보면, 선생님께서 음악을 얼마나 중시하시는지 알 수 있을 것 같습니다. 음악에 대해서 더 하실 말씀이 없으신지요?

순자 맹자와 비교해도 제가 음악을 아주 비중 있게 논했습니다. 공자 님 또한 '음악광' 아니겠습니까?

보령 아, 음악을 중시한 측면만 봐도 역시 선생님께서 공자 사상의 정통 계승자라고 할 수 있겠네요.

순자 그리 말해주니 고맙습니다. 그리고 꼭 해야 할 이야기가 있습니다. 사람들이 순자의 음악 하면 꼭 알아야 할 것이지요.
　음악은 앞서 말한 효용과 기능 말고도 다른 중요한 역할이 있습니다. 예의 형식화를 막아주고 예의 정신을 살려주는 역할을 음악이 합니다.

보령__ 예의 형식화를 막아준다?

순자__ 예라는 것은 형식입니다. 제가 말하는 예만이 아니고 동서고금 어디를 가든 예나 규범이라는 것은 형식으로 존재합니다. 서구 사회의 매너도 마찬가지지요. 예는 시간이 지날수록 형식화할 수밖에 없습니다. 결국 형식만 남고 예에 담긴 정신은 쉽게 사라집니다. 처음 만들어졌을 때 예에 담긴 정신이 소멸되지요. 하지만 무엇이든 처음을 잊지 말아야지요. 이거 매우 중요합니다. 그 처음을 상기시키는 것이 바로 음악입니다.

예가 만들어졌을 때는 다 이유가 있습니다. 예의 형식은 특정 인간의 감정을 담아내고 고양하기 위해 만들어집니다. 그런데 시간이 지나면 정신은 사라집니다. 왜 만들었는지, 예의 형식에 담긴 정신은 무엇인지가 잊히고 형식만 남습니다. 정신이 사라지고 형식만 남아서야 되겠습니까? 예가 판에 박힌 절차로 전락하게 놔두면 안 되지요. 처음 정신이 살아 있도록 해야 합니다. 예가 만들어진 처음과 현재, 예의 정신과 형식 사이의 간극을 없애야 합니다.

그 수단이 바로 음악입니다. 단순히 인간의 감정을 절제하여 담아내 밖으로 드러나게 하는 게 음악의 전부가 아닙니다. 이런 중요한 쓸모와 효용이 있습니다. 음악과 함께하면 예의 정신과 형식이 처음 만들어졌을 때의 의미를 상기할 수 있습니다. 음악이 이를 도와주니까요.

보령__ 음악이 예의 근본과 처음의 정신을 잃지 않게 한다, 그 정신을 사람들이 잊지 않게 한다고 하셨는데, 음악에 그런 역할도 있군요. "예악, 예악" 하는 데에는 이유가 있네요.

순자 예란 형식입니다. 그러다 보니 형식에만 있는 문제가 어찌 없겠습니까? 이에 대해 고민을 많이 했지요. 음악을 강조한 이유도 여기에 있습니다. 예의 근본정신을 어떻게든 유지해야 하지 않겠습니까?

보령 유가적 규범과 형식이 아니너라도 형식은 그런 것 같습니다. 어느 나라든 어느 문화권이든 규범과 관습은 항상 형식만 남는다는 문제가요.

안 그래도 공자가 예가 형식으로만 흐르고 남는 것을 상당히 경계하지 않았나요?《논어》〈양화陽貨〉편에서 "예라, 예라 일컫지만 어찌 옥이나 비단만을 말하는 것이겠는가? 음악, 음악이라 하지만 어지 종이나 북만을 말하는 것이겠는가?"[81]라고 했지요. 또 제자 자유子游가 효도에 대해 묻자, "지금의 효라는 것이 부모를 봉양하는 것을 말하고 있으나, 개나 말에게도 봉양함이 있다. 그러니 공경하는 마음이 없다면 어떻게 구별하겠는가?"[82]라고 했습니다. 형식적으로만 행하는 효를 반대하며 진실한 마음으로 부모를 섬겨야 한다고 했습니다. 안 그럼 개와 말을 사람이 먹이는 것과 효가 무엇이 다르냐는 말씀인데, 이처럼 형식보단 정신을 중히 여긴 것 같아요.

그런데 예는 시간이 흐르면 형식만 남으니……

순자 공자 님께서 형식보다 정신을 중히 여기셨다기보다는 형식 못지않게 정신을 중히 여기신 것은 사실입니다. 〈팔일八佾〉편에서도 그러셨지요. "남의 윗자리에 있으면서 너그럽지 못하고, 예를 행함에 공경스럽지 못하며, 장례에 임하여 슬퍼하지 않는다면, 내가 이런 사람에게 무엇을 바라겠는가?"[83]라고. 공자 님께서는 형식 못지않게 예의 근본정신을 잃지 않는 것이 중요하다고 보셨습니다. 저도 그렇습니다. 형식만 있는 예는 안 됩니다.

보령　그런데 유학자들은 항상 형식에만 집착한다는 공격을 받았어요. 공자 때부터 지금까지 마찬가지인데요, 실제 공자가 존경한 제나라의 위대한 재상 안자도 공자와 그 제자들을 번쇄한 형식에만 집착하는 무리라는 식으로 얘기했어요.

순자　그래서 음악을 중히 여긴 것입니다. 예에 담긴 정신의 보존과 유지 문제 때문에 음악을 중시할 수밖에 없었습니다. 전 음악에 관한 강의록 〈악론〉 편을 지었고, 악에 대한 경전 《악경樂經》에 대해 말했으며, 성상과 부 형식의 노래와 시를 지었습니다.

　그런데 음악만 가지고는 안 됩니다. 그것만으로는 예에 담긴 정신을 보존할 수 없어요.

보령　음악만 가지고 안 된다니요?

순자　형식의 문제가 있습니다.

보령　네, 무슨 말씀인지요? 지금까지 예란 것이 형식이기에 문제가 생기고, 결국 형식만 남게 되어서 문제라고 했는데요? 예가 형식이기 때문에 예에 담긴 정신이 소멸되기 쉽고 그래서 음악으로 보완하자, 이런 내용이 아닙니까? 갑자기 형식의 문제가 있다고 하심은……?

순자　형식의 문제란 형식 자체를 잘 만들어야 한다는 말입니다. 예가 형식이니 형식으로만 남기 쉽습니다. 그렇기에 애초에 형식 자체를 최대한 제대로 만들어야 예의 정신을 보존할 수 있습니다.

보령__ 음악만 거들어서는 안 되고, 처음부터 형식 자체를 잘 만들어야 한다는 말씀인가요?

순자__ 그렇습니다. 지금 막연한 이야기를 하려는 게 아닙니다. 먼저 예가 처음 만들어질 때의 형식과 형태를 최대한 보존하고 전승해야 합니다. 즉 어떻게든 처음의 형식과 틀을 보존해야 하지요. 이게 기본입니다. 처음 만들어졌을 때, 그 고례古禮의 흔적과 형식이 최대한 담겨 유지하는 예, 그런 형식의 예를 제가 주장했지요.

보령__ 설마 고례를 단순히 완고하게 고수하자고 하시는 건 아니시지요? 만일 그렇다면 선생님께서 그렇게도 강조하신 현실, 즉 변화하는 현실에 맞지 않아 형식 자체가 사라질 수 있을 듯합니다. 또 예의 본래 기능인 사람들의 욕망 충족, 감정 발현과도 멀어지게 될 가능성이 크고요. 옛날 사람들의 욕망과 지금 사람들의 욕망이 다르지 않겠습니까? 처음의 형태를 고수한다면 정말 비현실적인 예, 형식이기만 한 예가 되지 않을까요?

순자__ 물론입니다. 단순히 완고하게 보존하고 처음 그대로만 하자는 말이 아닙니다. 옛날의 형식을 보존하자고 했지만 그게 전부가 아닙니다. 그렇게 하고 나서 새로운 것을 더해야지요. 〈예론〉 편에서 제가 언급한 말을 다시 해보지요. 그럼 이해할 겁니다.

(첫째.) 선조들 모두에게 지내는 대향大饗이란 제사가 있다. 술잔에 술 대신 맑은 물을 담아 올리고, 제기에는 양념 하지 않은 생선을 올린다. 그리고 간을 하지 않은 맑은 곰국을 맨 앞에 올린다. 이러한 담백한 음식을 올리는 이유는 차리는 제사 음식의 근본을 잊지 않고 귀중히 여기도록 하는 데에 있다.

(둘째.) 계절마다 조상들에게 지내는 향饗 제사가 있다. 술잔에 술 대신 맑은 물을 담아 올리고, 그다음에 단술을 술잔에 담아 올린다. 메기장과 찰기장으로 지은 밥을 먼저 올리고, 쌀과 수수로 지은 밥을 올린다.

(셋째.) 달마다 조상들에게 지내는 월 제사가 있다. 간을 하지 않은 맑은 국을 올리고, 여러 맛있는 제철 음식과 반찬을 올린다. 이것은 제사 음식의 근본을 귀히 여기게 하고 실용적인 음복의 용도에 맞추기 위함이다.

근본을 귀히 여기게 하는 것을 일컬어 형식文이라고 하고 실용적인 음복의 용도에 맞추는 것을 일컬어 합리理라고 하는데, 이 두 가지가 합쳐져서 완전한 예의 형식을 갖춰야 처음 성립했을 때의 예로 돌아갈 수 있다. 이를 일컬어 크게 융성함, 대융大隆이라고 한다.[84]

보령 잘 이해가 안 갑니다. 일단 대향, 그리고 계절마다 올리는 향 제사, 달마다 지내는 월 제사, 이렇게 세 가지 제사가 있다는 것 같은데…… 어느 때엔 맛없는 것만 올리고, 어느 때엔 맛있는 것과 맛없는 것을 같이 올리고…… 뭐 그런 건가요? 아니면 처음엔 맛없는 것을 먼저 올리고 나중에 맛있는 것을 올리라는 순서를 말씀하시는 것인지……, 무슨 말씀인지 모르겠습니다.

순자 차근차근 설명해드리지요.

대향은 합동 제사입니다. 선조들을 모두 모시고 지내는 제사이지요. 그때는 술그릇에 맑은 물을 담아 올리고 양념하지 않은 생선을 제기에 담고 간을 치지 않은 국을 올립니다. 왜냐하면 그것이 고례, 즉 예의 원래 모습이기 때문입니다. 과거 처음으로 제사를 지낼 때 단술을 올리고 양념한 생선과 간한 국을 올렸겠습니까? 아닙니다. 그서 살아 있는 생선을 올리고 불만 떠다 놓았을 겁니다. 그렇더라도 선조를 추모하는 마음이 없었을까요? 오히려 지금보다 더 강했을 수도 있습니다. 중요한 점은 그때 처음으로 인류가 사후 세계, 죽은 조상들에 대한 추모의 관념이 생겼다는 것입니다. 그래서 대향은 그때의 모습대로 제사를 지내자고 하는 것입니다. 처음 제사 지낼 때의 형식과 원형을 기억함은 물론이요, 그때의 마음과 정신까지 잊지 않기 위해서지요.

보령__ 아, 그렇군요. 그런데 선조 '합동 패키지' 제사는 그렇게 지내지만 계절별 제사와 월 제사는 그렇게 안 하고 맛있는 것도 올린다고 하셨습니다. 제사 대상에 따라 차별하는 것은 아닐 테고, 무엇 때문에 그러는 건가요?

순자__ 계절별 제사와 월별 제사도 제사를 처음 시작할 때의 원형을 기억해야 합니다. 그래서 계절별 제사는 먼저 술그릇에 물을 담아 올리고 거친 기장으로 밥을 해서 그릇에 올립니다. 하지만 바로 다음에 술과 단술을 올리고 쌀과 수수밥을 상에 올립니다. 월별 제사도 마찬가지입니다. 처음에는 처음 시작할 때의 원형을 기억하기 위해 간하지 않은 국을 올리고, 곧바로 여러 제철 음식을 제사상 위에 가득 올립니다.

계절별 제사와 월별 제사 모두 맛있는 음식을 뒤에 올리도록 합니다. 왜냐하면 제사에 참여한 사람들도 맛있게 배불리 먹어야 할 것 아닙니까? 그래야 애써 제사 음식 정성껏 만들고 한자리에 모인 보람이 있겠지요. 실용성과 합리성도 고려하자는 의미입니다. 맑은 물, 간하지 않은 생선과 국, 거친 밥이라는 처음의 형식은 분명 버리지 말아야 합니다. 제사라는 예가 처음 성립했을 때의 정신, 목적을 잊지 말아야 하기 때문이지요. 하지만 계절별 제사와 월별 제사에서 보이듯이 맛난 것도 많이 준비해서 상에 올려야지요. 현재 사람들의 기호와 입맛이라는 실용성도 고려해서요.

이렇게 조화되어야 예가 계속 사람들을 다스릴 수 있는 것으로 전승되지 않겠습니까?

보령　역시 선생님께서는 합리적이고 현실적입니다. 처음의 정신과 목적을 기억하기 위한 장치로서 고례의 흔적을 남겨두고, 지금 사람들의 욕망과 기호에 맞추기 위해 맛있는 것도 차리고, 이렇게 두루 안배하는 형식의 예. 정말 빈틈없으십니다.

순자　예에는 본래의 정신은 물론 현재인의 욕망과 기호 충족이라는 합리성과 실용성까지 담아내야 합니다. 맛난 것도 먹을 수 있고 단술도 좀 먹을 수 있어야 제사에 참여하고 싶겠지요. 또한 더불어 먹으면서 단합할 수도 있지 않겠습니까? 모름지기 이런 형식의 예가 되도록 해야 합니다. 처음의 형식에 현재적 필요와 실용을 더한.

보령　고례에 현재적 필요와 실용성을 더하라고 하셨는데, 역시 욕망의 충족이 중요한 것 같네요.

순자__ 그렇습니다.

정치의 시작과 통치의 완성

보령__ 에에 대해 공부하고 있는데요, 너 큰 틀에서 알아보고 싶습니다. 〈의병議兵〉편에서 이런 말씀을 하셨습니다.

예는 나라를 잘 다스리는 규범이고, 강하고 굳세지는 근본이며, 위세를 펴는 길이고, 공적과 명성을 올리는 요체이다. 임금이 예에 따르는 것은 천하를 얻는 방법이 될 것이고, 예에 따르지 않는 것은 나라를 망치는 근거가 될 것이다.[85]

선생님의 예를 보면 국가 통치 질서로서, 국가 제도로서의 측면이 강해 보입니다. 〈왕제〉편에서는 예는 정치의 시작이라고 했고, 〈왕패王覇〉편에서는 나라를 다스림에 예가 없으면 바르게 할 수 없다고 했으며, 〈강국〉편에서는 나라의 운명은 예에 달려 있다고 하셨지요. 선생님께서 말씀하신 예는 정치적 효용성이 있어야 하고, 국가 질서를 확고히 하는 데 쓰여야 하는 것 같습니다.

이런 점에서 공자, 맹자의 예와 많이 달라 보입니다. 특히 맹자의 예하고요. 선생님의 예가 국가 통치, 위정자의 정치와 직결된다면, 맹자의 예는 개인의 선한 마음과 동기를 드러내고 표현하는 틀일 뿐이어서 그런지 개인의 수신 영역에 한정되는 측면이 강한 것 같습니다.

순자 그래서 저의 예를 고대 중국의 역사책인 《춘추좌씨전》에서 말하는 예와 비슷하다고 하는 사람이 많더군요. 국가를 다스리는 수단, 도구로서의 예에 초점을 맞추었기에 그런 것 같습니다.

맞습니다. 제가 말하는 예에 분명 그런 측면이 두드러집니다. 국가를 안정된 질서 위에 놓는 것이 제가 주장하는 예의 목표이기 때문이지요. 하지만 저의 예에는 개인행동의 기준, 몸가짐의 형식, 수신을 위한 구체적 지침도 담고 있습니다. 그렇습니다. 저의 예에는 두 측면이 있습니다. 수신을 위한 규범과 통치의 수단이라는 두 측면이지요. 개인 차원에서부터 국가 차원에까지 모두 다루고 규정합니다. 이렇기에 사람은 예가 없으면 일상을 제대로 살아가지 못하고 공적 일을 성취할 수 없으며, 나라에 예가 없으면 편안하지 못하다고 한 것이지요.

보령 개인과 국가, 수신과 통치(정치) 모두 포괄한다는 말씀이시지요?

순자 둘 모두를 포괄하고 다룹니다.

보령 결혼식과 장례식 같은 의식이기도 하고, 국가 통치를 위한 틀이기도 하다……, 선생님의 예가 스케일이 참 크네요. 더 그렇게 생각하게 되는 게 단순히 국가 통치에 한정되지 않고 통일천하를 다스리는 문제까지 포괄하는 듯해서요. 철저히 통일된 천하를 염두에 두고 생각한 것이라고 앞서 말씀하신 것 같은데, 통일 중국을 무엇으로 다스릴 것인가에 대한 답으로 선생님께서 제시한 것이 바로 예가 되겠군요?

순자　그렇습니다. 통일 이후를 대비한 것이지요. 예라는 규범과 틀로 통일천하를 다스려라, 이끌어라, 이게 제 생각입니다. 통일천하를 위한 밑그림과 청사진이라고도 할 수 있습니다. 앞서《예기》라는 경전에 대해 말했지요? 한대에 만들어진 그 경전은 저 순자의 입장을 충실히 계승한 유자들이 만들었습니다. 에에 대해 굉장히 상세하게 기술하고 규성해놓았습니다. 제가 밑그림과 청사진, 구체적 설계도를 그렸다면, 후대 유자들이 건물을 완성했지요.

보령　《예기》를 말씀하시니, 전《대학》과《중용》이 떠오르네요. 제가 어릴 때부터 사서를 배웠는데요, 두 경서가 원래《예기》의 한 부분이었는데, 주희가 따로 떼어내 독자적인 텍스트로 만들었다고 알고 있습니다. 그런데 주희가 주석을 달았기 때문에 주희의 색채가 잔뜩 입혀져 관념론적으로 해석되어왔습니다. 그렇지만 분명《예기》의 한 부분이었습니다.《예기》는 원래 선생님의 사상적 방향과 노선을 계승한 경서이니,《대학》과《중용》도 그렇게 보는 게 마땅할 것 같습니다.

순자　자신 있게 말할 수 있습니다.《대학》만큼은 저 순자의 입장에서 해석하는 것이 좋다고. 그리고《중용》도 저의 관점으로 보면 적잖은 부분을 제대로 음미하고 소화할 수 있다고 생각합니다.《대학》에 비하면 제 몫이 적지만.

보령　이야기가 좀 샌 것 같은데요,《대학》과《중용》이야기는 뒤에서 따로 하기로 하겠습니다.

　선생님께서 말씀하시는 예는 통일 제국을 위한 것인데, 단순히 보자면 공자, 맹자의 예와는 스케일부터가 많이 다른 것 같습니다. 통일 제국을 위한 것이니 당연한 것이겠지만요.

순자　예를 군자라는 개인의 틀 정도에 한정해선 안 되겠지요. 사회를 운영하고 천하를 이끄는 원리가 되어야 하니까요.

맹자가 말하는 예와는 아주 다르고, 공자 님의 예보다는 포괄하는 부분이 훨씬 넓습니다. 거대한 국가를 이끄는 통합 원리이자 체계로 기능하도록 설계한 것이 저의 예입니다. 이 점을 놓치지 말아야 합니다.

보령　문득, 이런 생각이 드네요. 선생님의 예는 단순히 세세한 규범이나 매너, 예절이 아니라 운영체제 같습니다. 윈도우, 리눅스, 오에스엑스 같은 컴퓨터의 운영체제요. 이렇게 설명해야 현대 한국인들이 아주 쉽게 이해할 수 있을 것 같은데요, 컴퓨터처럼 빈틈없이 통일 제국이 돌아가길 바라셨을 테고, 이를 위한 운영체제로서의 예를 구상하신 것 같습니다. 특히 〈왕제〉 편에서 예라는 운영체제에 대해 잘 설명해주셨어요.

순자　네. 천하를 빈틈없이 운영하기 위한 것입니다. 그래서 법도 저의 예 안에 담아내려고 했지요. 그래야 그 넓은 영역을 다스릴 수 있으니까요. 문화와 관습이 이질적이었던 열국의 백성을 말입니다.

순자의 예, 공자의 예와 인

보령　이렇게 선생님의 예의 범위가 참 넓고 큰데요, 공자나 맹자도 모두 예를 말했습니다. 그리고 선생님의 예가 맹자의 예보다 공자의 예와 훨씬 비슷하다고 하셨고요. 공자의 예는 선생님의 예만큼 범위가 크지는 않지만, 정치와 직결된다는 점에서는 비슷하다고 생각합니다. 맹자는 정치적 맥락에서 예를 이야기한 적이 없지만, 선생님의 예와 공자의 예는 모두 정치적이거든요.

순사   흠, 공사 님께서 말씀하는 어심, 인이라는 게 무엇인지 알면 간단하지요. 공자 님 하면 인 아닙니까? 그분의 궁극적인 목표와 이상이 어짊인데, 그것이 원래 정치적입니다. 공동체 내에서 원망의 목소리가 없는 상태, 평화와 화합이 이루어진 상태가 인 아닙니까? 이상적인 정치의 모습으로 제시한 것이 인 곧 어짊이란 겁니다.

그런데 정치적인 인은 예를 통해서만 이룩할 수 있습니다. 예가 지향하는 목표가 인이지요. 각자가 자신의 자리에서 열심히 예를 실천하면 결과로서 찾아오는 공동체의 안정과 평화가 바로 공자 님의 인입니다. 그분의 인이 정치적인데 이것을 예가 만드니, 공자 님의 예는 정치적일 수밖에요.

그분의 예를 보면, 분명 맹자보다는 저의 예와 비슷한 면이 많습니다. 공자 님께서는 예를 절대 수신의 영역에 국한하지 않았고, 통치와 정치의 맥락에서도 많이 말씀하셨습니다.

보령   공자의 사상은 단적으로 말해서 원망의 공동체에서 화합의 공동체, 평화의 공동체로 가자는 것으로 알고 있습니다. 그 화합되고 조화로운 공동체의 모습이 바로 공자의 인이라고 해도 과언이 아닌데요, 화합과 조화를 위해선 예의 학습과 실천이 필수적이고, 그래서 공자의 예는 수신의 영역, 즉 개인 윤리에 국한되지 않고 정치적이라는 말씀이지요? 선생님의 예도 정치적이고 공자의 예도 정치적이고, 모두 통치와 직결됩니다. 그래서 전 선생님께서 공자의 문제의식을 상당히 이어받았다고 볼 수 있지 않나 싶어요.

순자 공자 님의 말씀을 들어보면, 각 개인이 사회에서 맡은 역할을 잘 수행하면 좋은 세상이 온다고 합니다. 관계의 장에서 역할을 잘 수행하고 또 다른 역할 상대를 잘 대우하다 보면, 역할 수행의 자세가 숙련된 사람이 많아지게 됩니다. 그러면 공동체 내에서 원망의 소리가 사라지고 평화와 조화로움이 담보된다고 하지요. 이것이 바로 인입니다.

그런데 역할 수행이란 것이 무엇이겠습니까? 그것을 무엇이 규정하고 설명할까요? 바로 예 아닙니까? 예에는 각 개인이 자신의 자리와 위치에서 어떻게 역할을 수행해야 하는지 세세하게 규정하고 있습니다. 예를 잘 배우고 실천해야 예의 숙련자가 될 수 있겠지요. 또 그런 숙련자가 많아져야 공동체와 국가에 평화와 안정이 부여됩니다. 결국 이것이 바로 공자 님의 인이지요.

정말 그렇습니다. 공자의 예는 정치적인 것이고 정치를 위한 것이지요. 저역시 마찬가지고요. 저 순자의 예, 정치와 긴밀히 연관된 예는 보령 학생 말대로 그분의 문제의식을 계승한 것이라 할 수 있습니다.

반면, 맹자의 예에는 그런 측면이 없지요. 맹자와 저 순자가 각각 주장하는 예의 성격만 봐도 제가 공자 사상의 적자라는 것을 알 수 있다고 봅니다.

보령 마침 《논어》의 〈안연〉 편이 떠오릅니다.

안연이 인을 물었다. 공자가 말하길, "스스로 반성하여 예를 되밟아가서 인을 창출한다. 하루라도 스스로 반성하여 예로 돌아가면 온 세상 사람이 인으로 돌아온다. 사람이 인하게 되는 것은 자기로부터 시작하지 남으로

부터 시작하겠느냐".[86]

순자　스스로 반성한다는 것은 사회적 역할을 자신이 제대로 수행했는지 돌아본다는 의미입니다. 그러면 미숙한 부분을 더 숙련된 방식으로 수행할 수 있게 됩니다. 숙련된 방식이 뭐겠습니까? 무엇에 따라 행하면 숙련된 방식으로 역할을 수행한다는 평가를 받을까요? 바로 예입니다. 역할 수행에 미숙한 개인이 예를 통해 점차 숙련된 역할 수행자가 되고, 또 다른 숙련된 역할 수행자와 조화를 이루어 안정된 사회를 만들어내는 것, 이것이 바로 인이지요.

그렇기 때문에 개인이 예를 거듭해야만 천하가 인의 세계가 된다고 공자 님께서 말씀하신 겁니다. 오로지 예를 통해서만 인이 만들어집니다. 오로지 예의 숙련자들을 통해서만 인이 구현됩니다. 인한 공동체를 만들 수 있는 유일한 길이 바로 예입니다. 예의 길을 따라가야지요.

보령　개인이 예를 열심히 배우고 수련하는 것만이 공자가 말한 어짊, 어진 공동체와 국가를 만드는 유일한 길이군요.

순자　네. 하지만 개인이 예를 통해 예의 숙련자가 되는 것, 즉 개인의 수신 못지않게 중요한 것이 군주가 예로써 통치하는 것이지요. 개인은 예를 배우고 실천하고 군주는 예를 바탕으로 통치해야 어진 세상이 만들어집니다. 저와 공자 님의 차이는 바로 이것입니다. 공자 님의 예도 정치적이고 통치를 위한 것이지만, 공자 님께서는 각자가 예를 통해 수신하여 군자가 되자는 것에 초점을 두었지요. 하지만 저는 군주에 비중을 두었습니다. 예로써 통치해야 하는 군주에게요.

보령 그렇군요. 선생님 그런데요, 공자의 인이 철저히 예를 통해서만 이룰 수 있다고 하셨는데, 공자 사상을 독해하다 보면 예의 위상이 그다지 높지 않다는 생각이 듭니다. 예를 소홀히 다룬 듯해요. 인을 착한 마음 또는 선한 사람의 덕으로 전제하고, 인을 위주로 때로는 인만으로 공자 사상을 해석해서 그런 것 같습니다.

순자 예에 등한한 채 인만으로 《논어》를 읽고, 공자 사상을 해석하는 경향이 강합니다. 이런 해석의 기준이나 방향을 인 우위설이라고 하지요. 이는 공자 해석의 전통에서 주류적 입장입니다. 이 기준으로 가장 많이들 해석해왔고, 이 기준을 가장 오랫동안 지지해왔습니다.

특히 공자 님의 '일이관지一以貫之'라는 표현 때문에 더 그랬다고 생각합니다. 내 사상은 하나로 관통된다, 내 사상은 하나로 꿸 수 있다고 공자 님께서 두 번에 걸쳐 말씀하셨지요. 이때 하나를 사람들은 인과 동일한 것으로 보았지요. 그러자 인의 위상이 아주 높아졌습니다. 자기 홀로 영원히 되살고 다른 것이 없어도 그 혼자서 독야청청할 수 있는 하나의 실체가 되었지요. 인은 예가 있어야만 성립할 수 있고, 예와 인은 동전의 양면과도 같은데, 인만 남게 되었습니다.

특히 성리학자들이 인을 마음의 덕이자 사랑의 이치, 또 더 나아가 전 우주에 산재한 어떤 진리와 생명 정신 등으로 말하면서, 어떤 신적인 것으로 만들어버렸지요. 계속해서 인은 홀로 높은 곳으로 올라가게 되었습니다. 하늘로, 우주로, 비상해버렸지요.

보령 그 탓에 예의 위상은 초라해졌다는 뜻인가요? 게다가 예로써 공자를 읽고 해석하는 일이 잘 안 되었고요?

순자 그렇습니다. 인 우위설이 득세하다 보니 그렇게 되고 말았습니다. 예를 중시한 저의 위상까지도 초라해졌지요. 인 우위설을 주장한 이들은 맹자식 성선설의 입장에 있습니다. "인간에세 착한 마음이 있고 그런 자질이 도덕의 근원이다. 착한 마음이 인 그 자체다"라고 했지만, 이는 공자 님을 심하게 오독한 것이지요.

공자 님께서 언제 인간의 성선을 주장했습니까? 또 언제 착한 마음만으로 이상적인 사회가 온다고 했습니까? 공자 님께서는 절대 성선을 주장하지 않았고, 인간의 선한 마음을 밀고 나가자 하시지도 않았습니다. 예를 배우고 실천하는 선비와 군자가 되어라 주문했고, 그들이 만드는 공동체의 평화가 인이라고 하셨습니다. 인은 선험적인 것이 아니라 결과적인 것이고 정치사회적인 것인데, 그저 인 우위설의 입장에 선 사람들은 인을 심리적인 것, 선험적인 것, 개인적인 것으로 좁혀버렸지요. 이 탓에 공자 사상을 잘못 읽었습니다. 그렇게 되었습니다.

보령 결국 인 우위설은 인을 해석하는 데에도 방해가 되었군요. 공자가 말한 인의 본래 뜻도 읽지 못하게 했고, 공자 본래의 문제의식도 보지 못하게 했고요. 참 문제가 참 많네요.

순자 그렇습니다. 그래서 저 순자를, 특히 저의 예를 제대로 이해하면 공자 님까지 다시 보고 제대로 이해하는 데에 크게 도움이 됩니다. 공자 님의 예에 담긴 문제의식을 계승해 저 순자의 예에 담았기에 그렇습니다.

보령　지금까지 선생님의 예는 정치적이고 통치를 위한 것이라고 하셨습니다. 단순히 인간들 사이를 규율하는 관습이나 문화, 규범이 아니고, 천하를 운영하는 체제와 제도로서의 측면이 강하다고 하셨지요. 그러다 보니 선생님의 예에는 법도 상당히 포괄된 것으로 알고 있습니다. 앞서 선생님께서도 그렇게 말씀하셨고요.

순자　현실적으로 어쩔 수 없었습니다. 법을 인정하지 않을 수 없었지요. 형벌도 긍정했습니다. 불선한 자 가운데 교화에 거듭 따라오지 않는 자는 형벌로 다스릴 수밖에 없다고 했습니다. 그럼에도 불구하고 법과 형벌은 모두 예를 보조하는 정도로 족해야지 통치의 중심이 되어선 안 된다고 했습니다. 그런데 불행히도 법과 관련해서 저에 대한 오해가 항간에 많았지요. 성악설만큼이나 법도 저에게 예민한 주제입니다.

보령　그래도 법 이야기를 안 할 수가 없을 것 같아요. 오히려 민감한 주제이기에 더 적극적으로 이야기해야지 않을까요? 누가 뭐래도 선생님께서는 정통 유자 아닙니까? 공자의 계승자고요. 오해와 선입견을 불식하는 일이 필요하다고 생각합니다.

순자　안 그래도 하고 싶은 이야기가 많습니다.

보령　그럼, 정면 돌파 해보도록 하지요. 선생님께서 생각하시는 법과 법치의 문제에 대한 말씀 듣겠습니다.

· 9장 ·

법이란 무엇인가

냇물이나 연못이 깊으면 물고기와 자라가 모여들고,
산이나 숲이 무성하면 새와 짐승이 모여들고,
법도와 정치가 공평하게 시행되면 백성이 모여들고,
예의가 잘 갖춰 있으면 군자가 모여든다.

법을 긍정하다

보령   이제 법과 법치에 대해 이야기하겠습니다. 선생님께서는 정통 유자이시
자 공자 사상의 적자이시기에, 또한 이 주제와 관련해서 오해를 많이 받으셨
고 그 탓에 폄하되셨기에, 하실 말씀이 정말 많으실 듯싶습니다. 그럼, 차근
차근 이야기를 여쭙겠습니다.

순자   저는 누가 뭐래도 유학자입니다. 인치人治하지 않고 법으로만 통치하는
것을 배격합니다. 앞서 말한 대로 제가 강조한 예는 법의 위상까지 포괄하려
고 했고, 또 부분적이고 제한적이나마 법을 포함하려고 한 건 사실입니다. 법

과 유사한 정치제도와 정책 전반으로서의 예를 만들려고 했지요. 특히 법처럼 명확히 확인 가능한 성문화된 규정으로서의 예를 만들려고 했습니다. 그러나 법보다는 군자, 덕을 갖춘 성인이 우선이고 이들이 질서의 중심이자 법을 포함한 모든 규범의 근원이 되어야 한다고 분명히 말했습니다.

보령　선생님, 당시에는 모두가 변법과 법치주의를 통해 국력을 극대화하려는 정책이 일상이었습니다. 법과 법치를 한사코 외면하기 힘들었겠지요?

순자　그렇습니다. 보령 학생이 지적한 그런 현실에 제가 있었기 때문에 법과 법치도 외면하지 않고 저의 예 안에 담으려고 했습니다. 그래야 제가 지향하는 생존의 유학, 살아남는 유학이 가능하지 않겠습니까? 저 순자의 예를 통한 국가 통치 노선 이른바 예치주의禮治主義 안에 어떻게든 법과 법치를 끌어들이려 노력했지요.

보령　〈왕제〉 편에서 이런 말씀을 하셨습니다.

진정한 통치자는 백성이 분명히 알게 해야 한다. 선한 일을 하면 집에서 한다고 해도 조정에서 상을 받고 나쁜 짓을 하면 숨어서 한다고 해도 공개적으로 형벌을 받는다는 것을.[87]

분명히 엄격한 형벌도 필요하다고 말씀하셨습니다. 앞에서 언급하셨지만, 또 〈성상〉 편에서는 이런 말씀을 하셨어요.

다스림의 지름길은 예의와 형벌일세. 군자는 이로써 몸을 닦고 백성은 편 안해 한다네. 덕을 밝히고 형벌을 신중히 하면 나라도 다스려지거니와 세 상도 평화로워지리라.[88]

법이 통치에 필수직임을 분명히 하셨습니다.

순자_ 분명히 법치를 인정했습니다. 사실입니다. 그 배경에는 당대의 시대적 환경과 지배적 추세의 문제가 있습니다. 또 이질적 습속, 풍속, 문화를 가진 여러 나라가 하나가 되는 통일 제국을 상정하여 제 사상을 폈기 때문입니다. 제가 진秦나라에 방문한 경험이 있었고 거기서 받은 인상이 있었는데 그 경험 이 제게 큰 영향을 주었습니다.

보령_ 입진入秦의 임팩트 말씀이시군요. 변법을 통해 무섭게 성장하고 법치로 잘 잡힌 관리의 근무 기강과 백성의 성실한 모습. 진나라의 모습이 무척 인상 적이셨나 봅니다?

순자_ 그렇습니다. 제가 법치를 긍정하는 문제에 있어서 분명 입진의 경험은 무시 못 할 일이었지요. 하지만 무엇보다도 통일 제국이라는 눈앞에 닥친 현 실을 직시했기 때문이었습니다. 단순히 법만이 아니라 형벌도 긍정한 이유가 여기에 있습니다.

보령_ 통치 영역이 너무나 큰 중국의 환경을 생각해보면, 법치와 엄형주의는 어느 정도 어쩔 수 없는 문제인 것 같습니다. 통제해야 할 사람과 범위가 넓을수록 법이 엄해지는 건 인간 사회 어디에서든 볼 수 있는 현상이니까요. 엄형주의는 최근까지 계속되는 중국의 전통이지요.

순자　가혹하게 처벌하지요. 그것도 사람들을 불러 모아놓고 잔인하게 죽이는 모습을 보여주지요. 최근 중국 공산당은 부패에 연루된 간부들에게 조금의 관용도 베풀지 않고 사형에 처했습니다. 상당히 오랫동안 이어져온 중국의 엄형주의 전통입니다.

저희 같은 유가들은 이에 반대하지만, 중국이라는 특수성을 생각하면 이해할 수 있는 부분도 분명 있습니다. 너무도 큰 영토와 많은 백성을 다스려야 하는 중앙의 단독정부의 입장에서는 엄형주의로 통치할 수밖에 없는 측면이 있지요.

제가 산 시대는 그런 특수성을 가진 규모의 국가가 이제 막 탄생하려는 시점이었습니다. 저 역시 통일 제국의 특수성에 대해 깊이 생각하지 않을 수 없었습니다. 그래서 결국 법과 법치를, 형벌을 긍정했습니다. 그래도 저는 유자입니다. 절대로 법이나 형벌을 우선시하지 않았습니다. 덕치와 인치를 고집했습니다. 형벌을 내리기 전에 먼저 최대한 교화할 것을 주문했지요.

보령　법과 법치를, 형벌을 긍정했지만 덕치와 인치, 교화가 우선! 이런 점 또한 선생님께서 유학자인 이유라고 할 수 있겠네요?

순자　물론입니다. 그것이 바로 제가 유학자인 이유이지요. 교화가 있고 법이 있습니다. 인치가 있고 법치가 있지요. 법과 형벌은 어디까지나 교화를 보조하는 수단으로 제한되어야 하지요. 군자의 밑에 있어야 할 것들입니다. 다스리는 사람이 있지 다스리는 법이 있는 게 아닙니다. 아무리 정교하게 다듬은 법률과 규범이 있다고 하더라도, 다스림의 성패는 어디까지나 지도자와 위정자의 덕에 달렸습니다.

보령　역시 '위정자가 도덕적 인격을 얼마나 갖추었느냐, 그리고 사회 지도층과 지식인 집단이 덕을 얼마나 갖추었느냐'에서 다스림의 성패가 결정된다는 말씀이군요. 도덕적 인격, 인격의 완성을 호소하는 공자의 노선에서 크게 벗어난 것 같지 않습니다.

순자　법은 홀로 설 수 없고 스스로 적용할 수 없습니다. 그것을 실행하기에 적합한 사람을 만나면 존속할 것이고, 적합한 사람을 만나지 못하면 없어질 것입니다. 그러므로 군자가 있으면 법이 비록 간략하더라도 두루 시행되지만, 군자가 없으면 법이 비록 체계적으로 갖추어져 있더라도 제대로 시행되지 않고 사태의 변화에 대응할 수 없어 나라가 어지러워지고 맙니다. 무엇보다 군자가 우선이지요. 훌륭한 법전이나 법치 시스템 같은 건 크게 중요하지 않습니다.

교화가 우선이다

보령　법의 체계가 간략하고 완비되지 못해도 훌륭한 군자가 통치의 중심에 선다면 나라가 안정할 수 있다는 말씀인데요, 역시 유덕자有德者들이 정치를 해야 한다는 점이 중요하지요?

순자　물론입니다. 법을 말하는 법술지사들은 통치자가 포상이나 형벌 또는 권세와 속임수로 나라를 다스려야 한다고 했습니다. 이런 정치는 품삯으로 일꾼을 사고 장사꾼이 물건을 파는 방법과 같습니다. 이렇게 해서는 백성을 통합해 나라를 아름답게 만들 수 없습니다. 옛날 사람들은 그렇게 정치하려고 하지 않았지요. 부끄럽게 여겨 입에 담지도 않았습니다. 무조건 인격을 갖춘 통치자가 덕으로 백성에게 다가가야 합니다.

보령　그렇다면 정치인들이 구체적으로 어떤 덕을 갖춰야 할까요?

순자　첫째, 절대 급한 마음으로 백성을 다그치면 안 됩니다. 백성이 커다란 과업을 해내도록 강권하거나 윽박질러서는 안 되지요. 평온하게 마음으로 다가가야 합니다. 둘째, 상으로써 유도하기보단 통치자의 진심을 보이고 백성을 공평하게 대해야 합니다. 셋째, 백성에게 요구하기에 앞서 스스로 자신을 바르게 닦아야 합니다. 모범을 보이라는 말이지요.

　이렇게 세 가지 덕을 군주가 항상 갖추기 위해 노력하고 자신을 단속한다면, 백성은 그림자나 산울림처럼 군주에게 호응하고 그를 자신의 부모처럼 여길 것입니다.

보령　세 가지 덕을 갖추는 까닭은 역시 백성 교화를 위해서인가요? 공자의 본래 가르침대로라면 덕을 갖추는 것은 어디까지나 도로써 백성을 이끄는 것, 쉽게 말해 백성을 교화하는 것이니까요.

순자　네, 교화를 위함입니다. 스스로 덕망이 높아야 백성을 올바른 길로 이끌 수 있고 예의로써 백성을 교화할 수 있지요. 덕은 교화의 전제입니다.

보령　덕을 갖추어라 그러고 나서 교화해라. 사실 어쩌면 그냥 입바른 소리일 수도 있고 하나 마나 한 따분한 말일 수도 있는데요, 이상적이기만 한 공론을 말씀하신 건 아니신지……

순자　보령 학생이 지금 법과 법치에 대해 이야기하자고 하지 않았습니까? 단순히 교화가 중요하다는 이야기만 하려고 하는 게 아닙니다. 성격이 좀 급한 것 같은데 더 차분하게 들어보세요.

　법과 법치, 형벌이란 것을 고려할 때, 교화가 꼭 있어야 합니다. 교화가 먼저여야 한다는 말입니다. 이 점이 중요합니다. 제가 정말 하고 싶었던 말이지요. 교화에 최선을 다하고 교화해서도 안 되면 법을 적용해야 합니다. 교화하지도 않고 처벌한다면 형벌만 번거로워질 뿐 사악함은 이겨낼 수가 없습니다. 처벌하기만 하고 상을 주지 않는다면 부지런한 백성도 힘써 일하지 않습니다. 법과 법치, 형벌의 적용 모두 인정합니다. 하지만 철저히 교화가 우선되어야 합니다. 백성을 다스릴 때 힘을 앞세워서는 안 됩니다. 덕이 없는 군자가 통치한다면, 곧 사람들이 의심을 품고 풍속이 험악하게 되어 백성은 절대 하나가 되지 않습니다.

보령　아, 그 점을 분명히 하고 싶으셨군요. '순자는 분명히 법과 법치, 형벌을 말할 때 항상 교화를 같이 말했고 교화를 우선시했다'고요.

순자　먼저 잘 가르쳐야지요. 최대한 가르치고 나서 그래도 안 되면 법과 형벌을 적용하자는 겁니다.

보령 선생님께서도 공자처럼 별로 법치를 안 좋아하신 것 같습니다. 교화 우선주의라고 말할 수 있을 것 같은데요, 제가 보기엔 어떤 순서의 문제 같기도 합니다. 통치, 다스림에 어떤 단계를 두시나요?

순자 통치에 세 단계가 있습니다. 그 순서대로 다스려야 합니다.

첫째, 일을 하고 백성을 대할 때는 의로움으로 여러 변화에 대응하여 여유 있게 너그러이 널리 받아들이고, 공경스러운 몸가짐으로 백성을 선도해야 합니다. 이것이 정치의 시작입니다. 그런 뒤에 알맞고 조화롭게 살피고 결단하여 백성을 도와 이끌어야 합니다. 이것이 정치의 중간 단계입니다. 그러고 나서 성과에 따라 백성을 승진시키고 물러나게도 하고 처벌도 하고 상도 주어야 합니다. 이것이 정치의 마지막 단계입니다.

그러므로 첫 일 년은 시작 단계로 정치를 펼치고, 삼 년째가 되면 마지막 단계로 정치를 끝맺어야 합니다. 마지막 단계로 정치를 시작하면 정령政令이 행해지지 않고, 위아래 사람들이 서로 원망하고 미워하여 혼란을 자초하는 까닭이 됩니다.[89]

보령 처음엔 무조건 덕으로 다가가고 덕으로 선도한다. 그리고 법이란 건 마지막에 가서야 쓴다. 대략 이렇게 이해하면 되나요?

순자 그렇습니다. 중요한 점은 위정자가 덕을 갖추어야 한다는 것입니다. 그렇지 않으면 덕으로 다가갈 수도, 도로 이끌 수도 없습니다. 제가 윗물이 맑아야 아랫물이 맑다고 한 이유가 여기에 있습니다.

윗물이 맑아야 아랫물이 맑다

보령___ 선생님께서 님기신 명언이 많습니다. 한국인이라면 대부분 알고 있는 '청출어람'이 대표적인데요, "윗물이 맑아야 아랫물이 맑다"라는 말씀도 하셨지요? 그런데 그 말씀이 법치가 아닌 인치, 즉 정치는 위정자의 덕에 달렸다는 맥락에서 나왔군요?

순자___ 스스로 모범을 보여야 합니다. 그게 유가 통치학의 기본 아니겠습니까? 전 〈군도君道〉 편에서 이렇게 강조했습니다. "나라를 다스리는 방법이 따로 있는 것이 아니다. 자기 몸을 닦는 것일 뿐"[90]이라고.

보령___ 수신이 먼저라는 말씀이지요?

순자___ 임금이란 백성의 근원입니다. 근원이 맑으면 지류도 맑고, 근원이 흐리면 지류도 탁해집니다. 그러므로 나라를 다스리고 있는 사람이 백성을 사랑하지 않고 이롭게 하지 못하면서, 백성이 자기와 친하기를 바라는 것은 불가능한 일입니다. 백성과 친하지도 않고 백성을 사랑하지도 않는데 그들이 자기를 위해 일하고 자기를 위해 죽기 바란다는 것 역시 불가능한 일입니다.[91] 윗물이 맑아야지요. 임금이 덕을 갖추고 모범을 보여야 백성과 친해질 수 있습니다. 《대학》에서 말한 친민親民*, 이것을 할 수 있다는 말입니다.

보령___《대학》에 친민이 언급되었는데요, 그 전제 조건으로 수신을 첫 번째로 꼽았습니다.

순자___ 수신해야 합니다. 그래야 친민까지, 또 치국과 평천하까지 나아갈 수 있습니다. 스스로 맑은 모범이 되지 않으면 백성과 친할 수 없는데, 어떻게 치국과 평천하를 할 수 있겠습니까? 백성과 친하지 않으면 그들이 임금을 위해 일하고, 임금을 위해 죽기를 바랄 수 없습니다. 그러면 성이 견고해질 수 없으며 외적이 쳐들어왔을 때 지킬 수 없습니다. 평천하는커녕 당장 자신의 나라조차 제대로 지킬 수 없지요.

보령___ 법 이전에 덕치, 교화, 그리고 덕치와 교화를 위해 수신과 수양을 강조하신 점에서 역시 선생님께서는 유자일 수밖에 없다는 생각이 듭니다. 그런데요, 선생님. 유가 통치학에서 덕치나 수신만큼 핵심이라면 핵심인 것이 있어요. 재상 중심의 정치 말입니다. 선생님께서는 분명 재상 중심의 정치를 주장하셨습니다. 그런데 법술지사들이 재상 중심의 정치를 싫어하지 않았나요?

순자___ 매우 싫어했습니다. 재상 중심의 정치가 곧 인치입니다 사람이 통치의 주인공이지요. 하지만 법술지사들은 인치가 아닌 법치를 말하지 않았습니까? 인치를 거부했습니다. 그들은 철저히 군주가 주인공인 통치를 말했지요. 재상 중심의 정치는 현명한 신하와 관료가 주인공이 되는 정치입니다.

---

*   주자가 '신민新民', '백성을 새롭게 하라'로 바꾸었다. 본래 '친민親民', '백성과 친하라'이다.

보령__ 분명히 선생님께서는 재상 중심의 정치를 말하신 걸로 알고 있습니다. 그러면 선생님과 법술지사들 사이에는 건널 수 없는 강이 있겠습니다.

순자__ 그렇습니다. 임금 홀로 나라를 다스릴 수 없습니다. 재상이나 보좌하는 사람들은 임금에게는 들메끈이나 지팡이와 같은 것인데, 임금 된 자가 이를 서둘러 갖추지 않으면 안 되지요. 본디 임금에게는 일을 맡길 만한 재상이나 보좌하는 사람들이 반드시 있어야만 합니다. 임금의 덕은 백성을 쓰다듬어 안정시킬 만해야 하고, 지혜와 생각은 온갖 변화에 대처할 만해야 합니다. 이는 나라에 필요한 요건이라 할 수 있습니다.[92]

보령__ 공자부터 이어진 유가 통치학의 핵심은 '군신공치君臣共治'인 걸로 알고 있습니다. 임금과 신하君臣가 같이共 하는 정치治! 이것을 공자가 통치의 원칙으로 제시했고, 그 입장이 계속 이어졌다고 들었습니다. 재상 중심의 정치를 다른 말로 군신공치라 할 수 있고요. 신하를 대표하는 건 재상이니까요. 결국 임금과 재상이 같이 하는 정치가 군신공치이니, 재상 중심의 정치를 말씀하신 선생님께서도 군신공치의 입장이신가요?

순자__ 네, 그렇습니다. 군주가 독주, 독재하는 정치가 아니라 지식인들과 재상들의 의견을 경청하면서 펼치는 정치를 원했습니다. 군신공치는 제가 추구한 바이지요. 그것이 원래 유가의 이상이기도 합니다. 새삼스러울 게 없습니다, 사실.

보령__ 역시 선생님께서도 임금이 '원맨쇼'를 해서는 안 되며 신하들의 의견을 경청해야 하고, 더 나아가 신하들이 정치의 중심에 서야 한다는 입장이시군요. 선생님의 유가 정치사상, 정치철학에서는 '무엇으로 정치를 해야 할 것인가'보다 훨씬 중요한 것이 '누구와 함께 정치를 할 것인가'라고 들었어요. 아무튼 선생님께서도 군신공치를 주장하셨다고 알아두겠습니다.

순자 물론입니다. 전 유학자입니다.

보령 선생님을 두고 '법가와 비슷하다', '유가가 법가로 타락하는 길을 열었다'고 한 비판만큼이나 잘못된 평가가 있습니다. 바로 '유학을 지나치게 군주 중심의 철학으로 바꾸었다'는 인식입니다. 그런데 선생님 말씀을 듣고 나니 사람들이 오해하고 있는 듯해요.

순자 제 사상이 군주, 그중에서도 통일 제국을 이끌 군주를 수요자로 한 측면이 분명히 있는 건 사실입니다. 그렇기에 지나치게 군주 중심의 통치학을 말했다는 사람들의 말이 그렇게 억울하게 들리진 않습니다. 성악설을 내세우며 인간을 비관하고 멸시했다. 유가 사상이 법가로 변질되는 길을 열어놓았다. 이러한 세간의 인식도요. 제가 군주 중심의 통치학을 편 것을 부인할 수는 없습니다. 그러나 전 유학자입니다. 군주가 독주하는 정치, 신하들과 지식인들의 의견을 경청하지 않고 홀로 독주하는 통치는 전혀 생각지 않았습니다.

보령 선생님 사상을 보면 군주가 차지하는 위상이 높다는 생각을 사실 합니다. 선생님의 철학은 천에서 종교적, 도덕적 색채를 지워버린 데에서 시작하는데요, 그러면서 천의 권위를 군주에게 이양한 느낌이 들기도 해요. 그래서 더더욱 군주 중심의 철학과 사상이라는 인상을 풍깁니다.

순자　부정할 수 없는 일인데 역시나 제가 현실을 많이 감안해서 그렇습니다. 유가적 이상이 어떻게든 현실에서 군주를 매개로 또 예를 매개로 실현되어야 한다고 보았지요. 그 군주는 통일 세국을 이끌 인물이다 보니, 군주의 권위를 확실하게 자리매김할 수밖에 없지요. 그래서일 겁니다.

　유가 특유의 왕권에 대한 비판자 의식과 견제자 의식이 약한 점이 저에게도 있습니다. 부인하지 않겠습니다. 사실입니다. 그렇지만 재상정치 또한 분명하게 주장했습니다.

　보령 학생도 이런 말을 했습니다. 유가 정치사상에서는 '무엇으로 정치를 할 것인가'의 문제보다 중요한 점이 '누구와 함께 정치를 할 것인가'의 문제라고. 저 역시 마찬가지입니다. 제가 〈왕패〉 편에서 명확히 말했습니다. "나라를 잘 다스린다는 것은 단순히 국경을 분명히 하여 땅을 차지하는 것을 뜻하는 것이 아니다"라고요. "어떤 예법으로 다스리는가? 어떤 사람과 더불어 정치를 하는가?" 이러한 것이 더 중요하다고 말입니다.[93]

보령　"어떤 예법으로 다스리는가何法之道"보다 "어떤 사람과 더불어 정치를 하는가誰子之與也"가 눈에 띄는데요, '여與'라는 글자 때문에 그런 것 같습니다. 여는 '함께', '같이' 영어로 'with', 'together'라는 뜻인데요, 공자의《논어》나 맹자의 글을 읽다 보면 여라는 글자가 참 많이 나옵니다. 유가 사상이 원래 이 글자, 여를 좋아하지 않나요? 맹자 하면 '여민동락與民同樂'이란 말이 아주 유명하기도 하고요.

순자　유가는 체질적으로 독점과 집중을 좋아하지 않습니다. 권력이 되었든 경제력이 되었든 뭉치는 것을 안 좋아합니다. 권력이 집중되면 안 돼요. 권력은 지식인이나 신하와 함께, 그리고 즐거움은 백성과 함께 누려야지요. 맹자의 여민동락은 저도 동의하는 바입니다. 백성과 더불어서 즐거움을 함께해야지요.

보령　공자 사상이 원래 씨족공동체에 대한 향수가 강하다 보니, 원시공산제, 원시 민주주의적 흔적이 유가에 남아 있어서 그렇다는 말은 들었습니다. 신하들의 중지를 모아서 하는 정치는 씨족공동체에서 원로들이 모여서 회의하는 모습을 연상하면 된다고 하고, 재화나 경제력의 집중을 반대하는 건 씨족공동체에서 공산주의나 사회주의처럼 생산과 소비를 같이 하던 모습을 떠올리면 된다고 하던데요. 어쨌든 독점은 별로 좋아하지 않았나 봅니다.

순자　왕이 정치를 독점하면 안 되지요. 정치적 발언권을 신하들에게 충분히 주고 실무를 다스리는 권리 역시 신하들에게 주어야 합니다. 그걸 저는 재상 중심의 정치로 말한 것입니다. 군주가 덕으로 이끄는 왕자王者가 되고 싶으면 임금을 왕자로 만들어줄 재상과 함께 정치해야 합니다. 천하를 힘으로 호령하는 패자霸者가 되고 싶으면 패자로 만들어줄 사람과 함께 정치해야지요. 나라를 망치는 사람과 더불어 정치를 한다면 나라가 어떻게 되겠습니까?

보령　그렇다면 중요한 건 사람을 어떻게 골라 쓰느냐 하는 문제이겠군요.

순자　강하고 견고해지거나 영예롭거나 욕되는 것은 재상을 고르는 데 달려 있습니다. 자신이 능력 있고 재상도 능력 있다면, 이러한 사람은 왕자가 됩니다. 자신은 능력이 없지만 두려워할 줄 알아 능력 있는 사람을 구한다면, 이러한 사람은 강자가 됩니다. 자신이 능력 없으면서도 두려워하지 않으며 능력 있는 사람을 구하지 않고 오직 가까이서 아양 떨며 자기에게 친한 척하는 사람을 등용한다면, 이러한 사람은 나라를 위태롭게 합니다. 땅도 빼앗기고 결국에는 망하게 되겠지요.[94] 군주라면 역시 사람을 제대로 골라 써야 합니다. 어진이, 현명한 이를 부려야지요.

보령   그런데요, 선생님의 재상 중심 정치 이론은 공자, 맹자의 것과는 좀 달라 보입니다. 특히 맹자의 '지식인 정치론'과 다른 것 같아요. 맹자는 지식인이 왕과 백성의 스승으로서 대접받아야 한다. 선각자, 선지자로서 국정을 끌고 가야 한다. 이런 식의 어떤 선언적 말, 거의 선포에 가까운 말을 웅변처럼 내뱉었어요. 반면, 선생님께서는 어떤 효율성과 정치적 유효성의 측면에서, 특히 시스템적인 면에서 재상 중심 정치, 신하들이 주인공인 정치를 말하신다는 느낌이 드네요.

순자   그래야 군주에게 의견이 반영이 되지 않겠습니까? 누누이 말씀드렸지만 현실에 맞아야지요. 현실 적합성과 유효성을 고려해야 합니다. 더구나 당시는 통일 제국이 다가온 시점이었습니다. 그러니 맹자처럼 단순히 선포하는 식으로 주장하고 선언적 언사로 역설해서는 안 되겠지요. 어느 정도 국가경영학적, 행정학적 차원에서 발언할 필요가 있었습니다. '지금 이 사람이 통치의 기술을 언급하는구나', '통치에 실제로 도움이 되는 이야기를 하는구나' 하고 군주가 느낄 수 있도록 제가 말을 했지요.

예를 들어보겠습니다. 전 신하로 쓸 사람을 세 등급으로 분류해서 쓰라고 주문했습니다. 일반 관청의 관리로 쓸 사람, 관청의 우두머리로 쓸 사람, 재상이나 핵심 참모로 쓸 사람. 이렇게 등급을 나누고 각 등급별로 요구되는 능력과 덕목에 대해서는 〈군도〉 편에 상세히 열거했습니다. 자, 이 정도는 되어야 현실에서 받아들여지지 않겠습니까?

보령__ 역시 선생님다우신 개성이 엿보입니다. 통일 제국의 군주를 위한 인사 행정학, 이런 맥락에서 이해해도 되겠군요. 선생님의 재상 중심 정치를 말입니다.

순자__ 그렇습니다. 하지만 군주가 신하를 부릴 때에도 합리적인 통치의 기술이 중요하지만 역시 제일 중요한 것은 군주의 덕입니다. 신하를 다스릴 때에도 잊지 말아야 할 것이 윗물이 맑아야 아랫물이 맑다는 말이지요.

보령__ 근원이 맑아야 말류도 맑다. 즉 윗물이 맑아야 아랫물도 맑다. 원청즉류청原青則流青! 〈군도〉 편에서 두 번이나 강조하셨습니다. 백성을 대할 때의 자세와 신하를 대할 때의 자세로요.

순자__ 군주 스스로가 예의 바르고 현명한 사람을 존중하고 탐욕과 이익을 멀리하면, 신하들도 서로 자연스럽게 사양하고 충성하며 신의를 다지는 등 신하로서의 책무에 소홀하지 않을 것입니다.

순자와 무위정치

보령___ 선생님께서는 공자처럼 '무위無爲'도 주장하셨습니다. 사실 무위 하면 장자와 노자로 대표되는 도가를 상징하는 덕목이지만, 유가에서도 주장하는 덕목 아닌가요? 또 재상 중심의 정치, 군신공치와 같이 가는 것이라고 하던 데요?

순자___ 우리 유가에서도 주장하는 덕목 맞습니다. 더 정확히 말하자면 유가가 가장 먼저 주장했지요. 장자, 노자보다 앞선 시대의 인물인 공자 님께서 주장했으니까요. 사실 유가만이 아니라 변법을 주장한 법술지사들도 무위란 말을 썼지요. 학파나 사상가마다 각자 다른 의미로 써왔습니다. 그런데 이상하게 노자와 장자, 특히 노자의 '전매특허'로 알려져 있더군요.

무위는 보령 학생이 지적했듯이 군신공치를 논할 때 나옵니다.

보령___ 공자가 이런 말을 했습니다.

아무것도 하지 않으면서 천하를 잘 다스린 사람은 순임금이시다. 그분이 무엇을 하셨겠는가? 몸가짐을 공손히 하고 남쪽을 향해 앉아 계셨을 뿐이다.[95]

여기서 직접 무위라는 말을 쓰셨는데요?

순자___ 네. 순임금은 그저 남면하고 있었을 뿐입니다. 보통 군주는 남쪽을 향해 앉아 시선을 두었습니다. 순임금은 군주의 자리에 앉아 남쪽만 보고 있었고 실무는 신하들에게 맡겼습니다. 이것이 순임금이 행한 '무위의 정치'입니다. 공자 님께서는 이를 이상으로 삼았지요. 신하들이 마음껏 국정을 챙길 수 있게 왕이 최대한 배려해야 한다는 정치철학입니다. 순임금처럼 하면 됩니다. 신하들의 말을 최대한 경청하여 그들이 자신들의 지혜로 국정을 이끌 수 있게 해줘야지요.

도가 철학에서 말하는 무위는 이렇습니다. 우선 노자의 경우 자신의 주관과 꾀를 버려두고 자연의 법칙대로 혹은 자연의 법칙을 바탕으로 만든 법에 따르는 것을 말합니다. 장자의 무위는 국가나 지배 권력의 강제나 강요에 따르지 않고 스스로 삶의 방식을 찾는 것을 말하지요. 유가의 무위는 이들의 것과 다릅니다. 단지 신하들에게 맡기라는 것입니다. 왕이 직접 나서지 않고 신하들이 일을 하게 두라는 뜻이지요. 정확히 말하자면 왕은 무위, 신하는 유위有爲, 더 정확히 말하자면 신하의 유위를 위한 왕의 무위입니다. 신하들이 알아서 정치를 잘하도록 왕이 나서지 말라, 이렇게 이해하시면 됩니다.

보령 《논어》〈위정爲政〉편 첫 장에 이런 말이 있어요.

덕으로 정치를 하는 것은 비유컨대 북극성이 제자리에 머물러 있으니 모든 별들이 그를 향해 인사하는 것과 같다.[96]

덕으로 정치를 해라. 그리고 덕으로 정치하려면 임금이 북극성과 같아야 한다. 저는 이렇게 이해했습니다만, 이 말도 역시 무위정치를 의미하나요? 정치를 논하는 〈위정〉편의 첫마디라 더욱 의미심장합니다.

순자 북극성이 제자리에 가만히 있고 뭇별이 그를 향해 인사하는 것 같다지 않습니까? 임금은 국가의 어른 내지 상징으로만 존재하고, 정치는 그를 향해 인사하는 뭇별과 같은 존재인 신하들이 직접 챙겨라. 공자 님께서는 바로 이 말을 하고 싶었습니다. 이게 유가에서 말하는 무위, 무위의 정치이지요. 임금은 최대한 신하들을 존중하고 그들에게 성지를 담당케 하고, 자신은 그저 국가의 어른이나 상징, 아니면 조정의 심판관 역할에 만족하면 됩니다.

보령 군주가 심판관이라면 신하들이 선수라는 말이네요? 직접 경기를 뛰는 선수처럼 신하들이 직접 정치의 영역에서 뛰어야 한다는 말이군요.

순자 그렇습니다. 군주가 일일이 실무를 다 챙길 수 있겠습니까? 그럴 수 있다고 해도 왕의 기력이 쇠해지기 마련인데……. 이런 통치는 묵자 무리나 주장하는 바이지요.

크게는 천자로서 천하를 다스리고 작게는 제후로서 나라를 다스리는 데 있어서 반드시 자신이 직접 일을 해야 한다면 신체적으로 대단히 수고롭고 정신적으로도 매우 초췌해질 것입니다. 비록 하인이나 하녀라 하더라도 그러한 천자와 지위와 바꾸려 하지 않을 것입니다. 그러므로 천하를 잘 다스리고 온 세상을 통일하는 일을 어찌 반드시 자기 혼자 하려고 해서야 되겠습니까? 그렇게 일일이 챙기는 정치는 천한 일꾼들이 주장하는 바이고 묵자의 이론일 뿐입니다.[97]

민본정치를 주장하다

보령 선생님께서 유자로서 정체성을 확실히 보여준 주장이 있습니다. 법치 이전에 교화를 우선시하라, 덕치와 재상 중심의 정치를 하라 등이 있는데요, 민본정치民本政治를 하라고도 주장하시지 않았나요? 맹자가 주장했던 역성혁명易姓革命까지는 아니었지만, 백성이 나라의 근본임은 선생님께서도 분명히 하신 바입니다. 〈대략〉 편에서 말씀하셨어요. "하늘이 군주를 내린 것은, 즉 군주라는 권력을 준 것은 군주를 위함이 아니라 백성을 위함"[98]이라고요.

순자 민본정치는 당연한 겁니다. "임금은 배요, 백성은 물이다. 물은 배를 띄우기도 하지만 배를 뒤집어엎기도 한다"[99]라는 말도 했습니다. 물이 배를 엎을 수 있습니다. 또 물이 없다면 배가 뜰 수 있겠습니까? 통치하는 사람들은 항상 백성 귀한 줄 알아야 합니다.

보령 아, 〈왕제〉 편에서 하신 말씀이시지요? 기억나네요. 선생님, 그럼 어떻게 하면 백성을 귀하게 여기는 민본정치를 할 수 있을까요? 맹자는 안정된 생업의 토대라 할 수 있는 항산을 보장하라는 것으로 민본정치를 말했어요. 또 공자는 지배층이 낭비를 줄이고 때에 맞게 백성을 부리고 그들의 세금을 경감하는 것으로 민본정치를 말했고요. 선생님께서는 어떠신가요? 민본정치를 위해 구체적으로 어떤 것을 주문하셨나요?

순자 우선 생산의 진흥이 기본입니다. 백성이 잘 먹고 잘 입게 해야 하지 않겠습니까? 만물을 이용해 재화를 많이 생산해야지요. 생산력을 신장해야 합니다. 이를 위한 사회시스템을 만들어야 하지요. 백성이 '나라가 아주 큰 것은 주지 않는다, 아주 많은 이로움은 주지 않는다'라고 생각하면 통치에 순응하지 않습니다. 생산력 신장이 민본정치의 시작이자 근본입니다.

그다음 백성을 안심시켜야 합니다. 이는 민본정치의 필수조건입니다. 어질고 훌륭한 사람을 골라 쓰고 착실하고 공경스러운 사람을 등용하여, 효도와 우애를 발현시키고 고아나 과부 같은 사람을 거두며 가난한 사람을 도와야 합니다. 사회적 약자를 챙겨야지요. 이렇게 하면 백성이 안심하겠지요. 위정자가 항상 명심해야 할 바입니다.

또한 공자 님께서 함부로 백성을 동원하거나 혹사시키지 말라고 했습니다. 저도 마찬가지입니다. 이들을 노역에 동원해 쥐어짜선 절대 안 됩니다. 부려먹고 이용하려면 먼저 백성을 정신적으로 사랑하고 또 물질적으로 이익을 주어야 합니다. 그렇게 하더라도 최대한 백성의 부담을 줄이고 이들의 힘을 적게 활용하는 것이 좋습니다. 그래야 백성이 생업에 마음 놓고 종사할 수 있으니까요. 이들의 부가 나라의 재산이니 당연한 것입니다. 이 세 가지를 명심해야 백성을 근본으로 하는 정치를 할 수 있습니다.

보령　선생님께서 〈부국〉 편에서 이런 말씀을 하셨지요.

백성을 불리하게 한 뒤에 이용하는 것보다 그들에게 이익을 준 다음에 이용하는 편이 낫다. 백성에게 이익을 준 다음에 이용하는 것보다는 이익을 주면서도 이용하지 않는 편이 더 낫다. 또 백성을 사랑하지 않으면서 쓰는 것보다는 사랑한 다음에 쓰는 편이 더 낫다. 그리고 백성을 사랑한 다음에 쓰는 것보다는 사랑하면서도 쓰지 않는 편이 더 낫다.[100]

순자__ 네, 그렇습니다. 이익을 주면서도 백성을 이용하지 않고, 사랑하면서도 백성을 부리지 않아야 합니다. 이렇게 하는 임금이 천하를 차지할 수 있습니다. 백성을 함부로 다루고 정치로 못살게 굴어선 안 됩니다. 말이 수레를 끌다가 놀라면 수레 위의 군자는 안정할 수 없고, 백성이 정치에 놀라면 군자는 그의 자리에서 안정하지 못합니다. 말이 수레를 끌다 놀라면 말을 달래는 것이 가장 좋고, 백성이 정치에 놀라면 그들에게 은혜를 베푸는 것이 가장 좋지요.*101

보령__ 조금 전에 고아나 과부 등 사회적 약자에 대해 언급하시지 않았습니까? 맹자나 묵자도 그들을 보호할 수 있어야 진정한 정치라 할 수 있다고 했는데요, 선생님께서는 〈왕패〉 편에서 그들을 언급하면서 이렇게 말씀하셨습니다.

임금은 백성이 맡는 일을 가볍게 하고 적절히 조정하여 널리 모든 사람을 아울러 보살펴 갓난아이를 기르듯 백성을 길러야 한다. 그러면 백성의 생활에 여유가 생기고 백성을 부리는 데에 도리가 있게 된다. 그뿐이 아니라, 정령과 제도가 천하 사람과 백성에게 적용되는 모습을 면밀히 살펴야 한다. 만일 나라의 정령과 제도가 백성에게 불합리한 점이 털끝만큼이라도 있다면, 비록 고아나 자식 없는 노인이나 홀아비와 과부 같은 무력한 사람

---

*__ 유가에서 말하는 덕치와 어진 정치는 어쩌면 군자 계층, 기득권을 지닌 계층의 자기 확인 내지 자기 기득권 보존 의식의 발로일지도 모른다. 위기의 시대엔 아래로부터 혁명의 움직임도 있지만 위로부터의 개혁을 주장하는 사람들 또한 등장하기 마련. 위로부터의 개혁을 주장하는 사람들은 이렇게 생각하기 쉽다. '우리가 조금이라도 변하고 옛날보다 피지배층에게 유하게 다가가고 온정적으로 대하자. 안 그러면 그나마 우리가 가진 기득권이 날아가고 모든 것을 빼앗길 수 있다.' 지배층 내부에 이런 위기의식과 비교적 양심적 의식을 가진 사람들이 등장해 지배층의 변화를 촉구하는데, 유학자들이 말하는 어진 정치와 덕치는 지배층의 위기의식과 자기 확인, 자기 보전 의식의 발로이다. 공자와 맹자, 그들에게 영향을 준 안자 모두 여기에서 자유롭지 않다.

에게라도 절대로 강제해선 안 된다.[102]

고아나 자식 없는 노인과 홀아비와 과부를 보호해야 한다. 이건 알겠습니다만, 좀 이해 안 가는 부분이 있어요. 나라의 정책이나 제도에 불합리한 점이 있으면 그걸 사회적 약자에게 적용하지 말라는 말 같은데요. 그것과 사회적 약자를 보호하는 것이 어떻게 연관되나요? 나라의 정책과 제도가 문제라면 그냥 없애면 되는 것 아닌가요?

순자__ 현실의 세상을 보니 그렇게 말할 수밖에 없었습니다. 불합리한 규범이나 제도는 특히 사회적 약자에게 향하기 쉽고 가혹하게 적용되기 쉽습니다. 현실이 그렇습니다. 힘없는 자들에게는 제도의 불합리와 법의 모순이 잔인하게 다가오지요. 불합리하거나 모순된 정치와 제도는 존재 자체도 문제이지만, 사회적 약자들에게만 가혹하기 쉽다는 점이 가장 큰 문제입니다. 그래서 저렇게 따로 말하여 강조한 것입니다. 위정자들이 항상 명심해야 한다는 뜻이지요. 전 정말 사회적 약자들을 조금이라도 보호했으면 하는 마음으로 그렇게 말했습니다. 그들을 외면하면 어진 정치가 아니고 어진 군주가 아니지요. 그렇지 않으면 백성은 군주를 어버이로 여기지 않습니다. 믿고 신뢰하지 않습니다.*

---

* 사회적 약자들을 보호하고 챙기자는 건 유가 사상이 지닌 매력이라면 매력이다. 하지만 사람들은 흔히 전근대적 질곡과 억압의 원인과 원흉을 유교로 인식하고 있다 보니 잘 보지 못하는 부분이다. 정말 유교 탓에 사회적 약자와 하층민이 착취당하고 폭력에 시달려왔을까? 전근대에 유교 문화권만 백성이 착취당하고 폭력에 시달린 것은 아니다. 지배층이 어떤 종교와 이념, 철학을 가졌든 하층민의 삶은 시궁창이었다. 그나마 교화와 덕치를 내세운 유교가 최대한 폭력을 멀리하게끔 지배층을 제어했고, 또 그나마 여성을 비롯한 사회적 약자를 보호하려고 애썼다. 다른 문화권의 종교와 이념, 철학 등 지배적 사상에 비해서 말이다.

보령 정통 유가로서 선생님의 모습을 계속 조명하고 있는 중인데요, 선생님께서 '거리', '공간적 이동'에 관련한 말에 비유하여 이상적인 정치와 정치적 덕목을 말씀하신 부분이 텍스트에 자주 보여요. 이런 점도 선생님께서 정통 유자라는 생각이 들게 합니다.

순자 무슨 뜻인지요?

보령 《논어》를 보면 떠나가다, 멀어지다, 가까워지다, 돌아오다, 찾아오다, 흩어지다 등 거리에 대한 표현이나 공간적 이동과 관련한 비유가 많아요. 이런 단어와 함께 이상적인 정치나 부정적인 정치, 환경 등을 많이 언급하지요. 마찬가지로 선생님께서도 거리나 가깝고 멀어짐 등의 표현을 써 주장하셨어요. 위정자라면 이러저러한 의무를 행해야 한다. 그러면 백성이 모이고 돌아온다. 반대로 위정자가 이러저러한 의무를 내팽개치면 백성이 흩어지고 떠나고 서로 멀어진다. 뭐 이런 수사를 통해 정치인이 챙겨야 할 의무와 덕목을 역설하셨어요.

순자 사실 유가에서 가장 부정적으로 보는 건 인민이 흩어지고 사는 곳을 버리고 떠나는 일입니다. 단순히 국가 노동력과 생산력의 저하를 염려해서가 아닙니다. 폭정에 지쳐 인민이 떠나는 상황 자체를 가장 비참한 현실로 인식하는 것은, 위정자와 통치 계층의 부덕함을 가장 극명하게 보여주는 사례라고 생각해서지요.

〈유효〉편에서 제가 그랬지요. 진정한 선비의 공효功效가 있다. 진정한 선비를 군주가 부리면 얻을 수 있는 정치적 효과가 있다는 말입니다. 그들을 정치 현장에 등용하면 넓고 크게 영향을 미치는데 아래로는 백성에게 믿음, 사랑, 충성, 덕이 생기게 할 것입니다. 그리되면 지금 여기에 있는 사람들은 노래하면서 즐기고 먼 곳의 사람들은 그런 정치를 펴는 군주에게 허겁지겁 달려올 것입니다. 그러면 온 세상이 한집안처럼 될 수 있지요.

그래야지요. 사람들이 이리 오게 하고 서로 가까이 지내도록 해야지요.

보령_ 어떻게 현명한 선비들을 나라로 불러들일 수 있을지에 대해서는 〈치사〉 편에서도 말씀하셨지요?

순자_ '거去', 살던 곳을 버리고 다 떠난다는 말이지요. 거하는 것을 우리 유자들은 가장 두려워하고 비극으로 여깁니다.

냇물과 연못은 용과 물고기가 사는 곳이다. 산과 숲은 새와 짐승이 사는 곳이다. 나라는 선비와 백성이 사는 곳이다. 냇물과 연못이 마르면 용과 물고기가 떠난다. 산과 숲이 험난하면 새와 짐승이 떠나고 정치가 험난하면 선비와 백성이 떠난다.[103]

그러니 모여들게, 돌아오게 해야지요. 그것을 저는 '귀歸'라고 말했습니다. 정치를 잘해서 백성이 돌아오게 해야 합니다.

냇물이나 연못이 깊으면 물고기와 자라가 모여들고, 산이나 숲이 무성하면 새와 짐승이 모여들고, 법도와 정치가 공평하게 시행되면 백성이 모여들고, 예의가 잘 갖춰 있으면 군자가 모여든다.[104]

위정자라면 사람을 귀하게 여길 수 있어야지요. 그래서 〈수신〉, 〈유효〉, 〈왕제〉, 〈부국〉, 〈왕패〉 편에서도 이를 언급했습니다. 참 많이, 거듭 강조했습니다. 그러기 위해선 어진 정치, 예를 통한 통치를 해야 합니다.

보령 귀나 거, 거리의 가까움과 멀어짐을 뜻하는 표현으로 정치 이상과 의무를 제시하신 말씀이 많습니다. 역시 선생님께서는 유자고 유학자라는 것이 다시 한 번 확인되네요.

이렇게 재상정치에 이어 민본정치도 살펴보았는데, 이제 군자에 대해 이야기할 때가 되었습니다. 앞서 재상정치, 민본정치의 주인공이 군자라 하셨어요. 법치를 제한적으로만 인정한다고 하실 때, 법과 제도와 규범의 근원이 또한 군자라고 하셨고요. 그리고 원래 유학은 군자됨을 지향하는 학문 아니겠습니까?

순자 그렇습니다. 송 대 성리학이 만들어진 이후에는 유학이 '성인됨'을 지향하는 학문이 되었지만 원래 원시 유학은 '군자됨'을 지향하는 학문에 가까웠지요. 그럼 군자에 대해 본격적으로 이야기해야겠군요.

·10장·
군자란 누구인가

사람은 나면서부터 본디 소인이다.
스승과 법도가 없다면 오직 이익만 눈에 들어온다.
난세에 난잡한 풍속을 접하니
이는 양이 적은 것을 덜어내 더 적게 하는 것이고
어지러움에 어지러움을 더하는 것이다.

군자 그리고 수양론

보령__ 선생님, 먼저 군자란 어떤 사람인지 설명해주세요. 특히 선비, '사士'라
는 글자로 표현되는 인간과 군자가 무엇이 다르고 어떻게 구분되는지 궁금합
니다. 사만 해도 이상적인 인간을 가리키다 보니, 선비와 군자를 혼동하는 경
우가 가끔 있습니다.

순자__ 사는 배움을 시작한 초보 단계의 학자입니다. 이제 막 예를 배우고 실천
하는 사람을 말하지요. 하지만 군자는 배움이 무르익은 사람을 뜻합니다. 예
를 배우고 실천하는 수준이 아니라, 그것을 굳은 의지로 항상 자신의 삶에서

지키고 구체화하여 표현하는 인간입니다. 선비에 비해 훨씬 도에 가깝지요. 그리고 군자의 단계를 넘어서면 성인의 경지가 있습니다. 성인은 더 이상 어떤 인위적인 노력이나 배움, 실천 따위가 필요 없어진 단계의 존재입니다. 목표로서 제시될 수는 있어도 도달하기에는 현실적으로 어려운 경지의 이상적 인간이지요. 송 대 성리학에서는 원시 유학과 다르게 성인을 도달 가능한 목표로 제시했습니다.

보령　유가, 유학의 주장을 한마디로 정리하자면 '착하게 살자'입니다. 조금 다르게 표현하자면 '도덕적으로 살자', '도덕적 인간이 되자'가 아닙니까? 그러니 유학은 더도 말고 덜도 말고 '도덕을 위한 가르침의 묶음'이라고 하면 딱이에요. 그런데 도덕적 인격의 완성자가 군자이니 결국 유학은 군자됨을 목표로 하는 가르침의 체계가 아닌가요?

순자　맞습니다. 유학은 본래 군자됨을 목표로 하는 사상 체계이고 학문입니다. 그렇기에 수양론이 주가 될 수밖에 없습니다. 수양을 해야 착해지고 도덕적 인간이 될 수 있겠지요. 사람들은 순자 하면 우선 성악설을 생각하고 동시에 성선설을 말한 맹자를 떠올립니다. 같은 이치로, 원시 유교 하면 사람들은 먼저 인성론을 떠올리는데, 그렇지 않습니다. 모두 군자가 되기 위한 수양론을 중심에 두고 하는 이야기이지요. 공자 님 같은 경우에는 인성론을 아예 언급도 안 하셨습니다. 유학자들은 군자됨이 목표인 수양론을 주로 삼는다는 점에서는 같습니다. 다만 수양의 방법과 길에 대해서 조금 의견 차이가 있을 뿐입니다.

보령__ 조금이 아니라 많이 있지요?

순자__ 사실, 그렇습니다. 적지 않지요.

공자 님께서는 군자라는 구체적 인간상을 제시했습니다. 이 점이 중요한데요. 군자는 항상 인을 행하려 노력하여 인을 이룬 사람입니다. 공자 님께서는 군자가 되기 위한 수양론으로 '수기이경修己以敬', '수기안인修己安人'이라는 논리를 제시했습니다. 수기이경은 경건한 자세로 자신을 닦으라는 뜻이고, 수기안인은 나를 닦은 후 다른 이들을 편안하게 해주라는 뜻입니다. 그래야 군자가 될 수 있다고 하셨지요.

성선설을 주장한 맹자는 모두가 요순과 같은 성인이 될 수 있다고 하면서, 그러한 도덕적 가능성이 인간에게 선천적으로 있다고 했지요. 그래서 선한 도덕적 마음을 찾아 크게 키우라고 했습니다. 마음을 찾아 크게 키우기, 이게 맹자의 수양론이지요. 그래서 그는 '마음 다하기—진심盡心', '마음 보존하기—존심存心', '마음 기르기— 양심養心', '호연지기 기르기—양호연지기養浩然之氣'를 말했습니다. 인간 본성의 선함을 전제했기 때문입니다.

저 순자의 수양론은 이렇습니다. 예를 한결같은 자세로 배우고 그침 없이 실천하라! 저에게는 예의 공부와 실천을 위한 노력이야 말로 인간을 인간답게 만드는 것이라는 확신이 있습니다. 이를 바탕으로 수양론을 이론적으로 체계화했습니다. 저는 '일一', '일壹'과 '적積'을 말했습니다. 일一과 일壹은 모두 하나이지요. 한결같은 자세를 많이 강조했습니다. 적은 쌓아감 누적이지요. 공부와 노력을 적해야지요. 여기에, '화성기위化性起僞'와 '기를 다스림—치기治氣', '마음으로 본성을 다스리기— 이심치성以心治性'을 주장했습니다. 뒤에서 설명하겠습니다만, 이런 수양 방법으로 자신의 본성을 좋게 바꿔서 인간 사회 질서의 중심이 되는 군자가 되자고 했습니다.

이렇게 우리 셋은 서로 다른 수양론을 제시했습니다. 하지만 모두 수양론을 사상의 중심으로 삼았습니다. 셋의 수양론은 모두 군자됨을 위한 길이자 방법이지요. 그래서 유학 특히 원시 유학을 군자됨을 위한 가르침의 모음이라 딱 잘라 말할 수 있는 겁니다.

보령__ 세 분 다 군자, 군자됨에 대해서 말씀하셨는데요, 이야기를 살펴보면 선생님과 공자 사이가 가까워 보이고 맹자가 홀로 떨어져 있다는 느낌이 드네요.

순자__ 저도 공자 님처럼 군자라는 인격상을 구체적으로 제시하려고 했고, 또 군자를 소인과 대조해서 많이 설명했습니다. 그래서 공자 님과 비슷하다는 인상을 풍기는 것 같습니다. 사실 공자 님께서 군자와 군자됨에 대해서 말씀하실 때 그렇게 설명하는 경우가 많았지요.

보령__ 군자 되는 방법에서 예의 실천과 학습 그리고 끝임 없는 노력을 강조하신 점도 맹자보다 공자와 더 비슷하다는 생각이 들게 합니다.

순자__ 그렇습니다. 예를 공부하고 행하고 항상 노력하는 인간에 대한 언급의 내용도 공자 님과 제가 비슷하지요. 맹자는 이상적인 인간이 되는 데 있어 예의 학습과 실천을 조금 경시했습니다. 예에 대한 비중을 공자 님에 비해 매우 적게 두었지요.

보령 그럼 지금부터 선생님께서 생각하는 군자의 모습이랄까요? 그 요건과 인격상, 덕목 등에 대해서 차근차근 알아보겠습니다.

순자 앞에서 언급한 천인지분에 밝은 자가 군자이고, 노력하는 자, 성실히 공부하는 자, 미신적 사고와 거리가 먼 합리주의사, 정치의 중심이 되는 자, 하늘과 땅의 사업에 참여하는 자를 군자라 말할 수 있습니다. 그 하나하나를 알아봅시다.

천인지분에 밝은 자

보령 다시 천인지분 이야기입니다.

순자 네, 저 순자가 생각하는 군자에 대해 논할 때도 천인지분이 중요합니다. 하늘은 하늘일 뿐이다. 그 하늘에 빠져 종교적, 도덕적 의미 찾으려 하지 말고, 그저 인간은 인간이 해야 할 일을 잘하면 된다. 하늘은 하늘, 인간은 인간. 이런 구분에 밝은 자가 군자입니다. 곧 하늘은 인간사와 무관한 자연현상이고 사람은 사람만의 영역과 직분, 할 일이 있다. 이것이 천인지분입니다. 기억하시나요? 제가 말한 군자는 그런 사람입니다. 인간의 직분을 잘 알고 그 직분을 잘해내기 위해 애면글면하는 자입니다

공자 님께서는 군자를 한결같이 도를 추구하고 행하는 자, 도를 평생 밟아가는 자라고 생각했지요. 그런데 도는 말입니다, 천도 즉 하늘의 도도 아니고, 지도地道 즉 땅의 도도 아니며, 인도 즉 사람의 도일 뿐입니다. 사람이 행해야 할 바이자 걸어야 할 길이지요. 군자는 인도를 따르는 자입니다. 그렇기

에 군자는 날로 발전합니다.

보령___ 하늘과 사람의 구분에 밝은 것이 군자의 제일 덕목이라고 기억하면 되나요?

순자___ 그렇게 알아두세요. 앞서도 강조했듯이 제 철학은 모두 천과 인의 분리와 구분에 기초하고 있습니다. 자연天에서 분리된 인간에게는 능동적이고 주체적인 노력을 통해 천지에 질서를 부여하고 만물을 제대로 부려야 할 책무가 있습니다. 이 책무를 다하는 사람이 군자입니다.

보령___ 외부 환경이나 조건의 영향을 받기만 하는 수동적인 존재가 아니라, 능동적으로 외부 환경을 변화시키고 자신 역시 변화하는 주체적인 존재, 이것이 선생님께서 군자론에서 전제하고 선언하신 것이군요.

순자___ 맞습니다.

보령___ 그리고 선생님, 군자는 인도만을 따르고 인도만을 걷는다고 하셨습니다. 인도는 바로 앞에서 살펴본 예이겠지요? 예라는 것은 인도의 극치라고 하셨으니까요.

순자___ 만물을 다스리고 세계에 질서를 부여하는 것이 군자의 임무이고 책무입니다. 예로써 그것을 할 수 있습니다. 예로써 이루고 예로써 구체화하지요.

군자는 합리주의자

보령 능동적 주체로서의 인간이 강조되어서인지 선생님의 책을 읽다 보면 앞서 언급한 대로 미신적 사고, 운명론적 사고를 철저히 배격하려는 입장이 두드러져 보입니다. 관상 좋은 게 마음가짐 좋은 것만 못하고, 마음가짐 좋은 게 몸가짐 좋은 것만 못하다고 하셨고요. 또 주역 점을 정말 잘 아는 자는 주역 점을 치지 않는다고도 하셨습니다.

순자 미신적 사고에 갇혀 있고 운명론적 사고를 한다면, 인간이 어떻게 주체적이고 능동적인 존재로 스스로를 자각해 주인으로 살 수 있겠습니까? 또 어떻게 전심 진력하며 공부할 수 있겠습니까? 안 그래도 묵가 무리가 유가에 있는 미신주의, 운명주의적 사고에 대해 강도 높게 비판하지 않았습니까? 전 유가에 남아 있는 그런 때들을 모두 철저히 청소하려고 했습니다. 앞서 다 말씀드린 바이지요.

그런데 이 점을 아셔야 합니다. 미신적 사고를 멀리하는 것은 묵가를 의식해 나온 것이기도 하고, 천인지분 논리에서 자연히 도출된 것이기도 합니다. 그러나 저에게 있는 어떤 스승으로서의 자의식에서 비롯한 것이기도 합니다. 학생도 스승 입장이 된다면 그럴 수밖에 없을 것입니다. 어떻게든 열심히 해라, 노력해라, 그러면 잘될 수 있다. 선생이란 이럴 수밖에 없지요. 미신주의적 사고를 철저히 거부한 데에는 그런 자의식이 있었습니다. '관상이 나빠도, 출신이 천해도, 공부하면 된다. 노력하면 된다'고 하면서 어떻게든 노력하도록 격려하고, 고무해야지요. 교육자라면 그래야 합니다.*

보령　선생님, 관상 이야기가 나와서 말인데요, 한국에서는 '관상 성형'이라는 것이 있습니다. 좋은 관상을 만들기 위해 얼굴에 칼을 대고 수술합니다.

순자　아니 대체 그건 무슨 소리입니까?

보령　기업체에서 사람을 새로 뽑거나 간부로 임용할 사람을 검토할 때, 사람의 관상을 꽤 비중 있게 살핀다고 합니다. 그래서 학생들이 관상쟁이에게 가서 상담합니다. "내 관상 어떠냐, 안 좋다면 어디가 안 좋고, 어떻게 수술해야 좋은 관상이 될 수 있겠냐"라고요. 이렇게 상담하는 취업 준비생이 적지 않다고 합니다.

순자　아, 정말 이해할 수 없는 일이군요. 관상은 좋은 마음가짐만 못하고, 좋은 마음가짐은 바른 몸가짐만 못한 것이거늘, 좋은 관상을 만들기 위해 얼굴에 칼까지 대다니……. 그냥 공부 열심히 하고 바르게 살려고 노력하면 될 것인데 참 이해할 수 없군요. 안타까운 일입니다.

한결같은 사람, 성실한 사람

보령　아무튼, 선생님 말씀대로 끊임없이 노력하라고 독려하는 모습을 선생님

---

*　《순자》를 읽어 보면 이미 한 이야기를 반복하는 경우가 많아서 다소 지겹다는 생각이 들기도 한다. 이는 순자의 자의식을 생각하면 이해할 수 있는 일이다. 순자는 스승으로서의 자의식이 강한 사람으로 생각되는데, 누구든 교육자의 입장이 된다면 그러지 않을까? 한 말 또 하고, 거듭하고, 하지만 순자는 단순하게 반복하지 않고 매번 다른 사례와 비유를 든다. 최대한 지루하지 않게 받아들이도록 하려는 의도가 엿보인다. 정말 좋은 스승이 되기 위해 고심하고 노력한 흔적을 텍스트 곳곳에서 볼 수 있다.

의 책에서 자주 볼 수 있습니다. 군자도 역시 끊임없이 노력하고 공부하는 사람이겠지요?

순자 제가 〈영욕〉 편에서 이렇게 말했습니다.

사람은 나면서부터 본디 소인이다. 스승과 법도가 없다면 오직 이익만 눈에 들어온다. 사람은 나면서부터 본디 소인이다. 난세에 난잡한 풍속을 접하니 이는 양이 적은 것을 덜어내 더 적게 하는 것이고 어지러움에 어지러움을 더하는 것이다.[105]

보령 노력하지 않으면 평생 소인으로 살게 된다는 말씀인가요?

순자 네. 노력하지 않으면 태어날 때의 모습인 소인의 상태로 죽을 때까지 살게 됩니다. 하지만 노력하면 소인이 군자가 되고 성인이 될 수도 있습니다. 요임금이나 우임금이 나면서부터 모든 것을 갖추었겠습니까? 거듭 공부하고 수양해서 그렇게 되었을 따름이지요.

사실 '타고난 성材性'과 '지능知能'은 군자와 소인이 똑같습니다. 영예를 좋아하고 치욕을 싫어하며 이로움을 좋아하고 해로움을 싫어하는 것도 군자와 소인이 다 같습니다. 다만 후천적인 노력에 차이가 있을 뿐이지요. 그러니 부지런히 공부하고 노력하라는 말입니다.

보령 그래서 선생님께서 결어일의 자세를 주장하셨고 적이라는 공부 방법을 강조하셨군요.

순자 지렁이는 날카로운 발톱이나 이빨, 힘센 근육이나 뼈를 가지고 있지 않습니다. 다만 위로는 티끌과 흙을 먹고 아래로는 땅속의 물을 마시는데 그것은 한결같이 마음을 쓰기 때문입니다. 게는 여덟 개의 발에 두 개의 집게가 있지만 장어의 굴이 아니면 의탁할 곳이 없습니다. 이는 마음을 산만하게 쓰기 때문입니다. 그러므로 굳은 뜻이 없는 사람은 밝은 깨우침이 없으며, 꾸준히 일하지 않는 사람은 뛰어난 업적을 이루지 못할 것입니다. 네거리에서 헤매는 자는 목적지에 이르지 못하고, 두 임금을 섬기는 자는 아무에게도 받아들여지지 않을 것입니다. 눈은 두 가지를 한꺼번에 보지 않기 때문에 밝게 볼 수 있고 귀는 두 가지를 한꺼번에 듣지 않기 때문에 분명하게 들을 수 있습니다.[106]

마음을 하나의 목표에 붙들어 묶는 결어일의 자세도 중요하지만, 한결같이 마음을 쓰는 '용심일用心一'의 자세도 중요합니다.

보령 용심일, 한결같이 마음을 써라. 결어일만큼 좋은 말이네요.

순자 매사 정성을 다하고 성실해야 합니다. 그래야 군자가 될 수 있습니다. 군자가 마음을 수양하는 데는 정성보다 더 좋은 것이 없습니다. 정성을 다하면 마음에 방해되는 일이 없을 것입니다. 정성된 마음으로 오직 인만을 지키고 오직 의만을 행해야지요. 그러면 그것이 겉으로 드러나고, 그러면 신묘해지고, 그러면 사람들을 교화할 수 있습니다. 정성된 마음으로 의를 행하면 조리가 서고, 그러면 모든 것이 분명해지고, 그러면 사람들을 훌륭하게 변화시킬 수 있습니다.[107] 사람들을 가르치고 교화해야 할 군자에게 정성스러운 자세, 성실한 마음가짐은 필수입니다.*

보령　정성스러움과 성실함으로 사람들에게 감동을 주면서 사람들을 교화할 수 있는 존재가 군자이군요.

순자　네, 그 지극한 덕을 갖추어야 군자랄 수 있습니다. 그렇게 하면 아무 말을 하지 않아도 저절로 사람들이 깨우치게 되고, 아무것도 베풀지 않아도 사람들과 친하게 되며, 성내지 않아도 사람들이 위엄을 알아봅니다. 정성된 마음자세로 노력해 지극한 덕을 갖췄기 때문이지요. 이것을 바로 '천덕天德'이라 합니다. 앞서 말한 천인합일을 떠올리면 됩니다.

　천덕을 갖춘 이는 하늘 같은 사람입니다. 인간은 인간이고 하늘은 하늘이라고 했습니다. 그런데 그렇게 노력해서 지극한 덕을 갖춘 이가 바로 하늘입니다. 유일신과 같은 하늘이 정말 따로 있어 사람을 부리고 세상을 주재하겠습니까? 사람이 세상의 중심이고 주인공입니다. 정성스럽고 성실한 마음 자세로 도를 지키면 하늘과 땅 사이에 우뚝 선 존재가 되고, 더 나아가 인간이 하늘이 됩니다.

보령　정성스러움과 성실함, 그런 자세가 중요하다는 말씀, 잘 알겠습니다.

순자　훌륭한 도를 지키는 데에 정성스럽지 않으면 우뚝 설 수 없고, 우뚝 서지 못하면 그것이 겉으로 드러나지 않으며, 겉으로 드러나지 않는다면 비록 작정하여 얼굴빛으로 드러내고 말로 표현한다고 하더라도 사람들은 그 뜻 그

＊　오직 인만을 지킨다. '수인守仁' 양명학陽明學을 만든 대학자 왕양명의 이름이기도 한 이 말은 순자 텍스트에서 나왔다. 순자가 오경을 만들었다는 것과 '수인'을 순자가 처음 말했다는 것은 흔히 듣기 힘든 이야기다. 이를 생각하면 순자가 얼마나 폄하되고 과소평가되었는지 알 수 있다.

대로 따르지 않을 것입니다. 설사 따른다 하더라도 반드시 의심할 것입니다. 천지는 위대하지만 정성되지 않고는 만물을 화육하지 못하고, 성인은 지혜가 있더라도 정성되지 않고는 만백성을 교화하지 못합니다. 아버지와 자식은 친한 관계이지만 정성되지 않으면 멀어집니다. 임금은 존귀한 자리이지만 정성되지 않으면 천해집니다. 정성스러운 자세는 군자가 지켜야 할 덕목이며 정치의 근본입니다.[108] 이처럼 정성스러운 자세와 마음이 중요합니다. 성실함이라고 이해하셔도 좋습니다. 정성스럽고 성실해야지요.

보령__ 선생님의 그 말씀은 《중용》의 한 구절이 생각나게 하네요. 한국에서 〈역린〉이란 영화의 마지막 장면에서도 나온 문구입니다.

> 작은 일도 무시하지 않고 최선을 다해야 한다. 작은 일에도 최선을 다하면 정성스럽게 된다. 정성스럽게 되면 겉에 배어 나오고, 겉에 배어 나오면 겉으로 드러나고, 겉으로 드러나면 이내 밝아지고, 밝아지면 남을 감동시키고, 남을 감동시키면 이내 변하게 되고, 변하면 생육된다. 그러니 오직 세상에서 지극히 정성을 다하는 사람만이 나와 세상을 변하게 할 수 있는 것이다.

《중용》23장으로 알고 있는데, 이 구절이 많은 한국인에게 감동을 주었습니다.

순자__ 그 구절은 22장부터 연결해 읽어야 합니다. 그리고 방금 언급한 영화는 다소 각색한 듯한데, 제가 원문에 충실하게 해석해보지요. 먼저 《중용》22장은 이렇게 됩니다.

오직 천하에 지극히 성실한 사람만이 자신의 천명을 다할 수 있으니, 그 천
명을 다하게 된다면 사람의 성을 다할 수 있을 것이요, 사람의 성을 다할
수 있다면 만물의 성을 다 이뤄낼 수 있을 것이다. 만물의 성을 다하게 된
다면 천지의 화육을 도울 것이요, 천지의 화육을 도울 수 있다면 천지와 더
불어 참여할 수 있을 것이다.[109]

그다음 《중용》 23장.

그다음은 부분과 부분, 즉 일상과 매사에 지극히 함이니, 그리 지극히 하면
성실할 수 있고, 성실하면 밖으로 나타나며, 밖으로 나타나면 더욱 분명히
드러날 것이고, 드러나면 밝게 빛날 것이다. 밝게 빛나면 모든 이들을 고무
시킬 수 있고(감동시키고 교화시키고), 고무시키면 변하게 할 수 있고, 변하
면 세상을 크게 이루게 할 수 있으니, 천하에 성실한 자만이 이처럼 커다란
화육을 이룰 수 있느니라.[110]

제가 말한 정성스러움과 성실함이란 덕목이 《중용》에 잘 나와 있습니다.
그런 자세로 사람들에게 감동을 주고 사람들을 교화하는 자가 군자입니다.
거기서 더 나아가 천지화육에 참여하는 인간이 군자이지요.

앞에서 잠깐 이야기되었지만, 《중용》과 《대학》은 본래 한 대에 저를 따르는
학자들이 만든 《예기》에 속한 텍스트이지요. 그래서인지 제가 했던 이야기가
반복되기도 하고, 저의 문제의식이 잘 드러나기도 합니다.

보령　그런데 보통 지나치게 주희식 관점으로만《대학》과《중용》이 읽혀서인지 관념론적으로만 해석되어온 듯합니다. 앞으로는 선생님의 시각으로 읽어봐야겠다는 생각이 많이 듭니다.

순자　특히《대학》같은 경우에는 제 관점으로 보는 게 좋다고 생각합니다. 그 책은 저 순자의 것이라 해도 과언이 아니지요.

군자는 정치인

보령　두 텍스트와 관련해서는 나중에 더 여쭙기로 하고요, 지금 이야기하고 있는 군자가 지녀야 할 덕목에 대해서 더 알아보겠습니다.

선생님께서 말씀하시는 군자는 단순히 인격의 완성자, 수양의 극치를 이룬 자가 아니라, 바람직한 정치를 행하는 자로서의 의미가 있다고 들었습니다. 이 부분에서도 공자와 맹자가 말한 군자, 특히 맹자의 군자와 다르다고 생각합니다.

순자　네, 맹자와는 많이 다릅니다.

보령　유학을 이렇게도 말하지 않습니까? '내성외왕內聖外王'을 위한 학문이라고요. 맹자는 내성 쪽으로 치우친 것 같아요. 자기 안에서 선한 마음과 선한 본성을 확인하고 그것을 키우자, 내 안으로 침잠해 들어가 확인하고 키워서 성인이 되자. 그러다 보니 '수기修己'에만 치우쳐 있고 외적으로 바람직한 질서를 만들어내는 '외왕外王', '안인安人', '치인治人'이란 의미에서의 군자상이 상당히 약해 보입니다.

이와 대조적으로 선생님께서 말씀하시는 군자는 정치인으로서의 군자, 위정자로서의 군자의 의미가 도드라져 보입니다. 외적으로 무언가를 행하고 만드는 군자.

순자 현실에서 아무것도 하지 못하면 무슨 소용이 있겠습니까? 공자 님께서 말씀하신 인은 어디까지나 사회적 화합과 평화, 질서라는 정치적 결과와 직결됩니다. 철저히 정치사회적인 것이지요. 인을 일구는 주체가 군자라고 한다면, 군자는 당연히 정치를, 정치적 책무를 다해야지요. 현실 사회에서 무엇인가를 일궈내야 합니다. 그래야 군자입니다. 또한 무릇 군주라면 군자를 어떻게든 군자답도록 해주어야 합니다. 그래야 현실에서 유가의 주장과 이상이 조금이나마 구현되겠지요.

이 역시 제가 현실을 고려하다 보니 정치적 의미의 군자, 통치자로서의 군자의 모습을 더욱 강조한 말입니다.

보령 네. 제가 생각해도 군자를 단순히 도덕자, 인격의 완성자, 수양의 정점에 이른 자만으로 보면 안 될 것 같습니다. 통치자, 정치인의 의미를 놓치지 말아야 하겠네요. 그럼 정치인, 통치자로서 군자의 모습에 대해 설명을 좀 더 듣고 싶습니다.

순자 하늘과 땅이 있어야 삶이 시작되고, 예의가 있어야 다스림이 시작되며, 군자가 있어야 예의가 만들어질 수 있습니다. 예의를 만들어 통용케 하고 그것이 두텁게 쌓이게 하여 널리 쓰이도록 하는 것은 군자가 있기에 가능하지요. 그러므로 하늘과 땅은 군자를 낳았고 군자는 하늘과 땅을 다스리니, 군자란 하늘과 땅의 변화에 참여하는 자이고 만물을 아울러 거느리는 자이며 백성의 부모가 되는 자입니다.

만일 군자가 없다면 하늘과 땅은 다스려지지 않고 예의에 법통이 없게 되며, 위로는 임금과 스승이 없고 아래로는 아버지와 아들이 없게 될 것입니다. 이를 두고 지극한 혼란이라고 합니다.[111] 군자가 없으면 안 됩니다. 군자가 없으면 가르침과 다스림을 펼 수 없고 질서를 만들 수 없습니다.

보령　군자가 없으면 다스림, 질서, 교화가 있을 수 없다? 그렇게 중시한 사회의 안정과 조화, 평화를 이룰 수 없다고요?

순자　국가 성립에는 다섯 가지 필수 요소가 있습니다. 땅, 인민, 도, 예법, 군자. 땅이 없다면 사람들이 편안히 살지 못합니다. 사람들이 없다면 땅을 지키지 못합니다. 도와 예법이 없다면 사람들이 모여들지 않습니다. 군자가 없다면 도가 행해지지 않습니다. 땅, 인민, 도, 예법은 나라가 이뤄지는 근본이고, 군자는 도와 예법을 총괄하는 중추입니다. 모두 잠시라도 없어서는 안 되는 요소이지요.[112]

보령　현대에는 국가 성립의 요소로 인민, 국토, 주권(정치권력) 이렇게 셋을 꼽습니다만, 선생님께서는 다섯 요소를 말씀하시네요. 군자가 국가의 한 요소라는 점이 재밌어요. 그것도 아주 중요한?

순자　군자를 얻으면 나라가 다스려지고, 잃으면 어지러워집니다. 군자를 얻으면 나라가 안정되고, 잃으면 위태로워집니다. 군자를 얻으면 나라가 존속되고, 잃으면 멸망합니다. 좋은 법이 있는데도 나라가 어지러워지는 경우가 있을 수는 있지만, 군자가 있는데 나라가 어지러워졌다는 이야기는 지금까지 들어본 일이 없습니다.[113] 그러니 국가의 한 요소라 할 수밖에요. 단순한 요소기 아니고 대들보이고 기둥이지요.

보령 그런데, 방금 선생님께서, 좋은 법이 있는데 나라가 어지러워지는 경우는 있어도 군자가 있는데 나라가 어지러워졌다는 말을 들어본 적이 없다고 하셨습니다. 이 말씀은 법가의 주장을 반박하고 그들이 말하는 법 제정과 집행 전문가인 법술지사의 역할을 저평가하는 소리로 들려요. 아마도 법가는 자신들을 과소평가한다고 생각하겠습니다.

순자 단호하게 말하겠습니다. 법은 도구이고, 이차적인 것에 불과합니다. 덕을 갖춘 군자의 지도를 받아야 하는 것이지요. 법은 단순한 정치적 도구나 수단에 불과합니다.

보령 법에 대한 선생님의 관점을 명확히 밝혀주셨습니다. 유학자로서의 정체성이 다시 엿보입니다. 그럼 다시 통치자, 정치 행위자로서의 군자 이야기로 돌아가겠습니다.

범위를 좀 좁혀서 이야기하고 싶은데요, 군자의 정치적 책무에 대해서 듣고 싶습니다. 군자가 정치 현장에 있을 때 챙겨하는 구체적인 의무 또는 임무에 대해 말씀해주세요.

순자 아무리 군자라도 농사짓는 것은 농부만 못하고, 물건을 만드는 건 공인만 못하고, 장사는 상인만 못합니다. 군자는 사람들의 덕을 따져 지위의 차례를 정하고 능력을 헤아려 벼슬을 줍니다. 현명한 사람과 어리석은 사람 모두에게 걸맞은 지위를 주고, 유능한 사람과 무능한 사람 모두에게 걸맞은 벼슬을 줍니다. 그리고 만물이 모두 그 합당한 위치를 얻게 해야 합니다. 모두 군자가 해야 할 정치적 책무입니다.

특히 능력에 맞게 사람을 부리는 일이 가장 중요합니다. 비록 왕공과 사대부의 자손이라도 예를 충분히 배우지 않았으면 서민으로 돌아가게 해야 합니다. 비록 하층민의 자식일지라도 학문을 쌓아 행실이 바르고 예를 충분히 배워 행하는 자라면 경상과 사대부가 되게 해야 합니다.[114]

보령 보통 유가 하면 신분 질서의 틀을 좀 강고하게 부여잡고 있다는 인식이 있는데, 선생님께서는 좀 다르신 것 같네요. 공자만 해도 군자와 소인, 맹자 같은 경우는 대인과 소인, 정신노동을 하는 지배계급 노심자勞心者와 육체노동을 하는 피지배계급 노력자勞力者, 이렇게 양분해서 말을 했습니다. 경계선을 분명히 그었습니다. 맹자는 육체노동을 하는 사람을 은연중에 무시하는 모습도 보였고요.

순자 저도 신분 사회를 부정하지는 않았습니다. 하지만 제가 제시하는 신분 사회에는 확실히 새로운 논리가 있습니다. 혈통이나 출신에 기초한 신분 사회가 아닙니다. 자신의 학문적 노력과 수양 정도에 따라 신분이 항상 뒤바뀔 수 있는 사회이지요. 학문과 덕이 높으면 신분도 높아져야 합니다. 학문과 덕이 낮으면 신분도 낮아져야 합니다. 각 개인의 사회적 위치는 어디까지나 학문과 덕이 기준이 되어야지요. 이것이 저의 이상이었습니다. 출신과 혈통이 안 좋아도 괜찮습니다. 열심 공부하고 훌륭한 인격을 쌓아 좋은 정치를 펼 재목, 그릇이 되면 됩니다.

보령__ 군자라는 그릇은 정해지지 않고, 노력과 학문을 통해서 만들어지나요?

순자__ 당연합니다. 학문을 통해 만들어진, 후천적 노력과 실천을 통해 만들어진 군자만이 존경을 받고 부를 누리며 통치의 중심에 서서 국정을 운영해야 합니다.

보령__ 아, 그렇군요. 그럼 이쯤에서 군자에 대한 이야기를 정리하고 마무리해야겠습니다. 천인지분부터해서요, 미신적 사고의 배격과 한결같은 마음가짐으로 노력하는 자세, 그리고 통치자로서의 군자와 그의 정치적 책무, 신분과 혈통이 아니라 노력과 공부를 통해 만들어지는 군자, 이렇게 정리할 수 있겠습니다. 혹시 군자에 대해서 더 하실 말씀이 없으신지요?

순자__ 몇 가지 할 말이 더 있습니다. 수신에 항상 최선을 다하는 군자의 성격, 외형에 대한 이야기입니다.

군자는 가난해도 뜻이 넓고 부귀해도 몸가짐이 공손합니다. 편안히 즐길 때에도 혈기를 따라 멋대로 놀지 않고 고단하더라도 용모가 흐트러지지 않습니다. 상대가 노엽게 해도 상대에게 해를 가하지 않고 비위를 맞춰주어도 자기 것을 함부로 주지 않지요.

군자가 가난하면서도 뜻이 넓은 것은 어짊을 존중하기 때문입니다. 부귀해도 몸가짐이 공손한 것은 위세를 부리지 않기 때문입니다. 편안히 즐길 때에도 혈기를 따라 멋대로 놀지 않는 것은 사리를 분별할 줄 알기 때문입니다. 고단해도 용모가 일그러지지 않는 것은 사귐을 좋아하기 때문입니다. 노엽다고 해서 해하지 않고 기쁘다고 해서 지나치게 주지 않는 것은 사사로움을 이겨 법도를 지키고자 하기 때문입니다.[115]

보령 　"가난해도 뜻이 넓"다는 말씀은 당당한 게 군자라는 뜻 같고, "법도"가 "사사로움을 이"긴다는 말씀은 예로써 스스로 단속한다는 뜻인가요?

순자 　공의로써 사사로운 욕심을 이겨낼 수 있어야 군자입니다. 군자지능이공의승사욕 君子之能以公義勝私欲!

보령 　선생님, 그럼 정치의 장에서의 군자의 자세 말고, 일상생활이나 대인 관계에서 견지해야 할, 일상의 장에서의 군자의 자세는 없을까요?

순자 　군자는 자신을 헤아리는 법도로는 곧은 먹줄을 사용하지만, 남을 대하는 법도로는 굽은 활도지개를 씁니다. 자신을 먹줄같이 곧은 법도로 헤아리기 때문에 충분히 천하의 법도가 될 수 있지요. 반면 타인을 굽은 법도로 헤아리기 때문에 타인에게 너그러울 수 있고, 여러 사람을 움직여 천하의 일을 이룰 수 있는 것입니다.[116]

보령 　사람은 누구든 자기에게 관대하고 타인에게 엄격하지 않나요? 그리고 항상 자신을 봐주고 자기 합리화를 하면서 사는 것 같은데요?

순자 그러면 안 되지요. 군자라면 자신에게 엄격하고 타인에게 관대해야 합니다. 그 정도 그릇이 안 되는 사람은 타인의 위에 서거나 정치 일선에 나서지 말아야 합니다. 타인의 스승이 되어서도 안 됩니다.

보령 당연한 말씀입니다. 자신에 엄격하고 타인에게 관대한 사람이 군자겠지요. 동서고금을 막론하고 그 말은 진리 아닐까 싶어요.

선생님 텍스트를 보면, 그러한 군자 주변에 사람이 모이고 그를 존경하며 그의 말과 지도를 듣는다고 하셨어요. 군자라면 스승이 될 수도 있어야 한다는 말씀이지요? 군자 이야기의 마지막으로 스승으로서의 군자에 대해 듣고 싶습니다.

순자 군자는 스승이 될 수 있어야 합니다. 타인의 모범이 되어 타인이 저절로 감화되게 해야지요. 스스로 적극적으로 교화할 수 있도록 이론을 전개하기도 해야 합니다.

보령 이론을 전개해야 한다는 말씀이라면……, 군자라면 소위 속된 말로 '썰'을 풀 수 있어야 한다는 건가요? 하하.

순자 배워서 익힌 좋은 가르침과 깨우침이 있으면 적극적으로 타인에게 알려야지요. 널리 나눌 수 있어야 합니다. 옛날의 성인군주들을 법도로 삼고 예를 철저히 실천하는 사람일지라도, 이론을 좋아하지 않고 말하기를 즐기지 않는다면 절대로 성실한 군자가 되지 못합니다. 그러므로 군자는 배우는 것, 곧게 행동하는 것도 좋아하지만, 가르치는 것도 좋아하는 사람입니다. 배운 바를 전달하는 일을 기쁘게 생각하는 사람이지요. 가르치며 나눌 수 있어야 군자입니다. 전승하는 자아로서 인간을 잊으면 안 되지요.

자신이 훌륭하다고 여기는 이론을 말하는 것을 좋아하지 않는 사람은 없습니다. 군자에게 이런 경향이 더욱 뚜렷합니다. 그러므로 사람들에게 이론을 선물하는 것은 금이나 보석이나 진주나 옥보다도 더욱 소중한 것을 주는 일이고, 사람들에게 좋은 가르침을 보여주는 것은 보불黼黻 무늬나 아름다운 무늬보다도 더욱 아름다운 것을 주는 일이며, 사람들에게 좋은 가르침을 들려주는 것은 종고鐘鼓나 금슬琴瑟을 연주하는 것보다 큰 즐거움을 주는 일입니다. 그러므로 군자는 가르침을 싫증 내지 않습니다.[117]

보령 공자가 그러지 않았습니까? 나는 절대 성인이 아니다. 다만 배우는 데 있어, 또 게으르지 않고 가르치는 데 있어 싫증 내지 않는 사람일 뿐이다. 학불염學不厭 교불권敎不倦. 선생님께서도 군자는 가르치는 데 싫증 내지 않는다라고, 군자지어언무염君子之於言無厭을 말씀하시네요.

순자 네, 그래야지요. 군자라면 스승 노릇을 할 수 있어야 합니다.

보령 선생님의 텍스트에는 전반적으로 그런 의식이 깔린 듯해요. 스승으로서의 자의식 말입니다.

이제 선생님의 군주론, 군주관에 대해서 이야기해봐야겠습니다. 그리고 후왕이라는, 선생님께서 창안하신 군주 개념과 이상적 군주상에 대해서도요. 공자, 맹자를 비롯한 모든 유학자와 비교해도 정말 선생님 사상에서 군주가 차지하는 비중이 매우 큰 것으로 알고 있어요. 앞서 재상정치와, 민본정치,

무위정치를 말씀하시면서 이상적 군주의 덕목과 임금이 견지해야 할 정치의 대원칙에 대해도 언급하셨는데요, 이야기가 중복되더라도 좀 더 듣고 싶습니다.

순자__ 좋습니다.

11장

군주 그리고 후왕이라는 이상

지극한 다스림의 궁극은 후왕의 법도를 되찾는 것이다.

순자 사유의 중심, 군주

보령 임금의 도에 대해 논하는 〈군도〉 편은 물론이고, 사실 선생님 텍스트의 적지 않은 부분이 군주에 초점이 맞춰져 있습니다. 사상적 수요자가 군주라 그렇겠지만, 그걸 감안하더라도 참 많이 논하셨어요.

순자 저는 유자입니다. 덕치사상에 입각해 있고, 그것을 강하게 고수했습니다. 그러나 현실 또한 보았지요. 군주를 매개로 해서 유가적 이상이 현실에서 실현되어야 한다고 보았기에 군주를 중시했던 겁니다. 현실의 정치 상황이 그렇게 하도록 했습니다. 통일 제국 형성을 직면한 당대 상황에서 군주를 매개로 사상을 펼치는 길밖에 없었지요. 유가적 이상을 현실에서 조금이라도 실현하려면요.

하지만 그게 끝이 아닙니다. 예를 매개로 유가적 이상이 실현되도록 해야 한다고 생각했습니다. 그래서 군주에게 예를 주문하고 강조했지요. 모름지기 군주는 예를 존중하고 예로 다스려야 한다고 말입니다.

저 순자는 이렇게 군주와 예를 매개로 해서 현실화하는 유가적 이상을 생각했습니다. 예가 제도로서 기능할 수 있는 객관적 규범이 되도록 했고, 때론 예에 법까지 담으려고 했지요. 그래야 현실의 군주가 예의 정치적 효용성을 인정해 그것으로 나라를 다스릴 것이고, 유가적 이상이 현실에서 조금이나마 구현될 수 있지 않겠습니까? 현실을 보았기에 군주를 중시했던 것이고 예의 성격도 좀 수정했던 겁니다.

보령_ 하지만 선생님, 역시 현실의 군주는 폭력적 지배자일 수밖에 없지 않나요? 원래 국가는 '깡패' 아닙니까? 경찰력과 군대로 대변되는 폭력을 독점적으로 소유한 존재가 국가이고, 그 수장이 군주이잖아요. 선생님의 예치, 군주를 매개로 한 유가적 이상의 현실화는 처음부터 좀 비현실적인 것 같아요. 물론 공자, 맹자보다는 현실적이었지만요.

순자_ 그래도 포기할 수 없었습니다. 군주는 예라는 사회규범을 제정하고 유지하는 자이자, 예에 담긴 정신과 제도를 모두 실천하는 자라고 정의했습니다. 그렇게 가도록 계속 주문하고 당부하는 수밖에 없었지요. 보령 학생 말대로 현실의 군주는 폭력적 지배자일 수밖에 없습니다. 하지만 군주가 예로 다스린다면, 그가 조금이나마 유가적 덕치의 실행자가 되지 않을까 싶었습니다.

보령 죄송하지만, 순진하거나 너무 낙관적인 생각이 아닌가요? 현실의 군주가 유가적 이상과 이념의 차원으로 올라간다는 것은 현실적으로 어려운 일인데요.

순자 전 현실 사회에 그런 군주가 등장해 통일천하에서 조금이라도 유가적인 이념이 행해지길 희망했습니다. 그래서 저는 계속 예의 정치적 유효성을 말했지요. 예를 존중하고 법을 완비한다면 국가는 항구할 수 있다. 군주가 예를 존중하고 현자를 존경하면 왕자가 되고 법을 중시하고 인민을 사랑하면 패자가 된다. 이렇게요. 유가적 이상이 조금이라도 실현되기를 간절히 바랐습니다.

보령 그래서 사람들이 선생님을 이렇게 평합니다. 현실의 지배자를 유가적 이념으로 끌어와서 유교적 군주를 상상했고 형상화했다고. 아무튼 왕이 유가적 이념을 실천하는 사람이 되었으면 좋겠다고 간절히 바라셨군요.

순자 그렇습니다. 비현실적일지라도 유자로서 정체성, 유가적 이념의 현실화를 포기할 수는 없었습니다.

보령 현실의 지배자 군주와 유학자들이 원하는 이상적 군주 사이엔 간극이 너무 큰 것 같아요. 천 길 낭떠러지 같아 보이는데요, 그래도 유학자들은 현실에서 유가적 이상을 포기하지 않지요. 이런 걸 보면 선생님께서는 천생 유학자이신가 봅니다.

순자 네. 유학자이자 공자 님 사상의 계승자로서 어쩔 수 없었습니다.

보령 선생님의 군주관을 보면, 유가적 이상을 포기하지 않은 정도가 아니라 안간힘을 쓰면서 부여잡고 있다는 느낌이 들어요. 그런 나머지 그 대목에는 선생님의 슬픔, 아픔, 질박함이 느껴집니다. 어쨌든 선생님께서 군수를 중시할 수밖에 없었던 이유를 들었습니다.

《순자》를 읽은 어떤 사람들은, 천인지분을 말할 때 선생님께서 부정한 천의 절대적 권위와 주재성을 아주 버린 것이 아니라 군주에게 이양했다고 하는 경우도 있어요. 정말 그러셨는지는 모르겠지만, 다른 유가들에 비해 군주의 위상을 대단히 높게 두셨습니다. 단순히 군주, 임금이 아니라 말 그대로 천자! 통일 제국을 다스릴 천자의 시대를 준비하셨기 때문인가요?

순자 물론입니다. 열국이 경쟁하던 시대의 군주와는 차원이 다른, 천자라는 군주의 출현이 눈앞에 다가왔습니다. 그러니 어찌 인정하지 않을 도리가 있겠습니까?

군주, 요청적 개념이자 존재

보령 선생님께서는 군주의 위상을 높게 두셨지만, 그러면서도 신비적, 종교적 외피를 군주에게 씌우진 않으셨어요. 유자들은 보통 천명을 받아 세상을 다스린다는 식으로 군주에게 신비의 장막과 베일을 씌우는 경향이 있습니다. 보통 유자들과, 특히 후세의 유학자들과도 구분되는 점인데요?

순자 군주의 존엄한 지위와 권위 인정합니다. 더구나 천자의 시대에서는 더욱 그렇지요. 하지만 이건 분명히 하려고 했지요. 군주는 철저히 사회적 필요와 문제의 해결을 위해 요청된 존재일 뿐입니다. 천명이고 하늘을 대신해 다스린다는 식의 이야기를 저는 모두 부정합니다. 군주는 다만 현실의, 눈앞의 문제를 잘 해결하고 시대적 과제를 잘 이행하는 유능한 경영자여야 합니다.

만일 제가 군주는 천명을 받았다, 하늘을 대신해서 땅을 다스린다, 인민의 어버이다, 이런 식으로 막연하고 안이하게 떠들었다면, 당대 지식인 사이의 경쟁에서 이길 수 있었겠습니까? 안 그래도 묵가가 정치권력의 기원에 대해 상세히 논하며 군주에 대해 말했습니다. 법가 쪽에서도 군주란 신성불가침한 존재가 아니라 정치사회적 혼란을 방지하는 등 당대에 닥친 문제를 해결하기 위한 요청적 존재라는 합리적인 시각을 보여주었습니다. 이런 상황에서 단순히 덕을 베풀어라, 천명을 받았으니 백성을 자식처럼 아껴라, 이렇게 말할 수는 없었습니다.*

보령 군주 그 자체는 절대 존엄한 존재가 아니고, 어디까지나 쓸모 있는 존재여야 한다. 이런 말씀이지요? 그래서 '성왕의 공용'이란 말씀도 하신 거고요. '성왕의 쓸모'란 것이 있는데, 이렇게 저렇게 사회에 필요한 기능을 하는 존재라고 이야기하셨어요.

순자 쓸모 있어야 군주입니다. 필요한 기능을 해야 군주이지요.

---

* 순자다운 시각이 드러나는 부분이다. 묵자와 법술지사의 합리적이면서도 현실적인 세계관과 역사 인식을 받아들였고, 이를 통해 유가 사상에 부족한 현실성과 합리성을 보충했다. 그 결과 순자가 말하는 이상적 군주상을 보면 묵자와 법술지사가 주장하는 이상적 군주와 유사한 점이 있다.

군주의 쓸모란 것이 있습니다. 먼저 백성을 잘살게 하는 것이지요. 위로는 하늘을 살피고 아래로는 땅을 살펴, 만물 위에 작용을 가해 재화가 하늘과 땅 사이에 가득 차게 해야 합니다. 백성이 쓰고도 남을 만큼 적극적으로 재화의 생산을 늘리고 부를 늘려야지요. 군주가 명심해야 할 제일의 정치적 책무라 할 수 있습니다. 이렇게 하지 못하면 군주가 아닙니다.

보령　"어버이를 잘 섬기는 것을 효도라고 하고, 형을 잘 섬기는 것을 우애라 하며, 윗사람을 잘 섬기는 것을 순함이라고 한다. 그리고 아랫사람을 잘 부리는 것을 임금이라고 한다. 임금이란 여럿이 모여 잘살도록 해주는 사람이다."118

순자　부모를 잘 모셔야 효라고 할 수 있고, 형을 잘 섬겨야 우애라 할 수 있고, 어른을 공손히 대할 수 있어야 순하다고 할 수 있는 것처럼, 백성을 잘 다스릴 수 있어야만 군주라 할 수 있습니다.

　잘 부린다는 것 그리고 잘살게 한다는 것은 같은 말입니다. 단순히 풍요로움만을 뜻하는 게 아닙니다. 백성을 배불리 먹이는 건 물론이요, 이들이 사회를 이루고 사는 합당한 방법까지 마련하는 것이 이른바 백성을 잘 부리는 것이고 잘살게 하는 것입니다. 군주의 의무이지요. 재화가 많이 생산되게 하고 재화를 잘 공급해주며, 사회생활이 안정되게 하고, 집단생활이 조화롭도록 하는 존재가 군주입니다. 이것이 군주의 쓸모이자 의무이지요.

보령　쓸모 있는 군주, 성왕의 공용을 갖춘 군주가 되려면 어떤 덕목이 필요한가요? 또 군주에게는 어떤 의무가 있는지 구체적으로 알고 싶습니다.

좋은 선비가 나라의 울타리

순자__ 따로 임금의 길이라는 주제로 강의를 한 적이 있습니다. 바로 〈군도〉 편인데요, 군주의 도에 대해 제가 이렇게 말했습니다.

도란 무엇인가? 군주의 도를 말한다. 군주란 무엇인가? 많은 사람을 잘 돌보는 사람을 말한다. 많은 사람을 잘 돌본다는 것은 무엇인가? 사람들이 잘살도록 길러주는 것이고, 사람들을 잘 다스리는 것이며, 사람들을 잘 등용하는 것이자, 사람들이 신분에 맞게 소비하고 누리게 하는 것이다.[119]

백성이 잘살도록 해주면 백성이 군주를 좋아하게 되고, 백성을 잘 다스리면 모든 백성이 안심하게 되지요. 사람을 잘 등용하면 모든 백성이 즐겁게 여길 것입니다. 백성이 신분에 맞게 소비하고 재화를 누리게 해준다면 백성이 군주를 잘 따를 것입니다. 이상의 네 요건이 있는데, 이 모두를 군주가 갖춘다면 온 천하가 그를 따를 것입니다.

보령__ 〈군도〉 편에서 말씀하신 군주의 도 네 가지군요. 군주의 4대 의무!

순자__ 그렇습니다. 네 가지 의무라 할 수 있지요. 이를 갖추지 못한, 즉 네 의무를 행하지 않는 군주를 어느 백성이 안심하고 따르겠습니까? 백성은 그런 군주의 통치에 순응하지 못하겠지요. 그리되면 천하는 그에게서 떠납니다. 그런 자는 군주가 아니지요. 군주가 군주의 정치적 의무를 다하지 않으면 한낱 필부일 뿐입니다.

보령 네 가지 의를 말씀하시면서 민본정치, 위민정치를 다시 한 번 역설하시는 느낌입니다. 네 가지 의무와 도를 읽어보니, 가장 중요한 것은 사람을 제대로 등용하는 것이라는 생각이 들었어요. 생산의 독려, 공정하고 법도대로 돌아가는 조정의 사무, 안정된 신분 질서, 이것 모두 중요하지만, 어질고 현명히고 능력 있는 자를 어떻게든 찾아내 마땅한 사리에 앉혀 쓰는 것, 이것이 임금의 도 가운데 가장 중요한 의무라고요. 맞나요?

순자 〈군도〉편은 이렇게 시작합니다.

반드시 다스리는 사람은 있어도 반드시 다스리게 하는 법은 없다.[120]

법과 제도보다 사람이 먼저입니다. 전 유자로서 그렇게 생각합니다. 좋은 군자, 좋은 선비를 찾아서 등용해야 합니다. 군주 자신도 어질고 현명해야지만 사람을 제대로 쓸 줄 알아야지요. 이게 제일 중요합니다. 어질고 현명한 사람을 신하로 부리고 국정의 주체로 등용해야 합니다. 그렇게 하면 나라가 번창하겠지만, 그렇게 하지 않으면 나라는 망하고 말 겁니다.

보령 아, 그래서 〈군도〉편에 임금에 대한 이야기보다 좋은 선비와 훌륭한 군자를 논하는 부분이 많군요. 그 편을 읽다 보면 군주보다 좋은 선비, 훌륭한 군자, 좋은 신하, 이런 주제들에 대한 이야기가 더 많았던 것 같아요. 어떻게든 현명한 이들을 등용하라고 많이 강조하셨고요. 그렇게 기억합니다.

순자 군주가 (자신이 다스리는 나라가) 강하고 견고해지고 안락해지기를 바란다면, 백성을 돌이켜 살펴보는 일보다 더 좋은 게 없습니다. 신하가 따르고 백성이 통일되기를 바란다면 정치를 돌이켜 살펴보는 일보다 더 좋은 게 없습니다. 정치를 잘하여 나라를 아름답게 하고자 한다면 합당한 사람을 등용하는 것보다 좋은 일이 없지요.[121] 좋은 선비와 인재가 나라의 울타리요, 담이 되어 나라를 편안하게 하는데, 현실은 그렇지 않으니 안타깝습니다.

보령 덕 있고 유능한 이들이 등용되지 못하는 현실을 정말 안타까워하셨어요. 이를 두고 환난이라고까지 말씀하셨는데요?

순자 사람을 제대로 알아보고 쓰지 못하고 어리석고 못난 사람을 쓰고, 간사한 사람을 조정에 두어 현명하고 어진 인사의 일을 막으면, 국가를 제대로 다스릴 수 있겠습니까? 환난일 뿐이지요.

보령 역시 군주의 도 넷 가운데 가장 중요한 것은 사람을 제대로 등용하는 것이군요.

순자 나라를 편안하게 하고 강해하게 하여 제후들을 호령하고 싶다면, 철저히 그렇게 해야 합니다. 실제 전국시대에 인재를 제대로 쓰지 않은 나라는 패망할 수밖에 없었습니다.

보령 선생님, 〈성상〉 편에서도 군주에 대해서 논하셨습니다. 나라를 다스리는 다섯 방법이 군주에게 있다고 하셨는데요?

순자 〈군도〉 편을 포함한 다른 편에서는 정신적 측면에서 군주에게 조언을 많이 했다면, 〈성상〉 편에서는 제도와 법치 등 객관적이고 현실적인 측면에서 군주에게 조언했지요. 다른 부분에서 말한 임금의 도, 덕목, 정신 자세 등과 같이 보면 좋겠습니다.

보령 군주가 나라를 다스리는 방법 다섯 가지를 이렇게 말씀하셨어요. 〈성상〉 편에서 하신 말씀인데요, 제가 정리해봤습니다.

첫 번째, 신하들이 직책을 수행할 때 근무 기강이 바로 서게 하고, 나라의 사업은 모두 임금의 뜻을 따르게 하며, 멋대로 신하들이 백성을 부릴 수 없게 해야 한다. 두 번째, 사회의 위계질서와 등급을 명확히 하고 누구든 사사로이 이익을 추구하지 못하게 하라. 세 번째, 국가의 법도, 제도, 표준, 규범을 명확하게 하고 그것을 백성이 알게 해야 한다. 네 번째, 국가의 법에 허점이나 틈이 있으면 즉시 금하고 시행되지 않게 해야 한다. 그래야 교화가 가능하고 군주의 명성이 흔들리지 않는다. 다섯 번째, 형벌을 시행할 때는 도리에 합당하게 시행하도록 하고, 그 한계를 잘 지켜야 하며, 철저히 법에 근거해서 판결해야 한다.

순자 다섯 가지 '청정聽政'의 원칙이라고 소개했지요. 정치 실무를 챙기고 신하를 다루는 원칙입니다. 청정의 다섯 원칙이 관철되면 군주는 나라의 실정을 분명히 알게 되어, 백성은 성실해지고 신민이 군주를 업신여기지 않게 됩니다. 관리들은 법도에 맞게 일을 하고 사적 이익을 추구하지 않게 됩니다. 그러면 당연히 국가의 질서가 제대로 서겠지요. 한낱 군주의 어진 마음과 덕만으로는 정치를 할 수 없는 노릇이니, 이런 제도적, 법적 보완과 구체적 실무 정치 기술도 필요하지 않겠습니까?

그러나 덕을 갖추는 것이 우선임을 잊으면 안 됩니다. 〈강국〉 편에서 분명히 이렇게 말했습니다.

> 임금이란 백성의 스승이 되어야 한다. 백성이 임금에 응하는 것은 마치 소리에 산울림이 따르는 것이나 어떤 형상에 그림자가 생기는 것과 같다.[122]

그러니 군주라면 스승 노릇을 해야지 않겠습니까? 제대로 해야지요.

보령 윗물이 맑아야 아랫물이 맑다는 말씀이지요?

순자 군주는 덕을 갖추려 노력하고, 덕으로 정치를 하는 유가적 이념과 이상의 실현자가 되어야 한다는 점을 다시 당부하는 겁니다. 군주가 맑아야 백성도 맑을 수 있습니다.

현재의 군주, 후왕

보령 이상과 당위만이 아니라 역시 현실과 조건을 면밀히 살피시네요. 그러면서도 다시 이상과 당위를 강조!

그런데 후왕 이야기도 해야 하지 않나요? 선생님께서 만드신 신개념 군주, 후왕. 보통 유가는 '선왕先王'을 말하는데 선생님께서는 '후왕'을 주장하셨습니다. 후왕이란 개념이 중요해 보이는데요, 무척 궁금해요.

앞에서 잠깐 언급한 노블락이라는 학자는 선왕을 'ancient king'이라고, 후왕을 'later king'이라고 영역했는데요. 말 그대로 '후대의 왕'이라는 뜻 같습니다. 〈성상〉편에서 정치하는 법도와 방법에 대해,

지극한 다스림의 궁극은 후왕의 법도를 되찾는 것이다.[123]

이렇게 말씀하셨어요. 후왕이 그렇게 중요한가요?

순자__ 네. 후왕의 도를 따라야 왕도라는 이상이 당대에 행해질 수 있다고 보았습니다. 안 그래도 갖가지 학설과 사상이 난무하고 전쟁이 빈번해 어지러운 시대에, 반드시 후왕이 등장해서 후왕의 도를 펼쳐야 세상이 다스려지고 평화가 온다고 보았지요.

보령__ 후왕은 선생님께서 창안하신 개념이라고 알고 있습니다. 사상가들 가운데 선생님 홀로 쓰신 개념으로요.

순자__ 후왕은, 쉽게 말해, '지금' 또는 '현재'의 군주라고 알면 됩니다. '과거의 군주', '옛날의 성인군주'와 대조되는 개념이지요. 지금 현재 질서의 중심이 되고, 지금 여기에서 유가적 예법으로 나라와 백성을 이끄는 군주를 뜻합니다. 그리고 지금 시대에 맞게 예법과 문화를 수정해서 적용하는 군주이지요.

보령__ 보통 유가 하면 내세우는 게 선왕, 즉 과거의 군주 아닙니까? 과거에 덕치를 베풀고 이상적인 정치 질서를 만들었던 선왕을 거론하며 자신의 주장에 설득력과 권위를 더하는데요, 이것과는 대조된다는 점이 인상적이에요.

순자__ 옛날의 성인군주, 물론 인정합니다. 덕치를 베풀고 백성을 아끼고 또 유가적 예와 문물을 만드신 선왕들 모두 말입니다. 제가 그분들 이야기도 자주 하지 않았습니까? 제가 후왕에 대해 논했고 또 그 개념을 저 홀로 사용했습니다만, 그렇다고 선왕을 부정하지는 않았습니다. 두 개념이 대조되어 보이니 제가 선왕 개념을 부정한다고 여기는 사람이 있나 봅니다. 그러나 절대! 그렇지 않습니다.

선왕들은 우리가 인간답게 살 수 있는 문화 관습과 규범 등 예를 만들었습니다. 이것이 누적되고 수정되어 현재에 이르렀지요. 우리는 그분들의 유산 속에서 삽니다. 그런데 어찌 제가 과거의 성인군주들을 부정할 수 있겠습니까? 다만 제일 중요한 것은 현재입니다. 현시대라는 시공간이 중요하기에 지금의 군주, 후왕을 논했습니다.

후왕은 현시대의 군주이면서도 유가적 예법과 이상으로 정치를 합니다. 선왕들이 만든 문화와 규범을 버리지 않습니다. 그 유산을 지금 시대에 맞게 고치고 수정해 정치를 펴지요. 선왕이 있으니 후왕도 있는 것입니다. 또 후왕이 있으니 선왕의 예와 도가 계승될 수 있지요.

보령__ 후왕을 주장하셨고, 선왕도 인정하셨군요. 후왕은 선왕과 단절된 존재가 아니라 선왕이 남긴 것을 계승하는 사람이며, 다만 현시대에 맞게 그것을 적절히 리뉴얼, 업데이트 해서 적용하는 군주라는 말씀.

순자__ 과거의 성인군주들이 만든 예, 악, 규범, 문화 관습이 있습니다. 이러한 것이 인간 사회의 문명이 되어 그 속에서 우리가 지금 살고 있는 겁니다. 그렇게 되도록 하는 사람이 후왕이니, 우리는 그분의 법을 배우고 따라야지요.

규범과 관습을 만들고 정비한 과거의 성인군주는 너무 많을뿐더러, 과거의
사람이기에 그들에게 배우기란 쉽지 않습니다. 반면 후왕에게 배우는 데에는
그런 문제가 없습니다. 동시대의 군주이니까요.

보령 〈비상〉편에서 비슷하게 말씀하신 것 같아요.

과거의 성왕은 백 명도 넘는데 우리는 누구를 법도로 삼아야 할 것인가?
문물은 오래가면 없어지고, 음악의 절주는 오래가면 소멸되며, 법도를 지
키는 관리들도 오래 예법을 추구하다 보면 지쳐서 해이해진다. 그러므로
선왕의 발자취를 보려 한다면 분명한 것을 보아야 할 것인데, 후왕이 바로
그 본보기이다. 후왕이야 말로 천하의 임금이다. 후왕을 버리고 옛날을 이
야기하는 것은 마치 자기 임금은 버리고 남의 나라 임금을 섬기는 것과 같
다. 그러므로 천 년 전의 일을 알고자 한다면 오늘 일부터 잘 살펴야 하고,
억만 가지 일을 알고자 한다면 한 가지 또는 두 가지 일부터 살펴야 한다.
옛날의 세상일을 알고자 한다면 주나라의 도부터 살펴야 하며 주나라의 도
를 알고자 한다면 주나라 사람들이 존귀하게 여기는 군자에 대해 잘 살펴
야 한다.**124**

순자 네. 과거의 성인군주는 배우고 따르기가 쉽지 않지요. 그러니 후왕을 따
르자고 한 것입니다. 그리고 여기서 주나라의 도를 배우자 이야기했는데, 앞
서 말했지요? 공자 님처럼 주나라 시절이 그저 최고고 그때가 이상적인 질서
가 행해졌던 완벽한 시대였기에 배우자고 한 게 아닙니다. 시기적으로 가장
가까운 시대이기 때문에 그랬습니다. 그리고 주나라가 가장 존귀하게 생각하

는 군자는 바로 그 시대에 맞는 이상적인 질서, 규범, 문화를 만들어낸 지도자, 즉 당대의 후왕인데요, 그 군자가 바로 지금 시대와 가장 가까운 시기의 후왕이니 잘 살펴보자는 뜻입니다.

보령 그런데요, 선생님. 옛날 아주 먼 과거의 성인군주가 만든 예법이 지금까지 이어져 온다고 보시나요? 또 그것을 지금 시대와 가장 가까운 주나라에서 찾아보고 검증해볼 수 있다고 생각하시나요?

순자 과거의 성인군주가 100명도 넘게 있다고 합니다. 이들이 바로 '백왕百王'입니다. 저는 백왕을 통해 선왕의 예법과 예법에 담긴 정신이 계승되어왔다고 봅니다.

물론 적지 않은 부분이 변했겠지요. 시대가 변하면서 환경이 변하고 그때마다 해결해야 할 문제도 다르니까요. 역사가 태동할 때 인류에게 문명과 문화를 만들어주신 최초의 성인군주가 있었지만, 그분의 예법이 고스란히 이어져 내려올 수 없었겠지요. 시대마다 등장한 성인군주들이 당대에 맞게 예법을 조금씩 변화시키고 수정했을 겁니다. 그러면서 가장 가까운 시기인 주나라 대까지 예법이 이어져 내려왔을 것이라 봅니다. 계승된 예법은 가장 가까운 시기의 성인군주에게서 확인해 배울 수 있습니다. 그렇기에 제가 후왕을 말한 겁니다. 그래서 후왕을 배우자고 했지요. 제가 〈왕제〉 편에서 한 말이 있습니다.

(있어야 마땅한) 왕자의 제도는 그 도가 하·은·주 3대보다 거슬러 올라가지 않고, 법은 후왕의 것에서 벗어나지 않는다. 도가 3대보다 거슬러 올라

가면 방종하다고 하고, 법이 후왕에서 벗어나면 올바르지 않다고 한다.

보령 왕자의 제도라 하셨는데, 그럼 결국 왕도 정치는 후왕을 따라야만 할 수 있겠네요?

순자 그래서 제가 '법후왕法後王'을 말했습니다. 법에는 단순히 강제성 있는 규범이라는 의미만 있지 않습니다. 본받는다는 뜻도 있지요. 법후왕은 후왕을 따르는 것을 말합니다. 법후왕해야지요. 후왕을 따라야 합니다. 그래서 군자는 도덕에 대한 질문에 대답할 때 후왕의 법도에 어긋나지 않게 대답해야 합니다. 여러 학자의 이론이 후왕의 법도와 관련이 없다면 듣지 말아야 합니다. 후왕의 법도를 자기 행동의 기준으로 삼아야지요.

자, 그런데 이것은 앞서 말씀드린 대로 과거 성인군주들의 자취가 후왕의 법도와 예악에도 남아 있고, 정신도 그 안에 담겨 계승되고 있다는 걸 전제합니다.

보령 계승되는 것이 있다는 말씀은, 불변하는 것이 있다는 뜻 같습니다. 계속 이어지는 변하지 않는 무엇이 있나요?

순자 물론입니다. 과거의 모든 성인군주를 통틀어서 제가 백왕이라고 했지요. 백왕이 계승하여 동일하게 행해오는 것, 불변하는 것이 있습니다. 그것이 바로 예적 질서이고, 예적 질서가 추구하는 정신과 목표이지요. 그것은 최초의 '제작자'인 초대 선왕 때부터 역대 백왕을 거치며 지금의 후왕에 이르기까지 늘 이어져왔습니다. 그런데 제가 분명 백왕의 법은 같지 않다고 했습니다.

시대와 환경이 다른데 그때마다 독자적인 규범과 제도가 있을 수밖에 없겠지요. 정치 환경에 맞게 유효하게 또 유연하게 예법을 적용해야 하니까요. 하지만 그럼에도 불구하고 예적 질서와 예적 질서에 담긴 정신은 계승되어 현재의 후왕에게도 관통되어 있다고 생각합니다.

사실 솔직히 말해서 선왕의 예적 질서와 거기에 담긴 정신이 현재의 후왕에게도 관통되어 있다는 말은, 현재의 군주가 유가적 예와 그 질서에 담긴 정신에 따라 정치하라는 뜻입니다. 다만 현재 환경에 맞게 유연하게 적용해야겠지요.

보령　현실의 군주에게 하는 주문이네요. 그들이 수긍하고 주문을 따르면 현실이 유가적 이념과 이상에 조금이나마 다가갈 수 있으니까요.

순자　그런데 주의할 점이 있습니다. 제가 현시대의 왕인 후왕을 이야기했다고 하여 행여나 현재의 군주를 무조건 인정했다고 보시면 안 됩니다. 조건을 달아두었습니다. 선왕 이래 계승된 예와 거기에 담긴 정신을 보존하는 군주만이 후왕입니다. 필수 요건입니다. 저는 그런 후왕이 등장하길 희망했습니다. 그런 후왕이 나온다면 우리 유가의 이상인 왕도 정치가, 정도가 실현될 수 있으니까요.

보령　선생님, 그럼 후왕은 사실 요청적 개념인가요? 현실의 존재를 설명하는 것이 아니라 어떤 당위로서 요청되는 개념이요. 현재의 군주여, 후왕이 되십시오.

순자 사실, 그렇습니다. 옛날이야기만 한다면 누가 우리 유가의 이야기를 경청하겠습니까. 후왕이라고 하여, 지금의 왕, 현재의 성인군주 느낌이 나게 이야기를 시작해야 귀가 좀 솔깃하지 않겠습니까? 당신이 유가적 예법을 받아들이면 과거 성인군주와 동등한 위상의 군주가 될 것이다. 이런 식으로 들리면 더 솔깃하겠지요.

사실 제가 백왕이라고 일컫는 과거의 선왕들은 당대에 모두 후왕이었습니다. 당대의 후왕이 시대가 지나 선왕이 되었지요. 지금의 왕 앞에서 후왕을 들먹이면서 이렇게 말한다고 생각해보세요. 당신이 후왕이 된다면 선왕들의 가치를 계승하는 자라서 지금도 영광스럽지만, 훗날 역사에 선왕들 가운데 하나로 평가될 것이다. 이런 말을 들으면 정말 마음이 동하지 않겠습니까?

보령 그렇겠네요. 후왕 이야기를 들으니 선생님의 고민과 문제의식, 절박함이 이해됩니다. 결국 또 이념과 현실, 이상과 현실의 결합의 문제로 돌아가네요. 현실에서 유가적 이상이 실현되려면 역시 군주와 예를 매개로 해야 하고, 유가적 이상을 지금 이 시대에 제한적으로나마 실현할 수 있는 사람이 바로 후왕이라는 군주. 이렇게 정리되네요.

순자 네, 현실을 생각해서 만든 개념이 후왕이지요.

보령 선생님, 제 생각엔 후왕이란 개념은 간단한 것 같아요. 지금 존재하는 군주가 유가적 예로 다스려야 한다는 뜻 아닙니까?

순자 그렇습니다. 군주와 예를 매개로 해야만이 유가적 이상이 실현될 수 있기에 그렇게 주문했습니다. 지금의 군주, 당신이 예로써 정치하라는 주문이고 희망이지요.

보령__ 그런데, 반면 선왕을 고집한 사람이 있습니다. 바로 맹자입니다. 유학자 모두가 선왕을 추앙했지만, 맹자는 자신이 선왕 계보를 만들어서인지 특히 선왕에 집착했는데요, 이 점에서 선생님과 뚜렷하게 대조됩니다.

순자__ 맹자는 선왕에 많이 집착했지요.

보령__ 그렇군요. 맹자에 대해서는 뒤에서 자세하게 다루기로 하고, 선생님에 대해 좀 더 알아보겠습니다. 먼저 스승으로서의 모습을 살펴보고 싶어요. 앞서도 언급은 했지만, 선생님의 텍스트에는 전반적으로 스승으로서의 자의식이 깔린 듯합니다. 어떻게 하면 좋은 스승, 훌륭한 교육자가 될 것인지에 대해 많이 고민하신 게 보여요.

순자__ 알겠습니다.

내편內篇 3 　순자 읽기

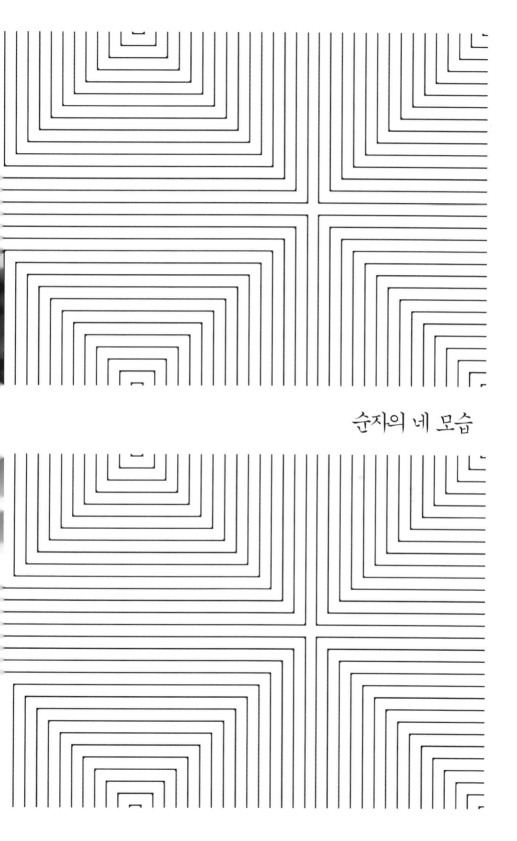

순자의 네 모습

12장

위대한 스승 순자

학문하는 방법으로는 스승이 될 만한 사람을
가까이하는 것보다 더 편리한 것이 없다.

주제별 강의와 글쓰기

보령 앞서 살짝 귀띔해주셨지요? 선생님의 글을 모은 텍스트 《순자》에는 주제별 논문도 있지만 주제별 강의록이 많다고요.

순자 제가 군주들이나 대신들 앞에서 유세한 것도 있고 제자들이 덧붙인 내용도 있고 제가 창작한 시와 노래도 수록했지만, 주가 되는 것은 주제별 강의록입니다.

보령 〈예론〉은 예를 주제로, 〈천론〉은 천을 주제로, 〈악론〉은 음악을 주제로,

〈부국〉은 잘사는 나라를 주제로 강의하신 내용입니다. 이런 주제별 강의를 활자화한 글이 《순자》의 상당 부분이라는 말씀이시지요?

순자 네, 그렇습니다. 논문 형식의 글도 있지만, 제 강의를 활자화한 글이 더 많습니다. 이를 묶어 책으로 펴낸 것이 《순자》이지요.

그런데 강의록이라지만 즉흥적으로 이야기하고 가르친 내용을 제자들이 기록하지는 않았습니다. 저는 한 편 한 편의 주제별 강의를 사전에 기획하여 철저히 준비했습니다. 강의 하나하나 공을 참 많이 들였지요. 단순하게 준비한 정도가 아닙니다. 하나의 주제를 잡으면 충분히 기획하여 뼈대를 만들고 살을 붙였습니다. 그러고 나서 강의했고, 그 내용을 제자들이 기록한 것입니다.

보령 흠…… 선생님 죄송한데요, 《순자》를 읽다 보면 한 이야기 또 하고 또 하고 그래서 지루하게 느껴질 때가 있습니다. 그런데 지금 말씀을 듣고 생각해보니, 《순자》가 강의록이라는 것을 실감합니다. 보통 선생님들은 반복해서 말하고, 한 이야기 또 하고, 그럴 수밖에 없으니까요.

순자 그렇지요. 반복해 이야기하는 건 논문에서는 찾을 수 없는 특징이지요. 강의록이라 그렇습니다. 보령 학생도 누굴 가르치면 어쩔 수 없이 그렇게 할 겁니다. 교육자는 어쩔 수 없지요. 선생이 원래 그렇습니다. 한 소리 또 하고 반복하고……. 사실 교육자이기 때문에 반복해서 말하는 게 아니라, 반복해서 말하니까 교육자가 아닐까요?

보령___ 반복해 가르쳐야 아무래도 학생들이 더 잘 기억하고 자기 걸로 만들 수 있어 자연스레 그렇게 되는가 보네요. 아무래도 가르치는 사람은 그렇게 해야 학생들이 더 잘 기억할 것이라고 생각하기 쉽고요.

순자___ 자주 듣다 보면 지겨워도 저절로 외우게 되지 않겠습니까? 그렇다고 반복만 해서는 안 되겠지요. 다양한 사례와 적절한 비유를 들어서 설명해야 합니다. 학생들이 덜 지겹게요.

보령___ 《순자》에 기막힌 비유가 많은 이유가 있었네요. 청출어람, 마중지봉, 높은 산에 올라가지 않으면 하늘 높은 것을 알지 못하고 깊은 계곡에 가까이 가지 않으면 땅이 두터운 것을 알지 못한다. 등.

순자___ 당연히 비유를 잘 들어야 학생들이 빠르게 흡수하지 않겠습니까? 사례 역시 다양하게 들어야 이해를 잘할 수 있고요. 재미있는 비유와 사례가 많으면 수업 성취도, 학업 성취도가 좋을 수밖에 없습니다. 스승이고 교육자라면 다양한 비유와 사례로 충실하게 설명해야지요.

개념 정의와 활용

보령___ 정말 선생님 글에는 어떻게 하면 수업 성취도와 만족도, 학업 성취도를 올려볼까 하는 고민이 보입니다. 교수 학습법에 대해서도 고민 많이 하신 것 같고요. 정말 훌륭한 교육자가 되기 위해 노력하신 모습이 뚜렷이 보여요.

선생님, 또 《순자》에는 개념을 정의하거나 풀어서 잘 설명한 부분이 많습니다. 이것도 스승, 교육자로서의 자의식과 연관되나요? 사실 개념에 대한 명쾌한 정의는, 서양철학에서는 몰라도 동양철학에서는 많이 어려운 부분입니다. 특히 중국 고대 철학이 그렇고요.

순자 '앎'을 전제하고 사물과 사람을 볼 때, 서양철학사들은 독립된 개체라는 틀로 보지 않습니까? 그러기에 그들은 사물과 사람을 각자가 가진 본질로 파악하고 인식합니다. 그 사람의 본질, 그 사물과 사태의 본질을 잘 집어내 개념을 만들고 정의를 내립니다. 이런 일이 그들에겐 지극히 자연스럽고 당연합니다. 그들의 개념 정의, 정말 명쾌하지요. 반면 보령 학생 지적대로 우리 동양철학에서는 이 부분이 참 어렵습니다. 하지만 저는 저 나름 개념을 잘 설명하려고 했습니다. 애썼다고 자부합니다.

보령 수도守道, 수인守仁, 독지篤志, 청정聽政, 천덕天德, 능참能參, 천군天君, 천관天觀, 지평至平, 지성至盛, 전심專心, 일지一志, 심일心一, 인요人祅, 가도可道, 유효儒效, 동청同聽, 지인至人, 후왕後王, 지려智慮, 지의志意, 지문至文, 덕극德極, 덕조德操, 양진兩進, 양폐兩廢, 중기重己, 천양天養, 천죽天粥, 의영義榮, 대청명大淸明, 결어일結於一, …… 선생님께서 만드시거나 재정의한 개념의 수를 세어보자고 한다면 밤을 새워도 모자랄 겁니다.

순자 참 많이 만들었습니다. 사전을 만들어도 될 정도이지요.

보령 선생님께서는 또 '이러저러한 것이 있고 그것을 무엇이라 부른다'와 같은 방식으로 개념 정의와 설명을 많이 하셨어요. '무엇이라 부른다'는 뜻의

'시지위_{是之謂}'라는 구절 말인데요. 선생님 텍스트에서 아흔일곱 번이나 나옵니다. 선생님을 '시지위 선생'이라고 해도 될 정도입니다.

그런데 선생님 이전에 묵자도 개념을 정의하면서 사상을 전개했어요. 그래도 제자백가 시대 철학자 중에서 개념을 가장 많이 만들고, 가장 잘 활용하신 분이 바로 선생님 아닐까 생각합니다. 이것 역시 교육자로서의 선생님의 개성 아니 어떤 노력의 흔적으로 봐도 될까요?

순자 개념을 통해 설명하고 가르치는 건 교육자로서 당연히 해야 할 일 아니겠습니까? 교육자로서의 자의식이 있었기에 개념 정의나 설명에 애를 많이 쓴 건 사실입니다. 그런데 교육자이기 전에 전 학자입니다. 개념을 만들고 충실히 정의해 마땅히 사람들에게 애써 설명해야지요. 이런 과정에서 학문의 키가 성장하기 마련입니다.

사실 철학이란 것은 별거 아닐 수 있습니다. 개념을 만들어 사람들에게 이해시키고, 또 스스로 자신이 만든 개념 틀로 세상을 보고, 사람들이 그 개념 틀로 세상을 보게 돕는 것, 그런 것이 철학이지요.

또 이런 측면도 있어요. 여러 개념을 명확하게 정의하면 그만큼 학문의 생명력이 강해지고 사상계에서 주도권을 장악할 힘이 커집니다. 여러 개념을 잘 설명한 텍스트는 국가 공인 텍스트나 교과서가 될 수 있지요. 그뿐이 아니라 해당 텍스트와 관련한 제2, 제3의 텍스트가 연이어 나올 공산이 큽니다. 텍스트가 파생된다는 말입니다. 그러면 자연히 해당 텍스트 속의 학문과 사상이 지배력을 행사할 수 있게 되지요. 사실 전 이런 것까지 고려했습니다.

보령 선생님의 사상과 책이 현대 서구에서 많이 연구되고 인기를 얻고 있습니다.《순자》에는 강의록 비중이 크다고 하지만 어쨌든 주제별 논문 또한 있습니다. 강의록 가운데에도 논문과 비슷한 성격과 형식의 텍스트가 분명히 있고요. 이러한 주제별 논문도 사전에 철저히 기획해서 만들어진 것 같은데요, 아무튼 논문 형식의 글도 쓰시고 개념 설명도 명확하게 해주셨습니다. 이런 게 서구에서의 인기 비결이 아닐까요?

순자_ 저도 들었습니다. 서양에서 관련 책과 논문이 많이 나왔다고 합니다.

보령_ 서양인들에게는 선생님의 글과 말이 친숙할 수밖에 없으니까요. 그들 체질에 맞다 이거지요. 개념 설명을 명확히 해주고, 논문식 글쓰기의 형태가 많이 보이니까요. 그래서 선생님께서 그들의 눈에 띄지 않았나 싶습니다.

순자_ 어쨌든 고마운 일입니다. 제 학문과 사상이 철저히 비주류로서 소외 당해왔는데, 현대 서양학자들이라도 제 연구를 많이 한다는 것은 참 고마운 일입니다.

보령_ 특히 노블락이라는 학자의 연구가 독보적입니다.《순자》를 영어로 번역했는데, 총 세 권으로 된 이 영역본은 번역의 정밀성에서 독보적이라는 평가를 받아요. 일부 애매한 부분도 있지만 동양의 동양철학 연구자들도 선생님을 공부하려면 반드시 봐야 하는 책이지요. 영어만 잘한다면 고대 중국어를 몰라도 선생님의 사상을 거의 완벽히 이해할 수 있을 정도랍니다. 서구인들이 동양철학을 공부하고 연구한 이래 가장 큰 업적이 그 책 아닐까 싶습니다. 참, 니비슨David S. Nivison의《유학의 갈림길The Way of Confucianism》이란 책도 있지만요.

순자 정말 고마운 일입니다. 저는 활자화를 중시했습니다. 높은 완성도와 정밀성이 있는 번역 작업을 통해 제 텍스트가 또 다른 언어로 활자화한다면, 제 사상과 학문의 생명력이 길어지겠지요. 정말 감사한 일입니다.

문장의 아름다운 대칭성

보령 선생님, 《순자》 문장을 보면 대칭성 면에서 참 독보적입니다. 이 역시도 교육자로서의 개성 내지 특징이 아닌가 싶어요. 문장 하나하나를 보면 짝을 이룬 대구가 기막히게 호응하는데요. 그 뜻이 쉽게 이해되면서 외우기도 쉽습니다. 아마 그래서일까요? 또 '수업 성취도를 높이기 위해 많이 노력하셨구나', '역시 교육자로서 자의식이 강하셨구나'라는 생각이 드네요.
〈천론〉 편 첫 장만 해도 그런데요,

천행유상天行有常
하늘의 운행에는 한결같은 법도가 있으니

불위요존不爲堯存
불위걸망不爲桀亡.
요임금 때문에 존재하는 것도 아니요
걸임금 때문에 사라지는 것도 아니다.

응지이치즉길應之以治則吉

응지이난즉흉應之以亂則凶.

다스림으로 응하면 길하고

어지러움으로 응하면 흉하다.

강본이절용彊本而節用, 즉천불능빈則天不能貧

양비이동시養備而動時, 즉천불능병則天不能病.

근본에 힘쓰고 물자를 아껴 쓰면, 하늘이라도 가난하게 할 수 없고

준비를 잘하고 때맞게 움직이면, 하늘이라도 병들게 할 수 없다.

이렇게 선생님의 문장을 보면, 글자 수와 해석까지 모두 완벽하게 좌우 대칭하는 문장이 아주 많습니다. 아둔한 저도 내용을 절로 이해하고 쉽게 외우게 되는데요, 이런 점도 다분히 학생들을 고려하신 듯해요.

그런 문장이 너무 많지만, 〈권학〉편에서 몇 개 더 소개해보겠습니다.

부등고산不登高山, 부지천지고야不知天之高也

불림심계不臨深谿, 부지지지후야不知地之厚也.

높은 산에 올라가지 않으면, 하늘이 높은 줄 모르고

깊은 계곡에 가지 않으면, 땅이 두터운 줄 모른다.

적토성산積土成山, 풍우흥언風雨興焉

흙이 쌓여 산을 이루면, 바람과 비가 일고

적수성연積水成淵, 교룡생언蛟龍生焉.

물이 모여 못을 이루면, 교룡과 용이 인다.

불적규보不積頤步, 무이치천리無以致千里

불적소류不積小流, 무이성강해無以成江海.

반걸음이 쌓이지 않으면, 천 리를 갈 수 없고

개울물이 쌓이지 않으면, 강과 바다를 이룰 수 없다.

고지학자위기古之學者爲己

금지학자위인今之學者爲人.

옛날 학자들은 자기 자신을 위해서 공부했고

지금 학자들은 남에게 보이기 위해 공부한다.

군자지학야君子之學也, 이미기신以美其身

소인지학야小人之學也, 이위금독以爲禽犢.

군자가 학문을 하는 것은, 자신을 아름답게 하기 위함이고

소인이 학문을 하는 것은, 남에게 드러내기 위함이다.

순자   문장에 대칭성이 있으면 여러 면에서 좋지요. 특히 수업을 듣는 입장에서 흡수가 빠르겠고 또 장기적으로는 기억하고 외우기 편하겠지요.*

---

* 문장뿐만이 아니라 글의 전개 방식과 전체 사상적 구도와 개념도 대칭을 이루는 경우가 많다. 예를 들면, 통제/보장, 결핍/채움, 인지/입지, 스승/제자, 개인/사회, 수/의, 자극/ 반응, 이상/현실, 패도/왕도, 선왕/후왕, 교화/형벌, 독려/격려, 군자/소인. 무엇을 보든 《순자》에는 대칭성이 눈에 띄는데, 이런 대칭성은 공부하는 사람이 순자 사상을 쉽고 빠르고 명확하게 이해하도록 돕는다. 이것만으로도 순자는 극찬을 받아 마땅하다.

보령　정말 훌륭한 교수 학습법 같습니다. 그런데 선생님, 대칭성 말고도 선생님 문장에는 압운押韻이 살아 있다는 평가도 있습니다. 압운은 한시에 쓰이는 기법으로, 운율감을 살리기 위해 일정한 자리에 같은 운을 규칙적으로 배치하는 방법이라고 알고 있어요. 그래서인지 운율감이 돋보이는 문장 또한 선생님 글에 참 많습니다. 사람들이 보석 같다고 평가하기도 하시요. 요즘 말로 하면 글의 라임rhyme이 기막히게 떨어진다고 할 수 있겠네요. 이런 점 때문에 선생님을 문학가라고 평하는 사람도 있습니다.

순자　시와 노래도 짓기는 했지만, 그 이전에 어디까지나 제 사상과 학문을 잘 전달하려는 고민이 먼저였습니다. 그런 노력이 글에도 묻어나지 않았나 싶습니다. 그리고 제가 문학가라……. 그렇다면 제가 역사에 대해 한 이야기 또한 적지 않기에 저를 역사가라고도 볼 수 있겠지요. 문학, 역사학, 철학이란 게 지금처럼 딱딱 구분하고 분리해서 말할 주제라고 생각하지 않습니다. 우리 동아시아 전통에서 문학, 역사학, 철학 그리고 정치학은 분리해 논할 게 아니지요. 아무튼, 문장의 대칭성과 압운은 제가 신경을 썼지요.

보령　선생님께서는 학자, 철학자이기 전에 정말 성실한 교육자 같아요. 어떻게든 제자들을 잘 가르치시려는 마음을 봐도 그렇고, 훌륭한 학문 전달자 노릇을 하기 위해 참 많이 노력하시고 고민하신 것을 봐도 그렇고요.

순자　교육자로서의 마땅한 본분이 있다고 생각해 그런 것도 있지만, 유학이 사상계에서 주도권을 잡았으면 하는 바람 때문이기도 했습니다. 아주 훌륭한 제자 몇몇을 키우기보다는, 적당히 훌륭한 제자 다수를 가르쳐 이들이 통일 제국에서 활약하기를 바랐지요. 특출한 사상가 소수보다는 수준급 유학자 다수가 세상에 나오는 게 바람직하고요.

보령　질보다 양인가요? 그래서 주제별 강의나 논문 쓰기를 하셨고, 학업 성취도를 높이기 위한 글쓰기와 설명 방식에 고민하셨군요. 우수한 제자 다수가 빠른 시일 안에 나오도록요.

　사실 전통적으로 동양에서는 '비인부전非人不傳'이라고 해서, 그 사람이 아니면 전하지 않고, 인연이 아니면 전수하지 않는다는 말이 있지 않나요? 특히 불교 선종에서 도통론이니 도통 계보니 해서 그런 경향이 강하다고 들었습니다. 자기 사상의 핵심과 진수를 똑똑하고 근기 있는 제자 하나에게 모두 전수하는 거지요. 무술 단체나 문파를 봐도 가장 싹수 있는 제자에게 권법과 무술의 핵심을 독점적으로 전수하고요. 그렇다면, 선생님께서는 동양의 비인부전 전통에서 좀 벗어난 게 아닌가요? 사실 많이 벗어난 것 같은데요?

순자　유가 전통에서 벗어나지는 않았습니다. 비인부전은 무술, 예술, 의술, 선불교 전통이지 유가 전통과는 거리가 멉니다. 유교의 역사를 놓고서 도통론을 따지며 도(진리)가 전해지는 계보가 있다고들 하는데, 이는 사실이 아닙니다. 후대에 짜 맞추고 각색한 것이지요. 다분히 불교 선종의 영향을 받아 만들어진 것입니다.

　유학은 널리 가르쳐서 많은 제자를 남기는 학문이에요. 공자 님부터 그렇게 하지 않습니까? 공자 님 이전에는 폐쇄된 정치와 신분적 공간에서 비밀스럽게 전수하는 형식으로 학문을 배우고 가르쳤지만, 그분은 처음으로 학단을 열어 제자들을 가리지 않고 받았습니다. 두루두루 키우려고 하셨지요. 유가 자체가 그렇습니다. 특정 제자 한두 명에게 몰아주기 식으로 학문을 전수하지 않습니다. 그런 것 없습니다.

보령　《논어》에도 '속수의 예'를 올리면 누구든 제자로 받아주었다고 나옵니다. 요즘 식으로 말하자면 '비타500'이나 '캔 커피' 한 박스 성도 늘고 오는 성의만 보이면 제자로 받아주었다는 말인데요, 제자들에게 숨기는 것 없이 모든 것을 가르친다고 공자가 역설했지요. 유교무류有敎無類, 즉 가르침에는 차별을 두지 않는다며 학문의 전수와 학습에서 개방성을 표명한 것으로 압니다. 공자에서 증자曾子, 증자에서 자사子思, 자사에서 맹자 그리고 후에 주희 이런 식으로 도통론의 계보를 구성한 것은 어쩌면 반反공자적인 일이군요. 반유학적이고요.

순자　안 그래도 저의 텍스트 〈법행法行〉 편에 이런 말이 있지요. 누가 공자 님의 제자 자공에게 물었다지요. 공자의 제자는 왜 그렇게 잡스럽냐고. 공자 님께서는 누구든지 배우겠다고 하면 제자로 받아 가르치셨습니다.

보령　공자의 제자들을 보아 하니 요샛말로 '듣보잡'이 잔뜩 모여 있다는 말이군요. '잉여'도 많았던 것 같고요. 어지간하면 다 받아주었고 또 제자 한 사람 한 사람 맞춤 교육을 한 것을 보면, 공자는 제자를 두루 챙기는 스승이었던 것 같습니다. 그런데 증자에게만 도를 전해주었다니……. 증자에게 일이관지니 뭐니 하면서, "내 사상을 꿰뚫고 있는 건 충서忠恕다"라는 부분 있지 않습니까?[126] 아마도 이걸 가지고 공자가 자기 사상의 고갱이를 증자에게만 전수했다. 증자가 공자 사상의 종지를 이어받았다. 선종식으로 표현하자면 의

발鉢을 전해주었다. 그렇게 해석한 게 아닐까요? 아주 우스꽝스럽네요.

순자　증자, 그는 공자 님 말년의 제자일 뿐입니다. 자공, 안연, 자로子路와는 비교 자체가 안 되는 인물이지요. 그분들은 오랫동안 공자 님을 모셨고 인생의 동반자이기도 했는데, 그럼에도 증자가 제자들 중 으뜸이고, 공자 님 사상의 종지를 이어받았다고 말하는 건 언어도단입니다.

보령　그렇군요. 자공, 안연, 자로에 비하면 증자에게는 정말 '따위'라는 말을 붙여야 할 것 같아요.

어쨌든 질보다 양, 다수의 우수한 제자 육성, 일정 수준 이상의 유학자 다수 배출. 이것이 선생님의 목표인 것 같은데요, 오경 텍스트를 정립한 것도 같은 이유에서인가요?

순자　정비된 텍스트가 있어야 제자들을 키우기도 좋고, 그 제자들이 다시 스승이 되어 다른 제자들을 훌륭히 가르치겠지요. 교육과 전수에 시스템을 갖추고 체계를 세우려면 정비된 텍스트가 필수적입니다. 그런 텍스트를 중심으로 훌륭한 유학자 다수를 키워내야 사상계에서 유학의 주도권과 지배력이 생겨 통일 제국을 이끌 수 있지 않겠습니까? 거꾸로 말하자면, 공자 님의 사상이 통일 제국을 이끌어야 한다는 절박함이 저에겐 분명히 있었습니다. 그래서 우수한 유학자를 많이 배출해야 한다는 생각을 했지요. 따라서 정비된 텍스트, 오경이 필요하다고 판단했습니다.

보령　알겠습니다. 하긴 어떤 사람이 그러더라고요. 텍스트를 남기는 자가 승자라고. 유가가 동아시아 사상계를 지배해온 데에는 여러 원인이나 이유가 있겠지만, 죽으나 사나 텍스트를 남겼기 때문이라는 생각도 드네요. 물론 제자를 배출하는 학문이기도 하지만요.[*]

순자　보령 학생 말대로 텍스트를 남겨야 승자가 되고 지배자가 될 수 있습니다.

보령　정말이지 텍스트를 '신'으로, '종교'로 모셔왔기에 유가가 사상계에서 승자로 군림한 게 아닌가 싶습니다. 이런 측면에서 선생님의 공이 지대해 보이네요. 물론 사서를 만든 주희도 있지만요.

　선생님, 지금까지 반복 설명, 명쾌한 개념 정의, 압운, 문장의 대칭성 등을 살펴보았는데요, 이것 외에도 선생님께 교육자로서의 자의식이 있었다는 걸 보여주는 증거가 참 많습니다. 눈에 띄는 게 어떤 단계를 제시하여 설명하신 점입니다.

순자　네. 앞서도 잠깐 언급했지요.

단계 그리고 지와 무지

보령　수우미양가. ABCDF. 단계를 두고 설명하신 부분을 보면 이런 느낌이

---

[*]　유학, 유가, 유교의 정체성은, 그들이 지향하는 이상, 목표, 이론 내적인 개성을 떠나, 텍스트와 제자를 남기는 데에서 찾을 수 있다. 단순하게 말하자면, 텍스트를 만들고 정리하고 제자를 키우고 남기는 사람들의 학문과 사상이 유학이고, 유교, 유가이다.

들었습니다. '수준을 높여라. 단계를 올려라.' 어떻게든 조금이라도 학생들이 '레벨 업'하기를 바라는 스승의 마음이 보였다고나 할까요?

순자 단계와 등급을 구분하여 적잖이 이야기했습니다. 국정의 상태를 말할 때는 물론이거니와 군주를 논할 때도 등급을 나누어 설명했고, 국가를 논할 때도 그렇게 했지요. 관리로 쓸 재목의 그릇도 상중하 등급으로 나누어서 설명했고, 힘과 패권을 추구하는 군주인 패자를 설명할 때도 좋은 패자와 나쁜 패자로 구분해 말했습니다. 아마 선생 노릇 하다 보니 생긴 습관 같습니다.

보령 속인俗人, 속유俗儒, 아유雅儒, 대유大儒로 등급을 나눠 설명한 부분이 생각납니다.

순자 속인은 그저 소인이지요. 불학문不學問, 공부하지 않는 자입니다. 학문에 뜻이 없고 무정의無正義, 의로움에 대해 모르는 자로, 부와 이익만을 탐합니다. 그래선 안 되겠지요. 소인으로 남지 말고 변해야 합니다. 사회와 스승이 소인을 가르쳐야지요. 본인도 자기 향상에 뜻을 두고 바람직한 규범과 의로움을 배워야 합니다.

하지만 거짓된 공부를 하고 배운 것을 삿되게 팔아먹는 속유가 되어선 안 됩니다. 그릇된 학문을 잡되게 닦고서는, 배웠다고 거들먹거리며 권세를 따르고 세력가 꽁무니나 쫓아다니고, 선왕이니 뭐니 하면서도 예와 의로움을 존중할 줄 모르는 자를 속유라 하지요.

최소한 아유는 되어야 합니다.

보령 그럼, 아유란 어떤 사람인가요? '아雅'를 한자 사전에서 찾아보면 좋은 뜻만 있는데요, "1)맑다. 2)바르다. 3)규범에 맞다. 4)아름답다. 우아하다"라는 뜻입니다. '아언雅言'이라고 하면 우리 문화권에서는 '바른 말 옳은 말, 교훈이 되는 말'을 뜻하지 않습니까? 또 공자가 시, 서, 예를 가르칠 때는 아언 형식의 말로 했다는 〈술이述而〉편 17장에서 기원한 말이어선지 긍정적인 의미인 듯하네요.

순자 네. 아유란 바람직한 인간 유형으로 반듯하게 공부하는 선비라고 보면 됩니다. 현명한 사람을 존경하고 법도를 두려워하며 태만하고 오만하지 않은 사람입니다. 아유는 경전을 열심히 공부하고 예의와 의로움을 존중하며 말과 행동이 올바르지요. 설사 허물이 있다 해도 그것을 스스로 분명히 인식하고 자신의 부족한 점을 항상 인지하고 있는 자입니다. 그래서 아유는 아는 것을 안다고 하고 모르는 것을 모른다고 하는 사람입니다. 안으로는 모르는 것을 안다고 자기를 속이지 않고, 밖으로도 역시 모르는 것을 안다고 남을 속이지 않습니다. 아유는 그런 선비입니다.

보령 학생도 잘 들으세요. 학생도 공부하는 사람이니 꼭 명심해야 합니다. "안으로는 모르는 것을 안다고 자신을 속이지 않고 밖으로는 모르는 것을 안다고 다른 이들을 속이지 않는" 자세, 매우 중요합니다. 한자로 내부자이무內不自以誣, 외부자이기外不自以欺라 하지요. 제가 〈유효〉편에서 한 이야기입니다. 공부하는 이가 반드시 견지해야 할 자세이지요. 속이지 말아야 합니다.

보령 그렇게 말씀해주시니 공자가 자로에게 했던 말이 떠오릅니다.

자로야 내가 너에게 진정한 앎이란 무엇인지 가르쳐주마. 아는 것을 안다고 하고 모르는 것을 모른다고 하는 것이 진정한 앎이다.[127]

순자 공자 님의 그 가르침은 제가 〈유효〉 편에서 한 말과 정확하게 대응합니다.

보령 이 부분이 기존에는 다른 의미로 해석되어온 것으로 알고 있습니다. '함부로 아는 체하지 마라', '겸손하라'는 식으로요. 이런 맥락에서 공자가 그저 '모르면 가만있어라'고 말하고 싶었던 것일까요? 나대는 자로에게 좀 설치지 말고 조신하라는 그런 뜻? 그렇다면 굳이 텍스트에 선별해 실을 이유가 있을까 싶고요. 그래서 좀 의아했습니다.

순자 사람은 겸손해야 합니다. 함부로 아는 척하는 건 배우는 사람의 자세가 아닙니다. 하지만 보령 학생 말대로 단순히 그런 뜻으로 말씀하신 것은 아닙니다. 제 생각은 이렇습니다. 단순히 모르는 것을 아는 척하지 말라는 뜻이 아니라, 스스로 지知와 무지無知 사이의 경계에 대해 뚜렷이 인식하고 있어야 한다는 의미라고 봅니다. 늘 그 경계를 염두에 두라는 뜻이지요.

보령 지와 무지 사이의 경계가 무슨 말씀인가요?

순자 쉽게 설명해보겠습니다. 자신이 어디까지 알고 있고 어디에서부터 모르느냐를 스스로 분명히 인식하는 것은 공부하는 이에게 매우 중요한 일입니다. 그래야 모르는 것을 내 것으로 만들기 위해 노력하지 않겠습니까? 지와 무지 그 사이의 경계에 대해 명확히 인식하려고 애써야 합니다. 늘 자신을 성찰해야지요. 그 경계를 인식하면 겸손할 수도 있지만, 이것은 2차적인 문제일 뿐입니다. 1차적인 문제는 공부하는 이의 진보와 발전에 있습니다. 그래서 중요하다는 말입니다.

그 경계를 모르는 사람에게는 이런 문제가 있습니다. 타인 앞에서 모르는 것을 아는 척하며 타인을 속이겠지만 자신 또한 속이기 마련입니다. 이것이 더 큰 문제이지요. 스스로 알고 있다고 자기를 속이다 보면 최면에 빠지게 됩니다. 이런 사람이 어떻게 공부에 전력을 다할 수 있겠습니까? 그 경계를 알면 더 알기 위해 스스로를 채찍질할 수 있지만, 모르면 그렇게 할 수 없지요.

보령_ 내가 아는 범위가 여기까지이고, 내 배움의 정도는 이 정도이다. 이렇게 스스로를 객관적으로 보는 것이 중요하다. 그것을 모르면 공부하는 이가 발전할 수 없다. 이런 말씀인가요?

순자_ 네, 맞습니다. 내 학문의 수준이 어느 정도인지, 내가 아직 뭘 더 배워야 하는지, 스스로 냉철하게 점검하려는 자세가 항상 선비에게 있어야 합니다. 지와 무지 사이의 경계를 또렷하게 인식하지 못한다 함은 그런 자세가 없다는 말입니다. 이건 공부하는 사람에게 재앙입니다. 늪에 빠지는 일이지요.

보령 학생도 지와 무지 사이의 경계를 또렷하게 인식하세요. 그럴 수 있다면 경계 밖의 무지의 영역은 단순히 '없을 무'의 영역으로 남아 있지 않습니다. 무의 영역이 아직 '미未의 세계'로 바뀝니다. '그냥' 모르는 영역이 아니라 미지未知, '아직' 모르는 세계가 된다는 말이지요. 공부하는 이가 지와 무지의 경계를 또렷하게 인식하고 있는 한, 미의 세계는 계속해서 그에게 '지의 영역'

으로 포섭될 수 있습니다. 그 경계를 인식하지 못한다면 무의 영역은 결코 미의 세계가 될 수 없습니다. 영원히 무의 영역으로 남게 되겠지요.

보령 조금도 나아갈 수 없는 거로군요. 선생님께서는 학문의 진보를 한 발 한 발 내딛으며 꾸준히 걸어가는 것에 비유하셨는데, 그런 사람은 한 발짝도 전진할 수 없겠군요.

순자 단순히 진보하지 못하는 게 문제가 아닙니다. 그런 사람은 퇴보하기 마련입니다. 그 경계를 인식하지 못하면, 내가 알고 있고 지의 영역에 두고 있다고 생각하는 것들이 어느 순간 무용지물로 변하고 맙니다. 지의 영역이 확장되기는커녕 쪼그라들 수 있지요. 그렇기에 공부하는 사람은 자신이 그런 자세를 견지하고 있는지 자신을 늘 점검 또 점검해야 합니다.

보령 "아는 것을 안다고 하고 모르는 것을 모른다고 하라"라는 공자의 말, 쉽게 지나칠 말이 아니군요. 단순히 '겸손해라', '아는 척하지 마라'는 뜻으로 알고 있기에는 그 무게가 너무나 큰 가르침이네요.*

순자 정말 중요한 가르침이라고 생각합니다. 공부를 업으로 삼은 사람이라면 항상 명심해야지요.

---

* 공자를 떠받들어야 한다고 생각지는 않지만, 그의 말을 단순히 좋은 말, 생활의 논리, 격언이라는 맥락으로 해석해서는 안 된다. "아는 것을 안다고 하고 모르는 것을 모른다고 하라"라는 공자의 말이 단순히 생활에서 사람을 대할 때 겸손하라는 말이었을까? 하나 마나 한 단순한 말이었다면 기록으로 남길 필요가 없었을 것이다. 그의 위상이 많이 깎였지만 그래도 공자는 철학자고 사상가다. 세상과 삶의 이면을 본 사람이자 위대한 교육자다. 공자를 숭배하는 것도 그렇지만 과소평가하는 것도 곤란하다.

보령 선생님, 어쩌면 공자가 자로에게 귀중한 가르침을 준 것이네요.

순자 그렇습니다. 그런 것을 보면 세간의 인식과는 달리 자로라는 제자를 진정 아끼고 소중하게 생각했음을 알 수 있지요.

보령 공자가 말한 "아는 것을 안다고 하고 모르는 것을 모른다고 하는 것이 진정한 앎이다" 그리고 선생님께서 말씀하신 "아는 것을 안다고 하고 모르는 것을 모른다고 해라. 안으로는 모르는 것을 안다고 자기를 속이지 않고 밖으로도 역시 모르는 것을 안다고 남을 속이지 않는다" 이 두 말씀을 늘 명심하겠습니다.

순자 앞으로 나아가고 끊임없이 발전해야 하지 않겠습니까?

보령 네, 알겠습니다. 그런데 이야기가 주제를 잠시 벗어난 것 같은데요, 정리해보겠습니다.

선생님께서는 등급으로 구분지어 설명하시길 좋아하셨습니다. 단계와 수준을 높였으면 하는 스승의 자의식이 강하셔서요. 그리고 단계를 들어 설명한 선생님의 대표적인 사례를 살펴보았습니다. 속인이 있고, 그다음 단계로 속유가 있고, 또 그 위에 아유가 있다. 여기까지 알아보았네요. 아유 다음에는 대유가 있다고 하셨습니다. 대유는 어떠한 사람입니까?

순자 고금의 교훈과 진리를 모두 아는 사람입니다. 사물과 사태를 판단할 때 법도를 기준으로 삼아 항상 틀림없이 판단하고, 법도를 적용할 때도 부절符節

이 들어맞듯 틀림없이 하지요. 군주가 이런 사람을 등용하면 100리의 땅으로 시작하더라도 나라가 영구히 발전할 것이며, 3년 뒤면 천하를 통일하여 제후들이 모두 그의 신하가 될 것입니다. 큰 나라에서 이런 사람을 등용하면 잠깐 사이에 나라의 명성이 온 세상에 밝게 빛날 것입니다.

보령 완벽에 가까운 사람 같은데요, 현실에 그런 사람이 존재할까요?

순자 현실적으로 존재하기 아주 어렵다는 것을 압니다. 하지만 공부하는 이에게 목표로서만 존재해도 적지 않은 의미가 있지 않겠습니까? 속인 또는 속유인 사람이 아유가 되려고 노력하고, 또 아유는 대유를 목표로 노력해야지요. 아유도 훌륭한 선비지만 더 훌륭한 선비가 되어야 하지 않겠습니까?

보령 선생님, 이렇게 속인—속유—아유—대유, 하위 등급에서 상위 등급까지 인물 유형을 살펴보았는데요, 이런 등급이나 단계가 단순히 공부하는 이, 나아가 사람에게만 있는 건 아니지요?

순자 국가에도 단계가 있습니다. 망하는 나라가 되어선 안 되고 편히 존속할 수 있는 나라가 되어야 하고, 편히 존속하는 데 그치는 것이 아니라 능력 있는 자를 뽑아 쓰고 백성을 보호해서 부와 힘을 쌓는 패자의 국가가 되려고 해야 합니다. 패자의 위치에서도 만족하지 말고 더 올라가려고 노력해야지요. 부와 힘에 만족할 것이 아니라, 어짊과 의로움을 닦고 덕과 윤리를 존중하여 백성을 가르쳐 교화하는 데 힘쓰는 나라, 강한 국력에 덕과 윤리까지 갖춘 나라가 되도록 해야 합니다. 국가의 등급 역시 단계적으로 올라가야 합니다.

보령　그 말씀은 군주를 상정해두신 것 같습니다.

순자　군주도 발전하고 진보해야지 않겠습니까? 더 좋은 군주, 더 높은 덕이 있는 군주로 거듭나기 위해서 노력해야 합니다.

보령　선생님께서 스승과 교육자로서의 자의식이 확고한 것 같아, 지금까지 '교육자 순자', '스승 순자'라는 주제로 질문을 드려보았습니다. 이제 '역사가 순자', '시장주의자 순자'에 대해서도 이야기하고 싶습니다. 역사에 대한 통찰 그리고 시장에 대한 믿음, 상업에 우호적인 학자. 이 역시 선생님 하면 떠오르는 이미지입니다. 먼저 역사가로서의 모습에 대해 여쭈어보겠습니다.

순자　좋습니다.

· 13장 ·

역사가 순자

천 년 앞을 내다보려면 오늘을 잘 살펴야 한다.

위대한 역사가 순자

보령　꾸며낸 이야기가 아주 많은 《장자莊子》를 제외하고, 《묵자》를 비롯해 《한비자韓非子》와 《여씨춘추》 등 많은 제자백가 텍스트가 사실 역사서라고 해도 과언이 아닙니다. 《순자》도 마찬가지입니다.

　그런데 선생님 책에는 단순히 역사적 사실만 언급된 것이 아니라, 역사 인물에 대해 차별화된 평가나 인식도 담겨 있습니다. 주공周公이나 오자서伍子胥의 경우가 그렇습니다. 그리고 환공이나 관중에 대한 평가는 상세함과 요점을 모두 갖추고, 장단점을 균형 있게 분석한다는 점에서 인상적입니다.

　또 공자와 맹자 등 다른 유학자들과는 차별된 선생님의 역사 관점도 눈에 띱니다. 그들보다 훨씬 합리적이고 현실적으로 인간의 역사를 보시는 것 같아요. 역사를 보는 선생님의 시각을 감히 평하자면, 합리적이고 현실적인 역사 인식, 인물에 대한 객관적 접근과 서술, 균형적 평가가 돋보인다고 생각합니다. 정말 역사가 순자라고 해도 손색이 없을 만큼 탁월하세요.

순자 일단은 최대한 객관적이고 합리적이며 현실적으로 역사를 보려 했습니다. 다른 부분을 살필 때와 마찬가지로 역사 역시 저 순자답게 보려고 했을 뿐이지요.

오자서와 주공

보령 먼저 오자서 이야기를 좀 해보고 싶습니다. 오자서 하면 열혈남아를 넘어 흔히 복수의 화신 이미지가 강한데요. 아버지 원수를 갚기 위해 초나라에 쳐들어가 수도 영郢을 함락시켰고, 그때 초평왕楚平王 무덤을 파헤쳐 시신에 마구 매질했다고 알려져 있습니다. 전쟁 수행에 능해 병법서를 남기기도 했지만, 일반적으로는 열혈남아, 복수의 화신, 전쟁 전략가, 전쟁 전문가 정도로 평가하고 인식합니다.

순자 제가 보기엔 그는 그냥 현자입니다. 장수나 전략가라기보다는 정치인이지요. 현명하고 어진 사람이고 훌륭한 재상으로서 선정을 편 사람입니다. 세간의 인식은 좀 오해 같군요. 오나라는 올바른 도리를 어기고 오자서같이 현명한 사람을 버렸기에 월나라에 망하고 말았지요.

보령 네. 사실 그가 남긴 말이나 오자서의 병법에 담긴 사상을 보면 그런 느낌이 들기는 합니다. 오자서가 '잘 싸우는 것 못지않게 중요한 것이 선정이고, 백성을 위한 통치가 우선'이라고 여긴 것을 보면, 역사서에서 등장하는 오자서의 모습은 정말로 왜곡된 게 아닌가 싶습니다.

아무튼 오자서는 그렇고요, 주공에 대한 선생님의 평가도 일반의 평가나 상식과는 다릅니다. 너무 달라서 저는 놀랐습니다. 보통 유자들과는 달리 선생님께서는 주공이 사실상 왕위를 찬탈했다고 보시는 것 같은데요, 좀 파격적인 인식이 아닌가요?

순자 주공은 무왕武王이 죽은 이후 무왕의 아들이자 조카 성왕成王을 신하된 입장에서 잘 모셨다고들 하는데, 그렇지 않고 실제로는 성왕을 핍박하고 자신이 천자 노릇을 했던 것 같습니다.

보령 표현이 조금 저급할 수 있지만, 조카 성왕을 주공이 '젖혔다'는 말씀이군요.

순자 그렇습니다. 그가 성왕을 제치고 실질적인 군주 노릇을 했지요.

보령 주공이 조카 성왕보다 나이가 많고 세력과 인망도 두터우나, 신하된 역할에 충실했고 끝까지 왕을 잘 모셨던 인물로 알려지지 않나요? 어진 사람, 성인의 전형이라고 유가에서 말했고, 특히 공자는 주공을 사모했다고 하는데요, 선생님께서는 다르게 보시는군요?

순자 현실적으로 생각해보세요. 주공은 자기 세력이 있었고 실권도 거머쥐고 있었습니다. 어린 조카보다 훨씬 노회하고 정치 현실에 밝았는데, 그럼에도 신하된 도리를 다하여 왕을 잘 모셨다? 이게 정말 믿을 수 있는 이야기일까요? 조금만 현실적으로 생각해보면 금방 아니라는 것을 알 수 있지요.

　주공은 말입니다, 주나라가 은나라를 무너뜨릴 때 앞장섰던 사람입니다. 또 사실상 천자가 되고 나서는 여러 나라를 정벌하여 주 왕실의 지배 영역을 크게 넓혔습니다. 전쟁에 능하고 힘을 능숙하게 쓸 줄 아는 자였지요. 이런 사람을 윤리와 덕의 상징으로 알고 있다니…… 더구나 검소하다 공손하다고까지 평가하는데 모두 틀렸습니다.

　어떤 사람과 공자 님 사이 이런 대화가 오갔습니다. "주공은 대단한 분이다. 자신이 존귀해질수록 더욱 공손했고, 집안이 부유해질수록 더욱 검소했으며, 적과 싸워 이길수록 더욱 조심했다."[128] 공자님이 이렇게 말씀하셨다는데, 주공이 그런 사람이 아니거니와 실제 공자 님 말씀도 아니라고 생각합니다. 주공은 공손함, 검소함과는 거리가 멀었던 사람입니다. 사람들이 자신을 두려워하게 했고 부유함을 누렸던 사람이지요.

보령 폭력에 능한 자, 힘으로 위세를 떨친 자, 부를 추구했던 자…… 공자를 비롯한 기존의 유가들의 인식과 다르네요. 공자는 주공을 열렬히 사모했으며 정신적 지주로 삼지 않았나요?

순자 물론 주공이 악의 화신이거나 자신의 욕심만을 추구했다고는 생각하지 않습니다. 다만 높게 평가해야 할 부분을 다른 시각으로도 봐야 한다는 말입니다. 주공은 은나라의 잔당과 주 왕실에 반기를 드는 세력을 소탕하면서 천

하에 주나라라는 확고한 질서를 만들었습니다. 주공을 흠모한다면 이런 면에
주목해야겠지요.

보령　도덕적 영웅으로서의 주공, 사전적 의미에서의 성인으로서의 주공은 물
론이고, 선생님께서는 '선양禪讓'이라는 것도 부정하셨습니다. 유가 역사관의
핵심이랄 수 있는 두 가지를 모두 부정한 셈이네요.

　선양이라는 것은 전 대략 이렇게 알고 있습니다. 성인군주가 왕위를 자식
에게 세습하는 게 아니라, 성인군주가 될 자질이 있는 현명한 인사에게 물려
주는 것으로요. 이렇게 왕위를 양위하는 방식을 유가에서는 가장 이상적인
왕조의 교체 모델로 말해왔습니다.《서경》의〈요전堯典〉과〈순전舜典〉에서도
확인이 되고, 맹자도 부인하지는 않은 것 같고요. 사실 성인군주로 통하는 요
임금이 순임금에게 천자 자리를 물려주었다고 많이들 말하지 않습니까? 당
대에만 그런 게 아니라 근래에도 동아시아의 유학자들은 그렇게 믿고 주장했
습니다.

순자　일부 사람들이 요임금이 순임금에게 천자 자리를 물려주어 선양을 했다
고 하는데, 사실은 그렇지 않습니다. 천자란 권세가 지극히 존귀해 천하에 필
적할 자가 없습니다. 그런데 누구에게 자리를 양도한다는 말입니까. 현실적
으로 말이 안 되지요. 신빙성이 없습니다. 더 큰 문제는 유학자들이 선양설을
그리 떠들고 다닌다면 군주가 그들을 어떻게 생각할까요? 아마 군주의 권위
를 우습게 안다고 여길 것입니다. 당시 통일 제국이 다가온 시점에서는 더 그
랬습니다. 선양 운운하는 건 위험했지요.

보령 사실 반역과 반란을 일으켜 군주를 압박해 왕권을 찬탈한 자들이 선양이라는 말로 반역 행위를 정당화한 걸 보면……, 선생님 말씀이 맞는 것도 같습니다. 조조曹操의 아들 조비曹丕도 헌제에게 왕권을 빼앗으며 선양이라는 말을 썼지요. 그렇네요. 현실적으로 선양은 말이 안 되네요. 그런데도 많은 유자가 강력히 주장했습니다. 역사적 사실이라고 고집하면서요. 맹자도 부정한 것 같지 않고요.

순자 비현실적인 인식과 주장은 아무 의미가 없습니다. 현실을 잘 살피고 이론을 전개해야 현실이 이상으로 다가옵니다. 맹자를 비롯해 관념론적인 유자들, 참 안타깝습니다.

환공과 관중

보령 역시 선생님다우십니다. 이제 환공과 관중이라는 춘추시대 최고의 거물에 대해 이야기해보겠습니다. 그들은 정말 거물이었고 당대에 천하를 들었다 놓았다 한 사람들입니다. 선생님 또한 그들을 비중 있게 다루셨어요. 《순자》를 보면, 춘추시대 첫 번째 패자로 거듭난 제나라에 대해 서술하고 평하신 부분이 인상적입니다. 그들이 추구했던 길, 사용했던 수단, 실제 대내외적으로 행한 정치적 행적, 이런 것들에 대해 눈앞에 보이는 듯 상세하게 서술하셨어요. 그들의 강점과 약점, 성공한 부분과 실패한 부분에 대해서도 균형 있게도 쓰셨고요. 역사를 공부하는 사람에게는 귀중한 자료예요.

순자 환공과 관중, 탁월한 사람들입니다. 뛰어난 면이 적지 않았지요. 부국강병을 추구해서 상당히 현실화하여 중원의 열국을 호령하는 패자가 되었지요. 패자란 거저 될 수 있는 게 아닙니다. 사람을 제대로 알고 부렸고, 백성의 힘을 유기적으로 조직해 생산을 진흥하고 물자를 축적해 부를 쌓았습니다. 또 밖으로는 명분과 룰을 존중하고 뚜렷하고 확고부동한 대원칙을 견지하며 국제 질서를 이끌었지요. 요행이 아니라 그럴 만해서 패자가 되었지요.

그렇지만 아쉬운 부분 또한 많지요. 그들은 통치에서 교화를 우선으로 하지 않았습니다. 숭고한 이념을 추구하지도 않았고, 사회의 형식과 관습을 제대로 정리한 것도 아니었으며, 사람들이 마음으로 위정자를 따르게 하지도 않았습니다. 오직 방법과 책략을 잘 썼을 뿐입니다. 인민의 수고와 편안함을 잘 살펴 물자를 축적하여 군비를 갖추고 적국을 쓰러뜨린 사람들일 뿐. 그들은 마음을 속이고 위장해 승리했고, 전쟁을 겸양으로 치장하고 인을 가장해 이익을 추구했습니다. 부국강병에만 몰두한 셈이지요.

보령__ 부유함과 강함만 추구했다는 말씀이지요? 다른 건 돌보지 않고요.

순자__ 그렇습니다. 특히 이익 추구에 골몰했습니다. 환공을 보좌한 관중이 문제였지요. 환공은 관중이 하자는 대로 충실히 따랐을 뿐이니까요. 관중은 사실 눈앞의 이익과 국력 확대에만 골몰했지, 윤리와 도덕을 전혀 말하지 않았습니다. 국가나 인민이 따라야 할 바른 길과 갖춰야 할 덕목은 입 밖에 내지 않았지요. 장기적으로 보면, 국가와 인민이 추구할 청사진을, 이상을 제시하지 못한 것입니다.

보령__ 그래서 선생님께서 관중을 소인 중에 출중한 자일뿐이며 천자의 대부는 못될 사람이라고 단적으로 평하셨군요.

순자 관중은 공을 세우는 데에만 힘을 썼지 의로움義에는 힘쓰지 않았고, 꾀를 내는 데만 힘을 썼지 인에는 힘쓰지 않았으니, 야인일 뿐이었다고 봅니다. 천자의 대부가 될 수 없는 사람이 있습니다. 관중이 이끈 대로 부유함과 강함, 단기적 이익에만 집착하는 나라가 오래갈 수 있을까요? 현실적으로 불가능하겠지요. 당위적으로도 그래서는 안 되고요.

저는 다가올 통일 제국이 제나라 같아서는 안 된다고 보았습니다. 힘과 부만이 아니라 공동체 구성원이 따라야 할 덕목과 윤리, 도덕을 제시하고, 사람들을 이끄는 나라여야 한다고 생각했습니다. 어떤 보편적인 이념을 추구하는 나라여야 했지요. 그래야 안정된 기반 위에서 오래갈 수 있지 않겠습니까? 실제 제나라는 관중 사후에 바로 몰락했지요. 결국 대부에게 나라를 빼앗기고 말았는데, 관중의 책임이 아주 크다고 생각합니다. 배를 타고 가려면 돛대와 노만이 아니라 망원경과 나침반도 있어야 합니다. 관중은 그런 것을 보여주지 못했습니다.

저는 정말 위대한 사상가이고 정치가라면 부와 강함만이 아니라 윤리와 도덕을 포함한 더 큰 이상을 말해야 한다고 봅니다. 미래의 청사진도 제시해야 하지요. 제가 통일 제국을 위한 설계도와 밑그림을 그릴 때 이 점을 많이 고심했습니다. 그래서 이른바 왕천하王天下, 도로써 천하를 이끄는 왕자王者의 길을 제시했지요. 유가에서는 힘이 아닌 도와 덕으로 천하를 이끄는 군주를 왕자라 하고, 그러한 왕자의 길을 왕도王道라 합니다. 저는 이러한 덕의 정치도 추구하라고 주문했습니다. 물론 힘으로 정치를 하는 패자의 길이 꼭 나쁜 건 아닙니다. 상대적으로 수준 있는 패자의 길도 있지만, 궁극적으로는 왕도 정치를 하려고 애쓰는 왕자의 길을 가야 합니다. 저는 어짊과 의로움 등 인간이 지향해야 할 보편적 덕목을 백성에게 가르치라고 독려했고, 윤리와 도덕에 기초한 지평이라는 지극히 평화롭고 조화로운 이상 사회의 모습을 구체적으로 그려 보였습니다.

보령 말씀을 들어보니, 관중과 환공의 사례를 보면서 공과, 허실, 강점과 약점, 구체적인 행적과 역사적 사실만을 피력하신 게 아니네요. 다가올 통일 제국의 밑그림을 구상하시며 반성적으로 검토하셨군요.

순자 전 현실을 보는 사람인지라 패자의 길도 긍정했습니다. 패자의 업을 이루어낸 제나라 칭찬도 하고, 관중과 환공의 잘한 점과 탁월한 면을 인정했지요. 하지만 패자의 업만을 추구하는 패도에 그치는 것을 경계했습니다. 왕도를 지향해야지요. 통일 제국이 패도만을 지향하고 왕도를 생각지 않는다? 절대 동의할 수 없습니다.

보령 다른 유자들과 달리, 특히 맹자와 다르게 패자를 인정하신 점이 좀 특이합니다. 선생님의 개성인 것 같습니다.

순자 패자와 패도의 길을 현실의 군주 대부분이 추구했기에 전면적으로 부정할 수 없었습니다. 패도를 한사코 부정하면 어떤 군주가 제 말을 귀담아 들을까요? 필요 없는 사람, 비현실적인 사람으로 치부했을 것입니다. 저는 군주에게 '순자는 현실을 인정한다' 그리고 '순자가 제시하는 대안이 현실적으로 효과적이겠구나'라는 인상을 주려고 했습니다. 유가적 예법과 규범이 국가 운영에 편입될 여지가 조금이라도 생기도록.

보령   맹자는 패자와 패도 추구를 부정했고 굉장히 싫어했습니다. 제자가 맹자에게 이런 질문을 했습니다. 관중과 안자가 이룬 치적을 스승님도 이룰 자신이 있냐고. 질문을 받은 맹자는 빈정대는 투로, "너는 천상 어쩔 수 없는 제나라 사람이구나"라고 말했다지요. 맹자 생각에는 관중과 안자가 행한 노선이 제나라를 패권 국가로 만드는 패자 추구의 길이었는데, 제자란 놈이 선생님께서도 그 정도 할 자신이 있냐고 물으니 화를 낸 듯싶습니다. 그래서 "그딴 것 해서 뭐하게?"라고 답했다 하네요.

맹자는 패자와 왕자, 패도와 왕도를 대조해서 말했습니다.

패자는 그저 힘으로써 타인을 복종시키는데, 타인이 고개를 숙이는 건 단순히 힘이 부족해서이지 마음이 움직여 고개를 숙이는 건 아니다. 하지만 왕자는 덕으로써 타인이 고개를 숙이게 하는데, 상대가 마음이 기뻐 진심으로 따르게 한다. 마치 제자 70명이 공자에게 심복心服했듯이.**129**

맹자는 왕도와 패도가 평행선 같았나 봅니다. 패도를 철저히 부정해야 할 것으로 말했습니다. 무조건 왕도만을 추구해야 한다고 말하면서요.

순자   당시 모든 국가가 패도의 길을 추구하고 있었는데 한사코 부정만 해야 되겠습니까? 그러면 유가 사상이 외면당할 수밖에 없어요. 패도와 패자의 길도 부분적으로 인정하고, 또 좋은 패자, 수준 있는 패자가 있다고 하면서 현실의 군주가 그런 패자라도 되게 독려해야지요. 그래야 현실이 조금이라도 개선되지 않겠습니까?

최강대국 진나라

보령 관중과 환공이란 역사적 인물에 대해 이야기하다 보니 패자 이야기까지 하게 되었네요.

역사가로서 선생님의 눈이 돋보이는 다른 사례에는 진秦나라 이야기도 있습니다. 《순자》를 보면 선생님께서 직접 보신 진나라에 대한 언급이 아주 인상적입니다. 이 역시도 역사를 공부하는 사람에게는 소중한 자료이지요. 진에 대해서 아주 상세하게 서술하셔서 마치 직접 눈으로 보는 듯 생생합니다. 대상의 장단점 역시 균형 있게 서술하셨고요. 물론 관중과 환공의 사례처럼 진한 아쉬움도 피력하셨지요.

순자 진나라는 유세하기 위해 제가 직접 방문했습니다. 그곳에서 재상 범수를 만나 기탄없이 대화했지요. 진나라의 인상과 장단점을 그에게 말했습니다. 또 제자들하고도 진나라에 대해 이야기한 적이 있지요.

보령 〈강국〉 편에 나오는 진나라에 대한 선생님의 평을 보다가 굉장히 놀란 부분이 있습니다. 아무리 진나라 재상 앞에서 유세하는 상황이라고 해도 너무 진나라를 극찬하신다는 생각이 들었습니다. 놀라울 만큼요.

순자 진나라는 실로 대단한 나라였습니다. 그들만의 차별화된 장점이 많았고 여러 부문에서 선진화한 나라였습니다. 그래서 천하의 패권을 거머쥘 수 있

었지요. 진나라가 천하 통일을 눈앞에 둔 게 당대의 현실이었습니다. 전 객관
적으로 말했을 뿐이지요.

보령　힘을 추구하는 패자 노선을 너무 싫어한 맹자였다면 칭찬을 조금도 안
했을 것 같아요. 뭐, 신생님과 맹자가 많이 다르긴 하시만……, 그래도 진나
라 평을 보면 칭찬 일변도 같습니다. 정말 놀라웠어요. 그 부분을 한번 인용
해보겠습니다.

요새는 견고하고 땅의 형세는 유리하며 산림과 냇물과 골짜기는 아름답고
천연자원의 이점이 많으니 이는 뛰어난 지형입니다.
국경 안으로 들어와 나라의 풍속을 보니, 백성은 소박하고 음악은 음란하
지 않으며 옷은 경박하지 않고 관리는 매우 두려워하며 정부의 지시에 순
종하니 옛날 백성과 같았습니다.
도시나 시골의 관청에 가보면, 여러 관리가 모두 숙연하며 공손하고 검소
하며 착실하고 공경스러우며 충성되고 신의가 있으면서도 그릇되지 않았
으니 옛날 관리와 같았습니다.
도읍으로 들어가 사대부를 보니, 자기 집 문을 나와서는 곧장 관청 문으로
들어가고 관청 문을 나서면 곧바로 자기 집으로 들어가 사사로운 일을 하
는 경우가 없었습니다. 자기와 뜻이 맞는 사람만 가까이하지 않고 붕당을
만들지 않으며 모두가 밝게 통하도록 공사를 처리하고 있으니 옛날의 사대
부와 같습니다.
조정을 보니, 그곳에서 정사를 듣고 처리함에 여러 일을 남겨 미루는 일이
없고 고요하기가 다스리는 사람이 없는 것 같으니 옛날의 조정과 같았습

니다.

그러므로 4대(효공孝公—혜문왕惠文王—무왕—소양왕) 동안 승리를 거두어온 것은 요행이 아니라 당연한 일이었습니다. 이것이 제가 본 바입니다. 편안하면서도 다스려지고 간략히 하면서도 세밀함이 있고 번거로움 없이도 실제를 이룩하는 것이 정치의 이상이라고 하는데, 진나라는 진실로 그 전형입니다.[130]

순자 그렇게 말했지요.

보령 한마디로 극찬이네요. 사실이 그렇다면 정말 대단한 나라 같습니다. 높은 국민성, 관리의 엄정한 근무 기강, 사회 보편적인 공공성, 여기에 잘 정비된 제도까지…….

사실, 진나라 하면 이미지가 굉장히 안 좋습니다. 진나라는 통일 이후 가혹한 폭정을 거듭했고, 지식인을 탄압했으며, 만리장성과 아방궁을 건설해 인민을 혹사시켰습니다. 이런 점에서 선생님의 극찬에 가까운 칭찬은 상당히 의외입니다.

순자 진나라는 효공, 혜문왕, 무왕, 소양왕 이렇게 4대를 거치며 패권을 쥐고 천하를 호령했습니다. 이는 요행으로 이루어질 수 없는 일입니다. 실로 저력 있는 나라였습니다.

지리적 이점, 국가의 생산력, 물자의 풍부함 말고도 다른 열국에 비해 여러 측면에서 우월했지요. 이건 단적으로 관료들의 근무 기강이나 청렴함을 통해서 알 수 있었습니다. 진은 공적 영역이 철저히 공적 원리를 바탕으로 돌아가는 나라였어요. 공사 구분이 안 되고 사적인 논리를 정치 현장에 들이대는 후진적인 면이 많은 다른 열국에 비해 굉장히 앞서 나갔습니다. 단순히 전쟁만 잘하고 국민성이 호전적이고 법치로 백성을 내몰고 강제해서 패권을 거머쥔 나라가 아닙니다. 여러 탁월한 점이 많기에 가능한 일이었지요.

인민의 힘을 쥐어짜긴 했어도 그에 응하는 충분한 보상으로 농기를 무여했습니다. 법치가 제대로 정비되어 국가 행정이 일사분란하게 돌아갔지요. 인민을 관리나 귀족, 토착 세력이 함부로 착취하거나 학대하지 못하게 했습니다. 하층민이 살기에 좋은 요소가 많았습니다.

정말 여러 면에서 다른 나라와 비교해 차원이 달랐어요. 많은 부분을 선진화한 대단한 나라였습니다. 사실이 그러하니 인정할 수밖에요.

보령_ 그럼에도 불구하고 문제점을 발견하신 것 같습니다. 그 점을 지적하신 걸 보면요. 재상 범수와 대화하시며 이렇게 말씀하셨어요.

비록 그렇기는 하나, 진나라에는 우려되는 점이 있습니다. 몇 가지 요건을 모두 갖추고 있으나, 이것이 임금의 공적이라 선전하기에는 사실과 까마득히 멀리 떨어져 있습니다. 이는 무엇 때문이겠습니까? 진나라에는 유학자들이 거의 없기 때문입니다. 순수하게 유학을 쓰면 왕자가 되고, 잡되게 쓰면 패자가 되고, 하나도 쓰지 않으면 망한다고 했습니다. 이러한 점이 또한 진나라의 단점입니다.[131]

유학자들이 없고, 패도만 추구하지 왕도를 추구하지 않아 아쉽고 걱정된다는 뜻인가요?

순자 백성을 너무 다그치고 내몰면서 강함만을 추구했습니다. 환공과 관중의 제나라 같은 경우에는 부유함에만 치중하여 나라를 운영했고 장기적 이상과 청사진이 없었는데, 진나라도 마찬가지였습니다. 강함만 추구했지요. 그것뿐이었습니다. 그리되면 나라의 영속성과 지속성에 큰 문제가 생기지요.

보령 당대엔 독보적인 강함으로 천하를 호령한 진나라를 모두가 부러워했습니다. 많은 나라가 진나라를 두려워하면서도 진나라의 국가 운영 방식을 모방하기도 했고요.

순자 앞서 말했듯이 저는 진나라, 인정했습니다. 진의 저력을 인정했지요. 그런데 단순히 그렇게만 볼 일이 아니라는 것을 말하고 싶었습니다. 제가 유학자이기 때문에 진나라에 유학자들이 없는 것을 아쉬워한 게 아닙니다. 또한 유가의 궁극적인 목표인 왕도 정치, 덕치를 추구하지 않는다고 해서 우려한 것도 아닙니다.

유가적 방식을 따르느냐 아니냐를 떠나, 너무 강경 일변도로 나라를 운영하고 백성을 내몬 것이 문제라는 겁니다. 천하의 패권을 거머쥐어 통일 제국을 이룩하기 위해 그렇게 하는 것이라면 문제의 소지가 많아 보였습니다. 그래서 우려했지요. 강함을 추구하여 강함을 얻어 천하를 통일했습니다. 그다음엔 어떻게 해야 할까요? 통일한 이후에도 계속 그래야 할까요? 천하를 영속되게 다스리는 건 또 다른 이야기 아니겠습니까?

보령 당시엔 모든 나라가 선군정치를 통해 강성대국을 꿈꾸었습니다. 강한 군사력이 지상의 과제였어요. 그래서 '통일 이후에도 선군정치와 강성대국 노선을 버릴 것인가, 고수할 것인가?' 이런 고민을 하는 사람은 없지 않았을까요? 선생님의 제자 이사도 이렇게 말했습니다.

진나라는 4대에 걸쳐 싸움에 이겨 군대는 세상에서 제일 강하고 위세는 제후들 사이에 널쳐 있습니다. 선생님께서 말씀하시는 인의로써 그렇게 된 것이 아니라, 편의를 따라 일을 처리했을 따름인데도 그렇게 강해진 것 아닙니까?[132]

어짊이나 의로움 같은 덕목을 신경 쓰지 않았지만, 부국강병을 이루어 대세를 장악했는데 진나라에 대해서 무슨 쓸데없는 걱정을 하시냐. 대세를 장악했으면 끝이지 무슨 걱정? 이런 말 같은데요.

순자__ 그래서 제가 한마디 했지요.

네 의견이 틀렸다. 네가 말하는 편의라는 것은 편리한 듯하면서도 실로 불편한 것이고, 내가 말하는 인의라는 것은 크게 편리한 것으로 진정한 편리함이다. 그 인의라는 것은 정치를 잘 닦는 방법인데, 정치를 잘 닦으면 백성이 임금을 친근히 여기고 좋아하게 되어 임금을 위하여 기꺼이 목숨을 바친다. 이런 까닭에 군대에서 장수가 부대를 거느리는 일을 말단적이라 한 것이다. 진나라는 4대에 걸쳐 싸움에 이기기는 했지만, 온천하가 연합하여 자기를 짓밟으려 들지 않을까 늘 두려워하고 있다. 이것은 이른바 말세의 군대라 근본적인 법도를 갖추지 못했기 때문이다.[133]

보령 강성대국 노선을 계속 고집해서는 안 된다는 말씀, 맞나요?

순자 강한 군사력만 갖추면 문명한 나라인가요? 강한 군사력으로 천하를 통일했다고 칩시다. 그다음에는 어떻게 하려고요? 새로 얻은 땅을 병합해 안정시켜 그 땅의 인민을 온전히 내 것을 만드는 일과 정복, 정벌은 다른 이야기입니다. 진나라가 정복과 정벌에는 능했지만, 정복한 땅을 제대로 흡수해서 소화할 능력이 있을까 의문스러웠습니다.

당시 진은 천하 통일을 눈앞에 두었습니다. 누구든 통일천하를 그들이 끌고 갈 것이라 생각했지요. 그때 저는 남들과 좀 다른 부분을 보았습니다. 통일 이후의 문제 말입니다. 통일한 후에도 그들이 그동안 추구한 방법과 노선으로 통일 제국을 끌고 갈 수 있을지 회의가 많이 들었습니다.

보령 〈왕패〉 편에서도 "나라는 무거운 짐이다. 오랫동안 유지할 방법으로 다스리지 않으면 존립할 수가 없다"[134]라고 하셨습니다. 그 부분을 읽으면서 저는 진나라를 딱 지목해 하신 말씀이 아닐까 하고 생각했습니다. 즉 선생님께서는 나라라는 무거운 짐을 진나라가 오랫동안 등에 지고 갈 수 없다고 보신 것 같아요. 진나라가 천하를 통일했지만, 나라에 균열이 생겨 무너지면 지옥문이 열리겠지요. 실제 초한쟁패楚漢爭霸의 와중에 다시 천하는 전쟁에 휩싸였고, 백성은 무시무시한 고통을 감내해야 했습니다. 선생님께서는 이런 점을 우려하신 건가요?

순자 제가 미래를 내다보는 예언가가 아닌데, 설마 그렇게까지 꿰뚫어 보았겠습니까? 하지만 통일 왕국은 진나라 기존의 통치 방식과는 다르게 이끌어야 한다고 보았습니다. 이 점은 확신했습니다. 비유하자면, 뗏목을 타고 강을 건넌 다음 뗏목을 이고 길을 가서야 되겠습니까?

보령　정복과 정벌, 영역화와 안정화는 또 다른 이야기라고 하셨는데요, 천하를 취할 때와 취하고 나서 다스릴 때가 분명 달라야 합니다. 그런데 진나라는 그렇게 할 수 없어 보였군요.

순자　힘으로 다른 나라의 영토를 빼앗고 합병했지만 자신의 것으로 소화하지 못해 탈이 난 사례는 이미 전국시대에도 아주 많았습니다. 원래 다른 나라를 병합하는 것보다 안정시키는 것이 훨씬 어려운 일이죠.

　제나라는 송나라를 합병했지만 안정시키지 못해서 위魏나라에 빼앗겼습니다. 연나라는 제나라를 병합할 수 있었지만 안정시키지 못했습니다. 그래서 제나라 전단田單이 다시 빼앗았지요. 한나라의 상당上黨 지방은 땅이 사방 수백 리의 넓이에 성은 튼튼하고 재정은 부유했는데, 조나라가 그곳을 차지했지만 안정시키지 못했습니다. 그래서 진나라가 그곳을 다시 빼앗았습니다. 이렇게 나라를 합병한 후 안정시키지 못하면 반드시 빼앗깁니다.*

보령　죽 쒀서 개 준 나라가 많았군요. 사례에서 보듯 나라 하나도 제대로 소화하기 어려운데, 통일천하를 소화하는 것은 정말 어려운 일 같습니다. 그런데 진나라는 기존 노선을 바꾸지 않고 그대로 밀고 나가지 않았나요?

---

*　순자는 틀림없는 역사적 사례, 특히 당대의 사례를 제시해 논리를 펴는 경우가 많다. 당대 현실을 틀림없이 관찰해 전달한다는 느낌을 준다. 물론 순자의 이런 논리 전개 방식은 자신의 주장에 강한 설득력을 부여한다.

순자 진나라는 인민이 전쟁에 나가 공을 세우면 정말 많이 보상해주었습니다. 이를 기초로 인민을 독려하고 그들의 힘을 조직해 나라를 키웠지요. 하지만 통일이 되자 적이 사라졌습니다. 이런 상황에서 무엇으로 백성을 독려해야 할지 몰랐습니다. 억지로 흉노니 남월南越이니 하는 적을 만들어냈지만 가상의 적에 가까웠습니다. 백성을 다그치기 위해 만든 허구의 적이었지요. 군국주의 노선을 버리고 백성을 위무하고 교화에 힘써 온건하게 나라를 운영했다면 좋았을 것을……. 진나라는 끝내 그러지 못했습니다. 결국 천하를 제대로 소화하지 못하고 체하고 말았습니다. 무너졌지요. 망했습니다.

보령 죽 쒀서 개 준 다른 나라들처럼 결국 한나라에 천하를 들어다 바친 셈이었군요.

그런데요, 선생님. 사실 진나라의 멸망은 단순히 군국주의 노선과 법치로 계속해서 백성을 다그쳐서라기보다는, 왕족 출신 귀족, 대상인과 지주, 호족 등의 기득권을 인정하지 않아, 이들 세력이 저항한 탓에 무너졌다는 말도 있습니다. 진시황이 죽고 나서 권력에 틈이 생기고 힘의 공백 상태가 노출되자, 그들은 정말 기다렸다는 듯이 들고 일어났어요. 실제 그들이 농민반란을 지원하기도 했고요.

순자 진나라에 대한 평가나 멸망의 과정에 대한 세밀한 이야기를 지금 하기에는 적당하지 않은 것 같습니다. 사실 진나라 멸망은 제가 죽은 후의 일입니다. 어디까지나 제가 살아 있을 때 직접 보았던 진나라에 대한 우려가 저에게 있었습니다.

보령 네, 선생님. 아무튼 진나라는 강성함만 도모하는 통치가 아니라 이제 온건한 통치도 준비해야 한다, 통일이 눈앞에 왔으니. 이런 말씀으로 알겠습니다.

순자 그렇습니다. 더불어 통지 방식을 수정할 때 유학자들을 능용해 유학적 덕목을 수용하면 좋았을 것이라 생각했지요.

보령 그러고 보면 많은 말씀이 진나라에 대한 조언 같아 보입니다.

순자 네. 기존의 노선을 고수해서는 오래가지 못할 것이라는 우려를 피력했으니 그렇게 보일 겁니다. 그런데 그런 우려를 저만 한 게 아니었지요. 노자도 그랬습니다.

보령 노자요? 노자가 선생님과 비슷한 생각을 했나요?

순자 노자의 텍스트가 집결된 시기 그리고 제가 활동했던 시기가 거의 일치합니다. 그때 노자 아니면 노자 텍스트를 편집한 사람이 저와 비슷한 생각을 한 것 같습니다. 진나라의 통일천하가 안정된 토대 위에 굴러갈 수 있을까 하는 회의 말입니다. 그래서 저처럼 조언 같은 말을 많이 했습니다.

저는 유자다 보니 통일 제국의 군주가 지녀야 할 덕목에 치중해 말했다면, 노자는 통일 제국을 다스리는 데에 통치자가 반드시 염두에 두어야 할 전략과 전술, 원칙에 대해 조언한 것 같더군요. 하지만 큰 틀에서 보면 문제의식이 비슷했던 게 틀림없습니다. 진나라가 계속 저렇게 나아가선 안 된다는 우려 그리고 통일 제국을 어떻게 다스려야 영속성 있게 운영할 수 있을지에 대한 고민. 그렇습니다. 노자와 저는 문제의식이 비슷했습니다.

보령　실제 진이 멸망하고 한이 들어섰을 때, 왜 진이 일찍 무너질 수밖에 없었는지 한의 지배층과 지식인 사이에 반성과 고찰이 있었습니다. 진나라의 전철을 밟아서는 안 된다는 생각이었을 테지요. 단명한 진에 대해 반성적으로 고찰해서일까요? 한나라는 선생님의 사상과 노자의 사상을 받아들여 제국을 운영했습니다. 두 분 모두 한나라의 가려운 곳을 긁어주었나 봅니다.

　애초에《순자》와《노자》는 통일 제국의 군주를 수요자로 했다는 공통점이 있고, 또 진의 미래에 대한 우려가 깔린 것이기도 하니, 한이라는 제국이 통치 사상으로 선생님과 노자의 사상을 채택한 것은 어쩌면 당연한 일인 듯싶네요.

순자　한나라 때 지식인들이 그런 생각을 했던 것 같습니다. 법으로만 다스려선 안 되고 예로써 다스려야 한다. 분명히 그렇게 생각했을 겁니다. 그래서 저를 추종하는 학자들이《예기》를 만들었고, 이를 바탕으로 제국이 굴러갔지요. 또《예기》말고도《춘추》라는 유가의 역사서도 있지요. 이 책들이 국가의 헌법 기능을 하게 되었습니다. 그 뒤에도 진의 법치에 대한 반성이 있었던 것 같습니다.

퇴행적 역사관을 거부하다

보령__ 지금까지 제나라, 진나라에 대한 말씀을 들었습니다. 역사학자라고도 할 수 있는 선생님의 이야기를 듣다 보니, 선생님의 역사관이 궁금해집니다. 이 이야기 역시 다른 유학자들과 비교해서 보면 좋을 것 같습니다. 공자나 맹자의 역사관은 모두 퇴행적이고 질적인 변화를 인정하지 않았다고 알고 있어요. 선생님의 역사관은 어떤가요?

순자__ 전 공자 님을 존경하지만 역사관은 계승하지 않았습니다. 과거에 이상적인 질서가 있었다고 해도 그때를 막연히 그리워해선 안 된다고 봅니다. 퇴행적 자세를 배격하는 까닭입니다. 소명 의식이 지나쳐 자신을 중심으로 역사를 보면서 주관적으로 역사에 접근하려는 자세도 역시 배격합니다. 역사도 합리적으로 봐야지요. 전 객관적으로 역사를 보려고 했습니다. 역사의 현장에서 살아가는 저 자신도 대상화해 보려고 했지요.

　공자 님께서 하·은·주 3대를 논한 것을 보면 사실 답답하기도 합니다. 왕조가 바뀌고 역사가 흘렀는데도, 부분적인 변경이 조금 일어날 뿐이다, 크지 않은 것들이 덧붙여지거나 덜어지며 사라진다고 말씀하셨지요. 그분은 역사에서 질적인 변화나 극적인 전환점을 보지 못했습니다. 그저 역사의 변화는 조금씩 더해지거나 줄어드는 정도에 그친다고 보았지요. 그래서인지 과거를 지나치게 이상화해 보았습니다. 주나라의 문화, 가치, 이념을 미래로 무한정 확장하고, 연장하려고만 했어요. 이런 관점에는 동의할 수 없습니다.

보령__ 선생님답네요. 객관적인 인식과 접근, 대상과 나를 철저히 분리해 객관적으로 파악하려는 자세.

그런데, 맹자도 공자와 역사관이 비슷하지 않았나요? 일치일란—治—亂. 일치, 한 번 다스려지고, 일란, 한 번 어지러워진다. 치세治世 다음에 난세亂世, 다시 치세 그다음에 난세. 맹자는 이렇게 무한 반복되는 과정으로 역사를 보았습니다. 공자처럼 질적 변화를 인정하지 않았어요.

순자   그 역시 합리적 역사 인식과는 거리가 멀지요. 보령 학생 말대로 질적 변화와 극적 전환을 인정하지 않았는데요. 그뿐이 아닙니다. 성왕의 계보를 마음대로 만들어 맨 마지막에 자신을 놓았어요. 성왕들로부터 공자 님까지 이어진 진리가 자신에게 닿아 있다는 자부심을 내비치기도 했지요. 자신이 성인 계보의 매개자? 진리의 담지자? 소아병적인 사고입니다. 학자로서 실망스러운 자세이지요. 과거의 역사와 자신을 분리하고 자신을 대상화하여 볼 생각은 안 하고, 허구적으로 만들어놓은 계보에 자신을 던져놓고 천상천하 유아독존을 외쳤으니, 동의 못 하는 건 물론이요, 실망스럽기 짝이 없습니다.

보령   다른 사람들이 들으면 사실 비웃을 이야기네요. 자기 관념만으로 성인 계보를 만들고는 자신을 그 계보에서 넣고, 전수된 진리가 자신에게 있다니요. 왕자병도 그 정도면 중증이네요. 구제 불능으로 보입니다.

그런 유치한 면 이전에 일치일란을 말하면서 치와 난의 무한 반복으로 역사의 흐름과 과정을 설명한 부분도 좀 어이없습니다. 무슨 다람쥐 쳇바퀴 도는 것도 아니고⋯⋯.

순자   전 철저히 역사를 발생론적 관점에서 보았습니다. 어느 순간에 시작되었다고 보았지요. 인류의 인지능력이 확장되고 성인이 등장하면서 역사가 시작되었다고 보았습니다. 그리고 사람들이 시대마다 당면한 문제를 해결해가면서 역사가 발전하는 것으로 보았습니다. 발전 사관이지요. 정적인 역사관이 아니라 철저히 동적인 역사관입니다.

지 순자의 역사관은 발생론적 역사관, 발전적 역사관, 동적 역사관으로 정리됩니다. 자연히 군주가 취해야 할 자세나 정치적 이상과 정책 역시 고정된 것으로 보지 않고 유동적인 것으로 봅니다. 시대마다 해결해야 할 문제가 다른데 당연히 그래야지 않겠습니까? 당면한 과제가 변하면 통치자도 변해야지요. 통치자의 정치 방식과 정치적 이상 역시 이에 따라 변해야 합니다.

역사의 질적 변화, 역사의 극적 전환, 단절적 변화를 생각하지 못한 공자 님이나 맹자는 통치자에게 필요한 정치적 이상과 원칙에 대해 유연하게 생각지 못했습니다. 전 달랐지요. 유연하게 사고했습니다. 시대가 변하면 따라서 변해야 발전할 수 있습니다.

보령_ 선생님께서는 과거에 얽매이지 않았던 것 같아요. 요임금이니 순임금이니, 맹자는 말끝마다 그들을 들먹였고, 공자는 과거를 너무 이상화해 병적으로 집착했습니다. 선생님에게선 그런 점이 안 보이네요. 과거의 성인군주를 부정하는 건 아니지만 그때는 그때고 지금은 지금. 현재는 현재의 군주가 잘 다스려야 한다고 하셨지요. 과거로 돌아가자. 과거가 그립다. 옛날 타령 하시지 않았어요.

순자_ 군주와 정치권력은 모두 인간 집단의 유지를 위한 필요 때문에 등장했습니다. '당시'의 필요와 문제를 해결하기 위해서 등장한 것이지요. '지금'은 지금의 문제가 있습니다. 그러니 통치 방식과 이상이 하나의 원칙과 방식에만 구속될 이유가 없겠지요. 객관적 상황에 따라 변화해야 합니다. 정치적 유효성을 담보하는 것이 국가 다스림의 생명인데 변해야지요.

통치 방식과 정치적 이상 모두 과거에 얽매일 이유가 하나도 없습니다. 현재성을 지니게 해 정치적 유효성을 확보해야 합니다. 하·은·주 3대, 요임금, 순임금, 우임금, 주공 등 과거 특정 시대, 특정 군주를 오늘날 정치의 모델로 삼자? 비현실적입니다.

보령___ 〈정론正論〉편에 과거의 성인군주들에 대해 조목조목 하신 이야기가 있습니다. 지나치게 과대평가되거나 이상화한 부분을 지적하셨지요. 선생님이 아닌 다른 유학자라면 감히 상상도 못할 일이지요. 성인으로 추앙받는 과거의 성군들을 논평과 검증의 도마 위에 올려놓는다? 정말 쉽지 않은 일일 것 같아요.

순자___ 완전한 이상적인 질서가 펼쳐진 시기가 과거에 있었다고 주장하는 사람들이 있습니다. 바로 하·은·주 시대인데요. 그때 성인군주들이 완전한 질서를 펼쳐 세상이 낙원과 같았다 하지요. 전 그런 역사 인식을 멀리했습니다. 현실적으로 있었는지도 모르겠고, 그런 시대가 있었다고 해도 지금 무슨 의미가 있겠습니까? 퇴행적 역사관이 인간을 능동적, 주체적으로 움직이게 하는 데 무슨 도움이 될까 싶어요. 제가 과거에 얽매이지 않으니 그분들도 저에겐 검증의 대상일 뿐이었지요.

보령___ 그런데요, 그런 선생님께서도 공자만큼은 아니지만 주나라를 본받자고 하신 걸로 아는데……, 좀 의아합니다. 주나라 시대 역시 선생님께서 살았던 당시엔 이미 상당히 지난 과거 아니었나요?

순자_ 아닙니다. 앞서 말했지만 가장 가까운 과거입니다. 저 순자가 주나라의 도를 본받아야 한다고 몇 빈 이야기했지요. 그런네 공자 님과는 이유가 다릅니다. 저는 주나라의 질서와 문화가 단순히 훌륭한 과거이기에 배우자고 한 것이 아닙니다. 시간적으로 가장 가까운 시기의 문화이자 예법이었기에 이상적으로 이야기한 것일 뿐이지요. 그나마 당시와 가장 가까운 과거의 주나라, 그 나라의 질서와 문화가 당시의 문제를 해결하는 데에 실효성이 있지 않을까 하는 기대 때문이었지요.

순자가 본 당대의 강국

보령_ 선생님의 역사관을 충분히 알겠습니다. 발생론적 역사관, 발전적 역사관, 동적 역사관. 이에 기반을 둔 유연한 현실 인식과 정치 인식.

그럼 이제 좀 다른 이야기를 해볼게요. 《순자》에 위魏나라, 진秦나라 군대에 대한 이야기가 나옵니다. 단순히 그들의 군대가 강하다고 하신 게 아니라, 어떤 개성과 차별된 강점이 있는지를 꼼꼼하게 설명하고 있습니다. 지금 왜 이 이야기를 언급하느냐면, 당대는 분명 전쟁의 시대였습니다. 그래서 역사가로서의 선생님을 알려면 그 이야기를 꼭 해야 할 것 같아요. 관련 이야기를 분명 충실하게 하시거든요. 전쟁 이야기를 다루지 않았다면 선생님을 역사학자라고 평가할 수가 없을 테고요.

순자 전 어디까지나 당대의 사실을 있는 그대로 말했을 뿐입니다. 전쟁의 시대에 전쟁 이야기를 안 할 수가 없었지요. 춘추시대 초·중기 제나라, 전국시대 초기 위나라, 전국시대 중기부터 끝날 때까지 진나라, 이 모두 전쟁에서 힘으로 열국을 제압한 나라들입니다.

전국시대 초기 대세를 장악한 위나라 군대는 행군 능력이 아주 탁월했습니다. 위나라의 군졸은 무술 시험을 통해 선발되었습니다. 이들은 온몸을 감싸는 3촉屬의 갑옷을 입고, 12석石의 쇠뇌를 들고, 50대의 화살이 담긴 화살통을 지고 행군을 했지요. 그뿐이 아닙니다. 몸 위에 창을 얹고 머리에 투구를 쓰고 허리에 칼을 차고선, 사흘 동안의 양식을 휴대하고 하루에 100리를 이동했습니다. 대단한 병사들이었습니다.

보령 무술 시험을 치러 뽑은 것을 보니 신분제도에 구애받지 않고 능력 있는 인재를 선발한 것 같네요. 그리고 그렇게 많은 장비와 '아이템'을 지니고 빠르게 움직일 수 있었다니, 분면 오랫동안 훈련받았다는 생각이 듭니다. 능력과 자질을 기준으로 선발하고, 긴 시간 조직적인 훈련을 통해 정예화한 군대 같아요. 전국시대 초기에 위나라가 괜히 천하를 호령한 게 아니었네요.

3속의 갑옷, 12석의 쇠뇌, 머리에 투구와 허리에 칼, 어깨에 화살통까지……. 이렇게 많은 장비가 보급된 것을 보면 위나라 철기 문명이 굉장히 발달했나 봅니다. 사실 강하고 체계적인 훈련을 통해 행군 능력이 좋다고 해도, 세련된 철 가공 기술이 없으면 장비가 너무 무거워서 움직임이 둔해질 텐데요, 위나라는 튼튼하고 휴대하기 편한 철제 도구와 무기를 잘 만들었던 것 같습니다. 또 모두에게 보급될 정도였다니 생산량도 굉장했겠습니다.

순자 그런 위나라도 진나라보다는 약했습니다. 전국시대 초기엔 위나라가 진나라보다 강했지만 얼마 안 가 상황이 역전되었지요. 진나라는 가혹하고 사납게 백성을 부렸어요. 힘으로 몰아세워 백성을 전쟁터로 내몰고, 따르지 않으며 궁핍하게 만들었지요. 하지만 그러면서도 공을 세우면 보상이 많았습니다. 싸우는 맛을 알게 했습니다. 전쟁 기세가 되도록 백성을 길들였지요.

보령 백성을 '전쟁 로봇'으로 만들었다지만 다른 나라보다 나은 면도 있지 않았나요? 다른 나라에서는 백성이 공을 세워도 상과 보상이 안 따르는 경우가 많았는데요, 그래도 그런 나라보다는…….

순자 그건 그렇습니다. 저절로 군사력이 강해지고 4대에 걸쳐 싸움에서 승리를 거둬 대세를 장악한 게 아니지요. 천하를 통일한 막강한 진나라 군대 뒤에는 그들만의 '무엇'인가가 있었지요. 가혹하게 군사들을 내몰기도 했지만 확실히 보상하여 동기를 부여했습니다.

보령 위나라 군대와 진나라 군대를 상세하게 다룬 〈의병〉 편을 보면, 제나라 군대 말씀도 자세하게 하셨습니다. '가격技擊'이라는 손발의 재주로 적을 쓰러뜨리는 제나라 무술 이야기를 하셨고, 화폐로 보상하여 병사를 부렸다는 말씀도 하셨습니다. 그다음엔 제나라보다 더 막강한 위나라 군대를, 그리고 마지막으로 위나라 군대보다 더 막강한 진나라 군대를 언급하셨는데요, 공교롭게도 춘추시대 첫 번째 패자 제나라, 전국시대 초기의 주인공 위나라, 그리고 전국시대의 종결자 진나라 순입니다. 각 시대별 최강국 군대의 개성과 허실을 이야기하셨는데, 이 역시 역사를 공부하는 사람들, 특히 당대의 전쟁사를 공부하는 이들에게 소중한 자료입니다.

순자 전 그저 당대의 역사적 사실을 그대로 그렸을 뿐입니다. 물론 비판도 하면서요.

보령 '팩트'를 최대한 객관적으로 전달하려고 하면서도 자신만의 의견과 시각도 같이 덧붙여서 보여주셨습니다. 어쩌면 역사가의 자세를 제대로 보여주신 것 같아요. 적어도 역사 서술의 모범을 보여주신 게 아닌가 싶은데요, 향후 동아시아 역사학이 발전하는 데 중요한 '시작'이라고도 볼 수 있을 것 같습니다.

순자 과찬입니다. 다른 걸 떠나 현재 고대 중국 역사를 공부하는 이들에게 적잖이 도움된다니, 전 그걸로 족합니다. 공부하는 이들에게 도움이 되는 것만큼 저에게 즐거운 일이 어디 있겠습니까?

보령 이제 다음 주제로 넘어가겠습니다. 바로 '시장주의자 순자'입니다.

순자 그러지요.

·14장·
시장주의자 순자

하늘과 땅 사이에 모든 사물이
각각의 아름다움을 다하고 그 용도를 발휘한다.
위에서는 현명하고 어진 이들이 치장하는 데 썼으며
아래로는 백성이 먹고 입고 편히 사는 데 썼다.
이것을 두고 위대한 신묘로움, 대신大神이라 한다.

시장을 너무도 좋아하다

보령__ 선생님께서는 시장 참 좋아하셨습니다. 상업을 상당히 긍정하셨는데요, 그래서 자본주의자라는 느낌이 강하게 들어요.

순자__ 시장과 상업을 좋아한 건 사실입니다.

보령__ 선생님께서는 위정자의 책무가 부유함을 만들고 경제력을 신장시켜 유지하는 것이라 생각하시잖아요? 위정자가 상인과 시장을 보호해야 한다고도 말씀하셨고요. 이렇듯 정치 이야기에서 경제 문제를 꼭 언급하셨는데, 이 둘은 서로 연관되나요?

순자　물론입니다. 군주의 의무는 백성을 먹여 살리는 것이지요. 하늘과 땅 사이에 재화가 가득 차게 하는 것이 군주가 할 일입니다. 또 그렇게 할 수 있습니다. 위정자가 농인, 공인, 상인 모두를 존중하여, 그들에게 각자의 역할을 주고 그들을 보호하는 사회 분업의 틀을 잘 마련해야지요. 위에서 자신들의 할 일을 하면 밑의 사람들은 각자 주어진 위치에서 열심히 일하기 마련입니다. 그러면 천하 사람들이 쓰고도 남을 재화가 생산됩니다. 이를 질서 있게 소비하면 어지러움과 혼란이 있을 수 없지요.

　　그런데 묵자 무리는 절용節用, 즉 단순히 아끼자, 쓰임새를 줄이자고 주장했습니다. 이해 못할 일입니다. 사람의 욕망과 사회 생산력을 과소평가했기에 그런 비현실적인 주장을 한 것입니다. 모든 이가 충분히 쓸 만큼 재화를 생산해낼 수 있는데, 묵자는 그걸 몰랐어요. 그래서 절약해라, 아끼라고만 했습니다. 안타까운 일이지요. 전 생산력을 믿었습니다. 또 생산력에 비례해 발전하는 시장과 상업에 우호적이었습니다.

보령　선생님께서 그런 데에는 상업이 융성한 제나라에 오랫동안 머무르시며 안정된 환경에서 연구하시고 강학하신 덕분인 것 같아요.

순자　부인할 수 없지요. 저는 상업이 융성한 제나라 왕실이 지갑을 열어 만든 왕립 학술 기관인 직하학궁에 장기간 머물렀습니다. 직하학궁이라는 안정된 환경에서 연구하고 강학하며 제자를 지도할 수 있었습니다. 그러니 어찌 상업을 적대시할 수 있었겠습니까?

제 모국 조나라 역시 상업이 융성했던 곳입니다. 조나라 수도 한단邯鄲도 제나라의 수도 임치만은 못했지만 꽤나 상업이 발달했지요. 또 앞서 한 이야기지만 제가 여러 나라 돌아다니며 유세하는 동안 상업이 발달한 도시를 적잖이 보았습니다. 생산력이 가파르게 발전하는 모습과 도시 문명의 화려함을 보았지요. 아무튼 저는 제나라에서 특히 그 혜택을 크게 입은 이유노 있고, 여러 면에서 상업을 긍정할 수밖에 없었습니다.

보령___ 말씀하신 것처럼 제나라의 환경과 당시 대부분 나라에서 관찰된 경제력과 생산력의 신장 등이 선생님께 영향을 미쳤군요. 그런데 처음 이야기 시작할 때 잠깐 말씀하신 욕망의 문제도 있지 않나요? 그래서 더욱 상업과 시장을 좋아하신 건 아닌지…….

인간의 욕망과 시장

순자___ 맞습니다. 인간의 욕망, 당연히 인정합니다. 이윤을 남기려는 동기 역시 긍정합니다. 잘 먹고 잘살려고 하는 게 인간입니다. 국가와 사회는 이런 인간의 욕망을 어느 정도 충족해줘야 합니다. 생산을 독려하고 시장을 보호하고 재화를 유통해야지요. 저는 인간의 계산적 이성을 전제하고 또 신뢰합니다. 인간은 단순히 욕망의 충족만 추구하고 이윤 동기만 생각하는 존재가 아닙니다. 무엇이 나에게 손해이고 이득인지 저울질하는 '계산적 이성'과 '계산적 합리성'이 인간에게 있습니다.

보령___ 보통 유가에서 어떤 것을 따질 때, '그것이 나에게 손해일까 이득일까'

보다는 '그것이 옳은가 그른가' 시시비비를 가립니다. 그런데 선생님의 관점은 좀 특이하네요. 손해와 이익이란 기준으로 따지는 계산적 이성과 합리성이라는 관점이 공맹과는 달라 보입니다.

순자_ 지금 백성은 닭, 개, 돼지를 많이 기르고, 또 소와 양까지 기르고 있지만, 식사할 때는 감히 술과 고기를 먹거나 마시지 못합니다. 돈이 남아나고 창고가 가득 차 있는데도 비단옷을 입지 못합니다. 귀중품을 함과 장롱에 쌓아두고 있으면서도 밖에서 움직일 때 감히 수레나 말을 타고 다니지 않습니다. 왜 그렇겠습니까? 누리고 싶지 않아서가 아니라 앞날을 생각해서입니다. 쓰고 싶어도 절약하고 모아 앞날을 대비합니다.

보령_ 그게 바로 인간의 계산적 이성 내지 합리성인가요?

순자_ 제가 예라는 규범을 사람들이 받아들일 것이라고 낙관하는 이유는 여기에 있습니다. '나에게 이로움을 준다', '장기적으로 생활에 안정을 가져다줄 것이다'라고 사람들이 계산할 것이라는 점 때문이지요. 인간은 시시비비만 따지는 존재가 아닙니다. 단순히 옳기 때문에 따라라, 지켜라 하면 사람들이 수긍하지 않습니다.

보령_ 욕망만이 아니라, 욕망을 충족하는 과정에서 인간이 보일 수 있는 계산적 이성과 합리성도 긍정하시니, 상업에 대해 더욱 친화적일 수밖에 없으신 것 같아요.
  선생님, 그런데 상업이 발전하려면 일단 많이 생산해야 하지 않습니까? 생산 또한 중시하시고 또 낙관하신 것 같은데요. 그래서 더욱 상업과 시장에 친화적이신 게 아닌가 싶기도 하고요. 앞서 천인지분을 말씀하실 때 하늘과 자연을 사모하거나 넋 놓고 바라보지 말고 적극적으로 제어하고 이용하라고 하셨어요. 그 말씀이 사실 생산을 독려하시는 것으로 읽힙니다. 인간의 주체성민 말씀하신 게 아니라 열심히 만들어내라는 주문 같아 보였어요.

순자　잘 지적했습니다. 천인지분에는 자연을 적극 이용하고 개발해서 인간에게 필요한 것을 많이 만들어내라는 뜻도 있지요. 많이 만들어야 사람들이 욕망을 충족할 수 있고, 국가와 사회를 안정되게 이끌 수 있지 않겠습니까?

　외적 사물을 그대로 두고 막연히 많아지기를 바라는 것과, 있는 힘껏 변화시키는 것 어느 쪽이 더 낫겠습니까? 외적 사물을 막연히 내 것이라 생각하는 것과, 직접 다스리며 내 것으로 만드는 것 어느 쪽이 더 낫겠습니까? 만물을 만들어내는 자연을 막연히 사모하는 것과, 만물에 힘을 가해 완성해 쌓아두는 것 어느 쪽이 낫겠습니까? 부지런히 자연에 힘을 가해 재화를 만들어내야지요. 노력하면 얼마든지 그럴 수 있습니다. 이것이 앞에서도 강조했던 인간의 위, 천인지분의 결론 하나입니다.

　이러니 제가 상업과 시장에 친화적일 수밖에 없겠지요.

보령　위는 인간의 노력과 실천이라고 하셨는데요. 단순히 배움과 규범의 실천만이 아니라 부지런히 생산하는 일, 재화를 만들어내는 일까지 포괄하는군요?

순자　그렇습니다. 공업, 제조업도 위입니다. 애써 위해서 만든 것을 유통하여 잘 팔아야지요. 상공업 모두 중요합니다.

보령 ___ 그래서 공인은 물론이고 상인의 역할과 가치까지 분명히 인정하셨군요. 공업과 공인, 상업과 상인도 중요하다고요. 저는 선생님께서 이들을 단순히 사회 구성원 정도가 아니라 경제주체로 보셨다는 생각도 들었어요.

경제주체와 자유무역

순자 ___ 사농공상 두루 있어야지요. 사대부만 있어서는 안 됩니다. 물론 교육과 문화의 수혜자인 사대부가 나라를 이끌었습니다. 시대적 한계 탓에 농업이 생산에서 차지하는 비중이 커서 농업을 중시할 수밖에 없었지요. 그래도 전 공인과 상인의 역할을 절대 무시하지 않았습니다. 이들이 없으면 나라가 어찌 돌아가겠습니까? 경제주체가 모두 있어야 잘살 수 있지 않겠습니까?

농민은 힘써 밭을 갈고 상인은 잘 살펴 재물을 늘리며 공인은 기술과 기계를 써서 재화를 생산합니다. 관리와 위정자는 모두 인후함과 지혜, 능력을 발휘해 맡은 바 관직에 최선을 다하고, 어진 군주가 위에서 통치하지요. 이렇게 사농공상 모든 경제주체가 각자의 위치에서 힘써 일하며 조화롭게 돌아가는 사회, 이것을 두고 저는 '지극히 공평한 세상'이라 했습니다. 이런 세상을 지평의 공동체, 지평의 국가라 했지요. 저 순자가 생각하는 이상적 세계를 표현한 말입니다.

지평의 공동체에 반드시 있어야 할 구성원이 바로 상인과 공인입니다. 이렇게 전 상인과 공인, 상업과 공업을 철저히 긍정합니다. 이들의 필요성, 지위, 자리를 모두 인정하지요. 제나라에서는 일찍이 이들의 존재와 가치를 인정하고 이들의 생산, 생업 기반과 영역을 보호했지요. 지극히 당연한 일이라고 생각합니다. 전 이렇게 주장했습니다. 그들의 일에 지나치게 개입해 과도한 세금을 걷거나 국경에서 관세를 매기지 말라. 최대한 시장에 맡겨라. 자율적 상업 질서를 존중하라. 시장에서 물자가 자연스럽게 유통되고 소비되도록 간섭히지 말자.

보령 공인과 상인의 비중과 역할 모두 인정하시고 그들을 정말 존중하신다는 생각이 들어요. 시장에 대한 믿음도 있어 보이는데요, 아니 아주 강해 보이는데요, 시장을 신봉하신다는…….

순자 관소關所와 시장을 조사는 하되 그곳에서 세금은 걷지 말고 내버려두어야지요. 그리고 거래와 매매의 증서가 되는 질률質律이라는 것으로 간사한 자들이 이익을 독점하지 못하게 막아야 합니다. 그러면 상인은 신용이 생겨 성실하게 되며 속이는 일을 절대 하지 않을 것입니다.

보령 질률이라는 게 요새로 치면 어음이지요? 당시에 화폐만이 아니라 어음까지 통용되었다면 시장이 굉장히 발달했나 보네요. 그래서 상업과 시장을 긍정하셨을 테지만…….

〈왕제〉 편, 〈왕패〉 편에서 국경의 관문인 관소에서 세금을 거두지 말라고 하셨습니다. 요새로 치면 관세를 거두지 말자는 뜻인데요, 이 말씀은 자유무역을 주장하신 것으로 볼 수 있겠네요.

순자 전 정말로 시장을 믿었습니다. 기초 질서를 잡아주고 간사한 자들의 활동만 막으면 된다고 보았지요. 그렇게 되면 장사하는 이들이 상인으로서 격을 갖추고 신용으로 거래할 것이라 보았습니다. 또한 이들이 재정을 안정시키고 재물을 유통하여 나라에서 원하는 것을 공급할 수 있다고 보았습니다.

보령　맹자도 사실 자유무역을 주장한 것으로 압니다. 시장에는 '농단壟斷'이라는 행위를 하는 질 나쁜 사람이 있다고 했어요. 선생님께서도 아시겠지만, 농단은 좋은 길목을 선점해 이익과 권리를 독점하여 시장 질서를 해치는 행위이지요. 정부는 다른 것에 간섭하지 말고 농단을 행하는 자들만 솎아내면 된다고 했어요. 기본 질서만 잡아주면서 상인을 보호하면, 시장이 저절로 잘 돌아간다고요. 절대 섣부른 규제나 간섭은 하지 말자고 했지요. 선생님만큼은 아닐지 몰라도 맹자도 상업 친화적이었던 것 같아요. 이런 점을 보면 유학에 대한 사람들의 잘못된 선입견이 많은 것 같네요. 유학이 상업을 적대시하고 억눌렀다는 건 사실과 다르군요.

순자　맹자나 저나 제나라 덕을 본 사람들입니다. 상업이 융성했던 제나라에서 왕실의 지원을 받으며 편하게 공부하면서 제자들을 키울 수 있었지요. 제나라는 부유함을 추구한 관중이 만든 분업의 틀을 국가 경제의 뼈대로 삼아 상공업을 융성시켰습니다. 저나 맹자나 제나라에서 보고 들은 분업의 틀을 응용해 각자의 철학 이론으로 만들었지요. 맹자의 대체大體와 소체小體, 노력자, 노심자 이론만 봐도 알 수 있습니다.

　공자 님 같은 경우에는 당신께서 살았던 때가 화폐경제나 국제무역이 활발할 때가 아니었습니다. 딱히 상업에 대해 이렇다 저렇다 말할 수 있는 시기가 아니었지요. 반면 맹자나 저 같은 경우에는 상업의 덕을 보았기에 상업 친화적일 수밖에요.

사람들이 도대체 왜 유가에 중농억상重農抑商의 원죄를 지우려 하는지 모르 겠습니다. 동아시아가 상업이 발달하지 않은 게 유가 책임이라니……, 그 책 임은 법술지사들에게 물어야 할 일입니다. 그중에서도 상앙의 책임이 커요. 상앙은 많은 사람이 땅에 뿌리를 두고 농사를 짓도록 갖은 수단과 방법을 써 야 한다고 주장했습니다. 수단, 방법 가리지 말고 최대한 농민 수를 많이 확 보하자고 했지요. 그는 상인과 공인뿐만 아니라 지식인까지 포함해서, 비非곡 물, 비국방 재화 생산자가 이익과 사회적 자원을 얻는 것이 모두 문제라 했습 니다. 왜냐? 그들 탓에 많은 인민이 농사에 의욕을 잃고 농토를 떠나게 되어 자연히 국력이 약해진다고 보았기 때문이지요. 그는 위정자의 기본 의무가 어떻게든 많은 인민이 농사에 주력하게 만드는 것이랍니다. 특히 비곡물 재 화 생산자 중에 상인을 싫어했지요. 그래서 상업에 이러저러한 제재와 규제 를 많이 해야 한다고 주장했습니다.

중농억상의 진실

보령__ 상인의 행위를 규제하고 아주 세금 폭탄까지 안기라고 했다고 들었습 니다.

순자__ 네, 정말 그는 상인을 싫어했습니다. 그런데 그가 향후 통일 제국이 된 진나라의 기초 설계도를 그렸습니다. 진나라의 이러한 체제를 한나라가 사실 상 거의 이어받지요. 그러다 보니 상앙의 설계도가 동아시아 체제의 기본 틀 이 된 것이지요. 그 후로는 결국 상업을 적대시하는 동아시아 왕조가 많았습니다. 실제 어느 정도 상업이 융성했어도 겉으로는 상업을 말업未業이라 하여 하찮은 일로 치부해버렸지요.

사정과 맥락이 이러한데 도대체 왜 유가에 중농억상의 죄를 묻는지…… 쯧쯧. 최소한 저를 포함한 원시 유가만큼은 절대 상업에 적대적이지 않습니다. 만약 그러하다면 저희들은 양심 없는 자들일 테지요. 공자 님부터 제나라 덕을 그렇게 많이 보았는데 말입니다.

보령   그렇군요. 한국인들도 유학이 상업에 적대적이었다고 많이들 알고 있어요. 특히 유교적 질서가 강고하게 사회를 지배한 조선에서 상업이 천대받았기에 그런 것 같습니다. 그저 유학, 유교 하면 상업을 억누른 사상으로 알아요. 안타까운 일이네요.

순자   그런데 상앙의 주장을 살펴보면 동의는 못 하지만 전혀 이해 안 되지는 않습니다. 사람들을 최대한 토지에 묶어놓고 농사짓게 하라는 주장은 관중도 고집한 바였습니다. 농업이든 상업이든 어떤 분야에 종사하든 간에 정착민의 수를 최대한 확보하는 게 당시에는 정말 중요한 문제였습니다. 단순히 직업의 문제가 아니었지요. 사실 상앙의 주장은 정확히 말하자면 농민 수가 아니라 정착민 수를 최대한 확보하라는 뜻입니다.

상인은 천성적으로 떠돌아다니는 존재입니다. 한곳에 정착하지 않으니 위정자 입장에선 싫을 수밖에요. 영토 국가, 그럴듯한 국가가 만들어지려면 한곳에 정착해서 사는 사람이 많아야 하지 않겠습니까? 그래야 그들에게 세금도 많이 거둘 수 있고, 그들을 병력으로도 부릴 수 있겠지요. 국가 예산으로 쓸 세금이 얼마나 되는지, 병력은 얼마나 동원 가능한지가 계산되어야지 않겠습니까?

　반면, 제가 산 시대에는 영토 국가화가 상당히 완성된 단계였습니다. 지방 행정 제도가 정비되고 정밀하게 호구조사가 된 시점이라 사람들을 땅에 붙들어놓는 데에 고심할 필요가 없었습니다.

보령__ 춘추시대 중기에 산 관중 그리고 전국시대 초기와 중기 사이에 산 상앙은 정착민 수의 확보에 목을 맬 수밖에 없었군요. 전국시대 말기에 산 선생님께서는 그럴 필요가 없었고요.

순자__ 그렇습니다. 전국시대 말기는 달랐지요. 그리고 통일 제국이 눈앞에 다가온 시점이었습니다. 통일 제국의 사람들이 중국이라는 거대한 울타리를 벗어나 사방 이민족의 땅으로 갈 이유와 가능성이 없었습니다. 그러니 정착민이 아니라는 이유로 상인을 억압하거나 싫어할 이유가 있었겠습니까?

통일 제국과 시장

보령__ 상업에 대한 관점 역시 통일 제국이란 당대의 시대 환경과 연관되는군요. 선생님의 글을 보면서 느낀 점이 있는데요, 다가올 통일 제국을 뭐랄까 하나의 커다란 '시장'으로 보고 기대하신 것 같아요. 어쩌면 선생님을 글로벌 시장주의자라고 해도 될 정도로요.

순자__ 그렇게 느꼈군요. 여러 국가가 통합되어 만들어진 하나의 국가, 통일 제국은 하나의 커다란 시장이 되겠지요. 당연히 기대 많이 했지요. 각 나라별로 각 지방별로 생산되는 서로 다른 재화와 특산물을 통합된 하나의 시장에서 유통하고 거래하면 얼마나 좋겠습니까? 저는 통일 이전보다 훨씬 많은 부가 창출되지 않을까 하고 기대했습니다.

북쪽 바다에는 잘 달리는 말과 잘 짓는 개가 있습니다. 중국에서는 이것들을 구해 가축으로 쓰고 있습니다. 남쪽 바다에는 새 깃과 상아, 외뿔소 가죽과 푸른 돌과 붉은 돌이 납니다. 중국에서는 이것들을 구해 재물로 삼고 있지요. 동쪽 바다에는 자색 물감을 만드는 풀과 칠게와 소금이 납니다. 중국에서는 이것들을 구해다가 입을 것에 쓰기도 하고 먹기도 하지요. 서쪽 바다에는 짐승 가죽과 무늬 있는 쇠고리가 납니다. 중국에서는 이것들을 구하여 사용하고 있습니다.[135] 이런 것들이 하나의 시장에서 생산되고 유통되면 더욱 많은 사람이 부유함을 누릴 수 있지 않을까 기대했던 겁니다.

보령 이미 당대에 꽤나 국제무역이 활성화되었고 물자가 널리 유통되었나 보네요.

순자 물가에 사는 사람도 목재를 쓸 수 있었고, 산에 사는 사람도 물고기를 넉넉히 먹을 수 있었습니다. 농부는 나무를 깎아 다듬지 않고 질그릇을 굽지 않았지만 쓰는 용구가 넉넉했고, 공인과 상인은 밭을 갈지 않았지만 양곡이 풍족했습니다. 호랑이나 표범은 사납지만 군자는 그것들의 가죽을 벗겨 사용하고 있었습니다. 그러므로 하늘과 땅 사이에 모든 사물이 각각의 아름다움을 다하고 그 용도를 발휘하고 있었습니다. 위에서는 그 사물들을 현명하고 어진 이들이 자신을 치장하는 데 썼으며 아래로는 백성이 먹고 입고 편히 사는 데 썼지요. 이것을 두고 위대한 신묘로움, 대신大神이라고 합니다.

__보령__ 위대한 신묘로움이라고 하실 정도인가요?

__순자__ 위대한 신묘로움이며 위대한 풍요이지요. 통일 제국이 되어서 하나의 시장이 만들어진다면 위대한 신묘로움이 더욱 커지고 확고해질 것입니다. 저는 이것을 기대했습니다.

__보령__ 말씀 듣고 보니, 선생님을 일컬어 낙관적 자본주의자, 시장주의라고도 평한 것도 무리는 아니네요. 아예 국제무역주의자, 자유무역주의자이신 것도 같은데, 어쨌거나 시장 친화적이십니다.

__순자__ 생산, 유통, 소비. 저는 이를 통한 욕망의 충족과 부의 추구 모두 긍정합니다. 정말 시장을 믿었지요. 이런 맥락에서 제가 이상적인 공동체란 맥락을 말할 때 쓰는 표현인 한집안, 즉 '일가—家'를 〈유효〉, 〈왕제〉, 〈의병〉 편에서 딱 세 번 언급했습니다. 특히 〈왕제〉 편에서는 물자가 잘 유통되는 커다란 시장 내지 건강하고 부유한 경제 공동체로서의 천하를 한집안이라고 표현했지요.

__보령__ 이상적 군주의 경제정책을 말씀하신 부분이 아닌가요?

__순자__ 맞습니다. 진정한 왕도를 펴는 군주는 경제정책을 이러저러하게 편다고 이야기할 때 한 말입니다. '합리적 조세정책을 펴라', '상인이라는 경제주체들을 보호하라', '시장을 보호하라', '민간인이 어족, 산림 자원을 채취할 때 계절을 기준으로 하도록 적절히 통제하라'고 말했지요. 그렇게 하면 생산된 재

화와 곡식이 잘 유통되고 거래가 활성화되어 온 세상이 잘사는 한집안처럼 될 것이라고 보았습니다.

보령 통일천하의 청사진인가요?

순자 물론입니다. 사실 전국시대 말기 통일이라는 꿈과 시대정신 뒤에는 상인들의 기대와 지원이 있었습니다. 많은 사람이 천하 통일을 기대했지만, 특히 상인들이 더 염원했습니다. 상인은 시장이 커지는 것을 좋아하는 존재이기 때문입니다. 시장이 커지는 것을 마다할 상인이 있겠습니까? 여불위呂不韋라는 상인만 해도 진시황의 아버지 소양왕을 적극 지지하고 후원했지요. 진시황의 뒤에도 있었고.

보령 화폐와 글자 통일, 수레가 다니는 도로 정비 등 진나라가 한 도량형 통일과 도로 정비는 사실 상인 세력의 입김과 연관되었다고 들었습니다. 통일 후 진나라가 취한 정책을 보면 상인들의 바람이 많이 반영되었다고요. 그들의 바람이 느껴지는 대목을 선생님 말씀에서도 느꼈어요. 관세가 없어야 하고, 관이 민간과 이익을 다투지 말아야 하는 등 시장에 대한 불간섭뿐만이 아니라, 곳곳의 감세까지 주장하신 걸 보면 진정한 시장주의자로 느껴집니다.

순자 저는 진정 시장주의자입니다. 그런데 그걸 떠나 시장주의자인 저에 대해서 말하면서 제가 산 시대의 배경과 환경에 대해 다시 확인했습니다. 그리고 통일 제국 청사진 그리기라는 저의 문제의식에 대해 다시 제대로 짚어볼 수 있었는데, 저는 이 점에 더 만족합니다.

보령 — 그런데 선생님께서 제일 좋아하신 것은 역시 분과 분업 아닙니까? 선생님께서는 '나누기'를 시장과 상업보다도 훨씬 좋아하신 것 같아요. 그렇다면 상업에 대한 인정과 하나의 커다란 시장으로서의 천하도 선생님의 분과 분업의 틀 안에서 이해해야 하는 건가요? 앞서 말한 예와 법까지 모두 다요. 군주의 가장 큰 임무는 분과 분입의 관리라고 하신 걸로 아는데요, 이 수제에 대한 이야기를 듣고 싶습니다. 분과 분업, 군주와 통일 제국의 구체적 청사진까지요.

순자 — 그러지요. 이야기해보도록 합시다.

• 15장 •
사회학자 순자

인간이 힘은 소만 못하고 달리기는 말만 못한데,
어째서 소와 말을 부릴 수 있는가?
이는 인간이 힘을 합쳐 살 수 있기 때문이다.
이는 분의 원리란 게 있기 때문이다.

분과 분업의 원리

보령__ 나누기를 좋아하시는 선생님. 천인지분을 말씀하셨고, 성위지분도 말씀
하셨어요. 예를 제정하는 성인군주와 보통 사람도 구분하셨고, 스승과 배워
야 하는 이들도 구분하셨지요. 여기에서도 분! 저기에서도 분! 사회와 국가를
구성하고 조직하고 운영하는 데에 분을 굉장히 강조하셨습니다.

순자__ 제가 참 나누기를 좋아했습니다. 분으로 사회를 설명했고 또 만들어야
한다고 주장했지요. 그런데 먼저 이 점을 말씀드리고 싶습니다. 분을 위한 분
이 아닙니다. 어디까지나 군거화일지도 群居和一之道 를 위한 분이었습니다.

보령__ 군거화일지도?

순자__ 앞에서 말했지만, 인간은 군집 생활을 하지 않을 수 없습니다. 사회를 형성해 살아야 하지요. 모여 살기, 즉 '군거群居'하지 않을 수 없는 존재입니다. 그런데 단순히 모여 살기만 하면 될까요? '조화롭게和', '하나 되어─' 살아야 합니다. 이게 바로 군거화일지도입니다. 저의 도를 앞서 인도人道라 했습니다. 동시에 군거화일지도이기도 합니다. 인간은 어차피 군집 생활을 할 수밖에 없는데, 서로 조화롭게 하나 되어 살기 위한 길이지요. 제가 강조하는 분은 철저하게 '군거화일'을 위한 '길'이라고 아셨으면 좋겠습니다. 분을 근본 원리로 하는 예의 목표가 사실은 군거화일입니다. 그렇기에 예가 곧 군거화일지도라고 할 수 있습니다.

보령__ 군거화일, 그리고 군거화일지도……. 조화로운 사회, 질서 있는 사회, 다툼과 무질서가 빚은 균열과 분열 없는 사회를 위한 도라는 말씀인가요?

순자__ 그렇습니다. 저 순자가 말하는 도는 안정된 사회를 위한 도이고, 이를 군거화일지도라는 말로 표현한 것입니다.

보령__ 그런 이유로 선생님을 두고 사람들이 사회학자, 사회철학자라고 하는군요. 역시 그래서인지 유연하게 사고하시는 것 같아요. 사람들이 조화롭게 하나 되어 사는 데 도움이 된다면, 무엇이든 수용할 수 있다고 하신 점을 보면 그런 생각이 듭니다.

　아무튼 선생님께서 그토록 강조하신 분으로 선생님께서 꿈꾸시고 기획한 사회는 설명이 됩니다. 분으로 이루어지고 구성되고 조립되고 설계되고 돌아가고 유지되는 사회와 국가 구성과 조직 운영의 원리를 말씀하시며 강조하신 분을 사람들은 분업으로 이해하고 있어요. 실제 선생님께서도 종적, 횡적 분업을 사회 구성의 틀로 말씀하셨고요.

그런데 저는 분과 분업 하면 일단 차별적 신분 질서가 먼저 떠올라요. 그 이유는 순자 하면 곧 예와 예법인데, 예의 기초 원리가 종적으로 사람을 구분하는 것이라서요. 그러다 보니 분이란 주제에서 역시 종적으로 상, 중, 하로 사람을 나누는 차별적 신분 질서가 먼저 떠오릅니다. 제 생각이 맞는지는 모르겠지만, 분과 분업에 대해 좀 더 자세하게 설명해주세요.

종적 분업, 횡적 분업, 지역적 분업

순자__ 저 순자가 말하는 나눔은 구분이고 분계分界를 정하는 것입니다. 상하, 귀천, 통치자와 피지배계급, 사대부와 농인·공인·상인, 이렇게 등급을 정하여 나누고 분리하는 것으로 알면 좋습니다.

제가 말하는 분과 분업은 보령 학생 말대로 종적인 구분이 우선입니다. 종으로 사람들을 나눠 상하로, 세로로 줄을 세웁니다. 그리고 저마다 서 있을 위치를 정해줍니다. 그런 다음 각자의 위치에서 해야 할 의무와 누릴 수 있는 권리를 분명히 알게 합니다. 예에 규정된 대로 이 위치에선 이것을 누리고 이것을 해야 한다고 일러주며 반드시 알게 하는 거지요.

저는 이렇게 해야 사회에 질서가 잡힌다고 보았습니다. 중요한 것은 자신의 위치를 알고 그 위치에서 무엇을 행해야 하는지 분명하게 알게 하는 것입니다. 이를 위해 예를 열심히 가르치고 배우라고 했습니다.

보령 먼저 사람의 위치를 정하는 것이 분이라는 말씀인가요?

순자 그렇습니다. 인간이 서 있을 위치, 높이를 정하는 일입니다 사람은 자신이 놓인 위치, 다르게 말해 분수를 알아야 분수를 지키지 않겠습니까? 분수를 종적 분으로 정해주고 알게 해야지요. 그래야 사회의 안정이 도모됩니다.

종적 분의 질서는 소비에 질서가 생기게 하는 것이 최우선 목표입니다. 욕망하는 존재, 욕망을 추구하는 존재로서의 인간을 상정하는 제게 질서 있는 소비는 정말 중요합니다. 소비에 질서가 없으면 사회가 혼란해질 수밖에 없지요. 이 질서를 담보하는 것이 종적인 구분입니다. 사회 구성원이 각자의 위치에 따라 분수에 맞게 소비한다면, 소비에 질서가 생겨 한정된 재화를 두고 다투는 사람이 없어지겠지요. 신분이 높으면 누리는 것이 많고 신분이 낮으면 누리는 것이 적게, 이렇게 종적 질서에 따라 각자 다르게 소비하는 가운데 사회 전체가 안정되게 돌아가는 것, 전 이것을 원했습니다.

질서에 따라 소비해야 합니다. 질서 있게 소비해야지요. 종적 신분 질서에 따라서요. 예에 그 기준을 자세히 규정해둡니다. 분으로 만들어진, 분을 기초 원리로 하는 예에는 그래서 각 신분별로 무엇을 얼마나 누릴 수 있고 누려야 하는지 기술하고 있지요.

보령 분을 기초로 한 예에 따라 사람들의 위치가 정해지면, 각자 위치에서 무엇을 얼마나 소비할 수 있고 누릴 수 있는지 규정된다. 이처럼 예를 배워서 예에 규정된 대로 소비하고 누려라, 이런 말씀인가요?

순자 그렇습니다. 그렇게 해야 사회의 안정이 도모됩니다. 이것이 군거화일지도의 전제입니다. 조화롭게 하나 되어 살아가기 위한 전제이지요.

보령 __ 질서 있는 소비라고 하셨지만, 사실 누군 적게 쓰고 누군 많이 쓰라는 말씀 같은데요, 차별적 소비, 차별적 소유라고 느껴집니다. 현대인들이 들으면 질색할 말씀이에요. 불평등하고 신분 차별을 조장한다며 펄쩍 뛸 겁니다.

순자 __ 부인하지 않겠습니다. 사실 종적인 '차별'의 색깔이 진한 게 저의 분입니다. 그 원리에 기초한 것이 저의 예이지요. 그런데 한마디 더 하자면, 제가 말하는 분은 단순히 종적인 분업, 예의 핵심 원리인 종적 구분에만 한정되지는 않습니다. 단지 신분 차별을 위해 계층과 계급을 정하여 나눈 것으로만 보지 말았으면 합니다.

　전 횡적인 분도 주장했습니다. 앞에서 상업 이야기할 때 느꼈겠지만 생산 진흥을 위한 분업을 제가 말하지 않았습니까? 생산성 향상을 위한 분업도 제가 중시한 바입니다. 세로로만 나누지 않고 가로로도 나눴지요. 생산 진흥을 위해 사람들을 가로로 나누자고, 즉 능률적으로 분업하자고 했습니다. 또 직업별, 직능별로도 나누자고 주장했습니다.

　저의 분에는 종적인 나눔의 의미만 있는 게 아니라 협업의 의미도 있습니다. 그리고 이게 전부가 아닙니다. 앞서 하나 된 시장으로서의 중국을 기대한다고 말했지요. 이는 지역별 분업을 전제한 말이었습니다. 각 지역별로 특산물과 생산되는 재화가 다르니 통일천하에서는 이것들이 고루 유통되어서 인민 모두가 부유함을 누리게 하자는 뜻입니다. 종적인 분, 횡적인 분, 지역별 분, 저의 분은 이렇게 세 범주로 구성되어 있습니다.

분과 분업이 필요한 이유

보령__ 종적인 분, 횡적인 분, 지역적인 분. 분(분업)의 원리 내지 사회 분업의
범주가 셋이었군요. 선생님께서는 분도 분하셨네요.

그린데요, 선생님. 종적 분업이고 횡적 분업이고 지역적 분업이고를 떠나
서, 선생님께서는 왜 그렇게 분을 중시하셨나요?

순자__ 군거화일지도, 이를 위한 것이 분이기 때문입니다. 인간은 모여서 생활
하지 않을 수가 없습니다. 또 모여 살자면 질서와 규범이 필요하기 마련입니
다. 저는 바로 이것이 분이라고 생각합니다.

보령__ 사회적 동물인 인간이 살아가는 사회는 반드시 분이라는 원리로 돌아가
야 한다는 말씀이네요.

순자__ 제가 〈왕제〉 편에서 한 말이 있습니다. 분의 원리가 없으면 인간은 생존
자체가 불가능하다고.

인간이 힘은 소만 못하고 달리기는 말만 못한데, 어째서 소와 말을 부릴 수
있는가? 이는 인간은 여럿이 힘을 합쳐 모여 살 수 있으나, 소나 말은 여럿
이 힘을 합쳐 살 수 없기 때문이다. 인간이 어떻게 힘을 합쳐 모여살 수 있
을까? 이는 분의 원리란 게 있기 때문이다.[136]

모여서 살기만 해서는 안 되지요. 분의 원리로 살아야 힘을 합쳐 생존할 수

있습니다.

보령 분이 없으면 생존 자체가 안 된다는 말씀이네요. 그게 없으면 인간이 힘을 합칠 수가 없다?

순자 힘을 합칠 수 없는 문제도 있지만, 필연적으로 무리를 이루어 생활하는 인간들 사이에 분계가 없다면 서로 다투게 됩니다. 이게 더 문제이지요. 서로 다투면 혼란해지고, 혼란해지면 곤궁해집니다. 그러므로 분이 없다는 것은 큰 해가 되는 것이고, 분이 있다는 것은 천하의 근본이 되고 이익이 되는 것입니다.[137]

보령 왜 혼란해지고 곤궁해지나요?

순자 너무 뻔한 이야기입니다. 여럿이 모여 살면서도 분의 원리가 없다는 것은 서로 잘났다고 싸우는 등 위계질서가 없는 것 아니겠습니까? 그러면 다투게 되고, 다투면 혼란해지고, 혼란하면 떨어져 나가고, 떨어져 나가면 약해지고, 약해지면 만물을 이겨낼 수 없겠지요. 결국 사람들은 안정된 환경에서 살 수가 없습니다.

보령 생존 자체가 불가능해진다…….

순자 분은 적대적 투쟁이 일어나지 않게 해주고, 힘을 합칠 수 있게 즉 협동과 협업을 가능하게 해줍니다. 사회를 구성하고 조직하며 돌아가게 하는 것이 분이지요.

보령 음……, 스포츠를 떠올리니 이해할 것 같습니다. 농구에서는 선수단을 총괄하는 감독이 있고, 그 밑에 보좌하는 코치들이 있고, 그 밑에는 선수들이 있습니다. 책임과 권한을 기준으로 감독, 코치, 선수로 나뉘지요. 감독은 자신의 힘으로 코치들과 선수들을 총괄 관리해서, 구성원들의 협조와 협력을 끌어내 하나 된 팀을 만들려고 합니다. 코치들은 감독 밑에서 그 임무를 보좌하고 선수들을 지도합니다. 코치들의 역할도 파트별로 분담되어 있어요. 선수들도 포지션별로 나눌 수 있습니다. 1번 포인트가드, 2번 슈팅가드, 3번 스몰포워드, 4번 파워포워드, 5번 센터, 이런 식으로요. 이렇게 구분된 선수들은 경기장에서 서로 협력하여 경기를 풀어갑니다.

정리하자면, 구분하고 쪼개고 나누어서 선수단을 만듭니다. 각자 배정받은 위치와 자리에서 위계질서를 존중하고 최선을 다해 뛰며 힘을 모아 하나가 되어 움직입니다. 스포츠 선수단은 이를 지향합니다. 제대로 된 팀이라면 그렇게 돌아가지요.

제 나름대로 선생님의 분을 이렇게라도 이해해야겠습니다. 단체, 조직, 사회를 만들고 구성하는 원리 그리고 구성원의 힘을 모으고 조직이 돌아가게 하는 원리로요.

순자 그 정도면 충분합니다. 좋습니다.

인간의 계산적 이성

보령__ 앞서 선생님께서 인간은 손익계산을 잘하는, 계산적 이성이 있는 존재라고 하셨습니다. 그렇다면 생존을 위해 집단을 이루었는데 질서가 없어 혼란스러워지고 파국적인 상황이 닥친다면 인간은 당연히 이를 피하려 하겠지요? 단순하게 생각해도 그런 상황은 불리하니까요. 또 반대로 집단을 이끌 합리적 질서나 틀이 있다면 따르겠고요. 이게 유리하니까요.

선생님께서는 이런 것을 분이라 보시나요? 유리함을 주는 합리적 질서 틀 또는 질서의 원리?

순자__ 물론입니다. 인간에게는 계산적 이성이 있어 유불리를 따질 능력이 있다고 봅니다. 그렇기에 분이라는 질서의 원리와 그것을 기초로 해서 만든 규범을 인간이 따를 것이라고 제가 자신하는 겁니다.

분이라는 것은 인간에게 의義가 있기 때문에 받아들일 수 있다고 제가 텍스트에서 말했습니다. 그 의가 바로 계산적 이성이지요. 여기서 말하는 의는 도덕규범이라기보다는 일종의 분별력이나 계산적 이성과 합리성으로 이해하면 됩니다. 합리적 수용 능력과 지각 능력, 사리 판단 능력이라고 봐도 좋습니다.

정말로 저는 인간에게 어떤 합리성과 분별력이 있다고 보았습니다. 의 말입니다. 인간 대부분에게 그 능력이 있다고 전제했기에 집단을 유지할 수 있는 규범, 즉 예를 받아들일 수 있다고 자신하는 겁니다.

보령__ 인간이 자연 상태에서 홀로 살 수는 없으니 집단생활을 하는 것은 당연하다, 인간이 그 정도는 안다는 말씀 같습니다. 집단을 잘 돌아가게 하는 필수 원리를 받아들이는 게 좋다. 그래야 나 자신도 생존이 가능하고 먹고 살 수 있으니까! 이런 정도의 판단력과 분별력이 인간에게 있는데, 이것이 의다. 맞나요?

순자 네, 맞습니다. 그래서 인간이 제도와 규범, 도덕과 질서, 법을 배우고 수용할 수 있습니다.

보령 의가 유가 사상에서 큰 비중을 차지하는 덕목이라고 알고 있습니다. 공자 사상에서는 인보다 비중이 작지만, 묵자의 영향으로 맹자 때는 인과 거의 대등한 덕목이 된 듯한데요, 맹자는 항상 인과 의를 함께 말하지 않았습니까? "인의", "인의" 이런 식으로요.

순자 공자 님 사상에서 의는 공동체 구성원이 항상 지향하거나 염두에 두어야 할 대원칙이라 할 수 있습니다. 맹자 사상에서 의는 수오지심羞惡之心으로 그릇된 것을 미워하는 정의감 또는 지식인의 책무이자 권리를 의미했지요. 지식인이 해야 할 일과 받아야 할 대접 모두가 의였습니다.

　제 사상에서 의는 먼저 국가와 사회의 질서 틀을 존중하고 받아들일 수 있는 능력이나 자질입니다. 또 공인된 사회규범이 규정한 각자의 분수를 개인이 지키고 그 직분을 다하려는 자세이기도 하지요. 정리하자면, 규범을 받아들이게 하는 능력과 자질, 사회가 부여한 역할에 충실하려고 하는 자세입니다. 또 앞서 공부와 학문을 이야기할 때, 텍스트 학습의 의미가 있는 수와 대조되는, 실천과 체득을 통한 평생 공부라는 의미에서의 의가 있었습니다. 이것까지 해서 세 가지 뜻이 있다고 보면 됩니다. 그리고 지금은 사회규범을 이해하고 수용할 수 있는 능력으로서의 의를 말하고 있지요.

보령 그러한 의로움이 모든 사람에게 있다고 하셨습니다. 〈왕제〉편에 이렇게 나와 있습니다.

> 물과 불은 기운이 있으나 생명이 없고, 풀과 나무는 생명이 있으나 지각이 없고, 새와 짐승은 지각이 있으나 의가 없다. 사람은 기운도 있고 생명도 있고 지각도 있고 의도 있다. 그래서 천하에서 가장 존귀하다.[138]

사람들 대부분이 선생님 하면 성악설을 떠올리는데요, 이 말씀을 보면 선생님께서는 인간의 본질을 의로 보신 것 같아요.

순자 저는 인간에게 사회의 질서와 기본 규범 틀을 받아들일 수 있는 가능성과 자질이 당연히 있다고 봅니다. 물론 이것 자체가 도덕성, 인간의 선한 마음, 본성이라고 보지는 않습니다. 아무튼 이러한 것이 있기에 인간은 사회의 분, 분별, 구분의 원리를 받아들일 수 있습니다. 이를 인간의 계산적 이성이라고 할 수 있지요. 인간은 계산해보니 사회규범을 받아들이는 것이 나의 생존에 훨씬 유리하다고 판단하지요. 인간에게 이렇게 판단할 수 있는 능력이 있으니 분으로 대변되는 예적 규범을 수용할 수 있는 것입니다.

군거화일지도

보령__ 앞서 분이라는 것이 "군거화일지도를 위한 것이다"라고 하셨어요. 군거화일지도에 대해 좀 더 설명해주세요.

순자__ 천자처럼 귀해지고 온 세상을 차지할 만큼 부유해지는 것은 사람들이 다 같이 바라는 바입니다. 그러니 사람들의 욕망을 그대로 둔다면 어찌 모두가 다 채울 수 있겠습니까? 그래서 옛날 임금님은 지혜를 발휘해 예의를 제정하고, 분별을 마련해 귀하고 천한 등급이 있게 하고, 어른과 아이의 차별을 두게 하고, 지혜 있는 자와 어리석은 자, 유능한 자와 무능한 자 사이에 구분을 지었습니다. 분의 원리로 언제나 사람들이 자신의 능력에 맞는 합당한 일을 맡게 하셨습니다. 그런 뒤에야 사람들이 각자 누리는 것이 많든 적든 타당성과 균형이 있게 되었는데요, 이것이 곧 여러 사람이 모인 상태에서 조화롭게 하나 되어 사는 길입니다.[139]

보령__ 그것이 군거화일지도인가요?

순자__ 모여 사는 인간이 화和하고 하나ㅡ 되는 길입니다. 우리 인간이 따라야 할 길이지요. 이러한 군거화일지도의 핵심 원리가 분입니다. 특히 종적인 분이지요. 분은 군거화일지도를 위한 것이자 군거화일지도 자체라고 해도 무리가 없습니다.

보령__ 군거화일지도라는 말, 사회학자로서 선생님을 잘 표현해주는 말이 아닐까 싶습니다.

그렇다면 종적인 분과 횡적인 분, 그리고 지역적 분 모두 군거화일지도라
볼 수 있을까요, 선생님?

순자　그렇게 이해해도 될 것 같습니다. 종적인 구분이 있어야 소비의 질서화
가 담보되어 다툼이 없겠지요. 그렇게 되어야 조화롭고 하나 되어 모여 살 수
있을 테니까요. 횡적인 분, 직능·직업별 분업이 잘되어서 생산 능률이 올라
많은 재화가 만들어져야 우리가 잘살 수 있습니다. 또 모든 직업과 직능이 그
존재 가치를 인정받아야 모여 사는 우리가 조화롭게 하나 되어 살 수 있지요.
그리고 지방·지역적 분업도 잘되어서 천하가 풍족한 경제 공동체가 되어야
역시 조화롭게 하나 되어 살 수 있을 것입니다.

군거화일지도는 본래 종적인 의미의 분업을 가리키는 말이었지만 세 가지
의미의 분업 원리 모두를 군거화일지도와 연관해 이해해도 되겠습니다. 특히
횡적 의미에서의 분업이 그렇습니다. 그러나 종적인 의미의 분업, 그것이 구
체화된 예가 군거화일지도라고 먼저 이해하는 게 좋습니다. 모여 사는 인간
들이 조화롭게 하나로 살기 위해 필요한 가장 중요한 것은 무엇보다 사회규
범인 예이니까요.

왜 종적 신분 질서인가

보령　늘 예를 강조하시니, 분에 대한 이야기를 들으면서도 차별적인 신분 질
서를 주장하신다는 느낌이 강하게 드네요. 그래서 거부감이 느껴지기도 합니
다. 〈부국〉편에서 이런 말씀을 하셨어요.

옛날의 성인 임금들은 사람들 사이에 신분을 정하여 차등을 두었다. 그러므로 어떤 이는 아름답게 꾸미고 어떤 이는 초라하게 입으며 어떤 이는 부유하고 어떤 이는 가난하며 어떤 이는 안락하고 어떤 이는 수고롭게 했다. 그것은 일부러 지나치게 편하게 하거나 화려하게 지내게 하려는 것이 아니다. 덕을 기준으로 다르게 누리게 하고 넉의 질서에 따르게 하기 위해서였다.[140]

그러므로 옥이나 상아, 상아 쇠붙이에 조각을 하고 옷에 여러 무늬를 수놓는 것은 사람들의 귀하고 천한 신분을 분별하는 데 목적이 있지 겉모양을 꾸미려는 것이 아니다. …… 궁실과 누각은 더위와 습기를 피하고 덕을 길러 신분이 낮고 높은 것을 구분할 수 있게 하면 그뿐이지 그 밖의 것은 추구하지 않는다.[141]

신분에 따라 먹는 것, 입는 것, 사는 것, 문화생활의 정도가 다릅니다. 조금 다른 게 아니라 많이 다르고 차이가 큽니다. 그러니 강고한 신분 질서 속에서 지배층만 특권과 사치를 누린다고 생각할 수 있습니다. 충분히요. 선생님께서 말씀하시는 그 분의 원리는 이렇게 종으로 사람들을 줄 세워놓는 전형적인 전근대적 계급 질서라는 생각을 안 할 수가 없네요. 선생님의 한계라기보다는 시대적 한계라고 할까요? 당대엔 차별적인 종적 질서가 당연한 것이었을 테니까요. 그렇지만 아무리 그래도 왜 그렇게 종적 질서를 강조하셨는지 듣고 싶어요.

순자__ 차근차근 말하겠습니다. 차분하게 들어주세요.

저는 계급의 고착화와 특권 세습을 반대했습니다. 제가 말하는 분은 분명 인간을 종적으로 구분합니다. 신분에 따라 사회적 자원과 물질적 생활을 누리게 하라고 했으니 분명 차별적입니다. 신분 질서를 옹호하고 계급 질서를 강조했지요. 하지만 어디까지 덕과 학문의 깊이, 수양의 정도를 기준으로 구분해야 한다고 말했습니다. 고착화된 신분 질서를 말한 게 아닙니다. 특권과 지위의 세습을 저는 단호히 반대했지요.

종적인 분은 제가 정말 중요하다고 여긴 소비의 질서화를 위한 것입니다. 욕망을 충족하고 재화를 누리는 과정이 무분별하게 이루어지면 쟁투와 혼란이 일어나기 마련입니다. 질서 있게 소비하게 하려고 종적으로 사람들을 분류한 것이지요. 덕과 학문의 수양 정도에 따라 신분을 종적으로 구분하여, 높은 위치의 사람들은 많이, 낮은 위치의 사람들은 조금 누리게 하자. 그럼 소비에서 질서가 생겨 사회에 혼란이 없을 것이라 판단했습니다.

사실 어디든 그렇지 않습니까? 지위, 부, 명예, 물질의 풍족함을 누리는 데 동등한 사회는 없습니다. 어떤 기준으로 재화와 사회적 자원을 분배할 것이고, 어떻게 사람들을 설득하느냐가 문제 아니겠습니까? 저는 학문과 수양의 정도를 그 기준으로 제시한 것이지요. 제 나름대로 합리적 기준이라 생각합니다. 특히 당대에는 현실적으로 최선이었지요.

보령 그건 그렇습니다. 주권이 분명 인민에게서 나온다고 하면서 정치적 평등을 헌법에서 보장하는 현대 민주주의 국가에서도 부, 명예, 권력은 굉장히 불평등하게 분배돼요. 한국만 해도 분명 신분이란 것, 귀천이란 것이 있어요. 현재 한국은 착취가 빈번하고 구조화된 불평등 계급사회라고 해도 과언이 아닙니다. 그래서 누리는 재화와 사회적 자원의 불평등함에 대한 사람들의 불만이 많습니다. 불평등을 일으키는 기준이나 구조에 대해서도 불만이 많고요.

순자 현실적으로 어느 사회나 국가든 사람들 수에 비해 재화는 부족하기 쉽습니다. 아니 사회 구성원의 욕망을 충족하기에는 재화가 항상 부족할 수밖에 없습니다. 더구나 정치적 지위, 명예, 사회적 자원까지 포함하면 더 그러합니다. 결국 차별적으로 분배될 수밖에 없지요. 이때 중요한 것이 분배의 기준입니다. 이미 말했지만, 제가 제시한 기준은 학문과 덕입니다. 당시엔 합당한 기준이었다고 봅니다. 행여나 제가 억압적 신분 질서를 주장했다고는 생각지 않습니다.

　종적 질서 그 자체는 인정합니다, 분명히! 그러나 기준은 학문과 덕의 정도입니다, 분명히! 신분이 바뀌는 과정은 항상 있어야 합니다, 분명히! 사회적 약자를 배려해야 합니다, 분명히!

　저의 종적 분에서 이런 점을 꼭 알아주면 좋겠습니다.

경제학적 분업

보령 이쯤에서 종적인 분에 대한 이야기를 마무리하겠습니다. 이제 횡적인 분에 대한 이야기를 좀 더 하고 싶네요.

　횡적인 분을 저는 생산에서 능률과 효율을 높이기 위한 것으로 이해했어요. 실제 그렇게 알고 있는 사람도 아주 많습니다. 선생님께서 말씀하시는 사회 구성과 조직의 원리인 분을 경제학적 분업으로 보는 사람들도 있고요. 그래서 선생님을 시장주의자를 넘어 아주 자본주의자라고도 하는데요?

순자 저는 온 천하가 모두 풍족해지는 길은 횡적인 분을 분명히 하는 데 있다고 봅니다.

횡적인 분은 쉬운 개념입니다. 직능·직업별로 사람들을 나누는 것이지요. 가로로 나눠 할 일을 주면, 사람들이 각자 자리에서 맡은 바 일을 잘하면 됩니다. 그러면 질서도 안정되겠지만 무엇보다 사회가 톱니바퀴처럼 돌아가며 사회 전체의 능률과 생산성이 향상될 수 있습니다. 횡적 분업은 이처럼 생산성과 능률성 향상을 위한 나누기입니다.

보령 그래서 경제학적 의미에서의 분업이라고 말하는군요.

순자 경제학적 의미의 분업이라고 봐도 좋습니다. 분명 생산을 위한 협업의 측면이 강하니까요.

경제학적인 의미의 분업은 직능·직업별 분업만이 아니라 앞서 말한 지방·지역적 분업도 포괄하지요. 하나 된 중국에서 지역적 분업을 통해 전체 인민이 누릴 수 있는 부를 늘릴 수 있다고 보았습니다. 여하튼 경제학적 의미에서의 분업이라…… 좋습니다. 직능·직업별 횡적 분업이든 지방·지역적 분업이든 경제적 의미에서 분업을 주장한 건 맞지요. 절 보고 자본주의자, 자본가라고 한다는 데, 전 수긍합니다.

보령 단순히 사회를 구성하고 조직하는 원리와 사회질서를 유지하는 원리에 한정되는 게 아니라, 능률적 생산과 경제적 풍요를 위한 분업의 의미까지 분이라는 개념에 담으셨네요. 분에는 참 많은 의미와 효용이 있는 것 같습니다.

그런데요, 사회학적 의미에서 선생님의 분을 이해하는 사람도 있어요. 그런 사람들은 선생님을 사회학자로 봐요.

사회학적 분업

순자 　사회학이라 하면 서구에서 생겨난 현대 사회학을 말하는 것일 텐데……, 저는 그것에 대해 아는 바가 없습니다. 다만 철저히 사회 속의 인간을 놓고 고민하고, 사회의 질서와 안정을 화두로 사유한 것은 사실입니다. 선악 개념도 철저히 사회적인 것이라고 앞서 말했지요. 다스림과 혼란, 무질서와 질서, 이런 맥락에서 봐야 한다고. 절대 종교적이고 심리학적인 의미의 선악 개념이 아니라고도 했지요. 저는 한 개인의 성장을 논할 때에도 역시 사회의 안정과 연관해 보았습니다. 그를 이끌 스승을 말할 때에도 사회 속에서 스승이 차지하는 비중과 위치를 언급했지요. 개인과 사회, 그 변화와 성숙을 항상 함께 이야기하려고 고심했습니다.

　그러고 보니 사회가 제 사유 단위인 게 맞군요. 그런데…… 사실 이런 측면도 있습니다. 사회 구성과 유지의 틀인 분과 분업에는 단순히 '분수를 알게 한다' 아니면 '사람들에게 자신의 위치와 본분 또는 의무를 알게 해준다'에 한정되지 않는 의미와 목적이 있지요. 각 개인에게 어떤 자리를 보장하고, 서 있을 땅을 준다는 측면입니다.

보령 　땅과 자리요?

순자 　종적인 분이든 횡적인 분이든 전 분을 통해 사람들 모두에게 각자의 땅과 자리를 주었으면 좋겠다고 생각했습니다. 그들의 존립 기반을 보장해야 한다고 본 것입니다. 소비의 질서화도 중요하고, 사회적 자원의 분배 문제를 사람들에게 납득시키는 것도 중요하며, 생산성 향상을 위해 분업 체제를 마련하는 것도 중요한 일입니다. 그런데 제가 주장하는 분에는 궁극적인 목표가 있습니다. 모두에게 적절하게 각자의 자리를 보장하여, 균열이 일어나지 않고 분열이 없는 유기적이고 튼튼한 하나의 사회, 저 순자의 분은 이것을 목표로 합니다.

보령 각 개인에게 자리를 마련하고 그 자리를 보장하는 의미에서의 분이라…….

순자 종으로 횡으로 쪼개고 나누었습니다. 그러나 나누기를 위한 나누기가 아니었지요. 어쨌든 나누고 쪼개서 사람들에게 자신이 서 있을 자리를 보장하는 것이 정말 중요합니다.

당시 시대적 배경을 다시 잠깐 이야기하겠습니다. 전국시대는 적대적 생존 경쟁이 굉장히 심했습니다. 만일 통일한 이후에도 이 관성이 계속된다면 통일 제국이 어떻게 될까요? 과거에 자신들에 맞서 결사 항전했던 나라의 백성을 차별한다면 통일 제국이 온전히 굴러갈 수 있겠습니까? 그들에게도 자리와 영역을 주어야 합니다. 또 권력, 능력, 재력이 우월하다고 해서 사회의 모든 것을 독과점하는 소수 혹은 집단이 생긴다면, 이들 역시 통일 제국을 영속하게 하는 데 큰 방해가 될 뿐입니다. 다른 인민이 서 있을 땅을 좁게 하기 때문이지요. 그러니 어떻게든 되도록 많은 사람 아니 모두에게, 쪼개고 나누어서 무엇인가를 주어야 합니다. 자신들이 발붙일 자리와 땅을 통일 제국의 모든 인민에게 주어야지요.

저 순자의 분을, 종적인 신분 질서 또는 생산 능률을 높이기 위한 과업, 직능별 분업 체제 등에만 한정해 생각하면 안 됩니다. 이러한 것이 저 순자가 말하는 분의 전부가 아닙니다. 많은 사람의 자리를 보장하고 모두를 보호하기 위한 분, 그렇게 해서 튼튼한 사회를 만들기 위한 분이기도 하니까요.

에코에 사회의 구성, 조직, 운영의 원리로 분을 사유할 때 그 목적을 생각한 바이지요. 분으로 만들어지고 돌아가는 사회에서 많은 사람이 보호받으면 좋겠습니다. 보호받는 인민이 단단하면서도 유기적이며 조화로운 하나의 사회를 만들면 좋겠고요.

보령 다시 스포츠로 비유해서 정리해보겠습니다. 이번엔 야구팀이에요.

야구를 보면, 모든 선수가 경기에 나오지는 않습니다. 후보 선수가 있게 마련이지요. 하지만 후보라고 벤치에 앉아 마냥 놀게 하면 안 되겠지요. 그에 맞는 역할을 주어야 합니다. 주전이 컨디션이 안 좋거나 부상을 당했을 때 대신해서 경기에 나올 수 있어야 합니다. 대수비와 대주자, 원포인트 릴리프도 있어야 하고요. 패전 처리도 필요하지요. 선발이 일찍 무너졌으나 아직 경기 상황을 관망해야 할 상황에서 투입할 투수도 있어야지요. 이런 역할을 비주전 선수가 해야 합니다. 그래야 이 선수들도 팀원으로서 자기 가치를 인정받고 연봉 받아서 먹고 살 수 있겠지요. 또 모든 선수에게 역할과 보직이 주어져야 팀 분위기도 좋아지고 팀이 하나로 뭉칠 수 있어요. 놀거나 보직이 없는 선수가 많으면 절대 팀이 화합할 수 없어, 전력을 극대화할 수 없습니다. 결국 성적이 나빠지겠지요.

선생님께서 방금 말씀하신 의미의 분을 제 방식으로 이해해보았습니다. 간단히 말하자면 강한 조직력과 팀워크를 가진 스포츠단 같은 사회를 만들어보자, 뭐 그런 의미 같은데, 맞나요?

순자 그 정도로 이해하면 됩니다. 충분해요.

방금 보령 학생도 말했습니다. 모두에게 보직이나 역할을 주어야 팀 구성원이 하나로 뭉칠 수 있다고. 군거화일! 사회의 인간들이 조화롭게 하나가 되어 살려면 재화가 충분히 확보되어야 하고 각자 분수를 알아야 하고 자기 위치와 신분에 걸맞은 행동을 해야 합니다. 하지만 최소한 숨 쉬고 서 있을 수 있는 자리와 땅을 주는 것도 정말 중요하지요.

아마도 이런 의미에서 저의 분과 분업을 사회학적 의미로 인식하는 게 아닌가 싶습니다. 각자에게 서 있을 땅과 자리를 분배해야 한다. 그래야 군거화일 할 수 있으니까. 이 점을 잊으면 안 됩니다. 설 자리가 없는 사회 구성원이 많으면 절대 군거화일의 길을 갈 수 없습니다.

보령 선생님의 분은 역시 군거화일지도로 귀결되네요. 사람을 볼 때 단순히 개인을 보는 것이 아니라 사회 속의 인간, 사회 구성원으로서의 존재를 생각하시는 것 같아요. 선생님이 정말 사회학자로 느껴집니다.

순자 군거화일지도가 시행되면 이렇게 됩니다.

어진 사람이 윗자리에 있고, 농민은 힘써 밭을 갈고, 상인은 잘 살펴 재물을 늘리고, 여러 공인은 기술과 기계를 써서 물건을 만듭니다. 사대부부터 제후에 이르기까지 모두 덕, 지혜, 능력을 발휘해 맡은 바 관직에서 최선을 다합니다. 이러한 세상의 모습을 두고 지극한 공평함이라고 합니다. 그러므로 어떤 이는 온 세상을 녹으로 받아도 스스로 많다고 여기지 않고, 어떤 이는 문

지기나 객사지기, 관문지기, 야경꾼이 되어도 스스로 녹이 적다고 여기지 않습니다.[142]

이러한 사회의 모습을 일컬어 지극한 인륜, 커다란 인륜이라고 하지요. 친족 집단을 전제한 인륜 개념을 말하는 게 아닙니다. 한 개인이 친족 집단 내에서 이른에게 질하고 식구들 살뜰히 살피는 그런 의미의 인륜이 아니지요. 사회가 사회 구성원 모두에게 존립 기반을 마련해주고, 이를 토대로 살 수 있게 해주어, 모든 사람이 조화롭게 살아가는 것이 커다란 인륜입니다. 군거화일지도를 통해 이루어야 하는 통일 제국의 인륜이지요. 사회적 인륜, 사회학적 인륜이 지극하길 원했습니다.

보령 분업은 원래 대량생산 체제의 작동 원리를 설명하거나 의미하는 경제학적 개념입니다. 선생님께서 말씀하신 분업에도 이러한 경제학적 의미가 있지만, 사회학자 뒤르켐Émile Durkheim이 사회진화론에서 썼던 사회학적 분업 개념도 상당히 담고 있는 것 같아요. 문학, 교육, 역사학, 합리적 시장주의, 여기에 사회학까지……. 선생님께서는 참 여러 분야에서 탁월한 시야와 통찰력을 보여주시네요.

순자 현대 사회학에 대해 많이 공부한 후학이 사회학이란 프리즘으로 제 학문과 사상을 연구해주면 아주 고마울 것 같습니다. 사회학이 아니더라도 사회철학이란 관점에서 조망해주는 후배가 꼭 나왔으면 합니다. 사회적 존재로서의 인간을 전제하고 안정된 질서의 사회를 추구했으며 조화로운 사회를 만들기 위한 수단으로서 예와 규범에 천착한 사람이 저인데, 이런 면에서 사회학자라는 평가는 참 고마운 일입니다.

보령 정리하자면, 선생님께서 원하시는 통일 제국의 모습은 이런 거지요? 경제학적인 분업이 현실화, 입체화되어 천하라는 경제 공동체가 유기적으로 돌아가고요. 또 사회학적으로도 분업이 잘되어 질서와 안정을 이루는, 그래서 통일이 단순한 통합이 아니라 화학적 결합이 일어나는 통일된 모습.

순자 네.

보령 그런데 분의 원리를 통해 나라를 만들고 이끌어가야 할 사람은 역시 군주입니다. 선생님께서도 그렇게 말씀하셨어요. 분업을 기획하고 분업의 틀을 관리하는 중심 주체가 군주라고요.

순자 어떤 의미에서의 분이든 모두 군주가 중심에서 챙기고 관리해야 합니다. 대표적으로 예의 경우만 해도 그렇습니다. 종으로 나누어서 사람마다 신분과 위치를 정해주고, 이를 토대로 권리와 의무를 차등적으로 부과하는 것이 예입니다. 제 철학에서는 예를 만들거나 수정하는 중심 주체는 군주이지요. 군주는 분하는 사람이고 분해서 만들어진 체제와 틀을 관리하는 사람입니다.

보령 군주 이야기를 하다 보니, 맹자가 떠오릅니다. 맹자에 대해 본격적으로 이야기를 할 때가 온 것 같아요. 맹자는 선생님과 어디가 어떻게 다른지 상세하게 살펴보고 싶습니다.

순자 알겠습니다. 올 게 왔다는 생각이 드는군요. 워낙에 저하고 대조되는 부분이 많은 사상가라, 맹자 이야기를 자세히 하다 보면 저의 사상과 사상적 특징을 명확하게 이해할 수 있겠습니다.

그럼, 이야기합시다. 지체하지 말고.

외편外篇 1　　순자, 맹자, 율곡

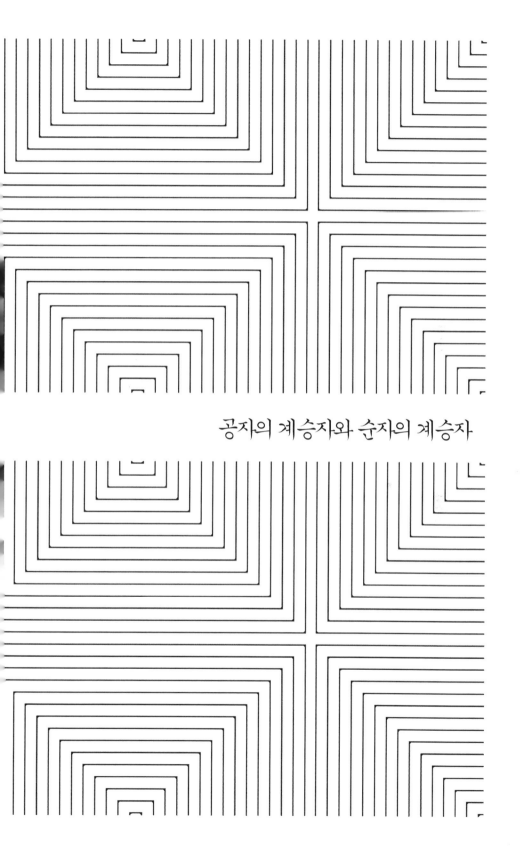

공자의 계승자와 순자의 계승자

16장

순자, 맹자를 겨냥하다

모든 기질을 다스리고 마음을 기르는 방법 가운데
예를 따르는 것보다 더 빠른 길이 없고
스승을 얻는 것보다 더 중요한 것은 없으며
좋아하는 것을 한결같이 하는 것보다 더 신통한 것은 없다.

1라운드

공자의 진정한 계승자

보령___ 맹자에 대해 여쭤보겠습니다. 또 맹자와 선생님을 조목조목 비교해보고 싶어요. 사실, 선생님께는 상당히 결례라고 생각해 죄송하기도 합니다. 선생님과 맹자를 같이 놓고 보는 것은 무리라서요. '레벨'이 맞지 않는다는…….

선생님께서는 당대 최고의 학술 연구 기관인 직하학궁에서 대표 격인 좨주를 세 번이나 맡지 않았습니까? 요새로 따지면 하버드 대학교 총장이고 한국으로 국한하면 서울대학교 총장인데요, 이런 분을 지방 시골 학교 교장 혹은 사설 학원 원장과 비교할 수 없지요. 그럼에도 선생님 사상의 개성을 제대로 보고 싶고, 선생님 학문의 개념을 선명하게 이해해보고 싶어서, 맹자와 비교하니 이해해주세요.

순자　아, 괜찮습니다. 저와 급이 안 맞는다고 했시만 맹자를 인성 안 할 수는 없습니다. 또 저와 여러 면에서 대조되어, 마치 물과 기름처럼 보이기에 비교하기에도 좋고요. 어쨌든 맹자가 있어 공자 님 사상이 계승되었다고도 볼 수 있고, 학문적 개념을 두루 갖춘 철학으로서 유학이 성립되었다고도 볼 수 있으니까요. 그래도 공자의 진정한 계승자는 저입니다.

보령　아성亞聖이다, 성인에 버금가는 인물이다, 성리학자들이 맹자를 이렇게 추켜세우고는 덮어놓고 공자의 계승자로서 정해놓고 '도통道通'이라 했습니다. 공자에서 주희까지 이어지는 도의 전수 계보에서 맹자를 도의 전수자, 진리의 매개자로 선정했습니다. 맹자 덕분에 공자의 도가 이어졌다고 했죠. 그러고는 선생님을 폄하해왔던 게 사실이지요.

　선생님을 맹자의 반대자로만 치부하고 그저 유가의 이단으로 여겼는데요, 참 어이없는 일이에요. 특히 맹자의 반대자라고 하여 공자의 계승자가 아니라고 하는 관점은 도무지 이해할 수가 없습니다. 또 선생님을 단순히 맹자의 반대자로 볼 수 있을지도 의문스럽고요. 무엇보다 맹자가 공자 사상을 완전히 제대로 계승했는지에도 100퍼센트 동의하기 어렵습니다. 그런데도 맹자의 반대자라고 공자의 계승자가 아니다?

순자　그렇습니다. 절 단순히 맹자 사상의 반대자로 보는 시각은 참 편협하기 그지없다고 봅니다. 공자의 계승자로 인정받지 못한 것이 못내 한스럽습니다. 정말 하고 싶은 말이 많습니다.

보령__ 진정한 공자의 후계자가 두 분 가운데 누구일까에 대한 답은 제가 내릴 수는 없고……. 그러기에는 제가 자격이 안 되는 것 같아요.

예를 알아라―지례知禮, 예를 공부해라―학례學禮 등 항상 공부해야 하는 인간의 자세를 두 분 다 역설하셨어요. 그런데 사회질서로서의 어짊仁 강조하신 점 또 음악을 중시하신 점에서, 저는 공자의 진정한 계승자는 선생님이라고 생각을 합니다. 다만 제가 섣부르게 내릴 결론은 아닙니다.

먼저 이 이야기를 좀 하고 싶은데요. 정말 여러 면에서 선생님과 맹자가 전형적으로 대조되는지…….

순자__ 성선설과 성악설뿐만이 아니라, 내성을 중시하느냐 외왕을 중시하느냐 등 아주 많은 부분에서 뚜렷하게 대조되지요. 우리 둘은 평행선을 달렸습니다. 대충 살펴보더라도 오른쪽 표와 같습니다.

보령__ 참 많이도 다르네요. 다른 정도가 아니라 어쩌면 그렇게 하나같이 대척점에 서 있나 싶을 정도네요. 세습적 특권 인정 여부 문제도 그렇고, 반反과 성誠 같은 글자는 상반된 맥락에서 사용하셨고, 타 학파나 다른 사상가를 대하는 태도도 많이 다르시지요. 맹자는 무조건 배격하고 욕하기에 급급했고 때론 인신공격도 서슴지 않았는데, 선생님께서는 인정할 부분은 분명히 인정하셨어요. 그러면서 선생님의 사상 체계에 수용하셨고요.

맹자		순자
성선설		성악설
절욕		양욕
지식인 중심		군주 중심
자기 확인의 능동성		사기부성의 능동성
마음 안에 있는 성		마음과 분리되는 성
성즉리	vs.	성즉기
양기養氣		치기治氣
선왕		후왕
안명, 입명		제명
두 개의 의식		하나의 의식
종교적인 천		물질적인 천
농업에 비유		공업에 비유

패도 인정 여부

전형적인 레토릭으로서 반反과 미未

다른 의미의 성실함

왕도와 패도의 관계(연속적/불연속적)

예와 스승의 위상 문제

경전으로서 《서경》 해석의 초점 문제

순자　학자다운 태도와 자세라는 것이 있습니다. 인신공격은 가급적 하지 말아야 하고, 설득력 있다 싶은 부분은 인정하고 수용해야 자기 학문을 살찌울 수 있지요. 맹자에게는 이런 부분이 상당히 아쉽습니다.

　재미있는 것은 그가 지독히 싫어해 주적으로 지목한 양주와 묵자에게 영향을 많이 받았다는 점입니다. 맹자는 외적 압력에도 굴하지 않는 주체로서의 개인을 말했는데, 이는 양주의 영향이지요. 인민에게 최소한의 생업 기반을 마련하라며 항산을 말했고 보편적 맥락에서 인간을 논의했는데, 이는 묵자의 영향이고요. 그런데도 그들을 조금도 인정하지 않고 욕만 했습니다. 무척 아쉬운 대목입니다.

보령___ 싸우면서 닮는다! 전선을 형성하는 와중에 자기도 모르게 비슷해지고 닮아가는 건 사상가들도 마찬가지인가 보네요.

순자___ 특히 맹자는 묵자 영향을 상당히 많이 받았습니다. 하늘에 종교적 의미를 부여한 것과 항산의 보장은 정말 묵자의 겸애兼愛 같기도 합니다. 맹자를 따르는 유가의 한 무리가 저하고 같은 시대에 살았지요. 그런데 그들이 묵가인지 유가인지 정말 구분이 잘 안 되었습니다. 따지고 보면, 저도 묵자의 영향을 많이 받았으니 그런 말을 할 자격이 없을지도 모르겠습니다. 하지만 제 눈엔 그렇게 보였습니다.

　　다른 문제도 있습니다. 스승의 가치와 배움에 대해 소홀히 한 점, 성선설이라는 비현실적인 주장, 현실을 통찰하는 눈의 부재, 공자 님의 인을 협소한 의미로 제한한 점 등 아쉬운 부분이 참 많아요. 특히 공자 님의 인 개념을 친족 집단 내의 친근한 감정 정도로 제한한 점은 유감입니다.

보령___ 맹자와 선생님을 놓고 준비한 질문이 많은데요, 선생님 하면 무작정 성악설을 떠올리는 건 바람직하지 않지만, 어쨌든 선생님께서 분명히 말씀하신 바이고, 성선설과 성악설이 사람들에게 가장 친숙한 주제이기도 하니, 먼저

'성선설 대 성악설' 관련해서 질문드리겠습니다.

순자__ 좋습니다.

성선설 대 성악설

보령__ 맹자는 성선설을 주장했습니다. 인간의 본성이 착하다. 왜냐하면 인간의 마음에 선한 경향이 있는데, 이른바 사단四端이다. 이것이 인간의 성이 착함을 말해준다. 그러니 사단을 잘 키워라. 그러면 된다. 이런 논리이지요. 사단은 측은지심, 수오지심, 시비지심是非之心, 사양지심辭讓之心입니다. 인간에게 이러한 착한 마음의 씨앗 넷이 있는데, 이것이 사실상 인간의 본성이니 잘 기르고 키우자고 했어요.

반면 선생님께서는 인간의 성은 악하고 인간은 또 결핍된 존재이니 외부의 것을 수용하고 받아들여 성을 변화시켜 좋게 만들자고 하셨습니다. 성악설이지요.

제가 이렇게 대조했는데, 맞나요?

순자__ 보령 학생도 말했지만, 간단히 말해 유학의 결론은 이것 아니겠습니까? 착하게 살자. 도덕적 인간이 되자. 이러한 인간이 되기 위한 이론, 사상, 배움의 묶음과 체계가 유학이지요.

그런데 착한 사람이 되려면 어떻게 해야 할까요? 맹자는 안을 들여다보라 했고 저는 밖을 내다보라 했습니다. 맹자는 인간이 자기 마음에서 선함을 보고 자기 확인을 하라고 했지요. 저는 인간 안은 결핍되었으니, 자기부정을 통해 눈을 밖으로 돌려 무엇인가를 배우고, 이를 자기 안에 받아들이자고 했지요. 저는 일단 인간을 결핍된 존재로 봅니다. 그러한 인간이 군집 생활을 하면 서로 싸우고 투쟁하기 마련이지요. 그러니 그러한 인간을 바꾸자는 게 제 생각입니다. 인간 밖의 외적인 힘과 권위를 통해서 규범을 배우고 익혀야 한다는 말입니다.

맹자의 논리가 자기 확인과 긍정에 있다면, 저의 논리는 자기부정에 있지요. 즉 자기 확인을 통해 도덕적 주체가 되자는 것이 맹자의 생각이라면, 자기부정에서 시작해 도덕적 주체가 되자고 저는 생각했습니다.

다만 무엇이든 간에 능동적으로 해야지요. 맹자는 내 안에 좋은 것을 능동적으로 키우자, 저는 내 밖의 좋은 것을 능동적으로 배우자고 했습니다. 자기 긍정의 능동성과 자기부정의 능동성. 성선설과 성악설을 이렇게 이해하면 되겠습니다.

보령 자기 긍정의 능동성과 자기부정의 능동성. 조금 더 쉽게 설명해주세요.

순자 간단합니다. 맹자는 내 안에 있는 것을 긍정해라. 즉 나를 긍정해라. 그렇게 시작해서 내 안의 긍정적인 것을 적극적으로 키워나가라. 저는 내 안의 결핍된 것을 확인해라. 즉 나를 부정해라. 그렇게 시작해서 내 밖의 것을 적극적으로 배워 내 안에 채워 넣어라. 이런 겁니다. 긍정하면서 시작, 부정하면서 시작. 하지만 둘 다 적극적이고 능동적인 자세.

보령 아, 이제 완전히 이해하겠습니다. 밖에서 찾고 밖에서 배우고, 즉 스승과 성인군주가 밖에서 나에게 다가오고, 난 그분들의 권위와 가르침을 수용한다. 그렇기에 도덕적 성장 과정에서 중요한 계기는 자기를 부정하고 외부의 힘과 권위를 수용하는 것이다. 이게 선생님의 주장인 반면 맹자는 그렇지 않다는 것이지요? 내 안에서 확인하고 내 안에서 찾자는 것이니까요.

순자 ─ 그렇습니다. 맹자는 자신 안에 도덕적 사원이 내재되어 있다고 합니다. 인간이라면 모두 내재하고 있는 그것을 확인하고, 그것을 지닌 자신을 긍정하는 것을 수양의 출발점으로 삼았습니다. 이 도덕적 자원을 맹자는 사단이라고 불렀지요.

사단을 풀어서 이야기하면, 불쌍한 처지에 있는 이를 보고 가여워하는 마음(측은지심), 불의한 것을 미워하는 마음(수오지심), 타인에게 양보하는 마음(사양지심), 옳고 그른 것을 가리는 마음(시비지심)입니다. 이 네 가지 도덕 감정, 도덕 이성, 도덕적 동기를 사단이라고 했지요. 측은지심은 인의 단서, 수오지심은 의의 단서, 사양지심은 예의 단서, 시비지심은 지智의 단서라고 합니다. 사단을 잘 키우고 확충하면 성인군자가 될 수 있다고 했습니다. 맹자는 철저히 인간 안에서 답을 찾으려 했습니다.

보령 ─ 그래서 맹자가 학문의 방법은 다른 게 아니라 잃어버린 마음을 찾는 것이라 말했군요.

인은 사람의 마음이요, 의는 사람의 길이다. 그 길을 버리고 따르지 않으며 그 마음을 버리고 찾을 줄 모르니 슬프도다! 사람이 닭이나 개가 없어지면 찾을 줄 알면서도 마음을 버리고는 찾을 줄 모른다. 학문의 길은 다른 데 있는 것이 아니라 그 잃어버린 마음을 찾는 데 있다.[143]

이 말을 좋아하는 사람이 아주 많습니다. 인간의 마음을 긍정했고 명쾌한 선언의 형식으로 표현했기 때문에요. 학문의 도는 따로 있는 게 아니다. 잃어버린 인간의 마음을 찾는 것, 그것뿐이다!

순자 인을 단순히 사람의 마음이라고 할 일은 아닌 것 같습니다. 저는 마음을 찾는 것으로 인간이 성장할 수 있다고 보질 않습니다. 어쨌거나 맹자에게 도덕 수양의 핵심은 마음을 되찾는 것과 보존하는 것입니다.

먼저 마음을 되찾는 것을 가리켜 '구방심求放心'이라 합니다. 잃어버린放, 마음心을 구하라求, 찾으라는 뜻이지요. 마음 찾기. 그리고 보존하는 것을 가리켜 '존심'이라 했습니다. 마음 보존하기. 인간의 마음이 선하니 잘 보존하면 된다는 뜻입니다. 어쩌다 잃어버리면 구방심해서 찾아오면 되지요.

또 하나 있습니다. 마음을 다하기. '진심'입니다. 자기 착한 마음에 집중해서 착한 마음이 가는 대로 따르면, 마음 안에 착한 본성 혹은 인간의 본질인 성을 알고 자각하게 된다고 합니다. 이것이 '지성'이지요. 지성은 말 그대로 성 깨닫기라는 뜻입니다. 마지막으로 '양성養性'이란 것도 말했습니다. 착한 성 기르기, 키우기이지요. 저는 양養이란 글자를 기르면서도 통제하고 다스리라는 의미로 썼습니다. 그런데 맹자는 기른다, 키운다는 의미로밖에 쓰지 않았습니다.

사람은 본래 선한데 이런저런 이유로 도덕적 인간으로 살지 못하고 막사는 경우가 있다. 그건 그 사람 자체가 나빠서 그러는 게 아니다. 다만 외적인 환경이 좋지 않아 본래의 선한 마음을 잊고 있거나 잃어버린 것이다. 다시 정신만 차리면 그 마음을 쉽게 찾을 수 있다. 그때 구방심, 존심, 진심 하라. 그러면 지성할 수 있다. 그리고 양성하라. 이렇게 맹자의 수양론을 개괄해볼 수 있겠습니다.

보령 구방심, 존심, 진심, 지성, 양성 이렇게 다섯 개념만 알면 되겠군요. 물론 사단은 기본이고요.

순자 구방심, 존심, 진심을 말할 때의 '심', 즉 마음이 사단입니다. 맹자는 사단이라는 마음을 잘 보존하고 잘 키워가다 보면, 인간에게 호연지기가 생기고 마음이 부동심의 상태가 되어, 하늘 아래 우뚝 선 큰 대장부가 된다고 했습니다. 아무튼 자기 마음 안에서 시작해 끝까지 가는 것입니다. 자기 내면에 승부를 거는 것이지요.

저로선 동의할 수 없는 바입니다. 자신의 안에서 찾고 자신 안의 선의지만 잘 확립하면 인간이 도덕적 완성을 이룰 수 있을까요? 아닙니다. 밖에서 배운 걸로 채워 넣으면서 조금씩 바꿔가야지요. 맹자의 말이 맞다고 하면 스승이 필요할까요? 또한 성인들이 만들어놓은 규범과 문화 관습이 무슨 필요가 있겠습니까? 현재의 성인군주 후왕이 존재하더라도, 맹자의 말을 따른다면 후왕을 인정하지 않게 될 겁니다.

보령 선생님, 맹자처럼 하면 스승과 문화 관습 등 내 밖의 것들을 무시하거나 소홀히 할 수도 있다는 말씀인가요?

순자 좋은 스승과 인간 밖에 있는 문화 규범 등을 부정하지는 않았지만, 굉장히 소홀히 한다는 인상을 맹자가 줍니다. 성선론 탓에 그런 것 같습니다. 그래서 저는 성선론에 문제가 있다고 생각합니다. 인간과 인간의 본성을 긍정하는 데에만 그친다면 열심히 배우려는 마음가짐과 자세가 생기겠습니까?

보령 〈성악〉 편에서 선생님께서 맹자를 집중 거론하신 게 떠올라요. 먼저 인간의 본성과 위를 구분하지 못한다고 비판하셨습니다. 인간의 도덕과 윤리는 어디까지나 공부와 실천이란 인간 행위, 즉 위를 통해 일궈낸 것인데, 그것이 원래 있던 것이나 저절로 주어진 것처럼 맹자가 이야기한다고 비판하셨어요. 그런데 지금은 외적 대상에 대한 존중과 인정에 대한 문제를 강하게 지적하시네요.

순자 제가 분명히 그런 말을 했지요. 맹자는 성위지분을 몰랐다고. 인간이 노력해서 일궈낸 긍정적인 것들, 아니면 인간이 의식적으로 실천해야 할 행위를 맹자는 주어진 인간 본성이라고 했지요. 그 말이 맞다 합시다. 그러면 인간이 실천과 노력을 소홀히 할 겁니다. 해야 할 것을 안 한다는 말입니다. 이게 맹자 성선설의 문제라고 〈성악〉 편에서 지적했습니다. 그런데 이것보다 더 큰 문제는 인간이 배움을 소홀히 할 여지가 생긴다는 점입니다.

행위와 실천은 우선 배움이 전제된 후의 이야기입니다. 뭐가 옳고 바람직한 행위인지 스승과 성인군주에게 배워야 합니다. 또 문화나 규범에 규정된 대로 배워야 행위하고 실천할 수 있지요. 그저 인간은 선하기에 선의지만 확충하면 된다고 하면, 적극적으로 배울 이유가 어디에 있겠습니까? 배워야 할 동기와 이유가 없을 것이며, 또 배우고 따라야 할 외적 대상이 설 자리도 없겠지요.

물론 그도 한갓 선한 마음만으로 정치할 수 없다고 했습니다. 선왕의 도를 통해 정치해야 한다고 말했습니다만, 한 인간의 성장에 필요한 스승의 비중과 사회규범을 경시했습니다. 스승에게 열심히 배우고 규범을 열심히 익히고 실천하라는 말을 거의 하지 않았지요.

보령 쉽게 말하자면, 맹자의 말을 따르면 공부 안 하게 된다는 말씀이네요?

순자 인간의 내부에 사단이라는 도덕 감정이 있으니, 그 마음을 믿고 따르고 확충하면 된다고 했습니다. 인간의 완성을 사실 쉽게 본 것 같아요. 실제 도덕 수양 결과에 대한 확신이 지나쳤지요. 그러니 맹자를 따르면 스승, 전통, 선왕의 가르침과 후왕의 치적 등 외적 권위의 가치와 의미가 상실된다는 뜻입니다. 그런 대상을 공부할 필요성도 사라지지요. 그러니 보령 학생 말대로 공부 안 하게 되겠지요.

보령 공부의 중요성을 강조하신 〈권학〉 편에서 선생님께서 이런 말씀을 하셨어요.

> 학문의 방법으로는 스승이 될 만한 사람을 좋아하는 것보다 지름길이 없으며 예를 존중하는 것은 그다음이다. 위로는 스승이 될 만한 사람을 좋아하지 못하고 아래로는 예를 존중하지 못한다면 다만 잡된 기록의 책이나 공부하고 《시경》과 《서경》을 따를 뿐이니 곧 세상이 끝나고 해가 다한다 하더라도 비루한 선비 됨을 면치 못할 것이다.[144]

지금 맹자 이야기를 하다 보니 이 구절이 떠오르네요.

순자 예를 존중한다면 비록 명석하게 되지는 못하더라도 법도를 지키는 선비인 법사法士가 될 것입니다. 하지만 예를 존중하지 않는다면 비록 사리에 밝고 말을 잘한다 할지라도 쓸모 하나 없는 허튼 선비인 산유散儒가 될 것입니다.[145]

보령 어떻게든 외적인 것을 배워야 한다는 말씀이네요. 특히 예. 그래서 선생님을 따르는 유자들이 《예기》를 펴냈고, 선생님의 책에 그것과 똑같은 내용이 있나 봅니다.

순자 물론입니다. 문화 관습이자 전통 그리고 명확한 규범인 예를 배우지 않고 내 마음만 확충하면 된다고 하거나, 《서경》과 《시경》만 읽고서는 '나는 깨달았다. 내 마음에 있는 것이 그 책에 나와 있더라' 하면서 《시경》과 《서경》을 함부로 인용하고 해석하면, 허튼 선비, 비루한 선비가 되고 말 겁니다.

보령 여기서 특히 중요한 것이 예라는 말씀인가요?

순자 예가 제일 중요합니다. 모둠 살이를 위한 문화 관습이고, 사회규범과 제도로서 사회에 균형, 평화, 질서를 가져오는 것이 예인데 중요하지 않을 수 있겠습니까? 한 개인의 성장만이 아니라 사회의 성장과 성숙 역시 중요하기 때문입니다.

제가 보령 학생 말대로 정말 사회학자인지는 모르겠지만, 저는 인간의 성숙과 사회의 성숙을 항상 같이 보려고 했습니다. 그 사이를 어떻게든 연결하려고 한 사람입니다. 스승과 성인, 성인군주를 제가 왜 중시했겠습니까? 그들은 예를 만들어 사회에 주는 사람들입니다. 그것으로 그치는 게 아니라 예로써 사회 구성원을 가르치고 사회화합니다. 이런 이유로 제가 예를 강조한 것입니다.

저 순자의 생각은 이렇습니다. 선왕이 만들어서 전승하였고, 후왕이 적절히 수정하고 보완한 것이 예입니다. 그리고 스승이 예를 직접 가르칩니다. 이러한 예를 소홀히 해서야 되겠습니까? 사회 구성원 모두 예를 배우고 실천하여 사회의 안정과 질서를 이룩해야 합니다. 단순히 사단, 착한 마음, 선한 본성의 자각 이런 관념론적 접근은 곤란합니다. 개인들 각자가 알아서 착한 마음을 기르고 선한 본성을 깨달아 군자가 되고 성인이 되자? 이런 맹자의 노선과 답에는 동의할 수 없습니다!

보령 __ 마음의 창을 밖으로 열어놓고, 그러니까 밖에 나가서 안테나를 세우고 열심히 배우자는 말씀, 잘 알겠습니다.

순자 __ 저와 달리 맹자 사상은 스승과 성인을 중시하지 않습니다. 이게 정말 문제입니다.

인간이란 이렇습니다. 얇으면 두터워지기를 바라고, 보기 흉하면 아름다워지기를 바라며, 좁으면 넓어지기를 바랍니다. 가난하면 부유해지기를 바라며, 천하면 귀해지기를 바라는데, 진실로 자기에게 없는 것은 반드시 밖에서 구하려 하지요. 그래서 부유하면 재산을 바라지 않고, 귀하면 권세를 바라지 않는다고 합니다. 인간은 진실로 자기에게 있는 것을 밖에서 얻으려 하지 않습니다.[146] 인간은 결핍된 것을 추구하기 마련입니다.

보령 〈성악〉 편에서 하신 말씀이지요?

순자 네, 맞습니다. 보령 학생도 이제 많이 들어서 알겠지만, '성악'은 '나쁘다'가 아니라 '인간에게 선이 결핍되어 있다'는 말입니다. 결핍되었기에 인간은 채우기 원하는 존재이지요. 지갑에 돈이 없는 것을 알면 지갑을 채우려고 할 것이고, 차에 기름이 없는 것을 알면 기름을 채우려고 하지 않겠습니까? 공부 안 해서 성적이 나쁘면 공부해서 성적이 좋아지게 하려고 하지요. 인간이란 결핍을 인지하면 채우기를 원하는 존재입니다.

보령 결핍되었으니까, 없으니까 원한다. 그래서 〈성악〉 편에서 지금 사람들의 성에는 예의가 없으므로, 사람들은 예를 애써 배우기를 원한다고 하신 건가요?

순자 네, 없으니까 원하는 것입니다. 물론 결핍을 먼저 인지할 수 있어야지요. 결핍되어 있고, 결핍된 상황을 인지하면, 채우기를 원하겠지요.

보령 결핍되었으니 채우려고 한다는 말씀 충분히 알겠습니다. 제 경험을 떠올려보아도 그런 것 같아요. 자취방 쌀독에 쌀이 비면 참 기분이 묘합니다. 그 상태가 오래 지속되면 서럽기도 하고요. 무엇보다 현실적으로 너무 배가 고프지요. 그래서 어떻게든 쌀독에 쌀을 채우려고 합니다. 통장 잔고가 바닥나도 마찬가지예요. 돈을 구하려고 합니다. 하지만 꼭 그렇지 않을 수도 있는데요, 그냥 포기해요. 없으니까 채우는 게 아니라 없으니까 포기하고, 없을수록 낙담하고, 결국 절망하고……. 선생님께서 그리 중시하시는 '현실의 인간'

이란 존재가 그럴 수도 있지 않나요?

순자 결핍을 인지했다고 반드시 채운다는 보장이 없다는 말입니까?

보령 네. 사람이 자신에게 없는 것, 부족한 것을 인시하더라도, 꼭 그것을 채우려는 방향으로 행동하는 존재가 아닐 수도 있어요. '나는 아는 것, 배운 것이 없어'라고 명확히 인지했다고 하더라도, '그러니 공부하자'고 마음먹는다는 보장이 없는 것 같아요.

순자 결핍된 상태에서 결핍된 것을 인지했다고 하더라도, 공부와 수양으로 반드시 이어지리라는 법이 없다는 말이군요.

보령 실제 현실의 인간은 나약하기 때문에 그냥 포기해버리는 수도 있어요. 아니면 포기라는 생각마저 못 하고 '없으면 없는 대로 살지' 또는 무의식적으로 '그냥 이렇게 되는 대로 살지'라고 생각하는 경우도 적지 않아요. 주위를 보면 과거에서 이어진 습관, 지금의 상태 그냥 그대로 사는 사람이 굉장히 많습니다. 무와 유, 결핍과 채우기 사이에는 큰 간극이 있는 것 같아요. 그런데 선생님께서는 이 점을 가볍게 보시는 게 아닌지……. 선생님의 장점 하나가 현실을 보는 눈이 있다는 점인 것을 생각해도 이 점은 비현실적으로 보입니다. 솔직히 말씀드려서요.

순자 사실, 그렇습니다. 그래서 제가 성인과 스승의 역할을 강조한 겁니다. 텍스트에 격려하고 고무하는 말이 많은 것도 그러한 이유 때문이지요.

결핍된 인간이 자신의 결핍된 상태를 인지했다고 하더라도 곧바로 채우려는 방향으로 가지 않을 수도 있습니다. 그러니 스승과 성인이 있어야지요. 그 분들이 일깨워줘야 합니다. 독려해야지요. 결핍을 인지시키는 것만이 아니라 배우고 채우도록 자극하고 독려하며 격려해야 합니다.

제 텍스트에도 독려와 격려의 말이 많이 있다고 했지요? 저 역시 그 간극에 대해 고민했기 때문입니다. 앞서 자기부정의 능동성을 논하면서 이런 말을 했습니다. '독려를 위한 장치 내지 수단으로서 성악설을 말했다'고요. 실천과 배움을 자극하고 추동하기 위한 장치라고 했는데, 기억나요? '현재 너의 모습을 보면 결핍된 정도가 아니다. 좋지 못하고 거칠고 추한 상태이니 바꿔 가라'는 것이 성악설인데, 이는 자극하고 독려하기 위한 장치입니다. 그리고 〈성악〉 편에서는 '길거리의 사람은 모두 우임금 같은 성인이 될 수 있다'고 격려도 했지요.

어쩌면 저 순자의 철학은 독려와 격려의 철학일 수도 있습니다. '인간 모두가 스스로 자신의 결핍을 쉽게 인지할 것이다. 또 그 상태에서 배움의 길로 자연스럽게 나가 열심히 공부할 것이다'는 식으로 막연하게 낙관하지 않았습니다.

그런데 본인 스스로도 뜻을 굳건하게 세우고 지키려는 자세가 있어야 합니다. 매우 중요합니다. 성인과 스승이 모든 것을 해줄 수는 없지 않겠습니까? 제가 수도, 수인, 결어일 등을 말한 것은 그래서이지요. 그러나 여기서 또 중요한 것이 스승의 역할입니다. 결핍된 것을 채우는 방향으로 인간이 가도록 도와줘야지요. 스승은 정말 중요한 존재입니다.

보령 앞에서 스승이 모범을 보이는 자세가 지식 전달과 전수보다 훨씬 중요하다고 말씀하신 것도 그런 이유 때문인가요?

순자 물론입니다. 스승의 인덕과 행실이 부족하고 변변치 못하다면 어떻게 제자가 자극받겠습니까? 또 채우자고 마음을 먹었다 해도, 보고 배울 대상이 있어야지요.

보령 역시 선생님 사상에서는 스승, 성인, 성인군주의 비중이 정말 높네요. 지금 말씀을 들으니 더욱 그런 것 같아요.

순자 제가 맹자의 성선설을 비판하는 이유 두 가지를 말하지 않았습니까?

먼저 인간의 노력으로 일구고, 일궈내야 할 것을 본래 인간이 가진 것, 인간의 본성으로 보는 오류를 범하고 있다. 윤리, 도덕, 선함은 자신의 성을 바꿔가려는 노력을 통해 만들어낸 것이다. 그런데 맹자는 이것을 인간 본성이라 말하며 거저 얻고 거저 되는 것처럼 말한다.

두 번째, 자기 확인과 확신을 강조하다 보니 배워야 할 사람들이 외적 권위와 스승을 경시하게 될 우려가 있다. 그럼 배우려는 노력을 게을리하게 될 것이다.

여기에 한 가지를 덧붙이겠습니다.

세 번째, 맹자의 말을 따른다면 보통 사람들은 보통 사람들대로 배우려는 노력을 가벼이 할 뿐 아니라, 또 스승과 군주는 그들대로 그 노력을 소홀히 할 것이다.

보통 사람들이 배움의 대상인 예, 스승, 성인군주를 경시하게 될 여지만 있는 게 아닙니다. 그들을 선도하고 지도할 의무가 있는 스승과 군주까지도 자신들의 행위와 노력을 경시하게 될 여지가 있습니다. 이 점이 걱정됩니다. 맹자의 주장이 대세가 되면, 스승과 군주는 '각자 자신의 선한 본성을 자각하면 될 일이다'고 여기겠지요. 그러면 인민을 가르쳐야 할 절박한 이유가 그들에게 없어질 것입니다.

보령__ 그러니까 성선론을 주장하는 맹자의 노선을 따르면, 인민은 인민대로 열심히 배워야겠다는 절실함을 못 느낄 것이고, 지식인과 군자 역시 열심히 인민을 가르치고 선도해야겠다는 절실함을 못 느끼게 될 것이라는 말씀이군요. 맹자 사상을 따르면 그래서 걱정된다는…….

순자__ 그렇습니다. 맹자의 주장을 따르면, 배운 사람들, 학문과 교육의 수혜자들이 가져야 할 의무감과 소명 의식이 약해질 수 있습니다. 앞서 군자는 배운 것을 다른 사람 앞에서 이야기하며 가르치고 전파하는 자라고 했습니다. 열심히 배워 높은 수준에 올랐으면 거기서 그치지 말고 사람들을 가르쳐야지요. 배운 사람들, 인격의 완성을 어느 정도 이룬 이들이 좋은 스승이 되어 사람들을 가르쳐야 하지 않겠습니까? 그래야 안정과 평화가 사회에 조성될 수 있지요.

보령__ 맹자의 성선론은 자칫하면 지도자, 지식인이 그 역할이나 책임을 방기하도록 유도할 수 있겠습니다.

순자__ 그렇습니다. 결핍된 개인만의 문제가 아닙니다. 결핍된 사회의 모습이 정말 문제이지요. 그것이 진정한 악입니다. 개인만이 결핍을 채워서 될 것이 아니라 사회 역시 그렇게 되어야지요. 이걸 누가 주도하겠습니까? 성인과 스승입니다. 그런데 각자 자기의 선한 마음과 본성을 확인하고 확충하면 된다니요. 가당치 않습니다.

보령 개인은 개인내로, 스승은 스승대로 노력해야 하는군요.

순자 그렇습니다. 전 여기서 '겸손'을 말하고 싶습니다.

보령 왜 갑자기 겸손을······. 물론 그 덕목을 텍스트에서 강조하긴 하셨지만, 조금 뜬금없이 느껴져요.

순자 사람이 겸손해야 합니다. 겸손하면 참 좋습니다. 스승에게도 제자에게도 모두 좋습니다. 제가 겸손을 말하는 이유가 궁금하지요? 지금 맹자의 성선설과 수양론을 비판하면서 외적 대상에 대한 배움을 강조했습니다. 그리고 교육을 담당하는 주체들의 노력도 말했습니다. 그래서 겸손을 이야기하는 겁니다.

사람이 겸손하면 교육, 수용, 학습, 거듭남이 수월하게 될 수 있습니다. 인간은 밖에서 찾고 밖에 있는 것을 습득해서 거듭나야 합니다. 그러니 나보다 나은 사람들, 어진 사람들을 보면 그를 스승으로 삼아 배워야지요.

《시경》에 이런 말이 있습니다.

눈이 펑펑 내리지만 햇빛만 보면 녹네, 겸손히 다른 사람을 따르려 하지 않고 늘 교만하게 구네.[147]

겸손치 못한 태도를 경계한 《시경》의 가르침입니다. 겸손해야 내가 부족한 점이 무엇인지 분명히 인지할 수 있고, 밖에 있는 대상 특히 스승에게서 배우려 하지 않겠습니까?

자신감과 패기 대 겸손과 겸양

보령 방금 《시경》을 들어 겸손함을 말씀하셨는데요, 선생님께서는 책에서 특히 《서경》이란 경전을 통해 겸손, 겸양을 많이 논하신 걸로 압니다. 겸손, 겸양을 보인 군주의 사례를 들어 겸손을 강조하셨어요.

순자 네. 겸손해야 자신의 결핍을 인정하고 밖에서 배우기에 참 많이도 강조했습니다. 나라의 임금도 겸손을 통해 배워야 하는데, 하물며 보통 사람은 어떻겠습니까? 모두가 다 겸손이란 덕목을 갖추어 조금이라도 더 배우고 채우려 해야지요.

보령 적극적 학습을 위해서도 겸손이 필요하겠네요. 선생님께서는 인간의 결핍을 강조하시고 채움을 강조하시니 겸손이란 덕목이 정말 중요하겠어요.

그런데 사실, 동아시아에서 겸손이란 미덕은 새삼스러운 게 아닙니다. 언제 어디서나 들을 수 있는 말인데요, 그래서인지 선생님의 책에서 겸손이 강조되긴 했지만 인상적인 느낌이 없었어요. 그런데 선생님께서 성악설부터 시작해 외적 대상, 권위, 스승에 대해 말씀하시는 걸 들으니, 왜 그렇게 강조하셨는지 이해되네요.

아, 겸손이라는 덕목은 맹자에게서는 보이지 않는 것 같은데요? 맹자 텍스트에서는 거의 못 본 것 같습니다. 맹자도 《서경》을 많이 인용하긴 했지만, 겸손이란 덕목을 일깨우기 위해서는 아니었어요. 뭐 맹자 본인부터 겸손과는 거리가 멀지만요. 하하.

쇼자 겸손이란 덕목을 보는 관점에서도 서와 맹자가 살딥니다.

보령 실제 맹자는 자신감과 패기가 지나쳐 돈키호테 같은 면도 보여요. 요샛 말로 '근자감'도 강해 보이고요.

순자 '근자감'이 뭐지요?

보령 현재 한국에서 젊은 사람들 사이에서 쓰이는 말인데요, '근거 없는 자신감'이란 뜻이에요.

순자 근자감은 위험합니다. 항상 자신에게 결핍된 것이 있는지, 부족한 것이 무엇인지 살피려 하고, 겸손하게 타인에게 가르침을 구해야지, 근자감이라니요? 곤란합니다.

근자감이라……, 맹자 그 사람한테는 그런 측면이 있는 건 분명 사실입니다. 허허.

부족함과 결핍에 대한 자각

↓

부족함과 결핍을 채우려는 마음 다져먹기

↓

마음먹은 대로 공부하고 노력하기

↓

자기 향상과 거듭남

항상 이런 과정을 밟으려 노력하고 전전긍정해야 합니다. 맹자의 그런 측면은 참 이해하기 힘듭니다. 유가답지 못하지요. 겸손해야지요, 사람이.

보령　겸손함, 겸허함, 겸양은 동아시아 사회에서 어쩌면 필수적이다 못해 당연시되는 덕목이자 인간의 조건 같아요. 그렇기에 유가 경전에서 말하는 겸손이 그리 인상적이지 않습니다. 그런데 근자감도 보이고 저돌적인 면도 보이는 맹자 덕분에 겸손이란 덕목이 눈에 확 뜨이네요.

순자　제가《서경》과《시경》을 들먹이면서 참 많이 강조했지요. 겸손해라. 자신의 부족함을 인정하고 타인에게 배우고 조언을 구하라. 특히 자기 향상을 꾀하는 군주를 사례로 들어 사람들을 자극하려고 했습니다.
　〈군도〉 편에서 제가《서경》에 나오는 "문왕께서는 공경하시고 조심하시어 훌륭한 한 사람을 간택했다"[148]라는 말을 인용했고,《시경》을 인용해 "온순하고 공손한 사람은 덕의 터전일세"[149]라며 군주의 겸손한 모습을 강조했습니다.
　〈군자〉 편에서는 이런 말을 했지요.

모든 덕을 두루 갖추었음에도 교만하지 않고 자기의 선함을 한결같이 추구한다면 그를 성인이라 할 수 있다. 교만하지 않기 때문에, 천하에는 그와 능력을 다투려는 이가 없고, 훌륭한 것을 받아들여 그가 하려는 일에 응용할 것이다. 지니고 있으면서도 지니지 않은 듯 행동하기 때문에 천하의 존귀한 존재가 된다.[150]

겸손한 성인군주의 모습을 사례로 제시하여 겸손과 겸양을 강조한 부분입니다. 여러 덕목을 갖춘 훌륭한 군주도 자신을 뽐내지 않고 함부로 높이지 않습니다. 그러니 우리도 교만하거나 스스로 과대평가해선 안 되겠지요. 교만하지 않으면 누구를 만나든 자신의 스승으로 삼을 수 있습니다. 또 내게 없는 것을 스승을 통해 채울 수 있습니다. 반대로 겸손하지 않은 사람은 스승도 성인군주도 그를 교정하기 힘들겠지요. 공을 들이고 애를 쓴다고 해도요.

맹자는 겸손에 대해 이야기하지 않았습니다. 애초에 그의 성선론에서 시작한 자기 확인과 확신이 너무 강한 탓이겠지만, 무척이나 아쉬운 대목입니다.*

보령 정말 겸손해야겠군요. 자신의 성장과 발전을 위해서, 특히 외부에 있는 스승들의 가르침을 흡수하기 위해서요.

---

* 덕을 두루 갖추었음에도 교만하지 않는다. 지니고 있어도 지니고 있지 않은 듯해라. 노자도 이와 거의 똑같은 말을 했다. 그런데 순자와 같은 맥락은 아니다. 겸손이 아니라 '은폐'하기 위해 말한 것이다. 강하지 않은 척해서 적의 목표물이 되지 마라, 즉 상대를 안심시키라는 말인데, 이는 전술적 조언이다. 이처럼 같은 말을 해도 사상적 입장에 따라 다르게 해석된다. 애초에 다른 목표와 지향을 두고 말했으니 당연하다.
글에서 드러나는 분위기와 느낌만 보아도 순자는 참 점잖고 겸손한 사람일 것 같다. 하지만 순자와 달리 맹자는 겸손함과 거리가 멀다. 까칠하고 드세 보이는 게 사실이다. 자신이 견지하고 있는 철학 사상과 그 당사자의 인격, 캐릭터, 인물상이 어찌 분리될 수 있을까? 순자는 겸손함과 겸허함을 강조하는 대목에서도 역시 스승, 교육자의 냄새를 팍팍 풍긴다. 동아시아에서 스승이란 겸손함을 가르치는 존재이다. 순자는 교육자로서의 자의식이 굉장히 강한 듯하다.

순자__ 그렇습니다. 유가 경전 중에서도 특히 저의 텍스트가 겸손을 강조한 데에는 다 이유가 있습니다.

보령__ 이렇게 겸손함에 대하여 선생님과 맹자의 말씀을 비교해보았는데요, 이제 인간의 성장을 논할 때 두 분이 즐겨 쓴 비유에 대해서 살펴보고 싶어요. 바로 공인과 농인인데요, 이에 관해 여쭤보겠습니다.

순자__ 그럽시다.

농인 대 공인

보령__ 인간의 성장을 설명할 때, 선생님께서는 공인의 비유를 쓰셨고, 맹자는 식물의 성장이나 농사일을 빗대어 설명했어요. 그런데 이런 비유는 아무래도 두 분의 인간관, 인성론, 거기에서 파생된 수양론과 무관해 보이지 않습니다.

순자__ 제대로 본 겁니다. 각자의 인간관에서 나왔습니다.

맹자는 외적 환경이 나쁘게만 작용되지 않으면 인간이 잘 성장할 수 있다고 보았습니다. 일단 땅에 뿌려진 씨앗은 해가 비추지 않거나 가물거나 이상 저온 현상이 있다거나 하지만 않으면 잘 성장합니다. 이런 식물처럼 인간도 특별히 나쁜 환경이 에워싸서 영향을 주지 않는 이상 어긋나는 일은 없다고 했지요. 맹자가 보기에 식물의 성장에 가장 중요한 요소는 외적 환경이 아니라 씨앗으로 대변되는 식물의 가능성입니다. 물론 식물의 성장에는 충분한 볕, 온도, 물 등도 중요한 요소이지만, 그는 씨앗으로 대변되는 식물의 가능성이 가장 중요하다고 합니다. 외부 환경보다 개체, 인간 각자의 가능성, 긍정적인 가능성이 중요하다고 보았지요.

저는 맹자와 생각이 다릅니다. 각 개체가 지닌 가능성보다는 외부 환경과 외부의 손길이 중요하다고 보았습니다. 저는 인간의 성장을 농사일이나 식물의 생장에 비유한 맹자와 달리, 장인이 나무를 다듬어 가구를 만들고 흙을 쳐대 옹기를 만드는 것에 비유했습니다. 장인에게 원목과 원자재가 있어야 가구나 옹기를 만들 수 있지만, 스승과 군주라 할 수 있는 장인의 손길이 없으면 절대 안 되지요. 반드시 장인의 노동과 손길이 있어야 합니다. 외부의 손길이 있어야 인간이 성장할 수 있습니다.

보령__ 식물의 생장에서 결정적인 건 어쨌거나 종자, 씨앗이고, 목재나 흙이 가구와 옹기가 되는 데 결정적인 건 어쨌거나 장인의 손길이지요.

그런데요, 선생님. 제조 공정이나 작업 과정을 통해 인간의 성장을 말하는 건 인간을 너무 수동적으로 보는 시각이 아닐까요? 백지설에서도 느꼈지만 인간을 수동적으로 보신다는 느낌이 들어요.

순자__ 수동적이라……. 부인하진 않겠습니다만 꼭 그렇게만 볼 게 아닙니다. 저는 군주와 스승의 적극적인 사회화와 교육을 주문한 것입니다. 지식인까지 포함해서 그들의 능동적인 노력을 강조한 것이지요. 또 천인지분에서 말한 것처럼 인간의 생산을 독려하기 위한 의미도 있습니다.

공인의 비유를 자주 든 이유는 인간이 적극적으로 만들고 제조하라는 데 있습니다. 자연환경을 그대로 두지 말고 손길을 가해 인간에게 필요한 것을 만들라는 말입니다. 또 인간 자신이란 내적 자연에도 스스로 적극적으로 손길을 가해 다시 만들고 바꾸라는 의미이기도 합니다. 생산의 독려, 노력과 실천의 독려를 위함이지요.

보령 공인, 작업 과정을 통한 비유, 이 부분은 역시 묵자와 비슷해 보이네요. 묵자의 영향인가요? 묵자는 원래 공인 집단의 수장이었던 걸로 압니다. 묵자는 그래서 자신의 주장을 펼칠 때 작업 과정으로 비유해 말할 때가 많았어요. 그는 줄자, 직각자, 컴퍼스 같은 측정 기구와 도구를 많이 언급했습니다. 그런 도구를 가지고 일해야 틀리지 않고 좋은 제품이 만들어지듯이, 세상을 다스릴 때에도 틀림이 없는 기준과 표준으로 다스리자고 했지요. 그들에겐 정확한 측정 기구와 도구와 같은 치국의 기준이 하느님의 뜻인 천지였고, 그 뜻을 담고 있는 법이었습니다. 선생님께는 뭐 그런 것 없나요? 똑같이 공인의 제작 과정을 비유로 든 부분이 많은데요?

순자 저에게는 예가 있습니다. 답을 알면서 물어본 것 같은데, 예가 답입니다. 공인이 틀림이 없는 측량 기구와 공구를 가지고 작업을 하듯, 저도 틀림없는 기준과 표준으로 사회를 다스리고 만들면 좋겠다고 보았습니다. 그것이 묵자에겐 천지이지만 저에게는 예와 예법이지요. 저는 제가 틀림없고 객관적인 가치 기준이라 생각하는 예를 통해 성인과 스승이 인간을 가르치고 사회를 교정해가기를 바랐습니다.

보령 그렇군요. 반면, 맹자가 식물의 성장으로 인간의 성장을 말한 것은, 성선, 즉 인간 안의 선한 가능성을 신뢰해서 그렇다고 볼 수 있겠네요.

순자 그렇지요. 맹자가 '조장助長'이란 것을 말했습니다. 송나라 어느 농부가 논에 심은 벼의 모가 빨리 자라지 않자 애가 탔습니다. 농부는 결국 모가 빨리 자라게 도와줘야겠다고 생각했지요. 논에 나가 모를 하나씩 잡아서 살짝 들어 올려 키를 높여주었습니다. 그러고선 저녁에 집에 돌아와 아들에게 자신이 한 일을 자랑했다고 합니다. 아들이 큰일 났다 싶어 황급히 논으로 날려 갔지만 이미 늦었습니다. 모가 모두 말라 죽고 말았습니다.

조장이란 그런 것입니다. 억지로 묘를 잡아당기는 어리석은 행위. 맹자는 조장하지 말라고 했습니다. 알아서 잘 자라도록 거들어주라고. 이것을 보면 맹자는 외부의 손길을 중시하지 않는 게 아니라, 아예 싫어한다는 느낌마저 듭니다. 인간에 가해지는 사회나 국가의 손길을 맹자는 조장이라고 생각할 수 있습니다. 성장에 도움이 되기는커녕 망치는 행위라고 말입니다.

보령 선생님, 전 예전에 〈고양이를 부탁해〉라는 성장 영화를 보면서 맹자를 떠올렸어요. 주인공이 친구가 준 생일 선물을 받았는데, 바로 아기 고양이였어요. 그때 선물을 준 친구가 그러더군요. "예쁘게 잘 키워"라고. 그 순간 저는 맹자가 생각났습니다. 자기 안에 담긴 바람직하고 선한 가능성을 예쁘게 잘 키우는 게 맹자가 말하는 인간의 성장이고 수양이라는…….

순자 맞습니다. 그는 잘 키우자. 저는 잘 만들자. 특히 인간과 사회를 잘 만들고 인간이 자신을 잘 제조하자. 이렇게 대조됩니다.

반, 미, 성, 고

보령 선생님. 야구에 '구세〈癖〉'라는 말이 있습니다. 일본 야구에 비롯된 말인데요, 한국에서도 널리 쓰이는 용어입니다. '버릇'이라는 의미인데요, 투수와 타자의 동작을 유심히 보면 버릇이 보입니다. 이런 투구 폼에서는 변화구, 저런 투구 폼에서는 직구. 버릇을 보면 그런 게 읽힌다고 해요.

맹자의 글과 주장에도 구세가 있어 보입니다. 전형적인 주장과 말하기 습관이랄까요? 그는 '반反'이란 말을 많이 했습니다. 반에는 '돌이켜보다'라는 뜻이 있는데, 맹자는 반을 말하면서 자신의 안을 들여다보라고 했어요. 성선설을 주장해서인지 반을 많이 쓴 것 같습니다.

그런데 선생님께는 아닐 '미未'라는 글자가 많이 등장합니다. 아직 배우지 못했다. 아직 갖추지 못했다. 이처럼 미가 들어가는 문장이 많이 보입니다. 그러고 보니 맹자는 반, 선생님께서는 미, 이렇게 대조되네요. 결국 맹자의 구세는 반, 선생님의 구세는 미인가요?

순자 아무래도 역시 저는 인간의 결핍에 주목하기 때문에, 아직 없다未有, 아직 갖추지 못했다未得, 이런 뜻을 가진 표현을 많이 쓰지 않았나 싶습니다. '아직'이라는 표현에서 보이듯 '아직은 아직'일 뿐이지요. 인간은 미성숙한, 아직 성숙하지 않은 존재입니다. 그럼 어떻게 해야겠습니까? 배워서 갖추고 채워 넣어 성숙해야지 않겠습니까? 미성숙한 사회 역시 마찬가지입니다.

미라는 단어를 참 많이도 썼네요. 미능未能(아직 능하지 않다), 미족未足(아직 족하지 않다), 미급未及(아직 미치지 못했다), 미지未至(아직 이르지 않았다)……. 인간과 사회가 미성숙한, 아직 부족한 상태에 그치면 안 되겠지요.

미라는 글자를 쓰면서 결핍을 지적하고 싶었습니다. 배우고 갖추고 채워넣어라 독려하고 싶었지요. 저를 성악설의 악이라는 글자보다는 미라는 글자로 기억해주셨으면 좋겠습니다. '순자는 인간을 아직 모르고 아직 부족하고 아직 미성숙한 존재로 보았다. 그리고 그는 거기서 그친 게 아니라 인간이 아직 모르고 부족하고 미성숙하니, 밖에서 열심히 배우고 공부하자고 주장했다.' 이렇게 주장한 사상가로요. 미에 밖을 뜻하는 '외外'를 덧붙여. 미와 외의 철학자로 보시면 더 좋고요.

보령__ 알겠습니다. 미와 외의 철학자라고 널리 알리겠습니다. 아직 그리고 밖에서.

순자__ 맹자가 말한 반, 이 말도 잘 지적했습니다. 내 안을 돌이켜보고 들여다보라는 뜻이지요. 그러면 착한 마음과 본성을 확인할 수 있으니까요. 인간 안에 사단이 있으니 내면을 잘 들여다보아서 그걸 잘 확인하고 자각해야겠지요. 맹자를 보면 항상 눈이 인간 내부로 향하고 있습니다. 전 인간 외부로 향하고 있지만…….

보령__ 그런데, 선생님께서도 '돌아본다'라는 뜻으로 반이라는 글자를 쓰시지 않았나요?

순자__ 네, 저도 썼습니다. 정치 공동체, 나라의 국정을 돌아보고, 살펴본다는 맥락으로 썼지요.

보령 두 분 텍스트에서 반이 어떻게 쓰였는지 제가 가져온 자료를 보여드릴게요.

1) 순자의 반

군주가 자신이 다스리는 나라가 강하고 견고해지며 안락해지기를 바란다면, 백성을 돌이켜 살펴보는 것보다 더 좋은 일이 없다. 신하가 따르고 백성이 통일되기를 바란다면 정치를 돌이켜 살펴보는 것보다 더 좋은 일이 없다.

故人主欲彊固安樂, 則莫若反之民; 欲附下一民, 則莫若反之政. 《순자》〈군도〉

2) 맹자의 반

스스로 돌이켜보아 내 자신이 옳다 생각되지 않으면 비록 하찮은 사람이라 할지라도 어찌 두렵지 않겠는가? 스스로 돌이켜보아 옳다면 비록 천만 명이라도 당당히 맞설 수 있다.

自反而不縮, 雖褐寬博, 吾不惴焉; 自反而縮, 雖千萬人, 吾往矣. 《맹자》〈공손추公孫丑〉상

벗에게 믿음을 얻는 방법이 있으니, 어버이를 섬겨 기쁘게 하지 못하면 벗에게 믿음을 받지 못할 것이다. 어버이를 기쁘게 하는 데는 방법이 있으니, 자신을 돌이켜보아 성실하지 못하면 어버이를 기쁘게 하지 못할 것이다.

信於友有道: 事親弗悅, 弗信於友矣; 悅親有道: 反身不誠, 不悅於親矣. 《맹자》〈이루離婁〉상

순자 정확히 가져오셨군요. 전 맹자와 다르게 내부가 아니라 외부, 정치 공동체 구성원과 국정 현황을 살펴본다는 맥락으로 반이라는 글자를 썼습니다.

보령　단순히 다른 게 아니라 대조적인 것 같아요. 선생님께서는 군주가 정치 공동체의 현실을 살핀다는 뜻으로 그 글자를 쓰셨다면, 맹자는 한 개인이 자신을 돌아본다는 의미로 썼습니다.

순자　저의 반은 외부를, 그의 반은 내부를 살핀다는 뜻. 그리고 저의 반은 군주가 정치 공동체를 살핀다는 의미로, 그의 반은 도덕 주체가 자신의 내면을 들여다본다는 의미로 쓰였습니다. 제가 군주의 입장에 가까이 있고 맹자는 개인이나 지식인의 입장에 서 있지요. 그런 각자의 특성이 그 글자에 드러나 있군요.

　우리 유학을 내성외왕의 학문이라고 합니다. 안으로는 성인이 되고 밖으로는 천하 경륜經綸을 목표로 하지요. 저는 외왕을 중시하고 맹자는 내성을 중시합니다. 맹자는 개인적 수양, 저는 통치에 방점을 찍었습니다. 반이라는 글자가 쓰인 맥락을 보니 맹자와 저의 입장과 개성이 잘 드러나는군요.

보령　선생님, '성誠'이라는 같은 글자도 다르게 쓰신 것 같습니다. '성실하다, 정성스럽다'라는 뜻의 이 글자의 쓰임도 두 분이 역시 대조적이네요. 맹자는 관념적, 정신적, 내부적, 개인적 의미로 썼다면, 선생님께서는 그렇게 쓰지 않았어요. 선생님의 성에는 실천적, 외부적, 정치적 의미가 있는 것 같아요.

순자　저는 성을 '수인'과 '행의行義'라는 두 측면에서 말합니다. 수인은 마음가짐과 연관되고, 행의는 몸가짐과 연관되지요. 더 알아볼까요?

　먼저 행의는 '의로움을 계속 일상에서 실천한다. 의로운 행위를 거듭한다'라는 뜻입니다. 관념적이거나 정신적인 말이 아닙니다. '예를 행하는 것'이고

'바른 몸가짐을 거듭하는 것'으로 눈에 보이는 행위이자 실천입니다.

수인은 '바람직한 마음가짐'인데 '오로지 인을 항상 지켜라'라는 뜻입니다. 그런데 수인은 행의와 짝을 이룹니다. 인간이 바람직한 규범을 실천하다 보면 바람직한 마음가짐의 상태에 늘 머물며 그 선함을 지킬 수 있지 않겠습니까? 최소한 나쁜 마음가짐이 밖으로 드러나지 못하게 자기 단속을 확실하게 하겠지요. 수인으로서의 성도 실천적 개념이라고 할 수 있습니다. 관념적인 게 아닙니다.

맹자의 성이 정신적인 것으로 자신 안으로 파고 들어가 내부의 선한 마음을 확인하고 그것에 밝아지는 것이라면, 저의 수인으로서의 성은 실천을 통해 인간을 바른 상태에 두도록 묶어두는 것입니다. 실천적인 의미가 강하고 또 성악설에서 파생될 수밖에 없는 인간 단속의 의미가 강하지요. 안 그래도 "성을 다하면 불상사는 없을 것"[151]이라고 했습니다.

이렇게 정리해보니 역시 대조적입니다.

참, 저는 성을 특히 정치사회적 의미로 많이 언급했습니다. 다스림을 펼치고 질서를 잡아야 할 주체, 정치적 의미의 군자가 지녀야 할 덕목으로 언급했지요. 이 역시 맹자의 성 개념과 구별되는 특색입니다.

성이란 글자도 이처럼 맹자와 제가 각자 다르다 못해 대조적으로 사용했습니다. 역시 우리 둘의 사상적, 철학적 입장 때문일 것입니다. '고孤'라는 말도 둘이 서로 아주 다르게 썼지요. 저는 〈군도〉 편에서 임금 이야기를 할 때 썼습니다. 일을 맡길 만한 신하나 재상이 없고 신하로 보낼 마땅할 인재가 없는 상황, 이렇게 정치적으로 고립된 상황에 놓인 군주를 일컬을 때 고라는 글자를 썼지요. 외톨이 군주라는 뜻입니다. 저는 정치적인 맥락으로 썼는데 맹자는 부모, 자식 등 연고자 없는 사람을 가리킬 때 그 글자를 썼습니다. 부모 없는 아이, 봉양할 자식 없는 부모 등…….

보령__ 그렇군요. 고라는 개념도 글자만 같지 맥락이 아주 다르네요. 두 분이 즐겨 쓰신 '반, 미, 성, 고'라는 글자를 통해 두 분의 사상적, 철학적 입장에 따라 이 글자들이 어떻게 다른 맥락으로 쓰였는지를 살펴보았습니다. 이제 두 분이 마음을 어떻게 보는지 궁금해지네요. 두 분 모두에게 중요한 철학적 주제이니까요.

순자__ 네, 마음에 대해 얘기해볼까요?

도덕 감정 대 인식주체

보령__ 선생님께서는 마음을 맹자와 다르게 보았습니다. 인간의 내면, 마음 안에서 승부를 내려고 하는 맹자는 마음 안에 선한 성이 내재되어 있다고 했어요. 마음이 성을 감싸 안고 있다. 마치 마음이란 상자 안에 내용물인 선한 인간 본성이 들어 있다는 듯 말했는데요, 마음이 선하기에 본성도 선하다고 한 맹자를 보면 마음과 본성을 아주 같은 것으로 보는 게 아닌가 싶습니다. 선생님께서는 마음, 그리고 마음과 성의 관계를 어떻게 보시나요?

순자__ 저는 마음을 성과 분리된 것이라고 봅니다. 맹자가 마음을 사단이라고 하여 도덕 감정과 도덕적 동기로 말을 했다면, 저는 어떤 인식의 기능을 하는 것 내지 인식 주체라 생각했습니다. 착한 마음을 전제한 맹자는 '사思'를 말했지요. 사는 '생각하다'라기보다는 '집중'이라는 뜻에 가까운데, 그는 사단이라는 인간의 마음에 '집중하라思'고 말했습니다. 인간 안에 도덕의식, 도덕 감정에 집중해서 그 감정과 의식과 동기에 충실하라고 말입니다. 맹자는 마음을 대체라고도 했는데, 사를 잘해서 인간의 마음이랄 수 있는 그 대체에 충실하면, 즉 마음을 잘 따라가면 인간이 대인, 바로 군자가 될 수 있다고 했습니다. 하지만 저는 마음을 사단이나 도덕 감정으로 이해하지 않았고 어떤 지知의 주체라고 보았습니다.

보령　지의 주체요? 무슨 뜻인가요?

순자　지는 어려운 게 아닙니다. 간단히 지적 능력이라고 보면 되겠습니다. 인식할 수 있고 계산할 수 있는 지적 능력이 있어 이를 발휘하는 게 인간의 마음이라는 뜻입니다. 마음이 '지知한다'는 말은 마음이 인지, 인식, 계산, 판단을 한다는 의미입니다. 저는 마음에 그런 기능과 능력이 있다는 것을 전제하고서 인간의 성장과 발전을 이야기합니다.

　우리는 외부의 것을 인식하고 그것을 내 안으로 받아들입니다. 받아들인 것을 나의 행동과 판단의 기준으로 삼지요. 그리고 다시 외부의 대상을 만날 때 그 기준으로 삼은 것을 통해 그것이 옳은지 그른지, 그것을 보고 일어난 내 마음과 행동이 옳은지 그른지 판단합니다. 받아들일지 말지, 행할지 말지 결정하지요.

　이렇게 마음은 인식, 판단, 계산 하는 존재입니다. 그래서 저는 마음 그 자체를 긍정하거나 밀고 나가야 한다고 말하지 않았습니다. 마음은 어디까지나 인식하고 판단하는 기능적 존재이니 그 자체에 도덕적 자원이나 원천이 있다고 저는 보질 않았지요. 하지만 인간의 성장과 학습을 위해 꼭 필요한 것이 마음입니다. 이것이 있어야 외부의 것을 인식하고 배우고 그걸 바탕으로 해서 다시 외부 대상과 만났을 때 제대로 판단할 수 있으니까요. 이처럼 마음의 지적 기능, 인식과 계산 주체로서의 마음을 전 인간의 성장과 발전에 전제하고 있습니다.

꼭 기억해야 할 점이, 저는 마음 그 자체를 도덕으로 보거나 윤리의 근원으로 보지 않았다는 것입니다. 마음을 수단으로 활용해서 인간이 착해질 수 있다고 보았을 뿐입니다.

보령__ 선생님은 마음이라는 것을 도덕의 원천이 아니고 기능적이고 수단적인 것으로 말씀하셨지만, 어쨌든 굉장히 중요한 것 아닌가요? 선생님 철학에서 차지하는 비중이 아주 커 보이는데요.

순자__ 그렇습니다. 단순한 수단이 아니고 결정적인 수단이지요. 그래서 전 마음을 '천군'이라 했습니다. '임금'이라는 뜻이지요. 인간 안에서 임금과 같은 위상을 지닌 기관이 바로 마음입니다. 인간 내부의 군주, 즉 천군은 제가 '천관'이라고 명명한 감각기관을 통제하고 그들이 가져온 정보를 종합해서 인지, 인식, 판단 하는 존재입니다. 천군인 마음을 통해 인간은 수양할 수 있습니다. 제가 이심치성이라고 했습니다. 심을 가지고 성을 다스린다, 즉 마음으로 본성을 다스린다는 뜻이지요. 공인이 원자재로 무엇을 제조하듯이 성 밖에 있는 심이 성을 만듭니다. 심을 통해 인지된 규범, 학문, 성인과 스승의 가르침을 뭉뚱그려 도라고 할 수 있는데, 심은 도를 받아들이고 도를 기준으로 인간의 성을 다스리고 교정하고 통제합니다.

예를 들어보지요. 배고플 때 음식을 보면 무작정 먹고 싶고, 탐나는 물건을 보면 손이 가는 것, 이것이 인간의 타고난 자연스러운 성입니다. 그러나 배고 파도 어른께 양보해야 한다는 것을 알게 되면 아무리 배가 고파도 먼저 먹지 않고 어른께 양보하게 됩니다. 타인의 물건에 손을 대어서는 안 된다는 것을 배워 알게 되면 탐나는 물건을 보아도 함부로 타인의 물건에 손을 대지 않습니다. 마음이 규범을 배워 인간의 자연스러운 성을 다스리고 통제하기 때문 이지요. 그러면서 인간은 사회화하고 성장합니다. 이는 바로 인식과 판단의 주체인 마음이 있기에 가능한 일입니다.

인식, 인지, 판단 주체로서의 마음은 외부의 것을 받아들이고 그것을 바탕 으로 저울질합니다. 해도 될까 안 될까? 이것보단 저것을 하는 게 바람직하지 않을까? 마음은 저울질하지요. 사람은 누구든 마음을 가지고 태어납니다. 모 두가 선천적으로 지적 능력을 갖추고 있습니다. 제가 〈해폐解蔽〉 편에서 마음 에 대해 이런 맥락으로 말했습니다. 인간 모두는 각자 마음의 지적 능력을 발 휘하여 배우고 기억할 수 있고 또 외부 대상을 변별할 수 있다. 즉, 마음이 있 기에 학습과 판단이 가능하다는 뜻이지요. 그렇습니다. 마음은 인간 내부에 서 인식하고 계산하고 판단하는 주체입니다. 기억하세요.

보령 ___ 외부로 열린 창으로서의 마음에 그리고 인간 밖의 대상에 선생님의 눈 이 향하고 있다는 생각이 들어요. 인지, 인식, 판단, 계산 모두 인간이 인간 밖 의 무엇인가와 만나야 가능한 일이니까요. 인지, 인식, 판단, 계산 모두 인간 마음이 할 수 있는 것이고 인간 마음의 타고난 지적 능력이라고 하셨는데, 가 장 중요한 건 인식과 기억 기능이 아닐까요? 그래야 바람직한 것을 배울 수 있으니까요.

순자 그렇습니다. 인식, 인지가 제일 중요합니다. 〈해폐〉 편에서 이런 맥락의 말도 했지요. 마음으로 도를 제대로 인식하지 않으면 안 된다. 마음으로 도를 제대로 인식하지 못하면 도를 받아들이지 못하고 또 도가 아닌 것, 즉 엉뚱한 것을 옳다고 받아들이게 될 것이다.

올바른 규범과 도를 배우는 것이 인간 성장의 시작이자 전제인데, 당연히 마음의 지 기능 중에 가장 중요한 것이 인지, 인식 기능이지요. 마음으로 도를 인식하는 것이 바로 '지도知道'입니다. 지도에서 시작합니다. 그 도가 올바르다고 생각되면 그것을 내 것으로 삼게 되는데, 이를 바로 '가도'라 합니다. 그다음 단계가 바로 '수도'입니다. 지키는 겁니다. 나의 도로 삼은 것을 항상 지키는 것이지요. 도를 일상에서 지키려 노력하는 자세입니다. 그럼 인간은 도가 아닌 행위를 하지 않게 되는데, 이것이 바로 '금비도禁非道'이지요. 마지막으로 '체도體道'가 있습니다. 사람이 마음으로 도를 인식하여 도에 밝게 되고 이러한 도를 실천하여 일상생활에서 끊임없이 행하게 되면, 도를 몸소 체현하는 사람으로 거듭나게 됩니다.

지도知道 → 가도可道 → 수도守道 → 금비도禁非道 → 체도體道

지도에서 시작해 체도까지 가야 하는데, 그 시작은 어디까지나 지도, 바로 인식의 단계입니다. 인식하고 일상에서 실천하여 마지막으로 도의 체현자, 사람이 도 그 자체가 되는 단계까지 가야 합니다.

보령 선생님, 지도, 가도, 수도, 비금도, 체도 각 단계에 대해 조금 더 이야기해주세요.

순자 지도는 도, 도덕, 규범, 예에 대해 인식하고 기억하고 학습하는 것을 말합니다.

가도는 도를 내 것으로 받아들여 내면의 실천윤리로 삼는 것입니다. 예를 들자면, 내가 밖에서 어떤 몸가짐과 마음가짐의 원칙을 배웠다고 합시다. '어른을 공경하고 약자를 살펴'는 가르침을 들었는데, 이것이 옳다고 생각해 내가 행동하는 기준으로 삼습니다. 이것이 바로 가도입니다.

수도는 도를 지키고 간직하는 것입니다. 앞서 말한 대로 일상에서 매사에 지키고 잃지 않으려고 노력하는 자세이지요.

금비도는 받아들인 도에 어긋나는 일을 하지 않기 위해 자신을 단속하는 것을 말합니다.

체도는 도의 체현자, 인간이 도 그 자체가 되는 경지를 말합니다. 지도에서 수양을 시작하는 인간은 체도를 목표로 삼아야 합니다.

보령 사람이 도가 될 때까지 노력해야 한다는 말씀 같네요.

순자 네, 그것이 목표여야지요. 그러기 위해선 시작 단계에서 제대로 기억하고 학습하는 것도 중요하지만, 끊임없이 자신을 단속하는 것이 제일 중요합니다. 〈권학〉편에서 이렇게 말했습니다.

> 눈으로는 옳지 않은 것을 보려고 생각지 않아야 하고, 귀로는 옳지 않은 것을 들으려 생각지 않아야 하며, 입으로는 옳지 않은 것을 말하려 생각지 말아야 하고, 마음으로는 옳지 않은 것을 생각하려 해선 안 된다.[152]

보령__ 방금 말씀하신 〈권학〉 편의 구절을 들으니 《논어》에서 공자가 말한 극기복례克己復禮가 생각나네요. 수제자 안연이 어짊에 대해 묻자 공자가 이기심을 버리고 예로 돌아가면 세상이 어짊으로 가득찰 것이라고 하면서, "예가 아니면 보지를 말고, 예가 아니면 듣지를 말며, 예가 아니면 말하지 말고, 예가 아니면 움직이지 마라"[153]라고 했다지요. 비례非禮면, 즉 예가 아니면 무엇이 되었든 하지 마라.

순자__ 《서경》에 이르기를, 자기만의 좋아하는 감정을 억누르고 오직 옛 성왕이 정하신 법을 따르며, 또 자기만의 싫어하는 감정을 나타내지 말고 반드시 옛 성왕의 법을 따르라고 했습니다. 군자라면 공의公義로써 개인적 감정과 욕구를 이겨낼 수 있어야지요. 그 공의가 담긴 구체적 규범이 바로 예 아니겠습니까? 자신을 단속해야지요. 예를 통해서.

보령__ 자기 단속과 검속, 조심스러운 몸가짐과 마음가짐으로 설명되는 수신, 실천, 인간 수양론. 이런 개념을 선생님 텍스트에서 참 많이 보았습니다. 그런 건 모두 도로 뭉뚱그려 말할 수 있는 예와, 규범과 문화 관습 같은 사회적 룰을 본인이 명확히 알고 자기 것으로 만든 후의 일 아닐까요? 그래서 사실 저는 선생님의 책을 보면 수양론보다는 인식론이 더 인상적입니다.

수양론은 공자와 맹자도 주장했지만, 인식론은 선생님께서 유가 가운데 처음으로 말씀하신 것이기도 하고요. 어쩌면 제자백가 사상가 가운데 선생님께서 처음으로 제대로 된 인식론을 제기한 것 아닙니까? 선생님의 인식론이 대단한 것은, 단순히 처음 이야기되었다는 점 때문만이 아니라, 중국 철학과 유학이 향후 정교한 이론 틀을 갖춘 철학 사상으로 발전할 것이라고 예고한 점 때문이기도 합니다. 그래서 그 의미가 크지요.*

순자 인식론은 저 이전에도 장자나 후기 묵가에서 이야기했어요. 그들도 그들 나름 충실히 이야기했기에 제가 처음으로 제대로 이야기했다고 말하는 건 어폐가 있습니다. 다만 제가 인식론을 중시한 건 사실입니다. 맹자는 마음을 도덕 감정과 도덕적 동기와 연결 지어 말했지만, 저는 지의 기능을 하는 기관이라고 특히 인식의 주체라고 말했지요. 그래서 제 인식론이 자연히 이론으로 잘 다듬어진 것이 아닌가 싶습니다.

제 철학에서 인식론은 정말 중요합니다. 그것이 저를 다른 사상가와 구별해주는 부분입니다. 저 순자의 철학에서 인식론이 중요한 이유는 간단합니다. 한 이야기를 반복해서 미안하지만, 외부로 열린 인간의 마음이 규범과 가르침, 법과 관습 등을 제대로 받아들여야 하지 않겠습니까? 그런데 인간 마음의 인식 기능이 제대로 작동하지 않으면 어떻겠습니까? 인간은 성장과 수양을 시작조차 못 할 것입니다. 그래서 저는 허虛—일壹—정靜이라는 것을 말했지요. 인간의 인식 기능을 제대로 발휘하기 위한 조언입니다. 수양론이기도 하지요.

보령 허—일—정은 저도 들어본 적 있어요. 허는 마음 비우기, 일은 마음 하나로 하기, 대략 정신 집중이나 정신 통일? 정은 마음 고요하게 차분하게 하기. 즉 마음을 비우고 집중하고 차분하게 하라는 뜻이 맞나요?

---

* 인식론만이 아니라 순자 철학 자체가 향후 유가 철학이 거대하면서도 치밀하고 밀도 높은 철학으로 성장할 것임을 보여주었다고 할 수 있다. 서양에는 칸트가 있고 동양에는 주희가 있다고 하는데, 순자가 없었으면 주희도 주자학(성리학)도 없었을 것이다.

순자 〈해폐〉 편에서 말한 대로 마음속에 기억한 것, 즉 '장藏'이 없을 수는 없습니다. 쓸데없는 것들까지 저장하기 마련인 게 인간의 마음이지요. 예전의 경험과 기억으로 인해 선입견과 편견이 생기기 마련입니다. 이 탓에 새로운 것을 제대로 인식해 받아들이기가 쉽지 않습니다. 그러나 마음은 비울 수 있는 것입니다. 또 비워야 합니다. 그러면 선입견이나 편견에 쇠되지 않고 새로운 것을 받아들일 수 있습니다. 그래서 허를 말한 겁니다. 선입견과 편견 제거가 바로 허이지요. 장에서 허로 가야 합니다.

보령 'Delete'네요. 인간 마음 안에 있는 쓸데없는 파일과 폴더를 휴지통으로 정리. 아니 아예 완전 삭제 'SHIFT+Delete'…….

순자 네, 지우는 것입니다. 깨끗하게. 그리고 일은 이러합니다. 제가 〈해폐〉 편에서 마음은 이리저리 갈리지 않는 적이 없다고 했습니다. 그 상태가 바로 '양兩'입니다. 마음이 두 개로 쪼개어지고 산만해지기 쉽다는 뜻이지요. 그러나 우리는 마음을 하나로 모아야지요. 집중해야 합니다. 또 그럴 수 있고요. 그것이 바로 일입니다. 마음 하나로 하기이지요. 양에서 일로 가야 합니다.

마지막으로 정은 마음을 차분하게 하는 것입니다. 마음은 항상 '동動'하기 마련이지만, 고요하게 할 수 있고 또 그렇게 해야 합니다. 그것이 바로 정이지요. 동에서 정으로 가야지요.

쓸데없는 것들을 마음에 저장藏하고, 마음이 산만해 갈라지고兩, 사방팔방 움직이기動 쉬운 인간의 마음을 허—일—정 해야지요. 장에서 허로, 양에서 일로, 동에서 정으로. 그러면 인간 외부에 있는 도를 제대로 인식할 수 있습니다.

보령　그리고 난 다음에는 마음을 통해 받아들인 도를 통해 매사에 응해야 한다는 말씀인가요?

순자　그렇습니다. 도를 기준으로 매사에 응해야지요. 매사에 도를 기준으로 제대로 판단해야 합니다. 도라는 것은 사회규범이자 예라 할 수 있습니다. 예에 맞으면 하고 맞지 않으면 하지 않고, 그러면 개인이 선한 인간이 되고 사회화할 수 있습니다. 이런 사람이 많아지면 사회가 안정할 수 있겠지요.

　그러기 위해선 바로 앞서 언급한 대로 명확한 인식이 있어야 합니다. 시발점이 명확한 인식입니다. 왜 제가 허―일―정을 말했겠습니까? 쉽게 비유로 설명하자면, 그것은 창을 닦고 안경알을 닦는 일입니다. 그래야 밖의 사물을 제대로 볼 수 있지 않겠습니까?

　저에게 인식론은 수양론이기도 합니다. 제대로 된 가치판단 기준이 없으면 인간은 수양할 수 없겠지요. 도를 제대로 인식하지 못하는데 무엇을 기준으로 수양하겠습니까? 그러면 그 개인은 혼란에 빠집니다. 나아가 내적으로 혼란한 사람이 많아지면 결국에는 사회 전체에 혼란이 야기됩니다. 앞 유리와 좌우 백미러가 탁한 차를 도로에 끌고 나오는 사람이 많다고 생각해봐요. 운전자 개인만 다치는 게 아니라 도로 전체가 아비규환이 될 것입니다.

보령　그래서 마음을 맑은 물과 거울처럼 만들어야 한다고 하셨군요.

순자　그래야 사물을 제대로 보고 비출 수 있지 않겠습니까? 이것이 전제되어야지요. 마음의 인식능력 이른바 지, 이것을 제대로 쓸 수 있게 항상 준비해야 합니다.

보령__ 선생님의 텍스트를 읽으면서 느낀 게 있습니다. 마음의 인식능력을 제대로 발휘하기 위해서만 허—일—정을 이야기하신 것 같지 않아요. 허라면 몰라도 일과 정은 인식 외의 다른 상황에서도 견지해야 할 자세로 말씀하시지 않았나요?

순자__ 잘 읽었군요. 마음은 인식만 하는 것이 아니라 판단하고 계산하는 일도 합니다. 이 역시 마음이 지하는 것, 지적 능력을 발휘하는 것이지요. 사려하고 선택하고 저울질하고 취사선택하는 게 마음의 기능 아닙니까? 앞서 말했지만 그러한 주체 역시 마음입니다. 그러니 마음의 기능이 제대로 발휘되기 위해서도 허—일—정이 필요합니다.

보령__ 저울로서의 마음.

순자__ 가치판단 기준으로서의 도, 규범, 예를 습득했다면, 이것을 가지고 제대로 판단하고 선택해야요. 인식 못지않게 판단과 계산도 제대로 해야 합니다. 도에 맞는지 안 맞는지, 예에 해당하는지 아닌지 저울질하는 것도 마음이 하는 일이에요. 그래서 전 저울을 뜻하는 글자 '권權'으로 마음을 말하기도 했습니다. 제대로 저울질하려면 마음을 차분히 하고 집중해야 합니다. 마음에 잡생각이 들지 않게 해야요. 그래야 정확한 저울처럼 경중을 제대로 헤아릴 수 있습니다.

　허—일—정은 인식이란 기능을 수행할 때만 유지해야 할 마음의 상태가 아닙니다. 마음이 온전히 기능하기 위해서 항상 유지해야 할 마음의 상태이지요. 마음의 지적 능력을 늘 제대로 또 온전히 발휘하기 위해서, 인식과 계산, 판단 등 전 기능의 발휘를 위해서 항상 그 상태를 유지해야 합니다.

보령　항상 허—일—정을 지향해야겠네요.

순자　인식할 때도 판단, 계산할 때도 모두 마음의 기능을 제대로 쓸 수 있게 그런 마음 상태를 유지해야지요.

내적 선의지 대 외재적 기준

보령　맹자는 인간 안의 긍정적인 것에 대한 집착이 강하다면, 선생님께서는 객관적인 외적 기준에 대한 집착이 강해 보입니다. 〈성상〉 편에서 시로 나라 다스리는 방법에 대해 논할 때 이렇게 노래하셨어요.

군주의 법도가 분명해서
언론에 일정한 법도가 있어야 하네.
그러면 표준과 규범이 마련되어
백성도 방향을 올바로 알게 될 걸세.
나아가고 물러남에 규칙이 있게 되어
아무나 멋대로 귀해지거나 천해질 수가 없게 된다면
누가 사사로이 임금에게 아첨하려 하겠는가.[154]

군주의 법도에 비뚤어진 것이 있다면
그런 것은 금하여 결코 시행하지 않도록 해야 하네.

그러면 임금의 교화를 기뻐하지 않는 이 없게 되어

군주의 명성 흔들리지 않을 걸세.

교화를 잘 닦는 사람은 영화롭게 되고

거기로부터 이반하는 자는 욕을 보게 된다면

누가 다른 사람을 스승으로 모시겠는가.[155]

위정자는 헤아림의 기준, 계산의 기준을 잘 세워야 한다. 그래야 백성도 명확히 판단할 기준이 생긴다. 대략 이런 말씀 같은데요, 아무튼 선생님께서는 기준을 정말 많이 강조하셨어요.

순자__ 제가 기준에 강하게 집착한 건 사실입니다. 사회 구성원을 가르칠 기준, 사람들이 따라야 할 기준은 분명하고 틀림없어야 합니다. 예를 들어 설명해보겠습니다. 강이 있다고 칩시다. 그렇다면 물을 건너다니는 사람들을 위해 물 깊이를 알리는 표지를 세워 사람들이 물에 빠지지 않도록 해야지요. 사회를 다스리는 사람은 사회 구성원이 따르는 기준이 될 만한 것을 세워, 사람들이 실수하지 않도록 해야 합니다. 그러지 않으면 사회 구성원이 화를 입겠지요. 제가 내세우는 예라는 것은 강가에 세워놓은 표지라 할 수 있습니다. 사람들이 물에 빠지지 않게 하는 것과 같지요. 그렇기에 훌륭하신 군주들이 예를 만들어 천하를 다스리는 기준과 표지로 삼았습니다.

성인은 예로써 표준, 기준, 표지를 세웁니다. 그리고 보통 사람들은 그것을 잘 배워서 일상에서 판단하고 움직여야 합니다. 저는 사람들이 그 기준을 잘 받아들여 살 것이라고 낙관합니다. 사람들 스스로도 삶이 편안해지는 길이니까요.

보령　역시 인간의 계산하는 이성을 신뢰하시는군요.

순자　올바른 도란 기준입니다. 올바르게 헤아리도록, 틀림없이 헤아리도록 해주는. 도를 떠나서 자기 마음대로 판단하고 계산하면 화를 피할 수 없고 복을 맞이할 수 없습니다. 손해만 봅니다. 이득을 챙기지 못합니다. 예의를 배워 계산하고 판단하고 행동하면, 편안하고 지속 가능한 욕망을 누려 복을 얻을 수 있습니다. 계산 잘하고 판단 잘해야 합니다. 또 전 사람들이 그렇게 할 것이라 생각합니다.

보령　중요한 것은 역시 기준이라는 말씀이지요?

순자　네. 특히 사회가 공인하는 공식 규범이 기준이 되어야 합니다. 그것을 잘 배우고 그것을 기준으로 행해야 합니다.

보령　반복되는 질문이지만, 맹자의 기준은 인간 내부의 선의지이고요?

순자　맹자는 개인의 선의지, 선한 동기를 중시했고 거기에 집착했습니다. 그러나 착한 심성과 행동은 어디까지나 외적 형식과 규범을 잘 배우고 수행하고 실천을 때 결과적으로 만들어지고 생기는 것입니다. 맹자의 말처럼 선험적으로 인간 안에 내재된 것이 아닙니다. 특히 사회의 안정과 다스림이란 영역에서는 맹자의 주관적이고 관념적인 수양론과 윤리학은 위험하다고 봅니다. 각자가 생각하는 올바름과 도덕이 모두 다를 수 있습니다. 그런데 그것을 각자가 고집한다면 어떻게 되겠습니까? 실로 아찔합니다.

보령__ 그래서 선생님의 입장을 따르는 유학자들이 《예기》를 만든 게 아닌가 싶습니다. 국가, 사회, 가정 등 많은 영역을 모두 포괄하는 예의 전집. 그 책을 보면 굉장히 세밀하게 기술되어 있는데요, 이때는 이렇게, 저때는 저렇게, 그곳에서는 그렇게……. 예라는 규범과 관습을 철저히 문자화, 성문화했다는 점에서 정말 탁월한 것 같습니다.

순자__ 당연합니다. 활자로 확인이 되어야 공식적인 국가 규범, 사회규범으로 통용될 수 있지 않겠습니까? 더구나 성문화한 법전이 전국시대 중기부터 중국의 여러 나라를 이끄는 상황이었습니다. 그런데 예를 성문화하지 않는다면 유학의 설 자리가 없었을 테지요.

보령__ 특히 통치자 입장에선 규범이나 규정이 법전처럼 성문화해 있으면 정말 편하겠지요?

순자__ 물론입니다. 그래야 사회에 쉽게 질서를 부여해 나라를 이끌어갈 수 있지 않겠습니까?

　이렇게 저는 맹자와 달리 국가와 사회가 인정하는 공식 규범을 중시했습니다. 그것을 배우고 준수하라고 거듭 강조했지요.

2라운드

지성과 양성 대 치성과 화성

보령　이제 수양론에 대해 깊게 이야기해봐야 할 것 같아요. 맹자는 인간 본래의 착한 성을 자각해야 한다는 '지성'과 키워야 한다는 '양성'을 말했습니다. 반면 선생님께서는 성을 다스리자는 '치성治性' 그리고 바꾸자는 '화성化性'을 말씀하셨습니다. 지성이냐 치성이냐, 양성이냐 화성이냐, 이렇게 갈리네요.

순자　인간의 성은 깨닫거나 알고 키워야 할 것이 아닙니다. 철저히 다스리고 바꿔야 할 것이지요. 그 중심 주체가 바로 마음입니다. 그래서 제가 이심치성을 말했다 했습니다. 심이 성을 바꿔야 합니다.

보령　앞서 이심치성을 말씀하셨는데, 자세히 여쭙지 못했네요. 이심치성이란 게 뭔가요?

순자　앞서 제가 마음의 주된 기능이 뭐라고 했지요?

보령　인식하고 계산하고…… 외부의 것을 인식하고 그걸 기준으로 내 안에 받아들이고, 수용한 그 기준을 통해 계산하고 분별하고 판단하는……?

순자　맞습니다. 인간에게 그런 마음이 있는데, 그 마음으로 인간의 성을 다스리자는 것이 이심치성입니다.

보령___ 부정적인 인간의 성을 마음으로 다스리자는 말씀인가요?

순자___ 음, 큰 틀에서 설명하겠습니다. 앞서 했던 이야기도 좀 정리하면서, 보령 학생이 확실하게 이해하고 기억하도록 조금 늘려서 반복해보지요.

자, 자연 상태에서 인간을 그대로 내버려두면 무작정 욕구를 채우려 달려들고 그러면 무질서와 혼란이 일어납니다. 인간의 성은 그 자체로선 가치중립적입니다. 또 외부의 작용을 받아들여 좋은 방향으로 변할 수 있는 가능성도 있습니다. 그 자체로 나쁜 건 절대 아니지만, 내버려두면 필연적으로 혼란과 무질서가 초래됩니다. 이것을 두고 사람들이 순자의 성악설이라고 합니다. 사람들이 제대로 이해한다고는 생각지 않으나, 아무튼 인간의 모습과 지배적 경향은 악하기 마련이므로 결과적으로 인간의 자연스러운 원래의 성이 악하다고 봐도 무리는 아닙니다.

그러면 인간이 어떻게 착하게 살 수 있느냐? 인간에게 바로 마음이란 것도 있기 때문입니다. 마음이 밖의 가치 기준과 사회규범을 인식해서, 즉 배워서 수용하지요. 그리고 자신을 다스리고 통제하고 단속합니다. 받아들인 것으로 스스로 끊임없이 저울질하고 판단하지요. 인식 주체이자 판단 주체인 마음이 있기에 인간은 감정과 욕구를 무작정 드러내지 않고 추구하지 않습니다.

그런데 인간의 감정과 욕구가 무엇입니까? 그것이 바로 인간의 성이지요. 마음이 성을 다스립니다. 그래서 착해지고 사회화할 수 있습니다. 군주가 자연 상태의 인간을 교육하고 사회화하여 다스리듯, '천군' 즉 인간 안의 군주인 인간의 마음이 자연 상태에 가까운 자신의 성을 다스려야지요. 이것이 바로 바로 이심치성입니다. 마음이 예로써 욕구와 감정을 조절합니다. 견물생심見物生心이라고 외부의 사물을 보고 감정과 욕구가 일더라도, 예를 기준으로 저울질해서 예에 맞으면 추구하고 맞지 않으면 추구하지 않도록 제어합니다. 여기에서 사회의 안정이 시작됩니다.

보령_ 인식하고 저울질하는 마음이 있고, 그 마음이 인간의 성을 다스리고, 그래서 인간이 착해질 수 있으며, 그 인간이 모인 사회에 질서가 담보될 수 있다. 맞나요?

순자_ 맞습니다. 마음이 제대로 기능을 발휘하면 무절제하게 욕망과 감정에 끌려가던 인간의 성이 변할 수 있습니다. 절제하고 절도에 맞게 감정과 욕망을 조절하도록 인간의 지배적 성향과 의식을 변화할 수 있지요. 이것을 '화성기위'라고 합니다. 위를 즉 인간의 실천을, '기起' 즉 일으켜서, '화성化性' 성을 변화시킨다는 말이지요. 인간의 실천을 일으켜서 성을 다스리고 또 바꿔야 합니다. 욕망과 감정을 규범 안에서 추구해야 합니다. 마음이 있기에 그럴 수 있습니다. 다스리며 바꿔야 할 대상은 바로 인간의 성입니다.

보령_ 그런데 맹자는 지성과 양성을 말했습니다. 맹자에게 무한 긍정의 대상인 성을 확인하고 깨달아 다하고 기르자고 했습니다. 맹자가 말했지요.

마음을 다하면 사람은 타고난 본성을 안다. 본성을 알면 하늘을 안다.[156]

진심 즉 마음을 다하면, 지성 즉 성을 안다고 했는데요, 지성의 지知가 깨닫는다는 뜻인 것 같기도 하고 키운다는 뜻 같기도 하네요. 아무튼 맹자는 지성하면 '지천知天'한다고 했어요. 성을 깨달으면 공자가 말한 '지천명'의 경지에

- 488 -

도달할 수 있다고요. 이런 부분이 선생님과 많이 다릅니다.

순자　인간의 성은 그대로 두면 부정적인 모습을 보이기 마련이며 무질서와 혼란의 원인이 됩니다. 그러니 철저히 변화시켜야 할 대상일 뿐입니다. 화성기위. 위라는 인간의 직위, 실천적 노력을 통해 성을 바꾸어야 합니다. 이것이 인간이 나아갈 길입니다.

보령　화성기위에 대해 좀 더 말씀해주세요.

순자　화성기위는 매우 중요한 개념이니 자세하게 설명해보겠습니다. 화성기위에서 중요한 것은 위입니다. 위에 대해서는 앞서 많이 말했지만 다시 한 번 설명해보지요. 위僞라는 글자는 사람 '인人'에 하다 '위爲'를 더한 글자로 제가 재창조한 것이라 할 수 있습니다. 제가 글자에 새로운 뜻과 개념을 불어넣었습니다. 기존에는 이 글자가 '위장하다', '속이다'라는 뜻으로 쓰였는데, 제가 인간의 의식적인 노력과 실천이란 뜻으로 바꿔버렸지요. '人'+'爲'에서 직관적으로 보이듯이 '인간의 실천'을 말합니다. 인의 위입니다. 이러한 위僞를 '일으켜起' 즉 인간 스스로의 실천과 노력을 일으켜, 성을 '바꿔가자化'는 것이 바로 화성기위입니다.

　자, 그런데 이 위라는 것을 그냥 단순히 인간의 실천과 노력으로 봐서는 안 되고 세분화해서 봐야 합니다.

　먼저 위는 '성인의 위', 성인의 실천과 노력을 말합니다. 성인의 위가 무엇이겠습니까? 자신의 지혜로 예와 규범 등을 만들어내는 것입니다. 그다음 자신이 위해서 만든 것으로 사람들을 교육하고 사회화하여 사람들의 성을 변화시키는 것도 위입니다. 성인의 위에는 이 두 가지가 있습니다.

그리고 '보통 사람의 위'가 있습니다. 성인이 아닌 보통 사람은 성인이 위해서 만든 예를 받아들여 자신의 성을 스스로 변화시켜야 합니다. 그러한 보통 사람의 행위와 노력도 위이지요. 성을 변화시키는 데 특히 중요한 것은 일상과 현장에서의 노력입니다. 일상에서 의식이 움직이고 살아 있을 때 예로서 판단해 예에 부합하면 실천하고 아니면 하지 말아야지요. 이러한 위를 통해 성을 바람직하게 바꿀 수 있습니다.

마지막 위입니다. 인간이 위를 지속적으로 한다고 칩시다. 예를 지속적으로 배우고 실천하고 예를 지키며 예대로 산다고. 그럼 사람이 위에 능숙해지고 익숙해지지 않겠습니까? 예가 편안해지고 자연스럽게 예에 맞게 행동하게 됩니다. 위에 숙련된 사람이 자연스럽게 예에 맞게 행위하거나 예를 실천하는 것, 이것도 위입니다. '숙달된 조교의 시범'을 떠올리시면 될 듯싶습니다. 조교는 쉽고도 완벽하게 동작을 시범하지요. 아니면 장시간 훈련한 스포츠 선수가 조건반사적으로 어려운 동작을 능숙하게 또 완벽하게 하는 것을 떠올려도 좋습니다. 이것이 위의 마지막 의미입니다.

보령 총 네 가지네요. 첫째, 성인이 자신의 지혜로 예와 규범을 만드는 행위와 노력. 둘째, 성인이 자신이 위해서 만든 예로 사람들을 가르치고 교화하는 행위. 셋째, 보통 사람이 성인이 만들어 가르친 예를 배우고 그 예를 기준으로 일상에서 실천하고 자신을 다잡는 행위. 마지막으로 지속적으로 위를 하다 보니 저절로 또 자연스럽게 나오게 되는 인간의 바람직한 행동. 맞나요?

순자 네. 그렇게 네 뜻의 위가 있습니다. 그런 위로써 성을 고치고 바꿔야 합니다. 이것을 화성기위라 하지요.

　맹자는 성을 긍정하고 확인하고 잘 키우자고 했다면 저는 잘 바꾸자는 것입니다. 성인이 만든 예법을 기준으로 해서요.

보령　선생님 그런데요, 마지막 넷째 위는 좀 나른 섯 같아요. 다른 위와는 다르게 예의 실천과 실행을 통해 기존 인간의 성을 어느 정도 바꿔놓은 상태에서의 위인 것 같아요. 이 위는 성을 고쳐나가기 위한 것이 아니라, 성이 바뀐 상태에서 나오는 또는 바뀐 상태이기 때문에 나오는 위가 아닌가요?

순자　그렇습니다. 사실 전 인간의 성이 완전히 바뀔 수 있다고 보았습니다. 도자기가 완성되면 흙으로 돌아가지 않고 가구가 완성되면 목재로 돌아가지 않듯이, 부단한 실천과 노력을 통해 인간의 성이 완전히 변해서 바뀔 수 있다고 보았지요. 물론 그러기 위해선 엄청난 노력이 요구됩니다. 끊임없이 노력해서 성을 바꿔야지요. 다시 안 바뀌게.

보령　인간의 성을 단순히 다스리자, 바꿔야 한다가 아니라, 더 나아가 완전히 바꿔야 하고 또 완전히 바꿀 수 있다고 보신 거네요?

순자　장인이 원석을 깎아 구슬을 만들고 돌을 깎아 비석을 만들 듯, 자연 상태의 인간을 군주가 변화시키고 아무것도 모르는 학생을 스승이 변화시킵니다. 또한 인간 스스로 노력해서 자연 상태에 가까웠던 자기 자신을 변화시킵니다. 그럼 옛날처럼 거칠고 무절제하게 감정과 욕망을 추구하던 시절의 자신으로 돌아가지 않습니다. 성이 변했기 때문입니다.

보령 인간의 성이 다시 옛날로 돌아가지 않는군요.

순자 잘 다듬어진 옥과 구슬이 원석으로 변할 일이 있겠습니까? 가구가 목재로 변할 일도 없고요. 제가 앞서 인간의 성은 백지라고 했습니다. 백지에 훌륭한 답안을 썼는데 다시 백지로 돌아가겠습니까? 다만 거저 되는 것은 아닙니다. 시험 치기 전에 열심히 공부해야 백지에 훌륭한 답을 적을 수 있듯 노력해야 합니다.

보령 사실 선생님께서 인간에 대해 긍정하시는 모습을 텍스트에서도 많이 볼 수 있어요. 이렇게 자신의 성을 잘 다듬어 만들면 다시 예전의 거친 시절로 돌아가지 않는다는 말씀도 그런 모습 같습니다.

그런데요, 그렇게 자신하시는 이유를 여쭈어봐도 될까요? 잘 배워 거듭 실천해서 자기 것으로 만들면 사람이 변하고, 그렇게 변한 사람은 그 상태를 계속 유지한다⋯⋯?

순자 끊임없이 예를 공부하고 실천하면 인간의 성이 변할 수 있습니다. 계속 노력하면 되지요. 하지만 그런 실천과 노력만으로 인간의 성이 변한다고 말하진 않았습니다. 사실 욕망과 만족 때문에 인간의 성이 변할 수 있다고 보았지요. 텍스트에서 계속 그렇게 이야기했습니다.

앞서 욕망의 충족을 말하면서, 예는 그것을 위한 것이라고 했지요? 예법은 욕망을 충족합니다. 만족을 줍니다. 게다가 인간이 안정된 토대 위에서 지속적으로 만족을 누리도록 해줍니다. 그렇기에 예를 만나 그것을 수용하고 수용을 통해 얻는 만족을 누리면, 인간은 예에 애정을 느끼게 되어 예를 완전히 자기 것으로 삼을 겁니다. 저는 그렇게 보았습니다.

막 아무렇게나 자연 상태의 모습 그대로 살면서 욕망을 무지하게 추구하면 혼란과 무질서가 생겨나지요. 욕망을 추구하겠지만 충족할 수 없어 삶이 위협받습니다. 하지만 예를 통해 적당히, 질서 있게 욕망을 추구하면 안정된 토대에서 지속적으로 욕망을 충족할 수 있지요. 단순한 생존만이 아니라 지속적인 욕망 충족이 가능합니다.

그렇기에 저는 낙관합니다. 예법은 욕망을 위한 것이자 안정적으로 충족하기 위한 것이기에, 개인도 사회도 예를 잘 수용해 자기 것으로 만들 것이다. 이렇게 보았습니다. 그래서 성을 변화시킬 것이라고.

보령_ 욕망과 만족으로 예법의 수용과 인간 성의 변화를 말씀하셨는데요, 비유나 예를 들어 설명해주세요. 제가 잘 이해하지 못해서요.

순자_ 그럴까요? 사람이 쇠고기, 돼지고기, 쌀, 기장 같은 것은 보지도 못하고, 오직 콩, 콩잎, 술지게미, 겨 같은 것만을 먹고 살아왔다면, 이것들만 매일 먹어도 만족하겠지요? 하지만 어느 날 누군가 쇠고기, 돼지고기, 쌀, 기장을 가지고 와서 같이 먹자고 했습니다. 그래서 먹었지요. 입에 달고 소화도 잘됩니다. 참 맛있었지요. 그래서 매일 그것들을 먹었습니다. 그렇게 되면 그가 쇠고기와 쌀을 버려두고 다시 옛날처럼 먹으려고 할까요?

유가적 예법은 쇠고기, 쌀밥, 돼지고기 같은 것입니다. 사람이 유가적 예법을 배우거나 사회가 유가적 예법을 도입하는 것은, 겨, 콩, 콩잎, 술지게미만 먹고 사는 사람들이 쇠고기, 돼지고기, 쌀, 기장을 먹는 것과 같은 이치이지요. 그 상태가 되면 옛날엔 먹던 술지게미나 겨 같은 것은 먹기는커녕 쳐다보지도 않을 것입니다.

보령 선생님, 그럼 콩, 콩잎, 술지게미 같은 것들이나 먹고 살면서 연명하는 게 유가적 예법을 받아들이기 전 인간과 사회의 모습인가요?

순자 그렇습니다. 자, 그런데요, 제가 결핍된 인간의 모습을 강조했지만 완전한 의미에서 결핍된 인간 특히 결핍된 사회는 현실에 존재할 수 없습니다. 인간은 군집 생활을 하게 마련입니다. 집단이 생기게 되지요. 또한 무엇이 되었든 집단의 문화, 규범 등도 생깁니다. 그러나 규범과 문화가 있다고 해도 인간의 욕망이 안정된 토대 위에서 충족되어 인간이 조화롭게 살 수 있는 건 아닙니다. 즉 집단을 이룬 사람들을 어떻게든 살아가게 해준다고 해도 이게 다가 아니라는 말입니다. 특정 사회에 생긴 특정 문화와 규범을 통해 어찌어찌 사회가 유지된다고 해도, 그 문화와 규범은 우리 유가적 예법만은 못하다고 저는 생각합니다. 어떤 사회의 어떤 규범이든지 말입니다.

보령 선생님 텍스트에는 이 나라는 이 나라대로, 저 나라는 저 나라대로, 이 지역은 이 지역대로, 저 지역은 저 지역대로 습속, 관습, 문화를 갖추어 살기 마련이라고 나옵니다. 실제 여러 곳을 다니시면서 그런 모습을 보신 건가요?

순자 현실적으로 지역의 특징적인 관습과 규범이 없을 리 있겠습니까? 모든 사회와 국가는 저 나름의 관습과 규범이 있지요. 다만 유가적 예법만 못할 뿐입니다. 거친 곡식만 먹고 사는 것이 쌀밥에 쇠고기 먹는 것보다 못하듯이 말입니다. 실제 중국 여러 나라에는 각자 상이한 풍속과 규범이 있었습니다. 저는 그것들이 모두 유가적 예법만 못하다고 보았지요. 통일 제국이 등장해 유가적 예법으로 온 천하를 다스리길 바랐습니다.

보령_ 먼 거리를 출퇴근할 때 걸을 수는 없으니 버스를 타기도 하고 용달차를 운전하기도 하는 사람이, 고급 승용차로 출퇴근하면 좋아할 것 같네요.

순자_ 그렇겠지요. 예를 접해보면 그것이 기존의 규범과 문화 관습보다 훨씬 큰 만족감을 준다는 것을 알게 될 것입니다. 그래서 개인이든 사회든 우리 유가적 예법을 배우기만 하면 자기 것으로 삼을 것이라 생각했지요. 고급 승용차를 계속해서 타고 다닐 수 있는데, 누가 그걸 버리고 버스와 용달차를 타고 다니겠습니까? 유가적 예법은 예전의 문화나 규범과 비교해 훨씬 큰 만족감을 주고 욕망을 더 많이 더 안정되게 충족하게 해줍니다. 인간은 욕망을 추구하는 존재입니다.

아, 앞서 마음에 대해 이야기할 때, 마음은 인식 기능 외에도 판단하고 저울질하는 기능이 있다고 하지 않았습니까? A라는 규범이 있고 B라는 규범, C라는 규범, D라는 규범이 있다고 칩시다. 아니면 1번 문화, 2번 문화, 3번 문화, 4번 문화가 옵션으로 주어졌다고 칩시다. 다른 무엇보다 마음이 잘 알아요, 어떤 선택지가 나에게 만족을 주는지를. 그 옵션을 모두 경험하지 않았다면 모를까……. 이런 게 인간의 마음입니다.

보령_ 잘 안다는 것은 제대로 선택할 수 있다는 뜻인가요?

순자_ 그렇습니다. 마음은 잘 고를 수 있습니다. 그런 마음이 있기에 인간은 좋은 선택지를 고르고 그것을 자신의 것으로 삼을 수 있지요. 물론 계산 능력, 계산적 이성의 발휘 능력은 사람마다 차이가 있습니다. 그러나 모든 인간의 마음 안에는 사려하고 판단할 수 있는 계산적 이성이 분명 있습니다.

보령　마음의 계산적 이성이란 게 욕망 추구와 긴밀히 연관된 것처럼 보여요. 여러 개 놓인 선택지와 옵션 가운데 자신의 욕망을 가장 안정되고 지속적으로 충족해줄 수 있는 것을 고르니까요. 이런 게 도덕적 감정, 이성, 윤리적 동기로 설명되는 맹자의 마음과 대조되는 선생님의 마음인가요?

순자　잘 보셨습니다. 마음의 주된 기능이 계산하는 겁니다. 이 계산적 이성으로 설명되는 마음은 욕망 추구, 욕구 충족과 상관없는 게 아니지요. 쉽게 말하자면, 계산적 이성으로서의 마음은 일종의 '꾀'입니다. 욕망과 욕구를 더 안정적으로 추구하기 위한 꾀.

　예를 들어보겠습니다. 두 사람이 있는데 매일 닭 한 마리가 주어진다고 칩시다. 닭을 독차지하려고 매일 둘이 치고 박고 싸웁니다. 싸움이 끝나고 난 후 승자가 그 닭 한 마리를 가져갑니다. 이빨 몇 개 부러지고 갈비뼈 금 간 상태에서 닭을 뜯습니다. 왠지 먹으면서도 씁쓸하고 상처의 통증 탓에 아프기도 합니다. 내일 또 싸워야 한다는 생각에 걱정도 됩니다. 그때 꾀를 냅니다. 둘이 사이좋게 합의를 하기로. 오늘은 나, 내일은 너, 이렇게 교대로 가지든가 아니면 반 마리씩 나누든가. 그럼 다치지 않고 매일 먹을 수 있지요.

　무엇을 먹는다는 건 식욕 때문입니다. 식욕은 기본적인 욕구입니다. 이 욕구를 충족하려다 보니 꾀가 생깁니다. 그런데 그 꾀에서 합의된 규범이나 원칙이 나오지요. 그 꾀가 더 발달하면 지혜가 되는데, 이런 면에 특히 잘 발달된 사람이 성인입니다. 성인은 지혜를 통해 많은 사람이 안정적으로 추구할 수 있는 예를 만들지요.

보통 사람들에게는 성인처럼 예를 만들고 상황에 맞게 수정할 만큼의 지혜가 없습니다. 하지만 삶의 규칙 가운데 본인에게 가장 이롭고 안정되게 욕망을 충족해주는 것이 무엇인지는 판단할 수 있지요. 이 정도는 누구나 계산할 수 있습니다. 계산적 이성, 즉 마음이 있기 때문입니다. 이렇듯 마음은 욕망 충족과 연관되어 있습니다.

보령 선생님, 이쯤에서 제가 정리해보겠습니다.

위가 있는데, 네 가지다. 성인이 예를 만드는 위, 성인이 예로 사람들을 가르치는 위, 사람들이 예를 배워 자신을 다잡는 위, 그리고 능숙하고 자연스럽게 예를 행하는 인간의 모습과 행태로서의 위. 마지막 위는 인간의 성이 어느 정도 변했기에 가능하다.

인간의 성이 분명히 변할 수 있다. 이는 규범의 지속적인 실천으로 설명할 수 있지만, 무엇보다 유가적 예라는 모둠 살이 원칙이 주는 만족감 때문이다. 왜냐하면 계산적 이성을 지닌 인간이 안정되게 욕망을 누리게 해주는 유가적 예법을 외면할 리 없다. 오히려 완전히 수용해서 자기 것으로 삼으려 한다. 그래서 인간의 성은 변할 수 있고, 변한다.

이렇게 정리하면 될까요?

순자 잘 정리했습니다. 덧붙이자면, 인간은 예법을 수용해 실천하면서 욕구를 충족하고 만족을 느끼게 됩니다. 그러면 예법을 수용하기 전의 모습으로 다시 돌아가 살지 않게 되겠지요. 그래서 인간의 성이 변할 수 있습니다. 무엇보다 위라는 노력과 실천이 중요합니다.

보령__ 이야기가 다시 위로 돌아왔습니다. 역시 결론은 계속 노력해서 성을 바꾸자는 말씀이네요.

순자__ 그렇습니다. 계속 공부하고 실천해야지요. 유가적 예법이 만족을 주기에 제가 낙관하기는 하지만, 그래도 노력하라고 주문하고 독려하고 싶습니다. 이 말도 꼭 하고 싶네요. 인간의 성은 위를 필요로 하지만, 위 역시 인간의 성을 필요로 합니다. 이것을 '성위합性僞合'이라고 합니다.

보령__ 성위합이요? 성과 위를 합치자?

순자__ 둘을 더해야 합니다. 성과 위, 그 둘은 서로를 필요로 하기 때문입니다. 위로써 계속 성을 바꾸고 고치자고 했지요. 위가 없으면 성이 거칠고 조악하고 나쁜 상태로만 머문다고 했습니다. 일방적으로 인간의 성이 위를 필요로 한다고 말한 셈이지요. 그러나 위도 인간의 성을 필요로 합니다. 서로 필요로 하기에 합쳐져야 합니다.

성위합, 위도 성이 필요하다

보령__ 성만 위를 필요로 하는 것이 아니라, 위 역시 성을 필요로 한다는 말씀…… 잘 이해가 안 됩니다.

순자 제가 인간의 성을 원자재에 비유했지요? 다시 그 비유를 들어 설명해보겠습니다. 목재가 성입니다. 장인 혹은 장인의 손길이 위이고요. 목재는 장인을 필요로 합니다. 장인의 손길이 닿지 않으면 가구가 될 수 없겠지요. 그런데 장인에게도 목재가 필요합니다. 목재 없이 무엇을 만들겠습니까? 이처럼 성이 위를 필요로 하듯, 위도 성이 필요합니다. 그래서 성위합을 말한 겁니다. 성과 위의 합. 서로 필요로 하니 합쳐져야 합니다.

보령 단순히 위로 인해서 바람직한 변화가 일어나는 게 아니라, 위와 성이 합해졌기에 그런 변화가 생긴다는 말씀이군요.

순자 네. 성과 위가 합쳐졌기에 생활에 필요한 물건이 만들어지고, 인간이 사회화됩니다. 합쳐져야 합니다. 흙과 원석은 장인의 손길이 닿지 않는다면 옹기와 구슬로 거듭날 수 없습니다. 역으로 장인에게 흙과 원석이 없다면 기술이 무슨 소용일까요?

보령 당장 먹고 살 길부터 막막해지겠네요.

순자 그렇습니다. 그래서 위도 성을 필요로 한다고 말했습니다. 군자의 통치와 교화, 스승의 지도와 선도 같은 정치, 사회, 교육적 행위를, 더 쉽게 말하자면, 군자와 스승을 위라고 할 수 있습니다. 그리고 통치와 가르침을 기다리는 백성을 성이라 할 수 있습니다. 백성에게는 통치와 가르침이 반드시 필요합니다. 성인과 스승이 반드시 있어야 하지요. 역으로 백성 없는 군주가 있습니까? 제자 없는 스승이 있습니까? 군주와 스승 역시 백성과 제자가 필요한 존재입니다. 그들의 행위는 백성과 제자가 있기에 의미 있습니다.

인간의 성이란 옷감 같은 것이고 위는 바느질해서 무늬를 새기는 것, 제가 제 텍스트에서 이렇게 이야기한 것 같은데, 그렇게 이해하면 되겠습니다. 옷 감이 없다면 바느질 솜씨가 아무리 좋아도 무슨 소용이 있겠습니까? 그렇습 니다. 인간의 성이 없다면 위가 가해질 곳이 없고, 위가 없다면 인간의 성은 스스로 아름다워질 수가 없습니다. 인간의 성과 위가 합쳐진 이후에야 성인 이 이름날 수 있고 천하 통일의 공이 이루어질 수 있습니다. 이른바 '천하지공 天下之功'이 이루어지는 겁니다.

화성기위는 물론 성위합도 꼭 같이 기억해야 합니다. 성과 위가 합쳐져야 모든 것이 이루어질 수 있다! 성위합하여야 천하의 공이, 천하의 사업이 이루 어진다!

보령 '천하의 공'이요? 그러고 보니 선생님 텍스트에도 '천하의 무엇무엇' 같 은 표현이 많네요.

순자 당연하지요. 제가 통일 제국을 염두에 두고 사상을 만들었다고 하지 않 았습니까? 하늘과 땅이 합쳐져야 만물이 생겨나고, 음과 양이 합쳐져야 변화 가 일어나듯, 성과 위가 합쳐져야 천하가 다스려집니다. 성군과 백성이 만나 야 하고 스승과 제자가 만나야지요.

보령 성과 위, 정말 합체! 해야겠군요. 그런데, 문득 선생님께서는 인간을 이 중적으로 이해하신다는 생각이 듭니다. 처음에는 외부의 가르침과 손길을 통 해 인간이 변할 수 있다고 하셨는데, 이제는 인간이 존재하지 않으면 외부의 손길과 가르침이란 게 실현되고 현실화할 여지가 없다고 하시니까요.

순자_ 가구, 도자기, 옥 모두 성위합의 결과물이라 할 수 있지요. 이것들은 목재, 흙, 원석이 있기에 만들어질 수 있습니다. 마찬가지로 인간이 있기에 성인의 예와 도덕이 실현됩니다. 위는 실현될 공간이나 소재가 없다면 의미가 없습니다. 성위합 이야기를 하다 보니 제 말이 길어졌는데, 성위합이란 개념을 통해서 사람들이 좀 알았으면 좋겠습니다. 제가 단순히 인간을 부정적으로 보는 사람이 아니라는 것을. 그저 성악설만이 연상되는 사람으로 보는 시각을 좀 고쳤으면 좋겠습니다.

보령_ 예의와 법도가 내재되지 않았기에 많은 문제를 일으키는 게 인간의 본성이지만, 예의와 법도를 받아들여, 즉 위와 결합해 가구, 도자기, 옥처럼 될 수 있는 것 또한 인간이라는 말씀은, 선생님께서 인간을 긍정하시는 측면 같아요.

　그런데, 한두 번 위를 한다고 해서 변할 수는 없겠지요? 많이 강조하셨지만 끊임없는 실천이 있어야 변하겠지요? 그래서 네 번째 의미의 위를 말씀하신 것 같습니다. 숙련된 사람에게서 보이는 행태로서의 위. 너무도 쉽고 저절로 편하게 예를 실천하는 위. 인간의 성이 완전히 변했음을 인증해주는 그 단계까지 가려면, 평소 꾸준히 노력하고 부단히 실천해야 된다는 말씀으로 이해되네요. 또 스포츠에 비유하자면, 야구 선수는 매일 스윙을 연습합니다. 이것이 위겠지요. 연습을 거듭해서 아주 날카롭고 빠른 스윙을 하게 되었습니다. 이것도 위이고요. 이런 위를 만들려면 세 번째 의미의 위, 즉 일상에서의 실천을 거듭해야겠네요.

순자 그렇습니다. 네 번째 의미의 위를 행하는 인간, 성이 완전히 변해 규범과 예의 실천이 너무도 쉽고 자연스럽게 그러면서도 완벽하게 나오는 인간이 되기 위해서는 반복해서 실천하고 행동해야 합니다. 그래서 제가 '적積'을 강조했습니다.

보령 맹자는 깨달음을 강조한다면, 선생님께서는 끝없는 수행과 공부를 강조하셨어요. 이런 점에서 두 분이 많이 대조되는데요, 맹자는 불교로 비유하자면 한 번에 깨닫는 것을 중시한 선종 같고, 선생님께서는 지속적 학습을 중시한 교종 같다는 생각이 드네요. 또 맹자는 돈오頓悟, 선생님께서는 점수漸修를 강조하신 것 같기도 하고요.

순자 이론 공부도 중요하고 실천도 계속해야 하지요. 끊임없이 공부하고 자신을 단속하고 성찰해야 합니다. 그래서 예를 내 안에 각인하여 공자 님께서 말씀하신 종심소욕 불유구從心所欲 不踰矩 하는 인간이 되어야 합니다.

보령 마음이 하고자 하는 대로 해도 법도에 어긋남이 없는 상태, 공자가 나이 칠십에 이루었다는 그 경지 말인가요?

순자 그렇습니다. 그런 경지에 오르기 위해서 적해야지요. 전진과 누적의 과정이 있을 뿐입니다. 맹자가 말한, 진심해서 지성하고 지성해서 지천하고 연쇄적인 깨달음을 통해 일어나는 인간의 성장, 이러한 비약에 가까운 도약으로 설명되는 수양과 인간의 완성, 전 그런 것은 모릅니다. 그는 호연지기와 부동심을 말할 때, 자기 안의 도덕 감정에 충실해서 의로운 행동을 거듭해 누적하여 그런 경지로 갈 수 있다고 그러면 대장부가 된다고 말했습니다. 그런데 이 부분을 제외하고는 너무 지나친 비약의 과정을 통해 말했지요. 인간의 완성을 너무 쉽게 보지 않았나 싶습니다. 맹자는 공부와 실천의 과정을 다분히 간과했지요.*

사천과 순천 대 제천과 승천

보령__ 선생님, 맹자의 지성, 양성과 대조되는 선생님의 치성과 화성, 그리고 화성을 위한 위에 대한 것까지 말씀 잘 들었습니다. 성위합도 꼭 기억하겠습니다.

그런데, 맹자는 성을 깨닫자, 그 성을 키우자고만 말한 게 아닙니다. 하늘까지 이야기했어요. 종교적 천을 말한 것 같은데요, 맹자는 이렇게 말했지요.

자신의 마음을 다하는 사람은 즉 진심하는 사람은 그 타고난 본성을 알고, 본성을 알면 하늘까지 알게 된다. 그리고 마음을 보존하고 그 본성을 기르는 것이 하늘을 섬기는 것이다. 요절하는 것과 장수하는 것에 개의치 않고 수양에 힘만 쓰는 것이 명을 세우는 것이다.[157]

---

* 순자와 맹자를 비교해보면, 교종/선종, 더 나아가 성리학/양명학의 대립이 떠오른다. 교종과 성리학은 외적 대상에 대한 공부를 중시하는 데 반해, 선종과 양명학은 자신의 안을 보라고 한다. 그 과정에서의 어떤 커다란 깨달음에 대해 강조한다. 한국 불교에서는 '돈오와 점수, 무엇이 더 중요한가'에 대한 문제로 논쟁이 있었다. 성철은 돈오돈수頓悟頓修를 말하기도 했는데, 이를 보면 순자와 맹자의 대조적 입장이 떠오른다. 그런데 단순히 '누가 맞는가'를 떠나, '누가 더 공자의 입장에 가까운가'를 고려해보면, 바로 순자가 그렇다고 생각한다. 공자가 '예를 배우고 공부해라, 예를 실천해라. 잠시라도 바람직한 상태에서 벗어나지 않으려고 하는 사람이 군자'라고 말했는데, 이런 점에서 공자의 계승자로 순자의 손을 들어주고 싶다.

여기에 덧붙여 말하기를,

명이 아닌 것이 없으니 그 올바른 것을 순순히 받아들인다. 그러므로 명을
아는 사람은 위험한 담장 밑에 가지 않는다. 도를 다하다가 죽는 것이 올바
른 명이다. 질곡으로 죽는 것은 올바른 명이 아니다.[158]

또 이런 말도요.

순천자, 하늘에 따르는 자는 살고, 역천자, 하늘을 거스르는 자는 망한
다.[159]

그러면서 하늘에 순종해야 한다고 했습니다.

순자　분명 저하고는 천을 다르게 말했습니다. 그는 종교적인 천관념이 있었
습니다. 제가 그렇게도 부정한 그 천관념이.

보령　마음과 본성에 대해 논하는 《맹자》의 〈진심〉 장은 알쏭달쏭한 말 같아
요. 하늘을 섬긴다? 하늘을 순순히 따른다? 명을 세운다? 명을 순순히 받아
들인다? 무슨 말인지 잘 이해가 안 가요.
　아무튼 맹자는 〈진심〉 서두 부분에서 인간의 마음과 성만을 말한 게 아니라
천과 명에 대해서도 말하는 것 같습니다. 사실 선생님께서도 비중 있게 논하
신 주제이지요. 천인지분에서 천을 논하셨고, 명에 대해서도 텍스트 어디에
서 이야기하신 것 같은데요? 사실 다른 제자백가 철학자들도 중요하게 다룬

주제이고요.

순자　네. 많은 제자백가 사상가가 천과 명을 주제로 심도 있는 논의를 전개했지요. 저도 그렇습니다. 이 부분도 맹자와 제가 뚜렷이 대조됩니다. 맹자는 종교적 친을 진제했고 그린 하늘을 따르라고(순천順天) 했지요. 또 하늘을 섬기라고(사천事天) 했습니다. 전 동의할 수 없는 바입니다. 전 종교적, 주재적 의미의 하늘을 부인하지 않습니까? 또 맹자와 제가 말한 지천도 의미가 상당히 다릅니다.

보령　천과 명을 바라보는 두 분의 관점이 어떻게 다른지 궁금해집니다.

순자　맹자는 지성을 말했습니다. 마음을 다하면 자신 안에 착한 성을 알게 된다고 했지요. 지성에 이어 지천을 말했습니다. 자신의 착한 성을 알게 되면, 즉 지성하면 지천, 하늘을 안다고 했지요. 이때 지知는 저처럼 인식의 의미가 아니라 깨달음의 의미인 듯싶습니다. 내 안에 침잠해 들어가면 하늘을 만난다고 했으니까요. 그 하늘이 나에게 선한 본성을 부여해주었다고 하는데, 그 하늘을 맹자는 도덕과 윤리의 근거라고 생각하지요. 그러니 하늘에 순종하고 하늘을 섬겨야 할밖에요.

　하지만 저에게 있어 하늘은 섬기고 순종할 대상이 아닙니다. 명확히 인식하고 그걸 토대로 이용하고 개발해 인간 삶에 필요한 것을 만들어내야 할 대상일 뿐입니다.

　하늘을 위대하게 여기고 고맙게 생각하는 쪽과 하늘에서 나온 물건을 저축하면서 하늘을 이용하는 쪽, 어느 쪽이 더 낫겠습니까? 하늘에 순종하면서 하늘을 찬양하는 쪽과 하늘로부터 나온 것을 가공하여 사용하는 쪽, 어느 쪽이 더 낫겠습니까? 철을 바라보고 기다리는 쪽과 철에 호응해 하늘을 활용하는 쪽, 어느 쪽이 더 낫겠습니까?[160]

보령 당연히 하늘을 이용하고 사용하고 활용하는 편이 낫겠지요.

순자 자연 사물을 그대로 두고 그것이 저절로 많아지기를 바라는 것과 능력을 다해 자연 사물을 변화시키려 하는 것 중 어느 쪽이 더 낫겠습니까? 물건을 가지려고 생각만 하며 그것을 내 것이라 여기는 것과 물건을 잘 정리해 그것을 잃지 않도록 하는 것 중 어느 쪽이 더 낫겠습니까? 자연 사물을 만들어내는 자연을 사모하는 것과 물건을 만들어내 완성시키는 사람의 입장을 지니는 것 중 어느 쪽이 더 낫겠습니까?[161]

보령 당연히 능력을 다해 자연 사물을 잘 변화시켜 무엇을 만들어내고 잘 정리하고 그러는 편이 낫겠지요.

순자 앞서 제가 지겹도록 한 말입니다. 분명한 점은 바로 이것이 사람이 지녀야 할 입장이고 직분이라는 겁니다. 사람이 하늘에 도덕적, 종교적 의미를 투영해서 그저 바라보고 앉아 있으면 만물의 실정을 잃게 됩니다. 쉽게 말해, 자연 사물에 내재한 원리를 공부하는 데 게을러지고 자연 지식을 탐구하는 데 소극적이게 된다는 말이지요. 그래서야 어찌 생산을 진흥하고 우리에게 필요한 재화를 많이 만들어낼 수 있겠습니까?
 전 생산력과 과학이 신장되던 시기에 공업과 상업이 흥성해 여러 자원을 적극적으로 개발하고 관리하던 제나라에서 살았습니다. 인간의 자연 개발 능력과 그 전제인 인간의 인식능력을 신뢰했지요. 맹자처럼 종교적으로 하늘에 접근하는 시각에 동의할 수 없었습니다. 비록 공자 님도 맹자와 시각이 같았지만 말입니다.

사실 공자 님도 맹자 정도는 아니었지요. 맹자처럼 하늘에 종교적 외경의 감정을 품었고 하늘이 자신에게 덕과 도덕적 사명을 주었다고는 했지만, 하늘과 거리를 두려고 하셨습니다. 그래서 합리적 인식에 대해 말씀하셨고 천도가 아닌 오직 인도에 대해 논하셨지요. 그런데 맹자는 하늘에 종교적으로 접근하여 종교적 하늘에 자신을 밀착하려 했습니다. 다분히 시대 퇴행적이 아니었나 생각합니다. 공자 님보다 생산력이 더 발전된 시대에 살았음에도 말입니다.

전 맹자가 종교적 의미의 하늘에 왜 그리 집착했는지 모르겠습니다. 묵자의 영향이 아닌가 하는 의심도 듭니다.

보령__ 하늘로 상징되는 자연을 적극 개발해 이용하고 관리하기 위해선 인간의 객관적, 합리적 인식능력을 잘 키워야 할 텐데요, 선생님께서는 이 부분을 낙관하신 것 같아요. 아무래도 당시의 분위기가 그랬으니까요. 무엇보다 선생님 자신부터 인간의 인식능력을 신뢰하고 있기도 하고요.

순자__ 물론입니다. 그래서 제가 말한 것이 지천입니다. 하늘에 대해 분명히 안다. 외적 환경과 자연 사물로서의 하늘에 대해 분명히 알고 인식하자. 그러면 다스리고 이용할 수 있다. 이런 맥락입니다.

맹자의 지천과는 다르지요? 그의 지천은 종교적 하늘과 조우한다는 뜻인데, 저의 지천은 어디까지나 하늘을 객관적, 합리적으로 인식한다는 뜻이지요. 물론 그렇다고 자연에 대해 모든 것을 알 수 있다거나 알아야 한다고 주장하지는 않았습니다.

보령 안 그래도 선생님께서 〈천론〉 편에서 이렇게 말씀하셨어요.

> 하늘에 대한 인식 범위는 하늘이 확실히 설명할 수 있는 현상으로 드러나는 범위로만 한정한다. 땅에 대한 인식 범위는 땅이 생물을 기르는 것과 연관되는 범위로만 한정한다. 사철에 대한 인식 범위는 사철이 여러 일을 할 수 있는 방법과 연관되는 범위로만 한정한다. 음양에 대해 알 수 있는 것은 음양이 여러 가지를 다스릴 수 있는 지식을 드러내는 범위로만 한정한다.[162]

순자 확실히 인식 가능하고 인간 삶의 필요와 연관되고 또 객관화해 설명할 수 있는 범위까지만 알려고 해야지요. 그것으로 충분합니다. 모든 것을 알 수도 없고 알 필요도 없습니다. 그래서 저는 '지천知天'을 '지천志天'이라고도 표현했지요. 하늘에 대해 제대로 알고자 한다면 한정된 범위에만 뜻志을 두어야 합니다. 불확실해 설명이 불가능한 것, 너무 많은 것, 인간 생활에 필요 없는 것까지 알려고 할 까닭이 없습니다.

보령 그 말씀은 곧 인식할 수 있는 범위 내에 있는 자연 만물은 인간 사회의 필요와 연관되기만 하면 어떻게든 하는 데까지 다해봐야 하는 한다는 뜻인가요?

순자 그렇습니다. 그것이 인간의 할 일이지요. 할 수 있습니다. 어느 정도 범위 내의 자연 만물은 인간의 지혜로 다스리고 관리하고 개발하고 질서를 부여할 수 있습니다. 그래서 전 맹자의 '안명安命'이니 '입명立命'이니 하는 주장을 이해할 수 없고, 그 말에 동의하지 않습니다.

보령 그 말들은 무슨 뜻인가요? 그리고 왜 동의 못 하시나요?

순자 맹자가 말한 명에는 사명으로서의 의미도 있지만, 도덕 주체가 어찌할 수 없는 외적 환경이나 세상이 나에게 던져주는 결과물, 즉 내가 어찌할 수 없는 운명으로서의 의미도 있습니다. 맹자는 그저 내가 내 안의 도덕성을 잘 키워 살기만 하면 다 된다는 것처럼 말하면서 자신감과 호기를 드러냈지만, 한편으로는 무력한 모습도 보여주었지요. 도덕 주체인 인간에게 다가오는 어떤 외부적 결과와 세상의 다스림과 어지러움을 어쩔 수 없는 운명의 영역으로 던져버렸지요.

'나'는 도덕적 주체로서 살 수 있습니다. 하늘이 준 도덕적 본성을 자각해 그것을 잘 키워서 살면 그만입니다. 하지만 세상이란 공간에서 나의 성공과 실패, 그리고 세상의 안정과 다스려짐은 내가 어찌할 수 없는 것이라는 말입니다. 내 안에 있는 도덕성, 하늘이 준 그것을 잘 부여잡아 살면 대장부가 되고 군자가 될 수 있지만, 그건 그거고 또 거기까지라는 뜻입니다. 자신 밖의 세계가 어찌 될지는 모릅니다. 그 세계가 나에게 어떻게 다가와 성공과 실패를 안길지 모릅니다. 이건 인간이 조금도 어찌할 수 없는 운명이라고 했습니다. 알 수도 없고 본인의 의지와 노력으로 바꿀 수도 없지요.

맹자는 그 어찌할 수 없는 그 외부적 환경과 결과에 그저 순응하라고 했습니다. 그것을 편안히 따라라, 그저 어쩔 수 없는 내 운명이려니 여기라는 말이지요. 한 개인이 도덕적 인간이 되고 윤리적으로 완성된 사람이 될 수는 있지만 거기까지다 이 뜻입니다. 그리고 그 운명에 그저 순응하고 그걸 편안히 여기라 했습니다. 이게 바로 안명이고 입명이지요. 명을 편안히 여겨라. 명 앞에 다소곳이 서라.

보령 진인사대천명盡人事待天命도 그런 뜻인가요? 사람이 제 할 일을 다하고 하늘의 명을 기다린다.

순자 네, 그렇습니다. 제 할 일을 다하고 하늘의 명을 기다리다가, 명이 떨어지면 그저 순응하라는 뜻이지요. 명은 천명天命, 천과 호환되는 말이었는데, 하늘의 명을 기다리라는 의미는 명에 순응하고 하늘에 순종하라는 말로 안명, 입명과 같은 뜻입니다. 외부 환경과 결과에 순응하라는 뜻이지요.

이러한 것이 맹자의 생각인데, 무력해 보입니다. 도덕 주체 외부의 문제, 세상 다스림의 문제에 대해 너무 무력하고 소극적으로 보이지요. 특히 위정자나 정치의 장에 있는 사람이 견지해서는 정말 안 될 자세입니다.

전 다릅니다. 맹자의 말에 동의할 수 없습니다. 전 명을 인간이 제어해나갈 것이라 주장했습니다. 이른바 '제명制命', '이력제명以力制命'이라고 표현했지요. 명을 제어해라, 특히 힘으로 명을 제어해야 한다고 했습니다. 힘은 인간의 실천과 노력입니다. 왜 인간이 외부적 환경에 순응하고 순종해야 합니까? 인간 앞에 놓인 외부적 환경을 인간의 주체적, 실천적 노력으로 바꿔야지요. 더구나 정치 무대에 선 자라면 더욱 이러한 자세와 자신감이 있어야 합니다.

맹자가 안명, 입명이라면, 전 제명입니다.

보령 앞서 선생님께서 '하늘을 부린다 使天'와 '하늘을 이용한다 用天'를 말씀하실 때, '제천'도 언급하셨습니다. 제명이란 것은 제천과 같은 건가요? 천이 명과 호환되는 말이라고 하셨으니까요.

순자 네, 같은 뜻입니다. 《논어》와 《맹자》를 보면 천, 천명, 명이 혼용되어 쓰입니다.

제가 천은 그저 자연 사물일 뿐이고 인간 앞에 놓인 현실이니 인간의 힘으로 천을 바꿔가자고 하지 않았습니까? 그것이 제명이고 힘으로 명으로 제어한다는 뜻의 이력제명입니다. 명은 개인을 지배하는 역량이나 운명이 아닙니다. 맹자는 그렇게 보았을지 몰라도 전 그리 보지 않았지요. 그저 인간 앞의 현실이고 인간을 둘러싼 삶의 환경으로, 인간이 노력한 만큼 개인과 사회에 유리하게 명을 만들어갈 수 있습니다. 명을, 천을 제어해야 합니다.

보령 그렇군요. 제명하고 제천해야겠네요.

순자 인간은 하늘과 땅에 제약되는 존재가 아니라 질서를 부여하는 주체입니다. 제천과 제명이 우리의 직분이지요.

재아자, 재외자, 재천자

보령 공부하다 보니, 재아자 在我者, 재외자 在外者, 재천자 在天者라는 개념이 나옵니다. 이제 이것들에 대해 여쭈어보겠습니다.

선생님과 맹자가 천에 대해서 언급할 때 쓴 개념이라고 알고 있어요. 두 분 모두 재아자, 즉 '나에게 달린 것이 있다'라는 표현을 썼습니다. 두 분 모두 이것에 충실하라고 했지요. 재아자와 대비되는 개념으로 맹자는 재외자를, 선생님께서는 재천자를 말씀하셨습니다. 재아자를 보면, 두 분 모두 말씀하셨지만 같은 개념으로 쓰지는 않습니다. 재아자에 대비되는 재외자, 재천자도 서로 다른 개념 같고요.

순자 ＿ 먼저 맹자의 재아자와 저의 재아자가 어떻게 다른 개념인지, 그리고 맹자의 재외자와 저의 재천자가 무엇인지, 마지막으로 재외자와 재천자가 어떻게 다르고 대조되는지, 보령 학생은 이 세 가지가 궁금하군요. 그럼, 차근차근 설명해보겠습니다.

먼저 재아자. 맹자는 재아자를 이렇게 말습니다. 내가 구하면 얻을 수 있고 내가 버리면 잃는 것이 있는데, 이것이 바로 재아자랍니다. 이른바 '내게 달려 있는 것'인데 그러니 내 마음 먹기에 달렸지요. 반면 구하고 얻는 게 내 뜻대로 될 수 없는 것이 있는데, 이것이 바로 재외자, '내 밖에 있는 것'입니다. 내 의지, 노력과는 상관없는 것으로 운이 좋거나 여건이 맞아야만 구할 수 있는 것입니다.

맹자가 왜 이러한 개념을 말했느냐, 바로 도덕 주체인 인간의 내부를 긍정했기 때문입니다. 쉽게 말하자면, 인간 안의 선함과 덕성을 잘 키우고 길러야 하기 때문입니다. 내 안에 있는 것, 재아자를 확인하고 구하면 쉽게 대장부가 되고 군자가 될 수 있으니까요. 반면에 내 밖에 있는 것, 재외자는 도덕 주체의 노력이나 의지와 상관없는 부귀영화나 세상에서의 성공과 실패 같은 것들입니다. 내 노력이나 의지와 상관없으니 도외시하고 마음에 두지 말아야 하겠지요. 해보았자 쓸데없다, 그런 뜻입니다.

맹자의 재아자/재외자 개념을 사람들은 이렇게 말하더군요. '내 안에 있는 것과 내 밖에 있는 것 사이에 명확히 선을 그었다. 그래서 인간의 자주적 도덕 영역을 확보했다. 재아자라는 영역을 따로 확실히 확보해 인간의 도덕적 수양과 성장을 위한 안정적인 토대 내지 기초를 마련했다'고요.

맹자가 재아자/재외자 개념에서 하고 싶은 말은 간단합니다. 본인이 마음 먹고 의지를 기울이면 될 수 있는 것이 있는데, 이것이 재아자입니다. 여기에만 충실하라는 말이지요. 내가 착해지고 바람직한 사람이 되는 것은 부귀영화, 정치적 성공, 구세救世와 다르게 나 자신에게 달린 일이니, 각자 자신에게 달린 그런 일에나 최선을 다하라는 뜻입니다.

보령 맹자의 성선설과 직결되네요. 내 안의 착한 것을 확인하고 그것을 키우면 어렵지 않게 군자와 성인이 될 수 있다. 그것은 자신에게 달렸다. 그러니 각자 자신에 달린 것에나 신경 써라. 반면 재외자는 내 노력이나 의지와는 상관없고 윤리적으로 바람직한 일이 아닐 수도 있으니 마음에 두지 마라.

순자 네, 그렇게 이해하면 됩니다. 이제 저의 재아자/재천자를 말씀드리지요.
저의 재아자는 '인간에게 달린 일'이라는 뜻입니다. 천인지분에서 했던 말을 떠올리면 이해하기 쉽습니다. 인간에게 달린 일, 인간의 직분, 인간이 해야 하고 할 수 있는 일과 영역을 뜻합니다.

재천자는 반대로 인간과 상관없거나 우리가 알 수 없는 인간 밖의 영역을 말하지요. 이 역시 천인지분에서 했던 말을 떠올리면 좋겠군요. 하늘에 종교적으로 다가가지 말고, 알 수 없는 영역이나 인간 삶의 필요와 상관없는 영역에 접근하지 말라고 했지요? 천재지변 등 인간이 어쩔 수 없는 것에 쓸데없는 공포를 느낄 필요도 없다고 했지요. 이런 것들이 모두 재천자입니다. 알 수 없는 하늘의 신묘함이나 조화, 별이 떨어지고 나무가 우는 그런 원인 모를 기이한 현상이지요. 재천자에 대해서는 우리가 제대로 알 수도 없고 알려고 하는 시도 자체가 의미 없습니다. 애초에 우리 힘으로 제어할 수 있는 것도 아니니 상관할 바 아닙니다.

인간은 우리 인간의 도, 인도에만 충실하면 됩니다. 바로 재아자에만 충실하면 됩니다. 그것을 저는 '재기자在己者'라고도 표현했는데, 한자 '기己'에는 나 자신이란 뜻이 있지요. 역시 인간 자신에 달린 일, 즉 나에게 달린 일이기 때문에 그렇게 표현했습니다. 우리는 재아자, 재기자만 잘하면 됩니다.

보령　맹자가 말한 재아자/재외자는 인간 개인이 할 수 있거나 집중해야 하는 영역, 할 수 없거나 집중하지 말아야 할 영역을 나누어놓고, 그 사이에 뚜렷하게 절취선을 그어 분명하게 구분하기 위해 한 말 같아요.

선생님의 재아자/재천자는 한 개인이 아니라 집단과 사회를 염두에 두고 하신 말씀 같습니다. 인간 집단이 할 수 있거나 집중해야 하는 영역, 인간 집단이 할 수 없거나 신경 쓰지 말아야 할 영역으로요. 그리고 그 사이에 선을 뚜렷하게 그으신 게 아닌가 싶은데요, 맞나요?

순자　네. 저의 재아자는 사실 '자신'에게 달렸다기보다는 '인간 집단'에 달렸다는 뜻이지요. 인간 집단이 하기 나름이라는 뜻입니다. 저의 재아자에서 인도는 인간 집단의 도입니다. 이걸 인간 집단이 잘하면 됩니다. 자연재해나 혜성이 떨어지는 등 이상한 자연현상이 나타나면 사람들은 모두 두려워합니다. 그런데 실은 아무것도 아닙니다. 천의 변화이자 음양의 조화로 간혹 생기는 현상일 뿐이지요. 괴상하게 여기는 것까지는 좋습니다만 두려워할 필요는 없지요.

일식과 월식이 생기고 철에 맞지 않는 비바람이 일며 이상한 별이 나타나는 것은 어느 시대에나 있는 일입니다. 사회 지도층이 명철하고 정치가 공평하면 비록 그런 일이 세상에 거듭되더라도 아무 상관이 없습니다. 그러나 그렇지 않으면 그런 일이 비록 단 한 번도 일어나지 않더라도 이로울 게 없지요.[163]

보령__ 그런 것은 모두 재천자이니 내버려두고, 인간은 재아자인 인도를 따라 충실히 걸으면 된다는 말씀이지요?

순자__ 재천자의 영역에서 속하는 자연재해가 뭐가 무섭습니까? 인간이 일으키는 재앙을 진실로 두려워해야지요. 함부로 경작해 농작물을 상하게 하고, 함부로 김을 매어 수확을 줄게 하고, 정치는 어지러워 민심을 잃고, 밭은 황폐해 농작이 형편없으며, 곡식을 잘못 유통시켜 백성이 굶주려 길에 죽은 사람들이 널려 있는 등, 이러한 일을 인간이 일으키는 요사스러운 변괴라 합니다.[164] 이런 것이 자연재해보다 훨씬 무섭지요.

보령__ 인간이 일으키는 요사스러운 변괴, 텍스트에서 이를 '인요'라고 하셨어요. 인간이 만든 재앙, 정말 자연재해보다 훨씬 무섭게 느껴집니다.

순자__ 백성을 시도 때도 없이 동원하고 정사가 명확히 행해지지 않으며 예가 행해지지 않으면, 그것이 곧 재앙이고 환난입니다. 재앙이나 환난이 따로 있겠습니까? 사람들이 자기 할 일을 제대로 안 하는 게 재앙이지요. 그러니 재천자인 하늘과 자연에 신경 쓰지 말고, 인간이 할 일이나 제대로 하라는 말입니다. 인요가 일어나지 않게.

보령__ 알겠습니다. 선생님과 맹자의 재아자가 어떻게 다르고, 선생님의 재천자와 맹자의 재외자가 어떻게 다른지. 인간 하나하나보다는 인간 사회와 집단으로 향하는 선생님의 시각을 다시 확인하게 되었네요. 역시 사회학자의 면모를 잘 보여주십니다.

3라운드

과욕 대 양욕

보령__ 맹자가 이런 말을 했습니다. 수양론 관련해서 한 말 같은데요,

> 마음을 기르는 데는 욕심을 적게 하는 것보다 더 좋은 것이 없다. 그 사람됨이 욕심이 적으면 비록 마음을 보존하지 못하더라도 잠시에 그칠 것이며, 그 사람됨이 욕심이 많으면 비록 마음을 보존하더라도 잠시에 그칠 것이다.[165]

마음을 선하다고 본 맹자는 마음을 잘 보존하고 잘 기르자고 했습니다. 그런데 마음을 기르는 데는 욕심을 줄이는 것이 최고라고 합니다. 욕심이 적으

면 마음을 잘 보존하지 못해도 보존하지 못함의 정도가 미미하고, 욕심이 많으면 보존하지 못하는 정도가 아주 클 것이라고요. 다르게 표현하면 욕망을 줄이자는 말 같은데요, 선생님과 상당히 대조적인 것 같습니다. 선생님께서는 욕망을 직시하는데 맹자는 왠지 욕망을 피한다는 느낌이랄까요?

순자__ 방금 보령 학생이 말한 '욕심을 적게 하는 것'이 맹자가 말한 '과욕寡慾'이지요. 과욕은 맹자의 수양론에서 빼서는 안 되는 개념입니다. 앞서 존심, 진심, 구방심, 지성, 양성 등을 맹자가 말한 수양의 방법이라고 했지요. 여기에 과욕이 추가됩니다. 맹자는 과욕이지만, 저는 양욕養欲과 절욕節欲입니다. 저는 욕망을 적당히 충족해주고 잘 인도하자는 입장이지요.

과욕이란 것은 타당성과 현실 가능성을 떠나 맹자가 말한 다른 도덕 이론과 모순되는 듯합니다. 먼저 욕망을 줄이라는 말 자체에 전 동의하기가 힘듭니다. 욕망을 인정해야지요. 여기에서부터 수양론이든 통치학이든 시작하는게 현실적이라고 생각합니다. 인간은 욕망하는 존재가 아닙니까? 이로 인해 문제가 많이 발생하지만, 그렇다고 무작정 욕망을 줄여라 없애라는 건 말도 안 됩니다. 송견이나 장자처럼 인간의 욕망은 본래 적은 것이라고 말하는 건 너무 비현실적이지요. 공상적 인간관을 철저히 배격하는 저 순자는 욕망을 인정하고 질서 있게 욕망을 추구하게 하자, 또 욕망 충족을 위해 재화 생산을 늘리자, 그래서 국가 생산력 발전을 위해 사회 설계도를 잘 그려보자고 주장했습니다. 앞서 말했지요?

또 욕망이란 것에는 단순히 식욕과 성욕, 거기에서 파생된 것들만 있는 게 아닙니다. 명예욕도 있고, 사람들과 바람직한 관계망 안에서 살고 싶은 욕망, 타인에게 인정과 존경을 받고 싶어 하는 욕망 등 사회적 관계에서 파생되는 것들도 있습니다. 전 그런 욕망도 인정합니다. 사회적 욕망은 철저히 사회 안에서만 충족될 수 있기 때문에 다툼과 갈등의 원인이 될 수도 있습니다. 그러나 예를 공부하게 하고 타인에 대한 배려와 존중을 몸에 익히도록 하는 등 인간의 성숙과 성장을 도울 수도 있습니다. 저는 그런 욕망도 직시합니다.

그런데 '욕망을 줄여라', '욕망을 없애라, '욕망은 원래 적은 것이다' 이렇게 전제해버리면 곤란하지요. 특히 사회를 이끌고 조화와 안정을 도모하는 데에는 더욱 그렇습니다. 물론 욕망을 무한정 추구한다면 당연히 곤란합니다. 다만 공존의 질서를 해치지 않고 분수에 맞게 소비하고 누리면 문제되지 않습니다. 질서 틀 안에서는 적당히 누릴 만큼 누릴 수 있지요. 그런데 과욕이라니요. 비현실적입니다. 맹자 자신이 주장한 수양론과도 모순됩니다.

보령　맹자의 과욕과 수양론이 어떤 면에서 모순되나요?

순자　맹자는 다른 곳에서 자신 안의 선한 마음과 본성만 확인해서 키우면 된다고 했습니다. 이게 사실 맹자 수양론의 핵심이고 전부지요. 내 안의 긍정적인 것을 확인해서 키우자며, 내 안의 부정적이거나 부정적인 것을 불러올 요소가 있다고 해도 그건 신경 쓰지 말자고 했지요. 그런데 과욕이라는 내 안의 부정적인 것을 덜고 줄이고 최소화하라니……　이건 모순입니다.

대체와 소체, 심지관과 이목지관. 맹자는 이런 것들을 말했지요. 앞에서 인성론을 다룰 때 언급했지요? 심지관은 마음, 마음의 관입니다. 대체도 역시 마음입니다. 좋은 겁니다. 앞서 수차례 말했듯, 맹자는 인간 마음이 착하기 때문에 선한 인간 본성을 보증해주는 것으로 본다고 했습니다. 그 착한 마음이 바로 심지관과 대체입니다. 인간은 그 마음에 집중하면 됩니다. 그러면 심지관과 대체가 멀쩡히 기능할 것이니까요. 그래서 맹자는 소체와 이목지관을 별 문제 삼지 않았습니다. 그랬는데 갑자기 욕망을 줄이라고 강조하다니요. 이는 자신의 중심적인 주장이나 논지와는 어긋난 것입니다.

보령 무슨 말씀이신지 쉽게 이해되지 않는네요, 설명을 더 해주세요.

순자 소체와 이목지관에 대해 더 설명해야겠군요.

공도자公都子라는 제자가 맹자에게 물었습니다. "똑같은 사람인데 어떤 사람은 대인이 되고 어떤 사람은 소인이 됩니다. 이는 어찌된 것입니까?" 그러자 맹자가 답하길 "큰 몸을 따르면 대인이 되고 작은 몸를 따르면 소인이 된다"라고 했습니다. 공도자가 다시 물었지요. "그럼 똑같은 사람인데 어떤 사람은 큰 몸을 따르고 어떤 사람은 작은 몸을 따릅니다. 이는 어찌된 것입니까?" 맹자가 다시 답하길 "눈과 귀 같은 기관은 생각을 못해 사물에 가려지니 사물과 만날 때 끌려갈 뿐이다. 마음이라는 기관은 생각을 하면 얻고 생각을 하지 못하면 잃어버린다. 이것은 하늘이 내게 준 것이다. 그 큰 것을 먼저 세운다면 작은 것이 빼앗을 수 없다. 이 때문에 대인이 될 뿐이다"라고 했습니다.[166]

대체는 좋은 것입니다. 인간 안에 내재된 도덕심이자 대인, 군자 같은 것으로 착한 마음, 착한 인간 본성이지요. 반면 소체는 마음 안의 소인 같은 것인데 반드시 나쁘지는 않지만 문제의 소지가 될 수 있는 것입니다. 내 욕망을 충족시켜줄 수 있는 외부 사물을 보면 저절로 그 대상을 따르게 하는 것이지요. 이를 이목지관으로 말했는데 감각기관으로 이해하셔도 좋습니다. 귀에 듣기 좋은 말이나 음악이 들립니다. 눈에 맛있는 것, 예쁜 것이 보입니다. 그런 경우 가까이하거나 내 것으로 삼고 싶습니다. 좋아서 가까이하고 싶고 내 것으로 취하고 싶은, 감각기관이란 게 그러합니다. 반성도 사고도 하지 않고 외부 대상에 끌려가지요. 이것이 소체이고 이목지관입니다.

이를 내버려두면 인간이 무절제한 행위를 할 수 있지요. 맹자가 그래서 소체와 이목지관이 사람을 지배하도록 내버려두면 안 된다고 한 겁니다. 그런데 소체와 이목지관을 억누르라는 말은 절대 하지 않았습니다. 그저 대체와 심지관이 제대로 활동하도록 해서 그것이 사람을 이끌도록 하라고 했지요. 대체와 심지관이 활동하면 소체와 이목지관은 따라가고 순종한답니다. 그래서 소체와 이목지관을 인위적으로 억누를 필요가 없다고 합니다. 군자나 대인에게 고개를 숙이고 따라가는 소인처럼. 그리되면 최소한 인간이 무절제하게 욕망을 추구하거나 외부 대상에 끌려가는 일이 없게 된다는 것이 맹자의 생각입니다.

보령 대체와 심지관은 인간 안의 군자 같은 것이라고 하셨고 소체와 이목지관은 소인 같은 거라고 하셨어요. 그 부분을 조금 더 설명해주세요.

순자 군자는 다른 말로 대인이라고 하지요? 간단하게 대체는 대인, 소체는 소인 이렇게 보시면 됩니다. 공자 님께서 말한 군자와 소인, 대인과 소인 개념을 맹자가 인간 안에 내재화한 겁니다. 인간의 착한 마음은 인간 내부의 군자, 대인이고, 인간의 욕망 내지 외부 대상에 끌려가는 감각적 욕구나 기관은 인간 내부의 소인입니다. 군자가 제 역할을 다해 사회를 이끌면 소인은 힘을 쓰지 못하고 군자의 가르침과 통치에 순응하지 않습니까? 그런 것처럼 맹자의 주장은 마음 안의 대인인 대체와 심지관이 제대로 자기 할 일을 하게 두라는 말입니다.

이런 말이 있습니다. 군자의 덕은 바람이요, 소인의 덕은 풀이다. 군자의 덕
이 제대로 일어나면 풀이 바람에 눕듯이 소인은 순응하고 따라간다는 게 유
가 사상의 전제입니다. 소인을 억압하자, 닦달하자, 훈육하자고 주장하는 건
아닙니다. 군자, 위정자, 관료 등 시도층이 제 할 일을 다하고 모범을 보이라
는 의미입니다. 그러면 억지로 끌고 가지 않아도, 훈육하지 않아도 소인이 절
로 교화된다고 보았습니다. 저도 여기엔 당연히 동의합니다. 군자가 모범을
보이면 됩니다. 그게 안 되니까 문제이지요.

맹자는 군자와 소인 구도를 인간 내부로 옮겼습니다. 군자가 군자다우면
소인도 모두 감화되어 세상의 질서가 잡히듯, 인간 안의 군자(대체, 심지관)가
제대로 기능하면 인간 안의 소인(소체, 이목지관)은 절로 조신해질 것이니 걱
정 없다. 이런 맥락입니다.

보령___ 마음 찾기(구방심), 마음 보존하기(존심), 마음 다하기(진심), 마음으로 확
인되는 인간의 선한 본성 키우기와 깨닫기. 이 모두가 대체와 심지관을 제대
로 기능하게 하자는 말이었군요.

순자___ 그렇습니다. 그리고 제가 인용한 맹자의 말에 이런 게 있지 않았습니
까? "마음이라는 기관은 생각을 하면 얻고 생각을 하지 못하면 잃어버린
다."[167] 이때 '생각思'이라는 것도 마찬가지입니다. 마음, 즉 선한 본성을 제대
로 발휘하기 위한 것이지요. '사'라는 것은 단순히 '생각한다'가 아니라 '집중
한다'를 의미합니다. 내 안의 도덕 감정과 도덕 이성에 집중하는 뜻이지요. 사
를 잘해야 대체와 심지관이 제대로 활동하고 기능할 수 있으니까요.

이처럼 맹자는 자신 안의 군자이자 대인인 대체와 심지관, 즉 마음을 잘 부여잡고 가면 된다고 했습니다. 이렇게 말해놓고는 욕망을 줄이자는 과욕을 말하다니요. 인간의 안의 욕망은 소체이자 이목지관이고 그건 인간 안의 소인인데, 과욕은 소인을 꼼짝 못하게 누르고 단속하자는 뜻입니다. 맹자 자신의 수양론, 인간관과는 맞지 않습니다. 갑자기 딴소리한 겁니다.*

보령 선생님, 그런데 맹자의 욕망에 대한 이야기는 과욕 말고도 다른 논리로도 표출된 것 같아요. 이익 추구에 대해 거리두기? 이익과 관련된 것에 대해 논의하는 것을 금기시하기? 뭐 이런 것으로도요. 《맹자》 첫 편부터 나오지 않나요? 위혜왕魏惠王에게 유세할 때, 왜 하필 이익을 말하느냐 인의만 있을 뿐이라고 하는데요. 이런 내용을 보면 이익, 이익 추구에 대한 관점도 선생님과 다른 것 같습니다. 사실 욕망에 대한 관점이 다르니 그렇겠지요?

순자 그렇습니다. 상당히 다르고 대조적이지요. 전 시장주의자로서 인간의 이윤 동기를 긍정했습니다. 예도 이익과 부딪히는 게 아니라 합치되는 것이라 했고, 군주의 덕치도 이윤 동기를 억누르는 게 아니라 이윤 추구를 인정하

---

* 순자의 지적이 틀린 것 같지 않다. 사실 인간 안의 긍정적인 것만을 잘 부여잡아 키우라고 했던 사람이 맹자다. 그러기만 하면 부정적인 것들은 크게 신경 쓰지 않아도 된다고 했는데, 뒤에서는 욕심을 최소화하라니 당연히 모순으로 보일 수밖에 없다. 그런데 맹자의 인간관은 지독히도 차별적이기에 이해 안 되는 건 아니다. 성선설을 주장했지만 모든 인간이 착하다고 한 것도 아니듯, 성선으로 설명되는 인간 안의 도덕 감정과 윤리적 이성은 극소수만이 발전시키고 키워갈 수 있단다. 그 극소수가 바로 교육과 문화의 수혜자인 귀족과 지식인이다. 교육과 문화의 혜택에서 소외된 피지배층은 그저 지배층이 선정을 베풀면 교화되어 수동적으로 따라가는 정도이다. 적극적으로 자신 안에 내재된 선한 마음과 본성을 키워갈 수 없는 존재다. 맹자의 과욕론은 아무래도 이들 피지배층에게 한 이야기 같다. 너희들에게는 큰 기대를 안하니 그저 욕심을 줄여 지배층의 통치에 순응하라는 뜻으로 생각된다. 반대로 대체와 심지관을 적극적으로 기능하게 하라는 건 지배층에게 한 이야기로 보인다.

고 시작하는 것이어야 한다고 했지요.

저와 달리 맹자는 이익과 거리를 멀리 두었지요. 보령 학생이 말한 대로 이익 추구가 불러올 위험성을 경고하면서 《맹자》가 시작됩니다.

보령 위혜왕이 맹사에게 말하길 "선생님께서 천 리를 멀다 하지 않으시고 오셨으니 장차 내 나라를 이롭게 할 일이 있겠군요"라고 하니, 맹자가 이렇게 대답했다지요.

왕께서는 하필이면 이익을 말씀하십니까? 단지 인의가 있을 뿐입니다. 왕께서 '어떻게 하면 내 나라를 이롭게 할 수 있을까'라고 생각하시면 대부들도 '어떻게 하면 내 나라를 이롭게 할 수 있을까' 생각할 것이고, 사士나 서인 들도 '어떻게 하면 내 몸을 이롭게 할 수 있을까'라고 생각할 것입니다. 만승萬乘의 나라(천자국天子國)에서 그 임금을 죽이는 자는 반드시 천승千乘의 가문이요, 천승의 나라에서 그 임금을 죽이는 자는 반드시 백승百乘의 가家(大夫)입니다. 만에서 천을 취하고 천에서 백을 취한 것이 많지 않은 것이 아니건만, 만약 의로움을 뒤로 미루고 이익를 앞세우면 모두 빼앗지 않고는 만족하지 못합니다. 어질면서 그 어버이를 버리는 사람이 있지 않았으며, 의로우면서 그 임금을 뒤로 하는 사람이 있지 않았습니다. 왕께서는 단지 인의만을 말씀하셔야지 하필이면 이익을 말씀하십니까?

제가 보기에도 맹자는 이익을 탐하면 정치 공동체가 무너진다고 말하는 것 같네요. 이익 추구라는 국가 정치 노선을 싫어하고요.

순자 저처럼 시장 친화적인 주장도 했고, 백성에게 항산이 있어야 항심이 있다고 하며 백성도 이익 향유의 주체임을 인정하긴 했습니다. 또 왕만 즐거움을 누리지 말고 백성과 같이 즐거움을 누리라고 한 점을 생각해보면, 그가 그렇게 이익 자체를 싫어하고 멀리했는지는 확언할 수 없겠습니다. 보령 학생 말처럼 단정하는 것은 무리입니다. 그렇지만 군주들 앞에서 군주의 이익 추구, 포괄하자면 부국강병 노선에 단호히 반대한 것은 사실입니다.

보령 당시 모든 나라가 부국강병을 추구하고 강성대국을 꿈꾸며 경쟁하고 있지 않았나요?

순자 그랬지요. 당시 모든 나라가 이익을 추구하며 국부 늘리기 경쟁을 하고 있었는데, 맹자의 그런 주장은 모든 나라가 추구한 노선과 배치되었습니다. 외면당할 수밖에 없었겠지요.

전 이익 추구를 굉장히 긍정했습니다. 제가 주장한 예를 통한 질서와 안정은 사람들의 이익 추구에 대한 욕망을 전제한 것이라, 당장의 국부를 추구하는 위정자들도 거부감을 별로 느끼지 않았습니다. 예를 통한 사회 안정과 유가적 덕목의 현실화는 국부의 추구와 모순되지 않을뿐더러 얼마든지 조화될 수 있다고 보았습니다.

그런데 맹자는 그렇게 보지 않았습니다. 국가가 부를 추구하는 것과 유가적 덕목의 현실화는 양립할 수 없다고 판단했지요. 부국을 드러내놓고 경원시하는 건 비현실적일 뿐입니다. 게다가 맹자는 패자, 패도 추구를 아주 싫어했습니다. 당시 모든 나라가 패권 국가가 되는 것을 목표로 삼았다는 점을 생각하면 이 역시 비현실적입니다.

보령__ 선생님께서는 패자에서 왕자, 패도에서 왕도로 갈 수 있다고 말씀하셨
잖아요? 단절된 것이 아니라 연속적인 것으로 보셨습니다. 패자와 패도를 당
대의 인식과 좀 다르게 규정하셨다는 생각입니다. 패자와 패도를 양분해서
이야기하셨어요. 일반적인 의미의 패도와 패자도 있지만, 상대적으로 더 좋
은 의미의 패도와 패자도 있다고 하셨지요. 상대적으로 더 좋은 의미의 패자
가 더 노력하면 왕자가 되고 왕도를 실현할 수 있다고 덧붙이셨는데요?

순자__ 당시에는 현실적이지 않으면 유가 사상이 절멸할 수도 있는 시기였습니
다. 맹자가 산 시대보다 유가 사상이 훨씬 큰 위기에 놓여 있었지요. 그렇기
때문에 전 현실적일 수밖에 없었습니다. 사실 맹자도 제가 살았던 시대에 있
었더라면 국가의 이익 추구, 패도 노선 추구를 한사코 부정하기만 했을까 하
는 생각도 듭니다. 어쨌든 전 당시 환경에서 유가적 이념이 군주와 예를 매개
로 해서만 실현될 수 있다고 믿었지요. 이걸 전제하고 사유하고 주장했습니
다. 현실적으로 군주들이 즉각 거부감을 느낄 만한 주장을 하는 건 쉽지 않았
습니다.

보령__ 정리해보자면, 맹자는 과욕, 욕망을 줄이자, 이익 추구와 거리 두기, 선
생님께서는 양욕과 절욕, 적당한 욕망 추구 보장, 욕망을 잘 인도하자, 이익
에 대한 긍정이 되겠네요. 마지막으로 맹자는 부국강병을 노골적으로 추구하
는 패자 노선 부정, 선생님께서는 패자에 대한 제한적 긍정.

순자__ 그렇습니다. 욕망을 통제하면서도 보장하자는 것이 제 입장입니다.

보령　선생님께서 패자와 패도를 제한적인 범위에서나마 긍정하신 건, 군주로 대변되는 현실을 인정하고 군주에 비중을 두는 선생님 사상과 직결되는 것 같은데요, 이제 그 이야기를 좀 해보고 싶어요.

순자　좋습니다.

지식인 대 군주

보령　앞서 선생님께 재상정치에 대해 물었을 때, '지나치게 군주에 경도된 사상이다. 그래서 유가적 정체성이 의심된다'는 평가에 대한 선생님의 입장과 해명을 충분히 들었습니다. 그런데 아무래도 지식인의 입장에서 자기 목소리를 내던 맹자와 대비된 탓에 선생님께서 군주의 입장에 서 있었다는 평가가 많지 않았나 싶습니다. 대놓고 지나치게 군주의 편을 들었다고 선생님을 폄하하는 사람이 있을 정도로요.

순자　맹자가 분명 지식인의 입장에 있었던 것은 사실이지요. 충분히 이해할 수 있는 일이었습니다. 상앙으로 대변되는 국가주의 철학이 천하를 휩쓸던 시기였습니다. 국가주의 철학과 변법 노선이 일사 분란한 전제군주 체제를 만들어가자 지식인들은 강한 위기감을 느꼈습니다. 시기가 그러하니 맹자처럼 지식인의 입장을 대변하는 사람이 나올 수밖에 없었던 게 아닌가 싶습니다.

보령　장자도 지식인의 입장을 대변한다고 볼 수 있나요?

__순자__ 그는 맹자와 거의 같은 시대를 살았습니다. 장자도 날이 갈수록 강력해지는 국가권력에 위기의식을 크게 느꼈지요. 어떻게 하면 날로 강고해지는 국가권력하에서 지식인의 자존심, 정체성, 자리를 지킬 것인가를 놓고 고민했습니다. 이 점에서 맹자와 장자 그 둘은 분명히 유사합니다.

__보령__ 단순히 '유가 대 도가'로 대립해서 볼 일이 아니네요?

__순자__ 앞서 말씀 드렸다시피 '가家'를 통해서 저희 사상가들을 분석하는 것은 아무 도움이 안 됩니다. 저도 유가에 속하지만 도가에 속한 노자와 적지 않은 문제의식을 공유하지 않습니까? 맹자와 장자 역시 지식인 입장에 서 있었다는 점에서 유사한데, 이들을 유가니 도가니 하면서 구분해서 보면 그들의 문제의식을 이해하는 데 방해만 될 뿐이지요.

__보령__ 그렇군요. 그런데 같은 지식인 입장에 있었다는 점에서 비슷하긴 해도, 맹자는 장자와 구분해서 봐야 하지 않을까요? 같은 시대적 환경에 있었지만 맹자의 철학은 우선 성선설과 연관되는 것 같고, 어떤 정치 계급적인 문제도 있다고 하던데요.

__순자__ 당연합니다. 맹자가 성선설을 주장했지만 그렇다고 모든 인간이 착하다고 말한 것이 아닙니다. 그에 따르면, 도덕 감정과 도덕 이성을 잘 키워갈 수 있는 사람들이 따로 있습니다. 문화와 교육의 수혜자들, 바로 지식인들이지요. 그런데 지식인이 될 수 있는 사람이 누구겠습니까? 귀족입니다. '지식인이라고 쓰고 귀족이라고 읽는' 이들만이 자신의 선한 본성을 잘 키우고 확충

해갈 수 있답니다. 결국 맹자는 이들이 진리의 담지자로서 국왕에게서도 존경받고 백성의 스승이 되어 천하를 이끌어야 한다고 주장한 것이지요. 이 주장에는 귀족들의 자의식이 상당히 투영되어 있습니다. 기득권을 지키려는 의식이 강하지요.

보령__ 상당히 계급적인 배경이 있네요.

순자__ 그렇습니다. 차별적인 인간관도 있지요. 모든 사람이 선한 게 아니고 특정 소수만 그렇다고 했으니까요. 저는 예를 만든 선왕과 예를 수정하고 보완해서 백성을 다스리는 후왕을 제외한 모든 사람이 동일한 선상에서 출발하는 것으로 보는 반면, 귀족 입장에 선 맹자는 다르게 보았습니다.

보령__ 아, 맹자의 지식인 중심의 철학과 사상에는 확실히 정치 신분적 배경이 있네요. 그래서 이런 말이 있군요. 갈수록 힘이 커져가는 군주에 맞서, 귀족들이 초라해지는 자신들의 영역을 지키기 위해 공자의 사상을 구매해 무장했다. 군주는 주로 변법을 내세웠다. 그러나 이는 귀족들의 기득권을 침해하는 것이었다. 전통과 과거를 중시하는 공자의 사상에는 군주의 변법 노선에 딴지 걸기 쉬운 논리가 있었다. 그래서 귀족들은 자신들의 기득권을 지키는 데 유용한 도구로 공자 사상을 활용했다. 이런 귀족들의 행보를 대변하는 이가 바로 맹자다.

순자__ 그 정도라고 단정할 수 있을지는 모르겠습니다. 하지만 맹자의 성선론과 이에 바탕을 둔 지식인 중심의 사상은 확실히 귀족 계급을 옹호하는 측면이 강합니다. 생각해보니 애초에 그런 의도와 목적으로 만들었을 수도 있겠군요.

저는 지식인이 아닌 군주 중심에 서 있었습니다. 군주를 매개로 유가 사상이 현실화하기를 바랐지요. 이것만이 유가 사상을 조금이라도 현실화할 수 있는 길이자, 그 생명의 연속성을 확보할 수 있는 길이라고 보았습니다. 성악설을 주장한 저는 현실의 혼란과 무질서를 혐오했습니다. 그것들은 사실 국가의 힘으로 제어할 수밖에 없지 않습니까? 그래서 군주의 입장에 가까이 서 있었습니다.

보령　현실적으로 혼란과 무질서는 역시 국가의 힘, 국가 행정력과 법, 제도가 막아야 하기 때문에 군주에 입장에 설 수밖에 없으셨군요?

순자　그렇습니다. 사회 구성원들의 일탈 현상, 이로 인한 사회 혼란과 무질서를 제어할 수 있는 현실적인 힘은 국가에 있습니다. 그 힘은 군주가 총괄하지요.

보령　또 법과 제도로 사회 혼란을 막고 다스려야 하기 때문에, 예에 법과 제도를 포괄적으로 담으려고 하셨고요?

순자　맞습니다. 법과 제도는 역시 군주가 중심에서 만들고 집행합니다. 그래서 더욱 군주의 입장에 가까이 섰습니다.

보령　말씀을 들어보니 지식인 입장에 선 맹자와 달리, 선생님께서는 군주 입장에 설 수밖에 없었겠네요. 지나치게 군주 중심이라는 평가가 있지만 그런 데에는 합당한 이유가 있었군요.

선왕 대 후왕

보령 선생님께서는 후왕, 맹자는 선왕. 맹자는 선왕의 도를 인정하고 존중했던 것으로 압니다.

순자 맹자는 군주에게 당신이 타고난 착한 마음으로 정치하라고 했습니다. 그러나 사단으로 대변되는 착한 마음만으로는 세상을 다스릴 수 없다고 하며 선왕의 도를 같이 이야기했지요. 그런데 사실 살펴보면, 이런 맹자의 주장은 군주의 권력을 제한하기 위한 것이 아닌가 싶습니다. '당신도 과거의 성군처럼 정치하시오. 그리고 과거 성군들의 도는 아무래도 우리 지식인들이 잘 알고 있으니 우리의 말을 더 경청하시고' 이런 의도가 있지 않았을까…….. 아무튼 맹자는 《서경》을 많이 인용하여 선왕의 도와 치적에 대해서 말했지요.

그런데 생각해보니 또 이런 의도도 다분히 있지 않을까 싶습니다. '선왕들에게서 공자로 이어진 진리와 도가 있는데, 현재 그것을 내가 지니고 있다. 그러니 내가 세상의 중심이 되어야 한다. 나를 국정 파트너로 삼아라. 재상 자리를 달라.'

보령 역시 맹자에겐 '왕자병'이 있는 것 같아요. 그런데 선왕을 언급한 의도에는 선생님께서 지적하신 것만 있었던 게 아닌 듯합니다. 군주를 설득하기 위해서도 선왕을 언급할 필요가 있지 않았을까요? 자신의 의견과 주장이 먹히도록 하기 위해서요. 설득하기 위한 일종의 수사라고 할까요?

순자 사실 역사 속의 성인군주를 들먹이면서 왕 앞에서 자기 의견을 개진하는 방식은 여러 지식인이 즐겨 썼습니다. 흔한 수법이지요. 다른 지식인들과 비교해서 구별되는 점이 아닙니다. 저도 그랬으니까요.

보령 저는 이렇게 생각해요. 맹자는 단순히 자기주장에 무게를 싣기 위해서가 아니라, 성선설과 왕도 정치를 피력하기 위해 선왕들 이야기를 한 것 같아요. 성선설과 왕도 정치는 사실 그가 제시하는 천하 통일 방법이잖아요? 그렇게 하면 천하의 주인이 될 수 있다는…….

순자 그렇습니다. 비현실적이긴 하지만 맹자 나름의 천하 통일 방안이었습니다. 맹자는 천하 통일을 원하는 군주에게 이렇게 조언했지요. 군주 당신이 본인의 선한 마음을 자각하고 그 마음을 잘 키워 백성을 위해 어진 정치를 베풀어라. 이것이 왕도 정치이다. 이렇게 하면 천하의 인심이 당신에게 향하여 당신이 대권을 거머쥘 것이다.

보령 맹자는 주장을 펼치며 선왕들을 거론하여 군주의 귀를 더욱 솔깃하게 한 것 같네요. 가령 '옛날의 선왕 누구누구는 내가 지금 말하는 것처럼 자신의 선한 본성과 착한 마음으로 왕도 정치를 해서 천자가 되었다. 그러니 당신도 선한 본성을 자각하고 착한 마음으로 정치하면 그들처럼 천명을 받을 것이다. 그러니 내가 말한 성선설과 왕도 정치에 의심을 품을 것 하나도 없다. 내 말 의심하지 말고 들어라' 이렇게요.

순자 그렇습니다. 지식인들의 정치적 지분을 위해, 자신을 진리의 담지자로 설정하기 위해, 그리고 보령 학생 말대로 왕도 정치 노선을 수용시키기 위해, 선왕들 이야기를 소환했지요.

맹자는 선왕을 정말 좋아했습니다. 하지만 전 어디까지나 현시대의 문제를 해결하는 후왕을 말했지요. 제가 생각하는 선왕은 규범과 문화와 관습을 만들어낸 사람들입니다. 후왕은 역시 그런 것들을 다시 만들어내야 할 사람이지요.

맹자가 거론한 선왕을 보면, 요임금과 순임금과 우임금 등 소수입니다. 그는 말끝마다 요순을 들먹였지요. 그 사람 생각엔 과거 군주 가운데 성인군주가 극소수였나 봅니다. 반면 저는 백왕을 언급했다고 했지요. 모든 시대마다 그때그때 닥친 문제를 해결하고 사회 수요를 충족시킨 당시의 후왕이 있었습니다. 역사가 오래된 만큼 당대의 후왕을 모아보면 아주 많습니다. 그러니 백왕이지요.

보령 정말 그가 선왕이라고 언급한 인물은 극소수인 것 같아요. 백왕은커녕 십왕도 될까 말까 하네요. 맹자가 '500년 왕자주기설'을 말해서 그런가요?

순자 500년 왕자주기설이 뭔가요?

보령 아, 그게요, 500년마다 위대한 성인군주가 등장해 왕도를 천하에 펴서 천하를 안정시킨다는 맹자의 주장 있지 않습니까? 왕도 정치를 펴는 왕자가 500년 만에 한 번씩 나온다고 합니다. 앞서 역사관을 이야기할 때 맹자는 역사의 질적 변화를 인정하지 않는다고 선생님께서 말씀하셨는데, 딱 거기에 부합하는 말이 아닌가 해서요.

순자 무슨 말씀인지 알겠습니다. 그는 역사의 진행 과정을 일치일란으로 규정했지요. 주기적으로 성인군주가 등장해 세상을 이끌어 '치', 안정된 다스림을 이끌어내고, 그가 퇴장하면 다시 세상은 '난', 어지러워진다고 했지요. 이렇게 치와 난이 번갈아가면서 역사가 지속된다고. 치세, 난세, 치세 다시 난세. 저로선 동의할 수 없는 역사관입니다. 역사가 쳇바퀴 돌듯 그저 반복되는 것일까요? 그건 역사가 아니라고 봅니다.

  또한 맹자는 역사에서 치세 기간을 너무 짧게 잡아놨습니다. 이 점도 문제입니다. 500년마다 한 번씩 성인군주가 나와서 다스리는 때가 치세라면, 나머지 기간 동안은 난세라는 말이지요. 그렇다면 사실상 맹자는 역사를 거의 난세가 지속되는 것으로 본 것 아닐까요? 아주 드물게 성군이 등장해 다스리는 시기를 빼면 나머지 기간은 온통 암흑기라는 게 과연 사실에 부합하는 말인지······.

  저는 실제 역사가 그렇게 흘러왔다고 보질 않습니다. 그때그때 현실을 살피고 대안을 마련하는 군주들에 의해 조금씩 발전되어왔고 앞으로도 그럴 것이라고 생각합니다.

보령 성인군주가 500년마다 등판하는 에이스도 아닌데 500년 왕자주기설이라니······. 지금이 난세라면 그저 언젠가 나올 에이스급 성인군주의 등판을 막연히 기다려야 하나 싶기도 한데 답답하네요.

순자 보령 학생 말대로 성인군주의 도래를 막연하게 기다려야 한다면 곤란하지요. 그런 역사관은 지배층과 위정자의 직무 유기를 부추길 우려가 있습니다. 무기력한 패배주의를 불러올 수도 있고요. 묵자가 강력하게 비판한 유가의 나약한 현실순응주의를 불러올 우려가 있는데, 막연히 기다리면 안 되겠지요. 그때 문제는 그때 해결하려고 노력해야 합니다. 그래서 후왕이 필요합니다. 해결사가 있어야지요.

보령__ 역시 맹자와 선생님, 두 분의 역사관이 뚜렷하게 대조됩니다. 선왕과 후왕, 일치일란에 따른 500년 왕자주기설을 말하는 퇴행적 역사관과 시대마다 후왕이 등장해 문제를 해결한다는 발전사관.

순자__ 그렇지요?

두 근원 대 한 근원

보령__ 이제 어쩌면 가장 중요할 수 있는 주제를 다뤄야겠네요. 슬슬 맹자 이야기도 정리하면서요.

두 분에게 인성론 못지않게 대조되는 부분이 있습니다. 바로 인간의 의식을 보는 관점입니다. 맹자는 경로와 근원에 따라 인간 의식을 둘로 나누어서 보았는데, 선생님께서는 '인간의 의식은 근원과 경로로 나누어서 볼 것이 아니다. 단일한 원천과 경로를 통해 만들어진다'고 하셨습니다.

순자__ 네. 전 인간 의식을 맹자처럼 기원을 가지고 나누거나 분리해서 보지 않았습니다. 하나의 길에서 만들어지고 생긴다고 보았지요.

보령　앞서 선생님께서 설명하셨는데요, 맹자는 인간 의식을 대체와 심지관에서 기원한 의식 하나와, 소체와 이목지관에서 기원한 의식 하나로 나누었습니다. 인간의 의식 가운데 선한 본성과 직결되는 마음이 있는데 그것은 좋은 것이자 대체와 심지관에서 발원한 것. 그리고 마음 아닌 다른 의식을 말했는데 그것은 나쁜 행동을 불러올 수 있는 것이자 소체와 이목지관에서 발원한 것. 이렇게 나눴습니다. 인간 의식이 둘. 다른 근원과 경로.

반면에 선생님께서는 인간 의식을 하나로 보았습니다. 모두 같은 곳에서 기원했고 같은 경로에서 나오기 때문에 하나라고 하셨습니다. 인간의 성이 외부 사물과 만나면 감정을 드러냅니다. 감정은 욕망을 불러오지요. 이처럼 '성性—정情—욕欲'으로 이어지는 단일한 경로로 인간 의식이 드러나고, 그렇기에 인간 의식은 하나라는 말씀이지요.

맞나요?

순자　잘 알고 있군요. 맹자는 인간의 의식을 두 개로 양분하여 말했습니다. 비유해서 설명하자면, 맹자는 두 개의 우물이 있다고 보는 것 같습니다. 한쪽 우물은 사람이 언제든 길어서 먹을 수 있는 맑은 물만 나오는 좋은 우물. 다른 우물은 물을 길어봐야 먹어도 되는지 아닌지 알 수 있는 우물. 맹자의 주장은 알 수 없는 우물을 폐쇄하자는 게 아니라, 항상 맑은 물이 나오는 우물을 잘 보존하자는 뜻입니다. 그의 수양론이지요. 그는 이렇듯 뚜렷하게 선을 그어 의식을 구분했습니다. 생겨나는 근원을 기준으로 선한 마음(대체에서 생겨난 의식, 심지관), 그리고 욕망에 이끌려가는 감각기관인 이목지관(소체에서 생겨난 의식)에서 기원한 의식으로.

보령 선생님, 대체/심지관에서 기원한 인간의 의식(본성에서 나온 의식)이나, 감각기관인 소체/이목지관에서 생겨난 의식은 둘 모두 현재 한국인이 쓰는 언어로 표현하자면 마음이라고 할 수 있어요. 견물생심이라는 말에서도 알 수 있듯이 밖에 있는 물건을 보면 마음이 생기잖아요. 그렇게 생각하면, 대체/심지관에서 기원한 의식도, 소체/이목지관에서 기원한 의식도 모두 마음이라고 할 수 있는데, 맹자는 둘을 구분해서 나누었네요.

순자 흠…… 꼭 그렇지는 않습니다. 단순한 감정이나 의식, 정서적 반응은 맹자도 저도 마음으로 보질 않습니다. 현대인이 생각하는 마음은 의식 전반을 뜻하지만, '심心'이라는 글자가 가리키는, 그 글자로 설명되는 제자백가 사상가들의 마음은 그것과는 다르지요.

우리는 심을 좁은 의미로 썼습니다. 맹자는 사실상 인간의 성과 바꿔 말할 수 있는 인간의 착한 마음과 본성을 심이라 했습니다. 저에게도 심은 인식하고 판단하고 계산하는 이성일 뿐이지, 감정까지 포괄하는 의식 전반이 아닙니다.

보령 선생님께서는 그럼 희로애락이나 욕망 등을 마음으로 안 보시나요? 현대 한국인은 그러한 것을 마음이라 '퉁쳐서' 부르거든요. 그런데 두 분은 모두 마음을 현대 한국인과는 달리 좁은 의미로 쓰시네요. 맹자는 선한 본성과 인간의 본질로서 착한 마음을 마음으로, 선생님께서는 인식, 판단, 인지, 계산하는 주체를 마음으로……. 하긴 앞에서 감정, 욕망, 욕심 등을 인간의 성이라고 포괄해서 말씀하셨군요. 그것들이 인간의 마음이라고는 안 하셨지요.

순자 네. 인간의 마음은 인식하고 계산하고 판단할 수 있는 천군을 가리키지, 희로애락과 같은 감정, 함께 움직이는 욕망 등이 아닙니다. 맹자와 제 주장의 다른 점은 근원을 기준으로 둘로 나누느냐, 모두 하나의 근원에서 나오느냐에 있습니다.

보령 아, 이제 조금 알 것 같습니다.

순자 저는 이렇게 생각합니다. 생존 욕구 즉 본능이 있는 인간이 외부 사물을 보거나 외부 자극에 노출되면, 그 인간은 당연히 반응합니다. 그 반응은 거칠게 말하자면 호오好惡, 즉 좋고 싫고의 감정으로 드러나지요. 인간의 성(식색)을 충족하는 데 상관있거나 도움 되는 것이면 좋아하고, 반대로 상관없거나 방해되는 것이면 싫어합니다. 좋으면 다시 가까이하고 자기 것으로 만들고 싶지요. 즉 욕망합니다. 반대로 싫으면 밀어내거나 없애려고 합니다. 인간의 의식은 이렇게 말할 수 있습니다. 이것은 모두 인간에게 성이 있기 때문에 보이는 모습입니다. 이 모습 또한 인간의 성이라 하고요. 기억하나요? 다 앞서 한 이야기이지요?

아무튼 전 의식을 하나의 범주에 놓고 시작합니다. 단일한 원인, 근원에서 기원했다고 전제하지요.

보령 맹자는 인간의 의식을 단순히 양분만 한 게 아니라 가치판단도 했습니다. 한쪽은 무조건 좋고, 다른 쪽은 좋을 수도 나쁠 수도 있다고요.

순자 저는 그렇게 생각하지 않습니다. 발현되어 나온 시점에 그때그때 판단

- 537 -

해야 할 일이라고 못 박았지요. 예와 규범에 맞느냐 안 맞느냐, 이를 기준으로 삼아 매번 의식이 드러날 때 판단해야 합니다. 다만 인간이 외부적 기준을 제대로 받아들지 못하면 판단 기준이 없겠지요. 그래서 자연 상태에서 인간의 의식은 잘못된 행동으로 연결되기 쉽습니다.

보령 선생님의 성악설이네요?

순자 그렇습니다.

보령 여기서 한번 정리하겠습니다. 맹자는 인간 의식을 생겨나는 근원에 따라 나누었는데, 착한 본성에서 생겨난 의식(착한 마음)이 있고 감각기관에서 생겨난 의식이 있다. 반면 선생님께 인간 의식은 그저 하나의 범주이자 성으로 '퉁쳐서' 말할 수 있다. 그 의식은 텍스트에서 '심'으로 거론되는 '마음'과는 다른 것이다. 마지막으로 인간의 의식은 그 근거, 근원이 문제가 아니라, 나왔을 때 그때그때 판단하는 것이 중요하다.

순자 잘했습니다. 의식이 발생하는 그 순간에 옳으냐 그르냐 판단해야 합니다. 마음이 예를 기준으로 판단해서 선별하고 제어해야지요. 바람직한 감정이고 의식이자 반응이면 그대로 두고, 그렇지 않으면 억제하고.

보령 그때그때 가서 판단하자. 마음이 '옳다'라고 판정하면 'Enter'를 누르고, '아니다'라고 판정하면 'Delete'를 누르자. 그러기 위해 판단과 선별의 근거가 될 수 있는 기준을 잘 수용하자. 이른바 공부와 학습을. 그리고 배운 기준으로 잘 판단하자. 이런 말씀이지요?

순자 그렇습니다. 그래서 허─일─정과 치기란 것을 말한 겁니다. 마음이 차분하고 고요해야지요. 사람의 기氣 역시 어지럽고 산만하지 않게 해야 하지요. 그래야 외부 기준을 세내로 도입할 수 있을뿐더러, 계산과 저울질 등을 잘할 수 있습니다.

보령 치기에 대해서 조금 더 설명해주세요. 어떻게 기를 다스리자는 말씀인지 궁금합니다. 또 맹자 역시 기를 이야기했는데, 두 분의 기가 어떻게 다른지도요. 먼저 선생님의 치기, 기의 다스림에 대해서……

순자의 기 대 맹자의 기

순자 치기, 말 그대로 '기를 다스려라'는 뜻입니다. 인간이 밖으로 드러내는 의식을 보면, 타고났든 아니면 습관에 의해 만들어졌든 강하게 드러나는 것이 있지요. 이 특징적인 모습이나 성격을 기질이라고 하지 않습니까? 바로 기질을 다스리는 것을 치기라 합니다.

보령 치기를 잘해야 마음이 제대로 기능해 인간의 의식을 잘 다스릴 수 있다고 하셨습니다. 그런데 의식도 기질이라고 하시니 좀 헷갈립니다. 결국 의식을 잘 다스리기 위해 의식을 잘 다스리라는 말씀인가요? 헷갈리네요.

순자 의식 중에서도 어느 정도 고정되거나 굳어진 의식, 습관적으로 보이는 인간의 감정적 반응을 잘 이끌어야 한다는 말입니다. 그래야 마음이 제대로 작동해서 그 마음이 언제든 인간의 모든 의식을 통제하고 다스릴 수 있습니다. 기질을 좀 고쳐놔야 다른 모든 의식까지 매 상황에 바르게 드러나고 절제될 수 있습니다.

보령　음……, 완전히 이해되지는 않지만…… 일단 그렇게 알고 가겠습니다.
　선생님, 제가 '치기양심술治氣養心術'이란 말을 들었는데요, 기질을 잘 다스려 마음을 키우는 기술, 방법이란 뜻 같은데, 무엇인가요?

순자　제가 말하는 양심은 맹자의 양심과 다릅니다. 저는 마음이 제대로 기능하게 하자는 뜻의 양심을 말했습니다. 치기양심술이 그런 겁니다. 기질을 잘 다스려서 마음이 제대로 작동하고 기능하게 하자는 말이지요. 치기양심술에는 아홉 가지 구체적인 방법이 있어요. 아홉 가지 수양의 옵션이라고 할까요? 하나하나 살펴보겠습니다.

　하나, 혈기가 너무 세고 강한 사람은 조화로운 기운으로 혈기를 부드럽게
　만들어야 한다.

　혈기가 강한 사람은 다투기를 좋아하기 때문에 조화의 덕으로 부드러운 성격이 되도록 해야 합니다.

　둘, 지혜와 생각이 너무 깊은 사람은 평이하고 충직한 덕으로 하나가 되도
　록 인도해야 한다.

생각이 너무 많은 사람은 항상 숨기고 왜곡하려고 하므로 솔직 담백한 덕으로 마음을 순수하게 쓰도록 해야 합니다.

셋, 용감하고 사나운 사람은 바른 도리로 순하게 인도해야 한다.

용맹하고 사나운 사람은 쉽사리 충동적으로 움직일 수 있으므로 도리로 순한 성격이 되도록 해야 합니다.

넷, 너무 급하고 약삭빠른 사람은 행동을 절제하게 해준다.

언어와 행동이 지나치게 빠른 사람은 침착하고 느릿한 언행으로 절제하게 해야 합니다.

다섯, 속이 좁고 옹졸한 사람은 마음을 넓고 크게 틔워준다.

도량이 좁은 사람은 넓은 덕으로 도량을 넓히도록 해야 합니다.

여섯, 비굴하고 느리며 이익을 탐하는 사람은 높은 뜻으로 인도해야 한다.

의지가 낮고 성격이 느리면서도 이익을 탐내는 사람은 높은 기개로 각성하게 해야 합니다.

일곱, 용렬하고 산만한 사람은 스승과 벗의 가르침으로 그러한 성질을 고치도록 유도한다.

졸렬하고 천하며 또 스스로 단속하지 못하는 사람은 스승과 친구의 힘으로 그 성질을 버리도록 해야 합니다.

여덟, 태만하면서도 경박한 사람은 재앙으로 깨우쳐야 한다.

태만하고 제 몸을 함부로 하는 사람에게는 그러다가는 화가 닥칠 것임을 알리고 경계심을 일깨워야 합니다.

아홉, 어리석다 할 정도로 너무 우직한 사람은 예와 음악으로 알맞게 행동하도록 일러주고 사색하는 법을 일러줘야 한다.

어리석고 고지식한 사람은 예악으로 조화롭게 행동하도록 가르치고 제대로 생각하는 습관을 길러 생각을 잘할 수 있도록 해야 합니다.

보령 아홉 가지 부정적인 기질, 삐뚤어지거나 불균형한 성격, 고정된 의식에 대한 아홉 가지 처방책이군요. 맞춤별 치료법.

순자 그렇습니다. 어떤 사람이 이러이러한 성격이라고 진단되면 맞춤별 대안을 통해 이끌어줘야 합니다. 스승이 할 일입니다.

보령 현대 한국어로 말하자면 '기질을 고치자', '교정하자' 이런 말 같네요. 스승이나 교육자가 할 일이라고 보셨고요.

순자　기질이란 말과 교정이란 말 모두 참 적당하다고 생각합니다. 사람이 좋지 못한 기질을 보이면 교정하게 해야지요. 그래야 마음이 제대로 작동합니다. 제가 〈수신〉 편에서 이런 말을 했습니다.

　모든 기질을 다스리고 마음을 기르는 방법 가운데 예를 따르는 것보다 더 빠른 길이 없고 스승을 얻는 것보다 더 중요한 것은 없으며 좋아하는 것을 한결같이 하는 것보다 더 신통한 것은 없다.[169]

보령　기질을 다스리고 고치는 방법 가운데 좋아하는 것을 한결같이 하는 것보다 신통한 것이 없다고 하셨는데요, 이해가 잘 안 됩니다. 무엇을 한결같이 좋아하라는 뜻인지, 그리고 그렇게 하는 것이 왜 신통한지…….

순자　좋아하는 것을 한결같이 하는 것보다 신통한 것은 없다. 한자로 '막신일호莫神一好'라는 말에서, 인간이 성장하는 데 일호, 즉 한결같이 '무엇'을 좋아해야 하느냐? 바로 학문이지요. 학문을 한결같이 좋아하는 것보다 효과가 좋고 신통한 것이 없다는 뜻입니다. 한결같이 배움을 좋아하는 자세, 그것이 중요합니다. 그래야 기질을 잘 교정할 수 있습니다.

보령　선생님 가르침에는 '한결같이'란 말이 많이 나오네요. 마음 쓰기를 한결같이 하라用心一, 마음을 한결같이 단단히 매어두어라結於一, 학문을 좋아하는 자세를 한결같이 하라莫神一好…….

순자 훌륭한 농부는 장마가 지거나 가뭄이 든다고 해서 밭을 갈지 않는 법이 없고, 훌륭한 장사꾼은 손해를 본다고 해서 장사를 하지 않는 일이 없으며, 군자는 가난하고 궁핍하다고 해서 도를 게을리하지 않습니다.[170] 오로지 배움과 성장을 위해서 한 길을 꾸준히 갈 뿐이지요. 보령 학생은 창힐蒼頡이란 사람을 아십니까?

보령 한자를 만들었다는 사람 말씀인가요?

순자 그렇습니다. 그는 황제黃帝라는 중국 문명을 만든 군주의 사관으로 한자를 만든 사람이라 전해지지요. 본디 글을 좋아했던 사람은 많은데 창힐의 이름만 전해지는 것은 그가 글에 한결같았기 때문입니다. 농사를 좋아했던 사람은 많은데 후직后稷*의 이름만 전해지는 것은 그가 농사에 한결같았기 때문입니다. 음악을 좋아했던 사람은 많은데 기夔**의 이름만 전해지는 것은 그가 음악에 한결같았기 때문입니다. 순임금의 이름만이 전해지고 있는 것은 그가 의로움에 한결같았기 때문입니다. 옛날부터 지금에 이르기까지 두 곳에 마음을 쓰는 사람 가운데 한 가지 일에 제대로 전념해서 성취를 이룬 자는 없습니다.[171]

보령 한결같음, 막신일호라는 말은 기질 교정에 대해 이야기하다가 나왔는데요, 〈수신〉 편에서도 그것이 제대로 되지 않았을 경우 보이는 인간의 양태를

---

* 전설의 요순시대에 농사를 주관한 장관으로 농업 문명을 탄생시킨 상징적인 인물.
** 순임금 때 음악과 교육을 주관하던 전설 속의 인물.

적나라하게 말씀하셨습니다.

순자_ 다시 말해볼까요?

시시비비를 제대로 가리는 것을 지혜라 하며, 옳은 것을 그르다 하고 그른 것을 옳다 하는 것을 어리석음이라고 한다. 훌륭한 이를 손상시키는 것을 모함이라 하고, 훌륭한 이를 해치는 것을 해로움이라 한다. 옳은 것을 옳다 하고 그른 것을 그르다 하는 것을 정직이라 하고, 남의 재물을 훔치는 것을 도둑질이라 하며, 자기 행동을 숨기는 것을 사기라 하고, 말을 바꾸는 것을 허풍을 떠는 것이라 한다.[172]

그 밖에도 치기가 제대로 되지 않았을 때 보이는 인간의 그릇된 모습에 대해서도 많이 이야기했습니다. 그래서 맞춤별 교정 방법을 제시한 것입니다.*

보령_ 선생님, 그런데 평생 스승이 교정해줄 수는 없고, 자기 스스로 기질을 고쳐야 하지 않을까요?

순자_ 물론입니다. 기질을 포함한 모든 의식과 감정적 반응이 나타나면, 그때 그때 스스로 자신의 의식을 관찰하여 상태를 진단하고 판단해야지요. 예에

---

* 순자는 바람직한 것들을 갖추지 않거나 배우려 하지 않을 때 드러나는 모습들을 적나라하게 제시하고 반복해서 보여준다. 교육자라는 의식이 강해서일까? 부정적인 모습을 나열하면서 절대 그러면 안 된다고 잔소리를 하는 듯하다. 안 그래도 순자는 "無~不" 구문이 참 많다. 무엇무엇이 "없으면 안 된다"라고 많이도 말했다. 맞춤별 교정 방법을 제시한 것도 교육자다운 모습이다.

맞으면 바람직하니 의식에 따르자, 예에 맞지 않으면 바람직하지 않으니 의식을 고치자, 이렇게 해야지요. 자신을 관찰해 예를 기준으로 저울질하여 단속해야 합니다. 이러한 과정이 항상 있어야 합니다. 이는 수신과 실천에 매우 중요합니다.

보령 스스로 항상 자신을 관찰하면서 단속해야 한다는 말씀이네요.

순자 마음이 항상 예를 통해 저울질할 준비가 되어 있어야 합니다. 제가 치기를 말한 것도 그런 이유에서입니다.

보령 지금까지 말씀을 들으니 선생님께서는 성즉기性卽氣라고 보시는 것 같습니다. 인간의 성은 기라는 관점이요.

순자 무슨 말씀이지요?

보령 아, 선생님 후배라 할 수 있는 송 대, 명 대 유학자들이 사용한 개념입니다. 성즉리性卽理, 심즉리心卽理, 심즉기心卽氣 등이 있어요.

　인간의 외부로 보이는 어떤 감정과 반응 즉 의식이 성이고, 그 가운데 강하게 드러나는 것이 기질이잖습니까? 성즉기를 단순하게 말하자면 성은 의식이고 의식이 기이니, 성은 기라는 말입니다.

성즉기: 성=의식, 의식=기⇒성=기

마침 기질을 고치자, 다스리자고 하셨는데요, 앞서 계속 성을 고치자, 다스리자고 하시지 않았습니까? 기질과 성 모두 다스려 바람직한 방향으로 고쳐가야 하니, 성은 곧 기라는 개념을 대입하면, 성을 바꾸자는 화성이나 기를 다스리자는 치기나 똑같은 것 아닌가요? 선생님 말씀을 듣다 보니 인간의 성을 기라고 보시는 것 같아서, 선생님께서도 성즉기의 입장에 있다는 생각이 들었습니다. 인간의 기질을 말씀하실 때 보면, 기질이 곧 성격性格, 성질性質인 것 같았고요.

순자＿ 그렇게도 볼 수 있겠습니다. 너 자신의 성을 고쳐라 할 때는 자신의 기질을 고치라는 말로 이해하기 쉽고, 그렇게 이해해도 안 되는 건 아니니 그렇게 봐도 되겠군요. 각자의 성은 주로 기질이란 모습으로 외부로 표현되거나, 기질로 인식되기 쉬우니, 성즉기라고 해도 큰 무리는 없겠군요.

다만 기질은 개인에 국한되는 개념이고 성은 인간 일반의 경향성이니, 기질보다 성의 개념이 범위가 넓습니다. 이 정도로 구분하면 될 것 같은데……, 인간의 기질이 곧 인간의 성이다. 성즉기……. 받아들이는 개인의 입장에서 또 수양론적 측면에서 틀린 말은 아닌 것 같습니다. 성즉기라고 이해하셔도 되겠습니다.

보령＿ 맹자는 인간의 성이 착하다고도 했지만, 이理와 의를 좋아한다고도 했습니다. 이치를 의로움과 연관 지은 것인데, 그럼 맹자의 입장은 성즉리라고 봐도 될까요?

순자＿ 그것까지는 정확히 모르겠습니다. 성즉리고 심즉리고 하는 개념은 후배들의 입장이고 그들이 만들어낸 명제라……. 군이 제 생각을 말하자면 심즉리와 성즉리를 말한 진영은 맹자의 입장을 따른 것 같습니다. 인간 마음이 이다. 인간 본래의 성이 이다. 이런 명제는 인간 본래의 모습을 있는 그대로 긍정한 것이니까요. 본래의 모습을 부정하여 고치고 바꾸자는 것이 아니잖습니까? 심즉리, 성즉리는 분명히 제 입장과는 배치됩니다.

저 순자의 심은 이다 기다 말할 수 있는 게 아닙니다. 제가 말하는 성은 절대 이일 수 없고, 개개인에게는 기질로 드러나기 쉬운 것입니다. 그러니 제 입장은 성즉기라 해야 맞을 것 같습니다.

보령 학생이 좋은 이야기를 해주었군요. 성즉기……. 제 입장은 성즉기라 봐도 무방합니다. 그리고 심즉기가 맞을 것 같고. 〈해폐〉 편에서 제가 "마음은 쟁반 위의 물 같다"[173]라고 했습니다. 마음을 물처럼 흐려지고 탁해질 수 있는 것으로 말했지요. 쉽게 흐려질 수 있다는 뉘앙스입니다. 그러니 심즉리가 아닌 심즉기라고 해야겠네요. 심즉기, 성즉기. 저는 모두 기입니다.

보령 아무튼 인간은 기와 성을 고쳐 다시 만들어가야 하지요? 이것이 수양이고요. 인생은 수양의 연속인데, 일상에서 배움을 계속하는 것 못지않게 자신을 단속하고 검속하는 과정도 중요하다는 말씀이지요?

순자 내 안의 것을 기르고 확충하는 게 아니라, 밖에 있는 것을 배우고 예를 기준으로 삼아 마음가짐과 몸가짐을 단속하자는 게 제 입장입니다. 이 과정에서 반드시 있어야 할 것이 자신의 의식과 행동에 대한 관찰입니다. 의식과 행동이 내가 배운 가치 기준인 예에 맞는지 아닌지 살펴야지요. 그래야 단속할 수 있겠지요? 특히 의식을 제대로 살펴야 합니다.

보령　스스로 자신을 관찰하여 자신을 단속하자는 것은 조선 사상계의 거대한 축인 율곡 사상의 핵심입니다. 이제 조선 유학과 율곡 사상에 대해 이야기할 때가 되었네요.

순자　그럴까요? 그런데 맹자의 기 이야기는 안 합니까? 제가 지기, 치기양심술, 기질 교정에 대해 이야기했듯, 맹자도 기에 대해 논했습니다.

보령　아, 그렇군요. 맹자의 기가 무엇인지, 그리고 선생님의 기와 어떤 점이 다른지 살펴봐야지요.

　일단, 맹자 하면 호연지기인데요. 그의 기는 '좋은 것' 같아요. 다스리고 교정해야 할 것이 아니라 바람직한 것.

순자　맹자는 기를 긍정적인 대상으로 많이 말했습니다.

보령　제자 공손추公孫丑가 호연지기에 대해 묻자 맹자가 이렇게 말했다고 합니다.

　호연지기라는 것은 지극히 크고 강해서 의로써 잘 기르고 해치지 않는다면 천지간을 가득 채울 것이다. 기는 의와 도와 짝하는 것이라 의와 도와 함께 하지 못하면 굶주려 허약해질 것이다. 이것은 의가 쌓여서 만들어지는 것이지 의가 갑자기 나에게 와서 얻어지는 것이 아니다. 행동이 마음에 흡족하지 않은 것이 있다면 기가 굶주려 허약해진다.[174]

순자 의롭고 바람직한 행위를 거듭하여 사람에게 어떤 긍정적인 기가 생기면, 눈덩이가 커지듯 그 기가 쌓이고 쌓여 커진다고 합니다. 이것이 바로 맹자의 호연지기입니다. 맹자는 이를 대장부의 기상 내지 정신적 용기라고 했습니다.

보령 호연지기 말고도 '평단지기平旦之氣'라는 것을 말했는데요, 평단지기는 새벽의 기운이라 했어요. 또 '야기夜氣'라고 해서 밤의 기운을 말했고요. 이는 인간 본래의 선한 마음을 이야기할 때 언급한 말들입니다. 주희의 설명을 보면 새벽과 밤에 사물과 접촉하지 않았을 때 인간에게 있는 청명한 기운이라네요. 맹자는 이러한 새벽의 기운과 밤의 기운이 잘 보존되면 좋고, 그렇지 않으면 나쁘다고 했습니다. 이 역시 좋게 말하는 것을 보면 인간 본래의 선함에 대한 맥락과 비슷한 것 같아요.

순자 그 기운들을 보존하면 정상적 인간이지만, 해치고 잃어버리면 금수와 별반 차이가 없어진다고 했지요. 인간이 보존해야 할 것이라면서.

보령 호연지기, 새벽의 기운 평단지기, 밤의 기운 야기. 맹자에게 기라는 것은 긍정적이네요. 대장부의 기상, 착한 인간 본래의 마음과 같은 맑은 기운. 선생님처럼 교정해야 하거나 통제하고 다스릴 것들이 아니군요.

순자 그런데 아무래도 제 생각엔 맹자가 제나라에 체류하면서 제나라 방사들의 영향을 받은 듯싶습니다. 제나라에는 신선의 도를 추구한다며 불로장생에 뜻을 두고 수도하는 사람이 많았습니다. 그들에게 기 수련 전통이 있어 오행 같은 것이 이론적으로 체계화되었다고 하지요. 맹자가 그들의 영향을 받아서 기를 긍정적으로 보지 않았나 싶습니다. 사실 보령 학생이 말했던 500년 왕자주기설도 오행 사상의 영향을 받아 나온 것이지요.

보령 오, 그렇군요. 아무튼 맹자는 호연지기는 '생生'하고 '내大'해야 할 대상이라고 말했고, 평단지기와 야기는 '존存'해야 할 대상으로 말했는데, 다스림 '치'의 대상인 선생님의 기와는 많이 다릅니다.

순자 그렇습니다.

보령 그럼 조선 유학으로 넘어가겠습니다.

· 17장 ·

순자와 율곡*

외부의 것이 인간을 자극했을 때, 인간은 반응하게 마련이다.
그때 반응을 스스로 관찰한다.
옳은지 그른지 이치에 맞는지 맞지 않는지 판정한다.
중요한 점은 스스로 '찰察', 살피고 점검하는 것이다.

재귀관찰과 재귀점검

보령 선생님께서 〈정명正名〉 편에서 이렇게 말씀하셨는데요,

사람에 관한 것 여러 가지 가운데 선천적으로 타고난 것을 성이라고 하고,
그러한 성이 외부의 것들과 마주했을 때 저절로 보이는 반응과 의식 역시
성이라 한다.

---

* 이하 사단칠정 논쟁과 율곡 철학에 대한 부분은 필자의 은사이신 정원재 선생님의 견해와 논문 〈지각설에 입각한 이이 철학의 해설〉을 참고했음을 밝힌다. 사단칠정 논쟁의 경우 김기현 선생님의 《조선조를 뒤흔든 논쟁》(상, 하)(길, 2000)을 참고했다.

그러한 반응과 의식이 성이지만 밖으로 드러난 인간의 감정과 의식이기에 '정情'이라고도 하는데, 그럼 정이 곧 성인가요?

순자_ 네. 인간이 타고난 것이 성이고, 성을 가진 인간이 외부의 것과 마주하거니 외부의 자극을 빌있을 때 욕망과 감정이라는 반응과 의식을 드러내는데, 이것 또한 성이라고 했지요.

보령_ 〈정명〉 편에서 이런 말씀도 하셨어요.

인간의 반응과 감정이 드러났을 때, 저울대에 올려놓고 보듯 마음이 반응과 감정을 분별하고 판단하는데, 이것을 '여慮'라고 한다.

순자_ 외부로 열린 인간을 상정해보지요. 외부의 사물과 인간이 마주했을 때 즉 외부의 자극이 있을 때 인간은 어떤 반응을 하고 의식을 드러내기 마련입니다. 그때 마음, 심이 활동을 시작하지요. 심이 의식을 관찰하여, 옳은지 그른지 선한지 악한지 따집니다.

보령_ 그러고 나서 위라는 인간 행동, 실천이 나온다고 하셨습니다. 심이 따지는 것으로 그치는 게 아니라, 행동으로 이어진다는 말씀인데요?

순자_ 마음으로 내가, 현재 의식이 옳다고 생각하면 의식이 원하는 대로 하고, 의식이 옳지 않다고 생각하면 의식을 잠재우고 의식과 반대되는 행위를 하기도 합니다. 이처럼 규범을 기준으로 판단해 어떤 행위로 이어지게 하는 것,

이것이 위입니다. 앞서 위의 네 범주를 다룰 때 언급했지요? 일상생활에서 규범을 기준으로 자신을 다잡고 단속하는 것이 위이고, 이를 통해 인간 본성을 변화시킬 수 있다고.

이는 철저히 예에 근거해서 해야 합니다. 인간 본성과는 다른 주체적 행위이자 노력이지요. 이렇게 하면 인간의 성을 고쳐갈 수 있다고 했습니다. 위를 거듭하면 여기에서 그치는 정도가 아니라, 인간 의식 자체가 예와 법도에 저절로 합치하는 사람이 될 수 있습니다.

보령　위를 제대로 하기 위해서는 열심히 배워 내 것을 만들고 배운 것을 통해 나의 의식과 행동이 맞는지 틀린지 판단하는 자기 관찰 과정이 필요하다. 이렇게 연결되는군요.

순자　관찰, 점검, 검속이랄 수 있겠군요. 자신을 관찰하여 의식을 점검하고, 의식이 옳은지 그른지, 이치에 맞는지 틀린지, 그대로 행했을 때 예에 맞는지 안 맞는지 따지고 저울질해야지요. 그런 다음에야 행동에 옮기고.

정리하자면, 이때 관찰과 저울질을 '여慮'라고 합니다. 이를 위해서는 마음이 반드시 또렷하게 깨어 있어야 하지요. 마음을 거울같이, 맑은 물같이 해야 합니다. 이를 위해서는 치기, 즉 기를 다스려야 합니다. 아무튼 관찰과 저울질, 이 두 과정의 여를 위해 이러저러한 수양의 방법을 말한 것입니다. 치기, 치기양심술 같은…….

보령　선생님께서 '맑아야 한다', '밝아야 한다' 이런 말씀을 많이 하셨어요. 외부 대상에 대해 명확히 인식하는 것 못지않게 자신을 명확히 관찰하는 것도 중요하다는 말씀으로 알겠습니다.

순자 드러나는 의식과 기질도 인간의 성이자 내적 자연입니다. 이 역시 외적 자연처럼 명확히 인식해야지요.

보령 "물은 지극히 평평해 단정하면서도 기울어지지 않는다네. 마음을 이와 같이 쓰면 성인처럼 되리라."[176] 〈성상〉 편에서 이렇게 말씀하셨어요. 마음을 씀이 맑은 물과 같아야 한다. 마음을 명경지수明鏡止水처럼 만들라고 말씀하셨습니다.

순자 네, 그랬습니다. 사람의 마음은 쟁반 위의 물과 같습니다. 쟁반을 바르게 놓고 움직이지 않게 하면 지저분하고 탁한 것은 아래로 내려가고 맑고 밝은 것은 위에 있게 됩니다. 그러면 물에 수염과 눈썹을 비추어 볼 수 있고 잔주름까지도 살필 수가 있습니다. 그런데 작은 바람이라도 불면 지저분하고 탁한 것이 아래에서 움직여 맑고 밝은 것이 위에서 어지러워집니다. 이런 물에는 커다란 물체조차도 올바르게 비추어 볼 수가 없게 될 것입니다.[177]

　살피고 인식하는 것이 마음입니다. 물과 거울을 말한 것은 이런 까닭입니다. 외부 대상은 물론, 자기 자신도, 자신의 욕망, 감정 등 의식도 잘 살펴야 합니다.

보령 자기 관찰, 정말 중요하게 느껴지네요.

순자 제가 텍스트에도 위태로운 정서나 의식을 멀리하고 망령되이 행동하지 않기 위해 스스로 항상 단속하라고 말했습니다. 그러려면 관찰과 점검이 필요합니다. 마음이 맑은 물과 같아야 하지요.

보령 선생님께서 말씀하시는 관찰과 점검을 '성찰'이라는 말로 이해해도 될까요?

순자 성찰이란 말도 나쁘지 않습니다. 하지만 그때그때 항상 수시로 자신을 점검하고 관찰해야 하는데, 이런 측면에서 성찰이라는 말에는 현장감이나 매 순간 해야 할 당위로서의 의미가 좀 약한 듯합니다. 성찰은 하루 일과를 마치고 고요하게 자신을 돌아본다는 정리로서의 의미가 있습니다. 성찰보다는 점검과 관찰이 더 적합한 말인 것 같습니다.

점검하고 관찰하기 위해 마음이 항상 또렷하게 살아 있어야 합니다. 점검을 위한 점검, 관찰을 위한 관찰이 되어선 안 되겠지요. 또렷하게 살아 있는 마음 상태를 유지하고, 그런 마음을 통해 '자기관찰', 더 정확한 말로 '재귀관찰'을 잘해야 합니다.

보령 선생님처럼 재귀관찰을 중시한 유학자가 한국에도 있었습니다. 그분도 선생님처럼 밖으로 드러나는 인간 의식과 몸가짐이 위태롭기 쉽다고 보고, 인간의 일반적 성향과 경향을 부정적이라고 했습니다. 사실상 성악설의 입장에 있는 분이에요.

순자 그가 바로 율곡이군요.

보령 네, 맞아요. 율곡도 인간의 성을 고치고 바꿔가자고 주장했습니다. 그러기 위해 외부의 가치 기준을 받아들여야 한다고 선생님처럼 역설했지요. 외부의 가치 기준을 배워서 받아들이는 것을 그는 '궁리窮理'라고 했어요. 또한 선생님처럼 인간의 의식이 나오는 근원과 경로를 단 하나로 보았고요. 그 근원과 경로에서 나오는 인간의 의식을 잘 관찰하고 섬섬하자고 말했지요. 물론 외부에서 받아들인 가치 기준을 통해서요.

너무도 선생님과 닮은 유학자입니다.

순자 율곡에 대해서 어서 이야기하고 싶군요.

보령 인간의 활동이나 의식을 밖에서 가해진 자극이나 외부 사물과의 조우를 통해 만들어진 반응으로 이해한 점. 인간의 마음을 그 자체로 긍정하지 않고 선생님처럼 외부로 열린 창이자 인식하고 계산하는 것으로 본 점. 선생님만큼 예를 중시하여 예에 대한 학습과 수용을 강조한 점. 아무튼 선생님의 사상과 닮은 점이 무척 많네요.

순자 율곡에 대해선 아는 바가 거의 없는데, 보령 학생의 말을 들을수록 더 궁금해집니다.

보령 저도 많이 알지는 못하지만, 제가 알고 있는 선에서 몇몇 이야기를 해보겠습니다.

순자 이야기를 듣다 보면 저와 뭐가 비슷한지 알 수 있을 것 같군요.

보령 율곡은 기대승의 영향을 지대하게 받았습니다. 기대승이 사실 선생님과 아주 비슷한 견해를 가진 조선의 첫 번째 철학자인데요, 그분 이야기를 먼저 하겠습니다.

기대승은 그 유명한 사단칠정 논쟁이 낳은 스타이자 이론가입니다. 사단 칠정 논쟁에 대해 이야기 안 할 수가 없는데요, 물론 이에 대해서도 선생님의 의견을 부탁드리겠습니다.

순자 네, 알겠습니다.

기대승과 사단칠정 논쟁

순자 이젠 제가 물어봐야겠군요. 사단칠정 논쟁에 대해서 들었지만 자세히는 모릅니다. 무엇입니까?

보령 16세기 후반기에 퇴계退溪 이황李滉과 고봉 기대승 사이에 벌어진 논쟁을 말합니다. 이 논쟁이 이어져 율곡 이이와 우계牛溪 성혼成渾 사이에도 논쟁이 벌어졌습니다. 그래서 이들의 논쟁까지도 사단칠정 논쟁에 포함하기도 합니다.

사단칠정 논쟁 또는 논변은 말 그대로 사단과 칠정에 대한 논의예요. 맹자가 말한 네 가지 도덕 감정인 사단, 그리고 〈예기〉 편에서도 나오는 인간의 일곱 가지 감정인 칠정이 주제입니다. 사단이란 무엇이냐, 칠정이란 무엇이냐, 사단과 칠정은 각각 어디에서 생기고, 그 둘의 관계는 어떻게 되느냐, 이를 놓고 고봉과 퇴계가 아주 긴 시간 동안 치열하게 논쟁을 벌였어요. 논쟁 과정에서 중국에서 들어온 신유학이 조선에 완전히 뿌리내렸고, 이론적으로 정밀해졌으며, 한국적인 특색과 깊이를 갖추게 되었습니다.

순자　신유학이란 것이 무엇입니까?

보령　유학은 한나라 때 사상계를 지배했지만, 한나라가 무너지자 도교와 외부에서 들어온 불교에 밀려 수세적 입장에 처했습니다. 사상적 경쟁에서 살아남기 위해 유학자들이 오랜 시간 동안 모색하는 과정에서 북송北宋 대에 신유학이 만들어졌어요. 이른바 북송 오자五子라고 해서, 주돈이周敦頤, 장재, 정호程顥, 정이, 소강절邵康節 이렇게 다섯 명의 대학자가 나옵니다. 주희가 이들의 사상을 종합하여 집대성하면서 성리학이 만들어졌지요. 이것을 다른 말로 신유학이라고 합니다.

　신유학, 말 그대로 새로운 유학이에요. 신유학은 원나라 때 동아시아 전체에 퍼져 한국에도 들어옵니다. 조선 중기 때부터 완전히 이 땅에 뿌리를 내렸고 사상적 열매와 꽃을 피웁니다. 여기에 사단칠정 논쟁이 결정적인 역할을 하지요.

순자　그렇군요. 그런데 신유학에는 주자학이라고 하는 주희의 성리학만 있는 게 아니지요?

보령　네. 선생님의 노선을 따르는 순자식 신유학으로 중국엔 호상학湖湘學이 있습니다. 또 정호에서 육구연陸九淵, 왕양명으로 이어지는 양명학, 다른 말로 심학心學이 있어요. 주자학 이른바 성리학에 이들 학문까지 모두 포괄하여 신유학이라고 하지요.

순자　그럼 사단칠정 논쟁을 살펴볼까요? 그 논쟁에서 어떤 주장들이 오갔는지, 어떻게 전개되었는지 궁금합니다.

보령　이황은 정지운鄭之雲이 쓴《천명도天命圖》란 책을 해설하면서 "사단은 이에서 발현하고 칠정은 기에서 발현한다"[178]라고 했습니다. 이 말이 문제의 시작이자 사건의 발단이었습니다. 이것을 본 기대승이 '그것이 틀렸다'라고 반론했지요. 이에 이황이 그 문구를 살짝 바꿔서 "사단은 이가 발현한 것이요, 칠정은 기가 발현한 것이다"[179]라고 했지요. 그러자 기대승이 본격적으로 반론하기 시작합니다.

순자　어떻게 반론을 했나요? 그 전에 퇴계의 주장이 이해가 안 가는데, 인간의 의식을 사단과 칠정으로 딱 잘라 구분한 겁니까?

보령　네. 맹자처럼 두 개의 근원과 루트를 설정한 거지요. 맹자는 인간의 착한 마음과 성에서 나오는 착한 의식, 이목지관에서 나오는 착할 수도 나쁠 수도 있는 의식으로 구분하지 않습니까? 퇴계가 본 사단과 칠정도 그와 유사한 것 같아요. 무조건 착한 사단과 그렇지 않은 칠정으로요. 기대승은 이 점을 지적했습니다. 퇴계의 의견이 틀렸다며 칠정과 사단은 다른 게 아니기에 선을 그어 구분해서 볼 것이 아니라고요. 이황에게 정당한 반박을 요구하면서요.

순자___ 전 퇴계의 의견에 절대 동의할 수 없겠습니다. 인간의 의식은 하나의 범주로 볼 수 있습니다. 그것이 발현된 후에 예에 비추어 맞느냐 맞지 않느냐를 판정할 수밖에 없는 문제입니다.

보령___ 이황은 자기의 주장을 수정하여 "사단은 이가 발현하는데 기가 거기에 따르는 것이요. 칠정은 기가 발현하는데 이가 거기에 타는 것이다"[180]라고 했어요.

순자___ 앞서의 주장과 대체 뭐가 다른가요? 이기론理氣論을 제가 정확히 이해할 수는 없지만, 여전히 퇴계는 인간의 의식에 선을 그어놓은 것 같군요.

보령___ 이기론은 너무 어려워서 저도 정확히는 모릅니다만, 선생님 말씀처럼 퇴계는 인간의 의식을 두 개로 딱 잘라서 논했습니다. 사단은 이가 주가 된 것으로 무조건 착한 것으로, 칠정은 기가 주가 된 것으로 좋을 수도 있고 나쁠 수도 있는 것으로요. 칠정은 나쁘거나 그릇된 것으로 드러날 가능성이 크다고 보았지요. 이렇게 사단과 칠정을 구분해서 하나를 완전히 좋고 우월한 것으로 보았어요. 맹자가 대체와 심지관을 그렇게 애지중지하듯이요.

순자___ 그건 아닌 것 같습니다만, 이해하기 어렵군요.

보령___ 인간의 의식을 도덕 행위와 윤리적 가치의 원천이 되는 영역과, 이와는 완전히 성격이 다른 영역으로 나누어놓고, 도덕적이고 윤리적인 평화로운 세상은 오로지 두 의식 가운데 하나에 의거할 때에만 가능하다는 거지요. 퇴계는.

사실 맹자와 뭐가 다른지 모르겠어요. 대체와 심지관에서 기원하는 의식이 무조건 좋으니, 그것으로 밀고 나가야만 군자가 되고 도덕적이고 윤리적인 좋은 세상이 온다고 말한 맹자와 퇴계는 서로 주장이 매우 흡사하지요.

순자__ 인간의 의식을 도덕의 영역과 비도덕의 영역으로 구분 짓고 시작한다는 점에서는 그러한 것 같네요. 그래서 전 동의하지 못하고.

보령__ 맹자는 인간의 성을 이라고 말했고 이로써 설명될 수 있는 그 성을 키우자고, 성선론을 주장했지요. 결국 이에서 나온 사단만을 외치는 퇴계와 맹자는 매우 비슷한 주장을 하고 있어요.

순자__ 전 도무지 동의 못 하겠습니다. 사단은 이에서 기원했고 칠정은 기에서 근원했다? 처음 입장이 그랬고, 그리고 사단은 이의 발현이고 칠정은 기의 발현이라고 했다가, 다시 재반박당하니, 사단은 이가 발현하는데 기가 거기에 따르는 것이요, 칠정은 기가 발현하는데 이가 거기에 타는 것이다? 같은 이야기의 반복입니다. 기대승이 계속 반박했겠군요.

보령__ 그렇습니다. 고봉은 퇴계에게 질의하고 회답하는 서신에서, '칠정 외에 따로 사단이 존재하는 것은 아니다'는 말을 누차 강조합니다. 사단으로 불리는 의식이나 칠정으로 불리는 의식이나 모두 외물에 대한 인간의 반응으로 생겨나기에, 결코 본질적으로 전혀 다르게 볼 것이 아니라고 했어요. 제 기억에 이런 식으로 말했던 것 같아요. '이른바 사단과 칠정이라 불리는 것들에 처음부터 두 가지 의미가 있는 것은 아닙니다. 흔히들 사단과 칠정을 별개의 것으로 간주하여 논의하곤 하는데, 저는 이것을 옳지 못한 것으로 생각하고 있습니다.'

그리고 또 이런 말도 했어요. '칠정이라는 의식 가운데 법도에 맞는 것은 도덕적 감정이랄 수 있는 사단과 다르지 않을뿐더러, 그것을 사단이라고 말해도 상관없다.' 법도에 맞은 것이면 사단과 다를 게 없으니 사단과 칠정에는 본질적 차이가 없다는 말 같아요. 고봉의 견해를 정리하자면, '의식이 법도에 맞으면 옳은 것이고 아니면 그른 것. 사단과 칠정이 따로 있고 각각 기원이 다른 게 아니라, 인간의 의식은 단 하나의 범주만이 있는데, 그 의식이 드러나거나 생길 때 예를 기준으로 옳고 그른지 따져야 한다'는 겁니다.

순자_ 전 기대승 입장에 동의합니다.

보령_ 사단이란 의식이 드러나는 원리나 칠정이란 의식 드러나는 원리는 같다는 주장이니, 선생님께서 동의하실 줄 알았습니다.

순자_ 맞습니다. 저하고 입장이 같군요. 인간이 보이는 감정과 의식은 드러나고 난 후에 판정할 일이지요. 나오는 기원에 따라 선하다, 선할 수도 있고 아닐 수도 있다, 이렇게 딱 잘라 말할 수 없습니다.

보령_ 선생님 사상과 비슷한 고봉의 주장이 더 있습니다. 칠정은 현실에서 드러나는 사람의 모든 감정, 의식, 활동이라고 할 수 있답니다. 칠정은 비록 이와 기를 겸하기는 하지만, 이는 약하고 기는 강하며, 이가 직접 기를 관리하지는 못하므로 쉽게 악으로 흐를 수가 있다고 했지요. 사실상 칠정은 기에 의해 끌려가며, 기질로 보이는 모습이자, 악으로 흐를 수 있다는 말인데요, 인간은 칠정으로 드러나고 관찰되고 칠정은 기이니, 인간은 기로써 관찰되는 존재라고 합니다.

순자 당연한 말입니다. 그래서 제가 기질을 고치자고 주장했지요. 기질별 맞춤형 수양의 기술과 옵션까지 말하면서.

보령 아무튼 고봉은 자신의 입장을 밀어붙이는데, 퇴계 역시 끝까지 자신의 입장을 고수하지요. 퇴계는 어떻게 해서든지 사단과 칠정을 분별하려고 합니다.

순자 허허 참. 인간의 모든 의식은 동일한 근원과 경로를 가진 하나의 범주일 뿐인데⋯⋯. 퇴계를 이해할 수 없군요. 그래서 기대승은 어떻게 반박했나요?

보령 고봉은 더욱 강하게 반박했습니다. 사단이든 칠정이든 다 같이 동일한 근원에서 발하는 것인데, 거기서 흘러나오는 샘이 각각 다르다고 말한다면 어찌 말이 되겠냐며 퇴계를 몰아붙였어요. 사실 주희도 인간 의식과 근원을 두 개로 나누어놓지 않았고, 《중용》에서도 인간의 의식을 하나의 근원에서 나오는 것으로 말했기에, 퇴계는 고봉의 반박을 받자 수세에 몰릴 수밖에 없었습니다. 하지만 그래도 퇴계는 주장을 굽히지 않았어요. 기대승 역시 자기 견해를 고수했지요.

　결국 이렇게 평행선을 달리고 맙니다. 그런데 이게 끝이 아니라 기대승의 입장을 지지하고 아울러 기대승의 영향을 받은 학자가 등장하지요.

순자 그가 바로 율곡이고요?

보령 네, 그렇습니다. 기대승도 신생님과 닮은 바가 많시만, 율곡은 정말 흡사합니다. 닮은 점이 많아 열거하기 어려울 정도인 것 같네요. 단순히 닮은 점만 있는 학자가 아닙니다. 선생님의 입장으로 주희 철학을 재해석하고 재구성해서 훌륭한 체계와 높은 수준을 갖춘 '순자적 신유학'을 완성하지요. 이런 의미가 있는 대학자입니다.

순자 정말 놀라운 일이고 또 고마운 일입니다. 율곡 이야기를 좀 많이 듣고 싶습니다.

보령 지금까지 제가 사단칠정 논쟁에 대해 말씀드렸는데요, 이에 대한 율곡의 입장부터 말씀드리겠습니다.

순자 저도 그게 궁금합니다.

보령 율곡은 두 명제를 제시했습니다.
첫 번째, 기발리승일도설氣發理乘一途說. 기가 발하고 이가 타는데, 이런 경로를 통해 인간의 감정과 의식이 생긴다. 중요한 것은 단 하나의 길, 곧 '일도'에서 생겨난다. 그러니 인간의 의식을 나누어서 볼 것이 아니라 하나의 범주로 봐야 한다.

두 번째, 칠정포사단七情包四端. 칠정이 사단을 포함한다. 첫 번째 명제와 연결되는 것인데, 칠정과 사단이 다른 게 아니다. 칠정 가운데 옳은 것, 도덕과 윤리에 합치되는 것이 사단이다. 사단은 칠정의 부분집합일 뿐이다. 기대승과 같은 이야기입니다. 더구나 율곡도 이런 말을 했어요. 퇴계를 보고 퇴계가 의식과 감정이 나오는 우물을 두 개로 설정했다고. 그러면서 명확히 했습니다. 칠정 외에 사단이 따로 있는 게 아니다. 발생한 후 옳고 바르면 사단이다.

더 나아가 율곡은 퇴계가 지지하는 맹자의 주장을 근거로 들어 자기주장에 무게를 더했어요. 맹자가 거론한 사단은 인간의 모든 의식 가운데 선한 의식을 골라 크게 네 부류로 정리해놓은 것이랍니다. 따라서 칠정 가운데 선한 것은 사단의 어느 하나에 속하는 것이라 했지요.

아무튼 선생님의 주장과 정확히 일치하지요?

순자 그렇군요. 성에서 정으로 다시 욕으로, 이렇게 하나의 근원과 경로에서 인간의 의식과 모든 활동이 생겨나니, 스스로 자기 의식과 감정을 예로써 관찰하고 점검하고 해야지요.

보령 그럼 좀 더 본격적으로 이야기해보겠습니다.

순자 좋습니다. 아주 기대되네요.

자극과 반응, 순자와 율곡 철학의 전제

보령 제 능력 밖이지만, 먼저 율곡을 동아시아 사상사 혹은 사상 전통이라는 큰 틀에서 살펴보겠습니다. 그래야 선생님과 닮은 점, 문제의식을 제대로 조망할 수 있을 것 같아요. 제 스승님이 선생님과 율곡을 이야기할 때 그러셨거든요. 단순히 두 분이 뭐가 비슷하고 아니고를 논하기 전에 동아시아 사상 전통의 틀에서 조망해봐야 한다고요.

순자 호오, 그런가요?

보령 네. 먼저 선생님의 인간관을 다시 확인해보겠습니다.

선생님께서는 인간이 결핍되어 있다고 하셨고, 외부적 계기에 주목하셨으며, 인간을 수동적으로 보시기도 했어요. 인간의 마음을 인식, 판단, 계산이라는 말로 규정하셨고요. 이러한 관점은 사실 선생님께서 처음 견지한 것은 아니라고 알고 있어요.

순자 묵자, 고자, 그 이전에 장자도 그랬지요. 맹자나 공자 님 아닌 사상가들이 인간을 수동적인 대상으로 보는 경향이 있었지요. 외부적 계기에 주목한 것도 비슷합니다. 자극과 반응이란 기제로 인간을 이해하려 했습니다.

보령 자극과 반응이요?

순자 자극과 반응은 앞서도 많이 말하지 않았나요? 전 그 둘을 통해 인간을 이해했습니다. 제자백가 시대에 자극과 반응으로 인간을 이해하고 바라본 사람이 많았습니다. 어렵지 않습니다. 지금껏 제 이야기를 잘 이해했으니 알아들을 수 있을 겁니다.

제가 인간 밖의, 외부적 계기에 주목한다고 했지요? 인간 밖에서 인간에게 무엇이 가해지면 인간이 반응합니다. 저는 그 외부적 자극에 주목했습니다. 자극은 스스로 줄 수 있는 것이 아니고 외부에서 가해지는 것입니다. 그리고 자극에 대한 인간의 반응을 보는 것이지요. 자극이 가해진다. 반응을 한다. 이렇게 단순화하여 인간을 봅니다. 여기에서 시작합니다.

자극에 따라 반응하는 인간을 어떻게 바른 방향으로 인도할 것인가를 놓고 고민한 사람이 많았습니다. 보령 학생 말대로 제가 처음이 아니지요. 다만 제가 정교한 이론 틀을 만들었다고 생각합니다. 성, 정, 욕 같은 개념을 명징하게 설명했고, 반응하여 드러난 의식을 스스로 관찰하고 판단한다는 뜻의 여라는 개념도 말했지요.

그런데 이 점은 좀 알아두면 좋겠습니다. 저는 단순히 자극에 반응하는 인간만을 말하지는 않았습니다. 자극도 자극 나름입니다. 좋은 자극을 주는 스승과 성인군주, 좋은 자극이 될 수 있는 문화 환경 등 좋은 자극을 받으면 낫지 않겠습니까? 제가 고민한 것은 '어떻게 하면 좋은 자극을 사람들에게 줄까'입니다.

또한 사람은 단순히 외부 자극에 휩쓸리는 존재가 아닙니다. 스스로 관찰하고 점검하여 옳은 행위를 할 수 있는 존재이지요. 그래서 어떻게 하면 인간 스스로 도덕 의지를 높이고 도덕적 자아와 주체로 거듭나게 할 것인지도 고민했습니다. 인간을 수동적인 존재로만 보지 않았다는 말입니다.

인간을 가장 수동적인 존재로 본 사람들은 법술지사들입니다. 이들은 '호오'와 '욕망'이란 형태로 반응을 드러내는 인간을 법으로 유인하고 강제하자고 했습니다. 반드시 이것은 좋아하고 반드시 이것은 무서워한다. 그러니 당근으로 이걸 쓰고, 채찍으로 이걸 쓰자. 그럼 국가권력이 원하는 대로 인간을 얼마든지 마음대로 이끌 수 있다고 생각했지요. 당근과 채찍도 자극입니다. 당근이라는 자극을 주면 이런 반응을, 채찍이라는 자극을 주면 저런 반응을 보이니, 국가가 원하는 반응을 끌어내기 위해 당근과 채찍, 상과 벌을 씁니다. 전 이러한 법술지사들의 입장과는 분명 거리를 두었습니다. 인간이 수동적이기만 한 존재가 아니기 때문입니다.

자극은 교화와 가르침을 통해야 합니다. 좋은 반응을 보이고 아니고, 반응을 통제하고 말고의 문제는 각자 개인에게 맡겨야지요. 좋은 자극을 주면서 가르치면 인간은 얼마든지 알아서 자신을 단속하고 바람직한 행동을 할 수 있습니다.

보령___ 묵자도 외부적 계기에 주목했지요?

순자___ 묵자는 하느님의 뜻이 있다고 했습니다. 하느님의 뜻이 옳고 너에게 이득이 된다, 그분의 뜻을 따라야 너가 바르게 잘살 수 있다고 주장했습니다. 하느님의 뜻으로 사람들에게 자극을 주려고 한 것이지요. 또 하느님의 뜻을 반영한 법과 제도로 사람들을 이끌려고 했습니다. 겸애하는 자에게 상을, 겸애하지 않는 자에게 벌을 주자고 했습니다. 법술지사들의 법보다는 상대적으로 관대하고 상의 비중이 크기는 합니다.

그러나 아쉬운 점이 있습니다. 인간 하나하나를 수양의 주체로 보는 시각이 없었습니다. 하느님의 뜻으로 설계되어 사람들을 이롭게 할 사회 체제와 제도에 사회 구성원 전체가 따르느냐 마느냐 이것만 생각했지요. 한 사람 한 사람이 어떻게 도덕적 주체로서 거듭날 것인가에 대해서는 고민하지 않았습니다. 외부적 장치와 자극으로 사람들을 이끌려 했다는 점에서 저와 닮았지만, 앞서 말한 측면에서 분명히 저와는 다릅니다.

보령__ 묵자에게는 수양론이 없다고 듣기는 했습니다. 그럼 장자 같은 경우는 어떻습니까?

순자__ 외부 자극 자체를 상당히 싫어했습니다. 그 사람은 무정부주의 성격이 강한 사상가입니다. 어떤 경우든 국가나 사회가 인간에게 좋은 자극을 주는 경우가 없다고 생각했지요. 그래서 말한 것이 허입니다. 비우잡니다. 인간에게 가해지는 외부 자극의 흔적을 지워내자는 말이지요.

그가 말하는 외부 자극은 이런 겁니다. 속이 시커먼 국가권력이나 지배층이 자신들의 이득을 위해 가하는 것, 그것이 외부 자극이다. 그러니 이에 이끌려 가선 안 된다. 그들이 주는 자극을 받더라도 절대 그들이 원하는 반응을 보여선 안 된다. 그러니 외부 자극의 흔적을 지우면 된답니다. 이러한 자극은 단순히 당시 반응을 이끌어내는 게 아니라, 이념, 명분, 도덕 등의 외피를 쓰고 있어 사람을 계속 국가권력이 원하는 방향으로 이끌고 가려는 관성이 강하답니다. 그렇기 때문에 특히 과거에 가해진 자극의 흔적과 때를 지우는 게 장자에겐 중요합니다.

장자에겐 이념, 명분, 도덕이란 포장지를 쓰고 가해지는 자극이 가장 큰 문제입니다. 이러한 자극은 인간이 어릴 때부터 가해집니다. 인간 안에 주입되는 방식으로 가해져 인간의 머리 안에 들어와 주인 행세를 한답니다. 그 결과 인간은 주인이 아닌 종과 노비의 인생을 살게 되겠지요. 그래서 지워야 한다고 말한 겁니다.

그런데 저는 인간에게 가해지는 자극에는 좋은 것이 있을 수 없다는 장자의 시각에 동의하지 않습니다.

보령__ 외부 자극과 그에 반응하는 인간에 주목한 사상가가 많네요. 아무튼 선생님께서 제대로 시작하셨고요. 선생님께서는 철학적 이론과 개념으로 자극과 반응을 설명하셨고, 인간을 능동적 주체, 도덕적 성장의 주체로도 보셨다. 이렇게 정리하면 될까요?

순자__ 네. 저는 특히 그러한 시각을 가르침의 체계로 만들었습니다. 제 입장을 한 대 유학자들이 계승했지요.

보령__ 그럼 한 대 유학자들도 자극과 반응이란 기제로 인간을 이해하는 관점에서 유학을 발전시켜갔나요?

순자__ 그렇습니다. 그들은 제 입장을 계승하기도 했지만, 발전시키기 위해서 노력을 많이 했습니다. 제 기본 입장을 바탕으로 유학을 크게 살찌웠지요. 경전도 정리하여 많이 만들었고, 《예기》의 《악기》와 《대학》, 그리고 《주역》의 《계사전繫辭傳》 등을 보면 알 수 있습니다. 자극과 반응, 반응을 스스로 관찰하고 교정해 바람직한 인간으로 성장하는 인간 등을 중심으로 사유하여 경전을 정리한 흔적이 보이지요.

그런데 한나라 때에만 제 입장을 계승한 유자들이 있는 게 아닙니다. 송 대 이후 흥성한 신유학에서도 주돈이, 장재, 호굉 등이 제 입장을 계승했습니다. 나흠순과 왕부지, 왕정상王廷相, 대진戴震도 있지요. 중국에서는 이렇게 이어졌습니다.

보령 네, 그렇군요. 이미 말했지만 조선에서는 기대승과 이율곡이 선생님의 입장을 계승했지요. 또한 율곡으로 대표되는 서인 쪽 학자와 선비 들이 율곡의 입장을 계승하면서 조선은 순자식 신유학의 색채가 강한 나라가 되었습니다. 그래서 예송논쟁禮訟論爭이니 뭐니 해서 예라는 규범에 지나치게 집착했다는 평가도 있습니다.

순자 외적 규범에 대한 집착이라……. 제 입장을 계승했다면 어쩔 수 없었을 겁니다.

보령 당시 조선은 예에 너무 집착했고, 거기에 적장자 위주의 권리 승계와 재산 상속 등이 더해진 사회였습니다. 숨 쉴 공간이 적었다는 인식이 많아요. 선생님처럼 욕망을 긍정하지 않았을뿐더러 상업을 천시하면서 예라는 규범에 집착한 사회였어요. 억압적 사회였다는 인식이 강합니다. 그리고 선생님 텍스트에 천하라는 말이 많이 나오지 않습니까? 넓은 정치사회적 공간을 염두에 두고 하신 말씀들이요. '천하지天下之'라는 표현, 큰 대大 자가 들어가는 표현도 많고요. 이러한 선생님의 철학이 비좁은 공간인 조선에 이식되면서 좀 이상한 방향으로 흘러 변질된 감도 있어요.

여하튼 다시 본론으로 돌아가서요, 율곡은 지각설知覺說에 입각한 유학자라는 것을 주제로 이야기하겠습니다.

순자 지각설이 무엇입니까? 제 철학과 관련 있나요?

지각설, 순자적 신유학의 이름

보령__ 말 그대로 '지각'한다는 뜻인데요, 외부 대상에 반응하고 이 반응을 계산하고 판단하는 행위, 기능, 능력을 지각이라는 개념으로 표현한 겁니다. 지각설에는 인간의 의식과 성서, 나아가 인산의 활동 전체를 외부 자극에 대한 반응으로 보고 있습니다.

지각설은 인간을 이렇게 봅니다. 인간이 자극을 받으면 반응하고, 그 반응을 스스로 관찰한다고 합니다. 인간의 반응이 감정과 욕망 등 의식이나 어떤 행위로 드러나는데요, 인간의 행위를 모두 본인이 인식하여 옳은가 그른가 따지고 계산한다는 겁니다. 선생님께서 말씀한 것과 흡사하지요. 인간에게 가해진 외부의 자극에 반응하는 것을 지知, 그 반응을 따져보는 것을 각覺, 지각은 그런 의미예요.

이처럼 인간을 지하고 각하는 존재로 보는 유학자들이 있었습니다. 바로 지각설자입니다. 지각론자라고 하는데요, 이런 입장에 있는 유학자가 중국에서는 주돈이, 장재, 호굉, 나흠순, 왕정상, 왕부지 등이고요, 한국에서는 기대승, 율곡 등입니다. 율곡이 바로 지각설자입니다. 반응하고 인식하고, 즉 지각하는 행위와 능력에 주목하여 이것을 바탕으로 인간의 성장과 군자됨을 논했습니다.

순자__ 명쾌하게 이해되는군요. 감각기관과 외부 대상이 만나 어떤 감정과 의식을 만들어내는데, 이것을 천군인 마음이 관찰하여 옳은지 틀린지 계산하고 분별합니다. 이게 인간이지요. 저는 이러한 마음의 기능을 전제했지요. 그래서 스스로를 관찰하는 재귀관찰, 재귀점검을 핵심으로 삼아 수양론을 만들었습니다.

보령 학생 말을 들으니, 제 입장을 따른 후배들이 중국뿐만 아니라 한국에도 많았군요. 그들을 포괄적으로 지각설자라고 하고요.

보령 네, 맞아요.

순자 신유학에는 주희의 성리학만 있는 게 아니라 저와 유사하게 인간을 보고 저와 같은 인간관을 전제한 뒤에 수양론을 말한 사람들도 있었다. 그리고 그런 사람들과 비슷한 입장을 가진 학자들이 조선에도 있었다. 그러니까 신유학이 도래한 이후에 등장한 유학자 가운데 저 순자와 비슷한 유학자들을 지각설자로 묶는다는 거지요?

보령 네, 선생님. 사실 제 스승님이 처음으로 그들에게 지각설자란 이름을 붙이셨어요. 그렇게 이름을 붙이니 좋은 것 같아요. 성리학이나 양명학처럼요. 그래야 하나의 뚜렷한 줄기와 흐름으로 사람들에게 인식될 것 같고요. 신유학엔 주희식 유학과 양명학만 있는 게 아니니까요. 지각설자들 역시 분명히 존재한 세력이자 학파이고, 커다란 줄기이자 흐름이었으니까요.

순자 저 순자의 유학이 송나라 신유학에도 등장했고, 명나라 청나라 때에도 분명히 계승하는 사람들이 있었는데, 사실 그 흐름은 미미했습니다. 중국에서의 유학은 신유학이 성립한 이후 주자학과 양명학의 대결 구도로 흐르면서 순자식 신유학은 별로 힘을 쓰지 못했지요. 존재감이 약했습니다.

보령_ 하지만 한국에선 율곡 등 서인에게 힘이 있었고, 서인을 잇는 정치 세력인 노론이 주류 정치 세력으로 군림하다 보니, 선생님식의 신유학이 주류가 되었습니다. 지각설 대 주자학, 이런 구도로 사상적 흐름이 이어졌어요. 그 와중에 오히려 양명학이 소외됐고요.

순자_ 오, 그렇군요. 그런 것을 보면 성리학(주자학) 대 양명학 이렇게 두 양대 산맥이 신유학 성립 이후로 경쟁해왔다는 인식은 사실 굉장히 잘못되었습니다. 성리학과 양명학에 저 순자적 신유학, 학생 말대로 지각설 진영 이렇게 세 흐름과 줄기가 서로 경쟁하고 길항해왔다고 보는 게 옳겠습니다.*

보령_ 신유학에 주자학과 양명학만이 아니라 순자식 신유학이 있다는 점이 정말 중요한 것 같아요. 특히 조선에서는 선생님식의 유학이 강했기에 신유학에 세 흐름과 줄기가 있었다는 점을 한국 사람은 꼭 알아야 합니다.

순자_ 지금은 제가 배우는 입장이니 제가 정리해보지요. 동아시아 신유학은 송 대에 성립되었다. 신유학에는 성리학(주자학)과, 심학 또는 육왕학陸王學이라고 일컬어지는 양명학이 있었다. 이 학문들이 양대 산맥으로 경쟁한 게 아니라 순자식 신유학(지각설)도 있었다. 신유학은 이 학문들이 세 개의 큰 기둥

* 제자백가 시대에 공자에서 맹자로 그리고 노자에서 장자로 이어지는 흐름이 있었다. 각각 유가, 도가란 흐름과 줄기를 형성하며 양대 산맥으로 경쟁하며 힘을 겨루어왔다는 인식이다. 신유학 성립 이후에는 주자학과 양명학이 대결을 벌여왔다는 인식이 있다. 둘 모두 동아시아 사상사에 대한 상식적 인식이다. 그러나 모두 거짓이다. 제자백가 시대에는 유가와 묵가가 양대 산맥으로 힘을 겨루었다. 신유학이 성립하고 나서는 위에서 말한 대로 세 흐름이 경쟁하고 길항해왔다. 주희 같은 경우에도 중화신설中和新說(주희의 학자 인생에 학문적 대전환이 있었는데 전환 이후에 내세운 주희의 학설을 중화신설이라고 한다) 이전에는 순자식 신유학에 경도된 적이 있었다.

을 이루었다. 특히 한국(조선)은 나의 입장을 계승한 신유학이 득세하여 주자학과 힘을 겨루었다.

　그래서 저 순자식 신유학을 한국식(조선식)으로 완성한 율곡에 대한 이야기를 지금 하고 있습니다.

보령　맞아요, 선생님.

순자　이제 하나하나 자세히 살펴봅시다.

현실과 인간은 모두 기

보령　율곡은 현실의 인간을 기로 놓고 봅니다. 그리고 그는 기질지성氣質之性으로 인간 본성으로 설명합니다. 이것부터 선생님과 유사하지요. 왕양명은 심즉리를 주희는 성즉리를 논했지만, 율곡은 심즉기, 성즉기 입장에 있었어요. 정말 선생님과 똑같아 보입니다.

순자　저도 심즉기, 성즉기 입장이랄 수 있지요. 이는 신유학자들의 명제이기는 하나, 제가 현실의 인간을 이야기하다 보니 기를 통해 인간에 접근한다는 점에서 그들과 같은 입장입니다.

보령　선생님처럼 율곡도 그냥 현실에 드러난 인간을 그대로 관찰하는데 인간 내부에 도덕 실천의 계기나 원동력을 인정하지 않습니다. 그냥 외부로 드러난 인간의 모습만으로 논할 뿐입니다. 그는 외부로 드러난 인간의 모습을 기로 설명합니다. 선생님께서는 성을 생존 본능이 있는 살아 있는 인간이 밖으로 보이는 경향성이나 일반적 성향으로 정의하시지 않았습니까? 율곡은 기질지성, 풀어서 말하자면 기가 인간의 성이라는 입장이지요. 기질로 보이고 드러나는 모습이 인간의 성이라는 겁니다.

순자__ 기질지성이라⋯⋯. 기, 기질로 설명할 수 있는 인간의 성. 인간의 경향성이 인간의 성이다? 지배적이고 일반적인 인간 성향은 기로 설명할 수 있다. ⋯⋯ 네, 역시 저랑 비슷한 것 같습니다.

보령__ 율곡에 따르면 사람이 태어날 때 기가 이를 싸고 포위한 형태로 사람과 함께 생겨나 인간 안에 박히게 되는데, 이것이 인간의 본성이 된다고 했습니다. 주희나 퇴계는 성즉리라고 해서 인간의 본성이 이라고 말하지만 율곡은 그게 아니라고 했어요. 순수한 이는 인간 본성과 상관없다면서요. 율곡은 이가 기질이란 것에 포장되고 싸이고 갇힌 채 인간의 성이 되기에, 인간의 성은 이가 아니라 그냥 기질, 기라고 합니다. 현실에선 그냥 기로 관찰되고 포착되니까요. 기 안에 있는 이는 보이지 않고 이를 싸고 있는, 포위하고 있는 기, 기질만 보인다는 말이지요. "본성이란 이와 기가 합쳐진 것이다"[181]라고 말하는데, 이와 기가 합쳐졌다지만 그냥 쉽게 말해서 현실의 인간은 기, 인간의 성향은 기질이라는 뜻이지요.

그런데 선생님께서도 앞서 치기양심술을 논할 때 지적하셨는데요, 기질은 사람마다 다 다르기도 하지만 인간을 제약하는 것이지 않습니까? 자신의 기질에서 자유로운 인간은 없잖아요. 그 기질이 부정적 요소로 작용할 여지도 많고요.

순자__ 네. 인간을 제약하는 것이 기질이지요. 편벽되기 쉽고 불균형하고 정도를 지나쳐 너무 과하거나 부족하며 특정한 성향이 집중적으로 발전하기도 쉽지요. 또 사람마다 크게 다르니 제가 기질에 따른 수양 방법을 나누어서 제시하기도 했습니다. 문제는 사람들 대부분의 기질은 탁하고 흐리며 잡되기 쉽다는 점입니다. 다스리고 고쳐야지요.

보령__ 율곡의 생각은 이랬던 것 같아요. 인간 안에 본연지성本然之性이란 게 있다. 하지만 그것은 인간의 기질에 싸여 철저히 제약받고 말뿐이다. 기질대로 살고 왔다 갔다 하는 존재가 인간이다. 쟁반 위에 물이 있고 물 안에 옥구슬이 있지만 물이 탁하면 옥구슬이 잘 안 보이고 흐린 물만 보이듯, 본연지성이 인간 안에 있다고는 하지만 인간은 그냥 기일 뿐이다.[182]

율곡은 실제 인간이란 존재를 그렇게 보았던 것 같습니다. 모든 인간은 태어날 때부터 기질의 제약에 놓이며 또 그러한 상태로 살게 마련인 걸로요. 또 이 세상에서 기질이 완전히 맑고 순수한 사람은 오직 성인밖에 없다고도 했지요. 대부분은 쟁반 위에 놓인 옥구슬을 보이지 않게 만드는 흐린 물처럼 탁한 기질을 지니고 사는 존재로 보았습니다. 어쩌면 선생님보다 더 인간을 작은 존재로 보고 인간의 현실을 극히 비관적으로 인식한 듯합니다.

순자__ 저와 비슷하게 인간을 보고 있다는 생각이 드는군요. 그도 고치고 바꾸면서 바람직한 방향으로 인간이 변할 수 있다고 지적했다면, 인간을 지극히 부정적, 비관적으로 보고 있는 사람이라 단정할 일은 아니라 생각합니다.

보령__ 물론 율곡도 그렇게 말했습니다. 충분히 바로잡을 수 있다고 했지요. 그는 기질을 교정하자는 교기질론矯氣質論을 주장했고, 기질을 교정하기 위한 수양론의 체계를 만들었습니다. 그리고 도덕 실천의 가능성을 본성이 아니라 자신을 점검하고 관찰하고 분별하는 인간의 마음에서 찾아 그것에 의존했지요. 정말 선생님과 비슷해요.

순자　기질은 인간이 계속 안고 가야 할 현실로서 주어진다고 보는 것 같군요. 그러한 인간의 모습을 저도 강조했지요. 그런데 현실과 당위 사이에 먼 거리를 생각하다 보니 성악설까지 말했지요. 가야 할 지점과 현실의 인간 사이에 거리가 멀어 보여서 말입니다.

보령　율곡도 멀다고 본 것 같아요. 시작점에 있는 인간을 참 작고 초라한 존재로, 때론 부정적인 존재로 보았던 점에서 선생님과 똑같고요. 율곡에게도 수양의 목표 지점과 시작점 사이가 참 멀지요. 기, 기질지성으로 인간을 파악하는 그의 인간관만 봐도 선생님과 유사해 보이는데, 앞서 말씀드린 대로 지각설을 신봉한 그는 자기 점검도 말했어요. 그런데 선생님께서도 아시피다시피 자기 점검을 위해서 반드시 필요한 것이 있지 않습니까?

순자　저울질하려면 저울이 필요하고 재고 측량하려면 측정 기구가 필요하듯이, 기준이 될 도덕규범, 예가 있어야지요. 앞에서도 여러 번 말했지요. 예를 잘 배워서 내 것으로 만들어야 한다고. 율곡도 이 점을 말했나 보군요.

보령　네, 그렇습니다. 외부의 기준을 배우는 것을 그는 궁리라고 했어요. 가치판단 기준이자 바람직한 규범을 궁窮, 궁구하자, 제대로 알자, 나에게 각인시키자는 뜻입니다.

순자 제가 강조한 학례, 지례에 대응하는 개념이군요.

보령 정확히 그렇습니다.

이발과 미발

보령 궁리에 대해 얘기하기 전에 또 한 가지 명확히 알아야 할 것이 있습니다. 율곡은 인간을 볼 때 기로써 보고 파악한다고 하지 않았습니까? 인간의 성을 기질, 기질지성이라고 보기에 선생님처럼 성악설을 신봉하는 것 같다고 했고요. 그런데 그 이전에 율곡은 인간을 볼 때 미발未發이 아니라 이발已發 상태를 전제하고 있어요. 감정이 움직이고 동하는 상태와 모습으로 인간을 전제하지요.

순자 이발과 미발이라⋯⋯. 이에 대해선 저도 들은 바가 있습니다. 쉽게 말해 감정이나 의식이 일어나기 전이 미발이지요? 아직 미未 아무런 의식이나 감정이 일어나지 않았다는 뜻에서. 그리고 감정이나 의식이 일어난 순간, 그 상태가 이발이고요.

보령 맞아요. 감정과 의식이 일어나기 전의 인간의 내부가 미발이고, 감정과 의식이 일어난 후 보이는 인간의 마음과 의식이 바로 이발입니다. 사태를 만나야 감정과 의식이 일어나는 것이니 '사태와 만나기 이전이 미발', '사태와 만난 이후가 이발' 이렇게도 말할 수 있어요.

순자__ 이발과 미발이라는 말은 《예기》에 속한 《중용》에서 나온 걸로 압니다. 거기에 이런 말이 있지요.

> 희로애락의 감정이 아직 발하지 않을 때를 중中이라고 하고 발했을 때 절
> 도에 맞는 경우를 화和라 이르니, 중이란 것은 천하의 큰 근본이요, 화라는
> 것은 천하의 공통된 도이다.**183**

보령__ 하루에 열두 번도 더 변하는 인간의 마음, 끝없는 감정의 기복, 이로 인해 우리는 실수도 하고 후회할 일도 하며 살아요. 그래서 이런 고민을 한번쯤 해보지 않나요? '어떻게 하면 마음이나 의식, 감정을 내 뜻대로 조절할 수 있을까?' 그런데 마음을 다스릴 방도에 대해 생각해보면, 거칠지만 두 가지 답이 있는 것 같아요. 첫째, 감정이 생겨 심난해지기 전에 고요하고 평온하며 맑은 심리 상태를 잘 유지하자. 둘째, 감정이 생기고 마음이 동했을 때 그것을 잘 살펴서 어긋나지 않게 다스리자.

순자__ 전자가 미발 상태에서 수양하자, 후자가 이발 상태에서 수양하자는 뜻이지요? 주희의 경우에는 미발 상태에서의 수양을 중시했지요.

보령__ 네, 주희는 그랬어요. 반대로 율곡은 후자의 입장입니다. 이발 상태에서의 수양을 중시했어요. 사실 율곡뿐만이 아니라 선생님의 입장을 이어받은 학자들이 이발 상태에서의 수양론을 펼쳤지요. 그랬으니 선생님 입장을 이어

받았다고 할 수 있겠지만요.

순자 당연한 말 같네요. 제가 살던 때에는 이발이니 미발이니 그런 개념이 없었습니다. 그러나 전 누가 보더라도 이발 입장에 있는 사람이지요. 외부 자극을 받거나 아니면 어떤 외부 사물이나 사태와 조우하게 되면, 인간은 의식과 감정이 생기고 움직이기 마련입니다. 이때 잘 관찰하고 단속하자는 게 제 입장이니 당연히 이발 상태의 수양을 말한 셈이지요.

앞서 제가 위僞의 네 범주를 이야기할 때 세 번째 의미를 기억하나요? 성인이 만든 예를 통해 자신의 성을 바꿔가야 한다고 했습니다. 일상에서 예를 실천하고 그것을 기준으로 자신을 단속하고 다잡는 행위로. 그러니 전 당연히 미발이 아니라 이발 상태를 전제할 수밖에요. 절 따르는 사람들 역시 마찬가지겠지요.

보령 선생님의 입장과는 배치되는 주희와 그의 노선을 계승한 주자학자들은 미발 상태에 주목했어요. 의식이 동하기 전에 차분하고 고요한 마음, 그때의 심리 상태를 보존하고 유지하자고 했는데, 이른바 함양涵養이라고 합니다. 함양을 수양론의 핵심으로 주장했지요.

그들은 인간이 미발 상태에서 함양을 오래하면, 외부 사물이나 사건과 마주하고 외부 자극이 오더라도 희로애락의 감정을 법도에 맞게 드러낼 수 있다고 보았어요. 그래서 미발할 때 마음을 깨끗하고 경건하게 하여 그 상태에 푹 빠지라고 했고요. 사태와 만나기 전에 마음을 깨끗하고 경건하게 하려고 노력하여 그 마음에 최대한 깊이 장시간 머물러라, 풍덩 빠져 흠뻑 자신을 적셔라, 뭐 이런 수양론을 주장했던 것으로 압니다. 마치 맹자가 새벽의 기운이니 밤의 기운을 잘 보존하라고 한 것처럼요.

순자 주자학 쪽 입장은 동의하지 못하겠군요. 의식과 감정이 드러나지 않은 상태, 그때 인간의 모습과 의식이 무슨 의미가 있을까 싶습니다. 드러난 상태에서 잘 살피고 그게 예에 합치하느냐 아니냐 살펴야지요. 선 마음이 드러난 이발 상태에서 수양을 논하는 게 당연하다고 생각합니다.

그런데 신유학에 세 기둥이 있다고 했습니다. 주자학과, 제 입장을 따르는 신유학, 거기에 양명학까지요. 그렇다면 양명학은 이 주제와 관련해서 어떤 입장인가요?

보령 양명학도 선생님처럼 이발에 주목했지요. 그쪽 진영은 미발일 때의 감정에 전혀 주목하지 않았습니다. 살아 있는 인간의 마음을 긍정하는 사람들 아닙니까? 드러난 인간의 의식과 감정 안에 어떤 진리가 있다고 보았어요.

순자 그렇군요. 전 주자학 쪽의 입장, 양명학 쪽의 입장 모두 동의하지 못하겠군요. 양명학 쪽도 좀 난감해 보입니다. 아니 주자학보다 저하고의 거리가 더 먼 것 같습니다. 있는 그대로의 인간 의식과 감정을 그 자체로서 긍정하거나, 그 안에 진리가 있다고 하면 도덕 수양과 학문이 무슨 의미가 있을까요? 맹자적 입장을 극단으로 밀고 나간 사람들이군요.

보령 네. 선천적인 도덕심을 강조한 맹자의 입장을 극단적으로 밀고 나가 이론을 만든 사람들이라고 합니다.

그런데요, 주자학은 미발이고 양명학은 이발이지만, 둘 모두 도덕 주체의 도덕적 자율성을 믿고 또 거기에 호소하는 것 같습니다. 강조하는 정도는 다르지만요. 그런데 선생님께서는 도덕적 자율성보다는 규범의 객관성을 강조하시다 보니 그들의 입장에 동의 못 하시는 것 같고요. 특히 선천적인 인간의 모습, 본래 인간의 마음을 가장 크게 긍정한 양명학과는 더욱 멀게 느껴집니다.

순자__ 양명학과 저는 상당히 동떨어진 것 같습니다. 다만 이발 상태만 전제하고 있다 보니 행여라도 통할 여지가 있을지도 모르지요. 또 그들이 상정하는 성인상이 제가 목표하는 궁극적 성인상과 많이 닮았다는 느낌도 있으니까요. 도 자체와 하나 되고 하늘과 땅처럼 커다란 존재인 성인, 거대 자아를 추구했다는 점에선 저와 비슷한 면이 있기는 합니다. 그렇지만 너무 주관적이자 관념적이지요. 인간의 있는 그대로의 모습을 긍정한다는 점에서는 저와 너무 다르고 말입니다.*

보령__ 그렇겠군요. 그럼 다시 율곡 이야기로 돌아가겠습니다. 율곡은 선생님처럼 이발을 중시하여 이렇게 말했습니다.

---

* 실제 그렇다. 인간의 긍정성을 말한 맹자의 입장을 극단으로 밀고 나간 사람이 바로 육구연과 왕양명이다. "만물이 모두 내 마음 안에 있다. 모든 이치가 내 마음 안에 있다"라고 한 맹자의 입장을 더 밀고 나갔는데, 그러니 순자의 입장과 가장 멀리 있는 유학일 수밖에. 한번 좌표를 찍어보자면 양명학—주자학—지각설(순자적 신유학) 이렇게 그려진다. 이렇게 놓고 보면 왜 우리나라에서 양명학의 세가 미약했는지 알 수 있다. 한국에선 주자학과 지각설이 대결을 벌였다. 특히 지각설 쪽 입장이 강하다 보니 자연히 양명학이 부각될 수 없었다. 반대로 중국은 양명학과 주자학이 힘을 겨룬 데다가 양명학의 힘이 강하다 보니 양명학과 가장 멀리 있는 순자적 신유학, 즉 지각설이 미미할 수밖에 없었다. 한편 조선 유학사에 정말 특이한 경우가 있다. 바로 남명南冥 조식曹植이다. 그는 순자적 신유학에서 출발했지만 갑자기 급변해 양명학적 입장을 취했다. 그의 사례는 동아시아 사상사에서 굉장히 이례적이라 할 수 있다. 그런데 그의 그런 급격한 변화를 설명할 수 있는 부분이 순자 철학에 있다. 순자도 목표점으로 거대한 자아를 설정했다. 그러다 보니 순자 철학에 경도된 사람 가운데 조식과 같은 별종이 나올 수 있었다.

정情은 갑자기 발하여 반응하므로 자기 마음대로 할 수 없다.[184]

정은 자신도 모르는 사이에 저절로 발하여 나오는 것으로 자신의 마음대로 되지 않는다.[185]

정은 마음이 자극받은 것이 있어서 반응해 나온 것이다. 반응하자마자 나온 것이 곧 정인 것인데, 그렇기에 자신의 마음대로 나오는 게 아니다.[186]

정이라는 인간의 의식과 감정의 반응은 외부적 계기와 자극 때문에 생깁니다. 그런데 정은 자신의 생각대로 통제되지 않는 경우가 많습니다. 외부 자극으로 인해 생긴 반응이 필연적으로 선할 수 없다는 것은 확실하지요. 또 반응은 사람마다 즉 사람의 기질마다 다르게 드러납니다. 이때 중요한 점은 최초의 정서적 반응이 필연적으로 항상 옳고 선하게 드러날 수 없으니, 드러난 이후에 그 반응을 잘 통제하고 길들여서 좋은 방향으로 이끌어야 한다는 것입니다. 율곡 생각은 그랬습니다.

순자__ 그러기 위해선 당연히 관찰이 중요하겠지요. 자신의 현재 모습을 제대로 봐야지요.

보령__ 하나 마나 한 이야기지만, 선생님의 입장을 따르는 유학자들은 모두 감정이 드러난 상태, 의식이 움직이는 상태에 주목하니, 스스로 자신을 관찰하는 재귀관찰과 재귀점검이 중요할 수밖에 없겠네요. 안 그래도 《대학》에 보면 성의誠意라는 말이 나옵니다. 중국의 순자적 신유학인 호상학에서는 찰식察識

을 언급했고요. 모두 선생님처럼 인간 의식의 관찰을 매우 중시하여 만들어 낸 개념들이지요. 율곡 역시 그랬습니다. 감정이 발생하기 이전인 미발은 신경 쓰지 말자고 했고 감정이 발생한 이후인 이발의 의식을 제대로 관찰하고 점검하자고 했습니다.

순자　좋습니다. 정말 저와 비슷하군요. 율곡의 재귀관찰과 재귀점검에 대해 좀 더 들어보고 싶습니다.

보령　율곡은 의意라는 것을 말했습니다. 자신의 감정과 정서, 마음, 의식을 관찰하고 그것이 가치 기준에 맞는지 안 맞는지 따져보고 판단하라고 했어요. 그것이 의라면서요. 인간의 계산하는 이성, 판단하는 이성을 잘 발휘하라는 말이지요. 선생님처럼요.

　감정이 발동한 뒤에 그 감정을 가지고 계산, 비교하는 것이 의이다.[187]

　의란 감정으로 계산, 비교하는 것이다.[188]

　반응하여 나오는 것은 감정이고 헤아리고 재는 것은 의이다.[189]

　율곡은 관찰, 선별, 계산하는 마음의 기능과 작용을 의라고 했지요. 성인이 다시 나온다고 해도 자신의 말을 바꾸지 않을 것이라며 강력하게 주장했지요.

순자　제가 말한 마음의 사려 기능인 여와 아주 유사하군요. 마음이 따져보고 저울질하는 기능을 제가 말하지 않았습니까? 여와 놀라울 정도로 비슷해 보입니다. 아니 사실상 똑같아 보입니다.

보령 율곡은 의를 사념念, 사유思, 사려慮라는 말로 바꿔 쓰기도 했어요. 선생님께서 강조하신 여도 있네요. 이러한 마음의 기능과 작용을 선생님처럼 저울이나 자로 재는 행위에 많이 비유했습니다. 그뿐이 아닙니다. 앞서 언급했지만, 그는 궁리도 말했어요. 선생님께서 저울과 자를 인간이 본래 가진 게 아니라 외부에서 받아들인 것이라고 하지 않았습니까? 율곡 또한 기준을 밖에서 가져와 내 안에 도입하자고 했지요. 공부와 학습을 통한 가치 기준의 수용, 궁리를요.

궁리, 율곡 수양론의 시작

보령 율곡의 수양론은 궁리, 거경居敬, 역행力行 이렇게 3단계로 이어지는데, 그 시작이 바로 궁리입니다. 궁리란 것은 간단합니다. 인간 밖에 있는 진리를 내 것으로 받아들이자는 뜻이에요. 궁리란 이로 대표되는 사회 공인 규범을 궁구하자, 즉 제대로 배우자는 말이지요. 그의 수양론에서 가장 먼저 등장하는 조목입니다.

순자 그래야 밖으로 드러난 나의 의식과 활동 전반이 옳은지 아닌지 판단하고 검증할 수 있지 않겠습니까? 저울이 있어야 물건의 무게를 잴 수 있듯, 당연히 외부의 것을 배워 도입하는 일이 수양의 시작이 되어야지요. 저는 율곡의 생각에 십분 동의합니다. 그는 궁리를 구체적으로 어떻게 설명했나요?

보령 역시 선생님과 비슷하게 말했습니다. 맑아야 한다. 밝아야 한다. 이런 말을 많이 했어요. 그래야 외부의 것을 뚜렷하게 인식해 잘 배울 수 있고, 드러난 자신의 감정과 의식도 잘 관찰할 수 있으니까요. 율곡은 '이치를 궁구함', '끝까지 파고듦'이란 뜻의 궁리라는 표현 못지않게, '이치를 밝힌다'라는 뜻의 명리明理라는 말로 표현을 바꿔 즐겨 사용했습니다. '정말 맑다', '정말 밝다' 이런 표현을 좋아했어요.

순자 저도 맑은 것, 밝은 것을 좋아했지요. 대청명大淸明이라는 말로 성인의 경지를 표현하기도 했고요. 맑을 청淸과 밝을 명明을 많이 이야기한 건 외부로 열린 마음의 창, 인식의 창을 전제하기 때문입니다. 그리고 명리라는 표현, 저도 좋습니다.

보령 그는 명리를 위해서는 독서가 중요하다고 했습니다. 주희나 왕양명과는 다르게 그에게 있어 진리와 가치의 기준은 철저히 자신의 밖에 있는 것이기에, 주관적 과정을 통해 깨닫거나 체득할 것이 아니라 객관적으로 배우고 인식해야 할 대상이었어요. 그래서 먼저 독서를 통해 문자화하고 객관적으로 확인 가능한 진리를 공부해야 한다고 여겼습니다.

순자 역시 저와 비슷하군요. 앞서 말했지만《예기》라는 방대한 경전이 탄생한 배경에는 저 순자적 문제의식이 있었습니다. 예를 최대한 성문화, 활자화하여 만든 방대한 규범집인《예기》에는 저 순자의 꿈이 어려 있지요. 맞습니다. 율곡 생각대로 문자화한 지식과 진리를 철저히 공부해야지요.

보령__ 저도 동감합니다.

순자__ 독서를 통한 공부가 끝이 아니고 배운 것을 몸을 통해 직접 행하는 실천하는 공부는 율곡이 거론하지 않았습니까? 공부를 독서에만 한정해서는 안 되니까요. 율곡이라면 분명 그 이야기를 했을 것 같군요.

보령__ 물론 실천을 이야기했습니다. 규범의 실천을 통한 인간 완성을 말했어요. 그가 말하는 실천 역시 주희나 왕양명과는 다른 걸로 압니다. 일상에서 실천을 통해 진리를 체득하거나 깨닫자는 의미에서의 실천이 아니라, 뭐랄까요? 운동선수의 훈련에 가까운 것 같습니다. 감독과 코치에게 배운 것을 끝없이 반복 훈련해서 저절로 나오도록 하게 하는, 일종의 트레이닝 과정 같은 실천으로 이야기했어요. 운동선수는 어떤 상황에서도 조건반사적으로 제대로 된 자세와 동작이 나올 수 있게 힘든 훈련을 반복하지 않습니까? 이처럼 율곡도 즉각적으로 바른 마음가짐, 몸가짐이 나올 수 있도록 훈련 같은 실천을 통해 준비하자고 했지요. 그가 말하는 예의 실천을 보면 정말 훈련이구나 하는 느낌이 들어요.

순자__ 저도 적積을 말했지요. 피나는 공부와 실천의 과정이 누적되어야 합니다. 그래야 인간의 성이 완전히 변해 바람직한 몸가짐이 자연스럽게 나오지요. 계속 반복하고, 반복 과정을 누적해야 합니다. 제가 말한 인간의 위僞의 의미 가운데 네 번째를 떠올리면 되겠군요. 자연스럽고도 능숙한 행위로서의 위를 행하기 위해 무한히 규범을 실천하라고 하지 않았습니까?

보령 그러한 실천을 율곡은 역행이라고 했습니다.

순자 배운 걸 힘써 행하고 실천한다. 반복해서 자기 것으로 만들어 저절로 규범을 행하는 사람으로 거듭나도록 한다. 좋습니다.

거경, 관찰을 위한 준비와 관찰

보령 역행 이야기가 나왔는데요, 궁리 다음 바로 역행으로 이어지는 게 아니라, 그 사이에 거경이라는 단계가 있습니다. 거경은 '경건함에 거한다'는 뜻입니다. 주희가 강조한 개념이지만, 율곡은 그와는 다른 맥락으로 거론했어요.

순자 주자의 거경과 다르다…… 그럼 율곡이 말한 거경은 무슨 뜻입니까?

주자의 거경은 함양과 성찰省察을 포괄하는 개념입니다. 마음이 움직이기 전 그러니까 미발 전에는 함양해야 하고 마음이 동한 후에 성찰해야 하는데, 미발 상태를 중시한 주희는 함양을 우선했지요. 앞에서 보령 학생이 잘 설명했듯, 미발 때의 고요하고 맑고 엄숙한 마음에 집중하여 그 마음을 붙드는 것이 함양입니다. 주자는 미발 때의 함양을 체體라고 했고, 이발 때의 성찰을 용用이라고 했지요. 성찰보다는 함양에 비중을 두고 이야기하면서 말입니다. 그는 미발 때의 인간 의식을 긍정하여 이라는 도덕 원리와 직결하려 했기 때문에, 거경에서 함양을 중시할 수밖에 없었습니다.

율곡은 주희와 노선이 다르다고 했으니, 주희식의 거경을 말하지는 않았을 것 같군요.

보령 물론 주희와 같은 방식으로 거경을 말하지는 않았습니다. 함양 역시 다른 의미로 말했어요. 율곡이 말한 거경도 주희처럼 함양과 성찰로 나누어서 볼 수 있어요.

먼저 율곡이 말한 함양은 이런 것 같아요. 뜬생각이나 잡생각을 없애는 것. 주희처럼 고요한 마음의 상태를 붙들라고 하시 않아요. 정신 집중을 방해하는 것을 철저히 털어내자고 했지요. 그래야 마음의 기능, 즉 지각 기능이 제대로 발휘될 수 있으니까요. 율곡을 지각설자라고 한 이유이기도 하고요. 앞서 스스로 자신을 관찰하고 의식 상태를 점검한다는 의意에 대해 말씀드렸는데요, 율곡의 함양은 의를 위한 것입니다. 마음의 인식, 판단, 성찰 기능을 위한 준비……, 준비 운동이랄 수 있네요. 물에 들어가기 전에 몸을 푸는 것처럼요.

순자 율곡의 거경은 간단히 말해서 안정하고 마음을 차분하게 만들자는 뜻이군요. 하긴 제 입장을 따르는 중국 신유학자들이 주정主靜이란 개념을 말했다고 합니다. '마음 안정하기'라는 의미로 재귀관찰과 재귀점검을 위한 예비 자세라고 합니다. 율곡도 같은 맥락에서 함양을 말했군요. 주희와는 달리, 율곡의 거경은 재귀관찰, 재귀점검을 위한 것으로 그 비중이 크지 않아 보입니다. 수단이나 예비적인 것으로서 함양을 말한 율곡. 주희의 개념을 완전히 부정하지 않으면서도 자신만의 관점으로 재정의해서 활용했군요. 좋습니다. 다른 것을 떠나 아주 영리한 사람인 것 같습니다.

보령 함양이 주희의 수양론에서 차지하는 비중은 아주 크지만, 율곡 수양론에서는 비중이 작습니다. 그래도 마음 기능을 제대로 발휘하기 위해선 꼭 필요하다고는 했어요.

순자__ 그렇겠지요. 무시할 바는 아닙니다. 그렇게 마음의 집중을 방해하는 것을 털어내야 마음의 기능을 제대로 발휘하겠지요. 또한 애서 궁리해서 배운 것을 제대로 적용해서 자신을 다잡아가는 데 활용할 수 있고요. 마음을 맑은 물처럼 하라. 그래야 맑은 거울처럼 기능할 수 있으니······.

보령__ 네, 맞습니다. 다시 거경 이야기를 하자면요, 율곡도 함양으로서의 거경과 성찰로서의 거경을 말했다고 했습니다. 당연히 율곡은 주희와 달리 후자, 성찰을 중시했어요.

순자__ 당연하겠지요. 그의 함양은 성찰을 위한 것이니까요.

보령__ 앞서 의라는 개념으로 그의 재귀관찰, 재귀점검을 설명드렸습니다. 궁리를 하고 그다음에 율곡만의 함양과 관찰靡, 그 둘로 이루어진 거경을 합니다. 그러고 나서 다음 단계인 역행으로 넘어갑니다.

역행, 배운 것을 실천하다

보령__ 역행은 배운 것을 실천하는 것을 말합니다. 궁행躬行, 천리踐履라는 말로 표현하기도 했어요.

순자__ 궁행은 '행함을 다한다'는 말이고, 천리는 '몸소 실천하고 이행한다'는 뜻으로 보이는군요. 어디까지나 그 기준은 예이겠지요?

보령__ 물론입니다. 율곡은 궁행과 천리를 극기복례라고 표현하기도 했습니다. 극기복례는 공자가 수제자 안연에게 인에 대해 가르쳐줄 때 나온 말 아닙니까? 앞서 조금 언급되었지만, 이번엔 아예 통째로 그 장을 모두 살펴보겠습니다.

> 안연이 인에 대해 물었다. 공자께서 말씀하시길, "이기심을 버리고 예로 돌아가는 것이 인이다. 하루 동안 이기심을 버리고 예로 돌아가면 천하가 인으로 돌아온다. 인을 행하는 것이 자신에게서 비롯하지 어찌 남에게서 말미암겠는가?".
> 안연이 말하기를, "청컨대 그 조목을 말씀해주십시오".
> 공자께서 말씀하시길, "예가 아니면 보지를 말고, 예가 아니면 듣지를 말며, 예가 아니면 말하지 말고, 예가 아니면 움직이지 마라".
> 안연이 말하기를, "제가 비록 영민하지는 못하나 그 말씀을 삼가 받들겠습니다".[190]

극기복례, '나를 이기고 예로 돌아가자'. 기己는 자신의 '사사로운 욕심'이라고 합니다. 그것을 극克, 즉 '이기자'가 극기이고요. '사사로운 욕심의 나를 이기고 예로 돌아간다'라는 뜻으로 보통 극기복례를 해석하지요.

그런데 복례復禮에서 복을 '돌아간다'는 뜻이 아니라, 반복의 의미로 보는 경우도 있습니다. 복례, 즉 '예를 반복한다'고 풀이하기도 하지요. 그러면 극기복례를 '사사로운 욕심을 이기고 예를 반복한다' 혹은 '거듭 실천한다'는 뜻으로 해석합니다.

율곡이 역행을 두고 극기복례를 말했습니다. 그러니 이때 극기복례는 '나를 이기고 예를 반복한다' 혹은 '거듭한다'고 해석해야 하지 않을까요? 전 이 해석이 맞다고 생각합니다.

순자 복례를 '예로 돌아간다'는 의미로 해석하든 '예를 반복한다'는 뜻으로 해석하든 상관없습니다. 모두 좋습니다. 중요한 점은 나를 항상 단속하여 사회에 공인된 규범을 지키려 하는 자세이지요. 〈수신〉 편에서 《서경》을 인용해 제가 이런 말을 했다고 하지 않았습니까? 군자라면 항상 "공의公義로써 개인적 감정과 욕구를 이겨낼 수 있어야 한다"[191]고. 개인의 순수한 선의지와 도덕적 동기보다는 공인된 사회의 표준 형식을 이행하고 엄수하는 것이 더 중요합니다.

보령 공인된 사회의 표준 형식이 바로 예이지요?

순자 물론입니다. 예로써 항상 자신을 단속하고, 예에 맞춰 실천하려고 노력해야지요. 저는 그래서 극기복례가 공자 님 가르침의 요체 중 요체라 생각합니다. 율곡도 극기복례를 중시했다는 점에서 저와 다르지 않은가 봅니다. 그는 그것을 특히 예의 실천이란 맥락에서 중시했군요.

보령 네. 극기복례로 말할 수 있는 그런 역행의 과정, 무한 실천의 과정을 통해 인간의 기질이 교정될 수 있다고 했습니다. 기질을 고치자는 게 그의 교기질론인데요, 기질 교정에서 제일 중요한 것이 거듭된 예의 실천이에요. 바로 역행입니다. 역행은 율곡 수양론의 핵심이지요. 율곡은 사욕을 없애려거든 한결같이 예를 준수해야 한다고 했습니다. 그래서 《논어》의 극기복례 장을 따로 연구해 극기복례설까지 만들었지요.

아직 움직이기 전에 고요하고 맑은 상태에 있을 때의 마음을 잘 키우고 보존하자며 미발 함양을 말하는 주희의 성리학, 그리고 살아서 움직이는 도덕심인 양지를 밀고 나가자며 치양지致良知를 말하는 왕양명의 양명학과는 다릅니다.

순자 율곡은 '예를 거듭해 삿私된 욕심과 의식을 사라지게 할 수 있다. 또 사라지게 하자'고 했는데, 그럼 그가 말하는 극기복례를 '나를 이기고 예를 반복하자'고 해석하기보다는, '예를 반복해 나를 이기자'로 해석하는 것이 맞을 것 같습니다.

보령 아, 그렇네요. 선생님의 해석이 정확한 것 같습니다. 끊임없이 예를 행하고 또 행하려고 노력하면서 자신을 이기고 단속하자는 의미의 극기복례가 그가 말하는 역행이고 율곡 수양론의 핵심이지 않을까 싶습니다.

순자 길을 갈 때 신중하고 공손한 몸가짐을 하는 것은 진흙 구덩이에 빠질까 봐 그러는 것이 아니지요. 또 길을 갈 때 고개를 조심히 하고 가는 것은 발길이 어딘가에 부딪힐까 염려해서 그러는 것이 아닙니다. 눈길이 마주쳤을 때 남보다 먼저 몸을 숙이는 것은 상대방이 두려워서 그러는 것이 아닙니다. 모두 선비로서 자신의 몸을 잘 닦아 세상 사람에게 행여나 죄를 짓는 일이 없기를 바라기 때문입니다.[192] 그렇게 자신을 단속하여 어긋남이 없도록 해야 합니다. 항상 자신을 단속하고 다잡아야지요.

보령 《논어》〈태백泰伯〉편에 이런 말이 있어요.

> 증자가 병이 위중해지자 제자들을 불러 말하길, "제자들아, 이불을 젖히고
> 내 손과 발을 보아라. 《시경》에 이르기를 두려워하고 조심하기를 깊은 연
> 못가에 이른 듯 얇은 얼음을 밟은 듯하라고 했으니, 이제야 나는 그것을 면
> 하게 되었음을 알게 되었구나, 제자들아!".[193]

이 장을 보면 항상 몸가짐을 바로 하려고 했던 증자의 눈물겨운 노력이 잘
보여요. 예로써 몸가짐을 항상 바르게 해야겠지요?

순자 물론입니다. 〈태백〉편에서 공자 님께서 그러시지 않았습니까?

> 공손하되 예가 없으면 수고롭게 되며, 신중하되 예가 없으면 주눅이 들게
> 되고, 용감하되 예가 없으면 난폭해지며, 정직하되 예가 없으면 가혹해진
> 다.[194]

바람직한 생각과 동기가 있다고 하더라도 그걸 드러낼 때에는 예에 따라
야 합니다. 하물며 욕망과 욕심 탓에 흔들릴 때가 많은 평소에는 어떻게 해야
겠습니까? 인간이 감정과 의식을 드러낼 때와 활동을 할 때에는 당연히 모두
예를 기준으로 해야 할 것이고, 또 예를 엄수하여 감정과 의식을 조절해야 합
니다.

보령_ 궁리부터 거경을 지나 역행까지, 율곡 수양론의 세 가지 핵심 개념을 살펴보았습니다. 그런데 아직 한 가지 더 남아 있습니다. 바로 입지立志라는 개념입니다.

순자_ 입지라……. 무엇입니까? 궁리, 거경, 역행과는 어떻게 연결되나요?

율곡의 입지와 순자의 지의

보령_ 입지란 말 그대로 '뜻을 굳건히 세우는 것'입니다. 의지를 강하게 해야 한다는 말입니다. 율곡은 본격적인 수양에 앞서 입지가 있어야 한다고 했어요. 그의 성악설적 인간관에서 기인했는데요, 결정적으로 궁리, 거경, 역행으로 이어지는 인간의 수양 과정을 선택하고 설정한 데에서 나온 개념입니다.

힘들게 공부해서 배운 예를 실천하고 엄수해야 하지 않겠습니까? 이것을 역행이라 했지요. 역행이 잘될 수 있을까에 대해 율곡은 다소 회의가 들었던 것 같아요. 율곡은, 사람들이 궁리를 잘했다고 하더라도, 그리고 거경 단계에서 자기 점검과 관찰을 잘했다고 하더라도, 매번 역행의 단계에까지 잘 이를 수 있을지, 잘 실천할 수 있을지 걱정했습니다. 애초에 도덕 실천의 원동력이 인간에게 내재되어 있다고 보지 않았기에 당연한 걱정이지요.

순자_ 인간 내부에 선천적 도덕 감정과 이성, 자발적 선의지가 없다고 보는 이상, 그런 걱정을 할 수밖에 없지요. 사실 그렇습니다. 앞서 저도 이런 이야기를 했지요. 결핍을 인지하고 자각하더라도 인간이 바로 채워 넣는 방향으로 갈 수 있을지 의심스럽다. 그래서 채워 넣는 방향으로 인간이 가도록 하기 위해 스승이 독려해야 하고, 스스로도 정신 무장을 단단히 해야 한다고.

보령 대표적으로 전심, 일지, 결어일 등을 말씀하셨지요. 도덕 주체의 정신 무장을 위해서요.

순자 율곡도 비슷한 이야기를 했나 보군요.

보령 네. 그가 말한 입지가 바로 전심, 일지, 결어일과 비슷합니다. 선생님과 같은 인간관과 철학적 기초에서 시작했으니 당연하겠네요.

　맹자의 경우에는 선한 본성만 잘 확충하면 되고, 퇴계의 경우에는 착한 본성으로서의 이가 잘 드러나게만 해주면 된다고 했어요. 그러면 자연스럽게 착한 행위를 할 수 있고 도덕률을 실천할 수 있다고요.

　하지만 선생님과 율곡은 그들과 다릅니다. 애초에 도덕 실천의 자발성을 인정하지 않고 인간 내부에 도덕 실천의 원동력이 없다고 보았으니 따로 뜻을 세우라고 한 것이지요.

순자 도덕 행위를 실천하겠다? 군자가 되고 성인이 되겠다고 의지를 강하게 다지고 목표를 세우는 것 말인가요? 이런 것이 입지겠지요?

보령 네. 예를 실천하겠다, 실천해서 군자가 되겠다는 뜻과 의지, 목표를 세우라고 했습니다. 수양하기 전에 그리고 수양하면서도 뜻을 세우고 뜻이 흔들리지 않게 하라고 했어요.

순자__ 당연한 말이군요. 자기 안에 선의지가 있고 도덕 감정이 내재되어 있다고 하는 맹자와 퇴계 같은 경우에는, 자연스럽게 착한 행위를 할 수 있다고 했기에 따로 뜻을 세우거나 정신 무장을 할 필요가 없다. 그러나 저 순자와 율곡의 입장에선 그것이 필요하다. 당연합니다.

보령__ 그래서 뜻을 세워야 한다고 했습니다. 수양하기 전은 물론이고, 수양하면서, 본격적으로 공부하면서도요. 항상 '성인이 될 수 있다', 또 '되어야 한다', '군자란 목표를 향해 실천한다면 난 군자가 될 수 있고 그래야 한다' 이렇게 각오하고, 자기 긍정의 암시를 계속해야 한다고 말했습니다. 특히 역행을 위해 입지가 중요한데요, 입지를 통해 도덕적 의지가 굳건히 서게 되면 실천의 계기가 마련되어, 배운 것과 판단 내린 것을 행동으로 제대로 옮길 수 있다고 보았습니다.

순자__ 철저히 역행을 위한 것이군요. 궁리와 거경도 수양의 완성을 위해 있어야 할 과정이기 때문에 입지가 필요하지만, 보령 학생의 말을 들으니 입지는 역행을 위한 것이라는 생각이 듭니다. 그렇지요. 배웠다고 하더라도 또 배운 것을 기준으로 날 관찰하고 판별하여 어떻게 행동하는 것이 바람직한지 판단이 서더라도, 막상 행동으로 옮겨 마지막 단계를 밟는 일은 어렵습니다. 특히 매번 역행의 단계까지 가는 게 어렵습니다. 일관된 실천과 한결같은 역행, 참으로 쉽지 않은 일입니다.

보령__ 특히 율곡은 자기 관찰과 점검 단계에서 역행으로 넘어가기가 어렵다고 보았어요. 그 사이에 어떤 커다란 간극이 있다고 본 것 같습니다.

순자 인간이란 그렇지요. 저도 앞서 인간이 채워 넣는 방향으로 가서 적극적으로 결핍을 채우는 게 쉽지 않다고 했습니다. 율곡의 생각이 이해됩니다.

보령 자신을 관찰하여 내가 지금 보이는 반응이나 행하는 몸가짐이 옳은지 아닌지 판단하면 답이 나옵니다. 내 몸의 반응이나 몸가짐이 옳으면 밀고 나가고, 아니면 하지 말고. 그렇게 계산이 서고 답이 나오면 그대로 행해야지요. 역행의 단계로 건너가야 하지 않나요? 그런데 현실의 인간은 실천의 과정으로 쉽게 넘어가지 못하나 봅니다. 율곡 생각에는 그것이 어려워 보였어요. 점검, 판단, 계산, 그리고 다음 단계인 실천 사이에 간극이 커 보였지요. 그래서 입지가 중요했나 봅니다.

순자 저도 그래서 '될 수 있다', '할 수 있다' 같은 말을 많이 했지요. 뚜렷한 목표와 지향점을 두고 노력하면 얼마든지 목표를 이룰 수 있다고 거듭 강조했습니다. 지금 현재는 초라하고 부족한 게 많아도 스스로 자신의 결핍을 인지하고, '채워야겠다. 채워서 군자가 되어야겠다'고 마음먹고 또 '군자가 될 수 있다'는 자신감을 가지면 됩니다. 그럼 얼마든지 달라질 수 있고 거듭날 수 있지요.

　율곡이 말한 그 입지라는 개념, 아주 좋습니다. 입지가 없으면 인간이 부지런히 노력하고 행할 수 없을 것입니다.

보령 율곡이 이렇게 말했습니다. "뜻은 기를 이끄는 장수이다. 뜻을 항상 오로지하면 기는 반드시 따라올 것이다." 의지가 강하면 몸은 따라가기 마련이니, 항상 의지를 굳게 다지라는 뜻이지요. 그는 입지를 말하면서 믿으라고 했습니다. 성인이 될 수 있다, 이런 믿음이 중요하다고 강조했어요. 그래서인지 율곡은 입지를 방해하는 가장 큰 병폐로 믿지 않음, 불신을 들었고요.

순자ㅡ 율곡의 견해에 저는 적극 동의합니다. 공자 님께서도 말씀하셨습니다.

사람에게 믿음信이 없다면 그가 무엇을 이룰 수 있을지 모르겠구나. 큰 수레에 수레 마구리가 없고 작은 수레에 멍에 막이가 없다면 그 무엇으로 가겠는가?[195]

믿음이 없으면 전진할 수 없습니다. 진보할 수 없습니다.

보령ㅡ 저도 그 말씀이 떠올랐어요. 공자가 말한 신信을 단순히 인간들 사이에서 지켜야 할 신의로 봐서는 안 될 것 같아요. 공부와 실천, 수신을 통해 내가 더 나은 인간이 될 수 있다는 믿음, 군자가 될 수 있다는 믿음, 인과 예에 대한 믿음, 이것으로 봐야 할 것 같습니다.

그런데 요즘 한국에서는요, 믿음이란 말을 자본주의사회에서 필요한 '신용'으로 곡해하는 경우가 있습니다. 자본주의사회의 신용이란 인격이나 덕목이 아니라 지불 능력일 뿐인데……. 하긴 그게 인격이고 덕목이긴 하네요, 자본주의사회에서는요.

순자ㅡ 공자 님께서 말씀하신 신은 어디까지나 학문에 대한 믿음, 학문을 통한 자기 성장에 대한 믿음, 인과 예에 대한 믿음이지요. 믿음이 있어야 합니다. 공부하고 실천하면 '성인됨'이란 종착지에 이를 수 있다는 믿음이 있어야 인간이 수레처럼 나아갈 수 있지 않겠습니까?

보령 네. 수레처럼 앞을 향해 나아가야지요. 앞을 향해 나아가다! 그 말씀 잘 해주셨어요. 율곡의 입지도 나아가게 하기 위함이지요. 배를 생각하면 입지를 이해하기 쉬울 것 같아요. 배가 한 척 있습니다. 거센 바람이 배 뒤에서 붑니다. 아니면 거센 물결이 배가 나아가는 방향으로 흐릅니다. 이럴 때 배가 쉽게 앞으로 나아가지 않겠습니까?

율곡의 입지는 어떤 관성의 힘을 만들어 자신을 거기에 내던지라는 말 같기도 해요. 전 그렇게 이해했어요. 성인됨이라는 방향을 설정해놓고 그 방향으로 흐르는 거센 물살을 만들어놓습니다. 그리고 거기에 입수하는 거지요.

사실 사람이 매번 자신을 관찰하고 점검해서 이렇게 실천하자 저렇게 실천하자 결단을 내리고 곧바로 실천에 옮기는 일은 사실 어렵잖아요? 그러나 도덕과 성인됨이라는 방향으로 흐르는 강한 물살과 물결을 만들어, 물살의 흐름에 자신을 맡기고 마음과 몸이 자연적으로, 어쩌면 기계적으로 물결이 이끄는 방향으로 가게 합니다. 그러면 실천이 쉬워지겠고 성인됨이라는 목표에 계속 나아갈 수 있지 않을까요?

순자 의지를 세운다는 것, 그것은 강한 물살과 물결처럼 인간을 특정한 방향으로 가도록 돕는 것이다. 그리고 물살을 만들고 물살에 몸을 던져라…….
그것이 의지를 세우는 입지라는 것이다?

보령 네, 선생님.

순자 그 물살을 꼭 혼자서만 만들 이유는 없겠군요. 옆에서 벗이 도와줄 수도 있고, 스승이 도와줄 수도 있고……. 성인군주가 있으면 더 좋지 않겠습니까? 스승이 잘 독려하고 성인군주가 사회 전반의 문화와 관습을 잘 닦아 풍속을 어질게 하고, 이런 것들이 모여 하나의 거대한 물결을 이룬다면, 그 물결 위에 있는 배는 쉽게 앞으로 나아가겠지요.

제가 자극과 반응이란 기제를 통해 인간을 설명하고, 인간 스스로 자신의 반응을 어떻게 하면 잘 다스려볼 것인가를 이야기했지만, 사실 그게 전부가 아닙니다. 애초에 좋은 자극이 인간에게 가면 바람직할 것이니, 좋은 자극을 주는 스승과 성인군주, 이들이 피워낸 바람직한 문화와 풍속이 있어야 한다고 생각합니다. 이런 외적 환경이 물살이 되면 좋을 것 같군요. 하나로 합쳐져 강하게 흐르는 물살이 되어 바람직한 방향으로 인간을 실어 나르면 좋지 않을까요?

외적 환경, 좋은 자극 가운데 가장 중요한 것은 역시 스승의 독려가 아닐까 싶습니다. 물론 스스로 정신 무장도 하고 각오도 다져야 합니다만.

보령 아무튼 입지를 하게 되면 선택과 결단이 쉬워지고, 수양과 실천의 과정에서 물러서지 않고 앞으로 나아가려는 힘이 생긴다고 합니다. 그렇다면 입지는 하나의 전환점이라고 할 수 있어요. 정말 중요하지요.

선생님 책 읽을 때도 느끼긴 했어요. 선생님께서도 그것을 중시하셨다는 느낌을 받았습니다. 어떤 의지를 세우는 것, 성인이 되겠다고 다짐하는 것, 될 수 있다는 믿음을 갖는 것, 이런 것을 자주 말씀하셨는데요?

순자 누차 말했지만, 인간은 원래 결핍된 존재입니다. 결핍된 인간이 결핍을 인지하여 스스로 불만을 느껴 외부에 있는 것으로 자신을 채워야 한다. 저는 이것을 전제하지요. 그러니 마음을 다지고, 뜻을 크게 품고, 자기 향상에 대한 믿음을 가져라, 이런 말들을 따로 힘주어 할 수밖에요. 안 그러면 인간이 좀처럼 자신의 결핍을 메우려 하지 않을 테지요.

보령 정말 죄송하지만 텍스트에서 지겨울 정도로 독려하고 격려하셨어요. 다그치기도 하셨고요.

순자 그랬습니다. 전 전심과 일지를 주문했습니다. 마음을 오로지하고 뜻을 하나로 하라고. 또한 마음을 단단히 매어두어라—심여결혜心如結兮, 의지를 하나에 매어두어라—결어일, 뜻을 독실하게 하라—독지篤志, 뜻이 굳은 자—명명지지자冥冥之志者가 되어라. 그리고 지의志意라는 것도 있지요. 뜻을 닦아라, 뜻을 한결같이 하라는 말입니다. 그러고 보니 지의가 율곡의 입지와 닮은 덕목 같군요.

지의는 〈유효〉 편에서 한 말입니다. 뜻을 세워 성실하게 의로움을 행한 분이 공자 님입니다. 그분처럼 행하라고 하며, 지의하라고 말했습니다. 또 〈수신〉 편에서도 언급했습니다. 지의하면, 즉 뜻을 닦으면 부유한 자나 지위가 높은 자 앞에서도 당당할 수 있다고. 뜻을 세워 굳건히 했는데 무엇이 두렵겠습니까? 또 〈천론〉 편에도 있습니다. 지의수志意脩, 덕행후德行厚, 지려명知慮明. 의지를 닦고, 덕행을 두텁게 하고, 지려를 밝게 하라. 이런 말을 하며 지의를 언급했습니다.

정리하자면, '뜻을 확실히 세워라', '지의를 제대로 하라'는 말입니다.

보령   덕행후는 덕행을 두텁게 하라는 뜻이니 율곡이 말한 역행에 대응하는 개념 같고요, 지려명은 지려를 명석하게 하라는 뜻인데, 이는 마음의 기능을 제대로 발휘하라는 의미이니 율곡이 말한 재귀관찰과 재귀점검으로서의 의에 대응하는 개념 같아요. 가장 먼저 말씀하신 지의수는 지와 의를 닦으라는 뜻이니 입지와 같은 개념으로 보이네요. 〈전론〉편의 그 한 문상에 율곡이 말한 입지, 역행, 의가 모두 나옵니다. 선생님과 율곡은 정말 닮았습니다.

순자   그렇군요. 뜻을 세우고 항상 하나로 하고 굳건하게 하는 것. 정말 중요한 일입니다.

보령   율곡의 수양론을 모두 살펴본 것 같습니다. 궁리부터 거경, 역행 그리고 입지까지요. 선생님의 입장과 흡사하여 선생님께서 대부분 동의하셨습니다. 하긴 수양론뿐 아니라, 인간의 의식, 인식 기능, 기로써 이해하는 현실의 인간, 성즉기 등도 선생님께서 모두 흔쾌히 동의하셨네요.

이제 마지막으로 인심도심론人心道心論에 대해 이야기 나눠보겠습니다.

인심 대 도심, 인심도심론

순자   인심도심론은 제가 가장 먼저 제기한 이론입니다. 그래서 궁금하군요. 저의 입장을 충실히 계승했다는 율곡이 인심도심론에 대해 어떻게 이야기했는지.

보령   선생님께서 처음으로 제기하셨으니, 먼저 설명해주시겠습니까?

순자 그럴까요? 사람은 항상 도를 한결같이 추구해야 하고, 의식과 마음에 삿된 것이 깃들지 않게 해야 하며, 의식이 위태로움에 잠시라도 빠지는 것을 철저히 경계해야 합니다. 마음은 쟁반 위의 맑은 물처럼 깨끗해야 하지요. 맑게 하는 것도 어렵고, 맑은 상태로 유지하는 것도 어렵습니다. 반면 탁해지는 것은 너무 쉽지요.《도경道經》이란 책에 이런 구절이 있습니다.

인심人心은 위태롭고 도심道心은 미묘하다.

사람의 의식 상태는 욕망과 사적 감정에 휩쓸리기 쉬워 지극히 위태롭기 마련입니다. 도를 따르는 의식과 의지인 도심은 욕심이자 사적 감정인 인심에 비해 아주 작을 수밖에 없습니다. 그러니 항상 조심해야겠지요? 마음을 맑게 하고 감정과 의식을 잘 성찰해야 합니다. 군자라면 마땅히 그래야 합니다. 자신의 마음에 위태로운 부분이 없는지 철저히 살펴야 해요. 또 옳고 바르지만 미묘한 의식인 도심까지 놓치지 말고 모두 훤히 볼 수 있어야 합니다. 그러고 나서 도심은 키우고 도심이 아닌 것은 버릴 수 있어야지요.

이것이 제가 주장한 인심도심론의 대략적인 내용입니다.

보령 말씀 잘 들었습니다. 요약하자면, 인간 의식이 위태롭기 쉬우니, 인간의 의식과 감정을 항상 관찰해야 한다는 뜻이네요. 예라는 가치 기준으로 현재 자신의 의식 상태를 항상 점검하면 됩니다. 생각이나 감정, 의식이 그르다면 지워버리고, 좋다면 그대로 따라 행동으로 옮겨야겠지요. 전자의 마음을 인심, 후자의 마음을 도심이라고 합니다.

인심과 도심은 대립적 관계이자 선택적 관계라 할 수 있어요. 나쁜 마음과 좋은 마음이 대립하고 있는 상황에서 하나를 선택해 부여잡고 나머지 하나는 버려야 하기 때문이지요. 선택할 대상은 도심. 버려야 할 대상은 인심.

이게 원래 인심도심론을 처음으로 언급하신 선생님의 입장입니다. 이러한 선생님의 입장을 지각설 진영의 신유학자들이 계승했고요. 그런데 주희는 인심과 도심을 선생님과는 다른 관점으로 이야기했어요.

순자__ 주희는 인심과 도심을 맹자의 대체와 소체 같은 것으로 말했습니다. 대립적이고 선택적인 인간의 두 의식으로 보지 않았지요. 둘은 적대적인 관계라 하나를 살리면 나머지 하나는 지워야 하는데 말입니다.

주희는 도심을 대체로, 인심을 소체로 보았습니다. 기억날 겁니다. 맹자는 대체인 마음이 제대로 기능하면 된다고 말했지요. 즉 선한 마음이 잘 기능하면 욕심에 끌려가기 쉬운 소체는 문제를 일으키지 않을 것이라고. 그러면 인간이 바람직한 행동을 할 것이라고. 주희도 비슷하게 말했습니다. 선한 본성에서 나온 도심만 잘 기능하면 인심은 그저 도심에 순응할 뿐이니 문제가 될 소지가 없다지요.

보령__ 그런데 재미있는 건요, 주희가 젊었을 때는 선생님과 논리가 같았다는 점입니다. 선생님의 입장을 계승한 호굉의 호상학파 학자들에게 주희가 학문을 배웠기에 그랬던 것 같아요. 그런데 어느 날 갑자기 주희가 입장을 바꾸지요. 주희는 먼저 도심은 인간이 하늘의 명령으로 받은 도덕심으로 본성에서 나왔고, 인심은 육체에서 생겨났다고 했습니다. 도심과 인심이 서로 다른 근원에서 나왔답니다.

하늘이 부여한 도덕적 본성이 인간에게 있다? 이것부터 선생님 사상과 맞지 않아요. 또 인간 의식의 근원을 하나가 아니라 두 개로 나눈 것 역시 선생님과 맞지 않습니다. 그리고 인심은 좋은 것도 나쁜 것도 아니며 도심을 잘키우고 잘 확충하면 저절로 도심의 명령에 잘 따르게 되어 문제의 소지가 없을 것으로 보았어요. 도심만 잘 확충하면 인간의 모든 행동이 법도에 맞을 것이라면서요. 선생님께서도 말씀하셨지만, 주희의 인심도심론을 보면 맹자의입장과 똑같아 보입니다. 성선론, 두 가지 근원이 있는 인간 의식, 선한 마음과 본성을 키우고 확충하기 등…….

그런데 율곡이 다시 아니라고 했어요. 인심과 도심은 대립적이고 적대적이며 선택적인 관계다. 인욕이자 사욕인 인심을 지우고 도심을 잘 지키자고 했습니다.

순자 애초에 인심과 도심을 제가 율곡과 같은 맥락에서 이야기했는데 주희는좀 비틀었지요. 사실 인간의 선한 본성을 전제한 것이 주희의 문제입니다. 그러고 나서 그걸 도심과 연관 지었으니…….

보령 율곡은 인간 의식이 발생한 이후에 단지 도덕률에 맞고 안 맞고를 기준으로 해서 인심과 도심이 갈리는 것이지, 그 둘의 근원이 처음부터 다른 것은아니라고 했어요. 또 인간 내부에 도심과 인심이 싸우는 상황을 전제했습니다. 주희가 '도심 : 인심'이라면 율곡은 철저히 '도심 vs. 인심'이었지요.

순자 두 의식은 율곡의 관점대로 당연히 대립적입니다. 그러나 인심이 도심보다 크기 마련이라 현실의 인간은 불안하고 위태롭습니다.

보령 율곡 역시 도심은 미묘하고 인심의 힘이 크다고 했습니다. 역시나 현실의 인간을 위태로운 존재로 보았어요.

율곡은 도심이 생기는 것은 마치 불이 처음 타오르기 시작할 때, 또는 샘물이 처음 솟아나기 시작할 때와 같아서 미미하다고 했지요. 그래서 잘 보기 어렵다고 했고요. 반면에 인심이 생기는 것은 마치 내가 끈에서 풀려나고 말이 굴레를 벗어난 것과 같아서, 아주 강력해 단속하고 제어하기 어렵다고 했습니다. 그래도 예를 충실히 배워 예로써 판단하면, 앞서 말한 대로 입지하고 역행하면 되지 않을까요? 그러면 인심을 지우고 도심을 지킬 수 있지 않을까 싶습니다.

순자 명쾌하군요. 제가 거듭 강조한 한결같은 자세로 그렇게 인심을 제거하고 도심을 지킨다면 군자와 성인이 될 수 있을 것입니다. 보면 볼수록 율곡은 저와 너무도 흡사해 정말 놀랍습니다.

보령 그동안 선생님에 대한 오해와 왜곡이 매우 많았습니다. 그렇지만 율곡으로 대표되는 순자식 신유학이 한국에서 꽃피웠으니 너무 슬퍼하지 않으셨으면 좋겠어요. 더불어 순자적 신유학의 득세, 지각설의 득세가 한국 유학이 양명학과 주자학이 힘을 겨룬 중국 유학과 구별되는 큰 특징인데요, 이 점도 알아주세요.

순자 고맙습니다. 미안하기도 합니다. 사실 제가 한국을 단순하게 본 게 아닌가 싶어서요. 저는 한국이란 나라에 호감이 많았습니다. 공자 님 사상이 크게 꽃피운 나라로 알고 있기 때문이지요. 그런데 단순히 유학적 질서가 굉장히 강한 힘을 발휘하는 나라 정도가 아니었습니다. 저 순자식 신유학이 득세하여 사회를 이끌었으니……. 한국은 단순히 유학·유교의 나라가 아니라 순자적 신유학의 나라였군요.

율곡과 십만양병설

보령__ 율곡은 사고가 현실적이고 합리적이라는 점에서도 선생님과 아주 흡사합니다. 기로써 인간을 이해하고 예로써 인간을 단속하자고 했고, 예에 제도로서의 기능을 담아내기도 했으며, 사회 공인 표준으로서 예를 체계화하려 했어요. 제 생각이지만, 현실에서 쓸 수 있는 유학을 고민한 듯해요.

율곡은 특히 정치 공간에서 활약할 때 현실적이고 합리적인 색채가 강했습니다. 그렇게 하는 게 어쩌면 당연할지도 모르겠지만, 분명 율곡은 당대 다른 유학 관료들과 비교해보았을 때 확연히 달랐어요. 현실적이고 합리적으로 정치하려는 경향이 아주 강했습니다. 항상 누울 자리를 보고 발을 뻗고, 실행 가능한 일을 하려고 했어요.

재미있는 일화가 하나 있습니다. 율곡이 국방력 증강을 위해 십만양병설+萬養兵說 을 주장했다고 합니다. 많은 사람이 그렇게 알고 있어요.

순자__ 병사 수를 크게 늘리자고 했나요? 현실적으로 보면 병사 수는 갑자기 크게 늘릴 수 있는 게 아닙니다.

보령__ 지금 한국 군대가 60만인데요, 만약 두 배로 늘려 120만으로 만들자고 국방부장관이 주장하면 여기저기서 난리가 나겠지요. 단순히 수만 두 배로 늘리는 문제가 아니라 사회시스템 자체가 바뀌어야 하니까요. 사회 생산력 문제도 있고요.

그런데 조선이란 나라가 유지는커녕 동원도 쉽지 않은 병력을 10만이나 만들어야 한다고 율곡이 주장했답니다. 기록이 뚜렷이 확인되지도 않고, 딱히 증거도 없어요. 조일전쟁朝日戰爭* 이후 기록된《조선왕조실록朝鮮王朝實錄》등 각종 사료에도 관련 내용이 숫제 보이지 않습니다. 십만양병설을 놓고 조정에서 갑론을박했다거나 하는 증거나 흔적이 아예 없어요. 율곡의 제자인 김장생金長生이《율곡행장栗谷行狀》이란 자신의 문집에 우리 스승 율곡이 임진왜란을 대비해 십만양병설을 주장했지만 수용되지 않았다고 쓴 게 전부이지요. 이 기록 탓인지 사람들은 율곡이 선견지명이 있어 일본과의 전면전을 예상해 십만양병설을 주장했다고 알고 있어요.

그런데 생각해보면 율곡이 그럴 사람이 아니거든요? 선생님처럼 합리적이고 현실적인데 그렇게 무리수를 두어가며 병력 수를 늘리자니……, 그것도 지상군을? 만약 그가 정말로 일본의 침입을 예상하여 국방력을 보강해야 한다고 판단했다면, 정예 수군을 5,000명 정도 더 육성하자고 했겠지요. 상대는 바다를 건너 침입해올 일본이니 당연히 수군 증강을 말했을 겁니다. 물론 최대한 국가에 크게 부담되지 않는 예산 범위에서요.

순자_ 저와 흡사한 사람이니 무모하게 지상군을 늘리자고 하지는 않았을 것 같습니다. 너무 비현실적이에요. 국가가 감당하기 힘들 정도로 병력 수를 늘

---

* 조선 선조 25년(1592년)에 발발한 조선과 일본의 전쟁을 이 책에서는 '조일전쟁'이라는 용어로 쓴다. 이 전쟁은 국가 대 국가의 전면전이었기 때문이다. 또한 '임진왜란壬辰倭亂'이란 용어는 지배층의 책임을 희석하기에 때문이다.

리자고 하는 건 무책임한 주장이지요.

보령　율곡은 절대 그렇게 주장하지 않았어요. 하지만 사람들은 그렇게 주장했다고 알고 있으니……. 사실 십만양병설을 주장했다고 하는 것은 율곡을 깎아내리는 짓이지요. 율곡을 어처구니없는 주장을 한 사람으로 만드는 짓이니까요. 참 어이가 없습니다.

순자　율곡 본인부터 그런 말을 들으면 싫어하겠군요.

보령　펄쩍 뛰겠지요. 사실 조일전쟁 당시에 율곡 쪽의 서인들이 한 일이 없다 보니 전쟁 후에 날조해낸 이야기인 듯합니다. 정작 율곡이 들으면 기가 막힐 일이지만요.

순자　역시 그랬군요.

보령　선생님, 이제 마지막 이야기를 해야겠습니다. 율곡은 경장更張이란 것을 말했는데요, 제도를 바꾸자는 말입니다. 법가처럼 개혁이나 변법을 하자는 뜻이 아닙니다. 선생님께서 후왕 이야기에서 말씀하신 것과 비슷한데요, 기존의 것을 시대에 맞춰 적당한 선에서 수정하고 보완하자는 뜻이에요. 율곡은 인간의 선한 본성만을 말한 관념론자가 아니라, 제도에도 관심이 많은 현실주의자였어요. 그러나 법술지사들처럼 대대적 정비와 개혁은 원치 않았고, 적절히 시대적 변화에 맞춰 수정하고 보완하는 정도에 그쳤습니다.

순자 그 점도 저와 닮았군요.

보령 율곡이 쓴 《동호문답東湖問答》이라는 책이 있어요. 왕도 정치의 이상에 대해 문답 형식으로 구성하여 쓴 책입니다. 율곡은 이 책을 써서 당시 군주인 선조에게 올렸다고 합니다. 이 책에도 선생님과 비슷하게 이야기하는 부분이 적잖이 있어요. 정치의 근본은 현명한 이와 어리석은 이를 잘 구분해 가려 쓰는 것이라고 역설하기도 했지요. 그 대목을 보면 선생님께서 하신 말씀과 아주 똑같은 말이 있습니다. 바로 현우지분賢愚之分, 현명한 이와 어리석은 자를 잘 구분하라, 여기에서 정치가 시작된다고 주장했지요.

　이제 율곡 이야기는 이쯤에서 마무리하겠습니다. 주제를 바꿔 제자백가 이야기를 하고 싶습니다. 제자백가 각각에 대한 선생님의 평을 듣고 싶어서요. 솔직하게 말하자면, 선생님께서는 그들에게서 어떤 점을 배웠고, 그들의 주장이나 이론을 선생님 사상에 어떻게 편입하고 활용했는지 궁금합니다.

순자 좋습니다. 제자백가 이야기를 해봅시다.

외편外篇 2 위대한 종합자

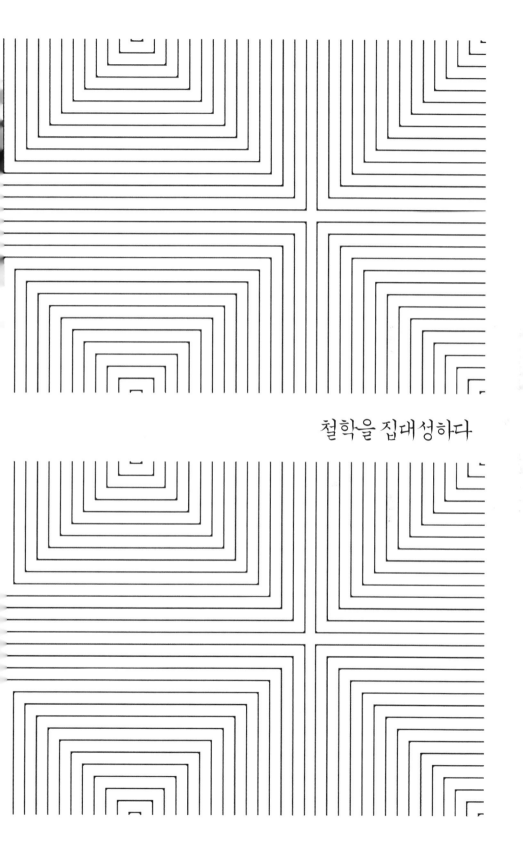

철학을 집대성하다

18장

순자와 제자백가

> 사람은 나면서부터 욕망이 있는데
> 바라면서도 얻지 못하면 곧 추구하지 않을 수 없고,
> 추구함에 일정한 기준과 한계가 없다면 다투지 않을 수 없게 된다.
> 다투면 어지러워지고 어지러워지면 궁해진다.

묵자와 순자

보령__ 선생님, 앞서도 언급하셨고 또 인정하신 부분인데요, 선생님의 역사관
과 군주관은 법가와 묵자의 영향을 받았습니다. 이들뿐만 아니라 사실 장자
의 영향도 많이 받았고요. 대표적으로 선생님 철학에서 가장 중요한 개념인
천인지분이 그렇지요.

순자__ 그들 사상에서 설득력 있는 부분과 강점과 장점은 수용했습니다.

보령__ 역시 합리적이세요. 그래서 위대한 종합자, 집대성자라고 선생님을 평

하나 봅니다.

순자_ 집대성자라고 자임할 수 있으려면 공자 님 정도는 되어야 하지요. 저는 부족합니다. 그래도 최선을 다해 제자백가 사상을 각득기소하려 했습니다. 설계도를 그려 여러 사상가를 합당한 위치에 자리 잡게 하려고 노력했지요.

보령_ 각득기소란 말씀을 앞에서 하셨지요? 사물이나 사람 등을 있어야 할 자리, 자기 자리에 배치하는 것이라고요.

그럼 본격적으로 집대성자 순자, 종합자 순자 이야기를 해보겠습니다. 선생님께서 어떻게 타 제자백가 사상들을 평가하고 인식했으며 그들의 장점을 받아들였는지, 또 그것을 바탕으로 유가 철학을 어떻게 업그레이드했는지. 그리고 제자백가 사상을 어떻게 종합했는지까지요.

먼저 묵자입니다. 선생님 텍스트에 언급된 인물 가운데 묵자가 가장 많습니다. 스무 번이나 나오지요. 묵자가 말한 겸애의 겸兼 자는 무려 일흔세 번이나 보입니다. 대부분 좋은 맥락으로 쓰셨고요.

순자_ 묵자의 학문은 당대에 크게 흥성한 사상이었습니다. 또 우리 유학과 치열하게 경쟁한 학문이라, 묵자를 의식하지 않을 수 없었습니다.

보령_ 선생님께서 〈비십이자非十二子〉 편나 〈해폐〉 편에서 거론한 송견이 실은 묵자 학파의 거물이었던 점을 생각해보면, 선생님 텍스트에서 묵자의 존재감을 크다 하지 않을 수 없네요.

순자   어떻게든 묵자를 넘어서야, 극복해야 했습니다. 안 그러면 유가 사상의 맥이 끊어질 테니까요.

보령   선생님, 그런데 당시 유가 사상을 위협한 학파가 묵가만은 아니었지요? 법술지사들과 장자, 노자의 공격도 거세었을 텐데요.

순자   그렇습니다. 하지만 그중에서도 가장 집요하고 뼈아프게 공자 님 사상을 공격한 이들이 묵가였습니다. 묵가는 아주 조목조목 체계를 갖추어 공자 님 사상의 핵심을 공격했지요. 그러니 제가 어떻게 해야겠습니까? 단순하게 묵가가 그르다, 틀렸다고 하거나 욕만 해서는 안 되었지요. 그들이 지적한 공자 님 사상의 약점과 한계를 우리 스스로 냉철하게 돌아보아야 했습니다. 우리의 약점을 보완하려고 애쓰면서 동시에 발전시켰어야 했지요.
　사실 맹자도 심각하게 고민했습니다. 묵가가 제기한 공자 님 사상의 약점과 문제를 어떻게 보완할 것인가, 맹자도 이 문제에서 자유롭지 않았습니다. 묵가는 우리에게 숙제를 내준 것입니다. 그리고 저는 그 숙제를 어느 정도 해냈다고 자부합니다.

보령   그런데 그렇게 묵가를 의식했고 적으로까지 여겼지만, 그 영향을 적잖이 받으셨습니다. 물론 그러면서 공자 사상을 업그레이드하셨고요. 가장 좋은 스승은 적이라는 말이 맞나 보네요. 선생님께서는 그들의 화살과 방패로 공자 사상을 발전시키셨으니까요.

순자   부정하지 않겠습니다. 그런데 다른 배경도 있었습니다. 싸우면서 닮기도 한다지만, 당시엔 다른 사상가의 장점을 흡수하며 자기 사상의 키를 높이는 일이 흔했지요. 저만 그런 것이 아니었습니다. 시대적 당위였다고 할까요? 아무튼 《여씨춘추》도 그렇고, 노자도 그랬으며, 한비자도 그런 경향이 있었습니다. 잡다하다는 말이 나올 정도였지요. 이러한 종합화를 바탕으로 다가올 통일 제국 시기에 사상적 지배권을 장악하려 한 시도가 여기저기에 많았습니다. 종합하고 발전하고 그랬지요.

보령_ 당대 트렌드였군요.

순자_ 그렇습니다. 잡가雜家라는 무리가 있었지요. 여러 사상을 종합하는 사상적 경향과 이에 몰두한 사람들을 잡가라고 불렀습니다. 경우에 따라선 저도 잡가로 분류되기도 합니다만, 저는 철저히 유가적 입장이었습니다. 여러 사상을 유가 사상의 진화를 위해 복무케 했기에 다른 잡가들과는 다르다고 생각합니다.

보령_ 아무튼 묵자의 영향을 많이 받으셨는데요, 조목조목 여쭤볼게요. 먼저 욕망에 대한 긍정, 인간 욕망의 문제를 항상 직시하려고 하는 사고 등 욕망과 정면 승부를 하는 면을 들 수 있어요. 물론 관중, 그리고 부유하고 적나라하게 욕망을 추구한 제나라의 영향도 있었겠지만, 묵자의 영향이 제일 강해 보입니다.

순자_ 현실을 보고 현실 정치를 논하는 사상가가 욕망 문제를 도외시할 수는 없습니다. 제가 욕망을 긍정하여 욕망 문제를 적극적으로 다루려고 했는데…… 묵자의 영향처럼 보이나 봅니다.

보령 묵자가 이런 말을 하지 않았습니까? 삼환三患이라고 백성이 겪는 큰 재앙 셋이 있다고 했어요.

> 오늘날 천하 백성에게 세 가지 환난이 있다. 굶주리는 자가 먹지 못하고 헐벗은 자가 옷을 입지 못하며 일해서 힘든 자가 쉬지 못하는 것, 이 셋이 백성의 큰 환난이다.[197]

묵자는 삼환을 언급하면서 인간의 욕망을 직시한 것 같아요. 사람은 누구든 입어야 하고 먹어야 하고 쉬어야 하는 존재라는 말이지요. 특히 인간의 삶을 영위하기 위한 기본 욕망은 반드시 보장되어야 한다고 했어요. 이것을 겸애라 했고요.

또 묵자는 의義는 이利, 즉 '이롭게 할 수 있어야 의로움이다'고 했어요. 그는 모든 사람을 이익 주체, 욕망 주체로 보았습니다. 그래서 욕망 충족, 욕망을 위한 이익 추구 등을 긍정했어요. 긍정한 정도가 아니라 사유의 중심 주제로 삼았지요.

선생님께서도 욕망 문제를 중심 주제로 적극 다루지 않았습니까?

순자 모든 사람을 욕망을 지닌 존재로 본다는 건 앞서도 많이 강조했고……. 이익 추구 역시 인간의 기본 성향이며, 또 누구든 이익 향유의 주체가 되어야 한다는 점 또한 묵자나 저나 마찬가지입니다. 그러나 저는 특정한 질서 또는 규범 내에서 이익을 추구해야 한다고 했습니다. 각자 자신의 위치와 분수에 맞게 추구하고 누려야 하고요. 이걸 규정하는 것이 예라고 했습니다. 반면 묵자는 겸애로 이야기했습니다. 겸애를 통한 욕망 충족과 이익 향유, 즉 그는 정당한 대가로서의 이익 보장과 욕망 충족의 맥락으로 사고했습니다. 저는 좀 수직적인 분업 질서를 전제했고요. 차별적일지라도 사회 안정과 질서 유지에 목적을 두었기 때문입니다.

보령 두 분 모두 애초에 욕망과 이익을 추구하는 존재라는 인간관을 전제해서인지 유사한 점이 여럿 있습니다. 사회 혼란을 보는 관점도 그런 것 같은데요?

순자 인간은 군집 생활을 하지 않을 수 없습니다. 사회적 존재 아닙니까? 모여 살 수밖에 없지요. 모여 사는 인간 모두가 이익을 찾고 욕망을 향해 달려가니 혼란과 무질서가 일어나기 쉽습니다. 갈등이 극단으로 치닫기도 하지요. 이게 사회의 모습이고, 그 속에 사는 인간의 모습입니다. 묵자도 똑같이 보았습니다.

보령 성악설적 인간관, 이익을 두고 다투는 투쟁적 인간관계. 두 분 다 인간을 이렇게 보시는 것 같은데요, 이걸 해결하기 위해 정치권력과 정치 질서를 요청한다는 점도 같네요.

순자 당연합니다. 정치권력과 질서는 그래서 필요한 겁니다. 정치권력자가 해야 할 가장 근본적인 임무가 무엇이겠습니까? 언제든 일어날 수 있는 혼란과 무질서를 다스려 사회를 안정하는 것 아니겠습니까?

보령　마침《묵자》〈상동上同〉편에 이런 말이 있는데요, 선생님과 비슷한 관점이 드러납니다.

> 묵자가 말했다. 지금 백성이 처음 생겨 나와 우두머리가 없는 옛날로 되돌아갔다고 생각해보자. 아마도 다음과 같이 될 것이다. 천하의 사람이 모두 주장하는 의가 달라, 한 사람이 있으면 한 가지 의로움이 있게 되고, 열 사람이 있으면 열 가지 의로움이 있게 되며, 백 사람이 있으면 백 가지 의로움이 있게 된다. 사람 수가 불어날수록 이른바 의로움도 비례해서 늘어난다. 그래서 사람들은 각자 자기의 의는 옳다고 여기고, 남의 의는 그르다고 하며 서로 상대방을 비난하게 된다. 안으로는 부자나 형제까지도 서로 원수가 되어 모두 헤어져 버리려는 마음을 갖게 될 것이니, 서로 화합 공생할 수 없어 천하의 백성이 모두 물과 독약으로써 서로를 해친다. 남는 힘이 있다고 하더라도 버려두고 돕지 않을 것이고, 좋은 도를 숨겨두고 서로 가르쳐주지 않을 것이며, 재물이 남아돌아도 서로 나누지 않을 것이다. 천하가 어지러워져 마치 새나 짐승 들의 세상처럼 될 것이다.[198]

아주 옛날 원시적인 상황을 가정해놓고 하는 사유 실험 같지만, 전국시대 초기의 사회 혼란에 대한 생생한 묘사인데요, 부정적인 현실을 적나라하게 서술해놓았어요. 여기서 묵자는 답으로 정치권력과 정치 질서를 제시합니다.

순자　전국시대의 혼란을 정말 생생하게 묘사했군요. 저도 혼란과 무질서를 싫어합니다. 그래서 묵자처럼 정치권력을 요청했습니다. 제가 말한 군주와 군주가 이끄는 관료 집단은 모두 현실에 안정과 질서를 만들어내야 할 의무가 있는 사람들이지요.

보령 재미있게도 묵자의 말과 비슷한 말을 선생님께서도 하셨어요. 그 말이 〈예론〉 첫 편에 나와 더욱 인상적이었습니다.

예는 어디서 생겨났는가? 사람은 나면서부터 욕망이 있는데 바라면서도 얻지 못하면 곧 추구하지 않을 수 없고, 추구함에 일정한 기준과 한계가 없다면 다투지 않을 수 없게 된다. 다투면 어지러워지고 어지러워지면 궁해진다. 옛날의 성인군주들께서는 어지러움을 싫어하셨기 때문에 예의를 제정해 사회의 질서를 정함으로써……[199]

혼란스러운 문제 상황에 대한 생생한 묘사, 그 문제에 대한 답으로 정치권력 요청, 이렇게 같은 구조로 말씀하셨어요.

순자 사실, 예의 기원에 대해 말한 것이지만 동시에 정치권력의 기원에 대해 논한 것이기도 하지요. 예는 군주가 만들어냈고, 군주가 질서를 잡았다고 했으니까요.

묵자도 질서를 부여할 사람으로 천자를 말했지요. 그런데 저와는 다른 점이 둘 있습니다. 첫째, 그는 선출이란 방식으로 천자가 추대되어야 한다고 했습니다. 둘째, 상과 벌을 거론했습니다. 저는 성인이 만들어낸 예로써 사람들을 교화하여 사회에 질서를 부여해야 한다고 한 반면, 묵자는 성인이 겸애를 실현할 수단으로 상과 벌을 만들어내고, 이를 시행해 질서를 만들자고 한 것입니다.

보령　선출을 통해 천자를 추대하는 것은 당대에는 비현실적이라 논외로 하면, 질서를 부여할 수단으로 선생님께서는 예를, 묵자는 상과 벌을 제시한 것이네요.

순자　그렇지요. 묵자는 겸애를 실천하는 자에겐 상을 내리고, 겸애에 어긋나는 행동을 하는 자에겐 벌을 주라고 했습니다. 그런데 상과 벌을 규정하는 것은 역시 법입니다. 자연히 그들은 법치로 가게 됩니다. 전 유학자로서 예를 고집했고요.

보령　두 분 모두 정치권력이 부재하는 혼란한 상황을 전제하고 각자 정치적 수단과 목표를 사람들에게 설득하려고 하신 점이 똑같아요. 《묵자》〈상동〉 편 그리고 선생님의 〈예론〉을 제외하더라도 두 분은 그러한 부재 상황을 제시한 뒤 사람들을 설득하려는 모습이 많이 보입니다. 내가 생각하는 이런 것이 없으면 이러저러한 나쁜 상황이 생기고 계속되니, 내가 생각하는 이런 것이 꼭 필요한 거야. 이렇게요.

순자　사실입니다. 사회에 필요한 질서와 안정에 강하게 집착해서 그렇습니다. 더구나 저는 교육자로서의 자의식이 강해서 설득적 언사가 더 많은 것 같군요. 갖추지 못하고 배우지 못하면 이러저러한 문제 상황과 부정적인 모습을 보이니 절대 그러지 않도록 배우고 공부하라는 뜻이지요. 보령 학생도 선생 입장, 교육자 입장이 되면 그럴 수밖에 없을 겁니다.

보령　정치권력의 기원에 대한 이야기를 좀 더 해볼게요. 혼란과 무질서를 해결하기 위한 요청적 존재로서, 수단적 존재로서 정치권력을 설명하고 있잖아요? 그러다 보니 두 분 모두 '천명을 받았다. 500년 만에 등장하는 성인군주가 있다'는 식의 설명을 하지 않고, 그저 현실 문제를 해결하기 위한 인간으로서의 군주를 언급했다는 공통점이 보여요. 공자나 맹자처럼 질적 변화를 인정하지 않는 퇴행적 역사관이 아니라, 발생론적 역사관 또는 발전적 역사관이 느껴집니다.

순자__ 상앙이나 한비자도 비슷한 이야기를 했을 겁니다. 신도라는 사상가도 그렇고요. 법술지사들이나 묵자나 저는 정치권력의 기원에 대해선 입장이 같습니다. 어디까지나 현실의 문제를 해결하기 위한 존재로서 군주를 상정했기 때문입니다. 군주를 오늘의 문제를 해결하기 위해 등장한 존재로 보았지요. 또 내일의 문제, 미래의 문제는 그때 가서 해결할 정치권력자가 나올 겁니다.

　이처럼 각 시대별로 당대의 문제를 해결할 군주가 등장하기 때문에 역사가 발전해나가는 게 아닐까요? 공자 님과 맹자, 그리고 인간 문명에 대해 비판적인 장자는 복고적이며 역사의 발전을 인정하지 않았지만, 이들을 제외하곤 다들 마찬가지입니다. 그 가운데 묵자가 가장 먼저 요청적, 수단적 존재로서의 군주를 거론했다는 점에서 선구자라 할 만하지요. 발생론적 역사관도 그렇고요.

보령__ 이익을 추구하는 인간들의 군집 생활, 이로 인한 다툼과 무질서, 무질서로 점철된 세상에 질서를 부여해줄 존재로서의 군주 요청, 마지막에는 군주가 법으로 다스릴 것이냐 아니면 예로 다스릴 것이냐로 갈리지만 상당히 비슷한 도식을 두 분이 공유하고 있습니다. 사유의 도식이 거의 똑같은 알고리

즘처럼 보이기도 합니다. 애초에 인간관이 비슷해서 그런 것 같아요.

순자　저와 고자의 인성론이 비슷하다고 주희가 말했습니다. 고자와 묵자의 인간관이 거의 흡사하니 묵자와 저의 인성론이 비슷할 수밖에요.

보령　묵자의 인성론이 가장 잘 드러나는 장이 〈소염所染〉 편입니다.

> 묵자는 실을 물들이는 사람을 보고 감탄하며 말했다. "파란 물감에 물들이면 파랗게 되고 노란 물감에 물들이면 노랗게 되니, 넣는 물감이 변하면 그 색깔도 변한다. 다섯 번 물통에 넣었다 뒤에 보니 오색이 되었구나. 그러니 물들이는 데에 신중하지 않을 수가 없구나."[200]

묵자는 공인 출신이라 그런지 제조 과정으로 인간의 변화와 거듭남을 비유했습니다. 좋은 물감에 물들여야 좋은 상품이 될 수 있듯이, 인간도 좋은 물감에 물들여야겠지요.

이러한 물들임의 대상으로 선생님께서는 예와 스승을 말했다면, 묵자는 하느님, 곧 하느님의 뜻(겸애)을 주장했어요. 그런데 두 분이 말한 인간을 바꿔갈 외부적 존재가 다르면서도 상당히 비슷해 보입니다. 특히 인간을 결핍된 존재로 보고 있으면서도 가능성의 존재로 여긴 점에서 비슷해요. 앞서 선생님께서 백지로 인간의 변화 가능성, 수용 가능성을 이야기하셨어요. 묵자는 염색을 기다리는 옷감 같은 존재가 인간이라고 하고요. 결국 묵자 역시 인간을 변화 가능성, 수용 가능성을 지닌 존재로 본다는 생각이 듭니다. 선생님의 백지설과 흡사하게도요.

순자 그렇습니다. 그의 인간관이 저와 거의 똑같습니다. 인간은 하얀 종이, 백지처럼 그 안에 아무것도 안 써져 있기에 결핍된 존재입니다. 하지만 공부 열심히 해서 채워 넣으면 되지요. 여기까진 묵자나 저나 같습니다. 다만 그 백지에 무엇을 써 넣어야 할지 답이 달랐습니다. 묵자는 하느님의 뜻인 천지, 저는 예.

보령 계산적 이성을 강조한 점도 비슷해 보여요. 묵자가 겸애로 사람들을 설득할 때, 이렇게 하는 것이 하느님의 뜻에 비춰 옳으니까 따라야 한다고 말하면서도, 결과적으로 당신들에게 이로우니 따르라고 하거든요. 선생님께서 말씀하신 저울질하는 마음, 내게 이로울지 해로울지 잘 따져보는 계산적 이성을 묵자 역시 전제했고 또 신뢰한 것 같습니다.

순자 묵자 또한 인간 내부에 도덕 실천의 원동력이 있다고 보질 않았습니다. 또 인간에게 선천적인 도덕 감정이나 동기가 있다고도 생각하지 않았지요. 그러니 계산적 이성과 판단 능력을 전제하지 않으면, 인간이 규범, 법, 관습 등을 어떻게 만들고 받아들일지 설명할 수 없겠지요. 쉽게 말하자면 꾀가 있기에 룰을 만들고 받아들일 수 있습니다.

　이야기 나누다 보니, 보령 학생 말대로 제가 묵자의 영향을 참 많이 받은 것 같습니다.

보령 그렇지요? 또 있습니다. 지각설에도 묵가의 영향이 있어 보입니다. 외부에서 자극이 오고, 자극으로 인해 반응이 일어나고, 그 반응을 관찰하는 인간이란 존재. 이 점도 묵가가 말했어요.

순자 정확히 말하자면 후기 묵가에서 그런 말을 했지요. 제가 말한 사려^慮를 실은 그들이 먼저 말했습니다. 제가 살펴보고 관찰하고 따져보는 여^慮라는 기능이 마음에 있다고 했지요. 묵가가 바로 여를 먼저 말했습니다.

후기 묵가 이야기가 나온 김에 말하자면, 저 순자의 천군, 천관이란 개념도 후기 묵가의 영향을 강하게 받은 것입니다. 천관이라고 제가 감각기관을 말했는데 기억나십니까? 촉각, 미각, 시각, 후각, 청각 등 천관이라는 감각기관이 외부 사물과 만났을 때 감각이 생기는데, 이를 인간 안에 있는 천군이라는 마음이 종합해서 인지합니다.

보령 천군은 인간 안에 있는 어떤 컨트롤타워 같아요. 관제탑 기능을 하는 인간 내부의 컨트롤타워. 아무튼 이 개념이 만들어지는 데 후기 묵가의 영향이 있었다는 말씀이지요?

순자 후기 묵가는 오로^{五路}라는 것을 말했습니다. 오관, 즉 천관과 거의 같은 것입니다. 눈, 코, 입, 귀, 촉각 이 다섯 감각기관으로 외부 대상을 인식하지 않습니까? 그들은 오로라고 하여 이 길로 감각이 들어온답니다. 그리고 인간 안의 이성이 그것을 종합하여 인식한다고 했지요.

그들은 이러한 기제, 메커니즘을 지적하기는 했지만 개념화하진 않았습니다. 제가 거기에 천군이라는 이름을 붙였습니다. 감각기관이 전달해준 정보를 종합해서 인식하는 능력을 천군, 그리고 오로를 천관이라고 이름 붙여 제개념으로 만들었습니다.

보령 후기 묵가는 기능을 설명해놓고선 이름 붙이지 않았군요. 네이밍을 한 선생님께 뺏긴 거네요?

순자 네. 아무튼 그렇습니다.

보령 선생님, 후기 묵가의 문헌은 일종의 개념 정의집 같아요. 〈경經〉 상·하 편이 있고, 이를 해설한 〈경설經說〉 상·하 편이 후기 묵가의 문헌으로 《묵자》에 묶였습니다. 〈경〉 상 편이나 〈경설〉 상·하 편에 보면 개념을 정의한 부분이 참 많습니다. 가령, 〈경〉 상, 〈경설〉 상 12장에는 충忠에 대해서 정의했고, 〈경설〉 상 13장에선 효孝에 대해 정의했어요. 예에 대해 정의한 부분도 있고, 의에 대해 정의한 부분도 있고요. 〈경설〉 상 5장에는 인간의 지각 능력을 지라고 하여 정의했습니다. 선생님께서 개념을 많이 정의하셨는데요, 그것도 이들의 영향인가요?

순자 묵자가 개념을 많이 정의했습니다. 그리고 그를 계승한 후기 묵가는 더 그랬지요. 다양한 개념을 제시하고 명쾌하게 정의하여, 이것을 토대로 설명하고 주장했습니다. 제가 거기에 영향을 받았지요. 이런 설명 방식을 후에 주희가 계승한 것으로 압니다.*

보령 선생님께서는 숙명주의적, 운명주의적 요소를 배격하려고 하셨어요. 이

---

* 실제 주희는 순자와 닮은 부분이 많다. 순자의 사상적 핵심은 조선의 율곡이 계승했지만, 종합자, 집대성자로서의 측면이나 학문에 바친 열정, 학문에서 추구한 정밀성, 무수히 많은 개념 정의 등, 주희와 순자는 많은 점에서 닮았다. 오경이란 텍스트를 순자가 정립했듯, 사서를 주희가 정립했다. 두 지성의 봉우리 덕분에 유학이 동아시아를 이끌 수 있었다. 한나라 때는 순자 덕분에 유가가 사상 천하를 통일하여 유학이 유교가 되었다. 원나라 때는 주희 덕분에 유교가 다시 사상적 헤게모니를 장악할 수 있었다.

것도 묵자의 영향인가요? 정확히 말하자면, 묵자의 자극과 공격이 원인이 된 것이 아닌지…….

순자 앞서 한 이야기 같습니다만, 묵자가 유가 내부에 있던 운명주의, 숙명주의를 강하게 공격했지요. 굉장히 신랄하고 집요하게 비판하고 비난했습니다. 그래서 전 유가 내부에 있는 그런 것들을 철저히 털어버리려 했지요. 유가의 약점을 너무도 뼈아프게 지적했기에 저로서는 그렇게 할 수밖에 없었습니다. 관상을 미신이라고 비판했고 주역 점도 멀리하라 했습니다. 합리적 사고와 동떨어진 미신적 사고를 모두 부정하고 비판했지요. 유가가 더 이상 그런 것들과 결부되어 비난받아선 안 되었습니다. 더불어 그런 것에 빠진 유자들에게 분명하게 경고하려고 했습니다.

보령 그런 점에서 묵자에게도 유가 사상 발전에 큰 지분이 있는 것 같아요. 그들 탓에 아프기도 했지만, 그들 덕분에 보강할 수 있었으니까요.

순자 그렇다고 볼 수 있습니다. 묵가의 도전에 제대로 응전하기 위해 유가 스스로 많이 노력할 수밖에 없었습니다. 그 과정에서 공자 님 사상이 진화했습니다. 부정하지 않겠습니다.

보령 선생님께서는 공자와 맹자에 비해 신분제에 집착하지 않는다는 인상을 줍니다. 이것도 다분히 묵자의 영향인 것 같아요. 묵자는 관무상귀官無常貴 민무종천民無終賤이라고, 벼슬자리에 있다고 평생 귀한 것이 아니고 하층민이라고 죽을 때가지 천한 것이 아니라고 말했어요. 사람 신분을 고정해서는 안 된다고, 신분에 유동성을 주라고요.

순자_ 당시 묵자의 그 주장에 많은 사람이 공감했습니다. 그때 유가가 신분 질서의 틀에 얽매여 있다는 인상을 사람들에게 주면 곤란할 판이었지요. 우리가 군자와 소인, 지식인과 하층민을 구분하는 신을 엄격이 그어놓고서는, 군자가 다 알아서 할 것이니 소인 너희들은 평생 하던 일이나 하라고 말하면 어떻게 되겠습니까? 인민은 영원히 계급사회의 피해자로 남아야 한다고 드러내놓고 주장했다면, 우리 유가 사상이 설 자리는 없었을 겁니다.*

보령_ 그 밖에도 선생님께서 묵자를 의식하셨다거나 영향을 받았다고 볼 수밖에 없는 것이 더 있는데요, 묵자의 겸에 대한 이야기입니다. 선생님께서 비록 겸애는 〈성상〉 편에서 단 한 번밖에 언급하지 않으셨지만, 겸은 많이 언급하셨어요. 너무 많이 빌려 쓰신 것 아닌가요? 하하.

순자_ 인정하고 긍정할 부분이 있으면, 배워서 자신의 사상 체계에 편입할 수 있어야지요. 부끄러운 일이 아닙니다. 모두를 아우른다. 두루 보살핀다. 두루 정치적 혜택을 준다. 두루 정치적 안정의 범위하에 둔다. 이런 의미에서 겸이라는 글자를 썼지요.

당대에 묵자의 겸애가 천하 인민에게 준 인상이 굉장히 강렬했습니다. 그

---

* 묵자가 참 지대한 공헌을 했다. 묵자 덕분에 동아시아에서는 카스트적 신분제도, 카스트적 신분 관념과 유사한 장치가 더 이상 생길 수 없게 되었다. 입에 발린 말이라도 노력하면 신분이 달라질 수 있다는 말을 하지 않을 수 없었고, 법으로 신분 이동 금지를 명문화하거나 못 박아놓을 수 없었다. "왕후장상의 씨가 따로 있느냐"라는 말은 "관무상귀 민무종천"을 말한 묵자가 없었더라면 절대 나올 수 없었다.

래서 겸이라는 수사 자체가 매력적이었습니다. 더구나 통일천하가 눈앞에 온 상황이었지요. 그러니 더욱 두루두루 모두를 아우른다는 뜻의 겸이라는 글자가 매력적일 수밖에요. 제가 겸이라는 글자로 용어와 개념을 많이 만든 데에는 그런 이유가 있었습니다.

솔직히 〈부국〉 편에서도 겸애를 말했습니다. "천하의 모든 사람을 보육하고 모든 사람을 애호하며 모든 사람을 다스린다"[201]는 뜻으로 겸애를 썼습니다. 묵자 선생에게 빚을 진 셈이지요.

보령__ 겸을 사용한 용어나 개념에는 어떤 말이 있는지, 그 뜻은 무엇인지 설명 좀 해주세요.

순자__ 〈불구〉 편에 겸권兼權이란 말이 있습니다. 권이란 글자에는 저울질이라는 뜻이 있지요. 눈앞에 어떤 상황이 닥쳤을 때 여러 요소를 두루 생각하여 잘 헤아리라는 뜻입니다. 당장은 내게 이롭고 좋을 것 같아도 혹시 해롭고 나쁜 요소가 없는지 감안하여 저울질하라, 즉 현명한 계산을 위해 말한 개념이지요.

겸술兼術이란 말도 있습니다. 두루두루 사람을 쓰라는 뜻입니다. 통치의 기술을 말합니다. 현명한 사람만 쓰고, 지혜로운 자만 쓰고, 박식한 사람만 써서야 되겠습니까? 높은 자리와 권한을 주진 못해도 제 나름의 그릇에 맞게 써야 합니다. 어리석고 무식하고 무능해도요. 겸술은 용인술을 이릅니다.

겸리兼利도 말했습니다. 〈비십이자〉 편과 〈왕제〉 편에서 쓴 말입니다. 천하를 두루두루 이롭게 한다는 뜻으로 썼지요. 〈비십이자〉 편에서는 겸복兼復도 말했는데, 천하 사람들의 마음을 두루두루 얻는다는 뜻입니다. 겸제兼制라는 말도 있습니다. 〈유효〉, 〈부국〉, 〈왕패〉, 〈군도〉 편에서 썼습니다. 천하를 두루 두루 다스린다는 의미입니다. 겸복兼覆은 〈왕제〉, 〈부국〉, 〈왕패〉, 〈군도〉, 〈정명〉 편에서 쓴 걸로 기억합니다. 모든 백성을 기른다, 보호한다는 뜻입니다.

보령＿ 겸애와 비슷한 말인 것 같아요.

순자＿ 그럴 수도 있겠습니다. 그리고 겸청兼聽이라고 모든 이들의 의견을 널리 듣는다는 뜻과 천하의 사무를 처리한다는 뜻으로 쓴 말이 있습니다. 〈왕제〉, 〈왕패〉, 〈군도〉, 〈정명〉 편에서 썼습니다.

보령＿ 대부분 선생님 고유의 천하 관념과 연관되는 듯합니다.

순자＿ 네. 안 그래도 겸족兼足을 말하며 온 천하를 부유하게 해줘야 한다고 말했지요. 대부분 통일천하를 염두에 두고 한 말입니다. 하나 된 중국이라는 제 문제의식과 직결되는 용어들이지요. 아무튼 겸이란 말을 많이 활용하여 썼습니다. 통일천하를 다스릴 군주가 지녀야 할 덕목으로.*

보령＿ 겸지兼知라는 개념도 말씀하시지 않으셨나요? 〈해폐〉 편에서 마음의 기능을 논하시며 언급하셨던 것 같아요.

---

* 사실 제자백가 사상가 가운데 묵자가 천하 통일을 가장 먼저 말했다. 모든 천하 인민이 하느님의 백성이고 모든 지역이 하느님의 마을이자 고을이니, 모두가 다 겸애의 수혜자가 되어야 한다는 생각에서 그는 통일을 자연스럽게 말할 수밖에 없었다. 물론 전쟁 상황이 끝나기를 바라는 염원도 있었다. 통일된다면 전국시대적 재앙과 환난은 종식될 것이기에.

순자　 아울러 파악하고 모든 것을 이해하는 총명한 마음의 인식, 인지 기능을 겸지라고 했지요. 마음이 항상 그렇게 기능할 수 있게 해야지요. 앞서 허일정을 말한 이유가 여기에 있습니다.

보령　 허일정 이야기가 나왔는데요, 장자 이야기도 해야 할 것 같아요. 사실 허일정이라는 마음의 기능을 잘 유지하기 위한 선생님의 방법론은 장자의 영향을 받아 만드신 걸로 알고 있어요. 선생님의 천관념도 그렇고요. 어쩌면 묵자보다 장자의 영향을 더 많이 받으신 게 아닌가 싶어요. 그래서 장자 이야기를 좀 듣고 싶습니다.

장자와 순자

순자　 네, 이제 장자 이야기를 좀 해보지요.

　제 천관념은 절대적으로 그의 영향을 받은 게 사실입니다. 장자에게 천天은 눈앞의 자연, 눈앞의 세계 그 자체입니다. 자연과 세계는 무한 변화합니다. 기가 흩어지고 모이면서 무한히 변화하는 게 자연입니다. 자연은 그 나름의 질서와 원리대로 움직이고 변화하지요. 이것이 장자의 천입니다. 자연이라고 말할 수 있는 하늘에서 장자는 조금이라도 도덕적, 윤리적 의미를 찾아내려고 하지 않았습니다. 자연은 말 그대로 스스로自 그러한然 것이니까요. 스스로 그러한 자연의 모습이 무엇이냐, 바로 변화이지요. 자연과 하늘은 스스로 변하는 존재입니다. 그는 자연을 있는 그대로 볼 것을 주장하며 도덕적, 종교적 의미를 투영시켜 바라보는 것을 거부했지요. 그리고 그에겐 인간도 변화하는 자연이었습니다.

장자 생각은 이렇습니다. 사람을 포함한 모든 존재는 신이 창조한 것도 아니고, 어떤 본체에서 생긴 것도 아니고 저절로 그렇게 생겨났을 뿐입니다. 그렇게 스스로 생성된 자연은 스스로 변화하지요. 일체 존재가 스스로 생성되고 스스로 변화하는데, 그 생성 변화의 끝없는 흐름, 이 역시 자연이지요. 장자는 이것을 도, 명, 천뢰, 진재眞宰라는 다른 말로 표현하기도 했습니다.

한자로 자自, '스스로'라는 의미가 중요합니다. 스스로 생겨 스스로 변화한다는 그의 자연, 장자의 천은 어떤 신의 의지나 섭리, 인과적 사고 등 모두를 거부합니다. 그냥 저절로 생겨 저절로 변화하는데 무슨 신의 뜻이니 도덕이니 이야기할 여지가 있겠습니까?

또한 그는 변화에는 동정심이 없다고 했지요. 노자가 말한 천지불인天地不仁과 같은 이야기인데, 동정심 없이 그냥 스스로 변화하는 자연에 순응하라고 말했습니다.

보령　변화에는 동정심이 없다? 천지가 불인하다? 무슨 뜻인가요?

순자　인간의 알음알이 지식과 분별력으로는 자연이 돌아가는 원리를 알 수 없답니다. 그렇기에 함부로 자연에다가 종교적 의미와 도덕적 의미를 부여해선 안 되지요. 중요한 점은 인간이 파악하기 힘든 자연의 원리와 질서라는 것이 인간을 포함한 어떤 사물에게든 똑같이 적용된다는 것입니다. 그래서 천지가 불인하다고 했습니다. 인간이라고 봐주지 않는다는 뜻입니다. 장자는 변화에는 동정심이 없다고 했지요? 즉 자연에는 동정심이 없다는 말이니, 바로 천지가 불인하다는 말과 같습니다.

모두가 태어나 늙고 죽어 사라집니다. 자연은 인간이라는 이유로 아니면 어떤 특정 사물이라는 이유로 특별 대우하거나 따로 보살피지 않습니다. 차별 없이 공정하게 자연의 질서와 원리가 적용됩니다. 그 동정심 없는 변화, 즉 자연에 장자는 인간이 그저 순응하기만 하면 된다고 한 것입니다. 그런데 그가 보기에 사람이 자연에 순응하지 않았지요. 문제였습니다. 모든 만물과 사물이 자연에 순응하는데, 인간은 기어코 자연의 원리를 알려고 하고, 신의 섭리가 어떠니 하면서 견강부회牽强附會하여 자연을 해석하려고 합니다. 그러면서 변화에 순응하지 않는 존재가 장자가 본 인간입니다.

장자는 그러지 말라고 했습니다. 인간의 인지로 자연의 원리를 알려고 하는 것을, 그는 "사람의 입장에서 하늘을 헤아린다"[202]라고 표현했습니다. 그래서 그는 안명을 언급했지요. 그가 생각하는 명은 변화하는 자연입니다. 안명은 자연의 변화를 편안하게 받아들이는 것, 바로 자연의 변화에 순응하는 자세를 말합니다.

보령 그래서 장자가 이렇게 말했군요.

자연이 나의 왼팔을 달걀로 만들어버린다면 나는 그것으로 병아리를 부화시켜 새벽잠을 깨워달라고 할 것이다. 자연이 나의 오른쪽 팔을 탄알로 만들어버린다면 나는 그것으로 새를 잡아 구워 먹을 것이다. 자연이 나의 엉덩이를 수레바퀴로 나의 정신을 말로 만들어버린다면 나는 그것을 타고 여기저기 돌아다닐 것이다.[203]

순자 장자가 보기에 사지 멀쩡하게 태어나 몸을 잘 간수하는 것도 명이고, 다리나 팔을 잃어 불구가 되는 것도 명입니다. 무엇이든 그저 수긍해야 할 변화의 모습이고 과정일 뿐이니, 그저 편안히 마음먹고 변화에 따르기만 하라고 한 것이지요.

보령　선생님께서 장자의 천관념에 영향받으셨다고는 하나, 그의 천관념 전부에 동의하시는 건 아니시오? 자연에서 노력과 윤리, 종교적 의미를 찾지 말아야 한다는 점은 분명 수긍하시겠지만요.

순자　장자의 천관에도 문제가 있습니다. 인간도 자연의 일부라고 생각한 점이 문제입니다. 인간을 인간 아닌 다른 사물이나 환경과 구분하지 않았고, 인간의 독자적 영역을 보지 못했습니다. 인간을 자연 사물이나 외적 환경과 구분 지어 볼 줄 몰랐지요. 이뿐만이 아니라 자연에도 분명 인식할 수 있고 원리로 파악할 수 있는 부분이 있다는 점을 몰랐습니다. 그러다 보니 인간의 주체적 노력을 긍정하지 않았지요. 오히려 그것을 쓸데없는 짓, 갈등과 혼란을 일으키는 짓으로 보았습니다. 이런 부분은 제가 절대 동의할 수 없습니다. 그래서 저는 그가 하늘에 가려 인간을 보지 못했다고 했습니다.

보령　장자폐어천이부지인莊子蔽於天而不知人. 선생님께서 〈해폐〉 편에서 여러 제자백가 사상가를 평가하신 말 중에서도 유명한 구절이지요.

　아무튼 천인지분에서도 다루었듯이 인을 천과 대조할 때, 인에는 인간의 주체적 노력이나 노력으로 일군 산물과 문화, 사회, 문명 등의 의미가 포함되는데, 장자는 이것을 부정했다는 말씀이네요.

순자　그렇습니다. 그는 만물의 영장인 인간의 독자적 지위와 위치, 영역을 보지 못했습니다. 인간이 일구어야 할 것들 또 인간이 노력해서 일군 모든 것들을 장자는 부정했어요. 그저 안명이라 하여 명에 따라 생로병사를 포함한 인간의 내적, 외적 변화에 순응하라고 했습니다.

그런데 그렇게 하면 속은 편할망정 어떻게 인간의 노력을 독려할 수 있겠습니까? 그래서 저는 장자가 하늘에 가려 인간을 보지 못했다, 즉 하늘만 알고 인간을 몰랐다고 한 겁니다. 인간이 산천초목, 날짐승, 들짐승과 어찌 같겠습니까. 사회와 문화를 만들고 문명을 일구어 하늘과 땅과 더불어 천지의 변화에 주체적으로 참여하는 존재가 인간이지, 그저 자연의 일부라니요. 그는 사람을 하늘과 땅에 용해시켰습니다.

보령_ 비록 장자가 자연과 구별된 인간을 부정했다고 하더라도, 자연에서 도덕과 종교의 의미를 탈색시킨 것은 굉장히 선구적인 일 아니었나요? 선생님은 물론, 상앙과 한비자, 제나라의 과학자 집단인 방사들에게도 큰 영향을 주었고요. 도덕적, 종교적 색안경을 버리게 되어 자연을 있는 그대로 볼 수 있는 객관적 시야를 확보할 수 있었던 것은 아닌지……. 이런 측면에서 장자의 공이 정말 크지 않을까요?

순자_ 그건 부인할 수 없는 사실입니다. 귀신과 같은 초자연적 존재와 거리 두기를 표명했던 공자 님도 있고, 그 전에 미신적 사고를 멀리했던 안자라던가, 천도는 멀고 인도는 가깝다고 했던 정자산도 있었습니다. 그렇지만 장자가 확고하게 전환점을 마련했지요. 합리적, 객관적으로 자연을 인식할 수 있는 눈을 뜨게 했다는 점에서 장자의 공이 굉장히 큽니다. 그가 없었다면 하늘과 인간의 분리, 천인지분이라는 제 철학의 토대는 사실 없었을 겁니다. 전 그에게 큰 빚을 지고 있는 셈입니다.

보령_ 외람된 말씀이지만 천관념 외에도 선생님께서 그에게 빚을 진 부분이 많아 보여요. 지인이라는 이상적 인간도 장자가 먼저 말했고요. 허일정이라는 인간의 인식능력 확대와 유시를 위한 방법도 상자가 먼서 말하지 않았나요? 특히 허虛라는 개념은 원래 장자가 아주 즐겨 쓰고 중시했지요. 성심成心에서 허심虛心으로 가라고 하면서 비우고 또 비우라고 말했지요.

순자_ 천인지분에 밝은 자를 장자가 지인이라 했습니다. 이 말을 장자에게 빌려와 제 개념으로 만든 것은 사실입니다. 그런데 장자의 지인과 제 지인은 뜻이 다릅니다. 장자의 지인은 자연과 인간의 구분을 잊은 사람이고, 저의 지인은 그 구분에 밝은 사람이지요.

제가 한 조언 가운데 '마음을 비우고 거울과 같이 만들라'는 말이 있습니다. 이 말도 장자에게서 영향을 받아 한 것입니다. 그런데 장자에게는 맑은 거울과 같은 마음 상태 그 자체가 목적이지만, 저에게 그 상태는 어디까지나 수단입니다. 마음이 그러해야 선입견에 영향받지 않을 수 있고, 자신 밖에 있는 도를 명확히 인식할 수 있지요.

그리고 허라는 말 또한 보령 학생 말대로 제가 빌려 제 개념으로 만들었습니다.

보령_ 선생님께서 말씀하신, 허를 통해 마음을 맑은 거울처럼 만드는 것은 도를 제대로 인식하기 위함인데요, 애초에 장자는 도를 인식의 대상으로 보았나요? 전 사실 예전부터 그것이 좀 궁금했습니다. 전 그가 도를 인식의 대상으로 보지 않았다고 들었습니다만, 선생님 생각은 어떠신가요?

순자　그에게 도는 무한 생성, 변화, 소멸하는 자연, 그 자연의 원리입니다. 그런데 그가 사전적 의미의 인식 대상으로 도를 보았을까요? 깨닫는다고 하면 모를까요. 설사 도를 인식의 대상으로 보았을지라도 최소한 저와 같은 뜻으로 본 것은 아닙니다.

　저에게 있어 도를 안다는 것은, 도라고 통칭해 말할 수 있는 가치 기준과 규범, 예를 학습하는 것이지요. 반면 장자에게 있어 도는 학습의 대상이 절대 아닙니다. 무엇보다도 그가 허심을 말할 때만큼은 도가 절대 인식의 대상이 아닙니다. 장자의 마음 비우기, 마음 맑게 하기는 도를 인식하기 위함이 아니라 도와 내가 하나 되기 위함입니다.

　성심에서 허심으로 가라. 마음을 거울과 같이 유지하라. 내려와 앉은 온갖 먼지 때를 모두 털고 닦아 마음을 맑은 물처럼 거울처럼, 즉 허하게 하면, 인간 마음의 작용이 도의 작용과 일치하게 될 것이다. 이렇게 주장한 장자에게 허는 목적 자체라고도 볼 수 있습니다. 허하면 저절로 마음이 도의 작용과 일치하여, 마음 가는 길이 곧 도 그 자체가 된다고 했으니까요.

보령　그래서 장자는 선생님처럼 도를 안다고 하지 않고 도가 마음에 깃든다, 마음이 도에서 논다고 했군요.

순자　그에게 도는 자신의 밖에 있는 것도 아니고 또 어떤 고정된 가치 기준도 아닙니다. 자신 안에 원래 있는 것이지요. 그런데 외부에서 주입한 윤리나 이념이 내 안에 들어와 주인 노릇을 하다 보니, 도가 드러나지 못하고 사라져 죽어버렸다고 합니다. 비우면, 즉 허하면 도가 다시 살아난다고 했습니다. 저처럼 인식하고 학습하는 대상이 장자의 도가 아닙니다.

보령__ 서로 생각하는 도가 다르니 허의 개념과 맥락도 다르겠군요?

순자__ 그렇다고 할 수 있습니다. 저는 반드시 인간 밖에 있는 도를 배우고 학습해야 한다고 생각합니다. 외부에 있는 도를 내 안으로 가지고 들어와야지요. 그런데 과거의 기억으로 생긴 선입견과 편견이 가치 기준이 될 가르침과 규범, 즉 도를 내 안으로 들여오는 데 방해가 되면 안 됩니다. 그래서 그것들을 지우라는 의미로 제가 허를 말했습니다.

반면, 장자는 외부에서 들어온 가치 기준이 인간이 자연의 질서인 도대로 사는 것을 방해한다고 보았습니다. 그래서 그것을 없애라며 허를 말했습니다.

장자와 저는 똑같이 허를 수양론의 범주에서, 내적인 마음 안정과 관련한 이상적인 모습으로 주문했지만, 이러한 차이가 있습니다.

보령__ 선생님께서 장자에게 빌려온 개념 가운데 상常이란 것도 있지 않나요? 천인지분을 이야기할 때, 인간이 구현해내는 인도는 '항상'되어야 한다면서 상을 덕목으로 강조하셨어요. 그 상도 원래 도가의 개념이 아닌가요? 유가는 사실 상을 좋아하지도 않았고요. 대표적으로 천명미상天命未常이란 말이 있는데요, 하늘의 명은 일정하지 않아 덕으로 정치하는 사람들에게 천명이 옮겨간다고 했습니다. 그런데 선생님께서는 그 상이라는 말을 긍정적인 뜻으로 자주 쓰셨어요.

순자 맞습니다. 특히 제가 인도를 논하면서 많이 썼지요. 사람이 지키고 따라야 할 도 말입니다. 한결같은 자세. 그러한 자세를 강조하기 위해서였습니다. 한결같은 도로 늘 움직이는 하늘과, 한결같은 법칙으로 늘 움직이는 땅처럼 군자도 한결같이 인도를 행해야지요. '항상' 실천해야 합니다. 그래서 상이라는 개념을 가져왔습니다.

그런데 보령 학생 말대로 '항상됨', '일정불변함'이라는 상을 가장 먼저 말한 사람들이 도가입니다. 그들은 도라고 하는 자연의 운행 원리와 변화의 모습을 설명할 때, 상도, 상명常命이란 말을 썼습니다. 그들은 도를 영구불변하는 궁극적 실재로 말했는데, 이는 유가에 있어서는 실로 무시무시한 공격이었습니다. 유가의 도가 가진 위상을 흔드는 말이었거든요. 인간 사회 최고의 가치 규범인 공자 님의 군자지도, 즉 유가의 도를 대신해, 최고 존엄의 자리를 차지하겠다는 뜻을 내비친 것이죠. 이런 말을 듣고 우리 유가 역시 가만있을 수 없었습니다.

보령 도가의 도가 공자의 도보다 높아지면 안 되니, 공자의 도를 좀 더 '섹시'하게 소개할 필요가 있었겠네요. 사람들이 들으면 더 좀 혹할 수 있게요.

순자 그래야 했습니다. 무엇인가를 더 보강해서 공자 님의 도, 유가의 도를 알려야 했지요. 그런데 아무리 봐도 도가의 상 개념이 너무 좋아 보였습니다. 그래서 빌려왔습니다. 적의 것을 빌려와 내 것으로 만들고 나의 것을 날카롭게 벼리자고 생각했지요. 결국 그렇게 하여 공자의 군자지도, 덕치, 절대적 가치 규범인 예를 항상된 도, 상도라고 말했습니다. 저들의 도가 상도가 아니라 우리 유가의 도가 상도다. 우리 인간은 유가의 상도를 지키고 따르자. 이렇게 말했지요.

보령 그랬군요. 그런데요, 선생님께서 다른 사상가들을 평가할 때 도라는 진리의 한 모퉁이를 잡은 사람들이라 하여 일곡지사一曲之士라 하셨어요. 이 개념도 장자에서 빌리신 것 아닌가요?

순자 네, 그것도 가져왔습니다. 제가 송견, 신도, 혜시惠施, 묵자 등 다른 사상가들을 평가하며, 그들 사상의 허실을 이야기할 때 그 말을 썼지요. 그들의 의견과 주장에서 맞고 옳은 부분도 지적했지만, 틀린 부분과 그들이 보지 못한 부분도 지적했습니다. 그래서 도의 한 모퉁이, 진리의 일부분을 본 사람들이라는 뜻으로 일곡지사라고 했습니다. 그 말 역시 장자가 먼저 사용했습니다.

보령 선생님 사상에 영향을 끼친 장자 사상을 논하면서, 지금 '창조적 수용'의 대상인 장자 사상의 편린과 부분, 그리고 그 개념에 대한 이야기를 하고 있습니다. 그런데 단순한 창조적 수용이 아니라, '도전에 대한 응전'의 차원에서 정립하신 선생님의 개념이 있는 것 같아요. 장자를 많이 의식해서 만드신 개념들이 있다는 말씀인데요, 가령 장자가 말한 제물론齊物論의 제齊에 대응하는 선생님의 분分, 그리고 선생님의 누적累積으로서의 적積과 대응하는 장자의 허虛. 노자까지도 포함하자면, 선생님의 위僞는 다분히 도가의 무위無爲를 겨냥한 것 같아요.

순자 장자는 제물론으로 만물을 제한다며 평등하게 똑같이 보자고 했지요.

도의 관점에서 사물을 보니 만물이 평등할 것입니다. 그 차이는 아무런 의미가 없겠지요. 그러나 그래서야 현실 질서를 만들 수 있겠습니까? 분해야 합니다. 종과 횡으로 쪼개서 각자의 위치를 정해주고 할 일을 부여해야지요.

그리고 제가 그의 허 개념을 빌려 마음의 내적 안정을 위한 수양론으로 제시했습니다. 하지만 그가 말한 대로 외부에서 주입된 것을 모두 비워서야 되겠습니까? 계속해서 도와 가치 규범, 스승의 가르침을 배워 쌓아가야 합니다. 그래서 적을 말했습니다.

또한 저는 무위가 아니라 인간의 적극적 실천과 노력으로 위를 강조했습니다. 제가 말하는 도덕적인 인간은 단순히 착한 사람, 성숙한 인간이 아닙니다. 사회적으로 쓸모 있는 인간이지요. 그가 말한 무용지용無用之用의 논리에 대응한 것이지요.

그는 국가권력이 강제하는 쓸모에 맞는 인간이 되지 말고, 자신이 자신의 쓸모를 찾아 살아야 한다고 했습니다. 만일 그렇다면 사회의 안정과 질서를 어떻게 담보하겠습니까? 분업의 원리를 통해 사회가 사람들에게 각자의 자리를 주면, 즉 직분을 주면 그 자리에서 쓸모 있는 인간으로 기능하려고 해야지요. 이것이 저 순자의 사상에서 말하는 도덕이자 의로움입니다.

국가권력의 입장에서 보기에 쓸모없어 보이는 것이 역으로 쓸모가 있을 수 있다. 이러한 것이 개인의 삶에 좋다. 이러한 의미에서 장자는 무용지용無用之用을 말했는데, 안 될 말입니다.

전 쓸모라는 말로 사회적 가치를 많이 이야기했습니다. 사람도 사회에 쓸모가 있고 다른 것들도 사회에 쓸모가 있어야지요. 사회를 이루어 살아야 하는 존재가 인간입니다. 사회가 안정된 상태로 오랫동안 돌아가야 하는데, 인간 말고도 인간의 말과 여러 덕목, 사회 제도와 규범 등이 모두 '용用'해야지요. 쓸모 있어야 합니다. 그런데 장자가 무용지용을 주장했으니, 의식 안 할 수가 없었습니다. 그에 대응해 쓸모, 용을 강조할밖에.

보령 그뿐이 아니라 선생님의 정명론正名論도 장자를 겨냥한 것 같습니다. 장자는 공자의 정명론을 부정하시 않았습니까? "이름은 실실의 손님"[204]이라고 하면서 공자의 정명론을 제대로 공격했다고 들었어요. 공자의 사상이 사실 이름에 집착하는 건 사실이니까요. 현실을 이름으로 규정하고 제어하려고 한다고 해서 공자 사상이 명교名敎라고…….

순자 군주는 군주답게 신하는 신하답게 아버지는 아버지답게 아들은 아들답게 부인은 부인답게 벗은 벗답게. 유가는 사람을 관계적 자아로 봅니다. 그 관계의 장에서 인간은 이처럼 '답게' 행동해야 하고, '다우려고' 노력해야 합니다. 자신에게 부여된 이름에 걸맞은 몸가짐과 마음가짐을 보이려 항상 애를 써야지요.

공자 님께서는 이름이 사전에 주어진 것이라고 보았습니다. 주례라고 하는 주나라의 예법 질서는, 사람들에게 이름을 부여하고 이름별로 지켜야 할 행동 원칙과 틀을 담고 있습니다. 그것이 바로 예입니다. 누구든 예에서 규정한 이름의 질서에서 벗어날 수 없습니다. 사람들은 모두 누군가의 자식이고 아버지고 신하고 군주니까요. 그러니 인간이라면 마땅히 예를 엄수해야지요. 이것이 바로 공자의 정명론입니다.

현실은 항상 이름에 구속되어야 합니다. 우리는 이름으로 항상 현실을 재단하고 비판할 수 있습니다. 군주는 군주답게 신하는 신하답게 아버지는 아버지답게 아들은 아들답게 부인은 부인답게 벗은 벗답게. 그래서 우리 유학을 명교라고까지 칭했습니다. 그런데 장자가 그 위상을 추락시킬 수 있는 발언을 했습니다. "이름은 실질의 손님"이라고.

보령 그 말의 뜻이 무엇인가요? 많이 듣기는 했지만 뜻을 잘 모르겠습니다.

순자 이름은 가변적인 것이니, 이름에 목매지 말라는 뜻입니다. 이름은 손님, 객客일 뿐이라, 그때그때 상황에 따라 변할 수 있답니다. 오늘은 이 집에서 묵고 내일은 저 집에서 묵는 나그네처럼, 이름도 가변적인 편의와 쓸모에 따라 변할 수 있다지요. 그래서 '답게' 살려고 애쓰지 말고, 타인에게 그걸 강요하지도 말라는 뜻입니다.

보령 연극배우를 보면 작품마다 배역마다 이름이 변합니다. 그러니 당연히 연극이 끝나도 그 이름에 집착할 필요가 없어요. 그런데 특정 배역에 집착하고 그 이름에 목맨 나머지 대본을 항상 끼고 사는 배우, 밖에서 보기에 유가의 모습이 마치 그런 배우와 같았나요?

순자 그랬나 봅니다. 이름, 그에 딸린 대본에까지도 집착하는 사람들이 우리 유가라고 본 것 같습니다.

저는 그래도 이름이 중요하다고 봅니다. 이름이 없으면 사회의 질서와 안녕을 담보할 수 없기 때문입니다. 군君, 신臣, 부父, 자子, 천자天子와 제후諸侯, 대부大夫, 대부 밑에 사士. 이들 모두에게 이름과 이름에 따라 지켜야 할 덕목과 규범이 부과되지요. 각자 그 이름에 걸맞게 의무를 행해야 합니다. 그런데 그 의무를 내팽개친다면 어찌 되겠습니까? 또 이런 경우가 있을 수 있습니다. 다른 이름에 주어진 권리가 탐이 나서 사가 대부가 되겠다고 나서고 대부가 제후 되겠다고 나서서 난을 일으킨다면 어떻게 되겠습니까? 질서가 무너져 사회는 붕괴되고 말 것입니다.

보령 그러고 보니 상자는 노에 대해 이런 말을 했어요. "노행지이성道行之而成, 길이라는 것은 미리 나 있는 것이 아니라 다니다 보면 만들어지는 것이다."[205] 이 말도 다분히 "이름은 실질의 손님"이라는 말과 비슷합니다. 주어진 질서와 규정된 길을 거부하고 무시하는 말이니까요.

순자 주어진 길은 분명히 있습니다. 각자가 따라야 할 길은 인간 앞에 놓여 있지요. 그것이 바로 예입니다. 도와 예는 이름을 기준으로 하여 사람들에게 주어지는 것인데, 주어진 길과 따라야 할 길은 없으며 다니다 보니 길이 생긴 것일 뿐이라니요? 이는 인간 앞에 주어진 길로서의 도와 규범, 질서 틀을 부인하는 말입니다. "이름은 실질의 손님"이라는 말과 같을뿐더러, 유가 사상의 기초를 허무는 주장입니다.

너무도 매서운 공격이었습니다. 가만있으면 안 되겠다 싶어 저는 방어하기 위해 후왕을 말했습니다. 후왕은 이름과 질서의 제작자입니다. 현재의 필요와 환경에 맞게 이름을 만들고 부여하며 따라야 할 길을 제시하는 자이지요. 제 생각은 이랬습니다. '많이 양보해서 말이다. 아주 옛날부터 전해져 내려오는 이름 질서, 이름의 세계가 없다고 해도 좋다. 다만 후왕이 만든 이름과 이름의 질서는 엄연히 있는 것이니 그것을 지켜라.' 후왕이 지금 시대의 쓸모에 맞게 길을 닦았으니 그 길을 따라 걸어라, 이 말입니다.

보령 현재의 필요나 환경에 따라 이름을 만들어낸다고 하면, 장자의 주장을 어느 정도 받아들이신 것 아닌가요? 그가 주어진 기존의 이름과 길을 모두 부정했는데 선생님께서도 그것들이 어느 정도 가변적일 수 있다고 보신 거잖아요?

순자 네, 부정하지 않겠습니다. 공자 님처럼 주나라의 질서를 거론하며, 고대 성인군주가 제정한 명名이 있는데 그 명으로 대표되는 예법 질서가 있다고 하면서, 그 예법 질서를 천년만년 항구적으로 지속될 사회규범으로 고집하면 어떻게 되겠습니까? 누가 따를까요? 그렇게 주장하면 설득력이 없습니다.

저는 장자처럼 현실이 변하면 이름도 변할 수 있다고 봅니다. 그래서 전 사회적 약속으로서의 이름을 말했어요. 그때그때 변화된 환경에 따라, 사람들의 필요와 사회의 쓸모에 따라, 약속해서 이름을 바꾸고 만들자고 했지요.

하지만 사회적 약속을 하고 이름을 제정하는 데 있어 중심적 주체를 후왕이란 군주로 분명히 했습니다. 후왕이 판단하는 겁니다. 후왕은 변화된 사회적 환경과 수요에 맞게 또 사람들의 의견을 수렴하여 이름을 제정하고 사람들에게 부여해야 합니다. 새로운 이름을 당대 사람들이 따라야 할 규범으로 제시하여 사람들이 지키게 해야지요.

후왕은 정명正名하는 자입니다. 이름을 바르게 만들고, 이름을 바르게 부여하는 자가 진정한 후왕이지요. 이것이 저의 정명론입니다. 후왕에 의한 정명론입니다. 유가를 대표해서 제가 장자의 도전에 대해 응전한 결과입니다. 후왕은 이름을 만드는 사람입니다. 길을 만드는 사람이고요. 시간이 흘러 사회적 필요와 환경이 변하면 다시 이름과 길을 수정해야겠지만, 그때까지는 사람들이 그 이름과 길을 준수해야 합니다.

보령   선생님, 정말 애쓰셨어요. 장자의 매서운 공격을 방어하시느라.

순자   정말 힘겨운 전투였습니다. 장자가 시적 표현으로 공자 님 사상의 중심부 급소를 제대로 찔렀으니까요. 제대로 대응하느라 애를 많이 썼습니다.

보령   묵자도 그렇지만 장자도 공자 사상을 뼈아프게 공격했는데, 방어의 논리와 응전의 철학을 만들기가 정말 힘드셨을 것 같아요.*

순자   장자가 공자 님의 정명론까지 공격했는데 그것 하나만으로도 묵자의 공격보다 장자의 공격이 훨씬 위험했지요. 그런데 공자 님의 정명론에 대한 공격은 장자만 한 게 아닙니다. 법술지사도 거세게 했지요. 그들은 형명론形名論을 말하면서 단순히 정해진 기존의 이름에 사람들이 따르게 하는 게 아니라 그때그때 사람들에게 이름을 부여해 강제하라고 했습니다. 형명론으로 신하들을 빈틈없이 다루라고 했지요.

보령   형명론이요? 그게 무엇인가요?

---

* 명자名者 실지빈야實之賓也, 이름은 실질의 손님이다. 도행지이성道行之而成, 길은 다닌 후에 만들어지는 것이다. 장자의 이 두 명제이자 주장은 유가로서는 너무도 뼈아픈 것이었다. 공자 사상의 근본부터 허물어버릴 수 있는 핵폭탄급 주장이기에. 맹자는 장자가 저런 말을 했는지 몰라 애초에 대응할 여지가 없었다. 순자는 장자의 이 발언을 아주 위험한 것으로 인식하여 고생 고생 해가며 대항 논리를 만들었다.
공자의 정통 계승자로 필자는 맹자보다 순자의 손을 들어준다. 여러 이유가 있지만 가장 큰 이유는 이것이다. 다른 사상가들이 공자 사상을 무차별 공격할 때, 그 공격을 방어하는 데 있어 맹자보다 순자가 훨씬 애를 많이 썼기 때문이다. 궂은 일을 한 사람, 고생한 사람을 더 대우해야 하지 않을까? 그리고 가만 생각해보면 맹자는 장자의 이 발언을 들었다 하더라도 순자처럼 정교한 이론으로 맞대결할 철학적 역량이 없었을 것이다.

순자 ᅠ 신하들에게 이름을 주는 것입니다. 이때 이름은 단순히 임금이니 신하니 하는 신분 질서에 따른 것이나, 아버지나 아들처럼 친족 집단 내부에서의 것을 말하는 게 아닙니다. 보직이자 임무를 말합니다. 이런 일 맡아 해보아라. 이런 업무와 보직을 맡아 잘해보아라. 왕은 신하의 재능과 적성에 따라 신하의 의견을 듣고 임무와 보직, 즉 이름을 줍니다. 그러고 나서 신하가 잘하는지 못하는지 지켜보지요. 이 결과를 바로 형形이라 합니다. 결과形와 이름名을 나란히 놓고 신하를 평가합니다. 그래서 형명론이라고 합니다. 유가가 정명론이라면 법가는 형명론이지요.

물론, 평가로만 그치는 것은 아닙니다. 임무와 보직에 걸맞은 성과를 올린 신하에게 상을 주고, 그렇지 못한 신하에게 벌을 주어야 한다고 했습니다. 그들의 형명론은 신하를 통제하는 기술이자 조정을 운영하는 방법이지요.

저는 이 점이 문제라 생각합니다. 법가에게 이름과 관련한 논의는 신하들을 다루는 범위에만 한정되었습니다. 천하 통일을 앞둔 시점에서 그래서야 되겠습니까? 모든 사람에게 이름을 주어야지요. 이름에 따른 의무만 부과해서도 안 됩니다. 각자의 자리도 있어야 합니다. 모름지기 군주라면 그렇게 해야 합니다. 이런 일을 제대로 하는 사람을 바로 후왕이라 합니다.

보령 ᅠ 법술지사 이야기가 나왔으니 말인데요, 선생님께서는 법술지사들의 영향은 받지 않으셨나요? 특히 입진의 임팩트가 너무 커서 선생님께서 법술지사들의 주장도 적잖이 수용했다고 들었어요.

순자 ᅠ 입진. 진나라에 들러서 진나라의 막강한 국력과 제대로 정비된 사회 체계를 보면서 적잖은 충격을 받았지요. 또한 진나라는 통일 이전에 이미 도량형을 통일할 준비를 하고 있었습니다. 그래서 저는 예 또한 제도로서도 기능하고 성문화되어, 진나라의 법처럼 사회의 굉장히 많은 분야를 망라해 다룰 수 있어야 한다고 보았지요. 여기에서 그치지 않고 예가 천하의 커다란 표준이 될 수 있어야 했습니다. 이러한 저의 생각을 계승한 한 대의 학자들이 《예기》를 만들어낸 것입니다.

보령___ 그리고 앞서 살펴본 선생님의 진보사관, 발전사관, 발생론적 역사관이 법가에게도 있었습니다. 문제 해결자로서의 군주관도 그렇고요. 혹시 그런 역사관도 법술지사들의 영향인가요?

순자___ 앞서 묵자의 영향이라고 했지만, 법가의 영향이라고 해도 딱히 틀린 말은 아닙니다. 법술지사들도 묵자의 영향을 받았을 겁니다. 다만 그들이 그러한 역사관과 군주관을 가장 잘 설명했지요. 그래서 저도 영향받았습니다.

자, 이 정도면 다른 사상가들에 대한 이야기는 거의 한 것 같습니다. 이 주제와 관련하여 더 듣고 싶은 게 있나요?

보령___ 제가 공부가 짧아 여기까지 해야 할 것 같습니다. 제자백가 사상가 모두를 깊이 있게 공부했으면 더욱 여쭤볼 말이 많았을 텐데……. 아쉽네요.

이제 인터뷰 막바지에 이르렀습니다. 마지막으로 《대학》과 《중용》에 대한 이야기를 해보고 싶어요.

순자___ 네, 좋습니다.

・19장・

순자와 대학, 중용

제자들아 학문에 힘쓰고 있어라.
하늘은 너희들을 잊지 않으리니
성인께서 두 손 모아 기다리는 때가 곧 올 것이니.

대학과 중용

부분과 부분, 즉 일상과 매사에 지극히 함이니, 그리 지극히 하면 성실할
수 있고, 성실하면 밖으로 나타나며, 밖으로 나타나면 더욱 분명히 드러날
것이고, 드러나면 밝게 빛날 것이다. 밝게 빛나면 모든 이를 고무시킬 수
있고(감동시키고 교화시키고), 고무시키면 변하게 할 수 있고, 변하면 세상
을 크게 이루게 할 수 있으니, 천하에 성실한 자만이 이처럼 커다란 화육을
이룰 수 있느니라.

보령 《중용》23장입니다. 이 문구는 〈역린〉 엔딩 크레디트에 소개되어 많은

사람에게 감동을 주었습니다. 저는 "커다란 화육"이란 구절에서 선생님이 생각났어요.

순자 《중용》에도 저의 색깔이 부분부분 드러나지요. 일부에 국한되어 있지만 드러날 때만큼은 꽤나 강하게 보일 것입니다.

보령 《중용》 그렇고 《대학》을 봐도 그렇고, 두 책을 보면 선생님 색채가 강해 보입니다. 선생님의 계승자들이 만든 책이 《예기》이고 《대학》과 《중용》은 《예기》의 일부분이니, 두 책에 선생님의 색채가 짙은 건 당연하다고 생각해요. 사실 전 《예기》란 경전에 대해서 몰랐을 때에도 《대학》과 《중용》을 보면 선생님 생각이 많이 났어요. 특히 《대학》에서요.

'평천하'로 대표되는 천하 관념 그리고 '명명덕明明德'에서 보이듯 '밝게 하다', '밝히다'라는 표현 등 선생님이 떠오른 부분이 많았습니다. 그리고 외부 대상에 대한 인식이자 배움을 의미하는 '격물치지格物致知'를 보는 순간 《대학》은 그냥 선생님의 책이라는 생각이 들더라고요. 《대학》은 닥치고 순자의 책! 제 생각입니다.

《중용》에서도 선생님 색깔이 드문드문 보였는데요, 드물지만 정말 강렬해서 인상적이었습니다. 특히 매일 한결같이 공부하고 수신하는 자세를 강조하는 부분에서 선생님을 떠올리지 않을 수 없었습니다.

순자 《중용》에도 저의 지분이 있지만 크진 않지요. 반면 《대학》은 사실상 저 순자의 책이라고 해도 좋습니다.

보령 《중용》은 관념론적 색채도 진해 선생님의 지분이 절반 이상을 넘는다고 생각하지 않아요. 《대학》 같은 경우에는 확실히 선생님의 지분이 거의 대부분이 아닐까 싶습니다. 일단 학學에 대한 강조, 그것도 '대학大學'이라고 하는 제목부터가요. 지금 생각해보니 제목 자체가 선생님과 율곡이 강조하신 입지 같기도 하네요. 선생님께서 중시한 목표와 방향이 아닐까…….

그런데요, 선생님의 시각으로 더 정확히 말하자면 순자적 프리즘과 안경으로 《대학》과 《중용》을 독해하려는 시도는 많지 않았습니다. 주희가 《예기》에서 《대학》과 《중용》을 따로 분리해 독립된 텍스트로 만들어서인지 그동안 두 텍스트는 주희식으로 읽혔습니다. 주희식 독해에 왕양명이 도전하긴 했지만, 역시 왕양명식 독해에 그치고 말았어요. 왕양명과 선생님의 거리는 주희와 선생님의 거리보다 훨씬 멀기도 하고요. 아무튼 순자적 독해가 많지 않았습니다.

순자 애석한 일이군요. 그래도 중국에 왕부지가 있었습니다. 왕부지는 주희와 다르게, 또 왕양명과도 다르게 《중용》과 《대학》을 독해했지요.

보령 선생님, 앞서 살펴본 율곡도 있습니다. 그가 《대학》의 특정 구절들을 자신의 방식대로 소개해서 말한 장면을 보면 선생님 생각이 나요. 부분부분을 언급하며 자기 방식으로 해석해서 말했지만, 그렇게 해석했기에 선생님의 색이 진하지요. 그래서 인상적이고요. '아, 정말 제대로 《대학》을 해석했구나' 하는 생각이 들었어요.

순자 《중용》이라면 몰라도 《대학》은 저 순자적 관점에서 많이 읽혀야 하는

데, 못내 아쉽습니다.

보령 그럼, 이제 《대학》을 차근차근 살펴보겠습니다. 먼저 첫 장을 펼치면 "대학의 도는 밝은 덕을 밝히는 데 있고, 백성을 새롭게 하는 데 있으며, 지극한 선善에 머무는 데 있다"[206]라는 말이 나옵니다. '밝힌다'는 표현에서부터 선생님이 떠오르네요. '백성을 새롭게 한다'는 표현도 통일천하의 이상이나 사회에 바람직한 질서를 부여하자는 말 같아 역시 그렇습니다. 지어지선止於至善, 즉 '지극한 선에 머물라'는 표현 또한 항상 바람직한 상태에 머물러 있는 것을 뜻한다면, 선생님께서 말씀하신 한결같은 수신의 자세와 연관되는 것 같아요.

순자 밝혀야지요, 그리고 항상 지극한 선의 자리에 자신을 두려고 해야 합니다. 안 그래도 제 책에서 수인, 수도라는 말을 하지 않았습니까? 오로지 인을 지키고, 오로지 도를 지키는 자세. 이를 지어지선으로 봐도 좋습니다. 그리고 저도 율곡처럼 성인되겠다는 뜻을 세우는 것, 즉 입지를 중시했습니다. 《대학》의 첫 장이 그러한 율곡식의 입지라 할 수 있지요. 물론 순자식의 입지이기도 합니다. 뜻을 세우고 목표를 세우고 각오를 다지는 데 아주 좋은 말들입니다.

보령 2장은 이렇습니다.

머무를 곳을 알고 난 뒤에야 일정한 방향이 있고, 일정한 방향이 있고 나서야 정(차분)해질 수 있으며, 정해진 뒤에야 평안해질 수 있고, 평안해진 뒤

에야 사려할 수 있으며, 사려한 뒤에야 얻을 수 있다. [207]

순자 항상 일정한 방향을 추구해야겠지요. 제가 〈권학〉과 〈수신〉 편에서 방향을 강조했는데요, 이는 군자와 성인됨의 방향입니다. 정은 앞서도 강조했지요. 허일정의 정, 인식과 학습, 판단을 위한 마음 자세입니다. 마음을 고요하게 해야지요. 그래야 마음이 제대로 기능할 수 있습니다. 그리고 사려를 말했는데 그것도 앞서 많이 언급했지요. 마음의 기능으로 여가 있다고. 여라 할 수 있는 마음의 저울질, 계산, 판단, 선별 기능이 제대로 작동해야 합니다.

보령 바로 뒤 3장을 보면 "사물에는 근본과 말단이 있고, 일에는 처음과 끝이 있는데, 일의 선후를 알면 도에 가깝다"[208]라고 했습니다. 일의 선후, 본말, 시종을 알면 도에 가깝다고 하셨는데요?

순자 말보다는 본, 끝보다는 처음을 알아야 한다는 뜻입니다. 가장 중요한 일, 당장 배워야 하고 실천해야 할 일에 대해 명확히 인지하는 것이 중요하다는 뜻이지요. 이를 인지하기 위해 차분함, 평안, 사려를 말한 겁니다.

보령 다음 4장에서는요,

예전에 온 세상에 밝은 덕을 밝히고자 한 사람은 먼저 자신의 나라를 다스렸다. 그리고 자신의 나라를 다스리고자 하는 사람은 먼저 자신의 집안을 반듯하게 했다. 자신의 집안을 반듯하게 하고자 하는 사람은 먼저 자신의 몸을 닦았다. 자신의 몸을 닦고자 하는 사람은 먼저 마음을 바르게 했다.

자신의 마음을 바르게 하고자 하는 사람은 먼저 자신의 의지를 성실하게 했다. 자신의 의지를 성실하게 하고자 하는 사람은 먼저 자신의 앎을 최대한 확충했다. 그와 같은 앎의 확충은 사물을 탐구하는 데 있다.[209]

그다음, 그 유명한 수신제가 치국평천하修身齊家 治國平天下가 나옵니다.

순자__ 수신제가 이전에 성의정심誠意正心이 있고, 성의정심 이전에 격물치지가 있지요. 격물치지는 외부 사물에 대한 탐구입니다. 외부로 열린 마음의 창을 통해 규범, 진리, 문화, 관습과 지식 등을 배우는 것을 말합니다. 격물치지만 봐도 인간의 내부가 아닌 밖에서 길을 찾고자 하는 제 관점이 잘 보이지요. 격물치지에서 공부는 시작됩니다. 이것이 치국, 평천하까지 이어지지요.

보령__ 격물치지만 봐도 그렇지만 평천하라는 이상에도 선생님 색채가 강하게 보여요. 격물치지를 왕양명은 이렇게 해석했습니다. 양지良志라는 자신의 바른 마음으로 매사에 임하고, 그리하여 마음을 더욱 살아 있고 크게 하는 것이라고요. 하지만 선생님, 원래 격물치지란 것은 어디까지나 인간 외부의 사물에 대한 객관적 인식과 배움이 아닌가요?

순자__ 물론입니다. 격물치지에 대한 주희와 왕양명의 의견이 달랐다고 하는데, 주희의 의견이 맞습니다. 격물치지는 재론의 여지없이 외부에 있는 사물과 진리에 대한 탐구입니다. 내 밖에 있는 것을 보고 공부하는 것이지요.

보령__ 격물치지 다음에 성의라는 말이 나옵니다. 배웠으면 바로 실천하는 게 아닌가요? 수신에 앞서 성의와 정심이 있습니다. 격물치지—성의·정심—수신. 이렇게요. 선생님의 후계자라고 할 수 있는 율곡은 배움이랄 수 있는 궁리와 수신이랄 수 있는 역행 사이에 거경이라는 단계를 넣었습니다. 그래서인지 율곡의 거경과 《대학》의 성의가 비슷하지 않을까 싶은데요, 성의를 어떻게 해석하면 좋을까요?

순자　율곡이 의義를 말했다 하지 않았습니까? 저나 율곡이나 재귀관찰, 재귀점검을 중요하게 여기는데, 이를 두고 율곡이 의라고 하지 않았나요? 그 의를 잘해서 자신을 잘 관찰하고, 도덕률을 기준으로 자기 현재 의식이 옳은지 그른지 따져보는 이러한 작업을 성의라고 해석하는 것이 옳다고 생각합니다.

　정심은 간단한 것 같습니다. 의가 잘 기능하면 판단이 서겠지요. 현재 내 의식이 바람직하다 싶으면 지키고 아니다 싶으면 버리고, 그렇게 해서 마음가짐을 바르게 할 수 있지요. 항상 이러한 방식으로 마음가짐을 바르게 해야지요. 이것이 정심이 아닐까 싶습니다. 그런 다음 몸가짐을 바르게 하는 수신으로 넘어가야겠습니다.

보령　율곡은 역시 《대학》의 성의를 이렇게 말했어요. 사적 욕망을 기준으로 헤아리고 판단하는 것이 아니라, 도덕을 기준으로 헤아리고 판단하는 것을 성의라고 한다고요.

순자　재귀성찰과 재귀점검을 제대로 하자는 말이군요. 성의를 그렇게 해석한 것 같은데 율곡답습니다.

　아무튼 성의·정심 다음에 수신, 몸가짐을 바르게 하면, 그다음이 제가입니다. '집안을 가지런히 하다. 집안을 잘 다스리다'라고 보통 해석합니다. 그런데 여기서 제가는 단순히 집안을 잘 단속하라는 뜻이 아닙니다. 춘추전국시대에 가家라는 것은 대부가 관할하는 영역이었습니다. 그 안에 중심지인 도읍이 있습니다. 가신이라는 신하를 거느린 대부가 직접 다스리는 인민이 있어 그들을 군사로 부리기도 했지요. 대부 위에 나라를 다스리는 제후가 있지요. 대부의 영역이라 할 수 있는 가는 정치적 단위이자 정치 영역입니다. 그러니 어떻게 해야겠습니까? 정치를 잘하여 잘 다스려야 하겠지요. 그러고 나서 치국을 논해야 합니다. 나라를 잘 다스렸다면 마지막 평천하해야 하지요. 이것이 제 궁극적 이상입니다.

보령__ 격물치지에서 시작해 평천하! 배움에서 시작해 천하에 안정과 질서를!

순자__ 그렇습니다.

보령__ 선생님께서 여덟 조목(격물, 치지, 성의, 정심, 수신, 제가, 치국, 평천하)을 정말 시원하게 설명해주셨네요. 앞으로 이 여덟 조목은 선생님의 해석대로 알고 있겠습니다.

선생님, 그리고 그 유명한 '일신日新 우일신又日新'이란 말이 《대학》에 나옵니다. 탕湯임금이란 위대한 군주가 이렇게 말했다지요. "진실로 어느 날에 새로워졌거든 나날이 새롭게 하고 또 날로 새롭게 하라."[210]

순자__ 매일매일 나아가야지요. 언제 어디에서나 나아가면서 새로워져야 합니다.

보령 그리고, 《대학》 전傳 3장에 보면, 지어지선에 대해 논한 부분이 있습니다. 그 부분을 보면 공자의 이 말이 생각납니다.

> 군자는 밥 한 끼 먹는 동안일지라도 인에서 벗어나지 않으니 경황이 없을 때에도 그러하며 위급한 경우에도 그러하다.[211]

항상 인에 머물러 있어야 한다고 하여, 그러한 상태를 필어시必於是라고 했습니다.

순자 전 3장에 이런 말도 있습니다.

> 《시경》에 이런 말이 나온다. "훌륭하시다 문왕이시여, 조금도 쉼이 없는 성실함과 무엇으로도 가리어지지 않는 밝음을 드러내어 공경하게 자신이 머물 곳에 머무는구나." 이렇게 군주 된 자는 어짊에 머물러야 하고, 신하된 자는 공경함에 머물러야 하며, 자식 된 자는 효성스러움에 머물러야 하고, 아비 된 자는 자애로움에 머물러야 한다. 국인들과 대할 때는 믿음에 머물러야 한다.[212]

군君, 신臣, 부父, 자子 이렇게 명으로 규정된 질서 아래에서 각자 자신이 있을 곳에 잘 머물러야 합니다. 임금은 임금답게 어짊에 머무르고, 신하는 공경함에 머무르고, 아버지 된 자는 자애로움에, 자식 된 자는 효성스러움에, 각자 이름이 배정한 자기 위치에 있으면 됩니다. 그 위치에서 역시 이름이 규정한 대로 마음가짐, 몸가짐을 다해야 합니다. 이름이 이렇게 중요합니다. 그래서 후왕이 중요하고…….

보령 《대학》을 지금 모두 다룰 수는 없어 아쉽습니다. 그렇지만 지금까지 하신 말씀 외에도 선생님의 가르침이구나 싶은 부분이 참 많아요.

> 자신의 의식을 성실하게 한다는 것은 자신을 속이지 않는 것이다.[213]

> 군자는 반드시 내면을 항상 진실되게 한다.[214]

《대학》에 나오는 그 유명한 신독愼獨이란 덕목은 사실 선생님께서 가장 먼저 말씀하신 것 아닙니까?

순자 네, 신독은 제가 가장 먼저 말했지요. 〈불구〉 편에서, '언제든 내면을 진실되게 하라. 내 안을 항상 바르게 하라. 내면에 형성되고 만들어진 도덕성을 항상 그대로 유지해야 한다'는 뜻으로 이야기했습니다. 《대학》뿐만 아니라 《중용》에도 나옵니다.

보령 선생님, 그럼 이제 《중용》 이야기를 해보겠습니다. 선생님께서 〈불구〉 편에서 하신 말씀을 포함해 선생님 텍스트에 나온 내용이 흡사하게 반복되는 부분이 《중용》에 있어요. 특히 성실함을 강조하는 대목에서요.

순자 제가 강조한 정성스러움과 성실함이 《중용》에서도 역시 비중 있게 나옵니다.

보령 《중용》 2장을 보면 "도라고 하는 것은 잠시라도 떨어질 수 없다. 떨어질 수 있다면 도가 아니다"[215]라고 했어요. 항상 도와 밀착한 상태를 유지하려는 마음가짐과 몸가짐을 《중용》에서 강조했습니다. 선생님 텍스트에서 많이 본 내용 같아요.

순자 네. 《중용》에서도 그런 자세가 강조되었는데, 성실함, 정성스러움으로 소개되었습니다.

보령 《중용》 22장과 23장, 앞에서 살펴보았지만, 워낙 선생님의 색채를 강하게 느낄 수 있는 부분이라 다시 한 번 언급해보겠습니다. 먼저 22장.

유천하지성惟天下至誠이야 위능진기성爲能盡其性이니 능진기성能盡其性이면 즉능진인지성則能盡人之性이요, 능진인지성能盡人之性이면 즉능진물지성則能盡物之性이다. 능진물지能盡物之이면 성즉가이찬천지지화육性則可以贊天地之化育이요. 가이찬천지지화육可以贊天地之化育이면 즉가이여천지참의則可以與天地參矣이니라.

오직 천하에 지극히 성실한 사람만이 자신의 천명을 다할 수 있으니, 그 천명을 다하게 된다면 사람의 성을 다할 수 있을 것이요, 사람의 성을 다할 수 있다면 만물의 성을 다 이뤄낼 수 있을 것이다. 만물의 성을 다하게 된다면 천지의 화육을 도울 것이요, 천지의 화육을 도울 수 있다면 천지와 더불어 참여할 수 있을 것이다.

그리고 23장.

기차其次는 치곡致曲이니 곡능曲能하면 유성有誠하고 성誠하면 즉형則形하고 형形하면 즉저則著이고 저著하면 즉명則明할 것이다. 명즉동明則動하고 동즉 변動則變하고 변즉화變則化이니 유천하시성唯天下至誠 위능화爲能化이니라.

그다음은 부분과 부분, 즉 일상과 매사에 지극히 함이니, 그리 지극히 하면 성실할 수 있고, 성실하면 밖으로 나타나며, 밖으로 나타나면 더욱 분명히 드러날 것이고, 드러나면 밝게 빛날 것이다. 밝게 빛나면 모든 이를 고무시킬 수 있고(감동시키고 교화시키고), 고무시키면 변하게 할 수 있고, 변하면 세상을 크게 이루게 할 수 있으니, 천하에 성실한 자만이 이처럼 커다란 화육을 이룰 수 있느니라.

성실함, 정성스러움. 선생님께서 많이 강조하신 덕목인데 이렇게 《중용》에서도 강조하고 있네요.

순자__ 우리 인간의 도, 인도는 항상 걸어야 할 길, 즉 상도 아니겠습니까? 우리는 성실해야지요. 정성스러워야 합니다. 그런 자세를 한결같이 유지할 수 있어야 합니다. 그런 자세로 바른 몸가짐과 바른 마음가짐을 늘 유지해야 합니다.

저 《중용》의 가르침은 제가 〈불구〉 편에서 한 이야기를 거의 그대로 반복했다는 느낌마저 줍니다. 제가 한 말을 다시 언급해보지요.

마음을 바르게 하는 데에 성실함보다 더 좋은 것이 없다. 성실함을 다하는 데는 다른 방법이 있는 것이 아니다. 오직 인을 지키고 의를 행하기만 하면 된다. 마음을 성실히 하여 인을 지키면 덕이 밖으로 드러나고, 덕이 밖으로 드러나면 신묘한 경지에 이르게 되며, 신묘한 경지에 이르면 백성을 교화할 수 있다. 마음을 성실히 하여 의를 행하면 만사에 원칙이 서고, 원칙이 서면 시비가 명확해지며, 시비가 명확해지면 악을 변화할 수 있다. 변화가 끊임없이 번갈아 일어나는 덕을 하늘의 덕이라고 한다.[216]

보령 그 대목 말고도 또 있지 않나요?

순자 네, 있습니다.

군자는 덕이 지극하여 묵묵히 말을 하지 않아도 사람들은 그의 뜻을 알고 베풀지 않아도 사람들은 친근하게 느끼며 성내지 않아도 위엄이 있다. 이것은 하늘의 명에 따라 성실하게 하나에 전념하기 때문이다. 도를 행하는 것을 좋아하는 사람도 성실하지 못하면 전념할 수 없으며 전념하지 못하면 밖으로 드러나지 않는다. 밖으로 드러나지 않으면 비록 마음속에 있는 것을 얼굴에 나타내고 말한다 해도 백성은 따르려고 하지 않을 것이며 비록 따른다 해도 반드시 의심하게 될 것이다.[217]

보령 성실함과 절실함뿐만이 아니라 천지의 화육에 참여한다는 참어천지 사상 그리고 천하 관념과 교화에 대한 중시가 《중용》에 적지 않게 드러납니다. 이런 부분들은 선생님의 말씀이라 해도 되겠다는 생각이 들어요. 22장부터

26장까지는 선생님 색채가 정말 진합니다.

순자 《대학》만큼은 아니어도《중용》에 저 순자의 주장이라고 해도 될 만한 부분이 꽤 많이 보이기는 합니다. 그래도《중용》은 저 순자의 책이 분명 아닙니다. 관념론적인 부분이 많은 걸 보면 증자나 맹자 쪽 학사의 주장이 대부분 반영된 것 같습니다. 그래도《예기》에 편입된 경전이기에 저 순자의 주장이라고 해도 될 만한 부분이 있는 건 사실이지요.《중용》14장도 제 주장이라고 해도 될 만합니다.

보령 선생님 입장을 계승한 한나라 유학자들이 보기에도 최소한 선생님 사상과 이질적이지는 않다고 판단했기에《예기》에 수록했겠지요?

순자 《예기》에는 사실 잡다하고 근원이나 출처가 의심스러운 부분도 있습니다. 모든 부분이 꼭 당대 유학자들의 노선과 방향에 맞다고 단언할 수는 없지요. 그렇지만 대체적으로는 제 사상과 어긋나지 않습니다.

보령 선생님, 이제 모든 논의를 마쳐야 할 시간 같습니다. 마지막으로 정말 확인하고 싶은 것이 있어요. 그 점만 잠깐 살펴보고 마지막 말씀을 청하겠습니다.

순자 네, 그러지요.

보령 선생님 글을 보면 구세, 버릇이 있습니다. 앞에서도 잠깐 언급했는데요,

맹자 이야기를 할 때 언급한 미未가 대표적입니다. 미유未有 같은 표현을 많이 쓰셨어요.

순자　아직 못한다. 아직 모른다. 아직 가지고 있지 않다. 이 모두 결핍된 인간의 모습을 지적하기 위한 표현입니다. 또 독려하기 위함이기도 하지요. 아직 못합니다. 아직 모르고 아직 가지고 있지 않습니다. 하지만 열심히 배워서 할 수 있고, 알고 있고, 가지고 있는 모습의 내가 되어야지요. 배워서 채우면 됩니다.

보령　'무無 ~ 불不'이라는 표현도 참 많이 쓰셨어요. 가령 〈왕제〉 편에서 이렇게 말씀하셨어요.

군자가 없으면, 하늘과 땅이 다스려지지 않는다.

無君子, 則天地不理.

'어떠어떠한 것이 없으면 안 된다'는 뜻이니, 이 표현도 역시 결핍된 부분을 '그대로 두지 마라, 채워 넣어라' 이런 뜻에서 쓰셨나요?

순자　네, 그 표현도 즐겨 썼습니다. 이것이 꼭 있어야 하는데, 이것이 없으면 이러저러한 것을 하지 못하고, 어떤 부정적인 모습을 피할 수 없다. 이런 식으로 많이 이야기했지요. 역시 채워 넣으라고 독려하기 위해 쓴 표현이지요. 또한 그 이전에 제 주장에 설득력을 부여하기 위해 쓴 수사입니다. 제가 어떤 가치 있는 것이나 긍정적인 것을 갖추라고 주장할 때, 그것이 없으면 일어날 수 있는 부정적인 모습을 말하는 수사법을 이용해 표현했습니다.

보령 그리고, '천하지天下之~', 즉 '천하의 무엇'이라는 표현을 많이 쓰셨고, '지사之事', 즉 '누구누구의 일'이라는 표현도 많습니다.

순자 제가 천하 관념이 확실했고 또 분을 좋아하지 않습니까? 그러니 누구, 누구의 임무, 직분이라는 뜻의 말을 많이 쓸 수밖에요.

보령 '재인在人'이란 표현도 눈에 띕니다. '사람에게 달렸다'는 뜻이지요. 이 표현은 선생님께서 사람을 긍정하시고 사람의 실천과 노력을 독려하기 위해 쓰신 것 같아요.

순자 물론입니다. 개인의 실천과 노력, 그리고 인간 집단의 노력을 독려하기 위해 쓴 표현이지요. 또 꾸준히 노력하고 실천한 뒤에 찾아오는 것을 언급하면서, 기다릴 대待라는 단어도 많이 썼습니다. 노력하면서 기다리라고 하지 않았습니까? 얻을 득得이란 말도 같은 이유로 많이 썼습니다. 열심히 하면 얻을 수 있다는 뜻이지요. 모두 독려하기 위해 쓴 말입니다.

보령 오직 유唯라는 단어도 많이 쓰셨어요. 한결같은 실천과 예와 도의 준수, 바른 몸가짐 지키기, 그러한 것을 강조하기 위해 쓰신 것 같고요. '가이可以'라는 표현으로 할 수 있다는 긍정의 모습도 많이 보여주셨어요. 이 모두 독려, 아니 독려라기보다는 격려하기 위해 쓰신 표현 같습니다.

순자 그렇습니다. 독려하기 위해 많이 쓴 글자가 '일—'과 '일壹'입니다. 한결같은 자세를 주문하기 위해 썼지요. 제가 한결같이 오로지 인과 의를 지키고 행하는, 자기 향상과 군자됨이란 목표를 향해 항상 나아가는 자세를 원했기 때문입니다.

보령 그 두 글자는 하나 된 천하라는 맥락에서도 쓰셨는데요, 선생님의 이상과도 연관되는 이야기이지요?

순자 물론입니다. 일—과 일壹을 통일된 중국이라는 제 꿈을 말할 때 쓰기도 했습니다.

보령 이렇게 선생님 텍스트의 구세를 살펴보았는데요, 선생님의 철학과 대부분 관련이 있네요. 이 점이 철학을 공부할 때 참 중요한 것 같아요. 텍스트를 읽을 때 문장에 보이는 구세, 전형적인 레토릭의 방식, 이런 것이 없는지 찾아보는 일이요.

순자 저 아니고도 당대에 활동한 많은 사상가의 텍스트를 보면 분명 반복되는 어휘와 글자가 있을 겁니다.

노자 같은 경우는 '시이是以'라는 말을 참 많이 썼습니다. 노자는 이러저러한 예나 자연의 모습 아니면 전해져 내려오는 옛말 등을 인용해서 이야기하다가 마지막에 가서 '이런 이유다'라는 뜻의 그 두 글자로 결론을 내리지요. 이런 이유로 성인은 어떻게 어떻게 한다며 결론을 끌어옵니다. 노자의 글은 항상 미괄식인데 결론을 유도하는 장치로 그 표현을 썼습니다.

상앙은 '일壹'이란 말을 비중 있게 썼지요. 그는 법으로 일원화된 국가의 모습을 꿈꾸었기에 그 말을 참 많이 쓴 것 같습니다. '상을 하나로壹賞', '형벌을 하나로壹刑', '가르침을 하나로壹教' 등 법이라는 하나의 원칙으로 모든 것을 해나가야 한다고 보았기에 그랬습니다. 그리고 농전지사農戰之士라고 농업과 싸움을 하는 선비를 말하시 않았습니까? 백성이 철저히 농업과 전쟁에만 골두하기를 바랐는데, 이런 맥락에서 그 말을 즐겨 썼습니다.

우리의 텍스트를 면밀히 보면서 그런 단어들을 꼭 찾아보시기 바랍니다. 그럼 우리를 잘 이해할 수 있고 공부에 큰 도움이 될 것입니다.《묵자》에 계속 나오는 '동同'이란 말이 어떻게 쓰이고 묵자 사상과 어떻게 연관되며, 그것이 상앙의 일 사상에 어떤 영향을 주었는지도 살펴보십시오. 그렇게 자주 나오는 어휘와 단어, 습관적 어투를 놓치지 말아야 합니다. 그것들이 각 철학자의 철학과 어떻게 연관되는지 살펴보아야 합니다.

보령 네, 선생님. 명심하겠습니다. 마지막까지 가르침을 주셔서 감사합니다.

순자의 당부

열심히 공부하십시오. 열심히 가르치고 열심히 배우십시오. 할 수 있습니다. 누구든 될 수 있습니다. 이 늙은이가 인터뷰를 마치며 당부하고 싶은 말은 그것입니다.

한국 사회는 현재 양질의 일자리가 적어 학생들이 아무리 노력하고 공부하여도 보답 받을 수 없는 사회라고 들었습니다. 참 서글픈 일입니다. 하지만 이 늙은이는 그래도 열심히 공부하라는 말밖에 드릴 말씀이 없습니다.

사회의 지속 가능성이 갈수록 적어진다는 점이 정말 문제입니다. 이것 역시 참 아프게 생각합니다. 사회의 지속 가능성을 더 많이 생각하고 고민해야 합니다. 제가 말한 예와 분 등 많은 주장은 결국 사회의 지속 가능성을 염두에 두고 제기한 것입니다. 지금 한국 사회는 지속 가능성에 대한 회의가 강하게 일고 있다고 하는데, 이대로 가만히 있어서는 안 될 것입니다. 사회 구성원 각자에게 서 있을 땅을 주고, 그 땅 위에 선 사회 구성원을 보호하려는 노력이 있어야 합니다. 사회의 설계도를 수정하든 아니면 전면적으로 재검토하든, 많은 사람에게 서 있을 땅과 위치를 주십시오. 그러고 나서 그들을 보호해주십시오. 그래야 지속 가능성을 지키고 키워나갈 수 있습니다.

그리고 대학의 시간강사들 처우를 어떻게든 개선해야 합니다. 그들이 안정된 환경에서 공부하고 연구할 수 있어야 합니다. 무엇보다 제자들 앞에 스승의 권위를 가지고 설 수 있게 해주십시오. 스승이 이렇게 경시되어야 하겠습니까? 대학의 교수님들은 대학원생들을 착취하지 마십시오. 그들을 잠재적인 학문의 동반자라 생각하고 정성을 다해 가르쳐주십시오.

제가 한 많은 논의와 주장은 통일된 천하를 생각하고 펼친 것입니다. 통일된 국가를 위한 청사진이고 밑그림이었지요. 한국은 통일이 국민과 겨레의 지상 과제인 나라입니다. 구체적인 통일의 밑그림과 청사진도 그리십시오. 그래야만 통일이 현실로 다가오지 않을까요? 구체적으로 밑그림과 청사진을 그려야만 더욱 간절히 통일을 소망하게 되고 통일을 위해 더욱 열심히 노력하지 않겠습니까?

마지막으로 모든 한국인에게 한 말씀 더 올리겠습니다. 모든 한국인이 항상 열심히 공부하고 정진해나가길 빌겠습니다. 절름발이 자라가 천 리를 간다고 했습니다. 여러분 절대 포기하지 마십시오. 노력하시고 공부하십시오.

우리 인간이 가지 못할 곳이란 없습니다. 포기라는 말이 생각나고 시련에 힘 겨울 때마다 꼭 이 말을 기억하십시오.

천하는 어두워 아무도 알지 못하고　闇乎天下之晦盲也

밝은 세상은 다시 돌아오지 않으니　皓天不復

시름만 끝이 없구나.　憂無疆也.

천 년이면 반드시 세상이 바로잡힌다는 것은　千歲必反

옛날부터 변치 않는 법도이니　古之常也

제자들아 학문에 힘쓰고 있어라.　弟子勉學.

하늘은 너희들을 잊지 않으리니　天不忘也

성인께서 두 손 모아　聖人共手

기다리는 때가 곧 올 것이니.　時幾將矣.

열심히 공부하시고 부지런히 배우십시오.

하늘은 여러분을 잊지 않습니다.

절름발이 자라가 천 리를 갑니다.

제자백가는 귀족 사회에 균열이 일어나면서 등장했다. 귀족 사회가 동요하고 귀족 사회의 스승들이 담장 밖으로 나가면서 세상에 등장한 것이다. 기존에는 가르치고 배우는 일은 귀족 사회에서만 있었기에 철저히 비전의 형식으로만 지식과 지혜가 전수되었다. 하지만 난세가 되자 기존의 질서가 무너지고 귀족 사회에 균열이 일어나 성안의 스승들이 흩어졌다. 제자백가 시대가 열린 것이다. 귀족 사회 밖으로 흩어진 스승들이 제자를 받아 가르치기 시작한 것이다.

제자백가 초기의 학문적 수준과 체계를 보면 굉장히 투박하다. 교육이 막 걸음마를 뗐기에 제대로 된 시스템이 없었다. 그러니 당연히 투박할밖에. 하지만 시간이 흐를수록 영글고 농익었다. 텍스트가 정립되고 학파가 생기고 왕실이 국립 연구 기관을 세워 여러 사상가가 만나 논쟁했다. 그렇게 사상가들은 길항하면서 서로의 사상을 상호 흡수하게 되었다. 투박하게 시작한 제자백가의 학문은 갈수록 치열하게 경쟁하는 동안 서로의 장점을 받아들여 세련되었다. 이는 곧 종합화로 이어졌다. 전국시대 후기에는 사상과 학문의 종합과 집결이 대세였다. 그리고 그 중심에 바로 순자가 있었다.

전국시대 후기, 제자백가 시대의 끝 무렵에 등장한 대사상가 순자. 시대의 황혼기에 태어나 활약해서인지 순자를 보면 아름다운 노을, 황혼을 보는 듯하다. 노을처럼 아름다운 사람됨, 위대한 학자의 풍모와 인격, 학문의 엄밀성과 체계, 짜임새 있는 문장과 텍스트. 이 모든 것이 아름답다. 그런데 또 한편 슬프기도 하다. 너무 아름다워서일까? 모르겠다. 분명 순자는 슬픔을 주는 사상가이다. 그의 아름다움 한편에 노을빛의 처량함과 쓸쓸함이 깃들어 있다. 그것도 아주 선연하게.

순자는 왜 짙은 슬픔의 기운을 풍기는 것일까? 나는 왜 위대한 지성의 봉우리를 보면서 짙은 슬픔에 몸서리를 치는 것일까? 나는 왜 그의 철학을 공부하고 글을 읽을수록 슬픔을 넘어 어떤 서글픔마저 느끼는 것일까?

어지러움 속에서 등장한 제자백가들은 곧 다가올 통일 제국의 시대를 맞아 바쁘게 퇴장하고 있었다. 그때가 바로 순자의 시대다. 그는 너무도 훌륭하게 학문을 집대성했다. 학문의 완성도 또한 무척 높았다. 그러나 이것이 문제였다.

제국이 열릴 것이다. 제국은 다양하게 사유하고 사고할 공간을 주지 않는다. 한편으로 제국은 체계적인 교육 과정과 시스템을 만들 것이다. 그러면 제자백가 시대처럼 개성 있는 학자들이 탄생하지 않게 될 것이다. 열국이 서로 부대끼고 싸우며 지식인 유치 경쟁을 벌이는 시대가 간다. 하나의 확고한 국가권력이 천하를 장악한다. 재기 발랄함과 약동하는 기운, 대담함, 한복판에서 주위를 둘러보는 듯한 현장감, 이 모두가 제국에서 사라질 것이다. 그때의 모습이 순자의 학문에 강하게 예고되어 있다. 그래서였을까? 나는 순자의 철학을 공부할 때마다 적막감에 휩싸여 슬펐다.

위대한 집대성자, 종합자는 결국 위대한 종결자가 될 수밖에 없다. 실제 순자가 죽은 이후 얼마 지나지 않아 제자백가 시대는 끝이 났다. 다시는 그렇게 다채로운 결과 빛의 사상이 한데 어울려 약동하는 시대가 오지 않았다. 그렇다. 사실 순자가 끝낸 것일지도 모른다. 어쩌면 이 위대한 집대성자가 정말 깨끗이 정리해버린 게 아닌지……. 그래서 순자를 공부하면 슬픔에 몸서리 치는 것이다.

앞으로 학생들은 체계 있는 시스템에서 학문을 배우겠지. 그 체계를 누가 만들었으며, 그 방향을 누가 제시했는가?

《순자》를 덮으면 진한 여운이 인다. 순자라는 학자의 위대함이 주는 여운 그리고 이렇게 슬픔이 주는 여운. 철학의 시대, 제자백가 시대의 종결이 주는 슬픔에 서글픔마저 여운에 더해서 이는데……. 순자의 철학과 텍스트는 실로 그러했다.

그러나 그는 위대하다. 위대한 지성의 봉우리이자 동아시아 문명을 닦은 거인이다. 거인 앞에 마주서고 그의 등에 올라 세상을 한 번이라도, 잠시라도 보았다면 그것만으로도 축복받은 게 아닐까.

에 필 로 그

1. 학생 그리고 대한민국의 학교

외부 강의를 종종 나갑니다. 중·고등학교에도 갑니다. 그런데 어느 고등학교 강의에서 실로 큰 충격을 받은 적이 있었습니다. 지금 대학생들의 절망감과 공포, 무력감이 고등학생들에게까지 전염된 것입니다. '아무리 공부하고 노력해도 사회가 우리의 노력에 보답이란 것은 해줄까?' 어린 학생들에게 불신과 회의감이 있었습니다. 공부 잘하고 우수하다는 소리를 듣는 학생들도 자유롭지 않았습니다.

《논어》와《순자》를 보면 무수히도 공부하라고 강조합니다. 공부의 가치, 배움의 가치를 역설하며 열심히 배우고 공부하면 얼마든지 성장할 수 있다고 말합니다. 공부하면서 성장하는 자신을 마주하는 기쁨과 즐거움에 대해서도 계속 강조합니다. 그런데 지금 한국의 대학생과 고등학생은 무력감과 두려움에 빠져 있습니다. 공부해서 뭐할까? 공부해서 얻을 수 있는 게 무엇일까? 저는 참 슬펐습니다. 어른으로서 부끄러웠습니다.

순자는 공부만이 아니라 성실함도 역설했습니다. 가만 생각해보니 공부와 성실함은 모두 우리 한국 사회에서 너무도 '우스워진 말'이 되어버렸습니다. 공부와 성실함이란 단어만큼 위신이 추락한 말이 있을까요? 공부하는 학생들에게 사회가 무엇을 보장해줄 수 있으며, 성실히 사는 사람들 특히 성실히 어른들의 지도에 따라온 학생들에게 사회가 대체 무엇을 해줄 수 있을지……. 전 모르겠습니다.

대학은 비非교육을 넘어서 반反교육적 패당과 도당이 된 지 오래입니다. 대학은 학생들의 창의력과 지성을 죽이는 공간이 된 나머지, 학생들에게 무책임한 곳이 되어버렸습니다. 대학원 사회의 전근대적 환경과 인습은 여전하지요. 대학원생을 '종놈', '종년'으로 여기는 교수가 적지 않습니다. 성추행 사건도 자주 터집니다. 그들을 잠재적인 학문적 동반자로서 여기는 건 기대도 하지 않습니다. 다만 사람으로, 인간으로 대해야 하지 않을까요? 이 정도 도덕은 있어야 하지 않겠습니까?

사람을 어떻게 대하고, 사람과 어떤 관계를 유지해야 하는지, 이에 대한 고민 한 번 하지 않은 사람들이 학문과 사상을 논하고 학생들을 가르칠 자격이 있을까요? 대학 교수님들 정말 반성해야 합니다. 그리고 대학은 그저 이윤의 논리를 맹목적으로 추구하는 것을 반성하는 것을 넘어 스스로 해체에 대해 생각해보는 것도 괜찮을 듯싶습니다. 대학이 학생들의 창의력을 죽이고, 지성을 키우지 못하며, 학문의 전당이 되지 못하는 등 사회에서 담당해야 할 고유의 기능을 행하지 못한 지 오래되었는데, 더 이상 존재할 이유가 있을까요?

시간강사 문제는 더 이상 이야기할 힘도 없습니다. 학생들 교육과 수업에 막대한 비중을 차지하는 대학 사회의 구성원임에도, 대학 당국은 한사코 그들을 착취만 하고 있습니다. 시간강사를 착취하는 구조적 문제 정말 심각합니다. 하지만 그 이전에 이 말을 하고 싶습니다. 교수와 교직원 들, 시간강사 선생님들을 대할 때, 그 태도와 자세부터 고쳐먹으십시오. 그것부터 틀렸습니다.

2. 사생아를 낳은 남자

20대 후반에 대학원 생활을 시작했습니다. 사람이 마흔이 되면 자기 얼굴에 책임을 져야 한다고 하는데, 마흔 되기 10년 전 서른이 되면 자기 내공에 대해 책임을 져야 하는 것 같았습니다. 그래서 20대 후반부터 30대 초반까지 대학원이란 연구 공간에서 참 많이 공부했습니다. 그런데 공부할수록 저에게 다가오는 건 대학원에서 나가야 한다는 현실이었습니다. 경제적인 문제로 도저히 공부할 수 없었습니다. 특히 유학 갈 형편이 되지 않았는데, 저는 아무리 발버둥을 쳐도 '지적 시민권'을 얻을 수 없는 사람이었습니다. 또한 자기만의 공부를 자유롭고 다양하게 하기에는, 자기만의 문제의식에 몰두하기에는 학교는 너무 많이 경직된 공간이었습니다.

미련 없이 박차고 나갔습니다. 세존이 그랬다지요. 여래가 말입니다. 유언으로 제자들에게 이렇게 말했답니다. 법과 나 자신을 등불로 삼아 정진하라. 그것만을 등불로 삼아라. 저는 제 자신의 문제의식이 확실하니 나가도 얼마든지 할 자신이 있었습니다. 문제의식이 등불이고 그것만 믿고 가면 되는데 겁먹을 것 하나 없다고 생각했습니다. 그래도 지도 교수님 연구실 문 앞에서 큰 절 올리고 돌아서는데 눈시울이 얼마나 시뻘게졌는지 모르겠습니다. 그렇게 학교를 떠났습니다. 그리고 그동안 집중적으로 공부하고 준비한 묵자라는 사상가에 대해 써내려갔습니다. 얼마 안 되어 출판사와 계약을 맺어 《묵자, 공자를 딛고 일어선 천민 사상가》를 본격적으로 쓰게 되었지요.

묵자는 사실 제 운명이었습니다. 운명이란 게 그런다면서요. 순응하면 데려가고 반항하면 끌고 간다고. 저는 그 책을 쓰지 않을 수 없었던 것 같습니다. 또 쓰지 않으면 너무 억울해서 언제일지는 몰라도 죽는 순간 눈을 못 감을 거라는 생각도 있었습니다.

노동자의 성인 묵자. 신영복 선생님께서 이렇게 말씀하셨지요, 2000년 만의 복권이라고. 청나라 때 고증학자들이 묵자의 텍스트를 찾아 정리해 주석을 달았습니다. 그것을 두고 하신 말씀입니다. 노동자의 성인이 2000년 동안 잠자고 있었습니다. 그런데 사실 지금도 복권된 건 아닙니다. 아직까지도 묵자는 철저히 비주류이자 인지도를 확보하지 못한 사상가입니다. 그의 학문과 사상은 사회의 빛과 소금으로 활용되지 못하고 있습니다.

하지만 저는 석공 일을 하시던 아버지, 친구들과 친구들의 부모님, 몸을 써서 먹고 사는 우리 조선 사람들을 생각하지 않을 수 없었습니다. 그래서 오랫동안 공부하여 책을 집필했습니다. 3개월 동안 외출 한 번 안 하면서 쓰기도 했습니다. 정말 혼신을 다했지요.

책 나왔을 때 처음에는 좋았습니다. 묵자가 노동자의 성인인데 그것을 제가 써냈습니다. 더구나 한국에서 제대로 된 묵자 책을 제 자신이 처음으로 써냈다는 자부심까지 있었습니다. 어린 시절부터 공부해온 것, 힘들게 공부한 세월, 이런 것들에 보상을 받았다는 생각도 들었습니다. 조선반도 충청도 반농반어촌에서 임건순이라는 아기가 태어난 것은 묵자 때문이었다고 생각했는데, 제가 얼마나 좋았겠습니까? 책이 나오고 일주일에서 보름 정도는 정말 좋았습니다.

그런데 어느 날 갑자기 책을 보고 이상한 느낌이 들었습니다. 집필하는 과정에 내 옆에 누가 있었는지, 그리고 책이 나온 후에 축하해주는 사람이 누가 있었는지 생각해보니, 그저 멍한 기분이 들었습니다. 야구 책을 낼 때는 야구 팬이 주변에 많아 과분할 정도로 축하받았지요. 물론 묵자 책이 나오고 나서 '고생했다', '욕보았다'라는 말 안 들은 것은 아닙니다. 하지만 이 책의 가치,

이 책이 나온 의미를 아는 분들의 축하가 없었습니다. 소위 말해 배운 사람들이 제 주변에 없었고, 대학원에서도 나온지라 주변에 철학 공부를 하는 사람이 아무도 없었습니다. 정말 충격이었습니다.

이 세상에 나 혼자인 것은 괜찮지만 자식 같은 책 옆에 아무도 없다는 건 정말 받아들이기 힘들었습니다. 힘들게 세상에 내보낸 책이 사생아라는 생각이 들었습니다. 내가 낳은 책이 사생아라니…… 아무것도 할 수 없었습니다. 책이 2013년 7월 중순쯤에 나왔는데, 8월 한 달간 대체 제가 무엇을 했는지 모르겠습니다. 먹기나 했는지 잠이나 잤는지……. '너무 힘들고 기운 없으니 눈물도 안 나오더라.' 투병 생활할 때 기억도 났습니다. '죽으려고 해도 죽어지지도 않더라.' 그런 기억만 납니다. '배우지 못한 부모 둔 촌놈은 공부하지 말란 법인가' 이런 생각도 들었습니다. 그땐 정말 그랬습니다.

그런데 언제부터인가 갑자기 정신이 들었습니다. 내 책이 사생아라는 생각이 외려 오기가 생기게 하고 어떻게든 기운 차려 일어나야겠다는 의지가 들게 했어요. 그러자 그때 공부해야 할 것들, 써야 할 것들이 눈앞에 아른거렸습니다. '그렇게 해야 저 사생아를 키울 수 있지 않을까' 하는 생각도 들었습니다. 사생아라고 세상에서 잘살지 못하라는 법은 없으니까요. 사생아를 키우는 어머니에게 보이는 처연함과 독기, 그런 게 저한테 보일지 모르지요. 아무려면 어떻습니까. 내가 지금 살아 있고 공부를 하고 있다는 게 중요했습니다.

《오기, 전국시대 신화가 된 군신 이야기》를 쓸 때는 피를 먹여가면서 썼습니다. 그 책은 인물이 너무 하드코어 하고 쓰면서 내가 가진 불행을 팔아먹어야 한다는 것을 알기에 원고 계약 전에 사실 사인을 하면서도 거부감이 많이 들었어요. 너무도 쓰고 싶었지만 너무도 쓰기 싫은 책이었습니다. 하지만 지금 생각해보니 어차피 우리들 인생살이가 그런 역설이 아닐까 싶습니다. 아무렴 어때요. 지금 내가 숨 쉬고 있고 인간이 삶을 살아가는 과정을 만들어내고 있는데.

3. 인간이 삶을 살아가는 과정

묵자, 오기, 순자. 흔히 말하는 비주류 사상가들. 사상 전통과 사상사에서 철저히 소수자의 입장에 선 사상가들에 대해 전 연구하고 그걸 바탕으로 책을 썼습니다. 역사를 만들어왔으며 역사에 지울 수 없는 흔적을 남겼고 우리가 절대 잊어서는 안 될 가치를 남긴 사람들이지만, 지배 권력이 철저히 외면하여 주류 담론에서 외면당한 그들의 학문과 사상. 어쩌면 그들의 텍스트들은 정말 모가 난 것들이지요.

저는 모가 난 사람입니다. 그래서 저런 모가 난 텍스트들을 끌어안고 살아온 것 같습니다. 모가 난 사람이 모가 난 텍스트를 바탕으로 저술하고 강의하고 그러고 삽니다. 하지만 모가 난 사람의 심장이 그렇지 않은 사람의 심장보다 더 따뜻할 수 있고, 모가 난 텍스트가 세상을 더 살기 좋게 만들 수 있으며, 모가 난 사람과 텍스트가 만났을 때 더 많은 사람의 심장을 따뜻하게 해줄 수 있습니다. 저는 감히 자부합니다. 모가 난 사람이 모가 난 텍스트를 끌어안고 많은 사람의 심장을 따뜻하게 해주기 위해 애면글면하면서 살고 있다고. 이런 인간이 살아가는 삶의 과정이 있다고.

가난했기에 그리고 비주류 학문을 공부했기에 지적 시민권을 얻을 수가 없었습니다. 하지만 제가 노력하면 영주권 정도는 받을 수 있지 않을까 허황된 기대도 합니다. 학교에서 안 주면 조선반도에 사는 고려인들이 조선 사람들이 주면 되는 것 아니겠어요? 고려와 조선이라는 역사 문화 공동체가 저를 낳아주고 길러주었습니다. 대학생을 상대로 폭리를 취하는 반교육적 도당, 패당이 저 낳아주고 키워준 것이 아니거든요. 그리고 저는 단순히 동양철학을 이야기하고 글로 쓰는 사람이 아니라, 그것을 통해 이 땅에 사는 사람들의 고단한 삶을 이야기하는 사람입니다. 그러니 전 자신합니다. 이 땅에 사는 사람들이 저에게 지적 시민권은 못 줘도 분명 영주권은 줄 것이라고. 지적 불법체류자로 내버려두진 않을 것이라고요. 인간이 삶을 살아가는 과정이 있는데, 하늘이, 사람들이 정말 외면하지 않을 것이라고 생각합니다.

건방지다고 남들이 말할지 모르겠습니다. 그러나 진짜 철학을 이야기하는 젊은 동양철학자라고 저 자신을 소개하고 다닙니다. 분명히 철학사를 써냈고 앞으로도 쓰고 싶은 욕심이 있습니다. 이 땅의 현실과 오늘을 사는 우리가 고민해야 할 문제의식을 바탕으로 철학을 한다고 생각하기에 당당하게 그렇게 말하고 다닙니다. 중국에 가면 이런다지요. 북에는 진래가 있고 남에는 양국영이 있다고. 북경대에 진래, 상해 화동사범대에 양국영이 있다는 말입니다. 언젠가 저는 세상을 향해 꼭 외칠 겁니다. 북에는 진래가 있고 남에는 양국영이 있다지만, 동에는 임건순이 있다고.

미주

1 우치야마 도시히코,《순자 교양강의》, 석하고전연구회 옮김, 돌베개, 2013.

2 우치야마 도시히코, 위의 책.

3 善爲易者不占.〈大略〉

4 夫君子之行, 靜以修身, 儉以養德. 非澹泊無以明志, 非寧靜無以致遠. 夫學須靜也, 才須學也, 非學無以廣才, 非志無以成學. 怠慢則不能勵精, 險躁則不能治性. 年與時馳, 意與歲去, 遂成枯落, 多不接世. 悲守窮廬, 將復何及. 해석은《중국은 어떻게 모략의 나라가 되었나》(유광종, 웅진지식하우스, 2012) 참고.

5 觀國之治亂臧否, 至於疆易而端已見矣. 其候徼支繚, 其竟關之政盡察, 是亂國已. 入其境, 其田疇穢, 都邑露, 是貪主已.〈富國〉

6 目欲綦色, 耳欲綦聲, 口欲綦味, 鼻欲綦臭, 心欲綦佚.〈王霸〉

7 此五綦者, 人情之所必不免也.〈王霸〉

8 養心莫善於寡欲.《孟子》〈盡心〉下

9 人之情欲寡.〈正論〉

10 우치야마 도시히코, 앞의 책.

11 學至乎沒而後止也.〈勸學〉

12 弟子勉學, 天不忘也. 聖人共手, 時幾將矣.〈賦〉

13 子曰, 吾自衛反魯, 然後樂正, 雅頌各得其所.《論語》〈子罕〉

14 우치야마 도시히코, 앞의 책.

15 우치야마 도시히코, 앞의 책.

16 冉有曰, 夫子爲衛君乎? 子貢曰, 諾. 吾將問之. 入, 曰, 伯夷, 叔齊何人也? 曰, 古之賢人也. 曰, 怨乎? 曰, 求仁而得仁, 又何怨. 出, 曰, 夫子不爲也.《論語》〈述而〉

17 彊本而節用 則天不能貧, 養備而動時 則天不能病, 脩道而不貳 則天不能禍.〈天論〉

18 天道遠 人道邇.《春秋左傳》

19 人能弘道, 非道弘人.《論語》〈衛靈公〉

20 鳥獸不可與同群.《論語》〈微子〉

21 所志於天者, 已其見象之可以期者矣. 所志於地者, 已其見宜之可以息者矣. 所志於四時者, 已其見數之可以事者矣. 所志於陰陽者, 已其見和之可以治者矣. 官人守天, 而自爲守道也.〈天論〉

22 故人之命在天, 國之命在禮.〈强國〉,〈天論〉

23 君子敬其在己者, 而不慕其在天者, 是以日進也.〈天論〉

24 老老而壯者歸焉, 不窮窮而通者積焉, 行乎冥冥而施乎無報而賢不肖一焉. 人有此三行, 雖有大過, 天其不遂乎.〈修身〉

25 君子大心則敬天而道, 小心則畏義而節.〈不苟〉

26 天不言而人推高焉, 地不言而人推厚焉, 四時不言而百姓期焉.〈不苟〉

27 有强執有命以說議曰, 壽夭貧富, 安危治亂, 固有天命, 不可損益. 窮達賞罰幸否有極, 人之知力, 不能爲焉. 群吏信之, 則怠於分職. 庶人信之, 則怠於從事. 吏1不治則亂, 農事緩則貧, 貧且亂政之本.《墨子》〈非儒〉

28 道之將行也與? 命也. 道之將廢也與.《論語》〈憲問〉

29 相(人)古之人無有也, 學者不道也. 古者有姑布子卿, 今之世, 梁有唐擧, 相人之形狀顏色而知其吉凶妖祥, 世俗稱之. 古之人無有也, 學者不道也. 故相形不如論心, 論心不如擇術. 形不勝心, 心不勝術.〈非相〉

30 學而時習之 不亦說乎.《論語》〈學而〉

31 子夏曰, 賢賢易色 事父母 能竭其力 事君 能致其身 與朋友交 言而有信 雖曰未學 吾必謂之學矣.《論語》〈學而〉7章

32 君子曰, 學不可以已.〈勸學〉

33 君子曰, 學不可以已. 青, 取之於藍, 而青於藍. 冰, 水爲之, 而寒於水.〈勸學〉

34 故木受繩則直, 金就礪則利, 君子博學而日參省乎己, 則知明而行無過矣.〈勸學〉

35 然而塗之人也, 皆有可以知仁義法正之質, 皆有可以能仁義法正之具, 然則其可以爲禹明矣.〈性惡〉

36 子曰, 仁遠乎哉 我欲仁 斯仁 至矣.《論語》〈述而〉29章

37 材性知能, 君子小人一也.〈榮辱〉

38 子曰, 性相近也 習相遠也.《論語》〈陽貨〉2章

39 吾嘗終日而思矣, 不如須臾之所學也. 吾嘗跂而望矣, 不如登高之博見也. 登高而招, 臂非加長也, 而見者遠. 順風而呼, 聲非加疾也, 而聞者彰. 假輿馬者, 非利足也, 而致千里. 假舟楫者, 非能水也, 而絶江河. 君子生非異也, 善假於物也.〈勸學〉

40 子曰, 吾嘗終日不食 終夜不寢 以思, 無益 不如學也.《論語》〈衛靈公〉

41 蓬生麻中, 不扶而直. 白沙在涅, 與之俱黑. 蘭槐之根是爲芷, 其漸之滫, 君子不近, 庶人不服. 其質非不美也, 所漸者然也. 故君子居必擇鄕, 遊必就士, 所以防邪辟而近中正也.〈勸學〉

42 里仁 爲美 擇不處仁 焉得知.《論語》〈里仁〉1章

43 學莫便乎近其人. 禮樂法而不說, 詩書故而不切, 春秋約而不速. 方其人之習君子之說, 則尊以遍矣, 周於世矣. 故曰, 學莫便乎近其人.〈勸學〉

44 不道禮憲, 以詩, 書爲之, 譬之猶以指測河也, 以戈(春)〔舂〕黍也, 以錐口壺也, 不可以得之矣. 故隆禮, 雖未明, 法士也. 不隆禮, 雖察辯, 散儒也.〈勸學〉

45 聞見雜博, 案往舊造說.〈非十二子〉

46 不積跬步, 無以致千里. 不積小流, 無以成江海. 騏驥一躍, 不能十步. 駑馬十駕, 功在不舍. 鍥而舍之, 朽木不折. 鍥而不舍, 金石可鏤.〈勸學〉

47 行衢道者不至, 事兩君者不容. 目不能兩視而明, 耳不能兩聽而聰.〈勸學〉

48 淑人君子, 其儀一兮. 其儀一兮, 心如結兮.《詩經》

49 瓠巴鼓瑟, 而流魚出聽. 伯牙鼓琴, 而六馬仰秣.〈勸學〉

50 耕也, 餒在其中矣. 學也, 祿在其中矣. 君子憂道不憂貧.《論語》〈衛靈公〉

51 我欲賤而貴, 愚而智, 貧而富, 可乎 曰, 其唯學乎.〈儒效〉

52 故學曰遲. 彼止而待我, 我行而就之, 則亦或遲, 或速, 或先, 或後, 胡爲乎其不可以同至也.〈修身〉

53 彼人之才性之相縣也, 豈若跛鱉之與六驥足哉? 然而跛鱉致之, 六驥不致, 是無他故焉, 或爲之, 或不爲爾. 道雖邇, 不行不至. 事雖小, 不爲不成. 其爲人也多暇日者, 其出入 人不遠矣.〈勸學〉

54 玉在山而草木潤, 淵生珠而崖不枯.〈勸學〉

55 子欲居九夷. 或曰, 陋, 如之何! 子曰, 君子居之, 何陋之有?《論語》〈子罕〉

56 우치야마 도시히코, 앞의 책.

57 凡性者, 天之就也, 不可學, 不可事.〈性惡〉

58 可學而能, 可事而成之在人者, 謂之僞.〈性惡〉

59 散名之在人者. 生之所以然者謂之性. 性之和所生, 精合感應, 不事而自然謂之性.〈正名〉

60 凡古今天下之所謂善者, 正理平治也. 所謂惡者, 偏險悖亂也. 是善惡之分也已.〈性惡〉

61 人之性惡, 其善者僞也. 今人之性, 生而有好利焉, 順是, 故爭奪生而辭讓亡焉. 生而有疾惡焉, 順是, 故殘賊生而忠信亡焉. 生而有耳目之欲, 有好聲色焉, 順是, 故淫亂生而禮義文理亡焉. 然則從人之性, 順人之情, 必出於爭奪, 合於犯分亂理, 而歸於暴. 故必將有師法之化, 禮義之道, 然後出於辭讓, 合於文理, 而歸於治. 用此觀之, 然則人之性惡明矣, 其善者僞也.〈性惡〉

62 天下害生縱欲. 欲惡同物, 欲多而物寡, 寡則必爭矣.《富國》

63 枸木必將待檃栝, 烝矯然後直. 鈍金必將待礱厲然後利.〈性惡〉

64 今塗之人者, 皆內可以知父子之義, 外可以知君臣之正, 然則其可以知之質, 可以能之具, 其在塗之人明矣. 今使塗之人者, 以其可以知之質, 可以能之具, 本夫仁義之可知之理可能之具, 然則其可以爲禹明矣.〈性惡〉

65 凡禮義者, 是生於聖人之僞, 非故生於人之性也. 故陶人埏埴而爲器, 然則器生於陶人之僞, 非故生於人之性也. 故工人斲木而成器, 然則器生於工人之僞, 非故生於人之性也. 聖人積思慮, 習僞故, 以生禮義而起法度, 然則禮義法度者, 是生於聖人之僞, 非故生於人之性也.〈性惡〉

66 子墨子言見染絲者而嘆曰, 染於蒼則蒼, 染於黃則黃 所入者變, 其色亦變, 五入必而已則爲五色矣, 故染不可不愼也.《墨子》〈所染〉

67 凡人之欲爲善者, 爲性惡也. 夫薄願厚, 惡願美, 狹願廣, 貧願富, 賤願貴, 苟無之中者, 必求於外. 故富而不願財, 貴而不願埶, 苟有之中者, 必不及於外. 用此觀之, 人之欲爲善者, 爲性惡也. 今人之性, 固無禮義, 故彊學而求有之也.〈性惡〉

68 力不若牛, 走不若馬, 而牛馬爲用, 何也? 曰, 人能群, 彼不能群也.〈王制〉

69 曾子曰 吾日三省吾身 爲人謀而不忠乎 與朋友交而不信乎 傳不習乎.《論語》〈學而〉4章

70 學而時習之 不亦說乎.《論語》

71 禮起於何也? 曰, 人生而有欲, 欲而不得, 則不能無求. 求而無度量分界, 則不能不爭. 爭則亂, 亂則窮. 先王惡其亂也, 故制禮義以分之, 以養人之欲, 給人之求. 使欲必不窮乎物, 物必不屈於欲. 兩者相持而長, 是禮之所起也.〈禮論〉

72 故禮者, 養也. 芻豢稻粱, 五味調香, 所以養口也, 椒蘭芬苾, 所以養鼻也, 雕琢刻鏤黼黻文章, 所以養目也, 鐘鼓管磬琴瑟竽笙, 所以養耳也, 疏房檖貌越席床第几筵, 所以養體也, 故禮者, 養也.〈禮論〉

73 凡生乎天地之間者, 有血氣之屬必有知, 有知之屬莫不愛其類. 今夫大鳥獸則失亡其群匹, 越月踰時, 則必反鉛. 過故鄉, 則必徘徊焉, 鳴號焉, 躑躅焉, 踟躕焉, 然後能去之也. 小者是燕爵, 猶有啁噍之頃焉, 然後能去之. 故有血氣之屬莫知於人, 故人之於其親也, 至死無窮.〈禮論〉

74 曾子曰 愼終追遠 民德 歸厚矣.《論語》〈學而〉9章

75 子曰, 關雎, 樂而不淫, 哀而不傷.《論語》〈八佾〉

76 興於詩 立於禮 成於樂.《論語》〈泰伯〉8章

77 이수태,《새번역 논어》, 바오, 2014.

78 夫樂者, 樂也, 人情之所必不免也. 故人不能無樂, 樂則必發於聲音, 形於動靜. 而人之道, 聲音動靜, 性術之變盡是矣. 故人不能不樂, 樂則不能無形, 形而不爲道, 則不能無亂. 先王惡其亂也, 故制雅頌之聲以道之, 使其聲足以樂而不流, 使其文足以辨而不諰, 使其曲直繁省廉肉節奏, 足以感動人之善心, 使夫邪汙之氣無由得接焉. 是先王立樂之方也, 而墨子非之奈何.〈樂論〉

79 故樂在宗廟之中, 君臣上下同聽之, 則莫不和敬. 閨門之內, 父子兄弟同聽之, 則莫不和親. 鄉里族長之中, 長少同聽之, 則莫不和順.〈樂論〉

80 夫聲樂之入人也深, 其化人也速, 故先王謹爲之文. 樂中平則民和而不流, 樂肅莊則民齊而不亂. 民和齊則兵勁城固, 敵國不敢嬰也.〈樂論〉

81 子曰 禮云禮云 玉帛云乎哉 樂云樂云 鐘鼓云乎哉.《論語》〈陽貨〉11章

82 子游 問孝 子曰 今之孝者 是謂能養 至於犬馬 皆能有養 不敬 何以別乎.《論語》〈爲政〉7章

83 子曰 居上不寬 爲禮不敬 臨喪不哀 吾何以觀之哉.《論語》〈八佾〉26章

84 大饗, 尙玄尊, 俎生魚, 先大羹, 貴食飮之本也. 饗, 尙玄尊而用酒醴, 先黍稷而飯稻粱. 祭, 齊大羹而飽庶羞, 貴本而親用也. 貴本之謂文, 親用之謂理, 兩者合而成文, 以歸大一, 夫是之謂大隆.〈禮論〉

85 禮者, 治辨之極也, 强固之本也, 威行之道也, 功名之總也, 王公由之所以得天下也, 不由所以隕社稷也.〈議兵〉

86 顏淵問仁. 子曰, 克己復禮爲仁. 一日克己復禮, 天下歸仁焉. 爲仁由己, 而由人乎哉?《論語》〈顏淵〉

87 百姓曉然皆知夫爲善於家, 而取賞於朝也. 爲不善於幽, 而蒙刑於顯也. 夫是之謂定論. 是王者之論也. 〈王制〉

88 治之經, 禮與刑, 君子以脩百姓寧. 明德慎罰, 國家既治四海平. 〈成相〉

89 臨事接民而以義變應, 寬裕而多容, 恭敬而先之, 政之始也, 然後中和察斷以輔之, 政之隆也, 然後進退誅賞之, 政之終也. 故一年與之始, 三年與之終. 用其終爲始, 則政令不行而上下怨疾, 亂所以自作也. 〈致士〉

90 請問爲國? 曰聞修身, 未嘗聞爲國也. 〈君道〉

91 君者, 民之原也, 原淸則流淸, 原濁則流濁. 故有社稷者而不能愛民, 不能利民, 而求民之親愛己, 不可得也. 〈君道〉

92 人主不可以獨也. 卿相輔佐, 人主之基杖也, 不可不早具也. 人主必將有卿相輔佐足任者然後可, 其德音足以塡撫百姓, 其知慮足以應待萬變然後可, 夫是之謂國具. 〈王霸〉

93 彼國錯者, 非封焉之謂也, 何法之道, 誰子之與也. 〈王霸〉

94 彊固榮辱在於取相矣! 身能, 相能, 如是者王. 身不能, 知恐懼而求能者, 如是者彊. 身不能, 不知恐懼而求能者, 安唯便僻左右親比己者之用 如是者危削, 綦之而亡. 〈王霸〉

95 子曰, 無爲而治者, 其舜也與? 夫何爲哉, 恭己正南面而已矣.《論語》〈衛靈公〉

96 子曰, 爲政以德, 譬如北辰, 居其所而眾星共之.《論語》〈爲政〉

97 大有天下, 小有一國, 必自爲之然後可, 則勞苦耗頓莫甚焉, 如是, 則雖臧獲不肯與天子易蓺業. 以是縣天下, 一四海, 何故必自爲之? 爲之者, 役夫之道也, 墨子之說也. 〈王霸〉

98 天之生民, 非爲君也. 天之立君, 以爲民也. 〈大略〉

99 君者, 舟也, 庶人者, 水也. 水則載舟, 水則覆舟. 〈王制〉

100 不利而利之, 不如利而後利之之利也. 不愛而用之, 不如愛而後用之之功也. 利而後利之, 不如利而不利者之利也. 愛而後用之, 不如愛而不用者之功也. 〈富國〉

101 馬駭輿, 則君子不安輿. 庶人駭政, 則君子不安位. 馬駭輿, 則莫若靜之. 庶人駭政, 則莫若惠之. 〈王制〉

102 時其事, 輕其任, 以調齊之, 潢然兼覆之, 養長之, 如保赤子. 生民則致寬, 使民則綦理, 辯政令制度, 所以接天下之人百姓, 有非理者如豪末, 則雖孤獨鰥寡, 必不加焉. 〈王霸〉

103 川淵者, 魚龍之居也, 山林, 鳥獸之居也, 國家者, 士民之居也. 川淵枯, 則魚龍去之, 山林險, 則鳥獸去之, 國家失政, 則士民去之. 〈致士〉

104 川淵深而魚鱉歸之, 山林茂而禽獸歸之, 刑政平而百姓歸之, 禮義備而君子歸之. 〈致士〉

105 人之生固小人, 無師無法則唯利之見耳. 人之生固小人, 又以遇亂世, 得亂俗, 是以小重小也, 以亂得亂也. 〈榮辱〉

106 螾無爪牙之利, 筋骨之强, 上食埃土, 下飲黃泉, 用心一也. 6 蟹八跪而二螯, 非蛇蟺之穴, 無可寄託者, 用心躁也. 是故無冥冥之志者, 無昭昭之明, 無惛惛之事者, 無赫赫之功, 行衢道者不至, 事兩君者不容, 目

不能兩視而明, 耳不兩聽而聰.〈勸學〉

107 君子養心莫善於誠, 致誠則無它事矣. 唯仁之爲守, 唯義之爲行. 誠心守仁則形, 形則神, 神則能化矣.〈不苟〉

108 善之爲道者, 不誠則不獨, 不獨則不形, 不形則雖作於心, 見於色, 出於言, 民猶若未從也, 雖從必疑. 天地爲大矣, 不誠則不能化萬物, 聖人爲知矣, 不誠則不能化萬民, 父子爲親矣, 不誠則疏, 君上爲尊矣, 不誠則卑. 夫誠者, 君子之所守也, 而政事之本也.〈不苟〉

109 惟天下至誠이야 爲能盡其性이니, 能盡其性이면 則能盡人之性이요, 能盡人之性이면 則能盡物之性이다. 能盡物之이면 性則可以贊天地之化育이요, 可以贊天地之化育이면 則可以與天地參矣이니라.《中庸》22章

110 其次는 致曲이니, 曲能하면 有誠하고, 誠하면 則形하고, 形하면 則著이고, 著하면 則明할 것이다. 明하면 則動하고, 動하면 則變하고, 變하면 則化이니 唯天下至誠 爲能化이니라.《中庸》23章

111 天地者, 生之始也, 禮義者, 治之始也, 君子者, 禮義之始也. 爲之, 貫之, 積重之, 致好之者, 君子之始也. 故天地生君子, 君子理天地, 君子者, 天地之參也, 萬物之總也, 民之父母也. 無君子, 則天地不理, 禮義無統, 上無君師, 下無父子, 夫是之謂至亂.〈王制〉

112 無土則人不安居, 無人則土不守, 無道法則人不至, 無君子則道不擧.故土之與人也, 道之與法也者, 國家之本作也, 君子也者, 道法之摠要也, 不可少頃曠也.〈致士〉

113 得之則治, 失之則亂, 得之則安, 失之則危, 得之則存, 失之則亡. 故有良法而亂者有之矣, 有君子而亂者, 自古及今, 未嘗聞也.〈致士〉

114 賢能不待次而擧, 罷不能不待須而廢, 元惡不待教而誅, 中庸不待政而化. 分未定也, 則有昭繆. 雖王公士大夫之子孫也.〈王制〉

115 君子貧窮而志廣, 富貴而體恭, 安燕而血氣不惰, 勞勤而容貌不枯, 怒不過奪, 喜不過予. 君子貧窮而志廣, 隆仁也. 富貴而體恭, 殺執也. 安燕而血氣不衰, 柬理也. 勞勤而容貌不枯, 好交也. 怒不過奪, 喜不過予, 是法勝私也.〈修身〉

116 故君子之度己則以繩, 接人則用抴. 度己以繩, 故足以爲天下法則矣. 接人用抴, 故能寬容, 因求以成天下之大事矣〈非相〉

117 凡人莫不好言其所善, 而君子爲甚. 故贈人以言, 重於金石珠玉. 觀人以言, 美於黼黻文章. 聽人以言, 樂於鐘鼓琴瑟. 故君子之於言無厭.〈非相〉

118 能以事親謂之孝, 能以事兄謂之弟, 能以事上謂之順, 能以使下謂之君. 君者善羣也.〈王制〉

119 道者, 何也? 曰, 君之所1道也. 君者, 何也? 曰, 能群也. 能群也者, 何也? 曰, 善生養人者也, 善班治人者也, 善顯設人者也, 善藩飾人者也.〈君道〉

120 有治人 有治法.〈君道〉

121 故人主欲彊固安樂, 則莫若反之民. 欲附下一民, 則莫若反之政. 欲脩政美俗, 則莫若求其.〈君道〉

122 上者下之師也, 夫下之和上, 譬之猶響之應聲, 影之像形也.〈强國〉

123 至治之極 復後王.〈成相〉

124 聖王有百, 吾孰法焉? 故曰, 文久而滅, 節族久而絕, 守法數之有司, 極禮而褫. 故曰, 欲觀聖王之跡, 則於其粲然者矣. 後王是也. 彼後王者, 天下之君也, 舍後王而道上古, 譬之是猶舍己之君, 而事人之君也. 故曰, 欲觀千歲, 則數今日. 欲知億萬, 則審一二. 欲知上世, 則審周道. 欲審周道, 則審其人所貴君子. 故曰, 以近知遠, 以一知萬, 以微知明, 此之謂也.〈非相〉

125 王者之制. 道不過三代, 法不二後王. 道過三代謂之蕩, 法二後王謂之不雅.〈王制〉

126 子曰, 參乎! 吾道一以貫之. 曾子曰, 唯. 子出. 門人問曰, 何謂也? 曾子曰, 夫子之道, 忠恕而已矣.《論語》〈里仁〉15章

127 子曰, 由! 誨女知之乎? 知之爲知之, 不知爲不知, 是知也.《論語》〈爲政〉17章

128 孔子曰, 周公其盛乎! 身貴而愈恭, 家富而愈儉, 勝敵而愈戒.〈儒效〉

129 以力假仁者霸, 霸必有大國, 以德行仁者王, 王不待大. 湯以七十里, 文王以百里. 以力服人者, 非心服也, 力不贍也. 以德服人者, 中心悅而誠服也, 如七十子之服孔子也.《孟子》〈公孫丑〉上

130 應侯問孫卿子曰, 入秦何見. 孫卿子曰, 其固塞險, 形埶便, 山林川谷美, 天材之利多, 是形勝也. 入境, 觀其風俗, 其百姓樸, 其聲樂不流汙, 其服不挑, 甚畏有司而順, 古之民也. 及都邑官府, 其百吏肅然, 莫不恭儉敦敬忠信而不楛, 古之吏也. 入其國, 觀其士大夫, 出於其門, 入於公門, 出於公門, 歸於其家, 無有私事也, 不比周, 不朋黨, 倜然莫不明通而公也, 古之士大夫也. 觀其朝廷, 其朝閒, 聽決百事不留, 恬然如無治者, 古之朝也. 故四世有勝, 非幸也, 數也. 是所見也. 故曰, 佚而治, 約而詳, 不煩而功, 治之至也. 秦類之矣.〈強國〉

131 雖然, 則有其諰矣. 兼之數具者而盡有之, 然而縣之以王者之功名, 則倜倜然其不及遠矣. 是何也?則其殆無儒邪? 故曰, 粹而王, 駁而霸, 無一焉而亡. 此亦秦之所短也.〈強國〉

132 李斯問孫卿子曰, 秦四世有勝, 兵強海內, 威行諸侯, 非以仁義爲之也, 以便從事而已.〈議兵〉

133 孫卿子曰, 非汝所知也! 汝所謂便者, 不便之便也. 吾所謂仁義者, 大便之便也. 彼仁義者, 所以脩政者也. 政脩則民親其上, 樂其君, 而輕爲之死. 故曰, 凡在於軍, 將率末事也. 秦四世有勝, 諰諰然常恐天下之一合而軋己也, 此所謂末世之兵, 未有本統也.〈議兵〉

134 故國者, 重任也, 不以積持之則不立.〈王霸〉

135 北海則有走馬吠犬焉, 然而中國得而畜使之. 南海則有羽翮, 齒革, 曾青, 丹干焉, 然而中國得而財之. 東海則有紫紶, 魚鹽焉, 然而中國得而衣食之. 西海則有皮革, 文旄焉, 然而中國得而用之.〈王制〉

136 力不若牛, 走不若馬, 而牛馬爲用, 何也? 曰, 人能群, 彼不能群也. 人何以能群? 曰, 分.〈王制〉

137 群而無分則爭, 爭則亂, 亂則窮矣. 故無分者, 人之大害也. 有分者, 天下之本利也.〈富國〉

138 水火有氣而無生, 草木有生而無知, 禽獸有知而無義, 人有氣, 有生, 有知, 亦且有義, 故最爲天下貴也.〈王制〉

139 夫貴爲天子, 富有天下, 是人情之所同欲也. 然則從人之欲, 則埶不能容, 物不能贍也. 故先王案爲之制禮義以分之, 使有貴賤之等, 長幼之差, 知愚能不能之分, 皆使人載其事, 而各得其宜, 然後使穀祿多少厚薄

之稱, 是夫群居和一之道也. 〈榮辱〉

140 古者先王分割而等異之也, 故使或美, 或惡, 或厚, 或薄, 或佚或樂, 或劬或勞, 非特以爲淫泰夸麗之聲, 將以明仁之文, 通仁之順也. 〈富國〉

141 故爲之雕琢, 刻鏤, 黼黻文章, 使足以辨貴賤而已, 不求其觀 ……. 爲之宮室, 臺榭, 使足以避燥溼, 養德, 辨輕重而已, 不求其外. 〈富國〉

142 故仁人在上, 則農以力盡田, 賈以察盡財, 百工以巧盡械器, 士大夫以上至於公侯, 莫不以仁厚知能盡官職. 夫是之謂至平. 故或祿天下, 而不自以爲多, 或監門御旅, 抱關擊柝, 而不自以爲寡. 故曰, 斬而齊, 枉而順, 不同而一. 夫是之謂人倫. 〈榮辱〉

143 孟子曰, 仁, 人心也. 義, 人路也. 舍其路而弗由, 放其心而不知求, 哀哉! 人有雞犬放, 則知求之. 有放心, 而不知求. 學問之道無他, 求其放心而已矣. 《孟子》〈告子〉上

144 學之經莫速乎好其人, 隆禮次之. 上不能好其人, 下不能隆禮, 安特將學雜識志, 順詩書而已耳. 則末世窮年, 不免爲陋儒而已. 〈勸學〉

145 故隆禮, 雖未明, 法士也. 不隆禮, 雖察辯, 散儒也. 〈勸學〉

146 夫薄願厚, 惡願美, 狹願廣, 貧願富, 賤願貴, 苟無之中者, 必求於外. 故富而不願財, 貴而不願埶, 苟有之中者, 必不及於外. 〈性惡〉

147 雨雪瀌瀌, 宴然聿消, 莫肯下隆, 式居屢驕.《詩經 小雅》〈角弓〉

148 《書》曰, 惟文王敬忌, 一人以擇. 〈君道〉

149 《詩》曰, 溫溫恭人, 維德之基. 〈君道〉

150 備而不矜, 一自善也, 謂之聖. 不矜矣, 夫故天下不與爭能, 而致善用其功. 有而不有也, 夫故爲天下貴矣. 〈君子〉

151 致誠則無它事矣. 〈不苟〉

152 使目非是無欲見也, 使耳非是無欲聞也, 使口非是無欲言也, 使心非是無欲慮也. 〈勸學〉

153 勿視, 非禮勿聽, 非禮勿言, 非禮勿動.《論語》〈顏淵〉1章

154 君法明, 論有常, 表儀既設民知方. 進退有律, 莫得貴賤, 孰私王. 〈成相〉

155 君法儀, 禁不爲, 莫不說教名不移. 脩之者榮, 離之者辱, 孰它師. 〈成相〉

156 盡其心者, 知其性也. 知其性, 則知天矣. 存其心.《孟子》〈盡心〉上

157 孟子曰, 「盡其心者, 知其性也. 知其性, 則知天矣. 存其心, 養其性, 所以事天也. 殀壽不貳, 修身以俟之, 所以立命也.《孟子》〈盡心〉上

158 莫非命也, 順受其正. 是故知命者, 不立乎巖牆之下. 盡其道而死者, 正命也. 桎梏死者, 非正命也.《孟子》〈盡心〉上

159 順天者存, 逆天者亡.《孟子》〈離婁〉上

160 大天而思之, 孰與物畜而制之! 從天而頌之, 孰與制天命而用之! 望時而待之, 孰與應時而使之. 〈天論〉

161 因物而多之，孰與騁能而化之！思物而物之，孰與理物而勿失之也！願於物之所以生，孰與有物之所以成.〈天論〉

162 所志於天者，已其見象之可以期者矣.所志於地者，已其見宜之可以息者矣.所志於四時者，已其見數之可以事者矣.所志於陰陽者，已其見和之可以治者矣.〈天論〉

163 上明而政平，則是雖並世起，無傷也.上闇而政險，則是雖無一至者，無益也.夫星之隊，木之鳴，是天地之變，陰陽之化，物之罕至者也.怪之，可也.而畏之，非也.〈天論〉

164 物之已至者，人祆則可畏也.楛耕傷稼，耘耨失薉，政險失民，田薉稼惡，糴貴民饑，道路有死人.夫是之謂人祆.政令不明，舉錯不時，本事不理.夫是之謂人祆.〈天論〉

165 孟子曰，養心莫善於寡欲.其爲人也寡欲，雖有不存焉者，寡矣.其爲人也多欲，雖有存焉者，寡矣.《孟子》〈盡心章句〉下

166 公都子問曰，鈞是人也，或爲大人，或爲小人，何也? 打開字典顯示相似段落顯示更多訊息 孟子曰，從其大體爲大人，從其小體爲小人.打開字典顯示相似段落顯示更多訊息 曰，鈞是人也，或從其大體，或從其小體，何也? 打開字典顯示更多訊息 曰，耳目之官不思，而蔽於物，物交物，則引之而已矣.心之官則思，思則得之，不思則不得也.此天之所與我者，先立乎其大者，則其小者弗能奪也.此爲大人而已矣.《孟子》〈告子〉上

167 心之官則思，思則得之，不思則不得也.《孟子》〈告子〉上

168 孟子見梁惠王.王曰，叟不遠千里而來，亦將有以利吾國乎? 打開字典顯示相似段落顯示更多訊息 孟子對曰，王何必曰利? 亦有仁義而已矣.王曰 何以利吾國? 大夫曰 何以利吾家? 士庶人曰 何以利吾身? 上下交征利而國危矣.萬乘之國弒其君者，必千乘之家.千乘之國弒其君者，必百乘之家.萬取千焉，千取百焉，不爲不多矣.苟爲後義而先利，不奪不饜.未有仁而遺其親者也，未有義而後其君者也.王亦曰仁義而已矣，何必曰利?《孟子》〈梁惠王〉上

169 凡治氣養心之術，莫徑由禮，莫要得師，莫神一好.〈修身〉

170 良農不爲水旱不耕，良賈不爲折閱不市，士君子不爲貧窮怠乎道.〈修身〉

171 故好書者眾矣，而倉頡獨傳者，壹也.好稼者眾矣，而后稷獨傳者，壹也.好樂者眾矣，而夔獨傳者，壹也.好義者眾矣，而舜獨傳者，壹也……自古及今，未嘗有兩而能精者也.〈解蔽〉

172 是是非非謂之智，非是是非謂之愚.傷良曰讒，害良曰賊.是謂是，非謂非曰直.竊貨曰盜.〈修身〉

173 故人心譬如槃水.〈解蔽〉

174 其爲氣也，至大至剛，以直養而無害，則塞于天地之閒.其爲氣也，配義與道.無是，餒也.是集義所生者，非義襲而取之也.行有不慊於心，則餒矣.《孟子》〈公孫丑〉上

175 散名之在人者，生之所以然者謂之性.性之和所生，精合感應，不事而自然謂之性.〈正名〉

176 水至平，端不傾，心術如此象聖人.〈成相〉

177 故人心譬如槃水，正錯而勿動，則湛濁在下，而清明在上，則足以見鬚眉而察理矣.微風過之，湛濁動乎下，清明亂於上，則不可以得大形之正也.〈解蔽〉

178 四端發於理 七情發於氣. 김기현,《조선조를 뒤흔든 논쟁》(상·하), 길, 2000. 참조.

179 四端理之發 七情氣之發. 김기현, 위의 책 참조.

180 四端理發而氣隨之七情氣發而理乘之. 김기현, 위의 책 참조.

181 性者, 理氣之合也.《栗谷全書》卷10〈答成浩原〉

182 정원재,〈지각설에 입각한 이이 철학의 해석〉, 서울대학교 대학원 박사 학위 논문, 2001. 참조.

183 喜怒哀樂之未發, 謂之中. 發而皆中節, 謂之和.《中庸》1章

184 《答安應休》의 구절. 정원재, 위의 논문 참조.

185 《語錄》의 구절. 정원재, 위의 논문 참조.

186 《聖學輯要》의 구절. 정원재, 위의 논문 참조.

187 情動然後情計較者爲意.《雜記》

188 意者 緣情計較者也.《答安應休》

189 發出底是情商量底視意.《聖學輯要》

190 顔淵問仁. 子曰, 克己復禮爲仁. 一日克己復禮, 天下歸仁焉. 爲仁由己, 而由人乎哉? 顔淵曰, 請問其目. 子曰, 非禮勿視, 非禮勿聽, 非禮勿言, 非禮勿動. 顔淵曰, 回雖不敏, 請事斯語矣.《論語》〈顔淵〉1章

191 以公義勝私欲.〈修身〉

192 行而供冀, 非漬淖也. 行而俯項, 非擊戾也. 偶視而先俯, 非恐懼也. 然夫士欲獨修其身, 不以得罪於比俗之人也.〈修身〉

193 曾子有疾, 召門弟子曰, 啟予足! 啟予手! 詩云, 戰戰兢兢, 如臨深淵, 如履薄冰. 而今而後, 吾知免夫! 小子!《論語》〈泰伯〉

194 子曰, 恭而無禮則勞, 愼而無禮則葸, 勇而無禮則亂, 直而無禮則絞.《論語》〈泰伯〉

195 人而無信, 不知其可也. 大車無輗, 小車無軏, 其何以行之哉.《論語》〈爲政〉

196 道經曰, 人心之危 道心之微.〈解弊〉

197 民有三患, 飢者不得食, 寒者不得衣, 勞者不得息, 三者民之巨患也.《墨子》〈非樂〉上

198 方今之時, 復古之民始生, 未有正長之時, 蓋其語曰, 天下之人異義. 是以一人一義, 十人十義, 百人百義, 其人數茲衆, 其所謂義者亦茲衆. 是以人是其義, 而非人之義, 故相交非也. 內之父子兄弟作怨讎, 皆有離散之心, 不能相和合. 至乎舍餘力不以相勞, 隱匿良道不以相敎, 腐臭餘財不以相分, 天下之亂也, 至如禽獸然.《墨子》〈上同〉

199 禮起於何也? 曰, 人生而有欲, 欲而不得, 則不能無求. 求而無度量分界, 則不能不爭. 爭則亂, 亂則窮. 先王惡其亂也, 故制禮義以分之.〈禮論〉

200 子墨子言見染絲者而歎曰, 染於蒼則蒼, 染於黃則黃. 所入者變, 其色亦變. 五入必而已, 則爲五色矣. 故染不可不愼也.《墨子》〈所染〉

201 兼而覆之, 兼而愛之, 兼而制. 〈富國〉

202 以人助天. 《莊子》〈大宗師〉

203 浸假而化予之左臂以爲雞, 予因以求時夜. 浸假而化予之右臂以爲彈, 予因以求鴞炙. 浸假而化予之尻以爲輪, 以神爲馬, 予因以乘之. 《莊子》〈大宗師〉

204 名者, 實之賓也. 《莊子》〈逍遙遊〉

205 道行之而成. 《莊子》〈齊物論〉

206 大學之道, 在明明德, 在新民, 在止於至善. 《大學》1章

207 知止而後有定, 定而後能靜, 靜而後能安, 安而後能慮, 慮而後能得. 《大學》2章

208 物有本末, 事有終始, 知所先後, 則近道矣. 《大學》3章

209 古之欲明明德於天下者, 先治其國. 欲治其國者, 先齊其家. 欲齊其家者, 先修其身. 欲修其身者, 先正其心. 欲正其心者, 先誠其意. 欲誠其意者, 先致其知, 致知在格物. 《大學》4章

210 苟日新, 日日新, 又日新. 《大學》

211 造次必於是, 顛沛必於是. 《論語》〈里仁〉

212 穆穆文王, 於緝熙敬止! 爲人君, 止於仁. 爲人臣, 止於敬. 爲人子, 止於孝. 爲人父, 止於慈. 與國人交, 止於信. 《大學》傳3章

213 所謂誠其意者, 毋自欺也. 《大學》傳6章

214 故君子必慎其獨. 《大學》傳6章

215 道也者, 不可須臾離也, 可離非道也. 《中庸》2章

216 君子養心莫善於誠, 致誠則無它事矣. 唯仁之爲守, 唯義之爲行. 誠心守仁則形, 形則神, 神則能化矣. 誠心行義則理, 理則明, 明則能變矣. 變化代興, 謂之天德. 〈不苟〉

217 君子至德, 嘿然而喻, 未施而親, 不怒而威. 夫此順命, 以慎其獨者也. 善之爲道者, 不誠則不獨, 不獨則不形, 不形則雖作於心, 見於色, 出於言, 民猶若未從也. 雖從必疑. 〈不苟〉

금희경, 〈순자 철학에서 도덕의 근거와 天論에 관한 연구〉, 서울대학교 대학원 석사 학위 논문, 2004.

김근, 《예란 무엇인가―SNS 세대를 이해하기 위한 창》, 서강대학교 출판부, 2012.

김기현, 《조선조를 뒤흔든 논쟁》(상·하), 길, 2000.

김승혜, 《유교의 뿌리를 찾아서―논어, 맹자, 순자에 대한 해석학적 접근》, 지식의 풍경, 2001.

김철신, 〈공손룡과 후기 묵가의 정명론 비교 연구〉, 《동서비교문학저널》 10호, 한국동서비교문학학회, 2004. 봄·여름.

_____ , 〈후기묵가의 "이명거실以名擧實" 고찰〉, 《동양철학》 제21집, 한국동양철학회, 2004.

김학주 옮김, 《순자》, 을유문화사, 2001.

모로하시 데쓰지, 《중국 고전 명언 사전》, 김동민·원용준 옮김, 솔출판사, 2004.

박원재, 《유학은 어떻게 현실과 만났는가?―선진 유학과 한대 경학》, 예문서원, 2001.

박상진, 〈荀子의 禮論〉, 서울대학교 대학원 석사 학위 논문, 2010.

성태용, 〈心性論, 禮論과의 관련아래서 본 荀子의 修養論―孔子, 孟子와의 비교를 바탕으로〉, 《태동고전연구》 5호, 한림대학교 태동고전연구소, 1989. 2.

손영식, 《이성과 현실》, 울산대학교 출판부, 1999.

_____ , 〈성악설의 흐름―묵자, 순자, 법가 및 노자의 인간관〉, 《동양고전연구》 10집, 동양고전학회, 1998. 5.

송영배·신정근 외, 《제자백가의 다양한 철학흐름》, 사회평론, 2009.

신정근, 《논어―세상을 바꾸는것은 사람이다》, 한길사, 2012.

신정근·한국국학진흥원, 《사람다움이란 무엇인가―인仁의 3천년 역사에 깃든 상생의 힘》, 글항아리, 2011.

정원재, 〈지각설知覺說에 입각한 이이李珥철학의 해석〉, 서울대학교 대학원 박사 학위 논문, 2001.

장원태, 〈신독에 관한 고찰〉, 《범한철학》 제60집, 범한철학회, 2011.

_____ , 〈《상서》에 제시된 훌륭한 왕이 되는 길에 대한 두 가지 번안―맹자와 순자를 중심으로〉, 《철학연구》 제88집, 고려대학교 철학연구소, 2010. 봄.

_____ , 〈군자와 소인, 대체와 소체, 인심과 도심〉, 《철학연구》 제81집, 고려대학교 철학연구소, 2008. 여름.

_____ , 〈孟子, 荀子의 心論과 莊子의 心論의 대비 연구〉, 서울대학교 대학원 석사 학위 논문, 1998.

_____ , 〈전국시대 인성론의 형성과 전개에 관한 연구―유가, 묵가, 법가를 중심으로〉, 서울대학교 대학원 박사 학위 논문, 2005.

우치야마 도시히코, 《순자 교양 강의》, 석하고전연구회 옮김, 돌베개, 2013.

이수태, 《논어의 발견》, 생각의나무, 2009.

이장희,〈순자 性惡說의 의미〉,《사회와 철학》9호, 사회와철학연구회, 2005.

이우재,《李愚才의 論語 읽기》, 세계인, 2000.

_____ ,《이우재의 논어 읽기》, 21세기북스, 2013.

임건순,《묵자, 공자를 딛고 일어선 천민사상가》, 시대의창, 2013.

_____ ,《제자백가 공동체를 말하다— 관중에서 한비자까지 위대한 사상가 13인이 꿈꾸었던 최상의 국가》, 서해문집, 2014.

_____ ,《오기, 전국시대 신화가 된 군신 이야기》, 시대의창, 2014.

조긍호,《선진유학사상의 심리학적 함의》, 서강대학교 출판부, 2008.

채인후,《맹자의 철학》, 천병돈 옮김, 예문서원, 2000.

_____ ,《순자의 철학》, 천병돈 옮김, 예문서원, 2000.

- 순자 원문 해석은 김학주 선생님께 많은 빚을 졌습니다. 동양 고전을 번역해오시며 공동체의 지적 자산을 만들어주신 김학주 선생님께 경의를 표하는 바입니다.
- 한국이 낳은 세계적인 선진철학자 장원태 선생님의 논문을 많이 참고했습니다. 선생님께 수업을 들은 바는 없지만, 누가 뭐라고 해도 선생님께서는 제 스승입니다.
- 율곡의 철학과 성리학 관련해서는 은사 정원재 선생님의 가르침을 많이 참고했습니다. 선생님 사랑합니다.
- 인천에서 동양 고전을 강의하시며 지역 사회에 귀중한 가르침을 주시는 이우재 선생님의《논어》와《맹자》해설서도 많이 참고했습니다. 선생님 정말 존경합니다.
- 항상 열심히 공부하시며 호학하는 학자의 삶의 무엇인지 보여주시는 신정근 선생님의 책에서도 많은 것을 배우고 참고해 이 책을 썼습니다. 항상 선생님의 학문에 정진만 있기를 바랍니다.
- 아울러 위에 언급한 모든 선생님, 항상 학문에 정진만 있고 또 항상 건강하시길 기원하고 기도합니다.

부록

〈권학勸學〉

1.

君子曰 學不可以已.
군 자 왈 학 불 가 이 이

青, 取之於藍, 而青於藍
청 취 지 어 람 이 청 어 람

氷, 水爲之, 而寒於水.
빙 수 위 지 이 한 어 수

木直中繩, 輮以爲輪, 其曲中規,
목 직 중 승 유 이 위 륜 기 곡 중 규

雖有槁暴, 不復挺者, 輮使之然也.
수 유 고 폭 부 부 정 자 유 사 지 연 야

故
고

木受繩則直, 金就礪則利,
목 수 승 즉 직 금 취 려 즉 리

君子博學而日參省乎己
군 자 박 학 이 일 삼 성 호 기

則智明而行無過矣.
즉 지 명 이 행 무 과 의

군자가 말씀하셨습니다. 학문은 하지 않을 수 없는 것이라고.

푸른 물감은 쪽(풀)에서 나오지만 쪽(풀)보다 더 파랗고,
얼음은 물로 이루어졌지만 물보다 더 차지요.

나무가 곧아서 먹줄에 들어맞는다 하더라도 굽혀서 수레바퀴를 만들면 굽은 자에 들어
맞게 됩니다.
비록 바싹 마른다 하더라도 다시 펴지지 않는 것은 굽혔기 때문이지요.

그러므로

나무는 먹줄을 따르면 곧아지고 쇠는 숫돌에 갈면 날카로워집니다.

그처럼 군자도 널리 배우며 매일 자기에 대해 생각하고 살피면

앎이 밝아지고 행동에 허물이 없을 것입니다.

故
고

不登高山, 不知天之高也
부 등 고 산   부 지 천 지 고 야

不臨深谿, 不知地之厚也
불 림 심 계   부 지 지 지 후 야

不聞先王之遺言, 不知學問之大也.
불 문 선 왕 지 유 언   부 지 학 문 지 대 야

그러므로

높은 산에 올라가 보지 않으면 하늘이 높은 것을 알지 못하고

깊은 계곡에 가까이 가보지 않으면 땅이 두터운 것을 알지 못하듯이

옛 성군들이 남긴 말씀을 듣지 않으면 우리는 학문의 위대함을 알 수 없을 것입니다.

2.

干, 越, 夷, 貉之子, 生而同聲, 長而異俗, 教使之然也.
우   월   이   맥 지 자   생 이 동 음   장 이 이 속   교 사 지 연 야

詩曰,
시 왈

嗟爾君子, 無恆安息,
차 이 군 자   무 긍 안 식

靖共爾位, 好是正直.
정 공 이 위   호 시 정 직

神之聽之, 介爾景福.
신 지 청 지   개 이 경 복

神莫大於化道, 福莫長於無禍.
신 막 대 어 화 도   복 막 장 어 무 과

오나라, 월나라 이런 오랑캐의 자식들도 태어났을 때는 같은 소리를 내지만
자랄수록 풍속이 달라지는데 가르치는 바가 다르기 때문이지요.

《시경》에서 이렇게 말했습니다.
"아아 너희 군자들이여 편히 쉬려고 하지 말라,
그대들 직위를 삼가 잘 다스리고 바르고 곧은 이들을 좋아하여라.
신명께서 들으시련 그대에게 큰 복을 내릴 것이다."
신령스러움은 올바른 길로 교화시키는 일보다 더 큰 것이 없고, 복은 화를 입지 않은 것
보다 좋은 것이 없답니다.

3.

吾嘗終日而思矣 不如須臾之所學也.
오 상 종 일 이 사 의 불 여 수 유 지 소 학 야

吾嘗跂而望矣 不如登高之博見也.
오 상 고 이 망 의 불 여 등 고 지 저 보 견 야

登高而招, 臂非加長也, 而見者遠,
등 고 이 초 비 비 가 장 야 이 견 자 원

順風而呼, 聲非加疾也, 而聞者彰.
순 풍 이 호 성 비 가 질 야 이 문 자 창

假輿馬者, 非利足也, 而致千里,
가 여 마 자 비 리 족 야 이 치 천 리

假舟楫者, 非能水也, 而絶江河.
가 주 즙 자 비 능 수 야 이 절 강 하

君子生非異也, 善假於物也.
군 자 생 비 이 야 선 가 어 물 야

저는 일찍이 하루 종일 생각만 해본 일이 있었으나 잠깐 동안 공부한 것만 못하더군요.
저는 일찍이 발돋움하고 바라본 일이 있었으나 높은 곳에 올라가 멀리 바라보는 것만 못
하더군요.

높이 올라가 손짓을 하면 팔이 더 길어지는 것은 아니지만 멀리서도 보이며,
바람을 따라 소리치면 소리가 더 커지는 것은 아니지만 훨씬 분명히 들리지요.

수레와 말을 타면 내 발이 더 빨라지는 것은 아니지만 천 리 길을 갈 수 있으며,
배와 노를 이용하면 물에 익숙지 않더라도 강을 건너갈 수 있습니다.

군자는 나면서부터 남다른 사람이 아닙니다. 외부의 것을 잘 배우는 사람일 뿐입니다.

4.

南方有鳥焉, 名曰蒙鳩.
남 방 유 조 언   명 왈 몽 구

以羽爲巢, 而編之以髮.
이 우 위 소   이 편 지 이 발

繫之葦苕, 風至苕折 卵破子死,
계 지 위 초   풍 지 초 절   란 파 자 사

巢非不完也, 所繫者然也.
소 비 불 완 야   소 계 자 연 야

西方有木焉, 名曰射干,
서 방 유 목 언   명 왈 사 간

莖長四寸, 生於高山之上, 而臨百仞之淵,
경 장 사 촌   생 어 고 산 지 상   이 림 백 인 지 연

木莖非能長也, 所立者然也.
목 경 비 능 장 야   소 립 자 연 야

남방에 새가 있어요, 이름이 몽구라 합니다.
자기 깃으로 둥지를 만들고 머리털로 그것을 이어 갈대 이삭에 매어놓습니다.
바람이 불어와 이삭이 꺾이면 그 속의 알이 깨지고 새끼가 죽고 마는데,
둥지가 불완전해서가 아니라, 그런 환경에 매어두었기 때문이지요.

서방에 나무가 있어요. 이름이 사간이라 합니다.
줄기는 겨우 네 치지만 높은 산 위에 자라 백 길이나 되는 심연을 바라보고 있지요.
나무의 줄기가 길어서가 아니라 높은 산 위에 서 있기 때문이지요.

蓬生麻中, 不扶而直,
봉 생 마 중 불 부 이 직

白沙在涅, 與之俱黑.
백 사 재 열 여 지 구 흑

蘭槐之根是爲芷, 其漸之滫,
란 괴 지 근 시 위 지 기 점 지 수

君子不近, 庶人不服.
군 자 불 근 서 인 불 복

其質非不美也, 所漸者然也.
기 질 비 불 미 야 소 점 자 연 야

故君子 居必擇鄉, 遊必就士,
고 군 자 거 필 택 향 유 필 취 사

所以防邪辟而近中正也.
소 이 방 사 벽 이 근 중 정 야

쑥대가 삼대밭에서 자라면 부축해주지 않아도 곧으며,
흰모래가 검은 흙 속에 있으면 모두 검어집니다.

난괴의 뿌리는 향료로 쓰이는데 그것을 구정물에 담가둔다면,
군자가 가까이하지 않으려 하고 범인들도 그것을 몸에 지니려 하지 않습니다.
난괴의 원 바탕이 아름답지 않아서 아니라, 담가둔 데에 따라 그렇게 되는 것입니다.

그러므로 군자는 반드시 고을을 가려 살고 반드시 좋은 선비들과만 어울리는데,
이것은 반듯하고 바른 것을 가까이해 악해지고 삐뚤어지는 것을 막고자 함입니다.

5.

物類之起, 必有所始.
물 류 지 기 필 유 소 시

榮辱之來, 必象其德.
영 욕 지 래 필 상 기 덕

肉腐出蟲, 魚枯生蠹,
육 부 출 충 어 고 생 두

怠慢忘身, 禍災乃作.
태 만 망 신   화 재 내 작

强自取柱, 柔自取束.
강 자 취 주   유 자 취 속

邪穢在身, 怨之所構.
사 세 재 신   원 지 소 구

施薪若一, 火就燥也,
시 신 약 일   화 취 조 야

平地若一, 水就溼也.
평 지 약 일   수 취 습 야

草木疇生, 禽獸群焉, 物各從其類也.
초 목 주 생   금 수 군 언   물 격 종 기 류 야

여러 사물의 발생은 반드시 그 시작이 되는 원인이 있지요.

영예나 욕됨도 마찬가지 반드시 그의 덕에 맞게 따라옵니다.

고기가 썩으면 벌레가 생겨나고 생선이 마르면 좀벌레가 이는 것처럼,

태만하여 자신을 잊는다면 재앙이 닥치겠지요.

강한 것은 스스로 떠받치고 서지만 유약한 것은 스스로 묶이게 됩니다.

악함과 더러움을 몸에 지니고 있으면 원한이 맺어지는 까닭이 됩니다.

땔나무를 펼쳐놓으면 불은 반드시 그 마른 것을 태울 것이고,

땅을 평평히 하면 물은 한결같이 축축한 곳을 적실 것입니다.

풀과 나무는 무리를 이루어 자라나고 새와 짐승은 떼를 지어 사는데, 모든 사물은 각기
무리를 따라 살기 마련입니다.

是故,
시 고

質的張, 而弓矢至焉,
질 적 장   이 궁 실 지 언

林木茂, 而斧斤至焉.
림 목 무   이 부 근 지 언

樹成蔭, 而眾鳥息焉,
수 성 음   이 중 조 식 언

醯酸, 而蚋聚焉.
혜 산   이 예 취 언

故 言有招禍也 行有招辱也 君子慎其所立乎!
고 언 유 초 화 야 행 유 초 욕 야 군 자 신 기 소 립 호

그렇기 때문에,
과녁을 펼쳐놓으면 반드시 화살이 날아오게 마련이고,
나무숲이 무성하면 반드시 도끼가 들어오기 마련입니다.
나무가 그늘을 이루면 새 떼가 와서 쉬게 마련이고,
식초가 시어지면 바구미가 모여들게 마련이지요.
그렇듯이 말은 화를 부를 수 있고 행동은 욕됨을 불러올 수 있으니, 군자라면 그 처신에
신중해야 할 것입니다!

6.

積土成山, 風雨興焉.
적 토 성 산   풍 우 흥 언

積水成淵, 蛟龍生焉.
적 수 성 연   교 룡 생 언

積善成德, 而神明自得, 聖心備焉.
적 선 성 덕   이 신 명 자 득   성 심 비 언

故
고

不積蹞步, 無以致千里.
부 적 규 보   무 이 지 천 리

不積小流, 無以成江海.
부 적 소 류   무 이 성 강 해

騏驥一躍, 不能十步, 駑馬十駕, 功在不舍.
기 기 일 약   불 능 십 보   노 마 십 가   공 재 불 사

鍥而舍之, 朽木不折, 鍥而不舍, 金石可鏤.
계 이 사 지   후 목 부 절   계 이 불 사   금 석 가 루

흙이 쌓여 산이 만들어지면 비와 바람이 입니다.
물이 모여 못이 만들어지면 교룡과 용이 생겨나지요.
선함이 쌓여 덕이 이룩되면 자연히 신명함을 얻게 되고 성스러운 마음이 갖추어집니다.

그러므로
반걸음이 쌓이지 않으면 천 리 길을 갈 수 있을까요.

작은 흐름이 쌓이지 않으면 강과 바다가 생길 수 있을까요.

준마라도 한 번 뛰어 열 걸음을 갈 수 없고, 둔한 말도 열 배의 시간과 힘을 들여 수레를 끌면 준마를 따를 수 있습니다.
공이 이룩되는 것은 중단하지 않는 데 달렸습니다. 칼로 자르다 중단하면 썩은 나무라도 자를 수 없으며, 중단하지 않는다면 쇠나 돌이라도 자를 수 있지요.

蚓無 爪牙之利 筋骨之強.
인 무 조 아 지 리 근 골 지 강

上食埃土 下飮黃泉.
상 식 애 토 하 음 황 천

用心一也.
용 심 일 야

蟹八跪而二螯.
해 팔 궤 이 이 오

非蛇蟺之穴 無可寄託者.
비 사 선 지 힐 무 가 기 탁 자

用心躁也.
용 심 조 야

是故
시 고

無冥冥之志者, 無昭昭之明,
무 명 명 지 지 자 무 소 소 지 명

無惛惛之事者, 無赫赫之功.
무 혼 혼 지 사 자 무 혁 혁 지 공

行衢道者不至, 事兩君者不容.
행 구 도 자 부 지 사 량 근 자 불 용

目不能兩視而明, 耳不能兩聽而聰.
목 불 능 량 시 이 명 이 불 능 양 청 이 총

螣蛇無足而飛, 梧鼠伍技而窮.
등 사 무 족 이 비 오 서 오 기 이 궁

詩曰.
시 왈

尸鳩在桑, 其子七兮.
시 구 재 상 기 자 칠 혜

淑人君子, 其儀一兮.
숙 인 군 자   기 의 일 혜

其儀一兮, 心如結兮
기 의 일 혜   심 여 결 혜

故 君子結於一也.
고   군 자 결 어 일 야

지렁이는 날카로운 발톱과 이빨, 힘센 근육이나 뼈가 없습니다.
하지만 위로는 티끌과 흙을 먹고 아래로는 땅속의 물을 마시는데,
그것은 마음을 한결같이 쓰기 때문입니다.

게는 여덟 개나 되는 발에다 두 개의 집게가 있습니다.
하지만 장어의 굴이 아니면 지낼 곳이 없는데,
그것은 마음을 산만하게 쓰기 때문입니다.

그러므로
굳은 뜻이 없는 사람은 밝은 깨우침을 얻지 못할 것이며,
묵묵히 일하지 않는 사람은 뛰어난 업적을 이루지 못할 것입니다.
네거리에서 헤매는 자는 목적지에 이르지 못할 것이고, 두 임금을 섬기는 자는 아무에게
도 받아들여지지 않을 것입니다.
눈은 두 가지를 한꺼번에 보지 않기에 밝게 볼 수 있는 것이고, 귀는 두 가지를 한꺼번에
듣지 못하기 때문에 분명히 듣게 되는 것이지요.
등사라는 용은 발이 없어도 하늘을 날고, 석서라는 쥐는 재주가 많지만 곤경에 빠지곤
합니다.

《시경》에서 그랬지요.
"뻐꾹새가 뽕나무에 있는데 그 새끼가 일곱 마리
훌륭한 군자께서는 그 몸가짐이 한결같다네.
그 몸가짐 한결같고 마음은 묶어놓은 듯 단단하구나."
그러므로 군자는 늘 마음을 한결같이 하고 하나에 단단히 묶어놓아야 합니다.

7.

昔者
석 자

瓠巴鼓瑟, 而流魚出聽.
호 파 고 슬 이 류 어 출 청

伯牙鼓琴, 而六馬仰秣.
백 아 고 금 이 육 마 앙 말

故 聲無小而不聞, 行無隱而不形.
고 성 무 소 이 불 문 행 무 은 이 불 형

玉在山而草木潤, 淵生珠而崖不枯.
옥 재 산 이 초 목 윤 연 생 주 이 애 불 고

爲善不積邪 安有不聞者乎.
위 선 부 적 사 안 유 불 간 자 호

옛날에
호파가 슬을 타면 물속에 잠겨 있는 물고기도 나와 들었고,
백아가 금을 타면 수레를 끄는 여섯 필의 말이 풀을 뜯어먹다가도 고개를 돌렸습니다.
그러니 소리는 아무리 작아도 들리지 않는 것이 없고, 행동은 아무리 숨겨도 드러나지
않은 것이 없답니다.

옥이 산에 있으면 풀과 나무가 윤택해지고, 못에 진주가 있으면 언덕이 마르지 않지요.
그러니 선을 행하고 나쁜 짓을 하지 않는다면 어찌 명성이 드러나지 않겠습니까.

8.

學惡乎始? 惡乎終?
학 오 시 호 오 호 종

曰,
왈

其數則 始乎誦經, 終乎讀禮.
기 수 즉 시 호 송 경 종 호 독 례

其義則 始乎爲士, 終乎爲聖人.
기 의 즉 시 호 위 사 기 호 위 성 인

眞積力久則入.
진 적 력 구 즉 입

學至乎沒而後止也.
학 지 호 몰 이 후 지 야

학문은 어디에서 시작해서 어디에서 끝나는가요?

이렇게 말을 합니다.

텍스트를 읽는 학문인 수數 차원의 학문은 경문을 외우는 데서 시작하여 《예기》를 읽는
데서 끝나지만,

실천을 통한 학문인 의義 차원의 학문은 선비가 되는 것에서 시작하여 성인이 되는 것에
서 끝이 난다고요.

노력을 아주 오랫동안 기울여야만 성인됨의 경지에 이를 수 있는데,

그렇기에 학문이란 죽은 뒤에야 끝나는 법입니다.

故 學數有終 若其義則 不可須臾舍也.
고 학 수 유 종 약 기 의 즉 불 가 수 유 사 야

爲之人也. 舍之禽獸也.
위 지 인 야 사 지 금 수 야

故 書者. 政事之紀也. 詩者. 中聲之所止也.
고 서 자 정 사 지 기 야 시 자 중 성 지 소 지 야

禮者 法之大分. 群類之綱紀也.
예 자 법 지 대 분 군 류 지 강 기 야

故 學至乎禮而止矣.
고 학 지 호 예 이 지 의

夫是之謂道德之極.
부 시 지 위 도 덕 지 극

禮之敬文也. 樂之中和也.
예 지 경 문 야 악 지 중 화 야

詩書之博也. 春秋之微也.
시 서 지 박 야 춘 추 지 미 야

在天地之間者畢矣.
재 천 지 지 간 자 필 의

그러므로 수數의 학문은 끝이 있지만 의義의 학문은 끝이 없기에 우리는 공부를 잠시라
도 버려둘 수 없습니다.

학문을 하고 있다면 사람인 것이고 버려둔다면 짐승과 다를 바 없지요.

그러므로 《서경》은 정치에 관한 일을 기록한 것이고, 《시경》은 음악에 알맞은 것들을 모아놓은 것이며,
예라는 것은 법의 대원칙이자 여러 일에 대한 근본 규정입니다.
그래서 학문은 예를 배우는 데에서 끝을 맺게 마련이지요.
이것을 일러 도덕의 지극함이라고 합니다.

예는 형식을 중시하고 음악은 조화를 중시하고
《시경》과 《서경》은 광범위한 뜻을 드러내고 《춘추》는 미세한 진리를 드러내는데
이는 하늘과 땅 사이에 있는 모든 것을 포괄합니다.

9.

君子之學也, 入乎耳, 著乎心, 布乎四體, 形乎動靜.
군 자 지 학 야   입 호 이   저 호 심   포 호 사 체   형 호 동 정

端而言, 蝡而動, 一可以爲法則.
단 이 언   윤 이 동   일 가 이 위 법 칙

小人之學也, 入乎耳, 出乎口.
소 인 지 학 야   입 호 이   출 호 구

口耳之間 則四寸耳, 曷足以美七尺之軀哉.
구 이 지 간   즉 사 촌 이   갈 족 이 미 칠 척 지 구 재

古之學者爲己, 今之學者爲人.
고 지 학 자 위 기   금 지 학 자 위 인

君子之學也, 以美其身,
군 자 지 학 야   이 미 기 신

小人之學也, 以爲禽犢.
소 인 지 학 야   이 위 금 독

故, 不問而告謂之午, 問一而告二謂之囋.
고   불 문 이 고 위 지 오   문 일 이 고 이 위 지 찬

午, 非也. 囋, 非也.
오 비 야   찬 비 야

君子如嚮矣.
군 자 여 향 의

군자의 학문은 귀로 들어와 마음에 들어온 후 온몸으로 퍼져 행동으로 나타나지요.

조근조근 말하고 점잖게 행동하니 모두의 법도가 될 만합니다.

소인의 학문은 귀로 들어와 바로 입으로 나옵니다.

입과 귀 사이는 겨우 네 치밖에 안 되는데, 어찌 일곱 자나 되는 몸의 행동거지를 아름답게 할 수 있을까요.

옛날의 학사들은 자기 자신을 위해 공부를 하였고, 지금의 학자들은 남에게 보이기 위해 공부합니다.

군자가 공부를 하는 것은 자기 자신을 아름답게 하기 위해서이고,

소인이 학문을 하는 것은 남에게 내놓아 팔아먹기 위해서입니다.

묻지도 않았는데 얘기하는 것을 함부로 말하는 것이라 하고, 하나를 물었는데 둘을 이야기하는 것을 과시하는 것이라 합니다.

함부로 말하는 것과 과시하는 것 모두 그른 것입니다.

군자는 그저 매사 적절히 말하고 행동하는 겸손한 자입니다.

10.

學莫便乎近其人.
학 막 편 호 근 기 인

禮樂法而不說
예 악 법 이 불 설

詩書故而不切
시 서 고 이 부 절

春秋約而不速.
춘 추 약 이 불 속

方其人之習君子之說, 則尊以遍周於世矣.
방 기 인 지 습 군 자 지 설 즉 존 이 편 주 어 세 의

故曰. 學莫便乎近其人.
고 왈 학 막 편 호 근 기 인

학문의 방법으로는 스승이 될 만한 사람을 가까이하는 것보다 편리한 것이 없답니다.

예와 악에 관한 경전은 법도를 보여줌에 빠짐이 없고
《시경》과《서경》은 옛 기록으로서 천박하지 않고
《춘추》는 간략하여 번잡하지 않습니다.

스승이 될 만한 사람을 따르고 이러한 경전에 기록된 군자의 말씀까지 익힌다면, 세상에 널리 통하게 될 것입니다.
그러므로 학문은 스승이 될 만한 사람을 가까이하는 것보나 편리한 것은 없다고 한 것입니다.

學之經莫速乎好其人, 隆禮次之.
학 지 경 막 속 호 호 기 인   룡 예 차 지

上不能好其人 下不能隆禮.
상 하 능 호 기 인 하 불 능 룡 예

安特將學雜識志 順詩書而已耳,
안 특 장 학 잡 식 지 순 시 서 이 이 이

則末世窮年, 不免爲陋儒而已.
즉 말 세 궁 년 불 면 위 류 우 이 이

將原先王 本仁義. 則禮正其經緯蹊徑也.
장 원 선 왕 본 인 의   즉 예 정 기 경 위 혜 경 야

若挈裘領, 詘伍指而頓之, 順者不可勝數也.
약 설 구 령 굴 오 지 이 돈 지 순 자 불 가 승 수 야

不道禮憲, 以詩書爲之,
부 도 예 헌 이 시 서 위 지

譬之猶以指測河也, 以戈舂黍也,
비 지 유 이 지 측 하 야 이 과 용 서 야

以錐餐壺也, 不可以得之矣.
이 추 찬 호 야 불 가 이 득 지 의

故隆禮, 雖未明 法士也,
고 룡 예 수 미 명 법 사 야

不隆禮, 雖察辯 散儒也.
불 룡 예 수 찰 변 산 유 야

학문의 방법은 스승이 될 만한 그 사람을 좋아하는 것보다 빠른 길이 없고, 예를 존중하는 것은 그다음이랍니다.

위로는 스승이 될 만한 사람을 좋아하지 못하고 아래로는 예를 존중하지 못하면서,
다만 잡된 기록의 책이나 공부하고 《시경》과 《서경》을 맹목적으로 따른다면,
해가 다하고 세상이 끝날 때까지 공부해도 비루한 선비를 면치 못할 것입니다.

옛날의 성군들과 어짊과 의로움을 근본으로 삼아야 합니다. 그럼 배우는 예가 군자가 되
는 바탕과 지름길이 될 것이며,
군자로 거듭남이 손가락으로 옷깃을 올릴 수 있는 것처럼 매우 쉬울 것입니다.
예와 예의 대원칙을 따르지 않고 《시경》과 《서경》만을 따른다면,
그것은 마치 손가락으로 황하를 재거나 창으로 기장을 까불거나,
송곳으로 병 속의 음식을 먹으려는 것처럼 불가능한 일입니다.

그러므로 예를 존중한다면, 비록 영리하지만 법도를 지키는 선비가 될 수 있고,
예를 존중하지 않는다면, 비록 사리에 밝고 말을 잘한다고 하더라도 허튼 선비가 될 것
입니다.

11.

問楛者 勿告也, 告楛者 勿問也.
문고자 물고야 고고자 물문야

說楛者 勿聽也, 有爭氣者 勿與辯也.
설고자 물청야 유쟁기자 물여변야

故 必由其道至. 然後接之; 非其道則避之.
고 필유기도지 연후접지 비기도즉피지

비루한 것을 묻는 자에게 대답하지 마세요. 비루한 말을 하는 자에게 묻지도 마시고요.
비루한 얘기를 하는 자의 말을 듣지 말 것이며, 다투려는 자와 말씨름을 할 것 없습니다.
올바른 방법으로 나를 대하면 그와 상대하고, 올바른 방법으로 대하지 않으면 피해야 합
니다.

故
고

禮恭而後可與言道之方
예공이후가여언도지방

辭順而後可與言道之理
사 순 이 후 가 여 언 도 지 리

色從而後可與言道之致.
색 종 이 후 가 여 언 도 지 치

故
고

未可與言而言 謂之午
미 가 여 언 이 언 위 지 오

可與言而不言 謂之隱
가 여 언 이 불 언 위 지 은

不觀氣色而言 謂之瞽.
불 관 기 식 이 언 위 지 고

故 君子 不午 不隱 不瞽 謹順其身.
고 군 자 불 오 불 은 불 고 근 순 기 신

詩曰, 匪交匪舒 天子所予, 此之謂也.
시 왈 비 교 비 서 천 자 소 여 차 지 위 야

그러므로
공손한 예를 갖춘 뒤에야 도의 방향에 대해 함께 논할 수 있고
말이 순리에 맞은 뒤에야 도의 원리에 대해 함께 논할 수 있으며
낯빛이 부드러운 뒤에야 올바른 도의 지극함에 대해 함께 논할 수 있습니다.

그래서
함께 이야기해서는 안 될 때 이야기하는 것을 함부로 지껄인다고 하고
함께 이야기해야 할 때 이야기하지 않는 것을 도를 숨긴다고 하며
기색을 살펴보지도 않고 함부로 이야기하는 것을 보고 눈이 멀었다고 합니다.

그러므로 군자는 함부로 지껄이지 않고 도를 숨기지 않고 눈멀지 않고 삼가 순리에 따라
말하고 행동합니다.
《시경》에 그분의 사귐은 허술하지 않으니 천자께서 상을 내리신다고 하였는데, 이것을
뜻하는 말입니다.

12.

百發失一, 不足謂善射
백 발 실 일 부 족 위 선 사

千里跬步不至, 不足謂善御.
천 리 규 보 부 지 부 족 위 선 어

倫類不通, 仁義不一 不足謂善學.
륜 류 불 통 인 의 불 일 부 족 위 선 학

學也者 固學一之也.
학 야 자 고 학 일 지 야

一出焉 一入焉, 涂巷之人也.
일 출 언 일 입 언 도 항 지 인 야

其善者少 不善者多, 桀紂盜跖也.
기 선 자 소 불 선 자 다 걸 주 도 척 야

全之盡之, 然後學者也.
전 지 진 지 연 후 학 자 야

君子知 夫不全不粹之不足以爲美也.
군 자 지 부 부 전 불 수 지 부 족 이 위 미 야

백 번 쏘아 한 번이라도 실패하면 최고의 사수라 할 수 없고
천 리 길을 갔더라도 반걸음이라도 부족해 도착하지 못한다면 최고의 수레몰이라 할 수
없습니다.
그렇듯이 인륜에 통하지 못하고 항상 어짊과 의로움을 한결같이 실천하지 못한다면 제
대로 학문을 한 사람이라고 할 수 없지요.

학문이란 본디 배운 것을 한결같이 실천할 수 있어야 합니다.
한 번 잘했다가 한 번 잘못하면 길거리의 보통 사람들 수준일 것이며,
잘하는 것은 적고 잘못하는 것은 많은 자는 걸주나 도척 같은 사람일 것입니다.
온전히 해야지요. 배운 것을 다 할 수 있어야 합니다. 그래야 배우는 자라 할 수 있을 것
입니다.
군자는 분명히 알아야 합니다. 배운 것을 온전히 못하고 다하지 못한다면 진정 아름답다
고 할 수 없음을.

故
고

誦數以貫之 思索以通之
송수이관지 사색이통지

爲其人以處之 除其害者以持養之.
위기인이처지 제기해자이지양지

使目非是無欲見也, 使耳非是無欲聞也.
사목비시무욕견야 사목비시무욕문야

使口非是無欲言也, 使心非是無欲慮也.
사구비시무요언야 사심비시무욕려야

及至其致好之也,
급지기치호지야

目好之伍色, 耳好之伍聲, 口好之伍味, 心利之有天下.
목호지오색 이호지오성 입호지오미 심리지유천하

是故 權利不能傾也, 群眾不能移也, 天下不能蕩也.
시고 권리불능경야 군중불능이야 천하불능탕야

生乎由是, 死乎由是.
생호유시 사호유시

夫是之謂德操.
부시지위덕조

德操然後能定, 能定然後能應
덕조연후능정 능정연후능응

能定能應, 夫是之謂成人.
능정능응 부시지위성인

天見其明, 地見其光.
천견지명 지견기광

君子貴其全也.
군자귀기전야

그러므로

경서를 외우고 익히면서 이치를 꿰고 사색함으로써 이치를 통달하며

홀륭한 옛사람처럼 되도록 처신하며 학문에 해가 되는 것은 제외함으로써 자신을 건사하고 성장시켜야 합니다.

눈으로는 옳지 않은 것을 보려고 하지 않고, 귀로는 옳지 않은 것을 들으려 하지 말아야 합니다.

입으로는 옳지 않은 것을 말하려 하지 말고, 마음으로는 옳지 않은 것을 생각하지 말아야 합니다.

학문의 극치에 이르면,

눈은 아름다운 빛깔보다도 배우는 것을 더 좋아하고, 귀는 아름다운 소리보다 배우는 것을 더 좋아하며, 입은 달콤한 맛보다도 배우는 것을 더 좋아하며, 마음은 온 천하를 차지하는 것보다 배우는 것을 더 이롭게 여길 것입니다.

그런 이는 권력과 이익으로도 그를 고꾸라지게 하지 못하고, 많은 사람도 그의 마음을 변하게 할 수 없으며, 온천하도 그를 어쩌지 못할 것입니다.

삶에 있어서도 학문을 추구하고 죽음에 있어서도 학문을 추구해야 합니다.

그러면 내 안에 흔들림 없는 확고한 덕이 생길 것입니다.

그러한 덕이 있는 뒤에야 마음이 안정되고, 마음이 안정된 뒤에야 모든 사태에 제대로 응할 수 있는데

이러한 사람을 일컬어 완성된 사람이라고 합니다.

하늘은 그의 밝음을 볼 수 있을 것이고, 땅은 그가 만든 빛을 볼 수 있을 것입니다.

그래서 군자는 덕이 온전한 모습을 귀하게 여깁니다.

〈수신修身〉

1.

見善 脩然必以自存也
견 선 수 연 필 이 자 존 야

見不善 愀然必以自省也.
견 불 선 초 연 필 이 자 선 야

善在身 介然必以自好也
선 재 신 개 연 필 이 자 호 야

不善在身 菑然必以自惡也.
부 선 재 신 치 연 필 이 자 오 야

故
고

非我而當者 吳師也
비 아 이 당 자 오 사 야

是我而當者 吳友也
시 아 이 당 자 오 우 야

諂諛我者 吳賊也.
첨 유 아 자 오 적 야

故
고

君子隆師而親友 以致惡其賊
군 자 룡 사 이 친 우 이 치 오 기 적

好善無厭 受諫而能誡
호 선 무 염 수 간 이 능 계

雖欲無進 得乎哉!
수 욕 무 진 득 호 재

선한 것을 보면 마음을 가다듬고 반드시 스스로 자신을 살펴보고
선하지 못한 것을 보면 걱정스런 마음으로 반드시 스스로 자신을 반성해야 합니다.
선함이 자신에게 있으면 꿋꿋하게 반드시 자신을 좋아하고
선하지 못함이 자신에게 있으면 걱정스럽게 반드시 자신을 미워해야지요.

그러므로
나를 비난하면서도 올바른 사람은 나의 스승이고

나를 옳게 여기면서도 올바른 사람은 나의 벗이고
나에게 아첨하는 자는 나를 해치는 자일 뿐입니다.

그러므로
군자는 스승을 높이고 벗과 친하게 지내며 자신을 해치는 자를 미워하고
선을 좋아함에 싫증내지 않으며 충고를 받아들여 자신을 경계할 줄 알기에
이러니 발선하지 않으려 해도 발전하지 않을 수 있겠습니까!

小人反是.
소인반시

致亂而惡人之非己也.
치란이오인지비기야

致不肖而欲人之賢己也.
치불초이욕인지현기야

心如虎狼 行如禽獸 而又惡人之賊己也.
심여호랑 행여금수 이우오인지적기야

諂諛者親 諫爭者疏 脩正爲笑 至忠爲賊.
첨유자친 간쟁자소 수정위소 지충위적

雖欲無滅亡 得乎哉!
수욕무멸망 득호재

詩曰,
시왈

潝潝訿訿 亦孔之哀. 謀之其臧 則具是違 謀之不臧 則具是依. 此之謂也.
옹옹자자 역공지애 모지기장 즉구시위 모지부장 즉구시의 차지위야

소인은 반대입니다.
심하게 난동을 부리면서도 다른 사람이 자신을 비난하는 것을 싫어합니다.
매우 못났으면서도 남들이 자신을 현명한 사람으로 대접해주길 바라지요.

마음은 호랑이나 승냥이 같고 행동은 금수 같으면서도 다른 사람이 자신을 해치는 것을 싫어합니다.

아첨하는 사람과 친하고 충고하는 사람을 멀리하며 수양을 쌓아 바른 이들을 비웃고 지극히 마음을 다하는 사람을 자신을 해치는 자라고 여깁니다.

이러니 비록 망하지 않으려 해도 망하지 않을 수 있겠습니까!

《시경》에서 말했지요.
"여럿이 모의하고 또 서로 욕하니 매우 슬픈 일일세. 좋은 방법은 모두 어기며 쓰지 않고
나쁜 방법은 모두 따라 쓰는구나." 저 소인들을 지적하는 말입니다.

2.

扁善之度.
편 선 지 도

以治氣養生 則後彭祖.
이 치 기 양 생 즉 후 팽 조

以脩身自名 則配堯禹.
이 수 신 자 명 즉 배 요 우

宜於時通 利以處窮.
의 어 시 통 리 이 처 궁

禮信是也.
예 신 시 야

凡用血氣 志意 知慮
범 용 혈 기 지 의 지 려

由禮則治通 不由禮則勃亂提僈.
유 예 즉 치 용 불 유 예 즉 발 란 제 만

食飲 衣服 居處 動靜
식 음 의 복 거 처 동 정

由禮則和節 不由禮則觸陷生疾.
유 예 즉 화 절 불 유 예 즉 촉 함 생 질

容貌 態度 進退 趨行
용 모 태 도 진 퇴 추 행

由禮則雅 不由禮則夷固僻違 庸眾而野.
유 예 즉 아 불 유 예 즉 이 고 벽 위 용 중 이 야

故
고

人無禮則不生.
인 무 예 즉 불 생

事無禮則不成.
사 무 예 즉 불 성

國家無禮則不寧.
국 가 무 예 즉 불 녕

詩曰,
시 왈

禮儀卒度 笑語卒獲. 此之謂也.
예 의 졸 도 소 어 졸 획 차 지 위 야

선한 것을 분별하는 방법이 있지요.
그것으로써 기운을 다스리고 양생을 한다면 팽조보다 더 오래살 수 있습니다.
그것으로써 몸을 닦고 스스로 노력한다면 요임금, 우임금처럼 훌륭해질 수 있습니다.
일이 잘 풀릴 때에도 처신을 잘할 수 있고 곤경에 처했을 때에도 궁해지지 않습니다.

예가 바로 그것입니다.
무릇 혈기와 의지와 지려를 활용하는 데
예를 따르면 잘 다스려지고 통하지만 예를 따르지 않으면 문란해지고 산만해집니다.
먹고 마시고 옷을 입고 거주하고 활동할 때
예를 따르면 조화롭고 절도가 있지만 예를 따르지 않는다면 뜻대로 되지 않고 병폐만 생길 뿐입니다.
겉모양과 몸가짐, 진퇴와 일을 도모함에
예를 따르면 우아해지지만 예를 따르지 않으면 오만하고 그릇되고 저속하고 뒤떨어질 뿐입니다.

그러므로
인간이 예가 없다면 제대로 살아가지 못합니다.
일을 하는 데 예가 없다면 성공하지 합니다.
나라에 예가 없다면 편안하지 못합니다.

《시경》에서 그랬지요.
"예의에는 모두 법도가 있으니 웃고 얘기하는 것 모두 예를 따르네." 이것을 말함입니다.

3.

以善先人者謂之教.
이 선 선 인 자 위 지 교

以善和人者謂之順.
이 선 화 인 자 위 지 순

以不善先人者謂之諂.
이 불 선 선 인 자 위 지 첨

以不善和人者謂之諛.
이 불 선 화 인 자 위 지 유

선함으로 사람들을 이끄는 것을 가르침이라 합니다.
선함으로 사람들과 화합하는 것을 순리를 따른 것이라 하지요.
선하지 못한 것으로 사람들을 이끄는 것을 모함이라 합니다.
선하지 못한 것으로 사람들과 어울리는 것을 아첨이라 하지요.

是是非非謂之智.
시 시 비 비 위 지 지

非是是非謂之愚.
비 시 시 비 위 지 우

傷良曰讒 害良曰賊.
상 량 왈 침 해 량 왈 적

是謂是非謂非曰直.
시 위 시 비 위 비 왈 직

竊貨曰盜 匿行曰詐 易言曰誕.
절 화 왈 도 닉 행 왈 사 역 언 왈 탄

옳은 것을 옳다 하고 그른 것을 그르다 하는 것을 지혜라 합니다.
옳은 것을 그르다고 하고 그른 것을 옳다고 하는 것을 어리석음이라 하지요.
훌륭한 이를 손상하는 것을 모함이라 하고 해치는 것을 해로움이라 하지요.
옳은 것을 옳다 하고 그른 것은 그르다고 하는 것을 곧다고 합니다.
남의 재물을 훔치는 것을 도둑질이라 하며 자기 행동을 숨기는 것을 사기라 하고
말을 바꾸는 것을 허풍을 떤다고 합니다.

趣舍無定謂之無常.
취 사 무 정 위 지 무 상

保利棄義謂之至賊.
보 리 기 의 위 지 지 적

多聞曰博 少聞曰淺.
다 문 왈 박 소 문 왈 천

多見曰閑 少見曰陋.
다 견 왈 한 소 견 왈 누

難進曰偍 易忘曰漏.
난 진 왈 제 역 망 왈 루

少而理曰治 多而亂曰秏.
소 이 리 왈 치 다 이 란 왈 모

취하고 버리는 것에 정해진 기준이 없으면 상도를 지키지 않는다 합니다.

이익을 지키려 의로움을 버리는 것을 도적질한다고 합니다.

들은 것이 많은 사람을 박식하다고 하고 들은 것이 적은 사람을 천박하다고 하지요.

본 것이 많은 사람을 제대로 아는 사람이다 말하며 본 것이 적은 사람을 비루한 사람이라고 합니다.

정진하지 않는 사람을 태만하다고 하고 잊기를 잘하는 사람을 엉성하다고 하지요.

적은 노력으로 다스려지는 것을 치세라고 말하며 많은 노력을 기울여도 어지러워지는 것을 난세라 합니다.

4.

治氣養心之術.
치 기 양 심 지 술

血氣剛強, 則柔之以調和.
혈 기 강 강 즉 유 지 이 조 화

知慮漸深, 則一之以易良.
지 려 점 심 즉 일 지 이 역 량

勇膽猛戾, 則輔之以道順.
용 담 맹 려 즉 보 지 이 도 순

齊給便利, 則節之以動止.
제 급 편 리 즉 절 지 이 동 지

狹隘褊小, 則廓之以廣大.
협애편소 즉곽지이광대

卑溼重遲貪利, 則抗之以高志.
비습중지탐리 즉항지이고지

庸衆駑散, 則劫之以師友.
용중노산 즉겁지이사우

怠慢僄棄, 則炤之以禍災.
태만표기 즉소지이화재

愚款端愨, 則合之以禮樂, 通之以思索.
우관단각 즉합지이례악 통지이사색

凡治氣養心之術,
범치기양심지술

莫徑由禮, 莫要得師, 莫神一好.
막경유례 막요득사 막신일호

夫是之謂治氣養心之術也.
부시지위치기양심지술야

기운을 다스리고 마음을 수양하는 방법이 있습니다.

혈기가 굳고 강하면 조화시켜 부드럽게 해줍니다.
지혜와 생각이 너무 깊으면 평이하고 단순하게 해야 합니다.

용감하고 사나우면 곧 순하게 인도하여 돕습니다.
너무 빠르고 서두르면 행동을 절제하게 해줍니다.

마음이 좁고 옹졸하면 곧 넓고 크게 틔워줍니다.
비굴하고 느슨하며 이익을 탐하면 높은 뜻을 보여주어 자극합니다.

졸렬하면서도 우둔하면 곧 스승과 벗이 그런 기질을 제어합니다.
게으르면서도 경박하면 곧 재앙으로 경고해 분명히 알게 해줍니다,

어리석다 할 정도로 정성스럽고 우직하면 곧 예와 음악으로 알맞게 해주고 사색함에 응

통성이 있게 해줍니다.

무릇 기운을 다스리고 마음을 수양하는 데
예를 따르는 것보다 더 빠른 길은 없고, 스승을 얻는 것보다 중요한 일은 없으며, 좋아하는 것을 한결같이 하는 것보다 더 신통한 것은 없습니다.

이상과 같은 것을 기운을 다스리고 마음을 수양하는 방법이라 하지요.

5.

志意脩則驕富貴,
지 의 수 칙 교 부 귀

道義重則輕王公.
도 의 중 칙 경 왕 공

內省而外物輕矣.
내 성 이 외 물 경 의

傳曰, 君子役物, 小人役於物. 此之謂矣.
전 왈 군 자 역 물 소 인 역 어 물 차 지 위 의

身勞而心安 爲之.
신 로 이 심 안 위 지

利少而義多 爲之.
리 소 이 의 다 위 지

事亂君而通, 不如事窮君而順焉.
사 란 군 이 통 불 여 사 궁 군 이 순 언

故
고

良農不爲水旱不耕.
량 농 불 위 수 한 불 경

良賈不爲折閱不市.
량 가 불 위 절 열 불 시

士君子不爲貧窮怠乎道.
사 군 자 불 위 빈 궁 태 호 도

뜻이 닦여지면 부귀한 사람들 앞에서도 당당할 수 있고,
도의가 중후해지면 임금도 가벼이 볼 수 있지요.
내면을 살펴 충실해지면 밖의 대상이 가벼이 보이기 때문입니다.
예부터 전하는 말에 '군자는 외물을 부리지만 소인은 외물에 부림을 당한다'고 했는데
이것을 뜻하는 말입니다.

몸이 수고롭다 하더라도 마음이 편안한 일이라면 합니다.
이익이 적다 할지라도 의로움이 많은 일이면 합니다.
어지러운 나라의 군주를 섬겨 뜻대로 출세하는 것은, 곤경에 빠진 나라의 군주를 섬겨
의로움을 따르는 것만 못한 일입니다.

그러므로
훌륭한 농부는 홍수나 가뭄이 났다고 해서 농사를 그만두지 않습니다.
훌륭한 상인은 손해를 본다고 해도 시장을 떠나지 않습니다.
선비와 군자는 궁핍하다고 해서 도를 게을리하지 않습니다.

6.

體恭敬而心忠信, 術禮義而情愛人.
체 공 경 이 심 충 신   술 예 의 이 정 애 인

橫行天下, 雖困四夷, 人莫不貴.
횡 행 천 하   수 곤 사 이   인 막 불 귀

勞苦之事則爭先, 饒樂之事則能讓,
로 고 지 사 즉 쟁 선   요 악 지 사 즉 능 양

端愨誠信, 拘守而詳.
단 각 성 신   구 수 이 상

橫行天下, 雖困四夷, 人莫不任.
횡 행 천 하   수 곤 사 이   인 막 불 임

體倨固而心埶詐, 術順墨而精雜汙.
체 거 고 이 심 예 사   술 순 묵 이 정 잡 오

橫行天下, 雖達四方, 人莫不賤.
횡 행 천 하   수 달 사 방   인 막 불 천

勞苦之事則偸儒轉脫, 饒樂之事則佞兌而不曲.
로 고 지 사 칙 부 유 전 탈   요 악 지 사 칙 녕 태 이 불 곡

辟違而不慤, 程役而不錄.
벽 위 이 불 각   정 역 이 불 록

橫行天下, 雖達四方, 人莫不棄.
횡 행 천 하   수 달 사 방   인 막 불 기

　봄가짐은 공경스럽고 마음가짐은 충성스럽고, 신의가 있으며 일을 함에는 예의 바르고 정이 있어 사람들을 사랑해야 합니다.
　그렇다면 천하를 두루두루 다니다가 비록 오랑캐들의 땅에서 곤경에 빠진다 하더라도 그를 귀하게 여기지 않는 사람이 없을 것입니다.

　수고롭고 고생스러운 일을 남보다 먼저 맡으려 하고, 즐거운 일은 타인에게 사양하며, 정직하고 성실한 데다 직분을 잘 지키며 일을 함에 꼼꼼해야 합니다.
　그렇다면 천하를 두루두루 돌아다니다가 비록 사방 오랑캐 땅에서 곤경에 빠진다 하더라도 그를 신임하지 않는 사람이 없을 것입니다.

　몸가짐은 오만하고 고집이 세며 마음은 음흉하고 거짓되며, 일을 함에 무례하고 지저분하며 감정은 잡스럽고 천박하면 안 됩니다.
　그렇다면 천하를 두루두루 다니며 비록 세상에서 뜻을 이룬다 하더라도 그를 천하게 여기지 않는 사람이 없을 것입니다.

　수고스럽고 고생스럽다고 이리저리 피하며 맡지 않으려 하고, 즐거운 일에만 염치없이 나서려 하면 안 되며,
　양보할 줄 모르고 편벽되고 비뚤어져 성실하지 못하면 안 되고, 할 일을 게을리해선 안 됩니다.
　그렇다면 천하를 두루두루 다니며 비록 세상에서 뜻을 이룬다 하더라도 그를 버리지 않는 사람이 없을 것입니다.

7.

行而供冀, 非漬淖也.
행 이 공 기   비 지 뇨 야

行而俯項, 非擊戾也.
행 이 부 항 비 격 려 야

偶視而先俯, 非恐懼也.
우 시 이 선 부 비 공 구 야

然夫士欲獨修其身, 不以得罪於比俗之人也.
연 부 사 욕 독 수 기 신 불 이 득 죄 어 비 속 지 인 야

길을 갈 때 신중하고 공경스러운 몸가짐을 하는 것은 진흙탕에 빠질까 두려워서 그러는
게 아닙니다.
길을 갈 때 고개를 숙이는 것은 발길이 어딘가에 부딪칠까 봐 그러는 것이 아니고요.
눈길이 마주쳤을 때 먼저 몸을 숙이는 것은 상대방이 두려워서 그러는 것이 아니지요.
선비로서 자신의 몸을 잘 닦아 세상 사람에게 죄짓는 일이 없기를 바라기 때문입니다.

8.

夫驥一日而千里, 駑馬十駕, 則亦及之矣.
부 기 일 일 이 천 리 노 마 십 가 즉 역 급 지 의

將以窮無窮 逐無極與, 其折骨絶筋 終身不可以相及也.
장 이 궁 무 궁 축 무 극 여 기 절 골 절 근 종 신 불 가 이 상 급 야

將有所止之, 則千里雖遠
장 유 소 지 지 즉 천 리 수 원

亦或遲, 或速, 或先, 或後,
역 혹 지 혹 속 혹 선 혹 후

胡爲乎其不可以相及也.
호 위 호 기 불 가 이 상 급 야

不識步道者, 將以窮無窮?
불 식 보 도 자 장 이 궁 무 궁

逐無極與, 意亦有所止之與?
축 무 극 여 의 역 유 소 지 지 여

夫 堅白, 同異, 有厚無厚之察, 非不察也.
부 견 백 동 이 유 후 무 후 지 찰 비 불 찰 야

然而君子不辯, 止之也.
연 이 군 자 불 변 지 지 야

倚魁之行, 非不難也.
의 괴 지 행 비 불 난 야

然而君子不行, 止之也.
연이군자불행 지지야

故
고

學曰遲. 彼止而待我, 我行而就之.
학왈지 피지이대아 아행이취지

則亦或遲, 或速, 或先, 或後.
즉역혹지 혹속 혹선 혹후

胡爲乎其不可以同至也.
호위호기불가이동지야

故
고

蹞步而不休, 跛鱉千里.
규보이불휴 파별천리

累土而不輟, 丘山崇成.
루토이불철 구산숭성

厭其源, 開其瀆, 江河可竭.
염기원 개기독 강하가갈

一進一退, 一左一右, 六驥不致.
일진일퇴 일좌일우 육기불치

彼人之才性之相縣也, 豈若跛鱉之與六驥足哉!
피인지재성지상현야 기약파별지여륙기족재

然而跛鱉致之, 六驥不致,
연이파별치지 륙기불치

是無它故焉, 或爲之, 或不爲爾!
시무타고언 혹위지 혹불위이

道雖邇, 不行不至.
도수이 불행부지

事雖小, 不爲不成.
사수소 불위불성

其爲人也多暇日者, 其出入不遠矣.
기위인야다가일자 기출입불원의

준마는 하루에 천 리를 달릴 수 있지만, 둔한 말도 열 배의 노력과 시간을 들이면 준마를 따라잡을 수 있습니다.

하지만 무궁한 것을 추구하고 끝없는 것을 욕심낸다면, 뼈가 부러지고 근육이 끊어지도록 애써도 평생토록 미치지 못하고 말 것입니다.

그러나 목표가 되는 곳이 명확하다면, 천 리가 아무리 멀어도 갈 수 있습니다.

누구는 늦고, 누구는 빠르고, 누구는 앞서고, 누구는 뒤처지겠지만,

어찌 그 목표에 도달하지 못할 리가 있겠습니까.

길을 가는 사람이 목표 없이 길을 가려 하고 끝없는 길을 추구하려고 하는가요?

아니면 목표가 되는 것이 명확하고 그것을 알고 있을까요?

견백, 동이, 유후무후 등 궤변들을 살피지 않습니다.

군자가 그런 것을 논하지 않는 이유는 학문의 진정한 목표가 있기 때문입니다.

기괴하고 거창한 행동은 결코 쉬운 일이 아닙니다만,

군자가 그런 일을 하지 않는 것은 학문의 목적이 있기 때문이지요.

그러므로

학문은 더딘 것이고 기다려야 합니다. 하지만 저 멀리서 목표도 날 기다립니다. 그러니

나아가야 합니다.

누구는 늦고, 누구는 빠르고, 누구는 앞서고, 누구는 뒤처지겠지만,

어찌 그 목표에 함께 도달하지 못할 리가 있겠습니까.

그러므로

쉬지 않고 반걸음씩 걸으면 절름발이 자라라 하더라도 천 리를 갈 수 있습니다.

흙을 쌓는 일을 중지하지 않는다면 높은 언덕이나 산을 만들 수 있습니다.

반대로 수원을 막고 물길을 달리 낸다면 양자강과 황하도 말라붙게 되지요.

한 번 나아가고 한 번 물러나거나, 왼쪽으로 갔다 오른쪽으로 갔다 하면, 여섯 마리의 준마가 수레를 끈다고 해도 목적지에 이르지 못합니다.

사람들의 재능과 재질이 어찌 절름발이 자라와 여섯 마리 준마의 발처럼 차이가 크게 날 수 있겠습니까!

그런데도 절름발이 자라는 목적지에 이르고, 여섯 마리 준마는 이르지 못하지요.

다름이 아닙니다. 한쪽은 힘써 노력하고 한쪽은 힘써 노력하지 않았기 때문이지요!

길이 아무리 가깝다 하더라도 가지 않으면 이르지 못합니다.

일이 아무리 작은 것이라 하더라도 행하지 이루어지지 않습니다.

생활에 절실함이 없는 사람은 남보다 뛰어날 수 없지요.

9.

好法而行, 十也.
호 법 이 행   사 야

篤志而體, 君子也.
독 지 이 체   군 자 야

齊明而不竭, 聖人也.
제 명 이 불 갈   성 인 야

人無法, 則倀倀然.
인 무 법   즉 창 창 연

有法而無志其義, 則渠渠然.
유 법 이 무 지 기 의   즉 거 거 연

依乎法, 而又深其類, 然後溫溫然.
의 호 법   이 우 심 기 류   연 후 온 온 연

법도를 좋아하여 그대로 행하는 자가 선비입니다.
뜻을 독실히 하고 그것을 체득하는 자가 군자입니다.
생각이 민첩하고 총명해 막힘이 없는 자가 성인입니다.

사람에게 법도가 없으면 어디로 가야 할지 모르게 됩니다.
법도가 있지만 의로움에 대한 뜻이 없다면 어떻게 해야 할지 모르게 되지요.

법도를 따르고 모든 일의 조리를 알아야만 막힘이 없게 됩니다.

10.

禮者, 所以正身也. 師者, 所以正禮也.
예 자   소 이 정 신 야   사 자   소 이 정 례 야

無禮何以正身?
무 례 하 이 정 신

無師吾安知禮之爲是也?
무 사 오 안 지 례 지 위 시 야

禮然而然, 則是情安禮也.
예 연 이 연 즉 시 정 안 례 야

師云而云, 則是知若師也.
사 운 이 운 즉 시 지 약 사 야

情安禮, 知若師, 則是聖人也.
정 안 례 지 약 사 즉 시 성 인 야

故 非禮, 是無法也, 非師, 是無師也.
고 비 례 시 무 법 야 비 사 시 무 사 야

不是師法, 而好自用, 譬之是猶以盲辨色.
불 시 사 법 이 호 자 용 비 지 시 유 이 맹 변 색

以聾辨聲也, 舍亂妄無爲也.
이 롱 변 성 야 사 란 망 무 위 야

故 學也者, 禮法也.
고 학 야 자 예 법 야

夫師, 以身爲正儀, 而貴自安者也.
부 사 이 신 위 정 의 이 귀 자 안 자 야

詩云, 不識不知, 順帝之則. 此之謂也.
시 운 불 식 부 지 순 제 지 칙 차 지 위 야

예는 몸을 바르게 해주는 근본이고 스승은 그 예의 근본입니다.

예가 없다면 무엇을 근거로 몸을 바르게 할까요?
스승이 없다면 우리가 어떻게 예를 배울 수 있을까요?
예에 따라 행할 수 있는 것은 예를 따르면 마음이 편안해지기 때문이고,
스승의 가르침을 따르는 것은 그렇게 하는 것이 옳다고 여기기 때문입니다.
마음이 예를 따라 편안하고 지각이 스승을 따르는 사람은 곧 성인이 될 수 있습니다.

그러므로 예를 어기는 것은 법도가 없는 것과 같고, 스승을 따르지 않는 것은 스승을 없애는 것과 같습니다.

스승과 법도를 부정하면서 멋대로 행동하기 좋아하는 것은, 마치 장님이 색깔을 분별하고 귀머거리가 소리를 분별하는 것과 같습니다.

혼란스럽고 망령된 일만을 하게 될 뿐이지요.

그러므로 예와 법도를 배우는 학문을 해야 하는 것입니다.

스승이란 자신을 올바른 의표 그 자체가 되게 하고, 의표된 자신을 스스로 귀하게 여기는 사람입니다.

《시경》에서 말했지요. "의식하지 않으면서 자기 모르는 사이에 오직 하느님의 법도를 따르네." 바로 그런 스승을 말합입니다.

11.

端慤順弟, 則可謂善少者矣.
단 각 순 제 즉 가 위 선 소 자 의

加好學遜敏焉, 則有鈞無上, 可以爲君子者矣.
가 호 학 손 민 언 즉 유 균 무 상 가 이 위 군 자 자 의

偸儒憚事, 無廉恥而嗜乎飮食, 則可謂惡少者矣.
투 유 탄 사 무 염 치 이 기 호 음 식 즉 가 위 악 소 자 의

加惕悍而不順, 險賊而不弟焉, 則可謂不詳少者矣.
가 상 한 이 불 순 험 적 이 부 제 언 즉 가 위 불 상 소 자 의

바르고 성실하고 순하고 공손하면 훌륭한 청년이라 할 수 있지요.

거기에 학문을 좋아하고 겸손하며 마음의 중심을 잘 잡고 호승심을 가지고 있지 않으면 군자라 할 수 있고요.

게으르고 일하기 싫어하여 염치가 없고 먹고 마시는 일이나 좋아하면 나쁜 청년이라 할 수 있습니다.

거기에 방탕하고 흉악하며 남의 말을 따르지 않고 음험하고 잔악해 공경스럽지 않다면 불량한 청년이라 하지요.

12.

老老而壯者歸焉.
로 로 이 장 자 귀 언

不窮窮而通者積焉.
불 궁 궁 이 통 자 적 언

行乎冥冥而施乎無報, 而賢不肖一焉.
행 호 명 명 이 시 호 무 보   이 현 불 초 일 언

人有此三行, 雖有大過, 天其不遂乎.
인 유 차 삼 행   수 유 대 과   천 기 불 수 호

　노인들을 어르신으로 잘 모시면 청년들이 순해집니다.
　곤궁한 사람들을 잘 돕는다면 부유한 이들이 모여듭니다.
　좋은 일을 남모르게 하고 보답을 바라지 않는다면 현명한 사람이나 못난 사람이나 모두
존경할 것입니다.
　사람으로서 이 세 가지 행실만 지니고 있다면 비록 큰 재난이 닥친다 하더라도 하늘이
그가 해를 입도록 내버려두지 않을 것입니다.

13.

君子之求利也略, 其遠害也早.
군 자 지 구 리 야 략   기 원 해 야 조

其避辱也懼, 其行道理也勇.
기 피 욕 야 구   기 행 도 리 야 용

君子貧窮而志廣, 富貴而體恭.
군 자 빈 궁 이 지 광   부 귀 이 체 공

安燕而血氣不惰, 勞勤而容貌不枯.
안 연 이 혈 기 불 타   노 권 이 용 모 불 고

怒不過奪, 喜不過予.
노 불 과 탈   회 불 과 여

君子貧窮而志廣, 隆仁也.
군 자 빈 궁 이 지 광   융 인 야

富貴而體恭, 殺埶也.
부 귀 이 체 공   살 예 야

安燕而血氣不衰, 柬理也.
_{안 연 이 혈 기 불 쇠   간 리 야}

勞勤而容貌不枯, 好交也.
_{로 권 이 용 모 불 고   호 교 야}

怒不過奪, 喜不過予, 是法勝私也.
_{노 불 과 탈   희 불 과 여   시 법 승 사 야}

書曰, 無有作好, 遵王之道, 無有作惡, 遵王之路.
_{서 왈   무 유 작 호   준 왕 지 도   무 유 작 악   준 왕 지 로}

此言 君子之能以公義勝私欲也.
_{차 언   군 자 지 능 이 공 의 승 사 욕 야}

군자는 이로움을 구하는 일에는 소홀하지만, 해를 피하는 일에는 느리지 않습니다.
군자는 굴욕을 피하는 일은 두려워하지만, 도리를 행하는 일에는 용감합니다.

군자는 가난할 때에도 뜻이 넓고, 부귀할 때에도 몸가짐이 공손합니다.
편하게 즐길 때에도 혈기를 따라 멋대로 굴지 않으며, 고단할 때에도 몸가짐이 일그러지지 않습니다.
노엽다고 해서 뺏거나 즐겁다고 함부로 제 것을 주지 않습니다.

군자가 가난할 때에도 뜻이 넓은 것은 어짊에 뜻을 두기 때문입니다.
부귀할 때에도 몸가짐이 공손한 것은 위세를 부리지 않으려 하기 때문입니다.
편안히 즐길 때에도 혈기를 따라 멋대로 굴지 않는 것은 사리를 분별할 줄 알기 때문입니다.
고단해도 몸가짐이 일그러지지 않는 것은 타인을 존중하기 때문입니다.
노엽다고 해서 빼앗지 않고 기쁘다고 해서 제 것을 지나치게 주지 않는데 법도를 알아 사사로움을 극복하기 때문이지요.

《서경》에서 말했지요. "자기만 좋아하는 일을 하지 말고 선왕이 가르쳐주신 도리를 따를 것이며, 나쁜 짓을 하지 말고 선왕이 남기신 길을 따르라."
이것은 공의로써 사사로운 욕심을 이겨내는 자가 군자라는 말입니다.

1 절름발이 자라가 천 리를 간다.
跛鱉千里.〈修身〉

2 높은 산에 올라가 보지 않으면 하늘이 높은 것을 알지 못하고, 깊은 계곡에 가까이
가보지 않으면 땅이 두터운 것을 알지 못하며, 옛 성군들이 남긴 가르침을 배우지
않으면 학문의 위대함을 알지 못할 것이다.
不登高山 不知天之高也, 不臨深谿 不知地之厚也, 不聞先王之遺言 不知學問之大
也.〈勸學〉

3 옥이 산에 있으면 풀과 나무가 윤택해지고, 못에 진주가 나면 언덕이 절대 마르지
않는다.
玉在山而草木潤, 淵生珠而崖不枯.〈勸學〉

4 군자는 나면서부터 남달랐던 사람이 아니다.
君子生非異也.〈勸學〉

5 하루 종일 생각하는 것은 잠깐 동안 공부하는 것만 못하다.
終日而思矣 不如須臾之所學也.〈勸學〉

6 발돋움해서 보는 것은 높은 곳에 올라 멀리 보는 것만 못하다.
吾嘗跂而望矣 不如登高之博見也.〈勸學〉

7 학문하는 방법으로는 스승이 될 만한 사람을 가까이하는 것보다 더 편리한 것이
없다.
學莫便乎近其人.〈勸學〉

8 학문의 길 중에 스승이 될 만한 사람을 좋아하는 것보다 편리한 길은 없다.
學之經莫速乎好其人.〈勸學〉

9 흙이 쌓여 산이 되면 바람과 비가 일고, 물이 모여 못이 되면 교룡과 용이 생겨나

듯이, 선함이 쌓여 덕이 되면 자연히 신명함을 얻게 되고 성스러운 마음이 갖추어
지게 된다.

積土成山 風雨興焉, 水成淵 蛟龍生焉, 積善成德 而神明自得.〈勸學〉

10 굳은 뜻이 없는 사람은 밝은 깨우침이 없을 것이며, 묵묵히 일하지 않는 사람은
뛰어난 업적을 이루지 못할 것이다.

是故無冥冥之志者 無昭昭之明, 無惛惛之事者 無赫赫之功.〈勸學〉

11 나무는 먹을 그어야 바르게 되고, 쇠는 숫돌에 갈아야 예리해진다.

木受繩則直, 金就礪則利.〈勸學〉

12 거처를 정할 경우 반드시 좋은 곳을 택하고, 친구를 사귈 경우 반드시 선비를 택
하라.

君子居必擇鄕, 遊必就士.〈勸學〉

13 소리는 아무리 작다 하여도 들리지 않는 바가 없고, 행동은 아무리 은밀하게 하
여도 드러나지 않는 법이 없다.

聲無小而不聞, 行無隱而不形.〈勸學〉

14 준마는 하루에 천 리를 달리는데, 느린 말도 꾸준히 열흘을 걸어간다면 역시 천
리에 도달할 수 있다.

夫驥一日而千里, 駑馬十駕 則亦及之矣.〈勸學〉

15 학문은 죽어서야 끝이 나는 것이다.

學至乎沒而後止也.〈勸學〉

16 배우지 않으면 이룰 수 없다.

不學不成.〈大略〉

17 강한 나무는 절로 기둥이 되고, 약한 나무는 절로 땔감이 된다.

强自取柱, 柔自取束.〈勸學〉

18 군자가 말했다. 학문은 하지 않을 수가 없는 것이라고.

君子曰, 學不可以已.〈勸學〉

19 푸른 물감은 쪽풀에서 나왔지만 쪽풀보다 파랗고, 얼음은 물로 이루어졌지만 물
보다 더 차다.

靑, 取之於藍 而靑於藍, 冰, 水爲之 而寒於水. 〈勸學〉

20 쑥대가 삼대밭에서 자라면, 부축해주지 않아도 곧게 자란다.

蓬生麻中, 不扶而直. 〈勸學〉

21 아무리 가까워도 가지 않으면 목적지에 이를 수 없다. 아무리 작은 일이라도 행하지 않으면 이루어지지 않는다.

道雖邇 不行不至. 事雖小 不爲不成. 〈修身〉

22 두레박줄이 짧으면 샘에서 물을 길어 올릴 수 없고, 지혜가 모자라면 성인의 가르침을 이해할 수가 없다.

短綆不可以汲深井之泉, 知不幾者不可與及聖人之言. 〈榮辱〉

23 길거리의 모든 사람이 성인이 될 수 있다.

塗之人可以爲禹. 〈性惡〉

24 내 잘못을 비판하고 지적하는 사람은 나의 스승이다.

非我而當者 吾師也. 〈修身〉

25 내게 아첨하는 사람은 나의 적일 뿐이다.

諂諛我者 吾賊也. 〈修身〉

26 선행으로 다른 사람 앞에 서는 것을 가르침이라고 한다.

以善先人者謂之敎. 〈修身〉

27 도의에 합당하기만 하면 천자와 제후도 두렵지 않다.

道義重則輕王公. 〈修身〉

28 훌륭한 농부는 홍수나 가뭄이 났다고 해서 농사를 그만두지 않고, 훌륭한 상인은 손해를 본다고 시장을 떠나지 않으며, 선비와 군자는 궁핍하다고 해서 도를 게을리하지 않는다.

良農不爲水旱不耕, 良賈不爲折閱不市, 士君子不爲貧窮怠乎道. 〈修身〉

29 난초는 깊은 숲 속에 자라지만, 사람들이 없다고 해서 향기를 발하지 않는 법이란 없다.

蘭生於深林, 非以無人而不芳. 〈有坐〉

30 임금이란 백성의 근원이다. 근원이 맑으면 지류도 맑고, 근원이 흐리면 지류도

탁해진다.

君者, 民之原也. 原淸則流淸, 原濁則流濁. 〈君道〉

31 인간은 사회를 이루지 않고는 살 수 없다.

人生不能無群. 〈王制〉

32 임금은 배요, 백성은 물이다. 물은 배를 띄우기도 하지만, 배를 뒤집기도 한다.

君者舟也, 庶人者水也. 水則載舟, 水則覆舟. 〈王制〉

33 관상 좋은 것은 마음가짐 좋은 것만 못하고, 마음가짐은 좋은 것은 몸가짐 좋은
것만 못하다.

故相形不如論心, 論心不如擇術. 〈非相〉

34 주역을 정말 잘 아는 자는 주역 점을 치지 않는다.

善爲易者不占. 〈大略〉

35 학문은 더딘 것이고 기다려야 한다. 하지만 저 멀리서 목표도 날 기다린다.

學曰遲. 彼止而待我. 〈修身〉

36 옛날 학자들은 자기를 위해 공부했다면, 오늘날 학자들은 남을 위해 공부한다.

古之學者爲己, 今之學者爲人. 〈勸學〉

37 대자연의 운행은 그 자신의 법칙을 가지고 있다.

天行有常. 〈天論〉

38 군자는 사람에게 달린 것에 힘을 쓰고, 운명에 달린 것에 마음을 두지 않는다. 그
렇기에 날로 진보한다. 소인은 사람에게 달린 것은 버려두고, 운명에 달린 것을
흠모한다. 그렇기에 날로 퇴보한다.

君子敬其在己者, 而不慕其在天者, 是以日進也. 小人錯其在己者, 而慕其在天者,
是以日退也. 〈天論〉

39 먹줄을 정확하게 표시해놓으면 굽은 것과 곧은 것이 분명해진다.

繩墨誠陳矣 則不可欺以曲直. 〈禮論〉

40 인간은 예 없이 생존할 수 없고, 일은 예 없이 이룰 수 없으며, 국가는 예 없이 평
안할 수 없다.

人無禮則不生, 事無禮則不成, 國家無禮則不寧. 〈修身〉

41 순한 말은 천이나 비단으로 감싸주는 것보다도 따스하고, 차가운 말은 창칼보다
도 깊은 상처를 준다.

善言 煖於布帛, 傷人之言 深於矛戟.〈榮辱〉

42 말하는 법을 배우는 것처럼 침묵하는 법도 배워야 한다.

故知默猶知言也.〈非十二子〉

43 적절한 말을 할 줄 아는 것은 지혜이며, 적절한 침묵을 지킬 줄 아는 것도 지혜다.

言而當 知也, 默而當 亦知也.〈非十二子〉

44 의로움을 앞세우고 이익이 뒤따르는 것을 영광이라고 하고, 이익을 앞세우고 의
로움을 뒤로하는 것을 치욕이라고 한다.

先義而後利者榮, 先利而後義者辱.〈榮辱〉

45 군자는 자기를 헤아리는 법도로는 곧은 먹줄을 사용하지만, 남을 대하는 법도로
는 굽은 활도지개를 쓴다. 자기를 먹줄 같은 곧은 법도로 헤아리기 때문에 충분
히 천하의 법도가 될 수 있다. 타인을 굽은 법도로 헤아리기 때문에 타인에게 너
그러울 수 있고 여러 사람을 움직여 천하의 일을 이룰 수 있다.

故君子之度己則以繩, 接人則用枻. 度己以繩 故足以爲天下法則矣. 接人用枻 故
能寬容 因求以成天下之大事矣.〈非相〉

46 법은 홀로 설 수 없다.

法不能獨立.〈君道〉

47 다스리는 사람이 있지 다스리는 법이 있는 것은 아니다.

有治人 無治法.〈君道〉

48 군자에게 있어 마음을 다스리는 데에는 정성스러움보다 좋은 자세가 없다.

君子養心莫善於誠.〈不苟〉

49 공정한 마음은 밝음을 낳고, 편협한 마음은 어둠을 낳는다.

公生明, 偏生闇.〈不苟〉

50 예란 인도의 극치이다.

禮者人道之極也.〈禮論〉

51 용심일, 마음 쓰기를 한결같이 하라.

用心一. 〈勸學〉

52 결어일, 마음을 하나의 목표에 단단히 매어두어라.
結於一. 〈勸學〉

53 막신일호, 한결같이 하나를 좋아하는 것만큼 신명나는 일이 없다.
莫神一好. 〈修身〉

54 명성을 훔치는 것은 재물을 훔치는 것보다 나쁘다.
盜名不如盜貨. 〈不苟〉

55 백 번 활을 쏘아 한 번의 실수만 있어도 명사수라 할 수 없다.
百發失一 不足謂善射. 〈勸學〉

56 옳은 것을 옳다고 하고 그른 것을 그르다고 하는 것을 정직이라고 한다.
是謂是 非謂非 曰直. 〈修身〉

57 월나라 사람은 월나라에 사는 것이, 초나라 사람은 초나라에 사는 것이 편하며,
군자는 바르게 사는 것 편하다.
譬之越人安越, 楚人安楚, 君子安雅. 〈榮辱〉

58 천 년 앞을 내다보려면 오늘을 잘 살펴야 한다.
欲觀千歲 則數今日. 〈非相〉

59 남에게 좋은 가르침의 말을 주는 것은 보물을 선물하는 것보다 유익하다.
故贈人以言 重於金石珠玉. 〈非相〉

60 믿어야 할 것을 믿는 것도 믿음이며, 의심해야 할 것을 의심하는 것도 역시 믿음
이다.
信信 信也, 疑疑 亦信也. 〈非十二子〉

61 도라는 것은 하늘의 도가 아니고, 땅의 도도 아니며, 오직 사람이 지켜야 할 인도
일 뿐이다.
道者 非天之道, 非地之道, 人之所以道也. 〈儒效〉

62 있을 때 베풀지 않으면 궁할 때 받을 것이 없다.
有而不施 窮無與也. 〈法行〉

63 듣지 않은 것은 듣는 것만 못하고, 듣는 것은 보는 것만 못하며, 보는 것은 아는

것만 못하고, 아는 것은 실천하는 것만 못하다.

不聞不若聞之, 聞之不若見之, 見之不若知之, 知之不若行之.〈儒效〉

64 강물과 연못이 깊으면 물고기와 자라가 모여들고, 산림이 무성하면 새와 짐승이 모여든다. 올바른 정치가 행해지면 절로 백성이 모여든다.

川淵深而魚鱉歸之, 山林茂而禽獸歸之. 刑政平而百姓歸之.〈致士〉

65 냇물과 연못이 마르면 용과 물고기가 떠나고, 산과 숲이 험난하면 새와 짐승이 떠난다. 나라의 정치가 잘못되면 선비와 백성이 떠난다.

川淵枯則魚龍去之, 山林險則鳥獸去之. 國家失政則士民去之.〈致士〉

66 형벌이 내려진 후에 하늘 찾지 마라.

無刑己至而呼天.〈法行〉

67 새는 궁하면 무엇이든 쪼려하고, 짐승은 궁하면 무엇이든 할퀴려 한다.

鳥窮則啄, 獸窮則攫.〈大略〉

68 자신을 잘 아는 자는 타인을 탓하지 않고, 명을 잘 아는 자는 하늘을 원망하지 않는다.

自知者不怨人, 知命者不怨天.〈榮辱〉

69 지혜로운 자는 자신을 잘 알고, 어진 자는 자신을 사랑한다.

知者自知, 仁者自愛.〈子道〉

70 길을 잃은 자는 길을 묻지 않는다.

迷者不問路.〈大略〉

71 아이를 모르겠다면 아이 친구를 보고, 임금을 모르겠다면 좌우 신하를 봐라.

不知其子視其友, 不知其君視其左右.〈性惡〉

72 천하에는 두 가지 진리가 없고, 성인에게는 두 가지 마음이 없다.

天下無二道, 聖人無兩心.〈解蔽〉

73 용병술과 전쟁의 근본은 백성을 하나로 하는 데 있다.

用兵攻戰之本 在乎壹民.〈義兵〉

74 백성을 아끼는 자야말로 강하고, 백성을 아끼지 않는 자는 약할 뿐이다.

愛民者強, 不愛民者弱.〈義兵〉

75 임금에게 현명한 신하가 없는 것은 맹인에게 길잡이가 없는 것과 같다.

人主無賢 如瞽無相.〈成相〉

76 재앙과 복은 이웃사촌이다.

禍與福鄰.〈大略〉

77 은혜를 베풀어도 도리에 어긋난 것이라면 어진 일이 될 수 없다.

推恩而不理 不成仁.〈大略〉

78 천하는 지극히 무거운 짐이다. 지극히 굳센 자가 아니면 짊어질 수 없다.

天下者至重也. 非至彊莫之能任.〈正論〉

79 군자에게는 권세에 의한 치욕은 있을 수가 있어도, 의로움에 의한 치욕은 있을
수가 없다. 소인에게는 권세에 의한 영예는 있을망정, 의로움에 의한 영예는 있
을 수가 없다.

君子可以有執辱, 而不可以有義辱. 小人可以有執榮, 而不可以有義榮.〈正論〉

80 예란 욕망을 충족시켜주는 것이다.

夫禮者養也.〈禮論〉

81 그르다고 할 때는 옳은 것이 없는가 살피고, 옳다고 할 때는 그른 것이 없는가 살
펴야 한다.

非察是, 是察非.〈解蔽〉

82 도를 향해 힘쓰는 사람이 선비이고, 도에 가까이 간 사람이 군자이며, 도를 깨달
은 사람이 성인이다.

嚮是而務 士也, 類是而幾 君子也, 知之 聖人也.〈解蔽〉

83 성인의 경지는 노력이 쌓여 만들어진 것이다.

聖人者 人之所積而致矣.〈性惡〉

84 성인의 지혜가 있고, 선비와 군자의 지혜가 있고, 소인의 지혜가 있다.

有聖人之知者, 有士君子之知者, 有小人之知者.〈性惡〉

85 말을 잘하고 몸소 그것을 실천하는 사람은 나라의 보배이고, 말은 잘 못하지만
몸소 그것을 실천하는 사람은 나라의 그릇이다.

口能言之 身能行之 國寶也, 口不能言 身能行之 國器也.〈大略〉

86 하늘이 백성을 낳은 것은 군주를 위한 것이 아니며, 하늘이 임금을 세우는 것은 백성을 위한 것이다.

天之生民 非爲君也, 天之立君 以爲民也. 〈大略〉

87 임금이 의로움을 좋아하면 백성은 누가 보지 않아도 반듯해지지만, 임금이 부유함을 좋아하면 백성은 죽기로 이익을 추구한다.

上好義 則民闇飾矣, 上好富 則民死利矣. 〈大略〉

88 날이 추워지지 않으면 소나무와 잣나무의 절개를 알 수 없고, 시련이 없으면 군자의 진가를 알 수가 없다.

歲不寒 無以知松柏, 事不難 無以知君子無日不在是. 〈大略〉

89 학문을 하는 것은 관리가 되기 위해서가 아니지만, 관리가 된 이상 반드시 배운 대로 해야 한다.

學者非必爲仕, 而仕者必如學. 〈大略〉

90 군자가 무능하면서도 벼슬자리에 있으면 임금을 기만하는 것이요, 백성에게 보탬이 되지 않는데도 대우받고 있다면 도적질하는 셈이다.

不能而居之 誣也, 無益而厚受之 竊也. 〈大略〉

91 나라가 흥하려면 반드시 스승을 귀중히 여기고 학자를 존중한다.

國將興 必貴師而重傅 貴師而重傅. 〈大略〉

92 인의와 예의, 선함은 사람에게 집 안의 재물, 곡식과 같은 것이다.

仁義禮善之於人也 辟之若貨財粟米之於家也. 〈大略〉

93 흙이 쌓이면 산이 되고, 물이 쌓이면 바다가 되며, 아침저녁이 쌓이면 한 해가 된다. 성인은 사람이 노력을 쌓아 되는 것이다.

故積土而爲山, 積水而爲海, 旦暮積謂之歲. 聖人也者 人之所積也. 〈儒效〉

94 김매고 밭 가는 일을 쌓으면 농부가 되고, 자르고 깎는 일을 쌓으면 목수가 되며, 물건 파는 일을 쌓으면 상인이 되고, 예의를 쌓으면 군자가 된다.

人積耨耕而爲農夫, 積斲削而爲工匠, 積反貨而爲商賈, 積禮義而爲君子. 〈儒效〉

95 천지가 위대하다 하더라도, 정성스럽지 않고는 만물을 기르지 못한다. 성인은 지혜가 있다 하더라도, 절실하지 않고는 만백성을 교화하지 못한다.

天地爲大矣, 不誠則不能化萬物. 聖人爲知矣, 不誠則不能化萬民. 〈不苟〉

96 법도를 좋아하여 그대로 행하는 사람이 선비이고, 뜻을 독실히 하고 그것을 항상 몸으로 실천하는 사람이 군자이다.

好法而行 士也, 篤志而體 君子也. 〈修身〉

97 임금이란 모여 있는 여러 사람을 잘살게 해주는 사람일 뿐이다.

君者善群也. 〈王制〉

98 백성이 가난하면 곧 임금도 가난해지고, 백성이 부유하면 곧 임금도 부유해진다.

下貧則上貧, 下富則上富. 〈富國〉

99 제자들아 학문에 힘쓰고 있으라. 하늘은 너희들을 잊지 않으리니!

弟子勉學. 天不忘也! 〈賦〉